Der Zusammenhang zwischen Wertschöpfungsorganisation und strategischen Wettbewerbsvorteilen

Schriftenreihe
Internationale Personal- und Strategieforschung: Band 7

herausgegeben von Marion Festing und Susanne Royer

Uwe Stratmann

Der Zusammenhang zwischen Wertschöpfungsorganisation und strategischen Wettbewerbsvorteilen

Eine auf Fallstudien basierende strategische Analyse am Beispiel der europäischen Automobilwirtschaft

Rainer Hampp Verlag München, Mering 2010

Bibliografische Information der Deutschen Nationalbibliothek

Die Deutsche Nationalbibliothek verzeichnet diese Publikation in der Deutschen Nationalbibliografie; detaillierte bibliografische Daten sind im Internet über http://dnb.d-nb.de abrufbar.

ISBN 978-3-86618-493-0 (print)
ISBN 978-3-86618-593-7 (e-book)
Schriftenreihe Internationale Personal- und Strategieforschung:
ISSN 1866-5950
DOI 10.1688/9783866185937
1. Auflage, 2010
Zugl.: Diss. Universität Flensburg, 2010

Rainer Hampp Verlag München und Mering
Marktplatz 5 D – 86415 Mering

www.Hampp-Verlag.de

Geleitwort

Neue Informations- und Kommunikationstechnologien haben mannigfaltige Möglichkeiten der Arbeitsteilung über Unternehmens- und Landesgrenzen hinweg eröffnet. Eine Vielfalt und Vielzahl kooperativer Arrangements ist zu beobachten. Strategische Wettbewerbsvorteile können immer weniger nur von einem Unternehmen alleine hervorgebracht werden. Wenn viele Akteure zu einem Wertschöpfungsprozess beitragen und es zunehmend einen Wettbewerb zwischen Netzwerken aus unterschiedlichen Akteuren gibt, stellt sich die Frage, ob die herkömmlichen Analysemethoden zur Erklärung strategischer Wettbewerbsvorteile noch ausreichend sind.

Dr. Uwe Stratmann liefert in diesem Kontext eine höchst interessante und relevante Untersuchung zum Zusammenhang zwischen der Organisation von Wertschöpfungsaktivitäten über Unternehmensgrenzen hinweg und strategischen Wettbewerbsvor- bzw. -nachteilen. Unter Wertschöpfungsorganisation wird dabei das Zusammenspiel aller Akteure, die Anteil an einer Wertschöpfung haben (können), verstanden. Die Betrachtung der Wertschöpfungsorganisation geht damit über Unternehmensgrenzen hinaus und bezieht neben den vertikal verbundenen Wertschöpfungsaktivitäten weitere relevante Akteure in die Analyse ein, fokussiert jedoch nicht die gesamte Branche, sondern ein zusammengehöriges System aus Wertschöpfungsprozessen. Es gelingt Uwe Stratmann in seiner Dissertation auf hohem Niveau, sich aus dieser innovativen Perspektive heraus mit Wettbewerbsvorteilen auseinanderzusetzen.

Arbeitsteilung und Spezialisierung sind die Grundlagen des Wirtschaftens in einer von knappen Ressourcen geprägten Welt. Arbeitsteilung und Spezialisierung findet in Unternehmen, aber auch unternehmensübergreifend statt. Insofern ist es keine neue Erkenntnis, dass Unternehmen nicht sämtliche Wertschöpfungsaktivitäten zur Erstellung ihrer Produkte selbst durchführen. Verschiedene Akteure tragen zur Wertschöpfung mittels eines Produktes bei. Wie diese Akteure zusammenarbeiten und wie viele es sind, unterscheidet sich allerdings zwischen verschiedenen Industrien, aber auch innerhalb von Branchen.

Die theoretischen Strömungen des Strategischen Managements trugen in der Vergangenheit immer wieder wettbewerbsrelevanten Entwicklungen Rechnung. Der Fokus verlagerte sich von der Determinierung strategischer Wettbewerbsvorteile durch die Ausnutzung von Marktunvollkommenheiten und der Erzielung monopolistischer Renten zu der Realisierung strategischer Wettbewerbsvorteile aufbauend auf knappen Unternehmensressourcen. Anknüpfend an den ressourcenorientierten Überlegungen wurde der Aufbau besonderer dynamischer Fähigkeiten in Unternehmen zur Erzielung von Wettbewerbsvorteilen in einem von Innovation und Substitution gekennzeichneten Wettbewerbsumfeld in den Mittelpunkt der Analyse gestellt.

Trotz dieser Anpassungen der Untersuchungsperspektiven an die Dynamik des Umfelds findet die Analyse von Wettbewerbsvorteilen weiterhin vornehmlich aus der Perspektive einzelner Unternehmen statt. Wenn aber Wettbewerbsvorteile immer weniger auf der langfristigen Ausnutzung von Marktunvollkommenheiten einer Branche oder den Ressourcen und Fähigkeiten einzelner Player fußen, sondern vielmehr durch die gemeinsame Nutzung solcher Ressourcen und Fähigkeiten bei der Erzeugung von Wertschöpfung bestimmt werden, muss diese Sichtweise überdacht werden. Die

Organisation unternehmensübergreifender Wertschöpfungsnetzwerke bildet vor diesem Hintergrund eine der großen Herausforderungen für Unternehmen wie auch die betriebswirtschaftliche Organisations- und Strategieforschung.

Es ist entsprechend höchst relevant, sich mit verschiedenen Formen der Wertschöpfungsorganisation und deren Auswirkungen auf die Erzielung strategischer Wettbewerbsvorteile zu befassen. Genau das tut Uwe Stratmann in seiner Dissertation insbesondere im Hinblick auf die in der europäischen Automobilindustrie im Wettbewerb stehenden Wertschöpfungsorganisationen. Gerade mit der empirischen Fundierung der Arbeit leistet der Autor einen wichtigen Beitrag zur Durchdringung dieser relevanten strategischen Problemstellung. Zudem geht Uwe Stratmann bezüglich der theoretischen Fundierung neue Wege, wenn er Effizienz- und Effektivitätsüberlegungen kombiniert und sich Wertschöpfung aus einer unternehmensübergreifenden Perspektive anschaut, die der Bedeutung kooperativer Aktivitäten in der Unternehmenswelt gerecht wird. Die empirisch gestützten Ergebnisse bieten außerdem die Grundlage für die Ableitung relevanter Gestaltungsempfehlungen für die unternehmerische Praxis in der europäischen Automobilwirtschaft. Der Arbeit von Uwe Stratmann wünsche ich deshalb Aufmerksamkeit in der Wissenschaft und in der Praxis.

Flensburg, Juli 2010 | Susanne Royer

Vorwort

Produkte und Dienstleistungen zeichnen sich durch eine wachsende Komplexität aus, die zusätzlich durch kürzer werdende Technologiezyklen und einen zunehmenden Innovationsdruck verstärkt wird. In globalen Märkten stehen gleichzeitig unterschiedlichste Unternehmen im Wettbewerb, die mit individuellen Strategien einen möglichst hohen Wertschöpfungsertrag zu erzielen versuchen. Analog zu den Entwicklungen auf Seite der Produkte und deren Märkte verändern sich die Anforderungen an die notwendigen Wertschöpfungsprozesse und -systeme. Die Zahl der Akteure, die heute einen Beitrag zur Entwicklung, -produktion und -distribution eines Produktes beisteuern, wächst stetig. Jeder dieser Akteure übernimmt eine spezifische Wertschöpfungsfunktion unter der Zielstellung, von der Wertschöpfungskraft des gesamten Systems zu profitieren. Die strategische Konzeption, Konfiguration und Steuerung solcher komplexen Wertschöpfungssysteme ist eine zentrale Determinante für den ökonomischen Erfolg des Produktes, der daraus resultierenden Wertschöpfungsgewinne und letztlich für den individuellen Erfolg der partizipierenden Unternehmen. Die vorliegende Arbeit befasst sich deshalb mit dieser strategischen Aufgabe. Dabei soll identifiziert werden, ob und wie bestimmte strategische Ansätze nachhaltig den Erfolg des gesamten Systems und der einzelnen Akteure beeinflussen.

Das Automobil hat wie kaum ein anderes Produkt über einen so langen Zeitraum eine große Zahl von Menschen in seinen Bann gezogen und vereint unterschiedlichste Technologien, Innovationen und Dienstleistungsangebote. Mein Interesse an der Automobilindustrie hat mich zur Auswahl dieses Forschungsfeldes bewogen. Zur Produktion und Distribution eines Automobils sind mannigfaltige Einzelleistungen, Ressourcen und Akteure notwendig, die wiederum miteinander hochgradig vernetzt sind und einer überdurchschnittlichen Koordination und Abstimmung bedürfen. Mit meiner Arbeit möchte ich ein allgemeines Konzept zur strategischen Analyse von Wertschöpfungssystemen entwickeln und dieses im Kontext der Automobilwirtschaft anwenden, um empirisch fundierte theoretische und pragmatische Aussagen ableiten zu können.

Bei der Realisierung dieses umfassenden Projektes habe ich Unterstützung von vielen Seiten erfahren, wofür ich mich gerne bedanken möchte. Ein besonderer Dank gilt Frau Professor Dr. Susanne Royer, die mir sowohl inhaltlich als auch persönlich immer zur Seite stand und mich bei der Erstellung der Arbeit in ganz außergewöhnlicher Weise unterstützt hat. In den gemeinsamen Diskursen habe ich immer wieder frische und weiterführende Impulse erfahren, die maßgeblich der Fertigstellung der vorliegenden Arbeit dienten. Herzlich bedanken möchte ich mich auch bei Herrn Professor Dr. Wenzel Matiaske und Frau Professor Dr. Marion Festing, die mir im Rahmen regelmäßiger Seminare viele kreative inhaltliche Anstöße gegeben haben. Weiteren Dank gebührt Herrn Professor Dr. Helmut Dietl, der mich ebenfalls im Rahmen gemeinsamer Arbeiten besonders gefördert hat. Bedanken möchte ich mich auch bei Herrn Professor Dr. Stefan Reindl. An dieser Stelle möchte ich mich zudem besonders beim Team der Professur für Strategisches und Internationales Management an der Universität Flensburg bedanken. Ein besonderer Dank gilt hier auch Frau MSc Christina Gutjar.

Dem International Car Distribution Programme (ICDP) bin ich sehr dankbar für die kontinuierliche Unterstützung. Als Mitglied des ICDP Forscherteams habe ich wertvollen Input für die Arbeit erhalten. Ein besonderer Dank gilt John Whiteman, der mich während der gesamten Arbeit als praxiserfahrener Mentor sowohl fachlich als auch menschlich sehr unterstützt hat. Insgesamt stellte der Austausch mit den Mitgliedern des ICDP Teams eine wertvolle Bereicherung zur Erstellung der Arbeit dar.

Den eigentlichen Weg zur Fertigstellung dieser Arbeit haben maßgeblich meine Familie und hier vor allem meine Mutter und mein Vater geebnet. Die Faszination an der Automobilwirtschaft liegt zu einem großen Teil in der beruflichen Herkunft meines Vaters begründet. Schon frühzeitig hat er mich in diese Branche fachlich eingeführt. Unmittelbaren Einfluss auf den erfolgreichen Abschluss dieses Projektes hatte schließlich meine Frau Merle. Dabei hatte Sie als persönlicher Motivator, als Problemlöser, als Korrekturleser und als Layouter mannigfaltige Aufgaben zu lösen. Vor allem für Ihre unerschütterliche Geduld gebührt Ihr ein großer Dank.

Flensburg, Juli 2010 Uwe Stratmann

Inhalt

1 **Einleitung** 1

1.1 **Zur Entwicklung der Fragestellung** 1

1.2 **Forschungsdefizite und offene Forschungsfragen** 7

1.3 **Problem- und Fragestellungen** 16

1.4 **Vorgehensweise** 17

2 **Die Entwicklung des konzeptionellen Bezugsrahmens der Untersuchung** 23

2.1 **Die effizienzorientierte Transaktionskostentheorie** 24

2.2 **Ökonomische Theorien des Strategischen Managements** 32

2.2.1 Die Entwicklung der Disziplin 32

2.2.2 Der industrieökonomische Market-based View 35

2.2.3 Ressourcenbasierte Erklärungsmodelle 41

2.2.3.1 Der Resource-based View 42

2.2.3.2 Der Relational View 51

2.2.3.3 Der Dynamic Capabilities View 59

2.2.4 Komplementarität der theoretischen Ansätze 64

2.3 **Wertschöpfungsorganisation als Gegenstand der Untersuchung** 70

2.3.1 Definition des Wertschöpfungsorganisationsbegriffs 70

2.3.2 Systematisierung von Wertschöpfungsorganisationsformen 75

2.3.3 Zusammenfassende Darstellung 83

2.4 **Das theoretische Rahmenkonzept der Untersuchung** 84

2.4.1 Effizienzbasierte Überlegungen 85

2.4.2 Industrieökonomische Überlegungen 88

2.4.3 Ressourcenbasierte Überlegungen 90

2.4.4 Hypothesen des theoretischen Konzepts 96

2.4.4.1 Globale Integration und strategische Wettbewerbsvorteile 96

2.4.4.2 Integration externer Akteure und strategische Wettbewerbsvorteile 99

2.4.5 Zusammenfassende Darstellung des theoretischen Konzeptes 102

3 **Inhalt und Methodik der empirischen Analyse** 107

3.1 **Wertschöpfungsorganisation in der Automobilwirtschaft** 107

3.1.1 Die europäische Automobilwirtschaft 108

3.1.2 Veränderungen in den Wertschöpfungsorganisationen der Automobilwirtschaft 115

3.1.2.1 Veränderungen im Wertschöpfungsorganisationsbereich Automobilproduktion 115

3.1.2.1.1 Reduktion der zentralen Integration 116

3.1.2.1.2 Modularisierung der Wertschöpfungsleistungen 118

3.1.2.1.3 Rekonfiguration der Interakteursbeziehungen 124

3.1.2.1.4 Zwischenfazit zur Automobilproduktion 127

3.1.2.2 Veränderungen im Wertschöpfungsorganisationsbereich Automobildistribution 128
3.1.2.2.1 Zunehmender Eigenleistungsanteil durch die Automobilhersteller 131
3.1.2.2.2 Liberalisierung des Vertragshandelssystems 132
3.1.2.2.3 Rekonfiguration der Interakteursbeziehungen 139
3.1.2.2.4 Zunehmende Bedeutung herstellerunabhängiger Akteure 142
3.1.2.2.5 Zwischenfazit zur Automobidistribution 145

3.2 Die Operationalisierung der Variablen 146

3.2.1 Die Operationalisierung der unabhängigen Variablen 146
3.2.1.1 Die Operationalisierung der Variable ›Zentrale Integration‹ 147
3.2.1.1.1 Operationalisierung zentrale Integration in der Automobilproduktion 147
3.2.1.1.2 Operationalisierung zentrale Integration in der Automobildistribution 150
3.2.1.2 Die Operationalisierung der Variable ›Formelle Bindung externer Akteure‹ 153
3.2.1.2.1 Operationalisierung formelle Bindung in der Automobilproduktion 154
3.2.1.2.2 Operationalisierung formelle Bindung der Automobildistribution 158
3.2.1.3 Die Operationalisierung der Variable ›Informelle Bindung externer Akteure‹ in der Produktion und in der Distribution 163
3.2.1.4 Zusammenfassende Betrachtung zur Operationalisierung der unabhängigen Variablen 167
3.2.2 Die Operationalisierung der abhängigen Variablen 169

3.3 Methodische Vorgehensweise 174

3.3.1 Fallstudien als Forschungsmethodik 175
3.3.2 Gütekriterien zur Evaluierung der Fallstudien 178
3.3.2.1 Konstruktvalidität 179
3.3.2.2 Interne Validität 180
3.3.2.3 Externe Validität 180
3.3.2.4 Reliabilität 181
3.3.3 Methode der Datenerhebung 181
3.3.4 Methode der Datenauswertung 185
3.3.4.1 Darstellung und Systematisierung der Daten 185
3.3.4.2 Datenauswertung mit der Pattern Matching Methode 186
3.3.4.2.1 Pattern Matching mit den abhängigen Variablen 187
3.3.4.2.2 Pattern Matching mit den unabhängigen Variablen 188
3.3.4.3 Zusammenfassung zum Pattern Matching als Datenauswertungsmethode 189
3.3.5 Auswahl der Fallstudien 190
3.3.6 Zusammenfassende Betrachtung zur Forschungsmethodik 192

4 Ergebnisse der Fallstudienuntersuchung 197

4.1 Fallstudie Audi 197

4.1.1 Unabhängige Variablen der Wertschöpfungsorganisation Audi 198

4.1.1.1 Eigenleistungsanteil in der Produktion 198

4.1.1.2 Eigenleistungsanteil in der Distribution 199

4.1.1.3 Formelle Bindung in der Produktion 201

4.1.1.4 Formelle Bindung in der Distribution 203

4.1.1.5 Informelle Bindung in der Produktion und Distribution 204

4.1.1.6 Zwischenfazit 205

4.1.2 Abhängige Variablen der Wertschöpfungsorganisation Audi 206

4.2 Fallstudie BMW 210

4.2.1 Unabhängige Variablen der Wertschöpfungsorganisation BMW 211

4.2.1.1 Eigenleistungsanteil in der Produktion 211

4.2.1.2 Eigenleistungsanteil in der Distribution 212

4.2.1.3 Formelle Bindung in der Produktion 213

4.2.1.4 Formelle Bindung in der Distribution 215

4.2.1.5 Informelle Bindung in der Produktion und Distribution 215

4.2.1.6 Zwischenfazit 217

4.2.2 Abhängige Variablen der Wertschöpfungsorganisation BMW 218

4.3 Fallstudie Fiat 222

4.3.1 Unabhängige Variablen der Wertschöpfungsorganisation Fiat 223

4.3.1.1 Eigenleistungsanteil in der Produktion 223

4.3.1.2 Eigenleistungsanteil in der Distribution 224

4.3.1.3 Formelle Bindung in der Produktion 225

4.3.1.4 Formelle Bindung in der Distribution 228

4.3.1.5 Informelle Bindung in der Produktion und Distribution 228

4.3.1.6 Zwischenfazit 230

4.3.2 Abhängige Variablen der Wertschöpfungsorganisation Fiat 231

4.4 Fallstudie Mercedes-Benz Cars 234

4.4.1 Unabhängige Variablen der Wertschöpfungsorganisation Mercedes Benz Cars 235

4.4.1.1 Eigenleistungsanteil in der Produktion 235

4.4.1.2 Eigenleistungsanteil in der Distribution 236

4.4.1.3 Formelle Bindung in der Produktion 238

4.4.1.4 Formelle Bindung in der Distribution 239

4.4.1.5 Informelle Bindung in der Produktion und Distribution 240

4.4.1.6 Zwischenfazit 242

4.4.2 Abhängige Variablen der Wertschöpfungsorganisation Mercedes-Benz Cars 243

4.5 **Fallstudie Opel-Vauxhall** **246**
4.5.1 Unabhängige Variablen der Wertschöpfungsorganisation Opel-Vauxhall 247
4.5.1.1 Eigenleistungsanteil in der Produktion 247
4.5.1.2 Eigenleistungsanteil in der Distribution 250
4.5.1.3 Formelle Bindung in der Produktion 251
4.5.1.4 Formelle Bindung in der Distribution 253
4.5.1.5 Informelle Bindung in der Produktion und Distribution 253
4.5.1.6 Zwischenfazit 255
4.5.2 Abhängige Variablen der Wertschöpfungsorganisation Opel-Vauxhall 256
4.6 **Fallstudie Renault** **260**
4.6.1 Unabhängige Variablen der Wertschöpfungsorganisation Renault 261
4.6.1.1 Eigenleistungsanteil in der Produktion 261
4.6.1.2 Eigenleistungsanteil in der Distribution 263
4.6.1.3 Formelle Bindung in der Produktion 264
4.6.1.4 Formelle Bindung in der Distribution 266
4.6.1.5 Informelle Bindung in der Produktion und Distribution 267
4.6.1.6 Zwischenfazit 268
4.6.2 Abhängige Variablen der Wertschöpfungsorganisation Renault 269
4.7 **Fallstudie Toyota Motors Europe** **273**
4.7.1 Unabhängige Variablen der Wertschöpfungsorganisation Toyota Motors Europa 274
4.7.1.1 Eigenleistungsanteil in der Produktion 274
4.7.1.2 Eigenleistungsanteil in der Distribution 275
4.7.1.3 Formelle Bindung in der Produktion 276
4.7.1.4 Formelle Bindung in der Distribution 279
4.7.1.5 Informelle Bindung in der Produktion und Distribution 280
4.7.1.6 Zwischenfazit 281
4.7.2 Abhängige Variablen der Wertschöpfungsorganisation Toyota Motors Europe 282
4.8 **Fallstudie Volkswagen** **286**
4.8.1 Unabhängige Variablen der Wertschöpfungsorganisation der Marke Volkswagen 287
4.8.1.1 Eigenleistungsanteil in der Produktion 287
4.8.1.2 Eigenleistungsanteil in der Distribution 289
4.8.1.3 Formelle Bindung in der Produktion 291
4.8.1.4 Formelle Bindung in der Distribution 292
4.8.1.5 Informelle Bindung in der Produktion und Distribution 293
4.8.1.6 Zwischenfazit 295
4.8.2 Abhängige Variablen der Wertschöpfungsorganisation Volkswagen 296

5 Diskussion der Ergebnisse der Fallstudienanalyse **301**
5.1 **Diskussion der Hypothesen im Kontext der Fallstudienergebnisse** **301**
5.1.1 Globale Integration und strategische Wettbewerbsvorteile 303
5.1.2 Integration externer Akteure und strategische Wettbewerbsvorteile 307
5.2 **Zusammenfassung der Fallstudienergebnisse im Kontext des theoretischen Konzepts** **312**

6	**Schlussfolgerungen zur Untersuchung**	**317**
6.1	**Pragmatische Schlussfolgerungen**	**317**
6.1.1	Ausmaß der zentralen Integration	317
6.1.2	Integration externer Akteure	319
6.1.3	Zusammenfassende Betrachtung	323
6.2	**Theoretische Schlussfolgerungen**	**325**
6.3	**Zusammenfassung der Untersuchung**	**328**

Abbildungsverzeichnis

Abbildung 2.1	Das Organisational Failure Framework	26
Abbildung 2.2	Generische Strategietypen nach Porter	39
Abbildung 2.3	Rentenbedingungen des Resource-based Views	45
Abbildung 2.4	Determinanten des Relational Views	53
Abbildung 2.5	Ökonomische Theorieansätze im Kontext des Strategischen Managements	66
Abbildung 2.6	Skizze einer Wertschöpfungsorganisationsbetrachtung	73
Abbildung 2.7	Das theoretische Konzept einer strategischen Wertschöpfungsorganisationsanalyse	104
Abbildung 3.1	Der Weltmarkt für Automobile im Zeitverlauf	108
Abbildung 3.2	Die Anzahl unabhängiger Automobilhersteller im Zeitverlauf	112
Abbildung 3.3	Der Desintegrationsprozess in der Automobilproduktion	117
Abbildung 3.4	Plattformkonzepte in der Automobilindustrie	121
Abbildung 3.5	Der Konsolidierungsprozess in der Automobilindustire	126
Abbildung 3.6	Herstellereigene Niederlassungen im europäischen Marktraum	131
Abbildung 3.7	Das Vertragshandelssystem im Kontext der Automobilwirtschaft	133
Abbildung 3.8	Der Marktanteil der 25 größten Handelsgruppen im Vergleich.	140
Abbildung 3.9	Die Bedeutung der fünf größten Gruppen für die unterschiedlichen Fabrikate am jeweiligen Händlernetz	141
Abbildung 3.10	Systemwettbewerb im Service- und Reparaturmarkt	144
Abbildung 3.11	Du Pont Kennzahlensystem	170
Abbildung 3.12	Die unabhängigen und abhängigen Variablen des theoretischen Modells	187
Abbildung 3.13	Vorgehensweise bei der Datenauswertung	189
Abbildung 4.1	Umsatzstrukturen der Audi AG	197
Abbildung 4.2	Ausprägungen der unabhängigen Variablen der Wertschöpfungsorganisation Audi	206
Abbildung 4.3	Imagepositionierung für die Marke Audi	208
Abbildung 4.4	Erfolgsindikatoren der Wertschöpfungsorganisation Audi	209
Abbildung 4.5	Umsatzstrukturen für die Marke BMW	210
Abbildung 4.6	Ausprägungen der unabhängigen Variablen der Wertschöpfungsorganisation BMW	217
Abbildung 4.7	Imagepositionierung für die Marke BMW	220
Abbildung 4.8	Erfolgsindikatoren der Wertschöpfungsorganisation BMW	221
Abbildung 4.9	Umsatzstrukturen der Marke Fiat	222

Abbildung 4.10	Ausprägungen der unabhängigen Variablen der Wertschöpfungsorganisation Fiat Auto	230
Abbildung 4.11	Imagepositionierung für die Marke Fiat	232
Abbildung 4.12	Erfolgsindikatoren der Wertschöpfungsorganisation Fiat	233
Abbildung 4.13	Umsatzstruktur der Mercedes Car Group	234
Abbildung 4.15	Imagepositionierung für die Marke Mercedes-Benz	245
Abbildung 4.16	Erfolgsindikatoren der Wertschöpfungsorganisation Mercedes-Benz Cars	245
Abbildung 4.17	Umsatzstruktur der Marke Opel-Vauxhall	246
Abbildung 4.18	Ausprägungen der unabhängigen Variablen der Wertschöpfungsorganisation Opel-Vauxhall	255
Abbildung 4.19	Imagepositionierung für die Marke Opel	258
Abbildung 4.20	Erfolgsindikatoren der Wertschöpfungsorganisation Opel-Vauxhall	259
Abbildung 4.21	Umsatzstrukturen in der Fallstudie Renault	260
Abbildung 4.22	Ausprägungen der unabhängigen Variablen der Wertschöpfungsorganisation Renault	269
Abbildung 4.23	Imagepositionierung für die Marke Renault	271
Abbildung 4.24	Erfolgsindikatoren der Wertschöpfungsorganisation Renault	272
Abbildung 4.25	Umsatzstrukturen in der Fallstudie Toyota Motors Europe	273
Abbildung 4.26	Ausprägungen der unabhängigen Variablen der Wertschöpfungsorganisation Toyota	282
Abbildung 4.27	Imagepositionierung für die Marke Toyota	284
Abbildung 4.28	Erfolgsindikatoren der Wertschöpfungsorganisation Toyota	285
Abbildung 4.29	Umsatzstruktur der Marke Volkswagen	286
Abbildung 4.30	Ausprägungen der unabhängigen Variablen der Wertschöpfungsorganisation Volkswagen	295
Abbildung 4.31	Imagepositionierung für die Marke Volkswagen	298
Abbildung 4.32	Erfolgsindikatoren der Wertschöpfungsorganisation Volkswagen	299
Abbildung 5.1	Ausprägungen der unabhängigen Variablen im Kontext von Differenzierungsvorteilen	303
Abbildung 5.2	Ausprägungen der unabhängigen Variablen im Kontext der ökonomischer Leistungsfähigkeit	308
Abbildung 5.3	Ausprägungen der unabhängigen Variablen im Kontext der Innovationskraft	310

Tabellenverzeichnis

Tabelle 2.1	Die Elemente der Transaktionskostentheorie	24
Tabelle 2.2	Die Elemente des industrieökonomischen Market-based View	35
Tabelle 2.3	Die Elemente des Resource-based Views	42
Tabelle 2.4	Die Elemente des Relational Views unter Berücksichtigung der Weiterentwicklung nach Lavie (2006)	52
Tabelle 2.5	Die Elemente des Dynamic Capabilities View	60
Tabelle 2.6	Theoretische Ansätze im Vergleich	68
Tabelle 2.7	Systematisierung von Vertragsformen	81
Tabelle 2.8	Systematisierungskriterien einer Wertschöpfungsorganisation	83
Tabelle 2.9	Zentrale Verhaltens- und Umweltannahmen des theoretischen Konzeptes	103
Tabelle 2.10	Hypothesen der Untersuchung	105
Tabelle 3.1	Die 20 größten Automobilzulieferer	125
Tabelle 3.2	Inhalt der Vertragsanalyse	162
Tabelle 3.3	Vergleichende Darstellung der Zulieferer-Zufriedenheitsstudien	164
Tabelle 3.4	Vergleichende Darstellung der Händler-Zufriedenheitsstudien	167
Tabelle 3.5	Operationalisierung der unabhängigen Variablen	168
Tabelle 3.6	J. D. Power and Associates Kundenzufriedenheitsstudie	172
Tabelle 3.7	Studie zur Markenpositionierung in der europäischen Automobilwirtschaft	172
Tabelle 3.8	Operationalisierung der unabhängigen Variablen	174
Tabelle 3.9	Forschungsstrategien in unterschiedlichen Forschungskontexten	175
Tabelle 3.10	Fallstudientypen	177
Tabelle 3.11	Durchgeführte Interviews	183
Tabelle 3.12	Methode der Datenerhebung	184
Tabelle 3.13	Auswahlkriterien für die Fallstudien	192
Tabelle 3.14	Vorliegende Forschungssituation und Auswahl der Forschungsmethode nach Yin	193
Tabelle 3.15	Gütekriterien zur Evaluierung von Fallstudien in der vorliegenden Untersuchung	194
Tabelle 4.1	Produktportfolio und die bedeutendsten Fertigungsstätten für Audi Produkte	198
Tabelle 4.2	Bedeutende Zuliefererparks der Audi AG	202
Tabelle 4.3	Informelle Bindung in der Produktion	204
Tabelle 4.4	Informelle Bindung in der Distribution	205
Tabelle 4.5	Ökonomische Leistungsdaten der Wertschöpfungsakteure	207
Tabelle 4.6	Relativer Verkaufserfolg der Audi Modellpalette	208

Tabelle 4.7	Produktportfolio und die bedeutendsten Fertigungsstätten der BMW AG	210
Tabelle 4.8	Bedeutende Zuliefererparks der BMW AG	214
Tabelle 4.9	Informelle Bindung in der Produktion	216
Tabelle 4.10	Informelle Bindung in der Distribution	216
Tabelle 4.11	Ökonomische Leistungsdaten der Wertschöpfungsakteure	218
Tabelle 4.12	Relativer Verkaufserfolg der BMW Modellpalette	219
Tabelle 4.13	Produktportfolio und die bedeutendsten Fertigungsstätten von Fiat Auto	222
Tabelle 4.14	Bedeutende Zuliefererparks von Fiat Auto	226
Tabelle 4.15	Produkte mit wesentlichem Anteil von Komponenten aus horizontalen Lieferbeziehungen	227
Tabelle 4.16	Informelle Bindung in der Produktion	229
Tabelle 4.17	Informelle Bindung in der Distribution	229
Tabelle 4.18	Ökonomische Leistungsdaten der Wertschöpfungsakteure	231
Tabelle 4.19	Relativer Verkaufserfolg von Fiat Auto (ohne Nutzfahrzeuge)	232
Tabelle 4.20	Produktportfolio und die bedeutendsten Fertigungsstätten von Mercedes-Benz Cars	234
Tabelle 4.21	Bedeutende Zuliefererparks von Mercedes-Benz Cars	239
Tabelle 4.22	Informelle Bindung in der Produktion	241
Tabelle 4.23	Informelle Bindung in der Distribution	241
Tabelle 4.24	Ökonomische Leistungsdaten der Wertschöpfungsakteure	243
Tabelle 4.25	Relativer Verkaufserfolg der Mercedes-Benz Car Modellpalette (ohne Nutzfahrzeuge)	244
Tabelle 4.26	Produktportfolio und die bedeutendsten Fertigungsstätten von Opel-Vauxhall	246
Tabelle 4.27	Bedeutende Zuliefererparks von GM Europe	251
Tabelle 4.28	Informelle Bindung in der Produktion	254
Tabelle 4.29	Informelle Bindung in der Distribution	254
Tabelle 4.30	Ökonomische Leistungsdaten der Wertschöpfungsakteure	256
Tabelle 4.31	Relativer Verkaufserfolg der Opel Modellpalette (ohne Nutzfahrzeuge)	257
Tabelle 4.32	Produktportfolio und die bedeutendsten Fertigungsstätten von Renault	260
Tabelle 4.33	Bedeutende Zuliefererparks von Renault	266
Tabelle 4.34	Informelle Bindung in der Produktion	267
Tabelle 4.35	Informelle Bindung in der Distribution	268
Tabelle 4.36	Ökonomische Leistungsdaten der Wertschöpfungsakteure	270
Tabelle 4.37	Relativer Verkaufserfolg der Renault Modellpalette (ohne Nutzfahrzeuge)	271

Tabelle 4.38	Produktportfolio und die bedeutendsten Fertigungsstätten von Toyota Motors Europe	273
Tabelle 4.39	Informelle Bindung in der Produktion	280
Tabelle 4.40	Informelle Bindung in der Distribution	281
Tabelle 4.41	Ökonomische Leistungsdaten der Wertschöpfungsakteure	283
Tabelle 4.42	Relativer Verkaufserfolg der Toyota Modellpalette (ohne Nutzfahrzeuge)	284
Tabelle 4.43	Produktportfolio und die bedeutendsten Fertigungsstätten von Volkswagen	286
Tabelle 4.44	Bedeutende Zuliefererparks der Volkswagen AG und Beteiligungsgesellschaften	291
Tabelle 4.45	Informelle Bindung in der Produktion	294
Tabelle 4.46	Informelle Bindung in der Distribution	294
Tabelle 4.47	Ökonomische Leistungsdaten der Wertschöpfungsakteure	297
Tabelle 4.48	Relativer Verkaufserfolg der Volkswagen Modellpalette (ohne Nutzfahrzeuge)	297
Tabelle 5.1	Globale Merkmale der europäischen Automobilwirtschaft	302
Tabelle 6.1	Pragmatische Gestaltungsempfehlung für die Wertschöpfungsorganisation	324

Abkürzungsverzeichnis

Abb.	Abbildung
Art.	Arikel
AT	Österreich
Aufl.	Auflage
BE	Belgien
BMW	Bayrische Motorenwerke
BR	Brasilien
Bsp.	Beispiel
CNPA	Conseil National de Professions de l'Automobil
CSI	Customer Satisfaction Index
CZ	Tschechische Republik
D	Deutschland
ES	Spanien
Eds.	Editors
et al.	et alii
etc.	et cetera
EU	Europäische Union
f.	folgende
F	Frankreich
ff.	fortfolgende
GVO	Gruppenfreistellungs-verordnung
GB	Großbritannien
Hrsg.	Herausgeber
HU	Ungarn
I	Italien
ICDP	International Car Distribution Programme
JIT	Just-in-Time
Jg.	Jahrgang
JP	Japan
Kfz.	Kraftfahrzeug
MX	Mexiko
Nfz.	Nutzfahrzeug
Nr.	Nummer
p.a.	per annum
PC	Personal Computer
PKW	Personenkraftwagen
PL	Polen
PT	Portugal
RMIF	Retail Motor Industry Federation
S.	Seite
s.	siehe
s.o.	siehe oben
s.u.	siehe unten
SK	Slowakei
SWOT	Strengths-Weaknesses-Opportunities-Threat
TR	Türkei
US	Vereinigte Staaten von Amerika
VDA	Verband der Automobilindustrie
vgl.	vergleiche
VW	Volkswagen
z.B.	zum Beispiel
ZDK	Zentralverband Deutsches Kraftfahrzeug-Gewerbe

1 Einleitung

Das einleitende Kapitel dient der Entwicklung der Frage- und Zielstellungen, die in der vorliegenden Arbeit fokussiert werden. Zunächst wird dazu dargestellt, warum ein neuer Ansatz zur Analyse von strategischen Wettbewerbsvorteilen notwendig erscheint. Konkret zeigen Entwicklungen in unterschiedlichen Industrien, dass eine unternehmenszentrierte Analyse von strategischen Wettbewerbsvorteilen der zunehmenden Bedeutung unternehmensübergreifender Wertschöpfungssystemen immer weniger gerecht wird. Daraus resultiert der Ansatzpunkt der vorliegenden Untersuchung, die eine unternehmensübergreifende Wertschöpfungsorganisationsbetrachtung wählt. In diesem Zusammenhang wird betrachtet, inwieweit komplexe Wertschöpfungssysteme im Kontext strategischer Analysen bereits Berücksichtigung gefunden haben. Hierzu wird der aktuelle Stand der Forschung zu Wettbewerbsstrategien und Wettbewerbsvorteilen nachgezeichnet. Daraus ergeben sich der Forschngsbedarf und die Frage- und Zielstellungen dieser Arbeit. Abschließend wird die Vorgehensweise dargestellt, wie die Fragestellungen im Verlauf der Arbeit bearbeitet und beantwortet werden sollen.

1.1 Zur Entwicklung der Fragestellung

Diese Arbeit fokussiert ein primäres Ziel ökonomischer Aktivitäten, die nachhaltige Werterschaffung. Im Fokus dieser Werterschaffung stehen die Akteure, die mit den ihren zur Verfügung stehenden Ressourcen, Informationen und Fähigkeiten Werte generieren (vgl. Normann und Ramirez 1998, S. 49). Der tatsächliche ökonomische Wert der Wertschöpfungsleistung wird vor allem durch die nachfragenden Akteure innerhalb des relevanten Marktes bestimmt (vgl. Reichwald und Piller 2006, S. 11). Die Wertschöpfung ist ein Zentrum unternehmerischen Handelns, wobei sowohl ein Mehrwert für den Kunden als auch ein ökonomischer Gewinn für die produzierenden Akteure zu generieren sind (vgl. Porter 1996, S. 61ff.). Eine bedeutende strategische Aufgabe zur Erzielung einer hohen Wertschöpfung besteht in der Akquisition, Koordination und Motivation dieser wertbeitragenden und -nachfragenden Akteure. Beeinflusst wird diese strategische Aufgabe unter anderem durch die Wechselbeziehung von Merkmalen der Nachfrage, der Technologien und der Wettbewerbsstrukturen sowie durch die verfügbaren Ressourcen.

Auf Grund stabiler Marktverhältnisse verfolgten Unternehmen in der Vergangenheit mehrheitlich einen hierarchischen Wertschöpfungsansatz mit tayloristischer Arbeitsteilung[1]. Die Wertschöpfung erfolgt in diesem Modell innerhalb klar definierter Unternehmensgrenzen mit einer strikten funktionalen Arbeitsteilung in der Aufbauorganisation (vgl. Reichwald und Piller 2006, S. 12). Dieser hierarchische Wertschöpfungsansatz erfordert eine Reihe spezifischer Voraussetzungen. Hierzu zählen langfristige und stabile Rahmenbedingungen, die Produktion und Distribution großer Mengen an homogenen Massengütern sowie ein begrenzter und transparenter Wettbewerb. Weitere Voraussetzungen dieses Wertschöpfungsansatzes sind niedrige Kosten für die Beschaffung natürlicher Ressourcen sowie hoch motivierte Mitarbeiter[2] in großer Menge (vgl. Picot et al. 2001, S. 9).

1 Taylors Ansatz des „Scientific Management“ (vgl. Taylor 1913) fokussiert in diesem Zusammenhang die Senkung von Produktionskosten, um eine maximale Produktivität und dadurch eine vorteilhafte Wettbewerbsposition als Unternehmen im Vergleich zu den Konkurrenzunternehmen zu erlangen. Primäres Ziel dieses Führungsansatzes ist die kontinuierliche Effizienz- und Kostenoptimierung innerhalb von Unternehmen.

2 Aus Gründen der besseren Lesbarkeit werden im Text weibliche Formen nicht explizit ausgeschrieben. Alle personenbezogenen Formulierungen beziehen sich auf weibliche und männliche Personen.

Die Verhältnisse in den Märkten gaben diesem Wertschöpfungstyp bis in die späten siebziger Jahre eine Rechtfertigung und Effizienzoptimierungen konnten innerhalb Unternehmen erzielt werden. Heute sind die notwendigen Prämissen für die meisten Branchen und vor allem in den etablierten Märkten jedoch nicht mehr vorzufinden (vgl. dazu zum Beispiel Picot et al. 2001, S. 8ff., Reichwald und Piller 2006, S. 11ff.).

Veränderte Wettbewerbssituationen und Marktatmosphären ergeben sich unter anderem durch Globalisierungsentwicklungen, innovative Informations- und Kommunikationstechniken sowie durch den Eintritt neuer Wettbewerber in einer Vielzahl unterschiedlicher Branchen (vgl. Picot et al. 2001). Neue Informations- und Kommunikationstechnologien führen in diesem Zusammenhang zu geringeren Informationskosten und zu höheren Marktransparenzen. Ein höheres Informationsniveau reduziert wiederum die Transaktionsrisiken und verstärkt die Wettbewerbsintensität. Immer kürzer werdende Produktlebenszyklen sind das Ergebnis eines immer rasanteren Technologiewandels und der Beschleunigung von Innovationsprozessen, was zu steigenden Kosten vor allem im Bereich der Forschung und Entwicklung führt. Diese Entwicklungen führen letztlich zu einem höheren Wettbewerb bei steigenden Kosten in der Produktion und Distribution. Unternehmen sind auf Grund dessen gezwungen, die Wettbewerbs- und Unternehmensstrategien zu überdenken, um sich in solchen dynamischen Marktumfeldern dem Wettbewerb erfolgreich stellen zu können.

Eine Vielzahl von Unternehmen reagiert auf die skizzierten Veränderungen mit Desintegrationsentscheidungen, die zu umfassenden Outsourcing Maßnahmen führen (vgl. zum Beispiel Pfeffer und Baron 1988, Sydow und Windeler 1994, Wirth 1994). Im Zuge dieser Reorganisationsprozesse entstehen komplexe Wertschöpfungssysteme, denen eine Vielzahl unterschiedlicher Akteure angehören und verschiedenste Wertschöpfungsleistungen beisteuern. Kooperative Formen der Wertschöpfung, die eine gemeinsame Nutzung von Ressourcen und Kompetenzen zur Erstellung von Sach- und Dienstleistungen verfolgen, gewinnen in diesem Prozess an Bedeutung (vgl. zum Beispiel Gulati 1998). Diese Wertschöpfungskooperationen können unterschiedliche Formen annehmen, die von Joint-Ventures über Entwicklungspartnerschaften bis hin zu punktuell-kurzfristigen Kooperationen reichen. Ein zentrales Ziel der Outsourcing Maßnahmen liegt in Effizienzsteigerungen, die durch Skaleneffekte und Transaktionskosteneinsparungen in Form des Fremdbezuges von spezialisierten externen Akteuren erreicht werden sollen.

Neue Formen der Wertschöpfung werden dabei nicht nur von den eigentlichen Produzenten initiiert, sondern auch die Kunden greifen zunehmend in die Wertschöpfung ein und gestalten Produkte und Dienstleistungen aktiv mit. Kunden wurden in der Vergangenheit lange als passive Wertempfänger angesehen, dieses verändert sich jedoch zunehmend durch neue Informations- und Kommunikationsmöglichkeiten und flexible Produktionsprozesse. Interaktive Wertschöpfungsansätze sind das Ergebnis von Desintegrationsprozessen, wobei die Kunden als determinierendes und gestaltendes Element in die Wertschöpfung integriert werden (vgl. Reichwald und Piller 2006). In diesem Zusammenhang entstehen Märkte und Branchen, in denen sowohl Produzenten, Zulieferer als auch Kunden ein gemeinsames Wertschöpfungskollektiv bilden (vgl. Dietl et al. 2008, S. 332)[3]. Die daraus resultierenden offenen, interaktiven Wertschöpfungssysteme unterscheiden sich grundlegend von den ehemals integrierten, hierarchisch koordinierten Systemen. Damit einher geht eine Neuverteilung von Rollen und Funktionen zwischen den individuellen Wertschöpfungsakteuren.

3 Internetportale sind ein typisches Beispiel von interaktiven Wertschöpfungssystemen.

Die Prämissen für strategische Entscheidungen und Aufgaben verändern sich analog, da nicht weiter ein einzelnes Unternehmen im Mittelpunkt einer Wertschöpfung steht. Vielmehr geht es bei strategischen Entscheidungen um die Ausrichtung, Konfiguration und Koordination komplexer Wertschöpfungssysteme, die dyadische bis hin zu netzwerkförmige Interakteursbindungen für die Produktion und Distribution eines bestimmten Produktes umfassen. Die Konsequenzen und langfristigen Implikationen dieser neu entstehenden Wertschöpfungssysteme sind unter Zuhilfenahme der etablierten strategischen Analysekonzepte schwer abzuschätzen. Die vorhandenen theoretischen Modelle fokussieren in erster Linie Branchenstrukturen und -merkmale (vgl. zum Beispiel Porter 2000, S. 28) oder Ressourcen und Kompetenzen einzelner Unternehmen (vgl. zum Beispiel Barney 1986, Peteraf 1993). Einzelne Akteure sind jedoch zunehmend nur noch ein Element oder Baustein eines komplexen Wertschöpfungsnetzwerkes.

Auch in Branchen mit stark etablierten Strukturen und Systemen zeigen sich nachhaltige Veränderungen. Ein aktuelles Beispiel ist die Automobilindustrie. Alternative Antriebskonzepte, wie der Elektroantrieb, werden beispielsweise zunehmend von spezialisierten Zulieferern entwickelt, und produziert. Diese Akteure dringen damit in einen Wertschöpfungsbereich ein, der bislang weitestgehend von den Automobilherstellern zentral kontrolliert und gesteuert wurde[4]. Bemerkenswert ist in diesem Zusammenhang, dass weite Teile anderer Fertigungsbereiche bereits von externen Lieferanten kontrolliert werden (vgl. Dietl et al. 2007, S. 6ff., Dannenberg et al. 2004, S. 18ff.). Auf Seite der Distributoren zeigen sich ähnliche Entwicklungen. Große Handelsgruppen übernehmen strategische Funktionen von Automobilherstellern oder versuchen diese sogar zu akquirieren[5]. Die Entwicklungen indizieren signifikante strategische Umbrüche in Bezug zu den etablierten Rollenverteilungen zwischen Lieferanten, Produzenten und Vertriebsakteuren.

Eine global zunehmende Wettbewerbsintensität führt darüber hinaus zu einer wachsenden Zahl horizontaler Kooperationen. Diese Form der Zusammenarbeit zwischen Wettbewerbern wird für viele Unternehmen attraktiver, da sich die Märkte durch zunehmende Unsicherheiten auszeichnen und Akteure gezwungen sind, Entwicklungs- und Produktionskosten einzusparen, Risiken zu reduzieren sowie Know-How und Ressourcengrenzen zu überwinden (vgl. Royer 2000, S. 2). Neue Werschöpfungsformen werden durch die wachsende Zahl vertikaler, horizontaler und lateraler Beziehungskonstellationen weiter vorangetrieben. Langfristig sind durch diese Entwicklungen nachhaltige Veränderungen auch in traditionellen Industrien zu erwarten, wobei sich vor allem für Lieferanten und Distributoren neue Potentiale zur Gestaltung gesamter Wertschöpfungssysteme ergeben[6].

4 Volkswagen hat im Jahr 2009 eine Kooperation mit dem japanischen Batteriehersteller Sanyo und Daimler mit dem Lieferanten Evonik zur Entwicklung von Elektroantrieben geschlossen. Bosch und Samsung-SDI avancieren gemeinsam die Entwicklung alternative Antriebe und versuchen zukünftige Antriebstechniken unabhängig von den eigentlichen Produzenten zu etablieren.

5 Die Penske Automotive Group plant im Jahr 2009 die Übernahme der GM Konzernmarke Saturn. Dieses beinhaltet die Automobilproduktion und die darin enthaltenen 13.000 Arbeitsplätze. Penske ist zudem alleinverantwortlich für die Groß- und Einzelhandelssteuerung der Daimler Konzernmarke Smart in den USA.

6 Das Projekt OScar (OScar steht für Open Source Car) ist ein Beispiel für eine vollständig interaktive und offene Wertschöpfung in der Automobilindustrie. Die Entwicklung und Konzeption des Fahrzeugs erfolgt nahezu ausschließlich durch Beiträge unterschiedlicher Ingenieure über die OScar Website. Dieses erfordert eine vollständige Standardisierung der Komponenten und Produktschnittstellen, wodurch eine integrative Wertschöpfungskontrolle überflüssig wird. Für weitere Informationen siehe http://www.theoscarproject.org.

Sich verändernde und neu entstehende Wertschöpfungssysteme erfordern neue Sichtweisen auf strategische Analysen. Dietl und Royer (2003, S. 408 und 424), Dietl, Franck und Royer (2008, S. 333) sowie Dietl, Royer und Stratmann (2007, S. 5, 2009a, S. 26 und 2009b, S. 441) betrachten in diesem Zusammenhang die Wertschöpfungsorganisation als neuen Gegenstand der Untersuchung. Unter Wertschöpfungsorganisation wird allgemein das Zusammenspiel aller Akteure verstanden, die einen Anteil an einer bestimmten Wertschöpfung haben (vgl. Dietl et al. 2009a, S. 26)[7]. Die Betrachtung der Wertschöpfungsorganisation geht über Unternehmensgrenzen hinaus und bezieht vertikale, laterale und horizontale Wertschöpfungspartnerschaften in die Analyse ein. Grundlegendes Kriterium zur Abgrenzung einer Wertschöpfungsorganisation ist das entstehende Produkt. Im Mittelpunkt der Untersuchung steht somit nicht länger ein einzelnes Unternehmen, sondern die Analyseperspektive bewegt sich auf das kollektive Wertschöpfungssystem.

Unterschiedliche Beispiele zeigen die Bedeutung der strategischen Konzeption einer Wertschöpfungsorganisation. Bestimmte Formen von Wertschöpfungsorganisationen haben in unterschiedlichen Branchen zu Wettbewerbsnachteilen oder gar zum Scheitern von Produkten geführt. Ein Beispiel stellt der „Wintelism-Effekt" in der PC Branche dar (vgl. zum Beispiel Dedrick et al. 2008, S. 4-5, Jacobides et al. 2006, S. 1209). Bis Mitte der achtziger Jahre war die Computerbranche vertikal integriert und die großen PC Produzenten IBM, DEC sowie eine Handvoll kleinere Wettbewerber[8] kontrollierten sämtliche Komponenten ihrer Mainframe Computer (vgl. Borrus und Zysman 1997, Lüthje 1998, 2001 und Slywotzky 1996). Wertschöpfungsaktivitäten wie Forschung und Entwicklung, Distribution, Marketing, Softwareentwicklung oder Kundendienst befanden sich unter der Kontrolle der PC Produzenten. Die wenigen ausgelagerten Prozesse wurden von den Herstellern hinsichtlich Design und Produktion kontrolliert und koordiniert. 1985 begannen die ursprünglich vertikal integrierten Computerhersteller zahlreiche Wertschöpfungsaktivitäten an selbständig agierende Akteure auszulagern und sich vorwiegend auf die Endmontage der Rechner zu konzentrieren. Dies setzte ein hohes Maß an Standardisierung der einzelnen Komponenten voraus. In der Folge entstanden Wertschöpfungsorganisationen, die durch lose Interakteursbindungen und einer zunehmenden Standardisierung der Produktkomponenten und Dienstleistungen geprägt waren. Die Auslagerung standardisierter Wertschöpfungsaktivitäten führte für die Hersteller zunächst zu immensen Kosteneinsparungen, die jedoch mit dem Verlust von Differenzierungsvorteile bezahlt werden mussten.

Die daraus entstandenen Differenzierungslücke und Standardisierungspotentiale nutzen Microsoft und Intel für die Etablierung eigener Produkte und Schnittstellen. In diesem Zusammenhang wurde der Begriff des „Wintelism" geprägt (vgl. zum Beispiel Borrus und Zysman 1997). Durch die Festsetzung von Technologiestandards konnten die ehemals hierarchisch kontrollierten Zulieferunternehmen eine starke Kontrolle in den Wertschöpfungsorganisationen der PC Produzenten übernehmen und sich die erzielten Wertschöpfungsgewinne überproportional stark aneignen (vgl. Jacobides et al. 2006, S. 1209). Die Effizienzvorteile eines umfassenden Fremdbezuges wurden durch die negativen ökonomischen Auswirkungen der Differenzierungsnachteile kompensiert (vgl. Dietl

7 Eine detaillierte terminologische Klärung und Erläuterung des Wertschöpfungsorganisationsbegriffs erfolgt in Abschnitt 2.3 dieser Arbeit.

8 Diese kleineren Wettbewerber werden oft unter der Abkürzung BUNCH (Burroughs, UNIVAC, NCR, Control Data Corporation und Honeywell) zusammengefasst.

et al. 2007, S. 2, Dietl et al. 2009a, S. 24-25). Dieses führte letztlich zu nicht mehr reparablen Wettbewerbsnachteilen für einzelne Wertschöpfungsorganisationen[9]. Die ausgeprägten Desintegrationsprozesse in den Wertschöpfungsorganisationen der PC Industrie führten dazu, dass im Zuge von Modularisierung und Standardisierung Differenzierungspotentiale vom Endprodukt auf einzelne Komponenten übertragen und die ökonomische Rentengenerierungskraft der Kernprodukte stark beeinträchtigt wurde (vgl. Dietl et al. 2007, S. 3)[10].

Andere PC Produzenten konnten diesem Differenzierungsdilemma mit alternativen Wertschöpfungsorganisationsformen entrinnen, was auf einen Zusammenhang zwischen Wertschöpfungsorganisationsgestaltung und strategischen Wettbewerbsvorteilen hindeutet. Der IBM Konkurrent Dell konnte sich durch eine stärkere zentrale Steuerung und Kontrolle der Wertschöpfungsprozesse sowie durch individualisierte Produkte und Dienstleistungen vorteilhaft im Markt gegen seine Konkurrenten behaupten und höhere Marktpreise erzielen[11]. Das Wertschöpfungsorganisationsmodell von Dell basiert auf einem integrierten Direktvertrieb und Build-to-Order Strategien für Volumenprodukte unter starkem Einbezug des Endkunden (vgl. Pine 1993, Reichwald und Piller 2006, S. 28-29, Sako 2003, S. 243)[12]. Apple konnte ebenfalls durch zentral gesteuerte Entwicklungs-, Produktions- und Distributionsprozesse die Kontrolle über das Endprodukt sowie über das unternehmenseigenes Know-how erhalten (vgl. Dedrick et al. 2008, S. 4 und S. 11ff.). Bei Apple ist der Anteil von standardisierten Zuliefererkomponenten, etwa von Microsoft und Intel, im Vergleich zu anderen PC Produzenten sehr viel geringer. Vielmehr hat Apple eigene Standards und Systeme implementiert und im Markt etabliert. Während Dell neue Wertschöpfungsstrategien in der Logistik[13], Montage und Distribution umsetzt, verfolgt Apple eine starke Kontrolle auch in der Entwicklung und Produktion des Endproduktes und der Komplementärprodukte. Die Verbreitung des Apple eigenen Betriebssystems ist beispielsweise durch die integrative Software-Hardwarelösung

9 In der Phase nach der ausgeprägten Desintegration von Wertschöpfungsprozessen verloren die Unternehmen IBM und DEC rund 55 Mrd. USD an Börsenwert. Im gleichen Zeitraum steigerten Microsoft, Intel, EDS und Novell ihren Unternehmenswert um mehr als 80 Mrd. USD (vgl. Müller-Stewens und Lechner 2005, S. 405). Obwohl der Personal Computer als eines der erfolgreichsten Produkte überhaupt gewertet werden kann, partizipierte der Marktpionier IBM ökonomisch nicht langfristig am Erfolg (im Jahr 1975 hat IBM den „Portable Computer 5100" am Markt vorgestellt; dieses Produkt wird als erster Computer angesehen, der für den Privatanwender konzipiert wurde). Im Jahr 2004 verkaufte IBM die für ihn unattraktiv gewordene PC Sparte an den chinesischen Konkurrenten Lenovo.

10 Auch in anderen Branchen, wie zum Beispiel den Fahrrad- oder Sportbekleidungsbranchen, führte die zu stark ausgeprägte Auslagerung von Wertschöpfungsaktivitäten zu einem Verlust des aus strategischer Sicht bedeutenden Differenzierungspotentials. Komponentenhersteller wie Shimano oder Gore erzielen dadurch Wettbewerbsvorteile und eignen sich den Großteil des geschaffenen Wertes an. Der Differenzierungsverlust führt in der Regel zu abnehmenden Wertschöpfungserträgen (vgl. Dietl et al. 2007).

11 Dell setzt auf eine produktionssynchrone Fertigungsstrategie (Just-in-Time) und verfolgt eine permanente Verbesserung der Montageprozesse, um Effizienz und Flexibilität zu optimieren. Die Distribution basiert überwiegend auf Internet- und Telefonverkauf sowie einem umfangreichen elektronischem Kundendienst. Im Vertrieb erreicht Dell hohe Kundenzufriedenheitswerte (vgl. Barney und Hesterly 2006). In der jüngsten Vergangenheit (seit etwa 2005) konnte Dell die Kunden allerdings immer weniger überzeugen. Ein Grund dafür mag in der Tatsache liegen, dass mit zunehmender Größe immer mehr auf reine Standardware gesetzt wurde (vgl. Reichwald und Piller 2006, S. 29).

12 Durch eine kundenauftragsbezogene, modulare Fertigungsstrategie ist es Dell gelungen, die Kunden stärker in die Wertschöpfung einzubeziehen und der Lagerproblematik anderer Massenhersteller zu entgehen. Auch kontrolliert Dell die Distribution im stärkeren Ausmaße durch die Wahl eines internet- und telefonbasierten Direktvertriebes (vgl. Reichwald, Piller 2006, S. 28-29)

13 In diesem Zusammenhang sind beispielsweise die JiT Beschaffung und die kundenindividuelle Konfiguration der Endprodukte zu nennen.

im Vergleich zum Konkurrenzprodukt von Microsoft eingeschränkt (vgl. Dedrick et al. 2008, S. 11ff. und Müller-Stewens und Lechner 2005, S. 141). Apple erzielt mit dieser integrativen Lösung jedoch weitaus höhere Stückrenten im Vergleich zu den Wettbewerbern. Die Desintegrationsprozesse sind in den Wertschöpfungsorganisationen von Dell und Apple zusammenfassend weniger stark ausgeprägt und die PC Produzenten übernehmen weiterhin zentral bedeutende Funktionen und Wertschöpfungsaktivitäten.

Vor dem Hintergrund der skizzierten Beispiele stellt sich die Frage, welchen Einfluss unterschiedliche Formen der Wertschöpfungsorganisation innerhalb bestimmter Branchen und Märkte auf die Wettbewerbsfähigkeit der Produkte und der wertbeitragenden Akteure ausüben. Vergleichsweise stark integrierte Formen von Wertschöpfungsorganisationen erscheinen beispielsweise auch in der überdurchschnittlich dynamischen Bekleidungsbranche vorteilhaft. Die Unternehmen mit den höchsten Wachstums- und Rentabilitätsdaten sind hochgradig integriert (vgl. Christopher et al. 2004, S. 368, Ferdows et al. 2004, S. 106, Royer et al. 2009c). Die zu den weltweit größten Textilunternehmen gehörende spanische Inditex Gruppe, mit der Kernmarke Zara, übt eine überdurchschnittliche zentrale Kontrolle und einen hohen Eigenleistungsanteil in allen Wertschöpfungsprozessen aus (vgl. Ferdows et al. 2004, S. 104ff.). Dieses basiert auf der Firmenphilosophie des Unternehmensgründers Armacio Ortega, der eine maximale Wertschöpfungsprozesskontrolle verfolgt: „Control what happens to your product until the customer buys it" (Ferdows et al. 2004, S. 106). Ein weiteres Beispiel für ein nahezu vollständig integriertes Textilunternehmen ist American Apparel, welches das Design und die Produktion der Konfektion als auch alle distributionsrelevanten Prozesse, wie Werbung, Logistik und Einzelhandel, in Eigenregie durchführt (vgl. Dietl et al. 2009b). Aus finanzieller Sichtweise sind beide Wertschöpfungssysteme als überdurchschnittlich erfolgreich zu bewerten und erreichen durch die spezielle Form der Wertschöpfung im Vergleich zum Wettbewerb nachhaltige Differenzierungsvorteile (vgl. zum Beispiel Hardman et al. 2007, Ferdows et al. 2004).

Weitere Beispiele zeigen, dass unterschiedliche Formen von Wertschöpfungsorganisationen je nach Branchen- und Wettbewerbsmerkmalen zu bestimmten Erfolgen führen. Eine stark integrierte Wertschöpfungsorganisation kann in Branchen, in denen das Vorhandensein einer Vielzahl hochwertiger und kompatibler Kern- und Komplementärprodukte wettbewerbsrelevant ist, die Bereitschaft der Kunden dämpfen, in eine Hardware zu investieren (vgl. Dietl und Royer 2003, S. 426). Das wiederum kann zu einem Scheitern des Produktes am Markt führen, obwohl es sich um ein ausgereiftes und innovatives Produkt handelt[14]. In der Videospielbranche ist das Vorhandensein einer Vielzahl hochwertiger kompatibler Produkte kaufentscheidend für die Kunden. Auch möchte sich der Kunden nicht an einen einzigen Hersteller binden, um nicht in ein Abhängigkeitsverhältnis zu geraten. Offene, durch Kooperation geprägte Wertschöpfungsorganisationen zeigen in diesem Marktkontext Vorteile hinsichtlich der Akquisition und Motivation von Komplementatoren. Die Verfügbarkeit von kompatiblen Produkten ist in Folge dessen in weniger integrierten

14 Sony führte mit dem Beta-System für Videorekorder beispielsweise ein überlegendes Produkt ein, setzte aber auf die falsche Wertschöpfungsorganisation. Die überlegene Wertschöpfungsorganisation schaffte Sonys Wettbewerber JVC durch die Einbettung des VHS-Systems in ein kooperatives Netz aus Partnern und Komplementatoren.

Organisationen stärker ausgeprägt (vgl. Dietl und Royer 2003)[15]. Die stärkere Integration des Kunden in den Wertschöpfungsprozess bedingt in diesem Zusammenhang eine stärkere Öffnung von Wertschöpfungssystemen (vgl. Reichwald und Piller 2006, S. 11ff.).

Die Gestaltung, Konzeption und Koordination von Wertschöpfungssystemen avanciert zusammenfassend zu einer strategischen Kernaufgabe. Die zuvor genannten Beispiele zeigen, dass die strategischen Zusammenhänge und Konsequenzen bestimmter Entscheidungen zur Gestaltung von Wertschöpfungsorganisationen oft nicht berücksichtigt wurden und daraus entsprechende Konsequenzen folgten. Im Kontext einer Wertschöpfungsorganisationsanalyse stellt sich die Frage, welcher Akteur die Konzeption und Koordination des Wertschöpfungssystems übernimmt und welches Ausmaß an Verfügungsrechten die einzelnen Akteure an den Ressourcen, den entstehenden Leistungen und Renten erhalten. Aus einer veränderten Sicht auf strategische Fragen ergeben sich entsprechend neue Anforderungen an die Analysemodelle.

1.2 Forschungsdefizite und offene Forschungsfragen

Im Mittelpunkt der vorliegenden Untersuchung steht die Analyse strategischer Wettbewerbsvorteile. Die Konzeptualisierung und theoretische Auseinandersetzung mit strategischen Wettbewerbsvorteilen kann unter verschiedenen Zielstellungen und Annahmen erfolgen. Im konkreten Kontext stellt sich die Frage, inwieweit die unterschiedlichen Konzepte zur Analyse strategischer Wettbewerbsvorteile bislang unter Berücksichtigung ganzheitlicher Wertschöpfungssysteme Anwendung fanden und welche Erklärungsbeiträge bislang erfolgten. Im ersten Schritt werden die klassischen Beiträge reflektiert, die sich mit der Wettbewerbsfähigkeit von Unternehmen und Organisationen befassen.

Ein Fokus der Auseinandersetzung mit der Wettbewerbsfähigkeit von Unternehmen liegt auf der Senkung der Produktions- und Transaktionskosten (vgl. zum Beispiel Williamson 1985, S. 18ff. und 1996, S. 3ff.). Das primäre Ziel dieses Analyseansatzes und des spezifischen Verständnisses von Wettbewerbsvorteilen ist die kontinuierliche Effizienz- und Kostenoptimierung innerhalb von Unternehmen. Die Transaktionskostentheorie betrachtet die Effizienz alternativer Organisationsformen zur Durchführung ökonomischer (Tausch-)Aktivitäten (vgl. zum Beispiel Williamson 1985, S. 15.). Aus Effizienzgesichtspunkten ist eine Transaktionsform dann vorteilhaft, wenn entsprechend des Transaktionsprozesses die anfallenden Produktions- und Transaktionskosten im Vergleich zu alternativen Formen geringer sind (vgl. Williamson 1996, S. 11ff.).

Die Transaktionskostentheorie wurde in einer Vielzahl von Beiträgen zur Make-or-Buy Frage als zugrunde liegendes Erklärungsmodell herangezogen (vgl. zum Beispiel Burr 2002, Dibbern und Heinzl 2001, Dillmann 1997, Hermesch 2002, Love und Roper 2002, Matiaske und Kabst 2002)[16].

15 In der Videospielbranche verfolgen beispielsweise die Wettbewerbsunternehmen Nintendo und Microsoft zwei unterschiedliche Wertschöpfungsstrategien. Nintendo kontrolliert die Produktion der Hard- und Softwarekomponenten in hohem Maße und vergibt Entwicklungs- und Produktionslizenzen nur unter strengen Auflagen. Microsoft hingegen lässt rechtlich und wirtschaftlich selbstständige Unternehmen durch die Offenlegung von Quellecodes und den Zugang zu Schnittstellen an der Wertschöpfung partizipieren. Während sich Nintendo durch die integrierte Wertschöpfungsform den Großteil der Wertschöpfung aneignen kann, erzielte Microsoft jedoch eine hohe Motivation der partizipierenden Akteure. Das für den Kunden relevante Angebot und Komplementärprodukten ist dadurch bei Microsoft sehr viel größer (vgl. Dietl und Royer 2003).

16 Vgl. für einen Überblick zu den unterschiedlichen Forschungsbeiträgen Gretzinger (2007).

Intensive Anwendung fand die Theorie zu Outsourcing Fragestellungen im Bereich der Produktion, insbesondere im Kontext der Automobilproduktion (vgl. zum Beispiel Baur 1990, Gerhard 1995, Langlois und Robertson 1989, Meissner 1994, Monteverde und Teece 1982a, Pointner 2004 und Walker und Weber 1984). Im Mittelpunkt steht hier die Frage, welche Aktivitäten innerhalb eines fokalen Unternehmens und welche an externe Akteure vergeben werden sollen. Effizienzziele bilden die Entscheidungskriterien für die Wahl eines geeigneten Arrangements unter Berücksichtigung der gegebenen Transaktionsmerkmale. Im Vergleich zur Zahl der transaktionskostentheoretischen Analysen in der Produktion fanden distributionlsrelevante Fragestellunge bislang jedoch weitaus weniger Beachtung (vgl. zum Beispiel Diez und Reindl 2005b, S. 71ff.).

Die Transaktionskostentheorie eröffnet Möglichkeiten, Potenziale zur Effizienzsteigerung im Kontext unterschiedlicher Transaktionsbeziehungen zu realisieren, lässt allerdings strategische Wettbewerbsvorteile in Form von Effektivitätssteigerungen außen vor (vgl. zum Beispiel Mellewigt 2003, S. 29). Im Fokus der Transaktionskostentheorie und den darauf aufbauenden Forschungsarbeiten steht die Minimierung von Transaktionskosten, nicht aber die Maximierung der ökonomischen Leistung und die Erzielung strategischer Wettbewerbsvorteile. Das Wintelism Beispiel der PC Branche zeigt jedoch, dass neben Effizienz- auch Effektivitätsziele zu berücksichtigen und mit entsprechenden Strategien zu verfolgen sind (vgl. Pisano und Teece 2007, S. 283). Unternehmen wie IBM haben die strategischen Wirkungszusammenhänge und Konsequenzen einer effizienzgetriebenen Desintegrationsstrategie offensichtlich nicht ausreichend berücksichtigt (vgl. zum Beispiel Borrus und Zysman 1997). Die effiziente Gestaltung einer Wertschöpfung ist eine notwendige, jedoch keines Falls mehr hinreichende Bedingung zur Erzielung von Wettbewerbsvorteilen. Offene Fragestellungen ergeben sich dahingehend, wie eine Wertschöpfung effizient und gleichzeitig effektiv gestaltet werden kann. Viele Branchen und Industrien geraten zunehmend in ein Differenzierungsdilemma, das durch einen Zielkonflikt zwischen Effizienz- und Effektivitätszielen geprägt ist (vgl. Dietl et al. 2007, 2009a und 2009b). Strategische Effektivitätsziele stehen zusammenfassend nicht im Mittelpunkt der Transaktionskostentheorie.

Effektivitätsüberlegungen sind der Ausgangspunkt der ökonomisch orientierten Theorien des Strategischen Managements. Diese Konzepte befassen sich allgemein mit der Analyse von Unternehmen und Märkten und verfolgen in diesem Zusammenhang die Zielsetzung, mit welchen Strategien die Wertschöpfung nachhaltig zu erhöhen ist (vgl. zum Beispiel Royer 2005, S. 68ff.). Strategie bedeutet in diesem Zusammenhang ein langfristiges Management, welches solche Einflussgrößen gestaltet, die zur Stärkung der Stellung des Unternehmens im Markt führen (vgl. Schweizer et al. 2001, S. 97). Die einzelnen Beiträge unterscheiden sich trotz einer bestehenden Komplementarität deutlich voneinander und fokussieren unterschiedliche strategische Zielstellungen und entsprechende Theoriemodelle.

Michael Porter (vgl. zum Beispiel 2000, S. 25ff.) als dominanter Vertreter des sogenannten Market-based View prägte die Analyse strategischer Wettbewerbsvorteile in den 1980er Jahren. Porter verfolgt eine Analyse des (relativ stabilen) Unternehmensumfeldes mit dem Ziel, Strategien zu entwickeln, wie Unternehmen Marktunvollkommenheiten zur vorteilhaften Positionierung in einer Branche ausnutzen und somit monopolistische Renten erzielen können. Die Forschungsbeiträge des industrieökonomischen Market-based Views betrachten das Wettbewerbsumfeld, um darauf hin Strategiealternativen, wie beispielsweise eine Differenzierungsstrategie, zu bewerten[17]. Die Unternehmensumwelt übt gemäß des zentralen Verständnisses der Industrieökonomik den bedeutenden Einfluss auf die Unternehmensstrategie aus (vgl. Porter 1992, S. 25ff.). Der Market-based View impliziert eine Ausblendung der internen Merkmale von Unternehmen, da der Untersuchungsfokus auf die externe Unternehmensumwelt gerichtet ist. In diesem Kontext stellt sich unter anderem die Frage, warum Unternehmen bei der Wahl gleicher Strategieansätze zu unterschiedlichen Positionen im Wettbewerb gelangen können (vgl. Müller-Stewens und Lechner 2005, S. 145-147).

Die im Market-based View postulierte Homogenitätsannahme und das Fehlen einer dynamischen Modellkomponente wird vor dem Hintergrund neu entstehender und sich dynamisch entwickelnder Wertschöpfungssysteme zunehmend infrage gestellt. Vor dem Hintergrund der an Bedeutung gewinnenden kooperativen Wertschöpfungssysteme erscheint die Sichtweise Porters auf Interakteursbeziehungen nicht ausreichend, da Porter diese eher als kompetitiv denn als kooperativ betrachtet (vgl. Lavie 2006, S. 639). Gerade kooperative Zusammenarbeitsformen, die in der Gesamtheit eine Wertschöpfungsleistung prägen, formen zunehmend die Wettbewerbslandschaft unterschiedlicher Branchen. Diese Entwicklung wird durch Porters Market-based View Ansatz nur wenig berücksichtigt (vgl. Brandenburger und Nalebuff 1996). Aus Sicht einzelner Akteure geht es nicht mehr nur um die wettbewerbliche Positionierung innerhalb von Märkten, sondern um die Positionierung innerhalb eines Wertschöpfungssystems, das wiederum mit anderen Wertschöpfungsorganisationen im Wettbewerb steht. Die Attraktivität und Leistungsfähigkeit des Wertschöpfungssystems ist ausschlaggebend für die Wettbewerbsfähigkeit der einzelnen Akteure (vgl. Dietl et al. 2009b, S. 441ff.). Wettbewerbsvorteile basieren in dynamischen Märkten immer weniger auf der langfristigen Ausnutzung von Marktunvollkommenheiten durch einen einzelnen Akteur. Im Wettbewerb stehen Organisationskollektive, in denen die Wertschöpfung durch die Konfiguration der inhärenten Akteure, deren Ressourcen und der Wertschöpfungsaktivitäten determiniert wird (vgl. Dietl et al. 2009b, S. 443). Die zunehmende Wettbewerbsdynamik und neue Formen der Wertschöpfung stellen langfristige Positionierungsüberlegungen für einzelne Unternehmen zunehmend infrage (vgl. Dietl et al. 2009a, S. 29-30).

Ausgehend von der Kritik an den industrieökonomischen Ansätzen rückte eine intensive Auseinandersetzung mit internen Ressourcen und Fähigkeiten von Unternehmen in den Mittelpunkt der Erklärung strategischer Wettbewerbsvorteile (vgl. zum Beispiel Barney 1991, Grant 1991, Peteraf 1993). Es geht um die Generierung sogenannter Ricardianischer Renten auf der Grundlage knapper unternehmenseigener Ressourcen. Basierend darauf analysiert der Dynamic Capabilities View den Aufbau besonderer Fähigkeiten in Unternehmen zur Erzielung von Wettbewerbsvorteilen in einem von Innovation und Substitution gekennzeichneten Wettbewerbsumfeld. Strategische Wettbewerbsvorteile werden hier anhand sogenannter Schumpeter Renten konzeptualisiert (vgl. zum Beispiel Makadok 2001). Die Ressourcen eines Unternehmens stehen im Fokus des Resource-based Views, wodurch dieser Ansatz des Strategischen Managements von der Homogenitätsannahme des Market-based Views Abstand nimmt (vgl. Peteraf 1993). Eben in der Verschiedenheit von Unternehmen begründet der Resource-based View die Ursachen strategischer Wettbewerbsvorteile.

17 Als strategische Entscheidungsalternativen empfiehlt Porter (2000, S. 37ff.) die Kostenführerschaft, die Differenzierungsstrategie oder die Konzentration auf eine Nische.

Der Resource-based View findet in Forschungsarbeiten Anwendung, die sich mit der Identifikation, der Akquisition und dem Schutz strategisch wichtiger Ressourcen befassen. In diesem Zusammenhang werden beispielsweise die Wettbewerbspotentiale von Unternehmensübernahmen vor dem Hintergrund der damit einhergehenden Ressourcenakquisitionen beleuchtet (vgl. zum Beispiel Metzenthin 1999, Seifert 2001). Darauf basierend kann der Wertzuwachs der geplanten Übernahme durch die Betrachtung der Ressourcen bewertet werden. Weitere dominante Anwendungsfelder des Resource-based Views stellen Arbeiten zu Fragen der Wertschöpfungstiefe und den damit verbundenen Make-or-Buy Entscheidungen dar (vgl. zum Beispiel Argyres 1996, Aubert et al. 2004, Espino-Rodrigriguez und Padron-Robaina 2006, Gilley und Rasheed 2000, Klass et al. 2001, Leiblein und Miller 2003, McIvor 2000, Murray et al. 1995, Poppo und Zenger 1998, Quinn und Hilmer 1994 und Teng et al. 1995).

Aus Sicht des Resource-based Views fußen Wettbewerbsvorteile auf der Qualität und der Einzigartigkeit von Ressourcen (eines Unternehmens). Eine strategische Aufgabe für das Management ist die Identifikation, der Auf- und Ausbau und der Schutz dieser Ressourcen innerhalb des Unternehmens (vgl. Wernerfelt 1984, S. 172). Im Kontext von Outsourcing Entscheidungen stellt sich die Frage, inwieweit die Ressourcenheterogenität eines einzelnen Unternehmens weiter abgesichert bleibt. Konkret ist aus Sicht des Resource-based Views die interne Absicherung der strategisch wertvollen Ressourcen sicherzustellen, was eine Outsourcing Entscheidung beeinflusst. Diese Frage wird im Kontext des Resource-based Views von unterschiedlichen Forschungsarbeiten aufgenommen (vgl. zum Beispiel Bühner und Tuschke 1997, Dibbern und Heinzl 2001, Lover und Roper 2002). Die unternehmensübergreifende Einbettung von Ressourcen wird im klassischen Resource-based View allerdings nicht berücksichtigt. Ein prägendes Merkmal des Resource-based View ist die Sicht auf ein einzelnes Unternehmen und auf dessen Ressourcen (vgl. zum Beispiel Duschek 2002 und 2004, S. 65, Moran und Goshal 1999, S. 409).

Duschek und Sydow (2002, S. 428) sehen in diesem Zusammenhang Forschungsdefizite hinsichtlich der Analyse solcher Ressourcen, die in ein Beziehungsnetzwerk von Ressourcen eingebunden sind. Diese Kritik gewinnt bei einer ganzheitlichen Betrachtung von Wertschöpfungssystemen weiter an Relevanz, da das Konzept des Resource-based Views einen unternehmensinternen Analysefokus verfolgt. Diese Forschungslücke ist auch im Kontext des Dynamic Capabilities View zu konstatieren, der die Innovationsleistung einzelner Unternehmen fokussiert und dabei komplexe Wertschöpfungsnetzwerke weitestgehend außer Acht lässt (vgl. zum Beispiel Jacobides et al. 2006, S. 1202). Konkret stellt sich aus diesen Forschungslücken die Frage, inwieweit strategische Wettbewerbsvorteile durch die gemeinsame Nutzung strategisch bedeutender Ressourcen und Fähigkeiten erzielt werden können.

Die Vertreter des relativ jungen Relational Views haben die Kritik am Resource-based View aufgenommen und berücksichtigen Ressourcen von solchen Unternehmen, die in Netzwerke eingebunden sind (vgl. Dyer und Singh 1998 und Lavie 2006). Duschek und Sydow (2002) befassen sich in diesem Zusammenhang mit der Fragestellung, wie unternehmenseigene Ressourcen in Partnerschaften geschützt werden können, während gleichzeitig Vorteile einer gemeinsamen Ressourcennutzung erreicht werden sollen. Dyer und Singh (1998) und Lavie (2006) haben einen bedeutenden Beitrag zur Weiterentwicklung des Resource-based View geleistet, indem sie das theoretische Konzept um das Element einer relationalen Ressourcenbetrachtung ergänzt haben.

Aus Perspektive eines ganzheitlichen Wertschöpfungssystems ist aus Ressourcensicht relevant, inwieweit unternehmenseigene Ressourcen anderen Akteuren zur Verfügung gestellt werden können, ohne die darauf basierenden Wettbewerbsvorteile zu gefährden. Eng an eine ganzheitliche, unternehmensübergreifende Betrachtung von Wertschöpfungssystemen sind Fragen zum Ausmaß der Motivation der einzelnen Akteure und Fragen zur Minimierung der Opportunismusgefahr geknüpft (vgl. Dyer und Singh 1998). Im Kontext einer Ressourcenbetrachtung stellt sich die Frage, wie die Akteure dazu motiviert werden können, die relevanten Ressourcen möglichst wertschaffend für das gesamte Wertschöpfungssystem einzubringen und Ressourcen anderer nicht opportunistisch zu nutzen. In Wertschöpfungssystemen geht es zusammenfassend nicht nur um die Akquisition der Ressourcen, sondern auch um den Schutz distinktiver Ressourcen der einzelnen Akteure sowie um die Absicherung der Netzwerkressourcen. Darüber hinaus spielt die Motivation der Ressourcenlieferanten und -nutzer eine Rolle, im Sinne des Organisationskollektivs zu handeln. Der Forschungsstand zu diesen Fragen ist gering, da sich der Relational View weiterhin in der Konzeptionsphase befindet und der Fokus eher auf der Modellkonzeption denn bereits auf dessen empirischer Überprüfung liegt (vgl. Lavie 2006).

Für das vorliegende Forschungsvorhaben ist zu konstatieren, dass Untersuchungen zu unternehmensübergreifenden Wertschöpfungssystemen bislang wenig oder gar nicht auf den theoretischen Konzepten des Strategischen Managements basieren (vgl. dazu Lavie 2006, S. 639). Die vorhandenen Forschungsarbeiten erfolgten weitestgehend getrennt von den Analysemodellen des Strategischen Managements. Auf Fragen, wie sich welche Form der Zusammenarbeit auf die Motivation der Akteure auswirkt, distinktive Ressourcen wertschaffend einzubringen, wurde beispielsweise bislang wenig eingegangen (vgl. dazu Gulati 1998 und Lavie 2006). Der Zusammenhang zwischen der Kooperationsform und der Wettbewerbsfähigkeit einzelner Akteure wurde bislang ebenfalls wenig erforscht (vgl. dazu Arbeiten von Lee et al. 2001, McEvily und Zaheer 1999, Rothaermel 2001, Saxton 1997, Singh und Mitchell 1996, Stuart et al. 1999, Stuart 2000). Prominente Fragen der klassischen Beiträge zu Unternehmenskooperationen adressieren die Langlebig- und Nachhaltigkeit von Kooperationen (vgl. zum Beispiel Beamish 1987) oder bewerten den Erfolg der Kooperation auf Grundlage des Zielerreichungsgrades einzelner Akteure (vgl. zum Beispiel Dollinger und Golden 1992). Festzuhalten bleibt ein umfassender Forschungsbedarf zu unternehmensübergreifenden Wertschöpfungssystemen unter Berücksichtigung strategischer Fragestellungen. Dieses Forschungsdefizit ist Ausgangspunkt der vorliegenden Arbeit.

Ein Schritt in Richtung eines strategischen Wertschöpfungsansatzes stellen die Untersuchungen zu Industriearchitekturen dar, wenngleich der eigentliche Begriff Industriearchitektur bislang wenig präzisiert und differenziert angewendet wird (vgl. dazu auch Dedrick et al. 2008, S. 4ff.). Unter Architektur wird in diesem Forschungsfeld die Konzeption und Gestaltung eines konstruierten Systems verstanden. Im Fokus steht die Architektur einer bestimmten Branche beziehungsweise Industrie. Gemein haben die Beiträge zu Industriearchitekturen eine unternehmensübergreifende Sichtweise. Der Architekturbegriff lehnt sich in diesem Kontext stark an die Definition zur Produktarchitektur an (vgl. dazu Baldwin und Clark 2006 sowie Sako 2003)[18]. In Folge der gemeinsamen Definitionselemente wird ein (direkter) Zusammenhang zwischen der Produkt- und Industriearchitektur thematisiert und von Forschungsarbeiten diskutiert (vgl. dazu Dedrick et al. 2008, S. 23).

Pisano und Teece (2007, S. 283f.) fassen unter dem Begriff der Industriearchitektur die Struktur und Allokation der Funktionen und Wertschöpfungsrollen zwischen den Akteuren innerhalb einer Industrie zusammen. Dabei spielt es eine Rolle, welche Merkmale die Schnittstellen zwischen den einzelnen Akteuren und deren unterschiedlichen Leistungsbeiträgen und -komponenten aufweisen. Jacobides et al. (2006) sprechen in ihrem Forschungsbeitrag ebenfalls von Industriearchitekturen. Industriearchitektur wird demnach als das Zusammenspiel zwischen ko-spezialisierten Akteuren verstanden, wodurch die Industriestruktur determiniert wird (vgl. Jacobides et al. 2006, S. 1202). Die Industriearchitektur reflektiert die branchenweiten Strukturen und die Verteilung der Rollen und Aufgaben zwischen den spezialisierten Akteuren, wobei die Architekturgestaltung teilweise direkt beeinflussbar und teilweise ein Produkt der Umgebung ist: „Architectures provide the contours and framework within which actors interact. They are usually partly designed (e.g. regulation de facto, by standards), and partly emerged (by the creation of socially understood templates and means to coordinate economic activities)" (Jacobides et al. 2006, S. 1203). Die konstituierenden Fragestellungen sind in diesem Kontext, wer welche Funktionen für die Werterschaffung übernimmt und welche Entlohnung dafür gewährt wird.

Im konkreten Forschungskontext von Jacobides et al. (2006) werden Industriearchitekturen daraufhin untersucht, inwieweit spezifische Architekturformen die Innovationsleistung fördern und welchen Vorteil die einzelnen Akteure daraus ziehen können (vgl. Jacobides et al. 2006, S. 1202). Die Untersuchung basiert auf der Annahme, dass einzelne Akteure die Architekturen beeinflussen und die Schnittstellen zwischen den Akteuren definieren. Die Autoren sprechen bei Wettbewerbvorteilen von „Architectural Advantages" (vgl. Jacobides et al. 2006, S. 1202). Das theoretische Konzept der Untersuchung orientiert sich an den prominenten Arbeiten von Teece (1986) und Teece et al. (1997), in denen die Innovationskraft und die ausschlaggebenden Determinanten innerhalb Unternehmen und dyadischen Partnerschaften thematisiert werden. Berücksichtigt werden in diesem Zusammenhang auch Elemente des Resource-based und Dynamic Capabilities Views sowie Annahmen der Transaktionskostentheorie, wodurch eine Brücke zu einer unternehmensübergreifenden, strategischen Wertschöpfungsanalyse geschlagen wird.

Ein Forschungsschwerpunkt der Beiträge zu Industriearchitekturen liegt darauf, inwieweit einzelne Akteure die Zusammearbeit zwischen spezialisierten Lieferanten koordinieren und die unterschiedlichen Leistungskomponenten so gestalten können, um sowohl Innovationen zu erzielen als auch die Innovationserträge abzuschöpfen. In diesem Zusammenhang wird die Position eines Innovations- beziehungsweise eines Systemführers eingenommen (vgl. Ferguson und Morris 1993, S. 87,

18 Einen zentralen Beitrag zur Definition von Produktarchitekturen liefert Ulrich (vgl. 1995, S. 419). Die Produktarchitektur definiert demnach die Zusammensetzung und Struktur der Teilemente eines Produktes, die Art der Beziehungen zwischen Komponenten und Funktionen und konfiguriert die Schnittstellen zwischen den Produktelementen. Drei wesentlich Konstruktionselemente spielen hier eine Rolle, 1. die Anordnung der funktionalen Elemente des Produkts und die Identifikation der Funktionszusammenhänge zwischen den Produktelemente, 2. die Zuordnung einzelner Produktfunktionen zu den physischen Komponenten des Produkts sowie 3. die Spezifikation der physischen Komponentenschnittstellen innerhalb des Endprodukts. Eine gesonderte Betrachtung von Dienstleistungsarchitekturen hat Burr (2002, S. 10) durchgeführt.

Iansiti und Levien 2004). Ferguson und Morris (1993) befassen sich mit der strategischen Konzeption von Wertschöpfungsarchitekturen in der Computer Industrie und grenzen verschiedene Architekturtypen anhand der intraorganisationalen Rollen- und Funktionsverteilungen ab. Dabei gehen sie davon aus, dass der Akteur einen Wettbewerbsvorteil erlangt, der eigene Standards innerhalb des Wertschöpfungssystems langfristig durchsetzt und diese proprietär kontrolliert (vgl. Ferguson und Morris 1993, S. 88). Die Autoren sprechen hier von der „Bottleneck“ Schlüsselposition und nehmen das Wintelism Beispiel in der Computer Branche auf (vgl. Ferguson und Morris 1993, S. 92 sowie auch Dedrick et al. 2008, S. 3ff. und Jacobides et al. 2006, S. 1208)[19]. Ferguson und Morris sehen eine bedeutende Managementaufgabe zur Gestaltung der Architektur darin, eine Balance dazwischen zu finden, inwieweit die Wertschöpfung auf der einen Seite zentral kontrolliert und auf der anderen Seite spezialisierten Akteuren der Zugang zum Wertschöpfungssystem unter Gewährung bestimmter Autonomien gewährt werden sollte. Geschlossenen, integrierten Systemen wird eine geringe Wettbewerbsfähigkeit postuliert (vgl. Ferguson und Morris 1993).

Einen ähnlichen Ansatz und Forschungsperspektive verfolgen Iansiti und Levien (2004). In ihrem Beitrag „The Keystone Advantage“ differenzieren die Autoren unterschiedliche Systemführungstypen und postulieren anschließend einen Zusammenhang zur Wertschöpfungskraft des gesamten Systems. Ähnlich zur „Bottleneck“ Schlüsselposition, die von Ferguson und Morris (1993) thematisiert wird, wir hier die Keystone Position beschrieben, die von einem Systemführer eingenommen werden sollte. Ein besonderer Fokus liegt auf der Rentenverteilung beziehungsweise auf der Aneignung von Renten durch den Systemführer und die Konsequenzen für die Motivation der weiteren Wertschöpfungspartner (vgl. Iansiti und Levien 2004). Die Perspektive eines fokalen Systemführers und dessen Vermögen, das Wertschöpfungssystem strategisch zu gestalten und zu kontrollieren, wird von der überwiegenden Anzahl der verfügbaren Forschungsbeiträgen eingenommen (vgl. dazu Dedrick et al. 2008).

In der deutschsprachigen Literatur wird erst vereinzelt der Begriff der Wertschöpfungsarchitektur im Zusammenhang mit der Konzeption und Gestaltung unternehmensübergreifender Wertschöpfungsaktivitäten verwendet. Heuskel (1999) verwendet den Begriff zur Systematisierung unterschiedlicher Wertschöpfungsarchitekturtypen. Die Differenzierung von vier unterschiedlichen Wertschöpfungsarchitekturen erfolgt anhand der Rolle und der Funktion des originären Systemarchitekten[20]. Stähler (2002) und Niethammer und Weber (2009) setzen die Architektur der Wertschöpfung mit einem strategischen Geschäftskonzept in einen gemeinsamen thematischen Kontext und konzentrieren sich auf die Fragestellung, wie die Wertschöpfungsleistung in welcher Konfiguration erstellt wird. In diesem Verständnis beschreibt die Wertschöpfungsarchitektur die verschiedenen Stufen der Wertschöpfung sowie die Rollenverteilung für die wirtschaftenden Agenten im Wertschöpfungsprozess (vgl. Stähler 2002, S. 41). Gerstein und Shaw (2006) verwenden den Begriff der Organisationsarchitekturen, bleiben bei der Definition, Erklärung und Analyse des Begriffes jedoch relativ unkonkret.

---

19 Vgl. dazu Abschnitt 1.1. dieser Arbeit.

20 Heuskel (1999) differenziert zwischen dem Layer Player, dem Market Maker, dem Orchestrator sowie dem Integrator. Die unterschiedlichen Architekturtypen werden daran klassifiziert, inwieweit der Systemarchitekt die Wertschöpfung selber kontrolliert und beispielsweise einzelne Wertschöpfungsstufen ergänzt oder auslagert.

Eine dominante Frage der aufeinander aufbauenden Untersuchungen zu Industrie- und Wertchöpfungsarchitekturen ist, wie einzelne Unternehmen durch die Manipulation der Architektur überdurchschnittliche (innovationsbasierte) Vorteile generieren können[21]. Eine daraus resultierende Fragestellung ist, welche Leistungen spezifisch innerhalb des fokalen Systemarchitekten geleistet und welche Teilaktivitäten in welcher Form durch spezialisierte Akteure fremdbezogen werden sollten: „ Firms may be able to shape the architecture of their industry by internalizing a vital complementary activity or by supporting competition and innovation among complementors" (Dedrick et al. 2008, S. 4). In diesem Zusammenhang werden auch die Konsequenzen einer zunehmenden Modularisierung innerhalb der Produkt- als auch Industriearchitekturen thematisiert. Konrekt wird betrachtet, wie eine Modularisierung der Produkt- und Organisationsarchitekturen aus Sicht eines Akteurs für Kosteneinsparungen genutzt werden können, ohne Innovations- und Systemkontrollverluste zu erleiden (vgl. Baldwin und Clark 1997 und 2000). Der Zusammenhang zwische Produkt- und Industriearchitektur ist eine weitere zentrale Forschungsfrage im Kontext der gesichteten Untersuchungen.

Zusammenfassend betrachten die vorhandenen Forschungsbeiträge die Zuweisung der Wertschöpfungsrollen, die Definition der Interakteursschnittstellen und die Verteilung der Wertschöpfungsgewinne als die zentralen Gestaltungsdeterminanten einer Industrie- beziehungsweise Wertschöpfungsarchitektur (vgl. Jacobides et al. 2006). Die Forschungsansätze nehmen stark die Position eines einzelnen Akteurs ein und betrachten aus dessen Perspektive die architektonischen Gestaltungsmöglichkeiten, um aus Innovationsvorteilen nachhaltig einen überdurchschnittlichen Mehrwert individuell zu generieren. Dazu ist aus der Perspektive eines einzelnen Akteurs eine dominante, eine Architektur gestaltende Position innerhalb der Industrie zu wählen: „We find that firms can benefit from innovation by managing the industry's architecture carefully so they become the "bottlenecks" of their industry" (Jacobides et al. 2006, S. 1208). Der Industriearchitekturansatz fokussiert den Zusammenhang zwischen Industriearchitekturformen und Innovationsvorteilen und betrachtet konkret, wie einzelne „Innovatoren" einen möglichst großen Anteil an den erzielten Innovationsvorteilen abschöpfen können. Wenig Beachtung finden in den Forschungsarbeiten die unterschiedlichen Zusammenarbeitsformen zwischen den Akteuren innerhalb einer Industriearchitektur und deren Auswirkungen auf strategische Wettbewerbsvorteile.

Die identifizierte Forschungslücke wird von den Untersuchungen von Dietl und Royer (2003) sowie Dietl et al. (2007, 2008, 2009a und 2009b) aufgenommen. Im Mittelpunkt dieser Forschungsarbeiten steht die Wertschöpfungsorganistion (vgl. Dietl et al. 2009b, S. 441) beziehungsweise die Value Creation Architecture (vgl. Dietl et al. 2009a, S. 26). In diesem Verständnis wird die Wertschöpfungsorganisation als soziales System unterschiedlicher Akteure verstanden, wobei vor allem die Interakteursbeziehungen und Koordinationsinstrumente im Forschungsfokus stehen. Sako (2003) konzentriert sich ebenfalls auf den Begriff Organisation und nutz den Begriff Organisationsarchitektur. Die Definition dieses Begriffes orientiert sich analog zur Industriearchitektur an dem Verständnis zur Produktarchitektur: „ By analogy to product architecture, organization architecture may be defined as a scheme by which tasks are allocated to organizational units and by which those units interact and coordinate with each other" (Sako 2003, S. 235). Eine zentrale Fragestellung ist in

21 Jacobides et al. (2006) berücksichtigen in diesem Zusammenhang rechtliche und regulative Einflussfaktoren, die die Industriearchitekturen beeinflussen und Grenzen für die Gestaltungsautonomie der Architekten setzen.

diesem Kontext der Zusammenhang zwischen Produkt- und Organisationsarchitektur. Strategische Fragestellungen stehen jedoch nicht im Vordergrund.

Der Untersuchungsgegenstand Wertschöpfungsorganisation wird von Dietl und Royer (2003) sowie Dietl et al. (2007, 2008, 2009a und 2009b) in Beziehung zu strategischen Wettbewerbsvorteilen gesetzt. Die Beiträge nehmen im Unterschied zur Mehrzahl der zuvor nachgezeichneten Beiträgen in erster Linie nicht die Position eines einzelnen Akteurs und dessen vertikalen Beziehungskonstellationen ein, sondern betrachten das ganzheitliche Zusammenspiel zwischen vertikal, lateral und horizontal verbundenen Wertschöpfungsakteuren[22]. Die Analyseperspektive bewegt sich auf dem kollektiven Wertschöpfungssystem sowie dessen strategischen Wettbewerbsvorteilen und Wertschöpfungsmöglichkeiten. Die Ursache für strategische Wettbewerbsvorteile wird in der Gestaltung, Koordination und Kontrolle des komplexen Interakteursnetzwerkes begründet (vgl. Dietl et al. 2009a, S. 26ff.).

Ein wesentliches Element der Untersuchungen sind die Interakteurskoordinationsmechanismen. Dietl und Royer (2003) untersuchen Wertschöpfungsorganisationen in der Videospielbranche und stellen die Vorteilhaftigkeit weniger integrierter Organisationsformen im spezifischen Industriekontext heraus. Wertschöpfungsorganisationsstrategien in zwei- und mehrseitigen Dienstleistungsmärkten werden durch Dietl et al. (2008) analysiert. Ziel der Untersuchung ist die Analyse von Zusammenhängen zwischen der Organisation von Wertschöpfungsaktivitäten und Wettbewerbsvorteilen in Branchen, in denen der Kunde als Koproduzent in den Wertschöpfungsprozess eingebunden wird. Die vorliegende Arbeit baut auf diesem Wertschöpfungsorganisationsverständnis auf und betrachtet aus dieser Analyseperspektive strategische Wettbewerbsvorteile.

Zusammenfassend zeigt sich ein umfassender Forschungsbedarf für die Analyse strategischer Wettbewerbsvorteile unter Berücksichtigung unterschiedlicher Typen von Unternehmenskooperationen und Allianzen (vgl. dazu zum Beispiel Das und Teng 2000, S. 33, Duschek 2004, S. 55ff., Dyer und Singh 1998, Lavie 2006, S. 638f.). Es fehlt die strategische Durchdringung von komplexen Wertschöpfungssystemen, die durch eine Reihe unterschiedlicher Akteure, Ressourcen und Aktivitäten innerhalb eines Wettbewerbsumfeldes determiniert werden (vgl. Chesbrough und Appleyard 2007, S. 62). Unternehmensübergreifende Analysen erfolgten mehrheitlich nicht auf den methodischen und konzeptionellen Grundlagen der Strategischen Managementtheorien (vgl. dazu Duschek 2004 und Lavie 2006).

Offene Fragestellungen ergeben sich vor dem Hintergrund der an Bedeutung gewinnenden unternehmensübergreifenden Wertschöpfungssystemen hinsichtlich der strategischen Konzeption der Interakteursbeziehungen und der Gestaltung der Organisationsstrukturen und Koordinationsmechanismen. Aus strategischer Sicht stellt sich beispielsweise die Frage, wie die einzelnen Akteure motiviert und koordiniert werden können, um einen möglichst effektiven Einsatz ihrer Ressourcen und Kompetenzen in einem dynamischen Wettbewerbsumfeld zu erreichen. Denkkonzepte der Theorien des Strategischen Managements, wie der Resource-based und Dynamic Capabilities View, wurden zur Analyse komplexer Wertschöpfungssysteme bislang unzureichend integriert (vgl. dazu

22 Eine detaillierte terminologische Klärung und Erläuterung des Wertschöpfungsorganisationsbegriffs erfolgt in Abschnitt 2.3 dieser Arbeit.

Dyer und Singh 1998, Duschek 2002 und 2004, Lavie 2006). Insgesamt zeigt sich eine Forschungslücke zwischen den Theorien des Strategischen Managements und der Analyse unternehmensübergreifender Wertschöpfungssysteme (vgl. Dietl et al. 2007, 2009a und 2009b). Durch die strategische Analyse einer Wertschöpfungsorganisation kann die Forschungslücke zwischen Beiträgen zu unternehmensübergreifenden Wertschöpfungssystemen und den ökonomisch orientierten Beiträgen des Strategischen Managements geschlossen werden. Aus dieser Forschungslücke resultieren die Fragestellungen dieser Arbeit, die im nächsten Abschnitt formuliert werden.

1.3 Problem- und Fragestellungen

Die geschilderten Entwicklungen in unterschiedlichen Branchen sowie die theoretischen Auseinandersetzungen mit strategischen Wettbewerbsvorteilen zeigen, dass eine systematische Durchdringung komplexer Wertschöpfungssysteme vor dem Hintergrund strategischer Wettbewerbsvorteile bislang unzureichend erfolgte. Die vorhandenen theoretischen Konzepte zur Analyse von effizienz- oder effektivitätsbasierten Wettbewerbsvorteilen blenden einige zentrale Entwicklungen und veränderte Rahmenbedingungen aus. Die Marktstrukturen und Unternehmensumfelder erweisen sich zunehmend als nicht mehr stabil und unterliegen einer hohen Dynamik, wodurch die Anpassung einzelner theoretischer Ansätze sinnvoll erscheint. Die Fokussierung auf eine langfristige Differenzierungs- oder Preisführerschaftsstrategie ist in vielen Branchen beispielsweise nicht mehr ausreichend, um nachhaltig wettbewerbsfähig in Märkten agieren zu können.

Unternehmenskooperationen gewinnen im Verlauf sich verändernder Wertschöpfungssysteme an Bedeutung und komplexe Systeme aus unterschiedlichen Akteuren determinieren die Wertschöpfung rund um ein bestimmtes Produkt. Unternehmensübergreifende, kooperative Formen der Wertschöpfung finden in den klassischen Beiträgen des Strategischen Managements jedoch wenig Berücksichtigung. Wenn aber Wettbewerbsvorteile zunehmend auf der unternehmensübergreifenden Zusammenarbeit innerhalb komplexer Wertschöpfungssysteme fußen, erscheint eine Beschränkung auf einzelne Unternehmen nicht mehr ausreichend. Vielmehr beeinflusst gerade die kooperative Nutzung von Ressourcen und Fähigkeiten und die Zusammenarbeit zwischen den horizontal, vertikal und lateral verbundenen Akteuren das Wertschöpfungspotential.

Die vorliegende Arbeit nimmt die zunehmende Bedeutung für unternehmensübergreifende Wertschöpfungssysteme auf und betrachtet Wertschöpfungsorganisationen vor dem Hintergrund strategischer Wettbewerbsvorteile. Die etablierten ökonomischen Konzepte des Strategischen Managements sind vor dem Hintergrund der zunehmenden Bedeutung unternehmensübergreifender, komplexer Wertschöpfungssysteme zu betrachten und weiterzuentwickeln.

Das primäre Ziel der Untersuchung ist die Identifikation und Erforschung der Wirkungszusammenhänge zwischen ganzheitlichen Wertschöpfungsorganisationen und strategischen Wettbewerbsvorteilen. Eine grundlegende Fragestellung ist in diesem Zusammenhang, aus welchen theoretischen Perspektiven strategische Wettbewerbsvorteile betrachtet und anhand welcher Konzepte diese erklärt werden können. Als Gegenstand der Untersuchung wurde die Wertschöpfungsorganisation gewählt. Daran schließt sich die Frage, wodurch eine Wertschöpfungsorganisation determiniert wird und welche Variablen den Erfolg einer Wertschöpfungsorganisation ursächlich beeinflussen.

Die Kernforschungsfrage dieser Untersuchung fokussiert die Wirkungszusammenhänge zwischen den Determinanten einer Wertschöpfungsorganisation auf der einen Seite und den strategischen Wettbewerbsvorteilen auf der anderen. Zur Reflexion dieser Forschungsfrage ist ein theoretisches Konzept zu entwickeln, welches die Zusammenhänge zwischen Wertschöpfungsorganisation und strategischen Wettbewerbsvorteilen thematisiert. Dieses erfordert die Klärung der Elemente und Determinanten des Untersuchungsgegenstandes Wertschöpfungsorganisation und die der strategischen Wettbewerbsvorteile. Die vorliegende Arbeit fokussiert diese Aufgaben und die inhärenten Fragestellungen.

Konkret resultieren aus den vorangegangenen Ausführungen vier Fragestellungen, die im Rahmen dieser Untersuchung bearbeitet werden sollen:

01 **Wie lassen sich strategische Wettbewerbsvorteile konzeptualisieren und welche Erklärungsgrößen spielen bei der Analyse strategischer Wettbewerbsvorteile eine Rolle?**

02 **Welche Merkmale determinieren Wertschöpfungsorganisationen und wie lassen sich Wertschöpfungsorganisationen anhand dieser Merkmale systematisieren und differenzieren?**

03 **Wie hängen diese Wertschöpfungsorganisationsdeterminanten mit strategischen Wettbewerbsvorteilen zusammen?**

04 **Welche Gestaltungsempfehlungen lassen sich aufgrund der Ergebnisse der Untersuchung für die Praxis ableiten?**

Diese Fragestellungen implizieren einen gewissen Ablauf der Untersuchung, der im nächsten Abschnitt nachgezeichnet wird.

1.4 Vorgehensweise

Zur Beantwortung der formulierten Fragestellungen und zur Erreichung des Forschungsziels sind unterschiedliche Analyseschritte notwendig. Im ersten Kapitel wird die Notwendigkeit einer ganzheitlichen Wertschöpfungsorganisationsanalyse erläutert und offene Fragestellungen herausgearbeitet, die sich nach Sichtung des aktuellen Forschungsstandes zur Analyse von strategischen Wettbewerbsvorteilen ergeben. Daraus werden die Ziel- und Fragestellungen der geplanten Untersuchung abgeleitet, die die Struktur und das Vorgehen in der Untersuchung determinieren.

Das Fundament der Arbeit bildet der theoretische Denkrahmen der Untersuchung. Die Entwicklung des theoretischen Konzeptes zur strategischen Analyse von Wertschöpfungsorganisationen ist Inhalt des zweiten Kapitels. Damit wird den ersten beiden Forschungsfragen Rechnung getragen, nämlich die Frage nach der Konzeptualisierung strategischer Wettbewerbsvorteile und der Systematisierung von Wertschöpfungsorganisationen. In Kapitel 2 soll eine Beziehung zwischen dem Untersuchungsgegenstand Wertschöpfungsorganisation auf der einen Seite und strategischen Wettbewerbsvorteilen auf der anderen erarbeitet werden. Dazu ist die Definition und Erklärung dieser beiden Kernbegriffe notwendig, um anschließend Beziehungen zwischen diesen beiden Kernvariablen darzustellen und zu erläutern.

In den Abschnitten 2.1 und 2.2 werden unterschiedliche theoretische Konzepte nachgezeichnet und erläutert, die sich mit strategischen Wettbewerbsvorteilen befassen. Konkret werden die institutionenökonomische Transaktionskostentheorie sowie der industrieökonomische Market-based View und die ressourcenbasierten ökonomischen Theorien des Strategischen Managements nachgezeichnet und im Kontext der vorliegenden Untersuchung diskutiert. Im Fokus der ressourcenbasierten Beiträge stehen in dieser Arbeit der Resource-based View, der relationale Ressourcenansatz sowie der Dynamic Capabilities View. Dieser Untersuchungsschritt ist für die Beantwortung der ersten Forschungsfrage notwendig, die sich mit der Konzeptuallisierung von strategischen Wettbewerbsvorteilen befasst.

Die Transaktionskostentheorie wird für eine effizienzbezogene Betrachtung von Wertschöpfungsorganisationen für diese Arbeit in Anspruch genommen, während sich die industrieökonomischen und die ressourcenbasierten Ansätze mit Wettbewerbsstrategien und Effektivitätszielen auseinandersetzen. Die Arbeit verfolgt durch die Betrachtung von Effizienz- und Effektivitätsgesichtspunkten einen möglichst ganzheitlichen Analyseansatz. In diesem Kontext werden die Unterschiede der theoretischen Konzepte und die Komplementarität der Beiträge für einer Wertschöpfungsorganisationsanalyse erläutert. Die gewählten Theorien stellen die Grundlage zur Erklärung strategischer Wettbewerbsvorteile und für die Erarbeitung des theoretischen Gesamtkonzeptes der vorliegenden Untersuchung dar. Neben der Darstellung der Konzepte und Aussagen der unterschiedlichen Theorien erfolgt am Ende jedes Abschnittes eine kritische Auseinandersetzung. Das zugrunde liegende Ziel dieses Untersuchungsschrittes ist, inwieweit die Konzepte in den zu entwickelnden Denkrahmen eingebettet werden können, welche Einschränkungen die Konzepte aufweisen und durch komplementäre Ansätze zu ergänzen sind.

Das übergeordnete Ziel der Untersuchung ist die Identifikation und Erforschung der Wirkungszusammenhänge zwischen Wertschöpfungsorganisationstypen und strategischen Wettbewerbsvorteilen. Nach der Konzeptualisierung von strategischen Wettbewerbsvorteilen fokussiert der nächste Untersuchungsschritt den Gegenstand der Untersuchung, nämlich die Wertschöpfungsorganisation. In Abschnitt 2.3 wird dieser Untersuchungsgegenstand definiert und die konstituierenden Merkmale dargestellt. Die Herausarbeitung von Systematisierungskriterien zur Differenzierung von Wertschöpfungsorganisationen ist ein weiteres zentrales Element für die Entwicklung des theoretischen Konzeptes der Untersuchung und für die Beantwortung der zweiten Forschungsfrage.

Daran anschließend werden die relevanten Konstrukte der Transaktionskostentheorie, des Market-based View, des Resource-based (und Relational) View, und des Dynamic Capabilities View an die Merkmale einer Wertschöpfungsorganisationsanalyse angepasst und ein Konzept zur Erklärung strategischer Wettbewerbsvorteile unter Berücksichtigung der Wertschöpfungsorganisationsdeterminanten entwickelt. Dieser Untersuchungsschritt erfolgt in Abschnitt 2.4. Zur Erarbeitung des Denkrahmens erfolgt eine Konfrontation der Determinanten einer Wertschöpfungsorganisation mit den zuvor identifizierten Erklärungsgrößen strategischer Wettbewerbsvorteilen. Dieser Untersuchungsschritt ist zentral für die Untersuchung, da hierauf das weitere empirische Vorgehen der Arbeit fußt. Das theoretische Gesamtkonzept der vorliegenden Untersuchung stellt Beziehungen zwischen den relevanten Variablen dar. Auf diesem Konzept basieren die Hypothesen der Untersuchung, die entsprechend im empirischen Teil dieser Arbeit geprüft werden sollen. Die Formulierung der Forschungshypothesen ist ein wesentlicher Abschnitt im zweiten Kapitel (Abschnitt 2.4.4). Das Kapitel schließt mit einer zusammenfassenden Gesamtdarstellung des theoretischen Denkrahmens ab.

Das dritte Kapitel setzt sich mit der methodischen Vorgehensweise zur empirischen Überprüfung des in Kapitel 2 entwickelten theoretischen Konzeptes auseinander. Der empirischen Untersuchung liegen Wertschöpfungsorganisationen in der europäische Automobilwirtschaft zugrunde. Die europäische Automobilwirtschaft wurde als praktisches Untersuchungsfeld ausgesucht, das sich in den letzten Dekaden umfassende Veränderungen in der Produktion und Distribution ergeben haben. In der Folge bildeten sich heterogene Wertschöpfungsorganisationstypen, die sich für eine empirische Analyse der vorliegenden Forschungsvorhabens sehr eignen. In Abschnitt 3.1 werden die Merkmale und Besonderheiten der europäischen Automobilwirtschaft dargestellt und allgemeine Veränderungen innerhalb der Wertschöpfungsorganisationen nachgezeichnet. Dieses erfolgt für die Wertschöpfungsbereiche Produktion und Distribution getrennt, da die beiden konstituierenden Bereiche jeweils spezifische Entwicklungen und Merkmale aufweisen. Die spezifische Auseinandersetzung mit Wertschöpfungsstrategien in der europäischen Automobilwirtschaft dient der Herausarbeitung von Merkmalen und Anforderungen an Wettbewerbsstrategien in dieser Branche. Dieses stellt die Grundlage für eine strategische Analyse, Diskussion und Bewertung individueller Wertschöpfungsorganisationen und deren Determinanten dar. Die allgemeine Analyse von Wertschöpfungsorganisationen in der europäischen Automobilwirtschaft und die Herausarbeitung von Branchenspezifika erfolgt auch vor dem Hintergrund der späteren Generalisierbarkeit der Forschungsergebnisse. Die Forschungsergebnisse werden später entsprechend im spezifischen und im allgemeinen Kontext diskutiert.

Daran schließt sich die Operationalisierung der Variablen des theoretischen Konzepts (Abschnitt 3.2). Die Wertschöpfungsorganisation und strategische Wettbewerbsvorteile stellen die entsprechenden unabhängigen und abhängigen Sachverhalte dieser Arbeit dar. Der Operationalisierungsschritt verfolgt die Identifikation empirisch messbarer Indikatoren, um das theoretische Konzept mit der Wirklichkeit konfrontieren zu können. Die zuvor erfolgte Identifkation von Merkmalen der europäischen Automobilwirtschaft dient zudem der Variablenoperationalisierung. Die unterschiedlichen Operationalisierungsansätze werden detaillliert erläutert und plausibel begründet.

In Abschnitt 3.3 wird die Fallstudienmethode als Methode der Datenerhebung und -auswertung dargestellt. Die empirische Analyse dieser Arbeit umfasst mehrere Fallstudien und folgt der Zielstellung einer möglichst großen Generalisierbarkeit der aus den Fallstudien gewonnenen Ergebnisse. Die unterschiedlichen Fälle werden alle anhand derselben relevanten Variablen und Dimensionen analysiert. Die Messmethodik erfolgt für die unabhängigen Variablen in der Produktion und in der Distribution gleich. Neben der Erläuterung der Fallstudienmethodik als Forschungsstrategie erfolgt eine ausführliche Diskussion und Erläuterung von Gütekriterien, um die Generalisierbarkeit der Fallstudienergebnisse zu überprüfen und zu begründen. Das Kapitel schließt mit der Darstellung der Kriterien zur Auswahl der unterschiedlichen Fallstudien ab und leitet das vierte Kapitel ein, welches die Ergebnisse der Fallstudienuntersuchung beinhaltet.

Das vierte Kapitel umfasst die Ergebnisse der Fallstudienuntersuchung. Im Rahmen dieser Arbeit werden acht Fälle untersucht und die Ergebnisse für die unabhängigen und abhängigen Variablen für alle Fälle separate dargestellt (Abschnitte 4.1 bis 4.8). Die empirische Analyse ist entsprechend der im Kapitel 3 erläuterten methodischen Vorgehensweise aufgebaut. Die Merkmale der Wertschöpfungsorganisation eines jeden Falls werden als unabhängige Variablen und die Indikatoren zur strategischen Wettbewerbsfähigkeit als abhängige Variablen gemessen und dargestellt. Die aus den Fallstudien gewonnen Ergebnisse zu den unabhängigen Variablen werden für die Wertschöpfungsorganisationsbereiche Produktion und Distribution getrennt gemessen und beschrieben. Eine zusammenfassende, graphische Darstellung der Ausprägungen der abhängigen und unabhängigen Variablen erfolgt am Ende jedes Teilabschnittes.

Eine Diskussion der Ergebnisse erfolgt in Kapitel 5 dieser Arbeit. Konkret werden die Zusammenhänge zwischen Wertschöpfungsorganisationsformen und strategischen Wettbewerbsvorteilen dargestellt und diskutiert. Abschnitt 5.1 umfasst die Diskussion der Ergebnisse im Kontext der in Abschnitt 2.4 abgeleiteten Forschungshypothesen. Diese Vorgehensweise ist ein notwendiger Schritt, um die postulierten Hypothesen des theoretischen Denkrahmens unter Berücksichtigung des empiritschen Datenmaterials zu bestätigen oder zu verwerfen. Dazu werden die unterschiedlichen Hypothesen des theoretischen Denkrahmens mit den Ergebnissen der Fallstudienanalysen verglichen und erläutert. Dieser Untersuchungsschritt dient der empirischen Fundierung des Forschungskonzeptes und der Beantwortung der Kernfrage dieser Untersuchung.

Aufbauend auf den Ergebnissen werden in Abschnitt 6.1 pragmatische Schlussfolgerungen für die Praxis dargestellt. Dieser Untersuchungsschritt trägt der pragmatischen Fragestellung der Arbeit Rechnung. Die theoretische Schlussbetrachtung sowie die zusammenfassende Darstellung der gesamten Untersuchung schließen die Arbeit ab.

2 Die Entwicklung des konzeptionellen Bezugsrahmens der Untersuchung

Das folgende Kapitel beinhaltet die Entwicklung des konzeptionellen Bezugsrahmens der Untersuchung, der die Grundlage der empirischen Untersuchung zu den Zusammenhängen zwischen Wertschöpfungsorganisation und strategischen Wettbewerbsvorteilen darstellt. Das zugrunde liegende Ziel des zu entwickelnden Bezugrahmens ist, die Wirkungszusammenhänge zwischen diesen beiden Kernvariablen durch ein Konzept logisch widerspruchsfreier Aussagen zu analysieren und zu erklären (vgl. Kromrey 1998, S. 41). Bacharach definiert das Ziel eines theoretischen Konzeptes dahingehend, dass Antworten auf die Kernfragen Wie, Warum und Wann in Kontext von abhängigen und unabhängigen Modellkomponenten zu finden sind und damit über einen rein deskriptiven Ansatz hinausgeht (vgl. Bacharach 1989, S. 498)[23].

Zur Entwicklung des konzeptionellen Bezugsrahmens ist eine Auseinandersetzung mit unterschiedlichen theoretischen Perspektiven zur Analyse strategischer Wettbewerbsvorteile notwendig. In diesem Kontext erfolgt eine Betrachtung der effizienzorientierten Transaktionskostentheorie und der ökonomischen Theorien des Strategischen Managements. Im ersten Kapitel wurde dargestellt, dass eine rein effizienzorientierte Untersuchung von Wettbewerbsstrategien in modernen Märkten und Industrien nicht ausreichend erscheint. Beispiele von Wertschöpfungssystemen zeigen, dass Effizienzvorteile einer Desintegrationsstrategie oftmals mit Effektivitätsnachteilen bezahlt werden müssen[24]. Effektivitätsvorteile stehen im Mittelpunkt der ökonomischen Theorien des Strategischen Managements.

Schwerpunktmäßig werden die theoretischen Konzepte vor dem Hintergrund der vorliegenden Fragestellungen und der geplanten Untersuchung dargestellt und kritisch reflektiert. Konkret wird analysiert, inwieweit die Theorien in das zu entwickelnde Konzept eingebettet werden können und welchen Erklärungsbeiträge sie liefern beziehungsweise welche Einschränkungen sie aufweisen und durch komplementäre Ansätze zu ergänzen sind. Dazu werden die unterschiedlichen Denkgerüste, die inhärenten Theorieelemente und Annahmen solcher Theorien nachgezeichnet, die für die Entwicklung des Theorierahmens notwendig erscheinen. Die unterschiedlichen Theorien werden anschließend im Kontext der postulierten Fragestellungen kritisch reflektiert und auf deren Komplementarität überprüft.

Daran anschließend erfolgt die Definition und Systematisierung des Untersuchungsgegenstandes, hier die Wertschöpfungsorganisation. Der nächste Schritt zur Formulierung des theoretischen Bezugrahmens umfasst die Konfrontation der Determinanten des Untersuchungsgegenstandes mit den Erklärungsgrößen der theoretischen Beiträge zu strategischen Wettbewerbsvorteilen. Der Wirkungszusammenhang zwischen den Variablen wird im theoretischen Konzept dargestellt. Das Kapitel schließt mit der Ableitung von Hypothesen zum Zusammenhang zwischen Wertschöpfungsorganisationsformen und strategischen Wettbewerbsvorteilen ab und leitet damit die empirische Untersuchung ein.

---

23 Bacharach spricht in diesem Zusammenhang „[…] to answer the question of how, when, and why, unlike the goal of description, which is to answer the questions of what" (Bacharach 1989, S. 498).

24 Vgl. dazu Abschnitt 1.2 dieser Arbeit.

2.1 Die effizienzorientierte Transaktionskostentheorie

Zur effizienzorientierten Analyse von zwischenbetrieblichen Beziehungen ist die Transaktionskostentheorie einer der am häufigsten genutzten Ansätze (vgl. zum Beispiel Duschek 2002, S. 234, Ebers und Gotsch 1999). Die Transaktionskostentheorie zählt zu den drei sich ergänzenden Theorien der Neuen Institutionenökonomik und betrachtet die Effizienz von Tauschbeziehungen zwischen Wirtschaftssubjekten (vgl. zum Beispiel Erlei et al. 1999, S. 175)[25]. Ronald Coase (1937 und 1960) ist als Begründer der Transaktionskostentheorie anzusehen, die in den letzten drei Dekaden vor allem von Oliver Williamson (vgl. 1975, 1979, 1981, 1985, 1990 und 1993) weiterentwickelt und in der Wissenschaft etabliert wurde[26]. Der zentrale Gegenstand der Untersuchung ist die Transaktion zwischen spezialisierten Akteuren arbeitsteiliger Wirtschaftssysteme (vgl. Picot et al. 2005, S. 56, Dietl 1993, S. 108). Unter Transaktion wird in diesem Zusammenhang die Übertragung von Verfügungsrechten an Gütern verstanden, was nicht mit einem direkten Güteraustausch in Beziehung stehen muss (vgl. Picot 1991b, S. 145, Williamson 1985, S. 18-19). In diesem Kontext untersucht die Transaktionskostentheorie, unter welchen Bedingungen und Merkmalen Transaktionen innterhalb eines Unternehmens (Eigenfertigung), wann sie über den Markt (Fremdbezug) und unter welchen Bedingungen eine hybride Organisationsform aus hierarchischen und marktlichen Elementen aus Effizienzgesichtspunkten vorteilhaft ist (vgl. Erlei et al. 1999, S. 175). Tabelle 2.1 fasst die zentralen Elemente der Transaktionskostentheorie zusammen, die im Folgenden nachgezeichnet und erläutert werden.

Tabelle 2.1 Die Elemente der Transaktionskostentheorie

Intellektuelle Wurzeln	Commons (1931) Coase (1937) Williamson (1975)
Gegenstand der Untersuchung	Die ökonomische Transaktion
Zentrale Annahmen	Beschränkte Rationalität Opportunismus Asymmetrische Informationsverteilung
Thematisierte Rente	Quasi Rente

25 Neben der Transaktionskostentheorie konstituieren die Property-Rights Theorie sowie die Principal-Agent Theorie die Institutionenökonomik. Während in der Property Rights Theorie die Verteilung der Verfügungsrechte an einem bestimmten Gut analysiert werden, ist die grundlegende Untersuchungseinheit der Transaktionskosten- und der Principal-Agent-Theorie die Transaktion (vgl. Picot et al. 2005, S. 57 und S. 72). Ein bedeutendes Differenzierungskriterium zwischen der Transaktionskosten- und Prinzipal-Agent-Theorie ist die unterschiedliche Definition der Transaktionsbeziehung. Wie es der Name schon sagt untersucht die Prinzipal-Agent-Theorie die spezifische Auftraggeber-Auftagnehmer Transaktion, währen die Transaktionskostentheorie die Transaktion allgemein definiert und bewertet (vgl. Jensen und Meckling 1976). In der Property Rights Theorie bilden die Gestaltung und Verteilung von Verfügungsrechten den zentralen Gegenstand der Analyse. Die Property Rights Beiträge thematisieren die Verfügungsrechtsstrukturen und analysieren alternative Strukturformen vor dem Hintergrund von effizienten Interakteursbeziehungen (vgl. Alchian und Demsetz 1973).

26 In der Literatur wird Commons (1931) mit seiner Untersuchung zur Institutionellen Ökonomie als Wegbereiter der Transaktionskostentheorie angesehen. In seiner Arbeit „Institutional Economics" sieht er die Transaktion als ausschlaggebende Determinante sozio-ökonomischer Aktivitäten (vgl. Commons 1931, S. 648 ff.).

Ursache für Wettbewerbsvorteile	Effizienzvorteile durch Produktions- und Transaktionskostenvorteile Ursache ist die Wahl eines effizienten Koordinationsinstituts unter Berücksichtigung der Transaktionsmerkmale in Form der Unsicherheit, der Spezifität, der strategischen Bedeutung sowie der Häufigkeit Quasi Rente durch Transaktionsspezifität

Quelle: Eigene Darstellung

Die initiierende Frage der Transaktionskostentheorie ist, warum Unternehmen überhaupt existieren und warum nicht alle Transaktionen über den Markt effizient durchgeführt werden können (vgl. Williamson 1985, S. 19). Unternehmen haben nur dann eine Berechtigung, wenn diese mit jeder arbeitsteiligen Leistungserstellung verbundenen Koordinations- und Motivationsprobleme besser lösen können, als dieses bei der Abwicklung über den Markt möglich wäre (vgl. Picot et al. 2005, S. 70). Im Zentrum der transaktionskostentheoretischen Fragestellungen steht, welches institutionelle Arrangement im Kontext unterschiedlicher Umwelt- und Transaktionsmerkmale aus Effizienzsicht zu wählen ist (vgl. Williamson 1996, S. 3ff.). Markt, Hierarchie und hybride Mischformen stellen die wesentlichen institutionellen Alternativen der Transaktionskostentheorie dar (vgl. Williamson 1985, S. 15). Das zentrale Ziel der Theorie ist die Suche nach einem effizienten Arrangement zur Durchführung der Transaktion. Das Effizienzkriterium der Transaktionskostentheorie bildet die Summe der anfallenden Produktions- und Transaktionskosten. Damit liefert die Transaktionskostentheorie einen wichtigen Beitrag, um Strategien aus einem effizienzorientierten Gesichtspunkt zu beleuchten, woraus auch ein spezifisches Strategieverständnis resultiert: „[...] the best strategy is to organize and operate efficiently [...] economy is the best strategy“ (Williamson 1991b, S. 75-76).

Ausgangspunkt der Neuen Institutionenökonomik ist die Annahme, dass ökonomische Tauschaktivitäten innerhalb Institutionen und Organisationen den Einsatz von Ressourcen erfordern und Kosten verursachen (vgl. Richter und Furubotn 1996, S. 33). In diesem Zusammenhang geht die Theorie von der begrenzten Rationalität und von Opportunismus aus, woraus in Transaktionspartnerschaften spezifische Problematiken und Kosten resultieren (vgl. Williamson 1996, S. 6). Die Kosten, die im Rahmen von Austauschbeziehungen entstehen, bezeichnet Coase (1960) als Transaktionskosten. Transaktionskosten umfassen in der Argumentationslogik der Transaktionskostentheorie alle Kosten, die zur Realisierung eines Leistungsaustausches von den Tauschpartnern zu tragen sind. Arrow (1969, S. 48) bezeichnet Transaktionskosten als die Betriebskosten eines Wirtschaftssystems. Williamson unterscheidet grob zwischen Kosten die vor (ex ante) und nach (ex post) der Transaktion entstehen (vgl. Williamson 1985, S. 20). Konkret differenziert er zwischen Kosten der Anbahnung, der Vereinbarung und der Abwicklung (ex ante Transaktionskosten) und zwischen Kosten der Kontrolle und der Anpassung (ex post Transaktionskosten) (vgl. Williamson 1985, S. 20-22). Diese Kosten können durch monetäre oder durch monetär nicht quantifizierbare Messgrößen wie Aufwand und Zeit dargestellt werden (vgl. Picot et al. 2005, S. 57). Das zugrunde liegende Ziel der Transaktionskostentheorie ist die Minimierung der Kosten, die mit der Koordination wirtschaftlicher Aktivitäten in Verbindung stehen. Die Argumentationslogik der Transaktionskostentheorie bietet an dieser Stelle ein Instrumentarium zur Bewertung der Kosten und ist Grundlage zur effizienzorientierten Entscheidung zwischen alternativen institutionellen Arrangements (vgl. zum Beispiel Anderson und Schmittlein 1984, Monteverde und Teece 1982a, Walker und Weber 1984 und 1987).

Allein die Existenz von Transaktionskosten bedeutet, dass der Theorie im Vergleich zu neoklassischen Ansätzen andere Verhaltens- und Umweltannahmen zugrunde liegen. Die Neue Institutionenökonomik distanziert sich generell von den Verhaltensannahmen der Neoklassik, die von einem rein rational handelnden Individuum ausgeht, der eine allgemeine Nutzenmaximierung verfolgt (vgl. Hutchison 1984, S. 26). Entgegen der Rationalitätsannahme der Neoklassik handeln Individuen im Verständnis der Neuen Institutionenökonomik auf Grund asymmetrischer Informationsverteilungen und zur Maximierung des Eigennutzens nur begrenzt rational, was zu Lasten des allgemeinen Nutzens erfolgt (vgl. Williamson 1990, S. 50). Eine effiziente Koordination durch den Markt kann nur im Rahmen bestimmter Transaktionscharakteristika erfolgen. Die Neue Institutionenökonomik folgt dem methodologischen Individualismus, der die institutionellen Wirkungen auf das Verhalten der Individuen zurückführt. Ausgehend von den allgemeinen Annahmen der Institutionenökonomik thematisiert die Transaktionskostentheorie unterschiedliche Bedingungen, die die Transaktionskosten beeinflussen (vgl. Picot et al. 2005, S. 58). Dazu zählen die Verhaltensannahmen, die Umweltfaktoren und die Transaktionsatmosphäre. Diese transaktionskostentheoretischen Einflussgrößen hat Williamson im Modell des Organizational Failure Framework zusammengefasst (vgl. Williamson 1975, S. 40). Abbildung 2.1 stellt dieses Konzept schematisch dar.

Abbildung 2.1 Das Organisational Failure Framework

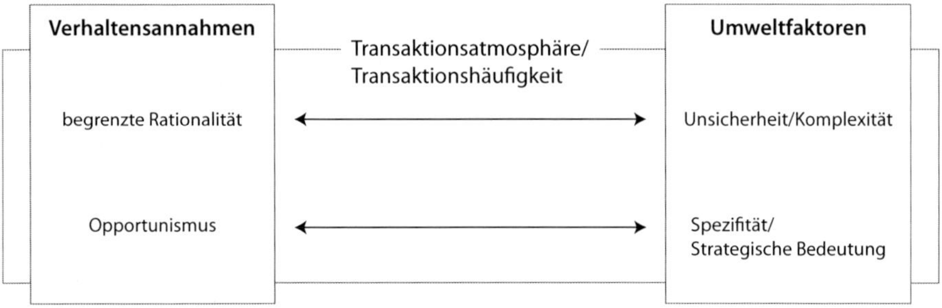

Quelle: In Anlehnung an Williamson 1975, S. 40 und Picot et al. 2005, S. 58.

Die Transaktionskostentheorie geht bei den wirtschaftenden Akteuren von zwei bedeutenden Verhaltensannahmen aus, nämlich von der begrenzten Rationalität und von dem opportunistischen Verhalten der Tauschpartner (vgl. Williamson 1996, S. 6f.). Wirtschaftssubjekte können in der Regel nur eingeschränkt rational begründbare Entscheidungen treffen, da sie nicht ausreichend über Informationen verfügen und das Verhalten des Tauschpartner und den Verlauf der Tauschbeziehung nicht antizipieren können. Die Opportunismusannahme folgt dem Konzept der individuellen Nutzenmaximierung, die allen ökonomischen Theorien zugrunde liegt (vgl. Williamson 1996, S. 6). Opportunistisches Verhalten der wirtschaftenden Akteure hat zur Folge, das eigene Interessen zum Nachteil anderer und unter Missachtung sozialer Normen verwirklicht werden (vgl. Picot et al. 2005, S. 58-59). Diese Verhaltensannahmen haben je nach Ausprägung Auswirkungen auf die

Kosten der Anbahnung, der Vereinbarung, der Abwicklung, der Kontrolle und der Anpassung der Transaktion (vgl. Williamson 1975, S. 40ff.). Ein ausgeprägtes opportunistisches Handeln kann zu hohen Kontroll- und Anpassungskosten führen, die bedeutende Elemente der gesamten Transaktionskosten sind.

Neben den Verhaltensannahmen postuliert die Transaktionskostentheorie weitere Kosteneinflussgrößen, die im Zusammenhang mit der Transaktionsumwelt stehen. Williamson (179, S. 239 und 1996, S. 13) sieht in diesem Zusammenhang den Grad und die Art der Unsicherheit, der die Transaktion ausgesetzt ist, das Vorliegen der Faktorspezifität sowie die Häufigkeit, mit der ein bestimmter Transaktionstyp zwischen den Tauschpartnern wiederholt wird, als Haupteinflussfaktoren. Neben diesen klassischen Transaktionskostendimensionen nach Williamson wird die strategische Bedeutung der Transaktion als weitere Kostendeterminante diskutiert und in Make-or-Buy Entscheidungen berücksichtigt (vgl. zum Beispiel Picot et al. 2005, S. 59-60). Je nach Ausprägung dieser Umwelteinflussgrößen werden die Transaktionskosten beeinflusst, die durch entsprechende institutionelle Arrangements minimiert werden können.

Die Faktorspezifität wird als zentrale Einflussgröße der Transaktionskostentheorie angesehen und indiziert, welche spezifischen Ressourcen und Investitionen im Rahmen der Transaktion benötigt werden (vgl. Ebers und Gotsch 2002, S. 237ff., Gerhard 1995, S. 76, Picot et al. 2005, S. 59, Williamson 1985, S. 59, 1996, S. 13). Mit dieser Kostendeterminante trägt die Transaktionskostentheorie der Einsetzbarkeit von Faktoren in alternativen Verwendungsrichtungen und den resultierenden Kosten Rechnung (vgl. Erlei et al. 1999, S. 180). Die Spezifität einer Investition im Rahmen einer Transaktion ist davon abhängig, inwieweit die Investition ohne zusätzliche Kosten oder Ertragseinbußen für eine andere Transaktion oder durch einen anderen Akteur verwendet werden kann (vgl. Klein et al. 1978, Williamson 1985, S. 52ff.). Klein et al. (1978) messen den Grad der Spezifität an der Differenz zwischen der beabsichtigten Verwendung und der zweitbesten Verwendung der jeweiligen Ressource beziehungsweise Investition. Eine Spezifität der Ressourcen kann sich durch Investitionen in einen spezifischen Produktionsort, Investitionen in Maschinen und Technologien oder durch Investitionen in Mitarbeitern ergeben (vgl. Williamson 1989, S. 143). Je schwieriger die Investition auch für eine alternative Transaktion genutzt werden kann, desto höher ist der Grad der Spezifität. Die höchste Spezifität ergibt sich dann, wenn in Anlagen investiert wird, die nur für die geplante Transaktion verwendet werden können und bei deren Wegfall nutzlos sind (vgl. Picot et al. 2005, S. 60).

Die Argumentationslogik zur Faktorspezifität legt eine enge Verbindung dieser Einflussgröße mit der Opportunitätsannahme nahe (vgl. Erlei et al. 1999, S. 180, Gerhard 1995, S. 77). Im Kontext der Spezifität und dem opportunistischen Verhalten der Akteure wird die aneigbare Quasi Renten thematisiert (vgl. Klein et al. 1978)[27]. Eine hohe transaktionspezifische Quasi Rente liegt vor, wenn der relevante Faktor in einer alternativen Verwendungsrichtung vollständig an Wert verliert (vgl. zum Beispiel Erlei et al. 1999, S. 180). Eine ausgeprägte Faktorspezifität impliziert eine starke Einbindung des den spezifischen Faktor besitzenden Akteurs. Da die spezifischen Investitionen dieses Akteurs in einer alternativen Verwendung mit hohen Kosten beziehungsweise Wertverlusten verbunden ist,

27 Die Quasi-Rente wird auch im Kontext des Resource-based und des Relational View thematisiert. Vgl. dazu Abschnitt 2.2.2.1 und 2.2.2.2 dieser Arbeit.

wird ein so genannter Lock-in-Effekt erzeugt, der auf der überdurchschnittlich hohen Faktorspezifität basiert. Aus diesem Abhängigkeitsverhältnis ergibt sich die Gefahr, dass der Investor nach Tätigung der spezifischen Investitionen in Höhe der damit verbundenen versunkenen Kosten erpresst wird (vgl. Williamson 1990, S. 194). Das Potential opportunistischen Handelns nimmt demnach mit wachsender Spezifität zu (vgl. Williamson 1975). Hohe spezifische Investitionen können das opportunistische Verhalten der Akteure stärker ausspielen, da die Amortisierung der Kosten auf die spezifische Transaktionsbeziehung beschränkt ist und die Verhaltensannahme der individuellen Nutzenmaximierung gilt (vgl. Williamson 1975). Klein et al. (1978) haben in diesem Kontext den Begriff der aneigbaren Quasi-Renten geprägt. Diese Renten resultieren aus der Differenz zwischen dem Wert eines Vermögensgegenstandes in seiner jetzigen Nutzung und dem Wert in seiner nächstbesten Verwendung (vgl. Klein et al. 1978). Je höhere spezifische Investitionen eine Transaktionsbeziehung aufweist, desto geringer ist auch der alternative Nutzen. Opportunistisches Verhalten führt zu einer einseitigen Aneignung von Bestandteilen bis hin zur gesamten Quasi Rente (vgl. Gerhard 1995, S. 77).

Die Unsicherheit kann als Mass der Vorhersehbarkeit alle Eventualitäten im Verlauf der Transaktionspartnerschaft angesehen werden (vgl. Picot et al. 2005, S. 59). Je mehr unvorhersehbare Änderungen während der Leistungsbeziehungen notwendig sind, desto höher werden die daraus resultierenden Transaktionskosten. Williamson (1996, S. 15f. und 1985, S. 58) differenziert zwischen zwei Arten von Unsicherheit, der Verhaltens- und der Umweltunsicherheit. Die Verhaltensunsicherheit beschreibt die Unsicherheit, ob die Transaktionspartner die vereinbarte Leistung erbringen werden und inwieweit sich die Gefahr eines strategischen Verschweigen, Verschleiern und Verzerren von Informationen ergibt (vgl. Williamson 1985, S. 58f.). Die Umweltdeterminante Unsicherheit steht in einem engen Zusammenhang mit der Verhaltensannahme der begrenzten Rationalität und eingeschränkter Information, da ein irrationales Handeln mit zunehmender Unsicherheit und zunehmender Informationsasymmetrie nach der Argumentationslogik der Transaktionskostentheorie zunimmt (vgl. Picot 1982, S. 272). Eine marktliche Koordinationsform in Kombination mit einer hohen Unsicherheit geht mit hohen Anpassungskosten einher, um die Transaktion an sich ändernde oder nicht vorhersehbare Umweltzustände zu adaptieren. Anpassungen sind insbesondere mit zusätzlichen Transaktionskosten verbunden, wenn die bilaterale Abhängigkeit durch spezifische Investitionen hoch ist, wodurch wiederum Anpassungen auf Grund opportunistischen Handelns erschwert werden (vgl. Williamson 1985, S. 57ff.).

Als weitere kostenbeinflussende Determinante wird die Häufigkeit einer Transaktion betrachtet (vgl. Williamson 1985, S. 60ff.). Die Häufigkeit als weitere Transaktionskostendeterminante zeigt an, wie häufig ein bestimmter Transaktionstyp zwischen den Wirtschaftssubjekten wiederholt wird. Im Vergleich zur Determinante Spezifität wird diesem Umweltfaktor eine geringere Bedeutung zugemessen (vgl. Gerhard 1995, Picot et al. 2005, S. 61). Die Häufigkeit wird in Folge dessen vor allem dann für die Höhe der Transaktionskosten relevant, wenn die Transaktion hoch spezifisch und strategisch relevant ist. Bei wenig spezifischen Standardprodukten, die von einer Vielzahl von Lieferanten angeboten werden, ist auch bei einer häufigen Austauschbeziehung ein marktlicher Bezug als effizientes Koordinations- und Motivationsinstrument im Rahmen der Austauschbeziehung in der Argumentationslogik der Transaktionskostentheorie sinnvoll. Festzuhalten ist, dass die Determinante „Spezifische Investition" den Einfluss der Determinanten „Unsicherheit" und „Häufigkeit" bedingt (vgl. Picot et al. 2005,S. 59ff.).

Picot et al. (2005) thematisieren neben den durch Williamson geprägten Kostendeterminanten zusätzlich die strategische Bedeutung der Transaktion. Dabei wird postuliert, dass die Spezifität durch die strategische Bedeutung der Transaktion verstärkt beziehungsweise im Fall einer geringen Bedeutung abgeschwächt wird: „Hoch spezifische Teilaufgaben sind demnach vor allem problematisch, wenn sie zugleich von großer strategischer Bedeutung sind." (Picot et al. 2005, S. 60). Darüber hinaus wird die Transaktionsatmosphäre als weitere Einflussgröße auf die Transaktionskosten thematisiert (vgl. zum Beispiel Dietl 1993, S. 112). Die Berücksichtigung der Transaktionsatmosphäre ist dann notwendig, wenn die darin beschriebenen soziokulturellen, technischen und rechtlichen Einflussfaktoren einen Koordinations- und Motivationseffekt haben (vgl. Dietl 1993, S. 112). Eine Analyse der Verhaltens- und Umweltfaktoren reicht dann nicht mehr aus, wenn diese Einflussfaktoren die Transaktionskosten beeinflussen, beziehungsweise die Akteure diesen Faktoren einen Wert beimessen (vgl. Williamson 1975, S. 37). Dyer und Singh (1998) sprechen von einer informellen Bindung, wenn Transaktionspartner im Sinne gemeinsamer Normen, Werte und Ziele wirtschaften und durch eine intensive Kooperation Kontroll- und Anpassungskosten einsparen können.

Nach Analyse der Kostendeterminanten geht es um die Entscheidung, welches institutionelle Arrangement unter den gegebenen Einflussgrößen zu einer effizienten Austauschbeziehung führt. Williamson (1996) verbindet den Begriff des institutionellen Arrangements im Kontext der Transaktionskostentheorie mit einer vertraglichen Beziehung in einer Transaktionspartnerschaft „[...] the contractual relations or governance structure between economic entities that defines the way in which they cooperate and/or compete" (Williamson 1996, S. 378). Ebers und Gotsch (2002) verstehen eine Institution als organisationale Subeinheiten, Regeln und weitere Koordinationsmechanismen, die die Unsicherheiten aus Opportunismus und begrenzter Rationalität begrenzen sollen. Die gewählten Regeln und Mechanismen zur Abwicklung von Transaktionen können als Institutionelle Arrangements verstanden werden (vgl. auch Erlei et al. 1999, S. 25, Picot et al. 2005, S. 10). Die institutionellen Arrangements sind Grundlage des Austauschprozesses zwischen den Transaktionspartnern und können unterschiedliche Formen entsprechen, die von einer engen, langfristigen Bindung bis zu einer marktlich, kurzfristigen reichen. Im Kontext der Transaktionskostentheorie sind Institutionen in erster Linie vor der Zielstellung zu betrachten, die Unsicherheiten aus Opportunismus und begrenzter Rationalität zu begrenzen (vgl. Ebers und Gotsch 2002, S. 94). Zur Auswahl eines effizienten institutionellen Arrangements ist die Systematisierung der unterschiedlichen Formen notwendig. Williamson differenziert zwischen drei alternativen Institutionsformen, nämlich Markt, Hybride und Hierarchie (vgl. Williamson 1985, S. 15). Jedes Arrangement weist spezifische Merkmale auf, die zur Unterscheidung der unterschiedlichen Formen herangezogen werden können. Die alternativen institutionellen Arrangements werden daraufhin analysiert, welche Organisationsform zu vergleichsweise höheren oder geringeren Kosten führt. Dieses erfordert die Analyse der zuvor beschriebenen Einflussfaktoren (vgl. Williamson 1985, S. 52). Die Ausprägung der Kostendeterminanten sind Argumentationsgrundlage für die Wahl einer aus Kostensicht vorteilhaften Organisationsform (vgl. Williamson 1975, S. 40).

Das institutionelle Arrangement Markt ist aus transaktionskostentheoretischer Sichtweise vorteilhaft, wenn die spezifischen Investitionen gering sind und es sich um eine wenig komplexe, stabile und strategische wenig bedeutende Transaktion handelt (vgl. zum Beispiel Picot und Franck 1993, Picot et al. 2005). Die Kostenvorteile basieren sowohl auf Produktions- als auch auf Transaktionskosteneinsparungen gegenüber der alternativen institutionellen Arrangements Hybrid und

Hierarchie, da die Akteure Vorteile der Größendegression und Risikostreuung nutzen können (vgl. Hermesch 2002, S. 24 ff., Picot et al. 2005, S. 68). Die höhere Anreizwirkung der Organisationsform Markt bedingt beispielsweise einen effizienten Einsatz der Inputfaktoren, was in der Folge zu Produktionskostenvorteilen führt. Auf Grund keiner oder geringer spezifischer Investitionen sind die Transaktionspartner nicht gezwungen, die Investitionen zu sichern und sie können die Transaktion jederzeit verlassen. Es sind keine besonderen vertraglichen Vereinbarungen notwendig, die eine Sicherung oder Anpassung der Transaktion regeln. Mit zunehmender Spezifität der Investitionen nehmen Transaktionskostenvorteile eines marktlichen Arrangements jedoch ab und alternative Transaktionsformen zeigen Effizienzvorteile. Ein hybrides institutionelles Arrangement zwischen Hierarchie und Markt ist in der Argumentationslogik der Transaktionskostentheorie dann effizient, wenn die Transaktion eine mittlere strategische Bedeutung, Spezifität und Unsicherheit aufweist. Hierarchische Transaktionsformen sind komparativ effizienter, wenn die spezifischen Investitionen in einer Transaktion hoch ausgeprägt sind (vgl. Riordan und Williamson 1985, S. 369). Die Kostendeterminanten Unsicherheit und Häufigkeit beeinflussen je nach ihrer spezifischen Ausprägung die Wirkung der Determinante Spezifische Investitionen.

Zusammenfassend kann die Transaktionskostentheorie Antworten auf Fragen zu effizienten Abwicklungen von Transaktionsbeziehungen geben. Im Zentrum steht des theoretischen Konzeptes steht die Transaktion, wobei die Effizienz der Transaktion als Entscheidungskriterium für ein bestimmtes institutionelles Arrangement angesehen wird. Eben dieses Effizienzziel ist aus Sicht der Transaktionskostentheorie die Grundlage für stratgeische Entscheidungen eines Unternehmens (vgl. Williamson 1991b, S. 76). Die strategischen Entscheidungsalternativen konzentrieren sich in erster Linie auf die Make-or-Buy Alternativen. Hier liegt der Fokus der Theorie. Die Transaktionskosten legen die Grenze zwischen Hierarchie und Markt fest und damit die optimale Wertschöpfungstiefe eines Unternehmens. Dort, wo man Aktivitäten nicht selbst ausübt, ist es strategisch bedeutend, mit den richtigen Akteuren in einer geeigneten Form der Institutionalisierung zusammenzuarbeiten. Je mehr sich ein Unternehmen dem Extrem Markt nähert, desto mehr verliert das Unternehmen die direkte Kontrolle über die Aktivitäten. Die Koordination wird vermehrt über die Marktkräfte Angebot und Nachfrage gesteuert, indem die Leistung über den Markt zugekauft wird.

Die Transaktionskostentheorie ist eine der am häufigsten genutzten theoretischen Modelle zur ökonomischen Analyse von Beziehungen zwischen wirtschaftenden Akteuren (vgl. zum Beispiel Duschek 2002, S. 234). Das theoretische Konzept fokussiert die Transaktionsbeziehung und trifft spezifische Verhaltens- und Umweltannahmen, woraus prinzipbedingt Einschränkungen resultieren. Ein Kritikpunkt betrifft den eingeschränkten Gegenstand der Untersuchung (vgl. Duschek 2002). Die Analyse ist auf die mikroanalytischen Zusammenhänge einer Transaktion beschränkt, die zwar über den Analysebereich eines einzelnen Unternehmens hinausgeht. Eine über die Transaktion hinausgehende Berücksichtigung der externen Umwelt wird jedoch weitestgehend nicht durch die Theorie verfolgt (vgl. Duschek 2002, S. 252). Daraus folgt die Kritik einer eingeschränkten Analysesicht, die auf die Transaktion und die daran beteiligten Akteure limitiert ist. Ebers und Gotsch (1999, S. 246) bemängeln in diesem Zusammenhang eine unzureichende Integration makroanalytisch-institutioneller Zusammenhänge in Form von globalen, politischen, historischen und sozialen Einflussfaktoren (vgl. auch Duschek 2002, S. 252). Die mangelnde Einbringung dieser institutionellen Rahmenbedingungen ist insofern problematisch, da die institutionellen Arrangements dadurch beeinflusst und damit die Transaktionsbeziehung determiniert wird (vgl. Ortmann und Zimmer 1998,

S. 756). Hinsichtlich der Berücksichtigung zusätzlicher Erklärungsfaktoren sehen einige Forscher Ergänzungsbedarf. Insbesondere der Machtaspekt wird weiterhin als nicht ausreichend berücksichtigt angesehen (vgl. Ebers und Gotsch 2002, S. 245 sowie Dorow und Weiermair 1984, S. 198ff.). Die Wahl institutioneller Arrangements sollte den Kritikern zufolge neben Effizienzzielen auch vor dem Hintergrund der Machtverteilung zwischen den Transaktionspartnern erfolgen (vgl. Gretzinger 2007, S. 101).

Aus den Modellannahmen der Transaktionskostentheorie resultiert darüber hinaus die Kritik eines vergleichsweise statischen Analyseansatzes (vgl. Eisenhardt und Schoonhoven 1996, S. 137, Rumelt et al. 1994, S. 27). Bemängelt werden die statischen Verhaltensannahmen, die generell von begrenzter Rationalität und Opportunismus ausgehen, worauf das Argumentationsmuster für die Bewertung alternativer institutioneller Arrangements basiert (vgl. Chiles und McMackin 1996). Dynamische Prozesse, die zur Reduzierung der Opportunismusgefahr führen, werden ignoriert. Dem opportunistischen Verhalten der Akteure kann im Zeitverlauf durch die wachsende Reputation und die gegenseitige Anerkennung der Transaktionspartner entgegengewirkt werden (vgl. Küpper und Felsch 2000, S. 316). Langlois (1992) thematisiert in diesem Zusammenhang dynamische Transaktionskosten in einer wandlungsintensiven Umwelt. Das Ausklammern sozialer, informeller Bindungsmerkmale und die Konzentration auf formelle, vertragliche Bindungsmechanismen wird ebenfalls bemängelt (vgl. Duschek 2002, S. 254). Informelle Koordinationsmechanismen werden jedoch oftmals als zentraler Koordinationsmechanismus ausgemacht (vgl. Dyer und Singh 1998). Aus der vorangegangenen Kritik folgt, das die Transaktionskostentheorie in erster Linie vertragliche Interakteursbindungen fokussiert, während andere Koordinationsinstitute, wie informelle Koordinationsmechanismen, nicht betrachtet werden.

Ein weiterer Kritikpunkt resultiert aus dem Analysezweck der Transaktionskostentheorie. Die Transaktionskostentheorie setzt sich mit der effizienzorientierten Gestaltung ökonomischer Organisationen auseinander (vgl. Williamson 1996, S. 4 und 1991, S. 75). Zielstellung des institutionenökonomischen Ansatzes ist die Minimierung der transaktionsimmanenten Kosten (vgl. Williamson 1991b, S. 75). Aus Transaktionskosteneinsparungen können Akteure im Vergleich zu Wettbewerbern höhere Gewinnmargen erzielen. Die Hauptursache für höhere Gewinne liegt in den Kostenvorteilen. Dietl et al. (2008, 2009a und 2009b) beschreiben im Kontext zunehmender Desintegrationsprozesse das Dilemma, dass auf der einen Seite Effizienzvorteile durch Transaktionskosteneinsparungen erzielt werden können. Diese müssen die jedoch oftmals durch Differenzierungsnachteile teuer erkauft werden (vgl. Dietl et al. 2008, S. 23). Aus transaktionskostentheoretischen Gesichtspunkten kann ein Outsourcing Prozess zu nachhaltigen Produktions- und Transaktionskosteneinsparungen führen. Die Standardisierung von Produkten und der damit einhergehende Differenzierungsverlust begünstigt in vielen Branchen den Preiswettbewerb (vgl. Dietl et al. 2008, S. 23). Effizienzvorteile auf der einen Seite führen demnach zu geringeren Preisen, die mit den Produkten am Markt erzielt werden, wodurch der Kostenvorteil mehr als überkompensiert werden kann. Der Kritikpunkt, dass die Transaktionskostentheorie zu sehr die Minimierung von Transaktionskosten nicht aber die Maximierung von Gewinnen fokussiert, wird von weiteren Autoren aufgenommen (vgl. Mellewigt 2003, S. 29). Aus strategischen Gesichtspunkten wird zunehmend eine Erweiterung der Transaktionskostentheorie um eine Ertragssicht gefordert, die auch strategische Zielsetzungen umfasst (vgl. Zajac und Olson 1993, S. 143 und Dyer 1997, S. 556).

Zusammenfassend kann für den vorliegenden Untersuchungskontext in erster Linie das Fehlen der strategischen Dimension an der Transaktionskostentheorie kritisiert werden. Im Mittelpunkt der Theorie stehen Effizienzvorteile, die als notwendige jedoch nicht hinreichende Bedingung erfolgreicher Wettbewerbsstrategien angesehen werden kann (vgl. Dietl et al. 2008, 2009a und 2009b). Dieser Kritikpunkt wird zur Erarbeitung des theoretischen Rahmenkonzeptes berücksichtigt. Mit effektivitätsbasierten Wettbewerbsvorteilen befassen sich die ökonomischen Theorien des Strategischen Managements, die Inhalt der folgenden Abschnitte sind. Konkret wird der industrieökonomische Market-based View nachgezeichnet. Eine wachsende Bedeutung erfahren seit den letzten zwei Dekaden vor allem die ressourcenbasierten Beiträge, die im Unterschied zum Market-based View nicht die Unternehmensumwelt sondern das Unternehmen fokussieren. Der Resource-based und der Relational View sowie der Dynamic Capabilities View werden unter den ressourcenbasierten Beiträgen des Strategischen Managements zusammengefasst.

2.2 Ökonomische Theorien des Strategischen Managements

Im folgenden Abschnitt werden unterschiedliche Erklärungsmuster zu strategischen Wettbewerbsvorteilen vorgestellt. Im Fokus stehen Theoriebeiträge, die sich mit der strategischen Führung von Unternehmen und Organisationen auseinandersetzen und Wettbewerbsvorteile erklären. Einen wichtigen Beitrag liefern die strategischen Managementtheorien, die sich konkret mit den Erklärungsansätzen zur Erreichung strategischer Wettbewerbsvorteile befassen. Die strategische Managementlehre ist als Führungsphilosophie zu verstehen, die mittlerweile auf einer Vielzahl verschiedener Untersuchungsansätze basiert. Teece (1990, S. 49) sieht das Wesen des Strategischen Management darin, Entscheidungen zu fällen, die ein Unternehmen oder eine Organisation dazu befähigen, Leistungsvorteile zu wahren oder auszubauen. Der Strategiebegriff wird von den Theorien des Strategischen Managements als beständige Suche nach ökonomischen Renten verstanden (vgl. Duschek 2002, S. 48). Das Strategische Management kann als eine spezifische Denkweise verstanden werden, die sich mit der Entwicklung von Unternehmen und mit der Erzielung von Wettbewerbsvorteilen auseinandersetzt und mit Veränderungen einhergeht (vgl. Royer 2005, S. 70). Die Ursachen einer vorteilhaften Wettbewerbsfähigkeit sind in den jeweiligen Theoriebeiträgen unterschiedlich erklärt und beleuchtet.

2.2.1 Die Entwicklung der Disziplin

Als eigenständige Wissenschaftsdisziplin hat sich das Strategische Management erst in den 60er Jahren formiert[28]. Es war vor allem die betriebswirtschaftliche Praxis, die einen Bedarf an neuen Unternehmensführungskonzepten und Analysemethoden gesehen hat und damit die Entwicklung einer eigenständigen Strategieforschung initiierte. Bea und Haas (vgl. 2001, S. 11ff.) sehen in den letzen 50 bis 60 Jahren einen Wandel von der Tätigkeit der Planung hin zu einem strategischen Management und verstehen diesen als einen evolutionären Prozess der Entwicklung strategischer Unternehmensführungspraktiken. Bis Ende der Nachkriegszeit orientierte sich die Unternehmensführung an finanzwirtschaftlichen Kenngrößen. Charakteristisch für diese Zeit waren vergleichsweise

28 Das strategische Management hat seine begrifflichen Ursprünge in der Militärwissenschaft und kann auf den griechischen Strategiebegriff zurückgeführt werden, der Strategie als die Kunst der Heerführung versteht (vgl. Müller-Stewens und Lechner 2005, S. 8).

stabile Umweltbedingungen (vgl. Bea und Haas 2001, S. 11-14). Durch die Dynamisierung der Märkte wurde die nach innen gerichtete Finanzplanung durch eine nach außen orientierte Langfristplanung ersetzt. Trendanalysen dienten in dieser Evolutionsphase als Grundlage für Unternehmensplanungsphasen mit einem Zeithorizont von bis zu fünf Jahren (vgl. Kraus 2005). Bis in die 70er Jahre konzentriert sich die entstehende Disziplin auf die Langfristplanung beziehungsweise die strategische Planung. Es zeigte sich jedoch, dass Umweltveränderungen mit den vorhandenen Analyseinstrumenten nicht antizipiert werden konnten und Strategien auf Grund einer mangelnden Implementierung scheiterten. Aus der strategischen Planung entwickelt sich in der nächsten Entwicklungsstufe das strategische Management (vgl. Hahn und Hungenberg 2001, S. 46).

Obwohl die Strategischen Managementtheorien noch eine junge Disziplin bilden, ist die Anzahl unterschiedlicher Theoriekonzepte sehr hoch. Die Abgrenzung einzelner Beiträge ist schwierig, da neue Theorieeinheiten oftmals aus Elementen unterschiedlicher Theorien gebildet werden und im Rahmen einer Theorieentwicklung ein eklektizistischer Ansatz verfolgt wird. Politikwissenschaften, wie auch psychologisch oder soziologisch orientierte Forschungsdisziplinen finden sich beispielsweise in einer Vielzahl von Strategiebeiträgen wieder (vgl. Royer 2005, S. 69). Das Strategische Management kann daher nicht als eine klar abgegrenzte und kohärente Forschungsdisziplin angesehen werden, sondern wird durch unterschiedliche Theorieströme geprägt. Die ungenaue terminologische Fassung des Strategiebegriffs erschwert die Definition des Strategischen Managements im Vergleich zu anderen Wissenschaftsdisziplinen. Wichtige Impulse zur Entwicklung der Strategischen Managementdisziplin und zu einer klareren Definition des Strategischen gingen von Edith Penrose, Alfred Chandler, Kenneth Andrews und Igor Ansoff aus (vgl. Royer 2005).

Die Werke dieser vier Autoren stellen den Beginn einer eigenständigen Theorieentwicklung dar und liefern Ideen, die die Entwicklung neuer Beiträge bis heute prägen. In ihrer „Theory of the Growth of the Firm" bezieht sich Edith Penrose (1959) schon früh auf die Bedeutung von Ressourcen für den langfristigen Unternehmenserfolg. Sie stellte eine wichtige Grundlage für die Entwicklung des stark an Bedeutung gewonnen Resource-based View zur Verfügung. Entgegen der Annahme der Neoklassik sieht Penrose die vorteilhafte Position eines Unternehmens in der Heterogenität seiner Ressourcen (vgl. Penrose 1959, S. 75). Der Managementhistoriker Alfred Chandler lieferte mit seinem Werk „Strategy and Structure" einen weiteren grundlegenden Beitrag zur Entwicklung der strategischen Managementliteratur. Chandler (1962) verfolgte die Restrukturierungs- und Wachstumsprozesse von vier US Unternehmen während der zweiten industriellen Revolution und stellte die Wirkungen von Strategien auf Organisations- und Marktstrukturen konzeptionell dar[29]. Die daraus abgeleitete Verknüpfung von Strategie und Struktur war das zugrunde liegende Theorieverständnis von Chandlers Beitrag. Chandler sieht die Basis einer Unternehmensstrategie in der Definition der langfristigen Unternehmensziele sowie die Abstimmung und Allokation der notwendigen Managementmaßnahmen und Ressourcen (Chandler 1962, S. 13). Chandler definiert in seinem Theoriekonzept Strategie entsprechend als „[...] the determination of the basic long-term goals and objectives of an enterprise and the adoption of courses of action and the allocation of resources necessary for carrying out these goals" (Chandler 1962, S. 13). Innovative Organisationsformen sind für Chandler durch neue Wachstumsstrategien in der Unternehmensentwicklung zu erklären.

29 Zu diesen vier Unternehmen zählten Sears, General Motors, DuPont und Standard Oil.

Während Chandler den Zusammenhang zwischen Strategie und Organisationsstruktur analytisch und systematisch darstellte, konzentrieren Learned et al. (1965) und Andrews (1971) die strategischen Überlegungen vor allem auf das Wettbewerbsumfeld des Unternehmens. Aufbauend auf Chandlers Theorieansatz wird die externe Umwelt- und interne Unternehmensanalyse zur Strategiekonzeption betrachtet (Andrews 171, S. 37). Die Analyse der unternehmensinternen Stärken und Schwächen in Verbindung mir den zur Verfügung stehenden Potentialen und Risiken des Unternehmensumfeldes ist Bewertungsgrundlage zur Entscheidung über alternative Managementstrategien. Mit der „Strengths-Weaknesses-Opportunities-Threat" (SWOT) Analyse wurde ein strategisches Analyseinstrumentarium entwickelt, um die Position und die Maßnahmenkombinationen der Organisation vor dem Hintergrund des Marktumfeldes und -entwicklungen zu bewerten (vgl. Andrews 1971). Das Konzept der SWOT Analyse basiert zusammenfassend auf der Abstimmung (FIT) der Stärken und Schwächen der Unternehmung mit den Chancen und Risiken der Umwelt (vgl. zum Beispiel Hill und Jones 1992).

Einen weiteren Evolutionsschritt hin zu einer eigenen Disziplin des Strategischen Management geht auf Igor Ansoff zurück. In seinem Werk „Corporate Strategy" konzentriert er sich auf strategische Problemstellungen, die es analytisch zu lösen gilt. Aufbauend auf Chandlers Arbeiten zur Wirkung von Strategien auf Organisationsstrukturen erarbeitete Ansoff (1965) den „System-Enviroment Fit". Ansoff betont innerhalb seiner Arbeiten die Notwendigkeit von Strategieplanungsmodellen zur Steuerung der Wachstums- und Diversifikationsprozesses einer Organisation in das vorhandene Marktumfeld. Ziel ist ein Unternehmens-Umwelt-Gleichgewicht. Ansoff hat die durch Chandler erarbeiteten abstrakten Theorieelemente systematisch in ein theoretisches Konzept transformiert und damit einen wichtigen Beitrag zur empirischen Überprüfung und Operationalisierung von Theoriebeiträgen geleistet. Er formalisiert den Strategieprozess in definierte Phasenmodelle und leistet damit einen zentralen Beitrag zur Unternehmensführung durch strategische Planung. Die Pionierarbeiten stellen wichtige Analyse- und Systematisierungsgerüste zur Erklärung und Beschreibung langfristiger Erfolge oder Misserfolge einzelner Unternehmen dar (vgl. Royer 2005). Strategieberatungen haben durch die Anwendung und Operationalisierung vorhandener Theoriebeiträge die Verbreitung und Etablierung des Strategischen Managements in den 70er Jahren weiter vorangetrieben[30].

Der Strategische Werkzeugkasten wurde durch den Market-based View (vgl. zum Beispiel Porter 1980 und 2000), den Resource-based View of the Firm (vgl. zum Beispiel Barney 1986, Peteraf 1993 und Wernerfelt 1984) und durch den Dynamic Capabilities View (vgl. zum Beispiel Makadok 2001 und Teece at al. 1997) weiterentwickelt. Wettbewerbsvorteile werden im Kontext dieser theoretischen Konzepte anhand unterschiedlicher ökonomischer Rentenmodelle konzeptualisiert. Die Definition von Wettbewerbsvorteilen und der zu betrachtenden Renten ist je nach Theoriestrang unterschiedlich. Peteraf (1993, S. 180) definiert ökonomische Renten als Gewinne einer Unternehmung, die über die durchschnittlichen Gewinne in einer Industrie hinausgehen. Die Definition und Erklärung von Wettbewerbsvorteilen und ihrer Renten kann als Differenzierungskriterium zur Systematisierung unterschiedlicher Managementtheorien angesehen werden.

30 Das Marktwachstum-Marktanteil-Portfolio der Boston Consulting Group sowie das Konzept des Marktattraktivität-Wettbewerbsstärke-Portfolio von McKinsey sind in diesem Zusammenhang als Beispiele zu nennen.

Die einzelnen Forschungsströme und Erklärungsgrößen werden in den folgenden Abschnitten zur Herleitung des konzeptionellen Rahmens erläutert und hinsichtlich der Identifikation der abhängigen Variablen analysiert. Im Mittelpunkt der nächsten Abschnitte stehen der industrieökonomische Market-based View und die ressourcenbasierten Ansätze in Form des Resource-based, des Relational und des Dynamic Capabilities View.

2.2.2 Der industrieökonomische Market-based View

Der in erster Linie durch Porter (1980) geprägte Market-based View basiert auf dem industrieökonomischen „Structure-Conduct-Performance-Paradigma" von Mason (1939) und Bain (1956). Industrieökonomischen Überlegungen gehen davon aus, dass Wettbewerbsvorteile insbesondere durch die Positionierung von (homogenen) Unternehmen in attraktiven Branchen erzielt werden (vgl. Bain 1956 und Mason 1939). Das der Industrieökonomik zugrunde liegende Paradigma nimmt an, dass die Eigenschaften der zu betrachtenden Branche das Verhalten der Unternehmen innerhalb der Branche bestimmen. Ein zentrales Element dieses theoretischen Denkgerüstes ist, dass die Vorteile einer Branche nur durch wenige Akteure genutzt werden und einzelne Unternehmen eine dominierende Position in der Branche einnehmen (vgl. Bain 1956). In diesem Zusammenhang determinieren die allgemeinen Eintrittsbarrieren der Branche, inwieweit Konkurrenten in der Lage sind, in die Branche einzutreten. Die Eintrittsbarrieren wiederum werden von der strategischen Position der Unternehmen bestimmt, nämlich von deren Differenzierungspotential beziehungsweise deren Kostenvorteile hinsichtlich der Produktion und Distribution eines Produktes (vgl. Müller-Stewens und Lechner 2005, S. 147). Tabelle 2.2 fasst die zentralen Elemente des Market-based Views zusammen. Diese werden im Folgenden nachgezeichnet und erläutert.

Tabelle 2.2 Die Elemente des industrieökonomischen Market-based View

Intellektuelle Wurzeln	Mason (1949) Bain (1956) Porter (1980)
Gegenstand der Untersuchung	Die Branche
Zentrale Annahmen	Industriestruktur determiniert die Strategie der Unternehmen Unternehmen sind homogen Perfekte Mobilität der Inputfaktoren und Ressourcen
Rentenart	Monopol Rente
Ursache für Wettbewerbsvorteile	Effektivitätsvorteile durch marktdominierende Position eines Unternehmens Ursache der Effektivitätsvorteile ist die Verknappung des Angebotes Aufbau von Markteintrittsbarrieren durch Differenzierungs- oder Kostenführerschaft zur nachhaltigen Absicherung der Rente

Quelle: Eigene Darstellung

Die Beiträge der Industrieökonomik gehen zusammenfassend von einem direkten Zusammenhang zwischen den Branchenmerkmalen und der Wettbewerbsfähigkeit der Unternehmen in dieser Branche aus. Die Ursache von Wettbewerbvorteilen sieht die Industrieökonomik in den Bracheneigenschaften und den Aktivitäten der Wettbewerber, worauf letztlich das Verhalten des Unternehmens ausgerichtet werden muss. (vgl. Bain 1956). Porter (2000, S. 25) versteht unter Wettbewerbsstrategien das Streben, sich innerhalb der Branche, dem eigenen Schauplatz des Wettbewerbs, günstig zu platzieren. Ziel ist eine gewinnbringende Position, die sich gegenüber den wettbewerbsbestimmenden Einflussfaktoren innerhalb einer Branche behaupten lässt (vgl. Porter 2000, S. 25ff.). Die Industriestruktur und das Wettbewerbsumfeld determinieren die notwendige Strategie und den Erfolg des Unternehmens. Mit der Positionierung und Umsetzung einer bestimmten Strategie kann ein Unternehmen darüber hinaus die Branchenstrukturen nachhaltig verändern (vgl. Porter 2000, S. 93). Daraus ergibt sich ein Wechselspiel zwischen Branchenstruktur und Unternehmensstrategien, da die Wettbewerbskräfte und Strukturen direkt mit den Wettbewerbsstrategien zusammenhängen (vgl. Porter 1992, S. 26 und 2000, S. 93). Die zentrale Managementaufgabe für das Unternehmen besteht darin, sich innerhalb eines attraktiven Wettbewerbsumfeldes zu positionieren, um erfolgreich gegen den Wettbewerb agieren zu können beziehungsweise diesen zu beeinflussen (vgl. Porter 1980, S. 4).

Eine zentrale Annahme der Industrieökonomik ist, dass alle Unternehmen in einem bestimmten Branchensegment über die gleichen Ressourcen und Einsatzfaktoren verfügen und sich somit gleichen (vgl. Hitt et al. 2003, S. 21-23, Müller-Stewens und Lechner 2005, S. 145). Die Homogenität der Unternehmen – mit Ausnahme ihres Größenunterschiedes – ist ein wichtiges Unterscheidungsmerkmal des Market-based Views im Vergleich zu anderen ökonomischen Theorien des Strategischen Managements. Eine weitere Umweltannahme geht davon aus, dass Ressourcen, die zur Implementierung von Unternehmensstrategien notwendig sind, perfekt mobil sind. Im Market-based View werden strategische Wettbewerbsvorteile anhand Monopolrenten konzeptualisiert, die auf einer marktbeherrschenden Stellung eines Unternehmens innerhalb eines Marktes basieren. Durch die marktbeherrschende Stellung kann eine Verknappung des Angebotes und in Folge dessen ein Preisanstieg erzielt werden.

Porter (1980 und 2000) hat den Market-based View auf industrieökonomische Überlegungen aufgebaut und diese weiterentwickelt. Porters Konzept der fünf grundlegenden Wettbewerbskräfte und die vertikale Wertschöpfungskette stellen bedeutende Instrumente einer strategischen Analyse dar (vgl. dazu Porter 2000, S. 28-29 und S. 67ff.). Das zur externen Umweltanalyse entwickelte Modell der Fünf-Wettbewerbskräfte stellt ein systematisches Analysekonzept dar, um Wettbewerbskräfte zu analysieren und entsprechende Maßnahmen zu ergreifen (vgl. Porter 2000, S. 29). Porter sieht die Attraktivität einer Branche durch fünf Wettbewerbskräften beeinflusst: i. Macht der Lieferanten, ii. Macht der Kunden, iii. Bedrohung durch neue Wettbewerber, iv. Bedrohung durch Substitutionsprodukte und v. die Rivalität unter etablierten Wettbewerbern (vgl. Porter 2000, S.32). Das Konzept zur externen Branchenstrukturanalyse, das sogenannte Modell der „Five Forces", ist weiterhin ein viel angewendestes Instrumentarium, um die Attraktivität der Branche systematisch zu analysieren (vgl. auch Hungenberg 2008, S. 102). Die Identifikation strategischer Wettbewerber und die

Errichtung von Eintrittsbarrieren ist ein wichtiger Schritt zur Definition der Wettbewerbsstrategie. In Anlehnung an Bain (1956) sind die Differenzierung und die Kostenführerschaft zwei konstituierende Strategiealternativen des Market-based Views, wodurch die Position des Unternehmens gegenüber dem Wettbewerb und Eintrittsbarrieren der Branche festgelegt werden (vgl. Porter 1996, S. 14).

Eine Kostenführerschaft als eine der zentralen generischen Wettbewerbsstrategien kann ein Unternehmen beispielsweise durch die Produktion standardisierter Produkte in großen Mengen erreichen. Wettbewerbsvorteile fußen darauf, dass einzelne Wertschöpfungsaktivitäten kostengünstiger beziehungsweise der gesamte Wertschöpfungsprozess effizienter gestaltet werden kann (vgl. Porter 1992, S. 63). Im Zusammenhang mit der Strategiealternative Kostenführerschaft wird die enge Beziehung zwischen dem Market-based View und der effizienzorientierten Transaktionskostentheorie deutlich. Aus Sicht des Market-based Views bietet sich eine Wettbewerbsstrategie, die auf einer Kostenführerschaft fußt, bei hochgradig standardisierten Produkten an, da ein intensiver Preiswettbewerb auf Grund der hohen Vergleichbarkeit der Produkte besteht und die Preiselastizität der Nachfrage überdurchschnittlich ist (vgl. Müller-Stewens und Lechner 2005, S. 263). Eine monopolistische Stellung eines Unternehmens begünstigt die Abschöpfung von Skaleneffekten, da die Produktions- und Absatzvolumina mit steigendem Marktanteil wachsen und Größenvorteile erzielt werden können. Konkurrenten werden so lange am Markteintritt behindert, bis ein vergleichbares Produkt kostengünstiger erstellt werden kann (vgl. Henderson 1971). Betriebsgrößenersparnisse (Economies of Scale) werden von Porter als wesentliche Eintrittsbarrieren und Ursache von Monopolrenten angesehen (vgl. Porter 1992, S. 29).

Im Unterschied zur Kostenführerschaft konzentriert sich eine Differenzierungsstrategie auf die Erzielung von Preisprämien. Preisprämien basieren auf Produkten, die sich vom Angebot des Wettbewerbs unterscheiden und Kunden für diesen Unterschied bereit sind, einen höheren Preis zu bezahlen. Eine Differenzierungsstrategie setzt eine Heterogenität der Produkte voraus und ist nicht mit einer hochgradigen Produktstandardisierung zu kombinieren (vgl. Porter 1992, S. 65). Die monopolistische Stellung eines Unternehmens basiert auf Unterschieden in den Produktmerkmalen wie beispielsweise Qualität, Funktionen, Design, Technologie, Distributionsleistungen oder Markenimage (vgl. Müller-Stewens und Lechner 2005, S. 265). Im Zusammenhang mit der Strategiealternative Differenzierung wird die enge Beziehung zwischen dem Market-based View und des Resource-based Views deutlich, der eine Heterogenität von Unternehmen hinsichtlich deren Ressourcenausstattung als Ursache von Wettbewerbsvorteilen betrachtet (vgl. zum Beispiel Wernerfelt 1984). Der Resource-based View nimmt einen Zusammenhang zwischen der Ressourcenausstattung eines Unternehmens und strategischen Wettbewerbsvorteilen an. Überdurchschnittliche Renten basieren in diesem Konzept auf der Ausstattung eines Unternehmens mit wertvollen und beschränkt verfügbaren Ressourcen (vgl. Peteraf 1993)[31]. Die Ressourcendifferenzierung ist eine wesentliche Voraussetzung im ressourcenbasierten Ansatz. Hieraus ergibt sich die Komplementariätät zum Market-based View. Der Market-based View erklärt Monopolrenten anhang einer dominanten Marktposition und einem restriktivem Leistungsoutput, der durch die Differenzierungsstrategie erzielt werden kann (vgl. Porter 1992, S. 62ff.). Ein restriktiver Output und die Erzielung von Monopolrenten kann auch

31 Vgl. dazu Abschnitt 2.2.3 dieser Arbeit.

dadurch erreicht werden, dass auf Grund einer knappen Verfügbarkeit differenzierender, wertvoller Ressourcen die Leistung begrenzt ist (vgl. Peteraf 1993)[32]. Markteintrittsbarrieren und die Erzielung einer dominanten Marktposition können durch die differenzierende Ressourcenausstattung erklärt werden.

Für eine erfolgreiche Wettbewerbsstrategie forderte Porter eine Konzentration auf eine Strategiealternative und verweist auf Ergebnisse empirischer Studien (vgl. zum Beispiel Philipps et al. 1983, S. 26ff., Porter 1992 S. 71, Miller und Friesen 1986, S. 37ff.). Porter spricht bei einer Kombination beider generischen Strategien von der Gefahr des „Zwischen den Stühlen" seins („Stuck in the Middle"), was zu einem Verlust einer klaren Positionierung führt. Porter argumentiert, dass ein Kostenführer die Wettbewerbsvorteile aufgeben muss, sofern dieser Differenzierungsvorteile innerhalb der Branche anvisiert (vgl. Porter 1992, S. 71ff.). In diesem Kontext wird jedoch bei beiden Strategietypen die Notwendigkeit der Produktqualität und der Kosteneffizienz unterstrichen (vgl. Porter 1992, S. 63 und 66). Eine Kostenführerschaft darf demnach nicht mit einer unzureichenden Qualität und schwachen Dienstleistungen, eine Differenzierungsstrategie nicht mit deutlichen Kostennachteilen einhergehen. Im Fall einer Kostenführerschaftsstrategie sind jedoch die Kosten, im Fall einer Differenzierungsstrategie die Differenzierung das primäre strategische Ziel (vgl. Porter 1992, S. 66).

In heutigen globalen und wettbewerbsintensiven Märkten zeigen vermehrt hybride Strategieansätze Vorteile (vgl. Murray 1988). Innerhalb einer bestimmten Zeitspanne kann eine bestimmte Strategiealternative gewählt werden und somit auf den weiter an Dynamik gewinnenden Wettbewerb reagiert werden. Das Wettbewerbsumfeld unterliegt einem ständigen Wandel und Unternehmen müssen Wettbewerbsstrategien dem Branchenumfeld anpassen (vgl. Gilbert und Strebel 1987). Ein gewisses Muster lässt sich hinsichtlich der Strategiealternativen identifizieren (vgl. Müller-Stewens und Lechner 2005, S. 267). Es zeigt sich, dass im ersten Schritt innovative Produkte in einem Markt etabliert und Differenzierungsvorteile abgeschöpft werden können, bis weitere Anbieter folgen und eine Standardisierung der Produkte initiiert wird, was mit einer zunehmenden Verbreitung von Kostenführerschaftsstrategien einhergeht.

Auf Grund einer „Atomisierung" der Kundensegmente und deren Anforderungen werden segmentspezifische Wettbewerbsstrategien innerhalb einer Branche bedeutender. Porter hat als Reaktion auf die zunehmende Heterogenität und Individualisierung der Kundenbedürfnisse mit der Fokusstrategie eine weitere generische Wettbewerbsstrategie definiert (vgl. Porter 1992, S. 71). Die Fokusstrategie kann durch die Spezialisierung auf bestimmte Kundengruppen, Produktsegmente oder geographische Regionen umgesetzt werden. Diese Strategie ist Kombination mit einer den zuvor genannten generischen Alternativen, nämlich der Kostenführerschafts- oder der Differenzierungsstrategie, zu realisieren. Für ein bestimmtes Segment empfiehlt sich wiederum die Konzentration auf eine der beiden Strategiealternativen, um eine klare Positionierung zu erreichen und nicht im „Stuck-in-the-Middle" Dilemma zu geraten (vgl. Porter 1985). Zusammenfassend resultieren drei generische Wettbewerbsstrategien aus dem Market-based View, nämlich die Differenzierung, die Kostenführerschaft und die Fokusstrategie. Abbildung 2.2 fasst die generischen Strategietypen des Market-based Views zusammen.

32 Vgl. zur Komplementarität der unterschieldichen theoretischen Ansätze Abschnitt 2.2.4 dieser Arbeit.

Abbildung 2.2 Generische Strategietypen nach Porter

		Wettbewerbsvorteile	
		niedrige Kosten	Differenzierung
Wettbewerbsfeld	weites Ziel	**1. Kostenführerschaft**	**2. Differenzierung**
	enges Ziel	**3A. Fokus: Kostenführerschaft**	**3B. Fokus: Differenzierung**

Quelle: in Anlehnung an Porter 2000, S. 38.

Mit der Wertschöpfungskette, die eine disaggregierte Produktionsfunktion darstellt, hat Porter ein weiteres bedeutendes Systematisierungsinstrumentarium entwickelt. Dieses dient der Analyse der zu betrachtenden Wertschöpfungsaktivitäten aus Sicht eines Unternehmens. Durch die Konfiguration der Aktivitäten in der Wertkette kann ein Unternehmen eine der generischen Wettbewerbsstrategien verfolgen und Wettbewerbsvorteile begründen (vgl. Porter 1991, S. 102). Die Wertkette unterteilt das zu betrachtende Unternehmen in einzelne strategische Wertschöpfungsaktivitäten und reduziert dadurch die Komplexität der Analyse. Die einzelnen Bereiche sind dahingehend zu untersuchen, ob die Leistung der individuellen Wertaktivitäten höher oder geringer im Vergleich zum Wettbewerb ist. Im Kontext des Erklärungsmodells des Market-based View kann ein Wettbewerbsvorteil dann erzielt werden, wenn die Leistung zu geringeren Kosten erbracht oder Differenzierungsprämien erzielt werden.

Eine ausgeprägte Interdependenz ist in diesem Zusammenhang zwischen der Transaktionskostentheorie und der Wertkettenanalyse zu erkennen. Die Transaktionskostentheorie wird im Rahmen von Make-or-Buy Entscheidungen als analytische Entscheidungsgrundlage herangezogen und betrachtet die Effizienz alternativer Institutionsformen zur Wertschöpfungsleistung (vgl. zum Beispiel Williamson 1985, S. 15ff.). Die einzelnen Aktivitäten sind dahingehend zu untersuchen, ob die Leistung der jeweiligen Wertschöpfungsaktivität im Vergleich zum Wettbewerb überlegen ist. Konkret stellt sich die Frage, welche Aktivitäten intern oder welche an vertikal verbundenen Akteuren vergeben werden sollen. Ein Wettbewerbsvorteil gründet darauf, wenn die Leistung zu geringeren Kosten erbracht oder Differenzierungsprämien erzielt werden. Eine Kostenbetrachtung ist mit der klassischen Make-or-Buy Frage verbunden, also mit der Entscheidung zwischen Eigenfertigung oder Fremdbezug (vgl. Picot 1991a). Ein Fremdbezug ist aus Kostengesichtspunkten dann sinnvoll, wenn die resultierenden Produktions- und Transaktionskosten im Vergleich zu einer Eigenfertigung geringer sind (vgl. Williamson 1996, S. 25).

Wettbewerbvorteile werden im Market-based View anhand Monopolrenten konzeptualisiert (vgl. Teece 1984). Monopolrenten basieren auf einer marktbeherrschenden Stellung eines Unternehmens, wodurch überdurchschnittliche Erträge durch die Preisbeeinflussung oder die Verknappung des Angebotes erzielt werden können (vgl. Peteraf 1993. S. 180). Im Kontext des Market-based Views resultieren Monopolrenten beispielsweise auf einer überlegenden Differenzierung in spezifischen Wertschöpfungsbereichen. Strategische Wettbewerbsvorteile können durch Unternehmen erzielt werden, die ihre Wertschöpfungsaktivitäten und -ressourcen auf attraktive Branchen und Wertschöpfungsbereiche konzentrieren und die entsprechenden Strategiealternativen im Wettbewerbsumfeld anwenden. Zusammenfassend stellen Größen- und Differenzierungsvorteilen die zentralen Quellen für monopolistische Renten dar (vgl. Porter 1992, S. 62ff.).

Porter entwickelte zusammenfassend die Beiträge der Industrieökonomik weiter und initiierte eine neue Generation ökonomisch orientierter Theorien des Strategischen Managements. Integraler Bestandteil ist Porters Konzept der fünf grundlegenden Wettbewerbskräfte, das die Attraktivität der Branche analysiert (vgl. Porter 1992, S. 25ff.). Mit der vertikalen Wertkette entwickelte Porter ein bis heute etabliertes Instrument zur Analyse von Wertschöpfungsaktivitäten aus der Sicht eines Unternehmens. Anhand der Wertkette skizziert Porter alle Aktivitäten eines Unternehmens und bildet den Wertschöpfungsprozess von der Entwicklung, Produktion, Vertrieb bis zur Auslieferung der Güter und Leistungen innerhalb eines Unternehmens ab (vgl. Porter 2000, S. 67). Durch die Konfiguration der Aktivitäten in der Wertkette kann ein Unternehmen Wettbewerbsvorteile begründen. Größen- und Differenzierungsvorteile sind die zentralen Voraussetzungen für strategische Wettbewerbsvorteile, die Porter anhand monopolistischer Renten bewertet. Die Konzeption der individuellen Wertaktivitäten innerhalb der Wertkette ist für Porter eine Hauptdeterminante des nachhaltigen Erfolges einer Unternehmung im Wettbewerbsumfeld. Die Konzeption hat die Merkmale der Branchenstruktur zu berücksichtigen.

Aus dem konzeptionellen Ansatz des industrieökonomischen Market-based Views folgen prinzipbedingte Kritikpunkte. Der Market-based View sieht Wettbewerbsvorteile als das Ergebnis einer besseren Anpassung des Unternehmens an die Unternehmensumwelt (vgl. Porter 1980). Dabei ist es dem Unternehmen gleichzeitig möglich, die Branchenstrukturen zu verändern. Die zentrale industrieökonomische Annahme ist, dass alle Unternehmen in einem bestimmten Branchensegment homogen sind und die Ursache von Wettbewerbsvorteilen in der Branchenattraktivität und in der Positionierung des Unternehmens innerhalb der Branche liegt. Nicht die Unterschiede der Unternehmensmerkmale, sondern die Branche an sich steht im Vordergrund der Betrachtung. Das eigentliche Unternehmen und dessen Merkmale werden weitestgehend ausgeblendet, da die Industriestruktur und das Wettbewerbsumfeld die notwendige Strategie und den Erfolg des Unternehmens im Porterschen Verständnis determinieren (vgl. Porter 1980, S. 4). Unterschiede auf Unternehmensebene werden in erster Linie hinsichtlich der Unternehmensgrößte betrachtet. Daraus folgt ein zentraler Kritikpunkt am Market-based View, nämlich die unzureichende Berücksichtigung der internen Unternehmensmerkmale im Rahmen einer strategischen Analyse. Nicht das Wesen eines Akteurs oder Organisation steht im Vordergrund, sondern dessen Umwelt.

Neben dem Vorwurf eines rein nach außen gerichteten Analyseansatzes kann das vertikale Wertkettenmodell von Porter kritisiert werden. Das vertikale Wertschöpfungskettenmodell stellt eine etablierte Wertschöpfungsbetrachtung dar und fokussiert ein zentrales Unternehmen und dessen vorgestellten Lieferanten (vgl. Porter 1980, 1985 und 2000). Die vertikale Analyse der Wertschöpfungsprozesskette erscheint vor dem Hintergrund der wachsenden Bedeutung von horizontalen und lateralen Akteurskonstellationen als nicht mehr ausreichend (vgl. Dietl et al. 2009a und 2009b).

Porter hat den strengen linearen Wertschöpfungsprozess in Rahmen eines „Aktivitätensystems“ mittlerweile weiterentwickelt und das systemische Zusammenwirken von Aktivitäten, statt eines linearen Prozessablaufs, dargestellt (vgl. Porter 1997, S. 49). Fokussierte Analyseeinheit der unterschiedlichen Wertkettenmodelle ist jedoch weiterhin ein Unternehmen im Kontext eines Branchen- und Wettbewerbsumfeldes. Einer unternehmensübergreifenden Wertschöpfungsorganisationsbetrachtung, die das Kollektiv der Wertschöpfungsakteure in den Vordergrund der Untersuchung stellt, wird das vertikale Wertkettenmodell nicht gerecht (vgl. Dietl et al. 2009a und 2009b).

Die stark nach außen gerichtete Umwelt- und Wettbewerbsanalyse wird zunehmend kritisiert, da eine interne Unternehmensanalyse von der Industrieökonomik mehrheitlich ausgeblendet wird. Genau hier setzen die ressourcenbasierten Theorien des Strategischen Managements an. Im Unterschied zum industrieökonomischen Market-based View setzten die Ressourcenorientierten Theorien die Heterogenität von Unternehmen voraus. In der Heterogenität liegt die Basis von Wettbewerbsvorteilen, da Unternehmen in unterschiedlichen Maßen wirtschaften können (vgl. Peteraf 1993). Vor allem der Resource-based View hat die Kritik am Market-based View aufgenommen und unternehmensinterne Ressourcen in die Diskussion um strategische Wettbewerbsvorteile eingebracht.

2.2.3 Ressourcenbasierte Erklärungsmodelle

Selznik (1957), Penrose (1959) und Andrews (1971) haben den Gedanken einer ressourcenbasierten Unternehmensanalyse frühzeitig aufgegriffen und Wettbewerbsvorteile an die heterogenen Ressourcen von Unternehmungen geknüpft. Dabei knüpft die Strategieformulierung an die vorhandenen organisationalen Kompetenzen und Ressourcen und sieht Wettbewerbvorteile dann gegeben, wenn diese Kompetenzen und Ressourcen einzigartig oder den Wettbewerbern überlegen sind (vgl. Andrews 1971). Wernerfelt (1984), Barney (1986, 1991), Grant (1991) oder Peteraf (1993) haben diesen strategischen Ansatz im Rahmen des Resource-based View konzeptualisiert, terminologische Fragestellungen diskutiert und die spezifische Betrachtungsweise des Strategischen weiterentwickelt. Zur Konzeptualisierung von strategischen Wettbewerbsvorteilen nutzen die ressourcenbasierten Ansätze ökonomische Rentenkonzepte mit einem auf Faktormärkten ausgerichteten Fokus (vgl. Duschek 2002, S. 49). Die Ressourcenbetrachtungen dominieren zunehmend die Beiträge der strategischen Managementliteratur (vgl. Bresser et al. 2000, Duschek 2004, S. 54).

Der Resource-based View lenkt die strategischen Überlegungen und Erklärungen strategischer Wettbewerbsvorteile auf den Wettbewerb um Ressourcen und die Ressourcenausstattung von Unternehmen (vgl. Seifert 2001). Das zentrale Erklärungsschema des Resource-based View besteht darin, dass strategische Erfolgsunterschiede zwischen Firmen auf deren heterogenen Ressourcenausstattungen basieren. Der Resource-based View gibt Aussagen darüber, woraus sich eine heterogene Ressourcenausstattung ergibt, wie Ressourcen strategische angewendet und kombiniert werden sollten und wie diese strategische abzusichern sind (vgl. Peteraf 1993). Dieser ressourcenbasierte Theoriestrom der Strategischen Managementliteratur erklärt Wettbewerbsvorteile durch die Analyse von Unternehmensressourcen und deren spezifischen Eigenschaften, die zur Implementierung einer überlegenen Strategie notwendig sind. Ein für den vorliegenden Untersuchungskontext bedeutende Weiterentwicklung des Resource-based Views haben Dyer und Singh (1998) und Lavie (2006) mit einer relationalen Ressourcenbetrachtung geleistet. Der Dynamic Capabilities View greift die Ressourcenorientierung des RbV auf und behandelt vor allem die zunehmende Umweltdynamik im Kontext einer Ressourcen- und Kompetenzbetrachtung (vgl. Teece et al. 1997). Der kompetenzorientierte Theorieansatz ist als eine Weiterentwicklung des RbV anzusehen, das zugrunde liegende Theorieverständnis ist in Folge dessen ähnlich.

Diese drei Theorieströme werden unter den ressourcenorientierten Beiträgen zusammengefasst und in den folgenden Abschnitten erläutert und deren strategischen Erklärungsgrößen identifiziert.

2.2.3.1 Der Resource-based View

Der Resource-based View als relativ junger Forschungsstrom des Strategischen Managements wurde vor allem durch Barney (1986 und 1991), Montgomery und Wernerfelt (1988), Peteraf (1993) und Wernerfelt (1984) geprägt. Im Unterschied zum Market-based View stellt der Resource-based View die unternehmensinternen Faktoren in den Mittelpunkt des theoretischen Modells (vgl. Selznick 1957 und Penrose 1959). Die Hauptursache von Wettbewerbsvorteilen sieht der Resource-based View in der Heterogenität von Unternehmen, insbesondere in der unternehmensspezifischen Ressourcenausstattung (vgl. zum Beispiel Barney 1991, Makadok 2001, Peteraf 1993). Inhalt der Theorie ist eine interne Unternehmensanalyse, die sich von der externen Umweltanalyse des Market-based View unterscheidet und der Kritik an dessen fehlender Unternehmenssicht begegnet (vgl. Teece et al. 1997). Das Grundprinzip der Theorie basiert darauf, dass solche Unternehmen überdurchschnittliche Renten erzielen können, die über wertvolle Ressourcen verfügen, die rar, schwer zu imitieren und substituieren sind (vgl. Makadok 2001, S. 387ff.). Ricardo und Quasi Renten bilden die zentralen Rentenmodelle des Resource-based Views. Die Qualität und Effizienz der Unternehmensressourcen determinieren dessen strategische Wettbewerbsfähigkeit (vgl. Knyphausen Aufsess 1993, S. 82). Tabelle 2.3 stellt die zentralen Elemente des Resource-based Views dar. Die einzelnen Elemente und Annahmen werden in diesem Abschnitt erläutert und kritisch reflektiert.

Tabelle 2.3 Die Elemente des Resource-based Views

Intellektuelle Wurzeln	Barney (1986) Penrose (1959) Peteraf (1993) Selznick (1957) Wernerfelt (1984)
Gegenstand der Untersuchung	Das Unternehmen als Ressourcenbündel
Zentrale Annahmen	Heterogenität der Unternehmen Informationsasymmetrien Imperfekt Mobilität der Inputfaktoren
Rentenart	Monopol Rente Ricardo Rente Quasi Rente
Ursache für Wettbewerbsvorteile	Effektivitätsvorteile durch wertvolle und seltene Ressourcen Identifikation und Schutz der wertvollen und seltenen Ressourcen vor Imitation und Substitution durch Isolationsmechanismen

Quelle: Eigene Darstellung

Die Annahmen unterscheiden sich deutlich vom Market-based View. Im Unterschied zum Market-based View wird angenommen, dass Ressourcen und Produktionsfaktoren nicht perfekt mobil und nur eingeschränkt transferierbar sind und Unternehmen sich durch eine heterogene Ressourcenausstattung ausweisen (vgl. zum Beispiel Barney 1991, S. 103). Im Zusammenhang mit der beschränkten Verfügbarkeit von Ressourcen geht der Resource-based View davon aus, dass Renten ausschließlich innerhalb imperfekter Märkte erzielt werden können, da die Renten auf der eingeschränkten Verfügbarkeit der effizienten Ressourcen basieren (vgl. Duschek 2002, S. 48). Als weitere elementare Annahme postuliert der Resource-based View die unvollständige Information der wirtschaftenden Akteure. Die Annahme der eingeschränkten Information der Akteure ist zentral (vgl. Makadok 2001, S. 387). Nur im Fall von Informationsasymmetrien kann ein Akteur einen Vorsprung hinsichtlich der Akquisition effizienter Ressourcen erhalten und damit Wettbewerbsvorteile begründen (vgl. Makadok 2001, S. 387). Die Grundlage der Wettbewerbsvorteile wird aus dieser Argumentationslogik vor der eigentlichen Akquise der Ressource gelegt (vgl. Teece et al. 1997). Es geht somit um die frühzeitige Identifikation der wertvollen Ressourcen, was Informationsasymmetrien voraussetzt (vgl. Teece et al. 1997)[33].

Zur Darstellung des theoretischen Konzepts des Resource-based Views ist zuerst eine Klärung des Ressourcenbegriffs notwendig. Wernerfelt (1984, S 172) definiert Ressourcen als Vermögenswert eines Unternehmens, der die nachhaltige Wettbewerbsposition eines Unternehmens determiniert. Die Ressourcen bilden die Grundlage für spezifische Strategien, die die Effektivität und die Effizienz der Unternehmung beeinflussen (vgl. Barney 1991, S. 101). Freiling definiert Ressourcen im Kontext des Resource-based View als: [...] in Märkten beschaffbare Inputgüter, [die] durch Veredlungsprozesse zu unternehmenseigenen Merkmalen für Wettbewerbsfähigkeit weiterentwickelt [werden] und die Möglichkeit besteht, Rivalen von der Nutzung dieser Ressourcen in nachhaltiger Weise auszuschließen" (Freiling, 2001, S. 22). Damit eine Unternehmung Wettbewerbsvorteile auf Ressourcen fußen kann, müssen diese in den Wertschöpfungsprozess implementiert und entsprechend kommerzialisiert werden (vgl. Kim und Mahoney 2006, S. 41)[34]. In einer weiteren Konkretisierung des Ressourcenbegriffs kann zwischen Ressourcen und Kompetenzen differenziert werden. Im Erklärungsmodell des Resource-based Views definieren Kompetenzen die Kombination beziehungsweise die Bündelung einzelner Ressourcen (vgl. Grant 1991, S. 120, Reed und DeFillippi 1990, S. 89f.). Die Konfiguration von Ressourcen führt zu kohärenten Ressourcenbündeln, die synonym als Kompetenzen betrachtet werden können[35]. Die Kompetenzen, die der Unternehmung zur Herbeiführung nachhaltiger Wettbewerbsvorteile verhelfen, werden auch als Kernkompetenzen verstanden (vgl. Prahalad und Hamel 1990, S. 79ff.)[36].

33 Teece et al. (1997) sprechen in diesem Zusammenhang auch von der Aufgabe des „Resource-Pickings".

34 In diesem Zusammenhang postulieren die Beiträge des Resource-based View einen starken proprietären Zusammenhang zwischen den Ressourcen und dem zu analysierenden Unternehmen (vgl. Lavie 2006, S. 640).

35 Kompetenzen sind in diesem Zusammenhang als kollektives Handeln in einer Unternehmung zu verstehen, welche darauf gerichtet ist, verfügbare Inputgüter so zu kombinieren, dass dadurch eine vorteilhafte Position im Wettbewerb erzielt wird (vgl. Freiling 2001, S. 27).

36 Prahalad und Hamel definieren Kernkompetenzen als Bündel von Ressourcen, die das Ergebnis eines kollektiven Lernprozesses der Organisation und dadurch nur sehr schwer zu imitieren sind (vgl. Prahalad und Hamel 1990). Auf den Kompetenzbegriff wird im Rahmen des Dynamic Capability Views im Folgenden noch näher eingegangen. Das Konzept der Kernkompetenzen betrachtet die Fähigkeit eines Unternehmens, die strategischen Ressourcen in den Wertschöpfungsprozess so zu integrieren und zu konfigurieren, dass nachhaltig Wettbewerbsvorteile erzielt werden können. Die Steuerung, Koordination und Anpassung der Ressourcen ist eine zentrale Voraussetzung für strategische Wettbewerbsvorteile (vgl. Prahalad und Hamel 1990).

Durch die Klassifizierung von Ressourcenarten kann der Ressourcenbegriff enger gefasst werden. Barney (1991) unterscheidet zwischen physischen, humanen und organisationale Ressourcen[37]. Grant (1991 und 1992) sowie Das und Teng (2000, S. 41) differenzieren fünf Ressourcenkategorien, nämlich finanzielle, physische, humane, technologische und Reputationsressourcen. In einer gröberen Differenzierung können diese Ressourcenkategorien in tangible und intangible Ressourcen unterteilt werden (vgl. zum Beispiel Wernerfelt 1984, S. 172). Eine Unterscheidung zwischen nur zwei Kategorien verfolgen auch Miller und Shamsie (1996) und differenzieren zwischen Vermögenswerten eines Unternehmens, wie Humanressourcen, physische Ressourcen und Patente auf der einen Seite und Unternehmens Know-How und Kompetenzen auf der anderen. Die zweite Ressourcenkategorie ist den intangiblen Ressourcen zuzuordnen (vgl. Das und Teng 2000, S.42). Die Differenzierung und Zuordnung von Ressourcen kann auf Grundlage der Eigenschaften Kapazität, Flexibilität und Abnutzbarkeit erfolgen (vgl. Bamberger und Wrona 1996, S. 132). Intangible Ressourcen sind im Vergleich zu tangiblen Ressourcen kapazitätsseitig weniger begrenzt. Die Abnutzung intangibler kann sich im Vergleich zu tangiblen Ressourcen invers verhalten, da beispielsweise Kompetenzen im Zeitverlauf eher auf- anstatt abgebaut werden (vgl. Bamberger und Wrona 1996, S. 133f.). Während die tangiblen Ressourcen vergleichsweise einfach zu operationalisieren sind, ist die Identifikation und Messung intangibler Ressourcen in der Praxis problematisch (vgl. Espino-Rodriguez und Padron-Robaina 2006, S. 50).

Eine fehlende allgemeine terminologische Fundierung des Ressourcenbegriffs erfordert die Herleitung einer Arbeitsdefinition für den weiteren Gang der Untersuchung. Die vorliegende Untersuchung betrachtet Ressourcen im Kontext einer Wertschöpfungsorganisationsbetrachtung und versteht eine Wertschöpfungsorganisation als Ressourcenbündel, die unterschiedliche (tangible und intangible) Ressourcen und Kompetenzen umfasst (in Anlehnung an Wernerfelt 1984, S. 172). Ressourcen werden generell als Inputgüter für einen Wertschöpfungsprozess verstanden, die sich hinsichtlich der Wertschöpfungskraft unterscheiden und prinzipiell über Märkte beschaffbar sind, jedoch nicht unbegrenzt zur Verfügung stehen (in Anlehnung an Freiling 2001, S. 22). Insgesamt stellen Ressourcen einen zentralen strategischen Vermögenswert einer Wertschöpfungsorganisation dar. Unter dem Ressourcenbegriff werden auch Kompetenzen als eine intangible Ressourcenart zusammengefasst (vgl. Amit und Schoemaker 1993, S. 35). In erster Linie erfolgt eine Differenzierung zwischen tangiblen und intangiblen Ressourcenarten.

Das grundlegende Argumentationsmuster des Resource-based View sieht Renten dann gegeben, wenn ein Unternehmen strategische wertschaffende Ressourcen günstiger akquiriert, als diese im Kontext mit anderen Unternehmensressourcen einen Nutzen erbringen (vgl. Makadok 2001, S. 387). Aus dieser Differenz resultiert eine überdurchschnittliche Effektivität des Unternehmens. Die Knappheit, Nicht-Imitierbarkeit und Nicht-Substituierbarkeit der Ressourcen ist für die Heterogenitätsbedingung notwendig (vgl. Barney 1991, Peteraf 1993, S. 180). Peteraf (1993) fasst vier Voraussetzungen zusammen, die notwendig sind, um durch die Ressourcenausstattung strategische Wettbewerbsvorteile zu erzielen. Dazu zählen i. die Ressourcen Knappheit und Heterogenität, ii. die Ex-Post Beschränkung des Wettbewerbs um die relevanten Ressourcen, iii. die imperfekte

37 Organisationale Ressourcen können Planungs- und Kontrollsysteme, Informationssysteme, Personalführungssysteme. Organisationsstruktur und Organisationskultur umfassen. Zudem können Netzwerkstrukturen zu den organisationalen Ressourcen gezählt werden (vgl. Barney 1991 und Grant 1991).

Ressourcen Mobilität und iv. die Ex-Ante Beschränkung des Wettbewerbs um die relevanten Ressourcen. Aus diesen Voraussetzungen entwickelt Peteraf (1993) ein spezifisches Argumentationsmuster, das zur Erklärung von strategischen Wettbewerbsvorteilen und zur Entwicklung unterschiedlicher Rentenmodelle dient. Hinsichtlich der Rentenmodelle ist der Grundpfeiler des Resource-based Views die Ricardorente, die als Ursprung der ökonomischen Renten überhaupt bewertet wird (vgl. Rumelt 1987, S. 142). Neben der Ricardorente thematisiert Peteraf zudem die Quasi-Renten und die aus dem Market-based View bekannte Monopolrente. Abbildung 2.3 fasst die Rentenbedingungen des Resource-based View nach Peteraf (1993) zusammen.

Abbildung 2.3 Rentenbedingungen des Resource-based Views

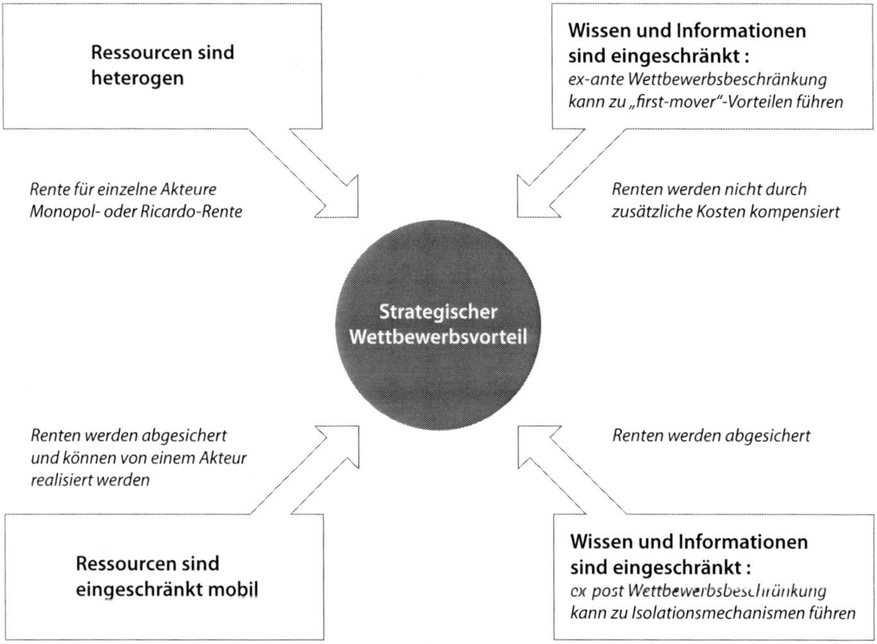

Quelle: In Anlehnung an Peteraf 1993, S. 186

Die Heterogenitäts- und Knappheitsannahme ist eine zentrale Voraussetzung für die Erzielung Ricardianischer Knappheitsrenten (vgl. Barney 1991, 103, Peteraf 1993). Schoemaker definiert Ricardo Renten als erzielbare Gewinne gegenüber Opportunitätskosten, die auf knappen Einsatzfaktoren basieren (vgl. Schoemaker 1990, S. 1179)[38]. Hervorzuheben sind in dieser Definition die knappen Einsatzfaktoren. Die Knappheit besonders effizienter Ressourcen führt in imperfekten Faktormärkten dazu, dass komparativ ineffiziente Ressourcen zum Einsatz kommen müssen, um die Nachfrage zu befriedigen. Das Unternehmen, welche über die effizienteren Ressourcen verfügt, kann letztlich eine ökonomische Knappheitsrente erzielen (vgl. Seifert 2001, S. 120). Unternehmen mit überlegenen Ressourcen erbringen eine Leistung mit geringeren Kosten beziehungsweise können

38 Opportunitätskosten beschreiben die Differenzen zu den Erlösen der zweitbesten Verwendungsmöglichkeit.

bei gleichem Ressourceneinsatz einen höheren Output erzielen (vgl. Peteraf 1993). Sobald die Voraussetzung der Ressourcenheterogenität nicht mehr gegeben ist, wird dieser Vorteil kompensiert. Ricardorenten basieren zusammenfassend auf der knappen Verfügbarkeit effizienter Ressourcen, will heißen auf dem eingeschränkten Angebot der Inputfaktoren.

Neben Ricardo Renten thematisiert Peteraf (1993) im Kontext der Ressourcenheterogenität und Knappheit auch Monopol Renten. Im Unterschied zu Ricardo Renten, der die Knappheit von Inputfaktoren thematisiert, fußt das Modell der Monopol Renten auf dem beschränkten Output in Produkt- und Gütermärkten (vgl. Peteraf 1993, S. 180). Vor dem Hintergrund der Ressourcenknappheit kann die Argumentationskette des Monopolrentenmodells ebenfalls angewendet werden. Sofern eine Ressource unbegrenzt zur Verfügung steht und von Wettbewerbern genutzt werden kann, ist auch die Leistung nicht begrenzt. Daraus resultiert bei entsprechender Nachfrage ein höheres Angebot, was zu sinkenden Preisen führt. Die notwendige Voraussetzung von Monopolrenten, nämlich die Beschränkung des Angebotes, wird somit entzogen (vgl. Peteraf 1993). Zusammenfassend können die Ressourceneigenschaften Heterogenität und Knappheit sowohl für die Argumentation von Ricardorenten und Monopolrenten herangezogen werden.

Zur nachhaltigen Sicherstellung der Ressourcenknappheit und der darauf basierenden Ressourcendifferenzierung muss sichergestellt werden, dass die Wettbewerber die betreffenden Ressourcen nicht akquirieren beziehungsweise für die eigene Wertschöpfung nutzen können (vgl. Peteraf 1993). Peteraf (1993) beschreibt in ihrem theoretischen Konzepte in diesem Kontext eine zweite Annahme, nämlich die Ex-Post Beschränkung des Wettbewerbs. Konkret geht es um die Absicherung der Ressourcenheterogenität, nachdem ein Unternehmen distinktive Ressourcen akquiriert hat und für die Wertschöpfung nutzt. Die imperfekte Imitierbarkeit und Substituierbarkeit der Ressource schränkt den Handel und die Transferierbarkeit der strategisch wertvollen Ressourcen ein, wodurch der Wettbewerb begrenzt wird (vgl. Barney 1991 und Dierickx und Cool 1989). Rumelt (1984) prägt zur Sicherstellung der einzigartigen Ressourcenposition den Begriff der Isolationsmechanismen. Isolationsmechanismen sollen die Imitierbarkeit und Subsituierbarkeit von Ressourcen verhindern. Als Substitut sind solche Ressourcen anzusehen, welche durch ihre Funktion und Eigenschaft auf äquivalente Art Wettbewerbsvorteile generieren (vgl. Barney 1991). Auch gänzlich verschiedene Ressourcen können in diesem Zusammenhang ein Substitut füreinander darstellen (vgl. Seifert 2001). Kann ein Konkurrenzunternehmen die distinktiven Ressourcen duplizieren und daraufhin eine vorteilhafte Strategie nachahmen, dann wird der Wettbewerbsvorteil kompensiert. Isolationsmechanismen fußen in erster Linie darauf, dass die distinktiven Ressourcen schwer zu identifizieren und transferieren sind (vgl. Peteraf 1993). Zu den Isolationsmechanismen zählen unter anderem die unternehmensinterne Kontrolle über die Ressourcen, die kausale Ambiguität und die Pfadabhängigkeit (vgl. Duschek 2004, Lippman und Rumelt 1982, Rumelt 1984, Peteraf 1993).

Das Eigentum an den distinktiven Ressourcen durch nur einen Akteure schränken die Transferierbarkeit der Ressource ein, wodurch ein Isolationsmechanismus aufgebaut werden kann (vgl. Duschek 2004, S. 56, Lippman und Rumelt 1982). Mit der kausalen Ambiguität wird der Umstand thematisiert, dass der Wettbewerb die einem Wettbewerbsvorteil zugrunde liegenden Ressourcen nicht identifizieren kann und somit eine Imitierbarkeit und Substituierbarkeit und in Folge dessen der Wettbewerb beschränkt wird (vgl. Peteraf 1993). Die Kausalität zwischen der Ressource und des daraus resultierenden Wettbewerbsvorteils ist nicht ersichtlich (vgl. Barney 1991, S. 108). Beispielsweise ist die Identifikation distinktiver Humanressourcen oft nur schwer möglich, da diese durch sozialen Komplexitäten und Interdependenzen gekennzeichnet sind (vgl. Barney 1996)[39]. Pfadabhängige Ressourcen gewinnen erst im Zeitverlauf an Wert und sind eng in einer Organisation verwoben, wodurch die Herauslösung der Ressource nur schwer durchzuführen ist und somit eine Imitation abgewehrt werden kann (vgl. Barney 1991, S. 107). Die Historizität spielt bei solchen Ressourcen eine Rolle, die auf zeitlichen und wachstumsbedingten Vorteilen basieren (vgl. Barney 1991, S. 107). Diese Isolationsmechanismen sollen die imperfekte Imitierbarkeit und Substituierbarkeit nachhaltig sicherstellen.

Eine Beschränkung der Ressourcentransferierbarkeit setzt eine imperfekte Mobilität der Ressource voraus. Daraus resultiert die dritte Voraussetzung an wertschaffende Ressourcen, nämlich deren imperfekte Mobilität (vgl. Peteraf 1993). Eng mit der Eigenschaft der Immobilität hängt der Spezifitätsgrad der Ressource zusammen. Eine Immobilität ergibt sich dann, wenn die Ressource spezielle für die Ansprüche des Unternehmens angewendet werden und sich ihre vorteilhafte Wirkung durch den unternehmensspezifischen Nutzen entfaltet. Daneben kann eine Immobilität auf überdurchschnittlichen spezifischen Investitionen fußen. Der Spezifitätsbegriff wurde in erster Linie durch die Transaktionskostentheorie geprägt (vgl. Williamson 1996, S. 13-15). Ein hohes Maß an Spezifität ergibt sich durch spezifische Investitionen in die Transaktionsbeziehung. Im Fall einer alternativen Verwendung der Ressource würden die getätigten Investitionen wertlos, woraus „Sunk Costs" in Höhe der spezifischen Investition resultieren (vgl. Montgomery und Wernerfelt 1988). Eine Transferierung der Ressourcen würde aus ökonomischen Gründen kein Sinn machen, wenn die entstehenden Kosten den alternativen Nutzen der Ressource kompensieren. Überdurchschnittliche Transaktionskosten können die Transaktion einer Ressource ebenfalls in Frage stellen. Zentral für die Argumentation ist in diesem Kontext, dass eine Immobilität vorliegt, wenn die Ressourcen nach Abzug der Kosten für andere Wettbewerber einen geringen Wert darstellen und somit die Akquirierung aus ökonomischen Gesichtspunkten keinen Vorteil erbringt (vgl. Peteraf 1993). In der Argumentationslogik des Resource-based View ist eine hohe Spezifität auch dann gegeben, wenn die Ressourcen außerhalb des Unternehmens an Wert verlieren und die wertschaffende Kraft an die unternehmensspezifische Wertschöpfung knüpft (vgl. Peteraf 1993). Der von Klein et al. (1978) geprägte Begriff der aneigbaren Quasi Renten wird im Zusammenhang der Resource-based Views ebenfalls thematisiert (vgl. Peteraf 1993, S. 184)[40]. In der transaktionskostentheoretischen Argumentationslogik entstehen Quasi Renten bei einer hohen Faktorspezifität. Diese Quasi Renten stellen die Differenz dar, die sich zwischen zwei Nutzern ergeben, die die gleiche Ressource nutzen. Quasi Renten könne also auch dann auftreten, wenn die Heterogenität als Grundlage für Ricardo Renten fehlt (vgl. Peteraf 1993). Kennzeichnend für Quasi Renten ist der hochspezifische Nutzen, was dazu führt, dass die relevanten Ressourcen an rentengenerierenden Wert im Fall einer alternativen Nutzung verlieren (vgl. Duschek 2002, S. 107 und S. 234). Zentral ist der unterschiedliche Nutzen, den gleichen Ressourcen im Kontext unterschiedlicher Unternehmen erbringen. Quasi Renten basieren zusammenfassend auf der Nutzenspezifität (vgl. Duschek 2002, S. 107). Die Nutzenspezifität einer

39 Mitarbeiter stellen oftmals nur in etablierten Teams einen besonderen Wettbewerbsvorteil dar, wodurch die Abwerbung einzelner Mitarbeiter aus diesem Team nicht den erwünschten Vorteil generiert (vgl. Seifert 2001, S. 124).

40 Vgl. auch Abschnitt 2.1 dieser Arbeit.

Ressource kann mit der imperfekten Mobilität gleichgesetzt werden, da die Ressource im Kontext eines anderen Nutzers einen geringeren Wert darstellt. Der wertschaffende Nutzen kann zusammenfassend nicht transferiert werden.

Nach der Identifikation von strategisch wertschaffenden Ressourcen schließt sich die Phase der Ressourcenakquisition. Ricardianische Renten basieren nach Barney (1986) auf dem eingeschränkten Angebot von Inputfaktoren. Besteht von vornherein ein intensiver Wettbewerb um die distinktiven Ressourcen, dann besteht die Gefahr, dass die Kosten zur Generierung der distinktiven Renten die Wertgenerierungspotentiale überkompensieren und keine überdurchschnittlichen Renten erzielbar sind. Peteraf (1993) spricht in diesem Zusammenhang von der Ex-Ante Beschränkung des Wettbewerbs, die Voraussetzung für die Erzielung von Effektivitätsvorteilen ist.

Die zuvor genannten vier unterschiedlichen Rentenbedingungen stellen eine notwendige, jedoch aus Sicht eines Akteurs nicht hinreichende Bedingung zur Erzielung von Wettbewerbsvorteilen dar. Das Unternehmen oder die Organisation muss auch in der Lage sein, sich die Renten anzueignen, um die ökonomischen Wettbewerbsvorteile zu realisieren (vgl. Bamberger und Wrona 1996, S. 139). Die Verteilung der Renten wird durch die Interorganisationsbeziehungen determiniert, woraus eine entsprechende Zentralisierung oder Dezentralisierung der Verfügungsrechte an den Renten resultiert. Problematisch ist die Identifikation des Rentenbeitrages der unterschiedlichen Wertschöpfungsakteure, in diesem Zusammenhang vor allem im Rahmen intangibler Ressourcen. Die Verhandlungsmacht eines einzelnen Akteurs stellt bei schwer identifizierbaren Ressourcen eine zentrale Determinante für die Aneignung von Renten dar (vgl. Bamberger und Wrona 1996, S. 139, Grant 1991). Peteraf thematisiert die Rentenaneignung im Zusammenhang mit quasi-rentenbasierten Wettbewerbsvorteilen, die auf der Nutzenspezifität der Ressourcen basieren (vgl. Duschek 2002, S. 107). Der Nutzer der Ressource muss in der Lage sein, sich einen Anteil des Gewinns anzueignen und somit verhindern, dass die Ressourceneigner den gesamten Gewinn vereinnahmen. Die Aneignungsfähigkeit der Renten ist eine weitere Bedingung, um Wettbewerbsvorteile auf Grundlage von Renten zu erzielen.

Die vorliegende Arbeit knüpft im Rahmen des weiteren Analyseverlaufs stark an die Begrifflichkeiten und Argumentation nach Peteraf (1993). Diese sieht zusammenfassend vier Voraussetzungen, die für die nachhaltige Erzielung von Wettbewerbsvorteilen notwendig und interdependent sind, nämlich die Ressourcen Knappheit und Heterogenität, ii. die Ex-Post Beschränkung des Wettbewerbs, iii. die imperfekte Ressourcen Mobilität und iv. die Ex-Ante Beschränkung des Wettbewerbs (vgl. Peteraf 1993, S. 185). Die Ressourcen Heterogenität ist die zentrale Grundlage für die Erzielung Ricardianischer Knappheitsrenten. Neben den auf knappen Inputgütern basierenden Knappheitsrenten thematisiert Peteraf im Kontext der Heterogenität auch die Monopolrenten, die auf einem begrenzten Output in Produktmärkten basieren (vgl. Peteraf 1993). Die weiteren Voraussetzungen stellen die zentrale Heterogenitätsbedingung sicher, nämlich die Ex-Post und Ex-Ante Beschränkung des Wettbewerbs sowie die imperfekte Ressourcenmobilität. Die Ex-Post Wettbewerbsbeschränkung verhindert, dass die distinktiven Ressourcen von Wettbewerbern über den Markt bezogen werden und damit die Ressourcenverschiedenheit durchbrochen wird. Die Ex-Ante Beschränkung des Wettbewerbs ist notwendig, damit die Ressource nicht von vornherein zu teuer akquiriert werden muss, wodurch die Effizienzvorteile der Ressource in Gefahr geraten. Im Kontext der Ressourcenimmobiliät thematisiert Peteraf (1993) die Quasi Rente. Die Immobilität hängt stark mit der Spezifität der Ressource im Zusammenhang mit dem Unternehmensnutzen zusammen. Die Immobilität kann aus dieser Betrachtungsweise auf der Nutzenspezifität fußen.

Insgesamt ist auf Grundlage der Argumentationslogik des Resource-based Views festzuhalten, dass zur nachhaltigen Sicherung ökonomischer Renten die Heterogenität abgesichert werden muss, da dieses die Grundlage der vorteilhaften Position eines Unternehmens gegenüber dem Wettbewerb darstellt. Ricardo Renten werden durch die begrenzte Verfügbarkeit distinktiver Ressourcen erzielt und sind dann nachhaltig, wenn keine zusätzlichen Kosten die Renten kompensieren und die Renten langfristig abgesichert werden. Das Unternehmen muss sicherstellen, dass die distinktiven Ressourcen nicht durch den Wettbewerb identifiziert werden, um den Preis der Ressource auf einem geringen Niveau zu wahren (ex-ante Wettbewerbsbeschränkung). Die nachhaltige Absicherung von Renten erfordert Imitations- und Substitutionsbarrieren (ex-post Wettbewerbsbeschränkung). Einen zentralen Beitrag zur nachhaltigen Absicherung und Abschöpfung ökonomischer Renten im Sinn des Resource-based Views stellt letztlich die Immobilität der distinktiven Ressourcen dar. Der Wert der Ressourcen und in der Konsequenz der des Unternehmens wird durch die Kompetenz determiniert, diese Ressourceneigenschaften sicherzustellen.

Der Resource-based View leistet einen wesentlichen Beitrag zur Analyse von strategischen Wettbewerbsvorteilen, wenngleich einige Elemente der Theorie kritisiert werden. Eine zentrale Kritik adressiert die weiterhin unzureichende terminologische Fundierung des Ansatzes. Der Terminus „Ressourcen" ist weiterhin nicht eindeutig definiert und es zeigen sich Abgrenzungsprobleme zum Kompetenzbegriff (vgl. Duschek 2002, Freiling 2001)[41]. Die fehlende Konkretisierung und Etablierung der für den Resource-based View entscheidenden Begriffe sind insgesamt ein Schwachpunkt des Resource-based Views, obwohl es mittlerweile eine enorme Anzahl an Definitionen und Kategorisierungen des Ressourcenbegriffs gibt.

Die relativ geringe, wenn auch zunehmende Zahl an empirischen Überprüfungen des theoretischen Konzeptes wird ebenfalls kritisiert. Daraus folgen offene Fragen hinsichtlich der empirischen Evidenz der Modellannahmen (vgl. Das und Teng 2000, S. 54, Lavie 2006, S. 651 und Royer 2005, S. 99). In diesem Zusammenhang ergeben sich vor allem Probleme zur Operationalisierung intangibler Ressourcen und deren Eigenschaften, nämlich Ausmaß der Mobilität, Imitierbarkeit und Substituierbarkeit (vgl. Das und Teng 2000, S. 54). In diesem Zusammenhang wird auch kritisiert, dass die Beziehung zwischen Ressourcen und Wettbewerbsvorteil schwer zu identifizieren ist (vgl. Festing 2004, S. 208). Daraus resultiert eine schwer durchführbare Bewertung und Messung des Ressourcenwertes (vgl. Gretzinger 2007, S. 92). Die Operationalisierung und die Messbarkeit von Ressourcen gestaltet sich auf Grund des Fehlens valider Kriterien als schwierig. Der Abstraktionsgrad des

41 Die englischen Begriffe „Resources", „Assets", „Skills" und „Competences" werden oftmals synonym verwendet, wodurch auch eine Differenzierung zwischen dem Resource-based und dem Dynamic Capabilities View erschwert wird (vgl. Duschek 2002, S. 50). In dieser Arbeit werden Ressourcen vor dem Hintergrund von strategischen Wettbewerbsvorteilen betrachtet, die den Ausgangspunkt für Unternehmensstrategien darstellen. Die Arbeitsdefinition orientiert sich eng am Verständnis von Barney (1991, S. 101), der Ressourcen als Grundlage für spezifische Strategien ansieht und die die Effizienz und Effektivität der Unternehmung beeinflussen. Der eigentliche Ressourcenbegriff wird relativ breit gefasst und umfasst unterschiedliche Ressourcenkategorien. Im Originaltext definiert Barney Ressourcen als: „all assets, capabilities, organisational processes, firm attributes, information, knowledge, etc. controlled by a firm that enable the firm to conceive of and implement strategies that improve its efficiency and effectiveness" (Barney 1991, S. 101)..

Resource-based Views wird im Kontext der Fragen zur konkreten Rentengenerierung kritisiert: „Der tatsächliche Wertschöpfungsprozess, die Modalitäten der Evolution von Wettbewerbsvorteilen ermöglichenden Ressourcen bleiben (...) weiterhin im Dunkeln. Wie genau der Prozeß der Generierung von Renten abläuft, welche Akkumulations-, Kombinations- und Transformationsprinzipien und -mechanismen in diesem Prozess zum Tragen kommen und wie diese (...) die Entstehung von (ressourcenbasierten) Wettbewerbsvorteilen, nun tatsächlich beeinflussen, bleibt opak“ (vgl. Duschek 2002, S. 266). Diese Kritik richtet sich zusammenfassend darauf, dass die Quellen und die konkrete Realisierung von Wettbewerbsvorteilen im Resource-based View zu wenig konzeptualisiert werden.

Ein weiterer Kritikpunkt am Resource-based View ist das Fehlen einer dynamischen Komponente im theoretischen Konstrukt (vgl. Eisenhardt und Martin 2000, Freiling 2001, Kogut und Zander 1992). Die dynamische Perspektive im Kontext einer ressourcenorientierten Betrachtung ist beispielsweise besonders im Kontext von Netzwerkressourcen bedeutend (vgl. Lavie 2006). Die vorteilhafte Nutzung und Integration von Ressourcen ist in der Regel ein längerer Prozess und es sind entsprechende Prozessroutinen notwendig. Eine reine Ressourcenanalyse berücksichtigt diesen Prozess unzureichend, während Netzwerkressourcen stark pfadabhängig sind und einer kontinuierlichen Anpassung bedürfen. Die dynamische Komponente gewinnt zusammenfassend in dynamischen, durch Technologien getriebenen Märkte an Bedeutung (vgl. Teece et al. 1997, S. 515). In diesem Zusammenhang tritt auch der Kompetenzbegriff in den Analysefokus. Der Dynamic Capabilities View nimmt diese Kritik auf und initiiert einen dynamischen Analyseansatz[42].

Analog zur Porters marktbasierten, nach außen gerichteten Analyse wird dem Resource-based View eine rein nach innen gewendete Unternehmensanalyse vorgeworfen, die die Unternehmensumwelt sowie unternehmensübergreifende Ressourcenpartnerschaften weitestgehend ausblendet (vgl. zum Beispiel Freiling 2001, S. 49, Porter 1991, S. 107). Die strenge interne Unternehmenssicht führt beispielsweise zu einer Vernachlässigung absatzmarktlicher Gegebenheiten, die Angebot und Nachfrage von Ressourcen determinieren (vgl. Freiling 2001, S. 49). Der ausgeprägte (Innen-)Fokus auf ein einzelnes Unternehmen wird von den Vertretern des sogenannten Relational View kritisiert. Die Kritik richtet sich darauf, dass die an Bedeutung gewinnenden Unternehmensallianzen ausgeblendet werden und die Analyse strikt auf das Interne eines fokalen Unternehmens gerichtet wird (vgl. Das und Teng 2000, Dyer und Singh 1998, Freiling 2001, Gulati 1998, Ireland et al 2002, Lavie 2006).

Der klassische Ressourcenansatz geht davon aus, dass die Ressourcen durch ein einzelnes Unternehmen assimiliert und kontrolliert werden müssen, um diese vorteilhaft in die Wertschöpfung einzubringen (vgl. Duschek 2004). Dieses resultiert aus der Analyseperspektive, die Wettbewerbsvorteile aus Sicht eines einzelnen Unternehmens betrachten und Ressourcen und Kompetenzen dahingehend bewerten, dass diese dem Unternehmen den größtmöglichen Nutzen erbringen. Der Resource-based View geht davon aus, dass distinktive Ressourcen hohe spezifische Investitionen erfordern und entsprechend der Spezifität eine hierarchische Form der Ressourcenkontrolle zu wählen ist (vgl. Duschek 2004, S. 56). Die interne Kontrolle ist in diesem Kontext ein bedeutender Isolationsmechanismus, um ressourcenbasierte Wettbewerbsvorteile nachhaltig zu sichern (vgl. Duschek

42 Zum Dynamic Capabilities View vergleiche Abschnitt 2.2.2.3 dieser Arbeit.

2002 und 2004). Ausgehend von der zentralen Annahme des Resource-based Views, nämlich die Heterogenität einzelner Unternehmen, ist eine unternehmensspezifische interne Ressourcenanalyse theorieimmanent (vgl. Duschek 2004, S. 56, Foss und Ericsen 1995, S. 44). Bislang wurden alternative institutionelle Arrangements in erster Linie im Kontext einer Ressourcenuntersuchung im Akquisitionsstadium untersucht, um diese dann anschließend aus Sicht eines Unternehmens zu internalisieren und zu kontrollieren (vgl. Hamel 1991, S. 99, Tidd et al. 2001, S. 230, Ireland et al. 2002, S. 427). In Folge dessen wurde die Frage, wie strategische Ressourcen genutzt und geschützt werden können, ohne diese direkt zu akquirieren, bislang unzureichend beleuchtet (vgl. Duschek 2004, S. 56).

Der Resource-based View zeigt insgesamt einen hohen Allgemeinheitsgrad und Integrationsansätze für andere Ansätze auf (vgl. Gretzinger 2007, S. 91, Mellewigt 2003, S. 35). Die Konfrontation der zuvor genannten Kritikpunkte am Resource-based View mit dem hier anvisierten empirischen Feld einer Wertschöpfungsorganisationsanalyse unterstreicht jedoch die Bedeutung einer unternehmensübergreifenden Analyse, die Ressourcen einzelner Akteure und die in Partnerschaften eingebetteten Ressourcen berücksichtigt. Die klassischen Forschungsfragen des Resource-based View berücksichtigen diese Entwicklung nicht, sondern wählen einen strikten unternehmensspezifischen Analyseansatz (vgl. Duschek 2002 und 2004). Für die ressourcenbasierte Analyse einer Wertschöpfungsorganisation ist jedoch ein relationaler Ressourcenansatz in dem theoretischen Konzept ebenfalls zu berücksichtigen. Dyer und Singh (1998) haben die Kritik am zu ausgeprägten Unternehmensfokus im Konzept des Relational Views aufgenommen und berücksichtigen neben den internen Ressourcen auch solche, die in ein Inter-Akteursnetzwerk eingebettet sind. In diesem Fall spielt es für die Effektivität der Ressourcen eine zentrale Rolle, wie die Akteure zusammenarbeiten (vgl. Ireland et al. 2002; Duschek 2002). Der Relational View ist Inhalt des nächsten Abschnitts.

2.2.3.2 Der Relational View

Eine unternehmensübergreifende ressourcenorientierte Betrachtung erfolgt im Relational View, der in erster Linie von Gulati (1999) und Dyer und Singh (1998) konzipiert und von Lavie (2006) weiterentwickelt wurde. Der Relational View berücksichtigt die Zusammenarbeit zwischen Akteuren und die darin eingebetteten Ressourcen und nutzt Elemente der theoretischen Konzepte des Resource-based Views und der Transaktionskostentheorie (vgl. Duschek 2004, S. 62). Die Modellannahmen dieser beiden theoretischen Konzepte werden entsprechend vom Relational View übernommen, konkret die Verhaltensannahmen der begrenzten Rationalität und des opportunistischen Verhaltens sowie die Annahme, dass Inputfaktoren nur eingeschränkt transferierbar und Märkte imperfekt sind. Die Annahme der eingeschränkten Information wird vom Resource-based View ebenfalls übernommen.

Grundsätzlich basiert der Relational View auf dem theoretischen Konzept des Resource-based View, wählt im Unterschied zum klassischen Ressourcenansatz jedoch eine unternehmensübergreifende Perspektive und berücksichtigt die daraus entspringenden Problemstellungen, wie etwa die Gefahr opportunistischen Verhaltens. Der Relational View begegnet der Kritik am klassischen Resource-based View, die die Einbettung von Unternehmen in ein Wertschöpfungsnetzwerk außer Acht lassen und eine rein unternehmensspezifische Analyse verfolgen (vgl. Duschek 2004, S. 61, Lavie 2006, S. 638). Der Relational View berücksichtigt eben diese Vernetzungen zwischen Unternehmen und fokussiert die Ressourcen, die innerhalb dieser Wertschöpfungsnetzwerke eine Rolle spielen. Die zentralen Bausteine und Annahmen des Relational Views werden in Tabelle 2.4 zusammengefasst.

Tabelle 2.4 Die Elemente des Relational Views unter Berücksichtigung der Weiterentwicklung nach Lavie (2006)

Intellektuelle Wurzeln	Dyer und Singh (1998) Gulati (1999) Lavie (2006)
Gegenstand der Untersuchung	Ressourcen in dyadischen und netzwerkförmigen Partnerschaften
Zentrale Modellannahmen	Eingeschränkte Rationalität Opportunistisches Verhalten Heterogenität der Unternehmen Informationsasymmetrien Imperfekt Mobilität der Inputfaktoren
Rentenart	Ricardo Rente Quasi Rente Relationale Rente Spill-over Rente
Ursache für Wettbewerbsvorteile	Effektivitätsvorteile der eingesetzten Ressourcen in Ressourcenpartnerschaften durch: i. Spezifität der Ressourcenpartnerschaft, ii. Effektivität organisatorische Routinen zum Know-How und Informationsaustausch, iii. Komplementarität der Ressourcen und iv. Effektivität der Koordinationsmechanismen. Schutz der wertvollen und seltenen Ressourcen vor Imitation und Substitution durch Isolationsmechanismen innerhalb der Ressourcenpartnerschaft

Quelle: Eigene Darstellung

Die zugrunde liegende Idee des Relational View nach Dyer und Singh (1998) ist, dass die kooperative Nutzung komplementärer und spezifischer Ressourcen einer integrierten und marktlichen Form eines institutionellen Arrangements unter bestimmten Voraussetzungen überlegen ist (vgl. Dyer und Nobeoka 2000, S. 364). Die Ressourcenanalyse beschränkt sich nicht auf die Ressourcen eines einzelnen Akteurs, sondern es wird die Wertschöpfungskraft einer Ressourcenallianz thematisiert. In diesem Zusammenhang wurde der Begriff der relationalen Renten geprägt: „We define a relational rent as a supernormal profit jointly generated in an exchange relationship that cannot be generated by either firm in isolation and can only be created through the joint idiosyncratic contributions of the specific alliance partners" (Dyer und Singh 1998, S. 662). Im Unterschied zu einer unternehmensspezifischen Rentenbetrachtung können relationale Renten nicht durch einen einzelnen Akteur erzielt werden, sondern sind immer das Produkt der Ressourcenallianz (vgl. Dyer und

Singh 1998). Im Relational View nach Dyer und Singh (1998, S. 663) werden vier Determinanten betrachtet, die die Höhe der relationalen Renten nachhaltig beeinflussen. Hierzu zählt die Spezifität der Ressourcenallianz, die Komplementarität der eingebrachten Ressourcen, das Vorhandensein organisatorischer Routinen und Prozesse sowie effektive Governance Formen zur Koordination der Ressourcenallianz (vgl. Dyer und Singh 1998, S. 662-663). Abbildung 2.4 skizziert das Konzept der relationalen Renten.

Abbildung 2.4 Determinanten des Relational Views

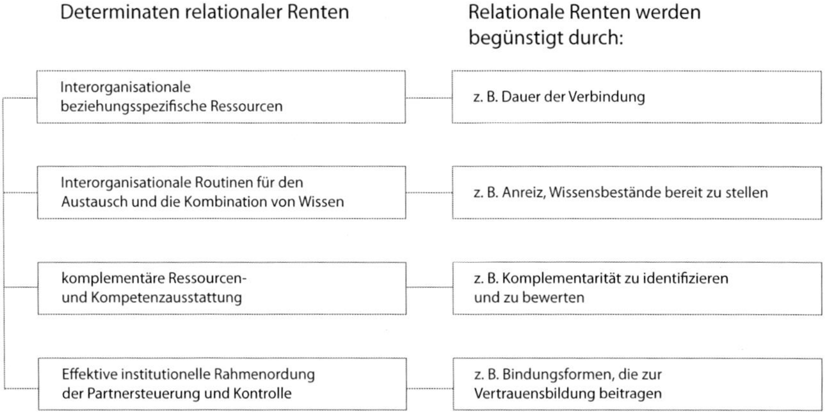

Quelle: in Anlehnung an Dyer und Singh 1998, S. 663

Die Komplementarität der Ressourcen ist ein bedeutender Erklärungsbaustein des relationalen Ressourcenansatzes (vgl. Duschek 2004, S. 63, Kale et al. 2000, S. 224). Relationale Renten basieren auf den spezifischen Ressourcen, die durch die Allianzpartner eingebracht werden, sowie auf deren Komplementarität mit anderen eingebetteten Ressourcen, was letztendlich zu einem Ressourcengewinn führt. In einer komplementären Partnerschaft streben die Akteure den Zugang zu solchen distinktiven Ressourcen an, die innerhalb der eigenen Unternehmung nicht vorhanden beziehungsweise nicht effizient in Eigenregie generiert werden können. In einer Pooling Allianz führen die partizipierenden Partner im Unterschied zu einer Komplementärpartnerschaft ähnliche Ressourcen zusammen, um Skaleneffekte zu erreichen und die Ausstattung mit differenzierenden und wertschaffenden Ressourcen zu erhöhen. Der relationale Ressourcenansatz geht davon aus, das sich im Vergleich zu Pooling Allianzen höhere (relationale) Renten durch Komplementär-Allianzen ergeben (vgl. Dyer und Singh 1998, S. 662). Der Wert interner Renten eines individuell zu betrachtenden Akteurs kann durch komplementäre Renten eines anderen Allianzpartners gesteigert werden. Komplementäre Ressourcen können in diesem Zusammenhang die internen Ressourcen des Transaktionspartners sowie externe Netzwerkressourcen darstellen (vgl. Gulati 1999). Die Komplementarität der Ressourcen ist eine zentrale Zielsetzung einer Ressourcenallianz, wenn die betrachtete Ressource im eigenen Unternehmen nicht vorhanden ist, beziehungsweise nicht effizient selber generiert werden kann (vgl. Lavie 2006, S. 644). Ein hohes Rentengenerierungspotential ergibt sich für solche relationalen Ressourcen, wenn keiner der Allianzpartner Zugang zu einer ähnlichen Ressource außerhalb der Partnerschaft hat (vgl. Duschek 2004, S. 63).

Als zweite Determinante relationaler Renten nennen Dyer und Singh die spezifische Wertschöpfungskraft, die aus der Ressourcenallianz entspringt (vgl. Dyer und Singh 1998, S. 662ff.). Die Allianz selber und die darin eingebrachten spezifischen Investitionen und komplementären Ressourcen stellen die Grundlage für die zusätzliche Wertschöpfungskraft: „[...] relational rents are possible when alliance partners combine, exchange, or invest in idiosyncratic assets, knowledge, and resources/capabilities [...].“ (Dyer und Singh 1998, S. 662). Die Spezifität ist eine klassische Erklärungsgröße der Transaktionskostentheorie, die im Fall einer Ressourcenallianz durch die spezifischen Investitionen der Ressourcenpartner determiniert wird. Spezifische Humanressourcen ergeben sich beispielsweise durch gemeinsame Forschungs- und Entwicklungsaktivitäten, die im Zeitverlauf zu spezifischen Prozessen, Produktschnittstellen und Kommunikationsinstrumenten führen. Spezifische Investitionen können zudem aus der physischen Zusammenlegung der Fertigungsstätten der partizipierenden Akteure resultieren. Aus solchen Zuliefererparks resultiert eine interorganisationale physische Verbindung der Ressourcen, die zu einer hohen Ressourcenspezifität führt (vgl. Duschek 2004, S. 64). Im Kontext einer ausgeprägten Spezifität können zudem Quasi Renten thematisiert werden, die sich aus dem spezifischen Nutzen der Ressourcenallianz ergeben. In diesem Zusammenhang ergibt sich ein enger Zusammenhang zwischen der Betrachtung relationaler und Quasi Renten: „We use the term relational rent, although, technically speaking, trading partners generate quasi-rents“ (Dyer und Singh 1998, S. 661). Aus der Ressourcenallianz kann sich eine Wertsteigerung für die Ressourcen ergeben, die Grundlage für zusätzliche Renten sind. Diese können zum einen durch relationale Renten, die nur innerhalb der Allianz und nicht durch einzelene Akteure generiert werden können und durch Quasi Renten, die eben aus der Ressourcenspezifität resultieren, konzeptualisiert werden. Die Erklärungsfiguren beider Rentenarten sind zusammenfassend sehr ähnlich.

Die Koordination und Kontrolle der auf die Ressourcen gerichteten Interakteursbeziehung ist ein weiteres Element des Erklärungsmodells nach Dyer und Singh (1998). Sie unterscheiden zwischen unterschiedlichen Governance Formen zur Koordination der Ressourcenallianz (vgl. Dyer und Singh 1998)[43]. Geeignete Bindungs- und Kooordinationsmechanismen sind auf der einen Seite für eine effiziente Transaktionsbeziehung und auf der anderen zur Stimulierung der Allianzpartner notwendig, die Ressourcen effektiv in die Wertschöpfung einzubringen und komplementäre Ressourcen beizusteuern (vgl. Dyer und Singh 1998, S. 669ff.). Im Kontext effektiver (im Sinne einer möglichst hohen Wertscherschaffung) und effizienter (im Sinne geringer Transaktionkosten) Governance Mechanismen werden unterschiedliche Bindungsformen differenziert. Im Relational View werden Governance Formen unterschieden, die durch dritte Institutionen kontrolliert und koordiniert werden sowie Formen, die einer Selbstkontrolle unterliegen. Der Kategorie von Bindungsmechanismen, die auf dritte Institutionen fußen, werden in erster Linie vertraglich abgesicherte Bindungen zugeordnet. Die zweite Kategorie von Bindungsmechanismen umfasst nach Dyer und Singh solche Bindungsmechanismen, die einer reinen Selbstkontrolle unterliegen und nicht auf übergeordnete Kontroll- und Koordinationsinstanzen basieren[44]. Unter den selbst kontrollierenden Mechanismen werden formelle und informelle Governance Formen zusammengefasst. Zu den formellen Bindungsmechanismen werden in erster Linie finanzielle Geiseln gezählt (vgl. dazu zum Beispiel Klein 1980 und Williamson 1983 in Dyer und Singh 1998). Finanzielle Geiseln entstehen

43 Vgl. dazu Abschnitt 2.4 dieser Arbeit.

44 Dyer und Singh (1998, S. 669) sprechen in diesem Zusammenhang von “Self-enforcing agreements”.

durch die Einlage finanzieller Mittel in die Transaktionsbeziehung. Informelle selbst regulierende Mechanismen umfassen unter anderem Vertrauen, Reputation der Akteurspartner oder Fairness (vgl. Gulati 1995b, Larson 1992, Powell 1990, Sako 1991, Uzzi 1997 und Weigelt und Camerer 1988 in Dyer und Singh 1998)[45].

Formelle und informelle Koordinationsinstrumente können auf der einen Seite die Transaktionskosten reduzieren und auf der anderen Seite einen Leistungsanreiz für die Allianzpartner darstellen, den Output der Allianz zu erhöhen. Die Interakteursbindungen determinieren somit die Transaktionskosten und die Effektivität der Transaktionspartnerschaft. Das Ausmaß opportunistischen Verhaltens individueller Vertragspartner beeinflusst die Nutzung der Ressourcen und die Verteilung der Renten. Handelt ein Partner in Relation zu den anderen Allianzpartnern opportunistisch, dann wird dieser Akteur einen höheren Rentenanteil abschöpfen. Das opportunistische Potential in einer Ressourcenallianz beeinflusst die Rentengenerierung der gesamten Allianz negativ, da die einzelnen Partner weniger kooperieren und das zur Nutzung der Ressource notwendige Wissen nicht weitergeben (vgl. Lavie 2006, S. 646). Zusammenfassend sind spezifische Ressourcen, die hohe Investitionen der Allianzpartner fordern, durch entsprechende Kontrollmechanismen und eine enge Bindung der Akteure zu schützen, um nachhaltig effektiv zu wirtschaften und hohe Transaktionskosten zu vermeiden (vgl. Dyer und Singh 1998, Duschek 2004).

Eine weitere Grundlage von Wettbewerbsvorteilen durch relationale Renten sind organisationale Routinen, die die komplementären und distinktiven Ressourcen effektiv in den Wertschöpfungsprozess integrieren. Unter organisatorischen Routinen sind in diesem Kontext systematische, strukturierte und institutionalisierte Zusammenarbeitsformen zwischen den Allianzpartnern zu verstehen, die zum Ziel haben, die relevanten Ressourcen im Sinne der gemeinsamen Ressourcenallianz effektiv zu koordinieren, zu entwickeln und zu re-konfigurieren (vgl. Dyer und Singh 1998, Duschek 2002 und 2004, Grant 1996). Der Austausch von Informationen und Kompetenzen zur Erhöhung des Ressourcennutzens steht im Mittelpunkt solcher Routinen und werden als Grundlage innovativen Wertschöpfens angesehen (vgl. Teece et al. 1997)[46]. Im Kontext des Relational Views spielen unternehmensübergreifende Routinen dahingehend eine Rolle, inwieweit externe Informationen und Know-How in den Wertschöpfungsprozess integriert werden können, um einen möglichst großen Nutzen aus den eingebrachten Ressourcen zu erzielen. Dyer und Singh (1998) sprechen in diesem Zusammenhang von der „Absorptions-Kapazität", die durch organisatorische Routinen determiniert wird und zur effektiven Ressourcennutzung notwendig ist. In diesem Zusammenhang thematisieren Dyer und Singh (1998) die Bedeutung von Governance Mechanismen, die einen Anreiz für die Akteure sicherstellen sollen, Informationen und Know-How mit Allianzpartner zu teilen und die Wertschöpfung damit effektiver zu gestalten. Grundlage des Informations- und Know-How Austauschs sind die angesprochenen organisatorischen Routinen.

45 Eine ausführliche Auseinandersetzung mit unterschiedlichen Interakteurs-Koordinierungsformen erfolgt in Abschnitt 2.3.2 dieser Arbeit.

46 Organisatorische Routinen sind ein zentrales theoretisches Element des Dynamic Capabilities View, der Inhalt des folgenden Abschnittes ist.

Lavie (2006) erweitert die Ressourcenbetrachtung des Relational View von Dyer und Singh (1998) um sogenannte Netzwerkressourcen[47]. Netzwerkressourcen resultieren aus der Ressourcenallianz und können nicht durch einzelne Akteure beigesteuert werden. Netzwerkressourcen sind eben das Produkt dieser Allianz (vgl. Gulati 1999, S. 399). Mit den Netzwerkressourcen findet eine weitere Ressourcenart Einzug innerhalb einer strategischen Ressourcenbetrachtung. Nach Lavie werden neben den klassischen Ricardorenten des Resource-based Views und den relationalen Renten nach Dyer und Singh weitere Renten betrachtet. Insgesamt werden vier unterschiedlichen Rentenarten differenziert, nämlich interne Renten, relationale Renten sowie zufließende und abfließende Spill-over Renten (vgl. Lavie 2006, S. 644). Interne Renten basieren auf der Kombination von Ricardorenten und Quasi-Renten und fußen auf der Ressourcenausstattung eines einzelnen Unternehmens (vgl. Lavie 2006, S. 644)[48]. Interne Renten stellen die klassischen Erklärungsgrößen des Resource-based Views dar und übernehmen die unternehmensspezifische Sichtweise. Die Renten stehen nur dem Akteur zur Verfügung, der über die strategischen Ressourcen verfügt. Die Voraussetzungen und Ursachen interner Renten werden im Erklärungskonzept des klassischen Resource-based View betrachtet und entsprechende Isolationsmechanismen zum Schutz strategischer unternehmensspezifischer Renten dargestellt. Die grundlegende Annahme des Resource-based View ist, dass Ressourcen heterogen und eingeschränkt mobil sein müssen, damit Wettbewerbsvorteile auf den strategischen Ressourcen fußen können. Beide Annahmen sind auf den relationalen Ressourcenansatz übertragbar (vgl. Barney 1991, S. 99ff. und Lavie 2006, S. 643 und S. 645).

Neben den internen und relationalen Renten betrachtet Lavie zusätzlich die so genannten In- und Outbound Spill-over Renten (vgl. Lavie 2006, S. 647ff.). Während interne und relationale Renten durch die Ressourcen determiniert werden, die die Akteure direkt oder durch die Allianz in Anspruch nehmen können, sind Spill-over Renten ein Nebenprodukt einer Ressourcenallianz. Spill-over Renten sind nicht antizipierbar und resultieren zum einen aus der gemeinschaftlichen Nutzung der direkt eingebrachten Ressourcen sowie aus den Ressourcen, die indirekt mit der Partnerschaft in Beziehung stehen. Indirekte Ressourcen werden von dem jeweiligen Partner nicht beabsichtigt eingebracht. Aus Perspektive eines einzelnen Akteurs können Spill-over Renten durch die Nutzung externer direkter und indirekter Allianzressourcen zufließen, woraus Inbound Spill-over Renten resultieren. Outbound Spill-over Renten treten vice versa bei dem Akteur auf, dessen Ressourcen durch einen anderen Akteur genutzt werden, obwohl diese nicht bewusst in die Allianz eingebracht werden (vgl. Lavie 2006, S. 648). In Folge dessen erfährt ein Ressourcenpartner einen Rentenabfluss.

Spill-over Renten werden als Konsequenz opportunistischen Handelns angesehen und beeinträchtigen langfristig die Rentengenerierung der gesamten Partnerschaft, da eigennützige Ziele im Vordergrund stehen und nicht die Maximierung des Allgemeinnutzens. Neben dem opportunistischen Verhalten kann eine dominante Verhandlungsposition eines einzelnen Akteurs sowie dessen Kompetenz, die Ressourcen vorteilhaft für die Rentenerzielung einzusetzen, die Höhe von Spill-over Renten begünstigen (vgl. Lavie 2006, S. 647). Die bereits dargestellten Annahmen zur Rentenaneignung im Kontext relationaler und interner Renten sind somit auf Spill-over Renten übertragbar. Im

47 Zum Begriff der Netzwerkressourcen vgl. Gulati (1998 und 1999).

48 Ricardo Renten werden im Abschnitt 2.2.2.1 erläutert.

Unterschied zu relationalen Renten werden jedoch Ressourcen zur Erzielung von Wettbewerbsvorteilen genutzt, die durch den Allianzpartner unbewusst eingebracht werden. In diesem Zusammenhang haben Hennart et al. (1999) die Situation des „Trojanischen Pferdes" beschrieben, die aus dem opportunistischen Handeln einzelner Akteure resultiert. In dieser Situation verfolgt ein Akteur das Ziel, die direkten und indirekten Ressourcen der anderen Allianzpartner opportunistisch zu nutzen, um einen größtmöglichen Renteneffekt durch die Abschöpfung zusätzlicher Inbound Spill-over Renten für sich zu erzielen. Ein synergetischer Effekt in Form relationaler Renten als Ergebnis der Ressourcenallianz ist bei Trojanischen Pferden nicht gegeben. Isolationsmechanismen zum Schutz der Ressourcen vor dem Gebrauch durch externe Akteure können Spill-over Renten verhindern (vgl. Lavie 2006, S. 647-648).

Die Aneignungsfähigkeit der Renten durch die einzelnen Allianzpartner ist ein weiterer Diskussionspunkt im Kontext der Beiträge zum Relational View. Inwieweit ein individueller Allianzpartner an den generierten relationalen Renten partizipieren kann, hängt von unterschiedlichen Faktoren ab. Die Aneignungsfähigkeit der Renten durch die Allianzpartner zeigt die Wettbewerbsvorteile für die einzelnen Akteure (vgl. Duschek 2004, S. 62). Das Rentenabschöpfungspotential eines einzelnen Akteurs wird zum einen dadurch determiniert, in wie weit die Ressource und das notwenige Wissen zur Nutzung der Ressource durch den jeweiligen Allianzpartner identifiziert, bewertet, übernommen und innerhalb des eigenen Unternehmens ausgebaut werden kann (vgl. Lavie 2006, S. 645). Die Integration externer Informationen und Know-How ist eine zentrale Voraussetzung, um die Ressourcen vorteilhaft zu nutzen. Die relative Ausstattung der Allianzpartner mit der betreffenden Ressource determiniert den individuellen Nutzen und das Rentenabschöpfungspotential (vgl. Lavie 2006, S. 645). Diese Annahme resultiert aus der Komplementarität der betrachteten Ressourcen (vgl. Dyer und Singh 1998). In diesem Zusammenhang zeigt Stuart (2000), dass derjenige Akteur, der komparativ über eine geringere Ausstattung der zu betrachtenden Ressource verfügt, einen höheren relativen Nutzen aus der Ressourcenpartnerschaft erzielen kann. Dieses bekräftigt Dyer und Singhs (1998) Aussage, dass komplementäre Ressourcenallianzen im Vergleich zu Pooling Allianzen zu komparativ höheren Renten führen können.

Die Governance Form ist eine weitere Determinante, die die Rentenverteilung zwischen den Akteuren steuert. In diesem Zusammenhang spielen vor allem formell-vertragliche Koordinationsinstitutionen eine Rolle, die die Rentenverteilung zwischen den Akteuren festlegen. In einem direkten Zusammenhang mit den gewählten Governance Formen steht das Ausmaß des opportunistischen Verhaltens. Im Unterschied zu den formellen, vertraglichen Bindungsmechanismen reduzieren die informellen, nicht durch dritte Institutionen abgesicherte Koordinationsinstrumente das opportunistische Verhalten der Akteure (vgl. Dyer und Singh 1998, S. 669ff.). Verhält sich ein Akteur relativ stark opportunistisch gegenüber den Allianzpartnern, dann hat dieser Akteur prinzipiell höhere Rentenabschöpfungsmöglichkeiten (vgl. Lavie 2006, S. 646). Informelle Koordinationsmechanismen wie Reputation, Vertrauen und soziale Verbundenheit erhöhen das Kooperationsverhalten und in Folge dessen eine faire Verteilung der Renten. Die faire Verteilung der Renten führt mittel- und langfristig zusätzlich zu Anreizeffekten für alle Allianzpartner, so dass die Gesamthöhe und die zu verteilenden Renten positiv beeinflusst wird (vgl. Dyer und Singh 1998, S. 669). In diesem Zusammenhang wird auch die Machtverteilung zwischen den Akteuren diskutiert. Eine dominante Machtstellung eines Akteurs begünstigt dessen Rentenabschöpfungspotential im Vergleich zu den

Akteuren, die über eine geringere Verhandlungsmacht verfügen (vgl. Lavie 2006, S. 646). Zusammenfassend werden fünf Determinanten identifiziert, die die Rentenverteilung beeinflussen: i. die relative Fähigkeit, die beigesteuerten Ressourcen vorteilhaft für die eigene Ressourcenausstattung zu nutzen, ii. die relative Ausstattung der Akteure mit der zu betrachtenden Ressource, iii. die Ausgestaltung der formellen Bindungsmechanismen, hier vor allem die Vertragsbedingungen, iv. das Vorhandensein informeller Bindungsmechanismen zu Einschränkung des opportunistischen Verhaltens der Akteure und v. die relative Verhandlungsmacht (vgl. Lavie 2006, S. 645-646).

Der Relational View hat zusammenfassend die unternehmensinterne Ressourcenanalyse des Resource-based View dahingehend weiterentwickelt, dass Ressourcen von Allianzpartnern mitberücksichtigt werden. Damit trägt der Relational View der zunehmenden Etablierung dyadischer Unternehmensallianzen und Netzwerken Rechnung und steuert eine wichtige zusätzliche Argumentationslogik für die vorliegende Untersuchung bei. Dyer und Singh (1998) haben einen zentralen Beitrag zur Erklärung von Wettbewerbsvorteilen auf Basis relationaler Renten geleistet, der durch Lavie (2006) weiter konkretisiert und im Rahmen zusätzlicher Rentenbetrachtungen weiterentwickelt wurde. Neben den internen Renten, die aus Ricardo Renten und Quasi-Renten resultieren, sowie den relationalen Renten betrachtet Lavie auch Inbound und Outbound Spill-over Renten und die zu Grunde liegenden Determinanten und Problemstellungen. Auf Grund der starken Nähe zum Resource-based View werden jedoch auch einige der konzeptbedingten Nachteile durch den Relational View übernommen.

Analog zum Resource-based View wird die fehlende Konkretisierung des Ressourcenverständnisses kritisiert, die jedoch zentral für die Konzepte des Resource-based Views und des Relational Views ist. Genau das, was die Ressourcen als Ursache von Wettbewerbsvorteilen macht, bleibt weiterhin unzureichend geklärt (vgl. zum Beispiel Duschek 2002, S. 269). Mit dem als ausgeprägt zu bezeichnenden Abstraktionsgrad beider Konzepte geht einher, dass die Ursachen und Quellen sowie die konkrete Realisierung von Wettbewerbsvorteilen ebenfalls unzureichend berücksichtigt und erklärt werden. Der Relational View teilt mit dem Resource-based View das Dilemma, keine konzeptionelle Erklärung der Prozesse der Rentengenerierung bieten zu können (vgl. Duschek 2002, S. 266).

Als Gegenstand der Untersuchung dient dem Relational View die interorganisationalen Beziehungen zwischen Unternehmen. Aus diesem Gegenstand der Untersuchung resultiert die Gefahr, das intraorganisationale Prozesse und Routinen der individuellen Ressourcenpartner vernachlässigt werden und somit ein wichtiger Faktor zur Generierung ressourcenbasierter Renten ausgeblendet wird. Der Fokus des Relational View ist vielmehr auf die Gestaltung und Koordination der intraorganisationalen Beziehungen innerhalb der Ressourcenpartnerschaft gerichtet. Duschek (2002, S. 267) verweist jedoch auf die rekursiven Beziehungen zwischen den inter- und intraorganisationalen Merkmalen und Prozessen.

Interorganisationale Beziehungen stellen den Gegenstand der Untersuchung des Relational Views dar. Damit gewinnen soziale Beziehungsmerkmale, vor allem das Thema Macht an Bedeutung. Die Macht als Ressourcenkoordinationsinstrument wird im Relational View wenig beziehungsweise gar nicht thematisiert. Offene Fragen ergeben sich in diesem Zusammenhang vor allem daraus, wie die Machtverteilung sich auf die Verfügungsrechte der Resourcen und die Allokation der Renten auswirkt. Ungeklärt ist auch die Frage, welcher Zusammenhang sich zwischen Ressourcen und den Quellen der Macht ergeben. Insgesamt ist der Macht Aspekt, der vor allem bei der Analyse interorganisationaler Renten eine Rolle spielt, wenig im Relational View thematisiert.

Der Relational View ist insgesamt ein zum Resource-based View komplementäres theoretisches Konzept zur Erklärung von ressourcenbasierten Wettbewerbsvorteilen. Der Relational View trägt der Vernachlässigung interorganisationaler Ressourcen Rechnung, die am Resource-based View kritisiert wird. Damit leistet der Relational View einen bedeutenden Beitrag zur Erforschung strategischer Wettbewerbsvorteile, da Unternehmensnetzwerke bislang unzureichend Gegenstand strategischer Untersuchungen waren. Für die vorliegende Untersuchung bietet der Relational View trotz der Kritikpunkte wichtige Ansätze zur Erklärung von Wettbewerbsvorteilen und zur Konzeptualisierung interorganisationaler Beziehungen. Damit stellt der Relational View einen zentralen theoretischen Denkrahmen der vorliegenden Untersuchung. Im Kontext der kritischen Reflexion des Relational Views ist zudem die Komplexität des Gegenstandes des Untersuchung zu berücksichtigen, die eine gewisse Fokussierung auf zentrale Theorieelemente sinnvoll erscheinen lässt.

2.2.3.3 Der Dynamic Capabilities View

Die Werke von Eisenhardt und Martin (vgl. 2000), Leornard-Barton (vgl. 1992), Kogut und Zander (vgl. 1992), Teece et al. (vgl. 1997) und Kogut und Zander (vgl. 1995) formierten den Dynamic Capabilities View in besonderer Weise. Der Dynamic Capabilities View orientiert sich stark am theoretischen Konzept des Resource-based View und nutzt dessen zentralen Modellannahmen, nämlich die Heterogenität von Unternehmen, Informationsasymmetrien zwischen den Unternehmen und die eingeschränkte Mobilität der Ressourcen und Inputfaktoren. Aus diesen Modellannahmen resultieren die zentralen Differenzierungsmerkmale zum industrieökonomischen Market-based View, der von homogenen Unternehmen und perfekt mobilen Inputfaktoren ausgeht und die Analyse auf die Unternehmensumwelt konzentriert (vgl. Porter 1980). Der Resource-based und der Dynamic Capabilities View als ressourcenbasierte Theorien zeichnen sich durch eine hohe Komplementarität aus: „The resource based view and the dynamic capabilities view have come to the dominate thinking. Both theories can probably be used parallel, therefore preferred ones at all in the meanwhile“ (Williamson 1991b, S. 76). Der Dynamic Capabilities View stellt den Aufbau besonderer Fähigkeiten in Unternehmen zur Erzielung von Wettbewerbsvorteilen in einem von Innovation und Substitution gekennzeichneten Wettbewerbsumfeld in den Mittelpunkt der Analyse (vgl. Leonard-Barton 1992, Kogut und Zander 1992, 1997, Teece et al. 1997, Eisenhardt und Martin 2000, Makadok 2001). Die Differenzierungsmerkmale und das Argumentationsmuster des Dynamic Capabilities Views werden im Folgenden nachgezeichnet. Tabelle 2.5 fasst dazu die Kernelemente der Theorie zusammen.

Tabelle 2.5 Die Elemente des Dynamic Capabilities View

Intellektuelle Wurzeln	Kogut und Zander (1992) Leornard-Barton (1992) Teece et al. (1994)
Gegenstand der Untersuchung	Die zur Ausbildung von Fähigkeiten notwendigen Prozesse und Pfade innerhalb Organisationen im Kontext dynamischer Märkte
Zentrale Modellannahmen	Heterogenität der Unternehmen Informationsasymmetrien Imperfekt Mobilität der Inputfaktoren Kreative Selbstzerstörung ökonomischer Renten
Rentenart	Schumpeterrenten
Ursache für Wettbewerbsvorteile	Effektivitätsvorteile durch die Fähigkeit, Ressourcen durch deren strategische Anpassung und Neukonfiguration nutzvoll einzusetzen Akkumulation von Fähigkeiten durch (pfadabhängige) Lern- und Wissensaustauschprozesse

Quelle: Eigene Darstellung

Die weiterhin unklare Definition des Ressourcenbegriffs erschwert die Abgrenzung zwischen dem Resource-based und dem Dynamic Capabilities View (vgl. Amit und Schoemaker 1993, S. 35, Freiling 2001, S. 41ff.). Die Trennung des Ressourcen- und Kompetenzbegriffes ist unscharf und beide Termini werden im Rahmen einer Ressourcenbetrachtung oftmals zusammengefasst (vgl. Amit und Schoemaker 1993, S. 35). Kompetenzen werden im Resource-based View als eine spezielle Art einer intangiblen Ressource betrachtet und umfassen organisationale, funktionale und technologische Fähigkeiten (vgl. Amit und Schoemaker 1993, S. 388, Teece et al. 1997, S. 515). In Anlehnung an Leonard-Barton (1992) verstehen Teece et al. (1997) Dynamic Capabilities als komplexe Interaktions- und Problemslösungsmuster eines Unternehmens. Die Aufgabe eines Unternehmens liegt darin, Kompetenzen entsprechend des Wettbewerbsumfeldes dynamisch anzupassen und die verfügbaren Ressourcen vorteilhaft einzubringen, um innovationsbasierte Wettbewerbsvorteile zu erzielen (vgl. Teece et al. 1997, S. 516).). Die Intensität der Dynamik wird durch den jeweiligen Markt determiniert und hat entsprechende Auswirkungen auf die Managementaufgaben im Sinn des Dynamic Capabilities Views. Die dynamische Komponente ist zentral, da der Innovationsvorteil nach einer Zeit durch Nachahmer aufgehoben wird und somit Schumpeterrenten nicht nachhaltig sind. (vgl. Eisenhardt und Martin 2000, S. 1105ff.). Leonard-Barton (1992) sieht die Natur von dynamischen Fähigkeiten darin, dass durch sie Innovationsrenten in einem dynamischen Marktumfeld erreicht werden. Im Unterschied zum Ressourcenverständnis des Resource-based View sind Kompetenzen immer unternehmensspezifisch und innerhalb eines Unternehmens oder Organisation fest eingebettet (vgl. Amit und Schoemaker 1993, S. 388). Daraus folgt eine im Vergleich zum Resource-based View abweichende Annahme, nämlich dass Kompetenzen nur sehr schwer transferierbar sind. Kompetenzen können nicht akquiriert werden, sondern müssen innerhalb einer Organisation aufgebaut werden (vgl. Teece et al. 1997, Zander und Kogut 1995).

Der Resource-based View fußt Wettbewerbsvorteile darauf, dass Unternehmen durch ihre heterogene Ressourcenausstattung unterschiedlich effektiv wirtschaften, woraus Ricardo und Quasi Renten resultieren (vgl. Peteraf 1993). Der Dynamic Capabilities View geht ebenfalls von der Ressourcenposition eines Unternehmens aus. Die zentrale Fragestellung ist jedoch im Unterschied zum Resource-based View, wie die distinktiven Ressourcen einzusetzen sind (vgl. Teece et al. 1997). Im Unterschied zum Resource-based View geht es somit nicht um die Identifikation distinktiver Ressourcen, sondern der Dynamic Capabilities View argumentiert, dass die Grundlagen von Wettbewerbsvorteilen nach der Akquise der Ressourcen gelegt werden (vgl. Teece et al. 1997, S. 389). Daraus folgt die zentrale Managementaufgabe, die der Dynamic Capabilities View postuliert. Während der Resource-based View vom Unternehmensmanagement die Antizipation, Identifikation und Akquisition strategisch wertvoller Ressourcen fordert, sieht der Dynamic Capabilities View in der Fähigkeit, die verfügbaren Ressourcen zu konfigurieren und integrieren, die Ursache von Wettbewerbsvorteilen (vgl. Barney 1991, Peteraf 1993, Teece et al. 1997).

Die dynamische Ressourcensicht des Dynamic Capabilities View richtet die Analyse auf die Fähigkeit des Unternehmens, sich an die wechselnden Erfordernisse des Wettbewerbsumfeldes anzupassen (vgl. Teece et al. 1997, S. 516). Die Kompetenzen dienen in erster Linie dazu, die vorhandenen Ressourcen effektiver zu nutzen und an die dynamisch Umwelt anzupassen. Die dynamische Komponente stellt eine bedeutende Weiterentwicklung des Dynamic Capabilities View dar. Der Dynamic Capabilities View nimmt die Kritik am Resource-based View auf und bringt eine dynamische Komponente in die weitere Theorieweiterentwicklung ein. Dieses ist insbesondere in dynamischen Märkten notwendig, in denen die zeitliche Komponente auf Grund sich schnell verändernden Technologien und hohen Reaktionsgeschwindigkeiten der Akteure wettbewerbsentscheidend ist (vgl. Teece et al. 1997, S. 515).

Die Entwicklung von organisationalen, funktionalen und technologischen Fähigkeiten verfolgt das Ziel von Innovationsvorteilen, die anhand von Schumpeterrenten beziehungsweise Entrepreneur Renten im Kontext des Dynamic Capabilities View konzeptualisiert werden (vgl. Schumpeter 1934, Teece et al. 1997). Das Rentenmodell ist damit ein weiteres Differenzierungsmerkmal im Vergleich zum Resource-based View, der in erster Linie Ricardo und Quasi Renten thematisiert. Schumpeterrenten ergeben sich durch risikofreudige und unternehmerische Entscheidungen in einem dynamischen und komplexen Wettbewerbumfelds, die mit der Neukonfiguration und -kombination von firmeninternen Ressourcen in Verbindung stehen. Schumpeterrenten zerstören sich im dynamischen Lernprozess selber, da Ressourcen kontinuierlich neu konfiguriert und kombiniert werden müssen, um Innovationsrenten zu erreichen. (vgl. Royer 2005, S. 103). Die Abschöpfung individueller Schumpeterrenten kann entsprechend nur kurzfristig möglich sein, insbesondere in einem hochdynamischen Marktumfeld. Durch die kontinuierliche Anpassung und Neukonfiguration interner und externer Kompetenzen können jedoch wieder neue Innovationsrenten erzielt und in der Summe auch nachhaltige Renten abgeschöpft werden.

Unternehmensressourcen sind analog zum Resource-based View ein Element des theoretischen Konzepts, jedoch nicht das entscheidende. Gegenstand der Untersuchung sind neben der Ressourcenposition eines Unternehmens auch die Prozesse und Pfade im Kontext dynamischer Märkte, die auf die Anpassung, Integration und Rekonfiguration der Fähigkeiten ausgerichtet werden müssen (vgl. Royer 2005, S. 103, Teece et al. 1997, S. 515). Teece et al. (1997) sehen diese drei Determinanten als Haupteinflussfaktoren von Schumpeterrenten, nämlich i. Prozesse, ii. Positionen und iii. Pfade: „The essence of a firm's competence and dynamic capabilities is presented here as being resident in the firm's organisational processes, that are in turn shaped by the firm's assets (positions) and its evolutionary path. [...] Thus far, we have argued that the competences and capabilities (and hence competitive advantage) of a firm rest fundamentally on processes, shaped by positions and paths" (Teece et al. 1997, S. 524). Neben diesen drei Determinanten nutzt der Dynamic Capabilities View die zentrale Annahme des Resource-based Views, nämlich die Heterogenität. Entsprechend spielen Imitationsbarrieren ebenfalls eine Rolle im Argumentationsmuster. Das theoretische Konzept des Dynamic Capabilities View fokussiert die Entwicklung von Kompetenzen und die Errichtung von Imitationsbarrieren für organisationale, funktionale und technologische Fähigkeiten (vgl. Eisenhardt und Martin 2000, Teece et al. 1997).

Prozesse beschreiben im Kontext des Dynamic Capabilities View organisationale Routinen sowie Vorgehens- und Lernmuster innerhalb von Unternehmen und Organisationen (vgl. Teece et al. 1997). Die Prozesse verfolgen im Theoriekontext vor allem drei Funktionen (vgl. Amit und Schoemaker 1993). Dazu zählen i. die interne und externe Koordination und Integration der Wertschöpfungsaktivitäten, ii. das dynamische Lernen, um durch Wiederholung und Experimentieren Aufgaben besser und schneller absolvieren zu können sowie iii. die Rekonfiguration der relevanten Ressourcen, um auf veränderte Wettbewerbsbedingungen dynamisch reagieren zu können (vgl. Amit und Schoemaker 1993, Teece et al. 1997, S. 524f.). Zur Konfiguration und Entwicklung der Prozesse ist eine ständige Analyse der Wettbewerbsanforderungen und der Entwicklungen innerhalb der Märkte notwendig.

Die Position als zweite Einflussgröße auf die strategischen Wettbewerbsvorteile im Dynamic Capabilities View umfasst die Ausstattung der Organisation mit tangiblen und intangiblen Ressourcen sowie Verbindungen zu Lieferanten distinktiver Ressourcen (vgl. Teece et al. 1997, S. 520f.). Tangible und intangible Ressourcen könne in eine Vielzahl weiterer Ressourcenarten differenziert werden (vgl. zum Beispiel Barney 1991, Wernerfelt 1984)[49]. Hervorgehoben werden im Zusammenhang des Dynamic Capabilities View vor allem organisationale Ressourcen in Form der formellen und informellen Organisationsstrukturen (vgl. Teece et al. 1997). Diese werden als entscheidende Determinanten für die Kompetenzentwicklung und für die Anpassung der Unternehmensressourcen an die Unternehmensumwelt betrachtet, um Innovationsvorteile zu erzielen. Darunter werden auch die Beziehungen zu vertikalen, lateralen und horizontalen Ressourcenlieferanten gezählt (vgl. Teece et al. 1997). Diese Akteure fungieren als externe Ressourcenlieferanten, die entsprechend der Wettbewerbsanforderungen zu koordinieren und integrieren sind. Im Fokus stehen neben den fokalen distinktiven Ressourcen auch solche komplementäre Ressourcen, die zur wertschaffenden Nutzung der distinktiven Ressourcen notwendig sind (vgl. Teece 1986). Humanressourcen stellen beispielsweise eine notwendige komplementäre Ressource zur Nutzung wertvoller technologischer Ressourcen dar.

Da Fähigkeiten und Kompetenzen eines Unternehmens aus Sicht des Dynamic Capabilities View nicht transferierbar sind und auf die entsprechende spezifische Ressourcendisposition aufbauen,

49 Vgl. dazu Abschnitt 2.2.2.1 dieser Arbeit.

müssen diese in einem langfristigen Prozess entwickelt werden: „ [dynamic capabilities] value for competitive advantage lies in the resource configurations that they create, not in the capabilities themselves. Dynamic capabilities are necessary, but not sufficient, conditions for competitive advantage" (Eisenhardt und Martin 2000, S. 1106). Der Aufbau von Dynamic Capabilities ist ein langfristiger und komplexer Prozess, der Investitionen sowie Lernprozesse und den Aufbau von Routinen beinhaltet. Die Wettbewerbsfähigkeit eines Unternehmens wird dadurch beeinflusst, in welchem Entwicklungsstadium es sich befindet und welchen Pfad es bereits zurückgelegt hat: „The notion of path dependencies recognizes that history matters" (Teece et al. 1997, S. 523). Die Pfadabhängigkeit wird ebenfalls im Resource-based View im Kontext von Isolationsmechanismen thematisiert (vgl. Rumelt 1984). Der zurückgelegt Pfad wird entsprechend dadurch determiniert, welche Investitionen bereits getätigt wurden und welche Routinen implementiert werden konnten (vgl. auch Berecovitz et al. 1996). Der Pfad hängt jedoch letztlich davon ab, welche technologischen Potentiale und entsprechende Lernprozesse eine Industrie überhaupt bietet. Die Investitionen in den Aufbau von Kompetenzen müssen entsprechend mit dem technologischen Potential in Einklang sein, um langfristige Investitionen, Lernprozesse und Routinen letztlich zu kommerzialisieren.

Eng an den Resource-based View ist die Voraussetzung der Imitations- und Replikationsbarrieren geknüpft (vgl. dazu Barney 1991, Peteraf 1993, Teece et al. 1997). Imitationsbarrieren stellen die Heterogenität und die Einzigartigkeit der Unternehmen sicher. Im Fokus stehen im Unterschied zum Resource-based View jedoch nicht die distinktiven Ressourcen eines Unternehmens, sondern die entscheidenden Prozesse, Routinen und Fähigkeiten sind vor der Imitation durch den Wettbewerb zu schützen (vgl. Teece et al. 1997, S. 524). Die Replikation und Imitation von Kompetenzen ist im Vergleich zu tangiblen Ressourcen deutlich schwieriger, da Kompetenzen in einer Organisation eingebettet und schwer zu transferieren sind (vgl. Amit und Schoemaker 1993, S. 388, Teece et al. 1997, S. 525). Amit und Schoemaker (1993) bewerten Kompetenzen als hochgradig unternehmensspezifisch, woraus Mobilitätsbarrieren resultieren, die eine Replikations- und Imitationsgefahr einschränken (vgl. auch Duschek 2002). Imitations- und Replikationsbarrieren stehen auf Grund des Kompetenzverständnisses des Dynamic Capabilities Views zusammenfassend sehr viel stärker im Fokus des Resource-based Views. Formelle Imitationsbarrieren wie Patente, Eigentum und Verträge können ebenfalls die Einzigartigkeit der distinktiven Kompetenz sicherstellen.

Zentrale Kritikpunkte am Resource-based View sind auch auf den Dynamic Capabilities View zu übertragen. Begegnen kann der Dynamic Capabilities View der Kritik am Resource-based View, dem ein zu statischer Analyseansatz vorgeworfen wird (vgl. Eisenhardt und Martin 2000, Freiling 2001, Kogut und Zander 1992). Der Dynamic Capabilities View nimmt eben diese dynamische Komponente auf und betrachtet den kontinuierlichen Aufbau sowie die Anpassung und Konfiguration interner und externer Kompetenzen (vgl. Eisenhardt und Martin 2000, Kogut und Zander 1992, Royer 2005 S. 106). Im Unterschied zum industrieökonomischen Market-based View und Resource-based View geht es nicht um den Aufbau einer überlegenen Marktposition oder der Integration und Verteidigung überlegener Ressourcen, sondern um die Entwicklung des Unternehmens und um die Abschöpfung innovationsbasierter Wettbewerbsvorteile. Andere Kritikpunkte am Resource-based View gelten für den Dynamic Capabilities View. Dazu zählen die fehlende Fundierung der terminologischen Grundlagen, vor allem die Abgrenzung der Begriffe „Ressource" und „Kompetenzen" (vgl. zum Beispiel Freiling 2001, Duschek 2002, Royer 2005).

Auch die empirische Fundierung des Dynamic Capabilities View ist vergleichsweise gering. Die Operationalisierungsproblematik gilt für den Dynamic Capabilities View in besonderen Maße (vgl. Das und Teng 2000, S. 54). Neben den Definitionsdefiziten hinsichtlich des Kompetenzbegriffes sind intangible Ressourcen, zu denen Kompetenzen zu zählen sind (vgl. Amit und Schoemaker 1993), generell schwer zu operationalisieren und zu messen. Dadurch wird die empirische Überprüfung der Annahmen zusätzlich erschwert. Der ausgeprägte Fokus auf das einzelne Unternehmen ist analog zum Resource-based View ein bedeutender Kritikpunkt, der im Rahmen dieser Arbeit aufgenommen wird. Der Dynamic Capabilities View steht ebenfalls in der Kritik, den an Bedeutung gewinnenden Unternehmensallianzen zu wenig Rechnung zu tragen. Offene Fragestellungen ergeben sich dahingehend, wie die Ressourcen externer Akteure in dynamischen Märkten zu koordinieren und konfigurieren sind, um Schumpeterrenten zu erzielen.

2.2.4 Komplementarität der theoretischen Ansätze

Die Theorien des Strategischen Managements, die Inhalt der vorangegangenen Abschnitte waren, befassen sich mit effektivitätsbasierten Wettbewerbsvorteilen. Wettbewerbsvorteile werden durch die ökonomisch orientierten Theorien des Strategischen Managements anhand unterschiedlicher Rentenkonzepte erklärt. Im Fokus der etablierten markt- und ressourcenorientierten Managementtheorien stehen Monopol, Ricardo, Quasi und Schumpeter Renten. Sowohl der Dynamic Capabilities View als auch der Relational View stellen Weiterentwicklungen des Resource-based Views dar. Eine unternehmensübergreifende Analyse verfolgt in erster Linie der Relational View und hat die Begriffe der internen und relationalen Renten geprägt. Interne Renten umfassen Ricardo- und Quasi Renten, während relationale Renten den Analysefokus des klassischen Resource-based View erweitern und neben den unternehmensinternen Ressourcen auch Netzwerkressourcen berücksichtigen. Insgesamt bauen die unterschiedlichen Beiträge des Strategischen Managements stark aufeinander auf und integrieren Elemente der jeweiligen unterschiedlichen Theoriegerüste.

Durch die Komplementarität ist die Berücksichtigung unterschiedlicher Rentenarten möglich beziehungsweise wird auf Grund veränderter Wettbewerbsbedingungen zunehmend erforderlich. Eine marktbasierte Erklärung von Wettbewerbsvorteilen durch die Betrachtung monopolistischer Renten ist beispielsweise dann nicht mehr ausreichend, wenn Unternehmen in einem vergleichbaren Branchenumfeld mit analogen Strategieansätzen unterschiedliche Renten erzielen. Ricardorenten können beispielsweise im Rahmen dieser industrieökonomischen Betrachtung als komplementäre Renten berücksichtigt werden. Die Transaktionskostentheorie wird als effizienzorientiertes Theoriegerüst ebenfalls im Rahmen der vorliegenden Arbeit betrachtet, da die ökonomischen Theorien des Strategischen Managements in erster Linie die Effektivität der Wertschöpfung fokussieren.

Die markt- und ressourcenorientierten Theorien des Strategischen Managements liefern komplementäre Argumentationsketten (vgl. Peteraf 1993, S. 182). Ricardianische Renten als ökonomischer Indikator der Wettbewerbsfähigkeit des Resource-based Views sind das Ergebnis der spezifischen und vorteilhaften Ressourcenausstattung eines Unternehmens. Monopolrenten werden im Unterschied auf die marktbeherrschende Stellung eines Unternehmens in attraktiven Märkten zurückgeführt. Die dem Market-based View zugrunde liegende Industrieökonomik betrachtet zusammenfassend die Bedeutung externer Merkmale im Unternehmensumfeld, während der Ressourcenansatz eine interne Potentialanalyse verfolgt. Elemente beider Ansätze können für die Argumentation von Wettbewerbsvorteilen Anwendung finden. Eine marktbeherrschende Stellung eines Unternehmens kann auf dessen differenzierenden Ressourcen fußen, während ricardianische Knappheitsrenten durch eine Angebotsverknappung erzielt werden können. Aus industrieökonomischer Sicht erzielt ein Unternehmen eine dominierende Wettbewerbsposition, wenn die Differenzierungsvorteile auf distinktiven Ressourcen basieren, die nicht unbeschränkt für die Leistungserstellung verfügbar sind (vgl. Freiling 2001, S. 121). Eine zentrale Voraussetzung von Wettbewerbsvorteilen ist in diesem Zusammenhang die Identifikation attraktiver Branchen, in denen die distinktiven Ressourcen zu einer überdurchschnittlichen Rentabilität des Akteurs führen. Wettbewerbsvorteile ergeben sich demnach aus der Position innerhalb einer attraktiver Branche beziehungsweise eines Marktes und der jeweiligen Ressourcenausstattung und deren Adaption und Konfiguration hinsichtlich der Marktanforderungen (vgl. Bamberger und Wrona 1996, S. 146).

Obwohl deutliche Unterschiede zwischen den Annahmen des Market-based und des Resource-based View bestehen, können Monopolrenten auch auf Basis der Argumentationslogik des Resource-based View erklärt werden (vgl. Peteraf 1993). Der Resource-based View fußt das Erklärungsmuster auf der beschränkten Verfügbarkeit von Ressourcen, also eine Beschränkung der Inputfaktoren, woraus Ricardo Renten resultieren. Monopolrenten basieren im Unterschied zu Ricardo Renten auf einem restriktiven Output. Durch eine einzigartige, differenzierende Wertschöpfung und die Lokalisierung einer Monopolposition sind Monopolrenten abzuschöpfen (vgl. Porter 1980). Ein restriktiver Output kann jedoch auch dadurch erreicht werden, dass auf Grund einer knappen Verfügbarkeit wertvoller Ressourcen die Leistung nur begrenzt ist (vgl. Peteraf 1993). Knappe Ressourcen bedingen in diesem Argumentationsmuster letztlich ein geringeres Angebot, wodurch bei gegebener Nachfrage die Preise steigen und ökonomische Renten abgeschöpft werden können. Die Quasi Rente nimmt die Spezifität als Modelldeterminante der Transaktionskostentheorie auf und betrachtet die Nutzenspezifität als Ursache dieser Rente. Die Ressourcenspezifität geht mit einer imperfekten Mobilität der Ressource einher (vgl. Duschek 2002, S. 106).

Die direkte Beziehung des Resource-based zum Market-based View zeigt sich darin, dass Markteintrittsbarrieren durch notwendige Ressourcenausstattung erklärt werden können (vgl. Grant 1991 und Peteraf 1993). Ressourcen dienen in diesem Zusammenhang zur Errichtung beziehungsweise zur Überwindung von Markteintrittsbarrieren. Die Verfügbarkeit wertvoller und knapper Inputgüter begünstigt eine marktbeherrschende Stellung aus Perspektive eines Unternehmens (vgl. Grant 1991). Monopolrenten, die durch eine Angebotsverknappung erzielt werden, führen entsprechend analog zu Ricardo Renten. Ricardo Renten basieren letztlich jedoch nicht auf der Ausnutzung von Marktmacht, sondern auf knappen Ressourcen. In beiden Rentenmodellen ist die Differenzierung des Unternehmens vom Wettbewerb zentral, die Erklärungsansätze für Wettbewerbsvorteile jedoch unterschiedlich. Barney (1991) weist darauf hin, dass die Ressourcen lediglich die Basis für die Durchführung einer überlegenden Unternehmensstrategie darstellen. Die Implementierung der Strategie bedarf wiederum einer marktorientierten Sichtweise. Der Market-based View und der Resource-based View sind zusammenfassend als komplementär anzusehen. Generell wird dem Resource-based View weitgehend eine Kompatibilität mit den Theorieansätzen der Strategischen Managementliteratur konstatiert (vgl. Peteraf 1993, S. 182 und Seifert 2001, S. 127). Darüber hinaus nutzen die Strategischen Managementtheorien Elemente und Ansätze der Neuen Institutionenökonomik, insbesondere Elemente der Transaktionskostentheorie. Abbildung 2.5 skizziert das Zusammenwirken unterschiedlicher ökonomischer Ansätze zur Erklärung von Wettbewerbsvorteilen.

Abbildung 2.5 Ökonomische Theorieansätze im Kontext des Strategischen Managements

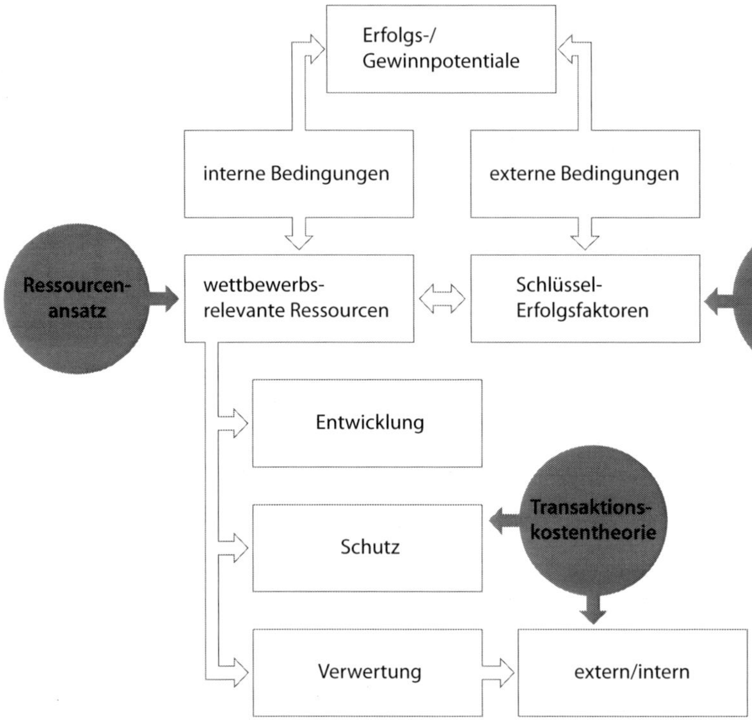

Quelle: in Anlehnung an Bamberger und Wrona 1996, S. 149.

Neben der Positionierung von Unternehmen und Organisationen im Wettbewerbsumfeld und der Berücksichtigung der Ressourcen- und Kompetenzausstattung spielt es eine Rolle, welche Kosten durch die Transaktion zwischen den unterschiedlichen Akteuren entstehen. Eine Organisation kann beispielsweise über distinktive Ressourcen verfügen und daraus Effektivitätsvorteile generieren. Hohe Kosten der Absicherung und Kontrolle der Ressourcen können die am Markt erzielten überdurchschnittlichen Renten jedoch wieder kompensieren. Zur Bewertung effizienter Transaktionsmechanismen zwischen Wertschöpfungsakteuren wird die Transaktionskostentheorie in der vorliegenden Arbeit berücksichtigt. Die Transaktionskostentheorie kann als komplementäre Theorie im Kontext des Strategischen Managements bewertet werden (vgl. Espino-Rodriguez und Padron-Robaina 2006, S. 65). Die Entscheidung über eine Integration oder Desintegration von Wertschöpfungsaktivitäten und die Nutzung externer Partner und deren Ressourcen ist als strategisch zu bewerten und verfolgt das Ziel einer vorteilhaften Wettbewerbsposition beziehungsweise einer effizienten Ressourcenausstattung. Ziel der Transaktionskostentheorie ist die Minimierung der Produktions- und Transaktionskosten, die bei ökonomischen Aktivitäten innerhalb eines

Unternehmens oder zwischen Transaktionspartnern anfallen. Insgesamt besteht ein enger Zusammenhang zwischen den ökonomischen Theorien des Strategischen Managements und der Transaktionskostentheorie: „ [Transaction costs economics is] the ground where economic thinking, strategy and organisational theory meet" (Rumelt et al. 1991, S. 14).

Die Transaktionskostentheorie wird zunehmend in den Kontext einer ressourcenbasierten Betrachtung gestellt (vgl. zum Beispiel Espino-Rodriguez und Padron-Robaina 2006, S. 49ff. und Kim und Mahoney 2006, S. 40ff.). Der Resource-based View greift auf zahlreiche Elemente der Transaktionskostentheorie zurück. Dabei konzentriert sich das Interesse vornehmlich auf Fragen der Faktorspezifität und damit einhergehender Quasi Renten (vgl. Freiling 2001, S. 65). Quasi Renten werden von beiden Theorien thematisiert und im Kontext des jeweiligen Konzeptes betrachtet. Quasi Renten könne im Fall opportunistischen Verhaltens von individuellen Tauschpartnern abgeschöpft werden. Die aneigbare Quasi Rente wird sowohl in der Transaktionskostentheorie als auch im Resource-based und Relational View aufgenommen, was die Komplementarität der unterschiedlichen Beiträge unterstreicht. Diese Rente ist nur bei einer hohen Faktor- beziehungsweise Ressourcenspezifität vorhanden (vgl. Amit und Schoemaker 1993, S. 39, Duschek 2002, S. 234).

Enge Berührungspunkte zwischen dem Resource-based View und der Transaktionskostentheorie bestehen auch bei deren Anwendungsbereichen. Die Bestimmung der Unternehmensgrenzen im Zusammenhang mit Fragen zur Wertschöpfungstiefe, zu Diversifikations- und Internationalisierungsstrategien und Unternehmenskooperationen sind beispielsweise Anwendungsfelder des Resource-based Views und stehen in engem Zusammenhang mit transaktionskostentheoretischen Betrachtungsweisen (vgl. Freiling 2001, S. 41 ff.). Im Rahmen eines Outsourcing Prozesses werden ehemals integrierte Ressourcen an Transaktionspartner abgegeben beziehungsweise Ressourcen und Kompetenzen anderer Partner genutzt. Tranksaktionskostenvorteile als auch die Ausstattung mit differenzierenden, distinktiven Ressourcen sind in einer Effizienz- und Effektivitätsbetrachtung die Voraussetzung von Wettbewerbsvorteilen (vgl. Dyer und Singh 1998, S. 669f.). Die Identifikation der Kernkompetenzen und Kernressourcen eines Akteurs ist ein zentraler Bestandteil der Entscheidung, welche Ressourcen und Kompetenzen intern und welche von externen Partnern bezogen werden sollen. Dieses stellt eine klassische Make-or-Buy Entscheidung dar. Die Argumentationsgrundlage einer Kernkompetenzbetrachtung basiert darauf, dass Kernkompetenzen innerhalb eines Akteurs verbleiben und entwickelt werden sollen, während alle weiteren Ressourcen extern zu beziehen sind (vgl. Prahalad und Hamel 1990 und Quinn und Hilmer 1994). Die Kompetenzen und Ressourcen sind entsprechend der sich stetig verändernden Umwelt anzupassen, wodurch auch der Erklärungsansatz des Dynamic Capabilities View berücksichtigt wird (vgl. Espino-Rodriguez und Padron-Robaina 2006, S. 53).

Wertschöpfungsaktivitäten, die distinktive Ressourcen und Kompetenzen erfordern, sind auf Basis beider Erklärungsmodelle innerhalb einer Unternehmung beziehungsweise einer Organisation zu leisten. Die Ressourcenmerkmale determinieren die Einflussgrößen der Transaktionskosten, insbesondere die Faktorspezifität (vgl. Espino-Rodriguez und Padron-Robaina 2006, S. 55 und S. 65). Der klassische Resource-based View betrachtet im Rahmen einer strategischen Analyse folgende Ressourcenmerkmale, strategische Relevanz, Imitierbarkeit und Mobilität sowie die Möglichkeit zur Aneignung der resultierenden Renten. Diese Merkmale haben Einfluss auf die Kostendeterminanten der Transaktionskostentheorie. Der Resourcebased View geht davon aus, dass distinktive Ressourcen hohe spezifische Investitionen erfordern (vgl. Duschek 2004, S. 56). Zum Beispiel wird ein Zusammenhang zwischen der Ressourcenspezifität und den Möglichkeiten gesehen, die Ressourcen zu imitieren und transferieren (vgl. Peteraf 1993). Spezifische Ressourcen sind schwer zu transferieren und zu imitieren, ohne zusätzliche Kosten beziehungsweise Wertverluste zu erzeugen. Aus dieser Argumentationslogik führen distinktive und seltene Ressourcen zu einer hohen Faktorspezifität, die aus transaktionskostentheoretischer Sichtweise eine integrierte Wertschöpfungsform nahe legen. Der externe Bezug von diesen Ressourcen kann zu hohen Transaktionskosten führen, sofern sich der Lieferant opportunistisch verhält. Aus transaktionskostentheoretischer Perspektive ist ein Fremdbezug distinktiver Ressourcen auf Grund der hohen Faktorspezifität in Folge dessen nicht sinnvoll. Die Ressourcenmerkmale haben somit Einfluss auf die Transaktionskosten, womit eine enge Beziehung zwischen den Theorien bestehen. Dyer und Singh (1998) sowie Lavie (2006) betonen im Rahmen von Ressourcenallianzen, dass effiziente Governance Formen für die Koordination der Allianz zu identifizieren und anzuwenden sind, um nachhaltige Renten zu erzielen. Neben der reinen Make-or-Buy Entscheidung liefert die Transaktionskostentheorie in diesem Zusammenhang ein Bewertungsmodell für alternative Formen der Zusammenarbeit zwischen Partnern einer Ressourcenallianz.

Tabelle 2.6 Theoretische Ansätze im Vergleich

	Transaktionskostentheorie	**Market-based View**	**Resource-based View**	**Relational View**	**Dynamic Capabilities View**
Gegenstand der Untersuchung	Transaktion	Branche	Ressourcen	Ressourcenpartnerschaft	Fähigkeiten
Zentrale Annahmen:					
Beschränkte Rationalität	X			X	X
Opportunismus	X			X	X
Homogenität der Unternehmen		X			
Heterogenität der Unternehmen			X	X	X
Perfekte Mobilität der Inputfaktoren		X			
Imperfekte Mobilität der Inpufaktoren			X	X	X

	Transaktionskostentheorie	Market-based View	Resource-based View	Relational View	Dynamic Capabilities View
Thematisierte Rentenarten:					
Monopol		X	X		
Quasi	X		X	X	
Ricardo			X	X	
Relational				X	
Schumpeter					X
Ursache für Wettbewerbsvorteile	Effizienzvorteile durch Transaktionskostenvorsprung	Effektivitätsvorteile durch dominante Marktposition	Effektivitätsvorteile durch wertvolle Ressourcen	Effektivitätsvorteile durch spezifische, komplementäre Ressourcen und organisatorische Routinen	Effektivitätsvorteile durch die Fähigkeit wertvolle Ressourcen nutzenvoll einzusetzen

Quelle: Eigene Darstellung

Zusammenfassend steuern die Transaktionskostentheorie als auch die ökonomischen Theorien des Strategischen Managements Entscheidungsgrundlagen zu Integrations- beziehungsweise Desintegrationsfragen bei. Die Erklärungskonzepte der Transaktionskostentheorie und der ökonomischen Rentemodelle sind jedoch unterschiedlich. Wettbewerbsvorteile werden aus Sicht der Transaktionskostentheorie durch Effizienz- und aus Sicht des Strategischen Managements durch Effektivitätsvorteile erklärt. Die Transaktionskostentheorie argumentiert auf Grundlage der resultierenden Transaktionskosten, die zu Effizienzvorteilen oder –nachteilen führen. Je spezifischer und distinktiver die für eine Wertschöpfungsaktivität notwendigen Ressourcen, Kompetenzen und Prozesse sind, desto vorteilhafter ist die Leistungserstellung innerhalb einer Unternehmung. Der Resource-based View stützt eine Outsourcing Entscheidung darauf, in wie weit distinktive Ressourcen gewonnen werden oder verloren gehen und in wie weit die resultierenden Renten abgeschöpft werden können. Daraus folgen entsprechende Effektivitätsvorteile oder –nachteile. Je wertvoller die Ressource hinsichtlich der Erzielung ökonomischer Renten und je ausgeprägter die Rentenaneignungsmöglichkeit ist, desto stärker ist diese zu integrieren beziehungsweise desto nachteiliger ist ein Fremdbezug (vgl. Espino-Rodriguez und Padron-Robaina 2006, S. 60ff.). Tabelle 2.6 stellt die Elemente der unterschiedlichen Theorieansätze vergleichend dar.

2.3 Wertschöpfungsorganisation als Gegenstand der Untersuchung

Die vorliegende Arbeit befasst sich mit den Ursachen, Bedingungen und der Nachhaltigkeit strategischer Wettbewerbsvorteile und betrachtet in diesem Zusammenhang die Organisation der Wertschöpfung rund um ein Produkt. Aus der vorangegangenen kritischen Reflexion der Theorien des Strategischen Managements folgt eine Forschungslücke hinsichtlich einer strategischen Analyse von Wettbewerbsvorteilen unter Berücksichtigung von unternehmensübergreifenden Wertschöpfungssystemen. Diese Forschungslücke wird im Rahmen dieser Arbeit fokussiert und ein unternehmensübergreifender Untersuchungsansatz gewählt. Nicht länger ein Unternehmen steht im Zentrum einer strategischen Wettbewerbsanalyse, sondern alle Unternehmen, die einen Beitrag zu einer gemeinsamen Wertschöpfung leisten und durch die Konfiguration der Wertschöpfungsaktivitäten eine überdurchschnittlich ökonomische Leistung erzielen können. Der Analysefokus bewegt sich somit von der Unternehmensebene auf eine ganzheitliche Wertschöpfungsbetrachtung, die alle relevanten Wertschöpfungsakteure und deren Beziehungen umfasst.

Im Folgenden wird die Wertschöpfungsorganisation als Analyseobjekt zur Erklärung von strategischen Wettbewerbsvorteilen herangezogen. Dazu wird im ersten Schritt der Begriff Wertschöpfungsorganisation definiert und die Definitionsbestandteile erläutert. Zur Differenzierung unterschiedlicher Wertschöpfungsorganisationsformen werden im darauf folgenden Abschnitt Systematisierungskriterien identifiziert. Die Systematisierung unterschiedlicher Wertschöpfungsorganisationsformen erfolgt zur Beantwortung der Fragestellung, ob bestimmte Organisationsformen zu einer überlegenen beziehungsweise unterlegenen Wettbewerbsposition unter bestimmten Bedingungen führen können.

2.3.1 Definition des Wertschöpfungsorganisationsbegriffs

Die Wertschöpfungsorganisation dient als Untersuchungsgegenstand der vorliegenden Untersuchung. Der Begriff Wertschöpfungsorganisation wurde in erster Linie durch Dietl und Royer (2003, S. 408 und 424), Dietl, Franck und Royer (2008, S. 333) sowie Dietl, Royer und Stratmann (2009a, S. 26 und 2009b, S. 441) geprägt. Demnach umfasst eine Wertschöpfungsorganisation alle Akteure, deren Aktivitäten und die daraus folgenden Wertschöpfungsprozesse zur Produktion und Distribution einer Sach- oder Dienstleistung[50]. Konkret verstehen Dietl et al. unter dem Begriff Wertschöpfungsorganisation: „[…] die Gesamtheit der wirtschaftenden Akteure sowie die Inter- und Intra-Organisationsbeziehungen […]. In diesem Zusammenhang wird nicht nur eine definierte Branche fokussiert, sondern ein zusammengehöriges System aus Wertschöpfungsprozessen, das vertikal, horizontal und lateral verbundene Akteure aus verschiedenen Branchen umfassen kann" (Dietl et al. 2009b, S. 441). Die Analyseperspektive geht im Kontext einer Wertschöpfungsorganisationsanalyse bewusst über die Grenzen eines einzelnen Unternehmens hinaus und betrachtet das Zusammenspiel aller Akteure, die Anteil an einer Wertschöpfung haben (vgl. Dietl et al. 2006, S. 9). Die Wertschöpfung ist in diesem Kontext als das Ergebnis der Aktivitäten aller Akteure zu betrachten und wird durch eine bestimmte Sach- oder Dienstleistung dargestellt. Das resultierende

50 Im Folgenden werden die Begriffe Sach- und Dienstleistungen unter dem Begriff Produkt zusammengefasst und synonym verwendet.

Wertschöpfungsprodukt dient als Abgrenzungsmerkmal unterschiedlicher Wertschöpfungsorganisationen (vgl. Dietl et al. 2009a, S. 26 und 2009b, S. 441). Ausschlaggebend für die ökonomische Wertschöpfungsleistung ist der Erfolg der Sach- oder Dienstleistung im Markt. Die Wertschöpfung kann in diesem Kontext als der Unterschied zwischen dem am Markt erzielten Preis einer Sach- oder Dienstleistung und der Summe der Kosten, die durch die Ausführung der Wertaktivitäten entstanden sind, verstanden werden (vgl. zum Beispiel Porter 2000, S. 68).

Dietl et al. (2008, 2009a und 2009b) betrachten eine Wertschöpfungsorganisation unter institutionellen Gesichtspunkten und definieren die Wertschöpfungsorganisation als ein soziales System, an dem unterschiedliche Akteure partizipieren und in Beziehung zueinander stehen (vgl. dazu auch Picot et al. 2005, S. 27)[51]. In diesem Verständnis bezeichnet eine Organisation ein System aus Akteuren und den inhärenten Koordinations- und Bindungsformen zwischen den Akteuren. Eine Organisation kann in Folge dessen auch als ein Institutionensystem verstanden werden. Die Akteure und die Austauschbeziehungen zwischen den teilnehmenden Akteuren sind zentrale Determinanten einer Organisation (vgl. Dietl et al. 2006, S. 9). Der Wertschöpfungsorganisationsbegriff nach Dietl und Royer (2003, S. 408) und Dietl et al. (2008, S. 333, 2009a, S. 26 und 2009b, S. 441) orientiert sich eng an dieser institutionellen Organisationsdefinition und blendet die Innenbetrachtung eines Unternehmens aus, die in erster Linie das Funktionieren eines Unternehmens erklärt (vgl. Picot et al. 2005). Einen zentralen Einfluss auf die Form einer Wertschöpfungsorganisation hat in diesem Kontext die Allokation der unterschiedlichen Wertschöpfungsfunktionen sowie die Interakteursbeziehungscharakteristika im ganzheitlichen Wertschöpfungssystem (vgl. Dietl et al. 2008, 2009a und 2009b). Die Koordinationsmechanismen zwischen den Akteuren können generell hierarchischer, kooperativer oder marktlicher Natur sein und determinieren den Grad der Abhängigkeiten und die Ausgestaltung der Rechte und Pflichten im Kontext der Austauschbeziehungen (vgl. Sydow und Windeler 1994).

Wertschöpfungsorganisationen zeichnen sich durch heterogene Akteure und Akteursstrukturen aus. Die Gestaltung und Koordination der unterschiedlichen Akteure wird in der Regel auch innerhalb desintegrierter Organisationen von einzelnen Akteuren übernommen, um die Existenz eines komplexen Organisationssystems sicherzustellen (vgl. Simon 1996, Orton und Weick 1990, Scott 1998). Hoetker hat in einer empirischen Studie diese Annahme belegt: „[...] even under modularity, the firm may be required to acquire and maintain knowledge about the various components in order to manage external suppliers effectively" (Hoetker 2006, S. 514). Diesem fokalen Architekten kommen je nach Organisationsform unterschiedliche Gestaltungs- und Koordinationsaufgaben zu. Dietl et al. (2009a) bezeichnen den Akteur als fokalen Organisationsarchitekten, der als Schnittstelle zwischen der Produktion und Distribution der spezifischen Sach- oder Dienstleistung fungiert (vgl. Dietl et al. 2009a, S. 27). Die Fokussierung auf einen zentralen Akteur dient der Reduktion der Analysekomplexität und stellt einen systematischen Anfangspunkt dar, um unterschiedliche Organisationen miteinander zu vergleichen. Neben dem fokalen Wertschöpfungsorganisationsarchitekten leisten in der Regel weitere Akteure einen Beitrag zur Produktion und Distribution des zu betrachtenden Produktes. Vertikale, horizontale und laterale Akteursbeziehungen können innerhalb einer Wertschöpfungsorganisation differenziert werden.

51 Picot et al. (vgl. 2005, S. 27) fassen unter dem institutionellen Organisationsbegriff die Gesamtheit der organisatorischen Regeln zwischen wirtschaftenden Akteuren zusammen.

Eine vertikale Beziehung umfasst die Zusammenarbeit mit vor oder nachgelagerten Wertschöpfungsakteuren. Porter (vgl. 2000) hat in diesem Zusammenhang den bereits beschriebenen vertikalen Wertkettenbegriff geprägt, der vertikale Wertschöpfungsaktivitäten zwischen Zulieferern, Produzenten bis hin zum Abnehmern darstellt (vgl. Brown et al. 2007, S. 20). Horizontale Beziehungen zwischen Wertschöpfungsakteuren haben in den letzten zwei Dekaden stark an Bedeutung gewonnen (vgl. dazu zum Beispiel Royer 2000). Horizontal verbundene Akteure befinden sich auf der gleichen Wertschöpfungsstufe und leisten gleichartige Wertschöpfungsaktivitäten. Daraus folgt, dass die Akteure in einem direkten Konkurrenzverhältnis stehen. Direkte Konkurrenz bedeutet, dass Unternehmen mit einer identischen Produktkategorie konkurrieren (vgl. Kraege 1997, S. 66). In einer Wertschöpfungsorganisationsbetrachtung leistet ein horizontaler Akteur einen Beitrag für ein Produkt einer konkurrierenden Wertschöpfungsorganisation, das mit dem eigenen Kernprodukt konkurriert. Im Fall von Wertschöpfungsorganisationen in der Automobilindustrie arbeiten beispielsweise zwei Automobilhersteller zusammen und tauschen Wertschöpfungsleistungen aus. Die entsprechende Teilleistung kann dann in den Produkten beider Wertschöpfungsorganisationen wieder zu finden sein. Laterale Akteure stehen in keinem direkten wertschaffenden Zusammenhang mit dem Kernprodukt (vgl. Dietl et al. 2006). Die Produkte ergänzen sich in ihrem Nutzen gegenseitig und stehen in Folge dessen in einer indirekten Wertschöpfungsbeziehung. Ein Beispiel für laterale Akteure stellen Finanzdienstleister dar, die den Absatz eines Kernproduktes indirekt unterstützen, jedoch keinen direkten Wertschöpfungsbeitrag zum Hauptprodukt leisten.

Akteure können mit einzelnen Wertschöpfungspartnern in unterschiedlichen Leistungsbeziehungen stehen und Leistungen austauschen, woraus unterschiedliche Interdependenzen zwischen den Akteuren resultieren. Thompson (1967) unterscheidet in diesem Zusammenhang vier Formen der Interdependenzen zwischen Akteuren. Entsprechend kann im Rahmen einer Wertschöpfungsorganisationsanalyse zwischen gepoolten, sequentiellen, reziproken oder teamorientierten Interakteursbeziehungen differenziert werden (vgl. Thompson 1967, van de Ven und Ferry 1980). In gepoolten Interdependenzen sind die Akteure hinsichtlich ihrer Wertschöpfungsaktivitäten direkt nicht voneinander abhängig, da keine direkte Lieferant-Abnehmer Beziehung besteht. Im Rahmen sequentieller Beziehungen stellt ein Akteur die Leistung für einen Abnehmer zur Verfügung. Reziproke Beziehungen beschreiben eine gegenseitige Austauschbeziehung von In- und Outputfaktoren. Einige Wertschöpfungsleistungen sind unter Umständen nur in Kooperation zwischen den Akteuren zu leisten, woraus eine teamorientierte Transaktionsbeziehung resultiert. Wettbewerbliche Beziehungen können im Verständnis nach Thompson unter dem Begriff der gepoolten Interakteursbindungen zusammengefasst werden (vgl. Thompson 1967).

Im Rahmen einer Wertschöpfungsbetrachtung ist es in diesem Zusammenhang möglich, dass Akteure lediglich über Austauschbeziehungen innerhalb einer spezifischen Organisation oder zusätzlich über Beziehungen zu Akteuren in einer Wertschöpfungsorganisation verfügen, die ein konkurrierendes oder eine andere Produktkategorie leistet[52]. Daraus resultiert ein komplexes Beziehungsgeflecht innerhalb und zwischen den konkurrierenden Wertschöpfungsorganisationen, in denen Akteure in rein wettbewerblichen oder in dyadischen bis zu netzwerkförmigen Transaktionspartnerschaften stehen können und Wertschöpfungsleistungen beziehen, liefern oder austauschen (vgl. Abbildung 2.6).

52 Zulieferer in der Automobilindustrie beliefern beispielsweise eine Reihe unterschiedlicher Automobilhersteller.

Abbildung 2.6 Skizze einer Wertschöpfungsorganisationsbetrachtung

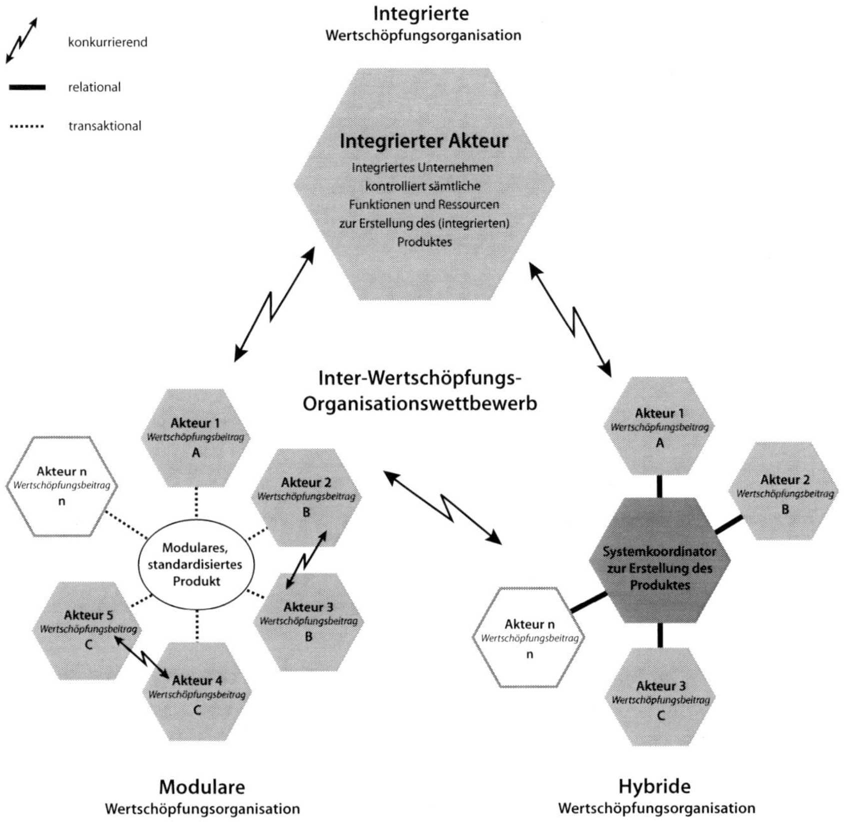

Quelle: eigene Darstellung.

Im Fokus einer Wertschöpfungsorganisationsbetrachtung stehen zusammenfassend die Akteure und die Interakteursbeziehungen innerhalb der Organisation. Die Wertschöpfung wird durch eine spezifische Sach- oder Dienstleistung in einem Markt dargestellt und dient als zentrales Abgrenzungsmerkmal zwischen Wertschöpfungsorganisation. Die Analyseperspektive geht über Unternehmens- und Branchengrenzen hinaus und bezieht alle Akteure ein, die in einer Form zur Produktion und Distribution des betrachteten Produkts beitragen. Die Wertschöpfungsorganisation fasst somit die Gesamtheit der wirtschaftenden vertikal, horizontal und lateral verbundenen Akteure sowie die inhärenten Inter-Organisationsbeziehungen zusammen. Diese Akteure können in einer gepoolten[53], sequentiellen, reziproken oder teamorientierten Interaktion mit anderen Wertschöpfungsakteuren stehen.

53 Thompson versteht unter gepoolten Interdepenzen eine Situation, in der jeder Teil eines Unternehmens zum ganzen Unternehmen beiträgt und gleichzeitig durch das ganze Unternehmen unterstützt wird, aber keine engeren Interdependenzen mit einzelnen anderen Unternehmensbereichen aufweist, so dass jeder Unternehmensteil mit seinen eigenen Handlungen fortfahren kann, ohne die Handlungen in anderen Unternehmensbereichen beachten zu müssen (vgl. Thompson 1967, S. 54ff.)

Hinsichtlich der Konzeption einer Wertschöpfungsorganisation kann der Architekturbegriff thematisiert werden. Dietl et al. (2009a, S. 26) sprechen im Rahmen einer Wertschöpfungsorganisationsbetrachtung von der Value Creation Architecture: „The term „value creation architecture" describes the structure and relationships of all the value-adding activities that are carried out by various actors and companies to bring a particular product or service ro market". Der Architekturbegriff fasst in diesem Kontext die Konzeption und Gestaltung eines konstruierten Systems zusammen (vgl. dazu Pisano und Teece 2007, S. 283). Die Architekturentscheidungen umfassend die Allokation der Rollen- und Funktionsverteilungen zwischen den Akteuren sowie die Gestaltung der Interakteursbeziehungen. Die Architektur stellt die Grundlage für die Organisationsform dar und gibt vor, wie die unterschiedlichen Akteure interagieren und reagieren (vgl. Jacobides 2006, S. 1203). Als fokaler Architekt wird der Akteur betrachtet, der die Schnittstelle zwischen der Produktion und Distribution des Produktes markiert. Dessen Aufgabe ist die strategische Konfiguration und Konzeption einer Wertschöpfungsorganisation, wodurch die unterschiedlichen Funktionen und Rollen der relevanten Akteure sowie die Interakteursbindungen determiniert werden. Das Ausmaß der Entscheidungs- und Koordinationsautonomie für den fokalen Architekten ist je nach Organisationsform unterschiedlich. Die Architektur selber kann durch bewusste Entscheidungen der in Frage kommenden Akteure beeinflusst werden, wenngleich soziale Systeme immer auch einer gewissen Selbststeuerung unterliegen (vgl. Jacobides 2006, S. 1203). Die jeweilige Organisationsform determiniert wiederum die Funktion sowie die Entscheidungs- und Koordinationsautonomien für den fokalen Architekten und beeinflusst auch, in wie weit das System einer Selbststeuerung unterliegt.

Abzugrenzen ist der Wertschöpfungsorganisationsansatz von den theoretischen Konzepten der Industiesarchitektur (vgl. zum Beispiel Jacobides et al. 2006 oder Pisano und Teece 2007). Obgleich Gemeinsamkeiten zwischen den Untersuchungsansätzen und Begrffsverständnissen festzustellen sind, ergeben sich jedoch Unterschiede. Der Begriff Industriearchitektur thematisiert die Funktions- und Rollenverteilung sowie die Schnittstellengestaltung zwischen wirtschaftenden Akteuren innerhalb einer Industrie (vgl. Jacobides et al. 2006, S. 1203). Die Gestaltung einer Wertschöpfungsorganisation kann an dieses Verständnis angelehnt werden, da eine Wertschöpfungsorganisationsbetrachtung ebenfalls die ganzheitliche Konzeption und Gestaltung eines Systems berücksichtigt. Der Wertschöpfungsorganisationsbegriff fokussiert neben der Funktions- und Rollenverteilung insbesondere jedoch die Merkmale der Interakteursbeziehungen und stellt diese als prägende, konstituierende Merkmale des Begriffs heraus (vgl. Dietl 2009a, S. 24ff. und 2009b, S. 439ff.). In diesem Zusammenhang ist festzuhalten, dass sich die Definitionen zum Begriff Industriearchitektur kontinuierlich weiterentwickeln und weiterhin ein einheitliches, konkretes Verständnis fehlt. Im Kontext der vorhandenen Forschungsarbeiten zu Industriearchitekturen wird in erster Linie darauf eingegangen, welcher Akteur Standards innerhalb einer Industrie festlegen und sich mittels der damit gewonnenen Schlüsselposition einen überdurchschnittlichen Wertschöpfungsgewinn aneignen kann (vgl. zum Beispiel Jacobides et al. 2006). Im Unterschied zu den Industriearchitekturansätzen thematisiert das Wertschöpfungsorganisationskonzept in erster Linie die Koordination und Kontrolle der Wertschöpfungsaktivitäten und -akteure durch unterschiedliche institutionelle Arrangements.

Eine weitere Begriffsdifferenzierung erscheint mit Blick auf den Begriff des Wertschöpfungsnetzwerkes vom hier fokussierten Wertschöpfungsorganisationsbegriffs abzugrenzen. Als Wertschöpfungsnetzwerk können in einem institutionellen Begriffsverständnis hybride Organisationsformen zwischen Markt und Hierarchie angesehen werden (vgl. Sydow 1992, S. 79ff.).

Wertschöpfungsorganisationsformen können neben hybriden auch marktliche und hierarchische Formen annehmen. Wertschöpfungsnetzwerke implizieren somit einen bestimmten Organisationstyp, während die Wertschöpfungsorganisation unterschiedlichen Formen annehmen kann. Aus den Funktionsverteilungen und den Strukturen und Beziehungen zwischen den Akteuren resultieren unterschiedliche Wertschöpfungsorganisationsformen.

Im folgenden Abschnitt werden Differenzierungskriterien zur Bestimmung unterschiedlicher Wertschöpfungsorganisationen hergeleitet. Aus den vorangegangenen Ausführungen wurde deutlich, dass die Akteure, deren Funktionen und Beziehungen im Fokus einer Wertschöpfungsorganisationsbetrachtung stehen. Diese zentralen Merkmale sind Ausgangspunkt, um unterschiedliche Wertschöpfungsorganisationen voneinander zu differenzieren. Die Systematisierung unterschiedlicher Organisationsformen ist die Grundlage, um einen Zusammenhang zwischen unterschiedlichen Organisationsformen und strategischen Wettbewerbsvorteilen zu identifizieren und zu bewerten.

2.3.2 Systematisierung von Wertschöpfungsorganisationsformen

Im Zuge einer Wertschöpfungsorganisationsanalyse werden die wirtschaftenden Akteure und deren Aktivitäten und Funktionen sowie die Koordinationsmechanismen zwischen den Akteuren fokussiert (vgl. Dietl et al. 2007, 2009a und 2009b). Aus diesem Analysefokus folgen die Systematisierungskriterien, die eine Differenzierung unterschiedlicher Wertschöpfungsorganisationsformen ermöglichen. Eine notwendige Voraussetzung zur Vergleichbarkeit von Wertschöpfungsorganisationen ist, dass die Wertschöpfungsaktivitäten jeweils auf eine gleichartige Sach- oder Dienstleistungskategorie gerichtet sind. In der Praxis stellen PC Produkte, Immobilen, Automobile oder Beratungsdienstleistungen mögliche Produktkategorien und entsprechende Abgrenzungsmerkmale dar. Aus den zuvor dargestellten Architekturdeterminanten, nämlich die Zuordnung der Funktionen und Verantwortlichkeiten zu den Akteuren sowie die Bindungsmerkmale zwischen den Organisationseinheiten folgen unterschiedliche Wertschöpfungsorganisationsformen, die im Folgendem dargestellt werden. Im Fokus der Systematisierung von Wertschöpfungsorganisationen steht, welcher Anteil an Aktivitäten und Funktionen durch einen zentralen Akteur geleistet wird und welche Merkmale die Interakteursbindungen aufweisen.

Eine zentrale Determinante einer Wertschöpfungsorganisationsform ist die Allokation der Wertschöpfungsaktivitäten und -funktionen zwischen den relevanten Akteuren (vgl. Pisano und Teece 2007, Jacobides 2006). Zur Systematisierung von unterschiedlichen Organisationsformen wählt die vorliegende Arbeit den Grad der Integration als Systematisierungskriterium (vgl. Picot et al. 2005, S. 68). Die extremen Eckpunkte des Integrationskontinuums bilden die Integration auf der einen Seite und die Desintegration auf der anderen. Die alternativen Organisationsformen weisen jeweils eine spezifische Allokation der Wertschöpfungsfunktionen und -aktivitäten auf. Die Integration ist ein Indikator dafür, wie viel vom eigentlichen Wertschöpfungsorganisationsarchitekten zentral beziehungsweise welche Bedeutung externe Akteure innerhalb der Wertschöpfungsorganisation haben (vgl. Dietl et al. 2009b).

In einer integrierten Wertschöpfungsorganisation werden die Aktivitäten durch nur einen rechtlich und wirtschaftlich autarken Akteur geleistet und verantwortet. Diese Form der Wertschöpfungsorganisation ist somit auf die Grenzen eines Unternehmens beschränkt und entspricht dem klassischen

Analyseobjekt der Betriebswirtschaftslehre (vgl. Picot et al. 2005, S. 27ff., Sydow 2003, S. 296, Zenger und Hesterly 1997, S. 251). In Anlehnung an die Definition integrierter Produktarchitekturen werden im Fall integrierter Wertschöpfungsorganisationen einzelne Teil-Wertschöpfungsleistungen auf miteinander eng vernetzte organisatorische (wirtschaftlich und rechtlich abhängigen) Einheiten übertragen (vgl. Burr 2002, S. 122). Zwischen den organisatorischen Einheiten bestehen komplexe multilaterale Verbindungen, die jede einzelne Einheit unabdingbar machen und auf Grund der komplexen und spezifischen Zusammenhänge von einer übergeordneten Distanz hierarchisch koordiniert werden müssen (vgl. Burr 2002, S. 122). In der Porterschen Wertkette wird die Integration mit der vertikalen Integration gleichgesetzt und anhand der Leistungstiefe beziehungsweise des Umfangs der Eigenerstellung gemessen (vgl. Porter 2000). Eine integrierte Wertschöpfungsorganisation leistet alle produktions- und distributionsrelevanten Wertschöpfungsaktivitäten mit eigenem Personal und eigenen physischen Ressourcen und koordiniert diese unternehmensintern (vgl. Picot und Franck 1993, S. 181). Es werden keine externen Leistungen von einem vertikal, horizontal oder lateral verbundenen Akteur bezogen. Die Kontrollformen in integrierten Organisationen basieren auf dem Eigentum der zur Wertschöpfung notwendigen Ressourcen (vgl. Picot und Franck 1993, S. 181).

Die Allokation von Wertschöpfungsfunktionen an mehr als eine selbstständige zentrale Organisationseinheit geht mit einer Auflösung der integrierten Form der Wertschöpfungsorganisation einher. In Anlehnung an das allgemeine Verständnis von desintegrierten Architekturformen werden Teilwertschöpfungsleistungen und -funktionen einzelnen organisatorischen Teileinheiten zugeordnet (vgl. Sako 2003). In einer extremen Form des Desintegration sind die einzelnen Akteure vollständig autark und weisen lediglich gepoolte Interdependenzen zu anderen organisatorischen Einheiten auf (vgl. Burr 2002, S. 122). In diesem Fall verantworten die einzelnen Akteure eine Vielzahl von Wertschöpfungsfunktionen unterschiedlicher Funktionshierarchien und handeln autonom in Abwesenheit von Systemführern (vgl. Sako 2003, S. 235). Eine Standardisierung der organisatorischen Schnittstellen macht eine hierarchische Koordination und Kommunikation zwischen den einzelnen Akteuren überflüssig[54]. Der Integrationsgrad nimmt mit zunehmenden Fremdbezug ab, will heißen dass der fokale Wertschöpfungsakteur den zentralen Eigenleistungsanteil reduziert und Verantwortlichkeiten an horizontale, vertikale und laterale Akteure überträgt.

Neben bewussten Desintegrationsentscheidungen des Systemarchitekten begünstigt die zunehmende Verbreitung modularer Produktarchitekturen die Entstehung desintegrierter Organisationen (vgl. Sako 2003, S. 230). Der Zusammenhang zwischen Produktarchitektur und Organisationsstruktur ist Thema einer Vielzahl von Forschungsarbeiten (vgl. zum Beispiel Sako 2003, Schilling und Steensma 2001, Chesbrough und Kusunoki 2001[55], Sanchez und Mahoney 1996, Henderson und Clark 1990). Konkret wird die Frage gestellt, in wie weit eine modulare Produktarchitektur zu einer modularen Organisationsarchitektur führt (vgl. Sanchez und Mahoney 1996 sowie Baldwin und Clark 1997,

54 Eine Standardisierung der Schnittstellen zwischen den Organisationsmodulen ist in der Praxis jedoch schwer zu definieren und zu spezifizieren, da es sich bei Organisationen um natürliche komplexe Systeme handelt (vgl. Scott 1998). Die Extremform eines rein marktlich koordinierten Organisationssystems mit standardisierten Schnittstellen existiert in der Realität nicht, da Organisationseinheiten immer in einer Art Beziehung stehen und Schnittstellen nur sehr schwer zu standardisieren sind. Zur Koordination übernehmen auch in desintegrierten Organisationen einzelne Akteure eine Leitungsposition.

55 Chesbrough und Kusunoki (2001) untersuchten für Computer Laufwerke die Auswirkungen einer modularen Organisationsform auf die Produktarchitektur und konnten (zumindest für einen mittelfristigen Zeitraum) eine Kausalität feststellen. Henderson und Clark (1990) wiesen einen ähnlichen Zusammenhang für die Photoindustrie nach.

2000, Gulati und Eppinger 1996). Takeishi und Fujimoto gehen von einem multilateralen Zusammenspiel zwischen Produkt-, Produktions- und Organisationsarchitektur im Modularisierungsprozess aus (vgl. Takeishi und Fujimoto 2003, S. 254ff.)[56]. Gulati und Eppinger (1996) heben hervor, dass eine bilaterale Beziehung zwischen Produkt- und Organisationsarchitektur besteht. Produktarchitektur kann die Organisationsform beeinflussen und vice versa[57]. Zusammenfassend kann ein modulares Produkt durch eine integrierte Wertschöpfungsorganisation oder durch eine modulare Organisation erstellt werden kann (vgl. Dietl et al. 2008). Eine integrierte Produktarchitektur basiert auf einem komplexen Systemdesign, wodurch eine Modularität in der Produktion und in der Organisation nur schwer zu realisieren ist. Eine integrierte Produktarchitektur geht in der Regel mit einer integrierten Wertschöpfungsarchitektur einher, da andernfalls die Koordinationskomplexität mit externen Akteuren zu groß würde. Festzuhalten bleibt, dass die Produkt- und Organisationsarchitekturen innerhalb einer Wertschöpfungsorganisation unterschiedlich sein können (vgl. Takeishi und Fujimoto 2003, S. 260). Eine modularisierte Produktarchitektur bringt zusammenfassend nicht automatisch modulare Organisationsstrukturen mit sich. Es kann jedoch postuliert werden, dass eine modulare Produktarchitektur Desintegrationsentwicklungen innerhalb Wertschöpfungsorganisationen begünstigt (vgl. Sako 2003).

Zusammenfassend werden in einer integrierten Organisation alle Aktivitäten und Entscheidungen zentral durch ein Unternehmen getätigt. In einer desintegrierten Organisation findet der Wertschöpfungsprozess durch verschiedene Akteure statt, die über einen überdurchschnittlichen Autonomiegrad innerhalb der Organisation verfügen (vgl. Grossman und Hart 1986). In vollständig desintegrierten Organisationen kann jede Organisationseinheit individuelle Wertschöpfungsleistungen beitragen, ohne die Leistungen der anderen Akteure berücksichtigen zu müssen (vgl. Burr 2002, S. 122). Charakteristisch für desintegrierte Wertschöpfungsorganisationen ist das Fehlen eines zentralen Wertschöpfungsakteurs und das Vorhandensein standardisierte organisatorischer Schnittstellen. Zwischen den Endpunkten in diesem Systematisierungskontinuum befindet sich eine Vielzahl weiterer, hybrider Organisationsformen. Die Differenzierung dieser Organisationen, die sowohl Merkmale integrierter als auch desintegrierter Organisationen aufweisen, gestaltet sich in der Praxis als schwierig. Zur Differenzierung hybrider Formen ist eine tiefer gehende Differenzierung von Wertschöpfungsorganisationen notwendig.

---

56 Die Autoren sprechen in diesem Zusammenhang von „Interlinked Multiple Hierarchies of Product, Production, and Supplier Systems" (vgl. Takeishi und Fujimoto 2003, S. 254ff.).

57 Insgesamt konnte bislang nur ein indirekter und kein direkter Zusammenhang zwischen Produktarchitektur und Organisationsstrukturen empirisch ausreichend belegt werden: „[...] there is no simple deterministic link between the type of product architecture and organization architecture." (Sako 2003, S. 230). Hoetker weist einen indirekten Zusammenhang zwischen Produkt- und Organisationsarchitektur und eine Begünstigung modularer Organisationen durch modulare Produktarchitekturen nach (vgl. Hoetker 2006, S. 514). Eine Vielzahl von Praxisbeispielen zeigen eine Trennung zwischen Modularität in Produkt und Organisation, was zu desintegrierten Produkten in integrierten Produktarchitekturen führt. Sako beschreibt im Zusammenhang mit der Produkt- und Organisationsarchitektur einen Modularisierungspfad, der von modularen Produktarchitekturen initiiert und letztendlich zu modularen Organisationsstrukturen führt (vgl. Sako 2003, S. 239 ff.). Sako beschreibt folgenden Prozess: i. Modulare Produktarchitekturen innerhalb integrierte Organisationen werden durch modulare Produktkomponenten innerhalb eines einzigen Produktproduzenten realisiert, ii. der nächste Pfad beschreibt das Outsourcing vergleichsweise kleiner Wertschöpfungsfunktionen an große Organisationseinheiten und iii. die simultane Modularisierung der Produktarchitektur und der daraus resultierenden Module werden durch Organisationsmodule geleistet.

Die Bindungsformen zwischen den Akteuren innerhalb einer Wertschöpfungsorganisation stellen ein zweites Systematisierungskriterium dar (vgl. Dietl et al. 2009a und 2009b). Die Merkmale der Interakteursbindung indizieren, wie die Zusammenarbeit zwischen den Wertschöpfungsakteuren verläuft und auf welche Art und Weise Aktivitäten, Akteure und Ressourcen gesteuert werden. In den extremen Formen der Wertschöpfungsorganisation, nämlich Integration und Desintegration, übernehmen das wirtschaftliche Eigentum beziehungsweise Marktpreismechanismen die Koordination der Wertschöpfungsfunktionen und -aktivitäten (vgl. dazu zum Beispiel Williamson 1996, S. 27ff.). Die Kontrollformen in integrierten Organisationen basieren auf dem Eigentum der zur Wertschöpfung notwendigen Ressourcen, die sich in der Hand eines einzelnen Akteurs befinden (vgl. Picot und Franck 1993, S. 181). In einer desintegrierten Form werden vormals hierarchische, durch die Grenzen eines Unternehmens begrenzte Organisationen durch ein Netzwerk aus Akteuren und losen Interakteursbindungen ersetzt (vgl. Schilling und Steensma 2001, S. 1149). Picot et al. (1998) charakterisieren desintegrierte Organisationen durch dezentrale Leistungsverantwortungen, wobei die Koordination zwischen den Akteuren durch nicht-hierarchische institutionelle Arrangements erfolgt (vgl. Picot et al. 1998, S. 201).

Im Fokus der Systematisierung von Wertschöpfungsorganisationsformen stehen in dieser Arbeit die institutionellen Arrangements zwischen den Akteuren. Zur Systematisierung von Interorganisationsbeziehungen findet sich eine Vielzahl von Beiträgen (vgl. zum Beispiel Baur 1990, Gerhard 1995, Hermesch 2002, Imai und Itami 1984, Montevervede und Teece 1982a und 1982b, Meissner 1994, Picot 1991a und Williamson 1991a, b und 1996). Diese orientieren sich stark an den Ansätzen der Institutionenökonomik, für die die Systematisierung von Institutionen eine Kernaufgabe darstellt (vgl. Hermesch 2002, S. 14). Die drei konstituierenden Theorien der Neuen Institutionenökonomik versuchen mit unterschiedlichen, wenn auch komplementären Erklärungsmodellen Antworten auf diese Fragen zu geben (vgl. Picot et al. 2005, S. 56ff.)[58]. Generell können Institutionen unterschiedliche Formen entsprechen, die von einer engen, langfristigen Bindung bis zu einer marktlich, kurzfristigen reichen.

Die Principal Agent Theorie fokussiert die Allokation der Verfügungsrechte zwischen Transaktionspartnern und fußt auf diesen Determinanten die Kriterien zur Systematisierung von Institutionen. Grossman und Hart (1986) messen den Integrationsgrad anhand der Verteilung der Entscheidungs- und Kontrollrechte an den Produktionsfaktoren[59]. Bezüglich der Art der Entscheidungs- und Kontrollrechte wird zwischen residualen und spezifizierten Rechten unterschieden[60]. Sie unterscheiden in diesem Zusammenhang jedoch nur zwischen Integration und Des-Integration. Eine desintegriert Organisationsform liegt im Kontext dieser Systematisierungskriterien vor, wenn eine dezentralen Allokation von Verfügungsrechten erfolgt. Im Fall einer integrierten Interakteursbeziehung besitzt eine der Parteien die uneingeschränkten Rechte über die Ressourcen der partizipierenden Akteure.

58 Die zentralen Theorieströme der neuen Institutionenökonomik umfassen die Transaktionskostentheorie, die Property Rights Theorie und die Principal Agent Theorie.

59 Furubotn und Pejovich (1972) unterscheiden vier Verfügungsrechte an Ressourcen, nämlich das Recht, eine Ressource zu nutzen, das Recht, die Ressource zu verändern, das Recht, die Erträge aus dem Einsatz der Ressource zu beziehen sowie das Recht, die Verfügungsrechte einzeln oder in Summe an andere abzugeben (vgl. Furubotn und Pejovich 1972, S. 1140).

60 Residuale und spezifizierte Verfügungen unterscheiden sich hinsichtlich der Freiheitsgrade, die ein Akteur über die Rechte hat. Spezifizierte Rechte gehen mit einem geringen Freiheitsgrad einher, residuale Rechte entsprechend mit einer unbegrenzten und uneingeschränkten Verfügung über Ressourcen (vgl. Hermesch 2002, S. 64).

Die Verteilung von Verfügungsrechten erfolgt dann zentral durch einen Akteur, der höhere Freiheitsgrade über die Ressourcen hält (vgl. Hermesch 2002, S. 67). Die Systematisierung von Institutionen auf Basis der Entscheidungs- und Kontrollrechte an den Produktionsfaktoren gestaltet sich in einer empirischen Analyse jedoch als schwierig. Problematisch sind dir ausgeprägten Abstraktion und die Ungenauigkeit in der empirischen Messung (vgl. zum Beispiel Ebers und Gotsch 1999, S. 207). Zudem erfolgt dise Sytematisierung grob zwischen Integration und Desintegration (vgl. Grossman und Hart 1986).

Die Systematisierung von Organisationsformen orientiert sich im Rahmen dieser Arbeit stark an der Arbeit von Dyer und Singh (1998, S. 660ff.). Die von diesen Autoren gewählten Systematisierungskriterien erscheinen für den vorliegenden Untersuchungskontext als besonders geeignet, um Wertschöpfungsorganisationen zu systematisieren und abzugrenzen. Dyer und Singh bilden für die Vielzahl der vorhandenen Systematisierungsansätze zwei übergeordneten Kategorien (vgl. Dyer und Singh 1998, S. 669). Unterschieden werden im allgemeinen Bindungsmechanismen, die durch Dritte Institutionen kontrolliert und koordiniert werden sowie Mechanismen, die einer Selbstkontrolle unterliegen. Dieser Systematisierungsansatz wird auch von anderen Beiträgen übernommen, um Bindungsformen zu systematisieren und zu vergleichen (vgl. dazu zum Beispiel Das und Teng 2000, S. 43ff.)[61].

Der Kategorie von Bindungsmechanismen, die auf dritten Institutionen fußen, werden in erster Linie vertraglich basierte Bindungen zugeordnet. Die Vertragsbeziehungen determinieren in diesem Zusammenhang auch die Allokation der Verfügungsrechte. Konkret hat die vertragliche Bindung Auswirkungen auf die Fristigkeit und Komplexität der Interakteursbindung sowie auf die Zentralisierung oder Dezentralisierung der Verfügungsrechte an den zur Wertschöpfung notwendigen Ressourcen. Einen zentralen Beitrag zur Systematisierung formeller Interakteursbindungen leistet die Vertragstheorie nach Macneil (vgl. Macneil 1974, 1978 und 1980). In diesem Zusammenhang werden klassische, neoklassische und relationale Verträge unterschieden[62]. Diese Vertragstypen können analog des Systematisierungskontinuums zwischen Markt und Hierarchie zugeordnet werden. Kernmerkmale eines klassischen Vertrages sind die kurze Laufzeitdauer sowie eine isolierte Transaktionsbeziehung zwischen den Akteuren (vgl. Macneil 1978, S. 865). Unter einem isolierten beziehungsweise diskreten Transaktionsprozesse versteht Macneil „Discreteness is the separating of a transaction from all else between the participants at the same time and before and after" (Macneil 1980, S. 60). Auf Grund der kurzen Vertragsdauer werden alle Leistungsmerkmale festgeschrieben und damit zukünftige Ereignisse antizipiert. Die Transaktionsbeziehung innerhalb eines klassischen Vertrages ist durch eine eher marktlich geprägte institutionelle Koordinationsform geprägt, wobei der Kooperationsgrad und die Intensität der Beziehung gering sind. Den Gegenpol zum klassischen Vertrag bildet der relationale Vertag. In relationalen Verträgen tritt an Stelle einer konkret definierten und beschriebenen Transaktion eine intensive langfristige Kooperationsbeziehung. Auf Grund der Vertragslaufzeit und der Interaktionshäufigkeit kann eine einzelne Transaktion nicht isoliert

61 Das und Teng (2000, S. 43ff.) haben eine Typologie von Ressourcenallianzen entwickelt und unterscheiden zwischen Joint Ventures, Allianzen mit finanziellen Verzahnungen zwischen den Allianzpartnern und vertraglich basierten Allianzen mit unterschiedlichen uni- oder bilateralen Leistungsbeziehungen. Diese Typologien können den formellen Bindungsmechanismen nach Dyer und Singh (1998) zugeordnet werden.

62 Der klassische Vertrag wird im Folgenden synonym mit der Bezeichnung diskreter Vertrag verwendet.

betrachtet werden. Zusammenfassend ist ein relationaler Vertrag durch längere Laufzeiten, einer hohen Kooperationsintensität und eine hohe Flexibilität hinsichtlich der Anpassung der Interorganisationsbeziehungen charakterisiert. Der neoklassische Vertragstyp ist eine Hybridform zwischen Klassischem und Relationalem Vertrag „Neoclassical contract law is founded [...] on the discrete transaction, but with many a relational concession" (Macneil 1980, S. 72). Im Unterschied zum klassischen Vertrag umfasst der neoklassische Vertrag eine längere und intensivere Interakteursbeziehung. Zukünftige Ereignisse können durch die Vertragsparteien nicht mehr in vollen Ausmaß festgelegt und kalkuliert werden, was durch Anpassungs- und Konfliktlösungsmechanismen kompensiert werden muss. Dieses erfordert eine stärkere Kooperation zwischen den Akteuren.

Eine ausgeprägte formelle Bindung auf Grundlage des Systematisierungsverständnis nach Macneil besteht demnach, wenn beide Parteien im Rahmen langfristiger, kooperativer und komplexer Verträge agieren (vgl. auch Picot et al. 2005, S. 68). Der relationale Vertragstyp stellt eine extreme formelle Bindungsart dar und wird von Williamson als eine eher hierarchische Koordinationsform bezeichnet (vgl. Williamson 1985, S. 68-72). Eine geringe formelle Bindung zwischen Akteuren innerhalb einer Wertschöpfungsorganisation ist mit einem klassischen Vertragstypus gleichzusetzen. Eine mittlere formelle Bindung weist die Merkmale eines neoklassischen Vertrags auf. Die drei skizzierten vertraglichen Bindungsformen führen zu spezifischen Transaktionsmerkmalen in Bezug zur Anreizintensität, zum Ausmaß der bürokratischen Steuerung und Kontrolle sowie zur autonomen und bilateralen Anpassungsfähigkeit (vgl. Williamson 1996, S. 17ff.)[63]. Einem klassischen Vertrag und entsprechend einer schwachen Bindungsform sind die Attribute hohe Anreizintensität, keine bürokratische Steuerung und Kontrolle und eine hohe autonome beziehungsweise eine geringe bilaterale Anpassungsfähigkeit zuzuordnen. In relationalen Verträgen ersetzt eine ausgeprägte Kooperationsintensität marktliche Koordinierungskräfte, was zu einer geringen Anreizintensität führt (vgl. Picot et al. 2005, S. 69). Das individuelle Verhalten der einzelnen Akteure sowie die Leistungsanreize werden durch Steuerungs- und Kontrollmechanismen ersetzt. Die Koordination der Transaktionsbeziehungen erfolgt zentral hierarchisch. Vertragliche Hybridformen können unterschiedliche Ausprägungen der bereits diskutierten Klassifizierungsmerkmale aufweisen. Abgrenzungsmerkmale zu einer hierarchisch charakterisierten Interakteursbindung ist eine geringere Bindungsintensität in Bezug auf Bindungsdauer und Kooperationsstärke bei gleichzeitig geringerer bürokratischer Steuerung und Kontrolle sowie höherer Anreizintensität: [...] the hybrid mode is characterised by semi-strong incentives, an intermediate degree of administrative apparatus, displays semi-strong adaptions of both kinds, and works out of a semi-legalistic contract law regime." (Williamson 1991a, S. 281). Die Systematisierung auf Grundlage formeller Bindungsmechanismen zeigt im Rahmen der Operationalisierung Vorteile, da auf die Analyse konkreter Bindungsmechanismen zurückgegriffen werden kann. Tabelle 2.7 fasst die Systematisierung von Vertragsformen nach Macneil zusammen.

63 Die Anreizintensität beeinflusst das Handeln einzelner Akteure hinsichtlich des effizienten Einsatzes eigener Ressourcen. Eine hohe Anreizintensität hat einen effizienten Einsatz akteursspezifischer Ressourcen zur Folge, während aus einer geringen Anreizintensität ceteris paribus eine komparativ geringere Transaktionseffizienz folgt. Das Ausmaß der bürokratischen Steuerung und Kontrolle ist ein Indikator für die Anwendung direkter Verhaltenskontrollen in einer Inter-Akteursbeziehung. Die autonome und bilaterale Anpassungsfähigkeit wird dadurch determiniert, in wie weit die Transaktionspartner unabhängig voneinander oder kooperativ ihre Handlungsweisen den eintretenden Umweltveränderungen anpassen (vgl. zum Beispiel Williamson 1985).

Tabelle 2.7 Systematisierung von Vertragsformen

Vertragsform	Eigenschaft	Beispiele
Klassischer Vertrag	Zeitpunktorientiert Vollständige Verträge Identität der Vertragspartner spielt keine Rolle	Einfache, spontane Kaufverträge Spotmarket
Neoklassischer Vertrag	Zeitraumorientiert (begrenzte Vertragsdauer) Teilweise Unvollständigkeit der Verträge Identität der Vertragspartner spielt eine Rolle	Franchiseverträge mit mittlerer bis geringer Vertragskomplexität und Dauer
Relationaler Vertrag	Zeitraumorientiert (langfristige Vertragsdauer) Unvollständigkeit der Verträge Identität der Vertragspartner spielt eine große Rolle	Joint Venture Unternehmensinterne Beziehungen

Quelle: in Anlehnung an Macneil 1974, S. 691ff. und Picot et al. 2005, S.16

Die zweite Kategorie von Bindungsmechanismen umfasst nach Dyer und Singh solche Bindungsmechanismen, die einer reinen Selbstkontrolle unterliegen und nicht auf übergeordnete Kontroll- und Koordinationsinstanzen basieren[64]. Die Kategorie der selbst kontrollierenden Bindungsmechanismen wird im nächsten Schritt in die formellen und informellen Mechanismen aufgegliedert (vgl. Dyer und Singh 1998, S. 669). Zu den formellen Bindungsmechanismen werden in erster Linie finanzielle Geiseln gezählt, die aus der Einlage finanzieller Mittel in die Transaktionsbeziehung resultieren (vgl. Klein 1980 und Williamson 1983 in Dyer und Singh 1998). In der Praxis können finanzielle Geiseln aus Kapitalverflechtungen zwischen den Akteuren oder aus Investitionen in die spezifische gemeinschaftliche Tätigkeit resultieren (vgl. Dyer und Singh 1998). Finanzielle Geiseln sollen in erster Linie die Leistungsbereitschaft fördern, opportunistisches Verhalten einschränken und die Bindung formell absichern (vgl. Dyer und Singh 1998, S. 669). Die formelle Integration externer Akteure durch finanzielle Geiseln erfolgt in der Regel in Kombination mit einer engen vertraglichen Integration (vgl. zum Beispiel Sako 2003, Germonpre 2000, Freiling und Sieger 1999).

Die vertragliche Bindung erfolgt, um die Gefahren der hohen bilateralen Abhängigkeit zu verringern, die durch die finanziellen Geiseln entstehen. Die Bindung nimmt mit der Höhe und Spezifität der eingebrachten finanziellen Geisel zu (vgl. Dyer und Singh 1998). Die Spezifität wird dadurch beeinflusst, inwieweit die eingebrachte Geisel für eine alternative Transaktionsbeziehung genutzt werden kann. Als Bewertungsmaßstab des Spezifitätsgrades dienen die Kosten. Die Spezifität einer Investition im Rahmen einer Transaktion wird dadurch beeinflusst, inwieweit die Investition ohne zusätzliche Kosten oder Ertragseinbußen für eine andere Transaktion oder durch einen anderen Akteur verwendet werden kann (vgl. Williamson 1985, S. 52ff.). Neben einem Anreizeffekt, der zu einem Handeln im Sinne der Transaktionspartnerschaft führen soll, führen finanzielle Geiseln zu einem ausgeprägten bi- beziehungsweise multilateralen Abhängigkeitsverhältnis, auch Lock-in-

64 Dyer und Singh (1998, S. 669) sprechen in diesem Zusammenhang von "Self-enforcing agreements".

Effekt genannt (vgl. Williamson 1990, S. 194). Bei hohen spezifischen Geiseln führt dieser Effekt zu einer langfristigen Bindung, um eine entsprechend Amortisierung und Rentabilität der finanziellen Geiseln zu erreichen.

Aus den finanziellen Geiseln resultiert eine stärkere Kooperationsintensität zwischen den Akteuren, da der Wert der Geisel durch das gemeinsame Handeln determiniert wird (vgl. Dyer und Ouchi 1993 und Pisano 1989). Finanzielle Geiseln werden demnach in erster Linie dazu eingebracht, um das opportunistische Verhalten der Transaktionspartner einzuschränken. Ein gemeinsames Handeln führt auf Grundlage dieses Erklärungsansatzes zu einer höheren Rendite der eingebrachten finanziellen Mittel und vice versa. Zusammenfassend sollen finanzielle Geiseln einen Anreiz darstellen, im Sinne der gemeinsamen Transaktionspartnerschaft zu handeln. Ein opportunistisches Handeln wider den übergeordneten Zielen der gemeinsamen Wertschöpfungsbeziehung beeinträchtigt die Rentabilität der eingebrachten finanziellen Mittel (vgl. Dyer und Ouchi 1993, Pisano 1989 in Dyer und Singh 1998). Ausgeprägte finanzielle Geiseln führen gemäß dieses Argumentationsmusters sowohl zu einer stärkeren Kooperationsintensität und im Sinne der formellen selbst regulierenden Bindungsmechanismen zu einer stärkeren Interakteursbindung (vgl. Dyer und Singh 1998, S. 669).

Informelle selbst regulierende Mechanismen umfassen unter anderem Vertrauen, Reputation der Akteurspartner oder Fairness (vgl. Gulati 1995b, Larson 1992, Powell 1990, Sako 1991, Uzzi 1997 und Weigelt und Camerer 1988 in Dyer und Singh 1998). Diese informellen Bindungsmechanismen sollen in erster Linie zu Kontroll- und Koordinationskosteneinsparungen führen. Alle Akteure agieren im Sinne der Transaktionspartnerschaft, wodurch Transaktionskosten eingespart werden können, da eine übergeordnete Instanz nicht beziehungsweise in geringeren Ausmaßen notwendig ist (vgl. Black 1976, Ellickson 1991, Granovetter 1985, Macaulay 1963 in Dyer und Singh 1998). Die Anwendung formeller Verträge führt je nach Vertragsart zu unterschiedlichen Vereinbarungs-, Koordinations- und Kontrollkosten (vgl. Williamson 1991b, S. 79). Im Falle des Vorhandenseins informeller Bindungsmechanismen wird die Beziehung abgesichert und eine überdurchschnittliche Kooperationsintensität erzeugt, die zusätzlich die Wertschöpfungsleistung positiv beeinflusst (vgl. Barney und Hansen 1994, Sako 1991 in Dyer und Singh 1998). Das Fehlen informeller Kontrollmechanismen kann die zusätzlich generierten Erträge durch hohe Kontrollkosten kompensieren. Informelle selbst regulierende Mechanismen können komplementär zu vertraglichen und finanziellen Bindungsinstrumenten eingesetzt werden. Dyer und Singh (vgl. 1998, S. 670) betonen im Kontext der unterschiedlichen Bindungsmechanismen die Auswirkungen auf die Effizienz und Effektivität der Transaktionsbeziehung. Effizienzeinsparungen basieren in erster Linie auf Transaktionskosteneinsparungen, während Effektivitätsvorteile auf der Abschöpfung relationaler Renten fußen. Relationale Renten setzen eine überdurchschnittliche Wertschöpfung durch das gemeinsame Handeln der Wertschöpfungsakteure voraus[65]. In diesem Zusammenhang wird die Bedeutung informeller Bindungsmechanismen für den Erfolg einer Transaktionsbeziehung betont (vgl. Dyer und Singh 1998, S. 670).

Tabelle 2.8 fasst die unterschiedlichen Kriterien zur Systematisierung von Wertschöpfungsorganisationen zusammen.

---

65 Relationale Renten werden zusätzlich durch die Kosten der Wertschöpfung determiniert. Effizienzvorteile haben demnach auch positiven Einfluss auf die Rentenhöhe. Der Relational View wird im Abschnitt 2.2.3.2 dieser Arbeit weiter erläutert und im Untersuchungskontext betrachtet.

Tabelle 2.8 Systematisierungskriterien einer Wertschöpfungsorganisation

Systematisierungskriterium	Erläuterungen im Kontext einer Wertschöpfungsorganisation
Zentrale Integration	Ausprägung der zentralen Integration wird durch das Ausmaß der Eigenleistung bestimmt, den der fokale Wertschöpfungsakteur leistet
Formelle Integration externer Akteure	Vertragliche Bindungen (basieren auf dritten Kontrollinstitutionen)
	Finanzielle Geiseln (basieren auf selbst-kontrollierenden Kontrollmechanismen)
	Beide formelle Bindungsmechanismen können sich gegenseitig bedingen
Informelle Integration externer Akteure	Informelle Bindungsmechanismen unterliegen ausschließlich der Selbstkontrolle
	Soziale Bindungen, Reputation der Akteure, Vertrauen determinieren das Ausmaß informeller Bindungsmechanismen

Quelle: in Anlehnung an Dyer und Singh (1998)

2.3.3 Zusammenfassende Darstellung

Die vorliegende Arbeit befasst sich mit der Erklärung strategischer Wettbewerbsvorteile. Im Unterschied zu den klassischen Beiträgen des strategischen Managements wird als Analyseobjekt nicht ein einzelnes Unternehmen, sondern eine Wertschöpfungsorganisation rund um ein spezifisches Produkt gewählt. Unter Wertschöpfungsorganisation wird zusammenfassend das Zusammenspiel aller Akteure verstanden, die zu einer Wertschöpfung beitragen (vgl. auch Dietl und Royer 2003, Dietl et al. 2006, 2008, 2009a und 2009b). Zur Abgrenzung unterschiedlicher Wertschöpfungsorganisationsformen wurden in den vorangegangen Abschnitten unterschiedliche Organisationsformen skizziert und Differenzierungskriterien abgeleitet. Als fokaler Architekt wird der Akteur betrachtet, der die Schnittstelle zwischen der Produktion und Distribution des Produktes markiert. Dessen Aufgabe ist die strategische Konfiguration und Konzeption einer Wertschöpfungsorganisation. Die Aufgaben- und Rollenverteilung zwischen den partizipierenden Akteuren innerhalb einer Organisation wird durch die Konfiguration der Interorganisationsbeziehungen determiniert.

Wertschöpfungsorganisationen lassen sich auf Basis des Kontinuums zwischen Integration und Desintegration systematisieren. Die integrierte und die desintegrierte Wertschöpfungsorganisation stellen zwei alternative Extremformen dar, die spezifische Merkmale aufweise. In einer integrierten Organisationsform werden alle Aktivitäten durch einen einzelnen Akteur geleistet und die Kontroll- und Entscheidungsrechte sind zentralisiert, während in einer desintegrierten Form eine Vielzahl an Akteuren autonom Wertschöpfungsleistungen beisteuern und die Verfügungsrechte entsprechend dezentralisiert sind. Die Akteure verfügen im letzteren Fall über eine maximale Autonomie und steuern einen Wertschöpfungsbeitrag zu einem hochgradig standardisierten Produkt.

Standardisierte Produkt- und Organisationsschnittstellen ersetzen einen zentralen Wertschöpfungskoordinator. In der Praxis spielen diese extremen Organisationsformen jedoch eine untergeordnete Rolle (vgl. Hoetker 2006, S. 514).

Hybride Wertschöpfungsorganisationen weisen Merkmal integrierter und desintegrierter Organisationsformen auf. Ausschlaggebend sind die Merkmale der Interakteursbeziehungen, die durch formelle und informelle Bindungsmechanismen systematisiert werden können (vgl. Dietl et al. 2009b, Dyer und Singh 1998). Eine zunehmende Integration geht mit entsprechenden formellen und informell-kooperativen Bindungen einher. Zu den formellen Interakteursbindungen werden solche gezählt, die durch dritte Institutionen abgesichert und kontrolliert werden. In erster Linie zählen Verträge zu diesen formellen Bindungsinstrumenten. Finanzielle Geiseln stellen eine weitere Art formeller Bindungsmechanismen dar. Diese sind im Unterschied zu Verträgen jedoch selbstregulierend und werden nicht direkt durch dritte Instanzen kontrolliert und koordiniert (vgl. Dyer und Singh 1998, S. 669). In der Praxis zeigt sich jedoch, dass finanzielle Geiseln in der Regel mit vertraglichen Einbindungsmechanismen einhergehen und somit indirekt einer Kontrollinstanz unterliegen. Vertrauen, soziale Verbundenheit und Fairness sind zentrale Determinanten und Indikatoren für das Vorhandensein informeller Interakteursbindungen.

Zusammenfassend lassen sich unterschiedliche Wertschöpfungsorganisationsformen im Spektrum zwischen Integration und Desintegration unterscheiden. Eine integrierte Organisation zeichnet sich dadurch aus, dass alle Aktivitäten durch nur einen zentralen Akteur geleistet werden. Der Untersuchungsgegenstand unterscheidet sich in diesem Fall nicht von der klassischen Unternehmenssicht. Im Falle einer Wertschöpfungsorganisation, in der mehr als ein Akteur einen Beitrag zur Produktion und Distribution leistet, determinieren die Interakteursbeziehungen die Organisationsform. Eine vollständig desintegrierte Form der Wertschöpfung geht mit einer maximalen Dezentralisierung der Wertschöpfungsaktivitäten und -kontrolle einher. Kein Akteur verfügt über eine dominante Koordinationsautonomie. Ausgangspunkt einer Wertschöpfungsorganisationsbetrachtung ist der Akteur, der die Schnittstelle zwischen Produktion und Distribution bildet (vgl. Dietl et al. 2009b). Dessen Anteil an der gesamten Wertschöpfung wird als ein Systematisierungskriterium für das theoretische Konzept berücksichtigt. In einer vollständig integrierten Organisation führt dieser Architekt alle Aktivitäten in Eigenregie aus. Formelle und informelle Bindungsmechanismen determinieren die Form der Beziehungen zwischen den relevanten Akteuren und dem Architekten. Diese stellen zwei weitere Systematisierungskategorien zur Unterscheidung von Wertschöpfungsorganisationen dar.

2.4 Das theoretische Rahmenkonzept der Untersuchung

Die grundlegende Annahme des theoretischen Konzepts der vorliegenden Untersuchung postuliert einen Zusammenhang zwischen der Wertschöpfungsorganisationsform und strategischen Wettbewerbsvorteilen. Auf diesem angenommenen Zusammenhang basieren die Variablen sowie die Verhaltens- und Umweltannahmen des theoretischen Denkrahmens. Als Haupteinflussfaktoren der Wettbewerbsvorteile werden die Wertschöpfungsorganisationsdeterminanten, nämlich der zentraler Integrationsgrad sowie die formellen und informellen Bindungsmerkmale zwischen den Wertschöpfungsakteuren betrachtet. Diese stellen die unabhängigen Variablen des Denkrahmens dar. Das Konzept geht davon aus, dass durch diese Determinanten die strategische Wettbewerbsfähigkeit der Wertschöpfungsorganisation und der darin eingebetteten Akteure beeinflusst wird.

Die Transaktionskostentheorie sowie die Rentenmodelle der ökonomischen Theorien des Strategischen Managements stellen die Grundlage der Konzeptualisierung strategischer Wettbewerbsvorteile dar. Im Folgenden wird betrachtet, wie die Argumentationsketten dieser Theorien auf eine Wertschöpfungsorganisationsbetrachtung adaptiert und welche Argumentationsketten daraus gebildet werden können. Das daraus resultierende theoretische Konzept soll im weiteren Verlauf der Untersuchung mit der Wirklichkeit konfrontiert werden. Dazu werden am Ende dieses Kapitels Hypothesen formuliert, die die Zusammenhänge und Annahmen des zugrunde liegenden Konzeptes nutzen.

2.4.1 Effizienzbasierte Überlegungen

Die vorliegende Untersuchung verfolgt eine Analyse strategischer Wettbewerbsvorteile, die sowohl die Effizienz- als auch die Effektivität der Wertschöpfung betrachtet. Dazu wurden zuvor unterschiedliche Theorien nachgezeichnet und im Kontext der vorliegenden Forschungsfragen diskutiert. Die Transaktionskostentheorie dient als effizienzorientiertes Bewertungsmodell unterschiedlicher institutioneller Arrangements innerhalb Wertschöpfungsorganisationen. Die Transaktionskosten legen die Grenze zwischen Hierarchie und Markt und damit die grundlegende Form der Wertschöpfungsorganisation fest. Entsprechend der Ausprägung der Determinanten entspricht die Wertschöpfungsorganisationsform eher einer hierarchischen, einer marktlichen oder einer hybriden Form. In einer Wertschöpfungsorganisation sind die Organisationsdeterminanten, nämlich zentrale Integration sowie formelle und informelle Interakteursbindungsmechanismen, so zu wählen, dass aus Effizienzsicht Wettbewerbsvorteile zu erzielen sind. Ausgangspunkt der strategischen Entscheidung ist die Analyse der Kostendeterminanten.

Die Transaktionskostentheorie postuliert die begrenzte Rationalität und den Opportunismus als zentrale Verhaltensannahmen und Einflussfaktoren auf die Transaktionskosten (vgl. zum Beispiel Williamson 1985, S. 44-50). Diese Verhaltensannahmen werden im vorliegenden theoretischen Konzept übernommen. Neben diesen Verhaltensannahmen determinieren die Unsicherheit, die Faktorspezifität, die Transaktionshäufigkeit (vgl. Williamson 1985, S. 52-67) sowie die strategische Bedeutung und die Transaktionsatmosphäre (vgl. Picot et al. 2005, S. 60) die Höhe der Anbahnungs-, Vereinbarungs-, Abwicklungs-, Kontroll- und Anpassungskosten, kurz das Ausmaß der Transaktionskosten. Die vorliegende Untersuchung betrachtet die Frage, wie die Wertschöpfungsorganisation entsprechend der Ausprägungen dieser Transaktionskostendeterminanten zu gestalten ist, um Effizienzvorteile zu erlangen.

Die Spezifität wird als eine zentrale Kostendeterminante angesehen, die im Vergleich zu den anderen Determinanten einen überdurchschnittlichen Einfluss auf die Transaktionskosten und das Potential von Quasi Renten determiniert (vgl. Ebers und Gotsch 2002, Picot et al. 2005, Gerhard 1995). Transaktionen, die hochspezifische Investitionen und Ressourcen erfordern, sind gemäß der Transaktionskostentheorie durch integrierte Institutionsformen durchzuführen (vgl. zum Beispiel Williamson 1996, S. 27ff.). Die stärkste Form der Integration stellt die Hierarchie dar, die im Verständnis einer Wertschöpfungsorganisationsbetrachtung mit einer vollständigen zentralen Integration einhergehen würde. Im Fall unternehmensübergreifender Wertschöpfungssysteme kann eine überdurchschnittliche Integration durch entsprechende formelle und informelle Bindungen erzielt werden. Mögliche Bindungsinstitute sind langfristige Verträge, ausgeprägte finanzielle Geiseln und eine starke soziale Verbundenheit zwischen den Akteuren, was zu langfristigen und spezifischen Interakteursbindungen führt.

Spezifische Investitionen erfordern vor dem Hintergrund opportunistischen Verhaltens und der eingeschränkten Information hierarchische Institutionen, da andernfalls überdurchschnittliche Kontroll- und Anpassungskosten drohen, die zu Effizienznachteilen führen. Im Kontext der Spezifität wird zudem die Quasi-Rente thematisiert, die aus dem Wert eines Vermögensgegenstandes in seiner jetzigen Nutzung und dem Wert in seiner nächstbesten Verwendung resultiert (vgl. Klein et al. 1978). Mit zunehmender Spezifität ergibt sich ein höheres Quasi-Rentenpotential, das durch entsprechende Institutionsformen nachhaltig abzusichern ist, damit einzelne Akteure diese nicht opportunistisch ausbeuten. Die Spezifität wird durch eine hohe strategische Bedeutung der Transaktion verstärkt (vgl. Picot et al. 2005, S. 60). Die strategische Bedeutung einer Transaktion wird unter anderem dadurch beeinflusst, inwieweit die Transaktion einen strategischen Wert für das Wertschöpfungsprodukt darstellt.

Dem Argumentationsmuster der Transkationskostentheorie folgend ist eine integrierte Form der Wertschöpfungsorganisation bei Transaktionen von hoher Spezifität und strategischer Relevanz sowie hoher Unsicherheit und Häufigkeit einer desintegrierten Form aus Effizienzsicht überlegen (vgl. zum Beispiel Picot und Franck 1993, Picot et al. 2005). Im Fall spezifischer Wertschöpfungspartnerschaften, die distinktive Ressourcen und spezifische Investitionen umfassen, legt die Transaktionskostheorie integrierte Koordinations- und Kontrollmechanismen nahe. Eine desintegrierte Form der Wertschöpfungsorganisation ist aus transaktionskostentheoretischer Sichtweise vorteilhaft, wenn die spezifischen Investitionen gering sind und es sich um eine wenig komplexe, stabile und strategisch wenig bedeutende Wertschöpfungsleistungen handelt. Die Kostenvorteile basieren bei standardisierten und wenig spezifischen Wertschöpfungsleistungen auf Produktions- und Transaktionskosteneinsparungen gegenüber integrierten Organisationsformen. Der Einbezug externer Akteure und deren nachhaltige und enge Einbindung durch entsprechende Bindungsmechanismen kann bei Transaktionen mittlerer strategischer Bedeutung, Spezifität und Unsicherheit Transaktionskostenvorteile und überdurchschnittliche Anreizwirkungen erwirken.

Im vorliegenden theoretischen Konzept wird angenommen, dass ein bestimmter Integrationsgrad in einer Wertschöpfungsorganisation durch die unterschiedliche Gewichtung der Organisationsdeterminanten zu erreichen ist. Eine ausgeprägte Einbindung externer Akteure kann zu einer Quasi-Integration führen und unter bestimmten Bedingungen einer zentralen Integration aus Transaktionskostensicht überlegen sein. Ursache der Transaktionskosteneinsparungen stellen beispielsweise die erhöhte Anreizwirkung oder Skaleneffekte durch den Einbezug spezialisierte Wertschöpfungsakteure dar. Zur Systematisierung von Wertschöpfungsorganisationen werden unterschiedliche formelle und informelle Bindungsmechanismen betrachtet. Konkret stellt sich die Frage, ob eine stärkere Gewichtung einzelner Variablen zu Erzielung eines bestimmten Integrationsgrades zu Transaktionskosteneinsparungen führen kann.

Im Mittelpunkt der klassischen Transaktionskostentheorie stehen bei der Betrachtung von Interakteursbeziehungen vertragliche Institutionen (vgl. Macneil 1978 und Williamson 1985, S. 68-69). Neben vertraglichen Koordinations- und Bindungsmechanismen werden in der vorliegenden Untersuchung auch solche Interakteursbindungsformen berücksichtigt, die auf finanziellen Geiseln und informellen Bindungen wie Vertrauen und Reputation basieren. Der Integrationsgrad innerhalb einer Wertschöpfungsorganisation ergibt sich aus der Summe der formellen (in Form vertraglicher Bindungen und der eingebrachten finanziellen Geiseln), der informellen (wie soziale Bindungen und Vertrauen) sowie aus dem Ausmaß der zentralen Integration.

Der theoretische Denkrahmen dieser Arbeit geht davon aus, dass durch eine stärkere Gewichtung solcher Bindungsmechanismen, die auf finanzielle Geiseln und informellen Bindungen fußen, Transaktionskosteneinsparungen zu erreichen sind (vgl. Dyer 1997 und Dyer und Singh 1998, S. 670). In der Transaktionskostenlogik sind durch diese Bindungsformen Effizienzvorteile zu erzielen, da hier keine spezifischen Vereinbarungskosten und geringere Kontroll- und Anpassungskosten anfallen. Dyer und Singh (1998) sprechen bei diesen Koordinationsmechanismen von selbst-regulierenden Instrumenten, die per Definition den formellen Abschluss von Verträgen sowie separate, institutionalisierte Kontrollinstanzen überflüssig machen (vgl. Dyer und Singh 1998, S. 670). In Folge dessen können Transaktionskosten eingespart werden. Festzuhalten bleibt jedoch, dass finanzielle Geiseln in der Regel mit vertraglichen Bindungen einhergehen, da die Akteure eine Absicherung der finanziellen Einlagen erwarten und andernfalls nicht zu spezifischen Investitionen bereit wären (vgl. zum Beispiel Dietl et al. 2009b).

In diesem Kontext werden informelle Bindungsmechanismen als überdurchschnittlich effizientes Bindungsinstitut betrachtet, da diese das Kooperationsverhalten unterstützen und opportunistisches Verhalten einschränken (vgl. Dyer 1997, Dyer und Singh 1998, Granovetter 1985). Das Ausmaß opportunistischen Verhalten wird als eine zentrale Kostendeterminante der Transaktionskostentheorie betrachtet. Durch die Einschränkung der Opportunismusgefahr können Kontroll- und Anpassungskosten vermindert werden und die Anreizwirkung, im Sinn des Organisationskollektivs zu handeln, ist größer. Gemäß dieser Argumentation wird im vorliegenden theoretischen Konzept postuliert, dass von informellen Bindungsmechanismen eine überdurchschnittlich starke Wirkung zur Eindämmung der Transaktionskosten ausgeht, während die transaktionskostentheoretische Zielstellung weiter erreicht wird. Nämlich die Unsicherheit und den Opportunismus einzugrenzen.

Zusammenfassend liefert die Transaktionskostentheorie einen wichtigen Beitrag für das theoretische Konzept der Untersuchung. Konkret stellt die Transaktionskostentheorie das theoretische Konzept zur Bewertung der Effizienz unterschiedlicher Wertschöpfungsorganisationsformen. Gemäß der Ausprägungen der Transaktionskostendeterminanten ist eine entsprechende Wertschöpfungsorganisation zu wählen. Die Gewichtung der Wertschöpfungsorganisationsdeterminanten wurde in diesem Kontext ebenfalls diskutiert. Herausgestellt wurde die Bedeutung finanzieller Geiseln und informeller Bindungsmechanismen, die zu einer Reduktion der Vereinbahrungs-, Kontroll- und Anpassungskosten führen. In diesem Zusammenhang postuliert das vorliegende theoretische Konzept eine überdurchschnittliche Wirkung informeller Bindungsmechanismen, die zur Einschränkung opportunistischen Verhaltens und der Transaktionskostendeterminanten, wie Kontroll- und Anpassungskosten, führen.

Neben Effizienzzielen verfolgt das theoretische Konzept der Untersuchung zudem Effektivitätszielen. Dazu werden Elemente der theoretischen Konzepte des Strategischen Managements für die vorliegende Untersuchung verwendet. Strategische Wettbewerbsvorteile durch die Organisation von Wertschöpfungssystemen werden anhand Monopol, Ricardo, Quasi, relationalen und Schumpeterrenten konzeptualisiert. Der Market-based, der Resource-based, der Relational und der Dynamic

Capabilities View liegen diesen Rentenkonzepten zugrunde und liefern die notwendigen Argumentationsketten. Konkret werden die Erklärungs- und Argumentationsmuster dieser theoretischen Ansätze auf den Untersuchungsgegenstand der Wertschöpfungsorganisation übertragen und die zentralen Elemente der Konzepte genutzt.

2.4.2 Industrieökonomische Überlegungen

Aus Sicht einer industrieökonomischen Betrachtung einer Wertschöpfungsorganisation fußen strategische Entscheidungen auf der externen Umweltanalyse und der daraus resultierenden strategischen Konzeption der Wertschöpfung. Das vertikale Wertkettenmodell von Porter stellt einen ersten Schritt in Richtung einer strategischen Betrachtung eines Wertschöpfungssystems dar, geht aus Sicht der vorliegenden Untersuchung jedoch nicht weit genug. Monopolistische Renten fußen im Kontext dieser Untersuchung auf der dominanten Positionierung der Wertschöpfungsorganisation in bestimmten Produktmärkten. Die Konfiguration der Wertschöpfungsaktivitäten vor dem Hintergrund der generischen Wertschöpfungsstrategien Differenzierung und Kostenführerschaft ist entsprechend der Branchenmerkmale zu wählen. Durch Differenzierungs- oder Kostenvorteile kann eine Wertschöpfungsorganisation eine dominante Position im Branchenumfeld erzielen und Monopolrenten abschöpfen (vgl. Porter 1996, S. 14). Aus der Branchenmerkmalsanalyse ergibt sich die Wahl für eine der alternativen generischen Strategieansätze nach Porter (vgl. Porter 1980 und 1985). Der industrieökonomische Market-based View geht davon aus, dass eine überdurchschnittliche Unternehmensleistung – hier die Leistung der gesamten Wertschöpfungsorganisation und die darin eingebetteten Akteure – aus dessen besseren Anpassung an die Bedingungen und Eigenschaften der Branche resultiert. Porter thematisiert in diesem Kontext zusätzlich zur klassischen industrieökonomischen Sichtweise den rekursiven Zusammenhang zwischen Struktur und Strategie[66].

Der Market-based View beinhaltet die Annahmen, dass alle Unternehmen in einem Branchensegment über die gleichen Ressourcen und Inputfaktoren verfügen. Die relevanten Inputfaktoren sind perfekt mobil über Faktormärkte jederzeit beschaffbar. Von diesen Modellannahmen distanziert sich das vorliegende theoretische Konzept, da eben in den unterschiedlichen Wertschöpfungsorganisationsformen und deren Ressourcendispositionen die Ursachen strategischer Wettbewerbsvorteile gesehen werden. Im Kontext des Argumentationsmusters des Market-based Views stellt sich hier die Frage, wie monopolistische Renten durch Wertschöpfungsorganisation zu erklären sind. Ausgangspunkt des Market-based Views ist eine Branchenstrukturanalyse, woraus die Anforderungen an die Wertschöpfungsstrategie abgeleitet werden. Zur Erzielung von Monopolrenten ist es notwendig, dass das Produkt einer Wertschöpfungsorganisation eine marktbeherrschende Stellung im Vergleich zu den Konkurrenzprodukten erzielt und das Angebot soweit verknappt wird, dass ein Preispremium erreicht wird. Die Wertschöpfung ist so zu konfigurieren, dass Differenzierungs- oder Kostenvorteile innerhalb (attraktiver) Märkte erzielt werden können.

Die Differenzierungsstrategie setzt spezifische Produktmerkmale voraus und ist nicht mit einer hochgradigen Produktstandardisierung zu kombinieren (vgl. zum Beispiel Porter 1992, S. 69). Märkte für differenzierende Produkte zeichnen sich durch individuelle Kundenerwartungen und einer ausgeprägten Heterogenität der Produktelemente aus, die eine Vergleichbarkeit zwischen den

66 Unternehmen können durch bestimmte Strategieansätze die Wettbewerbskräfte und die Branchenstrukturen beeinflussen, woraus ein wechselseitiger Zusammenhang zwischen Struktur und Strategie resultiert.

Produkten erschweren. Diese Produkte erfordern spezifische Produktionsfaktoren, wodurch die Wahl einer Wertschöpfungsorganisationsform determiniert wird. Während standardisierte, modulare Produktarchitekturen Desintegrationsprozesse begünstigen, erfordern spezifische Produktelemente und deren Schnittstellen eine komparativ integrierte Form der Wertschöpfungsorganisation (vgl. auch Porter 1992, S. 70). Porter sieht in diesem Zusammenhang beispielsweise enge Bindungen und Kooperationsformen als erforderliche Mittel zur Realisierung der Differenzierungsvorteile an (vgl. Porter 1992 S. 65 und 70). Eine spezifische, integrierte Produktarchitektur basiert auf einem komplexen, verlinktem Systemdesign (vgl. Hoetker 2006, Takeishi und Fujimoto 2003, Sako 2003). Die einzelnen Produktelemente übernehmen spezifische Funktionen und kommunizieren mit einer großen Anzahl anderer Produktkomponenten, wobei die Schnittstellen zwischen den Komponenten hochspezifisch sind. Ein spezifisches, integriertes Produkt ist innerhalb modularer Wertschöpfungsorganisationen nur unter überdurchschnittlich hohen Transaktionskosten zu realisieren (vgl. Picot et al. 2005, Williamson 1975, 1985, 1991). Zur Erzielung überdurchschnittlich hoher ökonomische Renten, die nicht durch Effizienznachteile kompensiert werden, wird in dieser Arbeit postuliert, dass bei Produkten, die spezifische Produktions-(und Distributions-)faktoren erfordern, eine vergleichsweise integrierte Form der Wertschöpfungsorganisation vorteilhaft ist.

Eine Kostenführerschaftsstrategie fußt auf Mengenvorteile in der Produktion und Distribution eines standardisierten Gutes (vgl. Porter 1992, S. 63). Bei standardisierten Produkten mit wenig spezifischen Produktelementen kann ein Fremdbezug von Produktkomponenten von spezialisierten Akteuren Kostenvorteile erbringen. Sako (2003) unterstreicht die (indirekte) Begünstigung von Desintegrationsprozessen durch modulare, standardisierte Produktarchitekturen. Standardisierte Produkte begünstigen demnach desintegrierte Wertschöpfungssysteme, in denen einzelne Akteure autonom Wertschöpfungsleistungen beisteuern. In Märkte für Produkte mit vollkommen standardisierten Produktarchitekturen übernehmen die einheitlichen Produktschnittstellen die Koordinationsfunktion und ein zentraler Architekt wird überflüssig. Eine Kostenführerschaft bietet sich in solchen Märkten an, in denen die Produkte standardisiert sind und auf Grund der Vergleichbarkeit der Produkte eine hohe Preiselastizität der Nachfrage besteht. Porter empfiehlt eine Kostenführerschaftsstrategie vor allem bei standardisierten Produkten, die im Hinblick auf eine einfache Herstellung entworfen sind und standardisierte Produktionsfaktoren erfordern (vgl. Porter 1992, S. 69). Skaleneffekte sind eine zentrale Voraussetzung von Kostenvorteilen. Eine Wertschöpfungsstrategie, die eine Kostenführerschaft bei standardisierten Produkten verfolgt, legt eine eher desintegrierte Organisationsform nahe. Eine dominante Marktposition kann durch die im Vergleich zum Wettbewerb kostengünstigere Wertschöpfung erzielt werden. Eine desintegrierte Organisationsform ermöglicht in diesem Fall die Abschöpfung von Monopolrenten und vermeidet deren Kompensation durch Effizienznachteile. Eine integrierte Wertschöpfungsorganisation würde im Fall standardisierte, wenig spezifischer Transaktionen zu überdurchschnittlichen Kosten führen. Die Branchen- und Wettbewerbsmerkmale sowie die inhärenten Produkte determinieren zusammenfassend die zu wählende Strategiealternative. Aus den Merkmalen der Produktmärkte und den Strategien der konkurrierenden Wertschöpfungsorganisationen resultieren spezifische Organisationsstrategien.

Zusammenfassend können Monopolrenten im Kontext einer Wertschöpfungsorganisationsbetrachtung erzielt werden, wenn ein Wertschöpfungsorganisationssystem so in einem Markt positioniert wird, dass es sich von den konkurrierender Wertschöpfungsorganisationen differenziert oder effizienter arbeitet. Monopolistische Renten resultieren in diesem Zusammenhang aus der im

Wettbewerbsvergleich effektiveren Wertschöpfung in attraktiven Märkten. Die Argumentationslogik des Market-based View zur Erklärung von strategischen Wettbewerbsvorteilen kann im Kontext einer Wertschöpfungsorganisationsbetrachtung übernommen werden. Die Annahmen dieses theoretischen Konzeptes gelten für den vorliegenden Denkrahmen jedoch nicht, da Porter von einer homogenen Ausstattung der Unternehmen mit Produktionsfaktoren und von perfekten Faktormärkten ausgeht. Der Ansatz der vorliegenden Untersuchung sieht jedoch gerade in der Heterogenität der Wertschöpfungsorganisationen eine Grundlage von Wettbewerbsvorteilen. Monopolrenten können jedoch auch bei veränderten theoretischen Annahmen thematisiert werden (vgl. Peteraf 1993). Durch unterschiedliche Ressourcendispositionen können Markteintrittsbarrieren errichtet beziehungsweise überwunden werden und stellen damit die Grundlage marktbeherrschender Stellungen von Wertschöpfungsorganisationen. Monopolrenten, die durch eine Angebotsverknappung erzielt werden, führen entsprechend analog zu Ricardo Renten. Peteraf (1993, S. 182) thematisiert beispielsweise im Resource-based View ebenfalls beide Rentenarten, nämlich die Ricardo und die Monopol Rente. Trotz unterschiedlicher Annahmen können beide Renten erklärt werden. Die Monopol Renten wird zur Konzeptualisierung von strategischen Wettbewerbsvorteilen für die vorliegende Untersuchung übernommen.

2.4.3 Ressourcenbasierte Überlegungen

Die ressourcenbasierte Analyse von Wertschöpfungsorganisationen orientiert sich eng am unternehmensübergreifenden Konzept des Relational View nach Dyer und Singh (1998) sowie Lavie (2006). Interne Ricardo und Quasi Renten sowie relationale Renten dienen der Konzeptualisierung strategischer Wettbewerbsvorteile. Die Heterogenitätsanforderung steht im Mittelpunkt der ressourcenbasierten Ansätze, woraus entsprechende Anforderungen an die Koordination und Kontrolle unternehmensinterner und Allianzressourcen resultieren. Neben der zentralen Ressourcenkontrolle spielen formelle und informelle Koordinationsinstrumente eine bedeutende Funktion für die Integration und die Absicherung der Ressourcenknappheit und Heterogenität. Diese haben zudem Einfluss auf das Verhalten der Akteure, inwieweit Ressourcen möglichst wertschaffend in die Wertschöpfung eingebracht werden.

Der Resource-based View rückt vollständig von der Homogenitätsannahme des Market-based Views ab und konzentriert sich auch nicht auf eine externe Umweltanalyse, sondern vollzieht eine interne Potentialanalyse und sieht Wettbewerbsvorteile durch die Heterogenität von Unternehmen gegeben (vgl. zum Beispiel Barney 1991 und Wernerfelt 1984). Gegenstand der Untersuchung des klassischen Resource-based Views ist ein Unternehmen, welches als Ressourcenbündel definiert wird (vgl. Peteraf 1993). Einzelne Ressourcen sind anderen aus Effizienzsicht überlegen und erbringen einen höheren ökonomischen Ertrag, woraus ein Effektivitätsvorteil für das Unternehmen resultiert. Ricardo Renten basieren auf einer begrenzten Verfügbarkeit der distinktiven Ressourcen (vgl. Peteraf 1993). Neben Ricardo Renten werden im Resource-based und Relational View zusätzlich Quasi Renten thematisiert, die auf der Nutzenspezifität von Ressourcen basieren (vgl. Klein et al. 1978). Die zentrale Managementaufgabe in einer durch Informationsasymmetrien und imperfekter Ressourcenmobilität gekennzeichneten Umwelt sind die Identifikation und Akquisition strategisch wertvoller Ressourcen sowie die nachhaltige Absicherung der Ressourcenheterogenität durch Isolationsmechanismen (vgl. Makadok 2001, S. 387). Der Resource-based View stellt das grundlegende Theoriemuster für die weiteren ressourcenbasierten Theorieansätze dar, deren Elemente im Kontext der vorliegenden Arbeit Beachtung finden. Zu diesen Ansätzen zählen der Relational und der Dynamic Capabilities View.

Eine enge Verzahnung besteht zwischen dem Relational und dem Resource-based View. Der Relational View nach Dyer und Singh (1998) stellt eine Weiterentwicklung des Resource-based Views dar und liefert einen wichtigen Beitrag zur Entwicklung des theoretischen Bezugrahmens für die vorliegende Untersuchung. Dyer und Singh (1998) haben einen unternehmensübergreifenden Ressourcenansatz gewählt, da die interne Unternehmenssicht zunehmend als nicht mehr ausreichend und zeitgemäß bewertet wurde (vgl. Das und Teng 2000, S. 33, Dietl et al. 2009a und 2009b, Duschek 2002 und 2004, Lavie 2006). Ressourcenallianzen werden beispielsweise dann notwendig, wenn die notwendigen Ressourcen schwer transferier- und handelbar sind und durch den fokalen Wertschöpfungsakteur nicht intern entwickelt oder akquiriert werden können (vgl. Das und Teng 2000, S. 36). Ein weiterer Grund einer Ressourcenpartnerschaft kann in der ineffizienten Akquisition der entsprechenden Ressource liegen, was bereits aus transaktionskostentheoretischen Überlegungen diskutiert wurde. Ein Ressourcenfremdbezug ist dann sinnvoll, wenn die Kosten der Eigenakquisition höher als das wertschaffende Potential der Ressource sind (vgl. Ramanathan et al. 1997, S. 57). Eine kooperative Nutzung der Ressource stellt im Vergleich zum zentralen Eigentum ein alternatives Arrangement dar und kann neben Effektivitäts- auch Effizienzvorteile erbringen.

Der Relational View fußt auf den Annahmen des Resource-based View, nämlich auf dessen Heterogenitätsannahme und der imperfekten Mobilität der Inputfaktoren. Darüber hinaus übernimmt der Relational View die Opportunismusannahme und thematisiert Informationsasymmetrien zwischen den Ressourcenpartnern. Diese Annahmen werden für das vorliegende theoretische Konzept ebenfalls übernommen. Im Vergleich zum Resource-based View ist der Gegenstand der Untersuchung des Relational View ein anderer. Der Relational View beleuchtet Ressourcenpartnerschaften und nicht mehr länger nur die Ressourcen eines einzelnen Unternehmens. Auf Grund der Nähe zum Resource-based View fußt das Rentenmodell ebenfalls auf Ricardo, (Monopol)- und Quasi Renten. Erweitert wird das Modell um relationale sowie um negative und positive Spill-over Renten (vgl. dazu Lavie 2006). Diese Renten konzeptualisieren die Wettbewerbsvorteile, die im Kontext von Ressourcenpartnerschaften relevant sind.

Das Konzept einer Wertschöpfungsorganisationsbetrachtung übernimmt die Argumentationsketten des Relational (und Resource-based) Views und passt diese entsprechend an. Im Rahmen einer Wertschöpfungsorganisationsanalyse werden nicht länger nur die Ressourcen und die daraus folgenden Wettbewerbsvorteile für ein einzelnes Unternehmens betrachtet, sondern alle Ressourcen stehen im Vordergrund, die im Kontext der Wertschöpfungsorganisation die Wertschöpfung beeinflussen. Eine Wertschöpfungsorganisation bündelt die Ressourcen unterschiedlicher Wertschöpfungsakteure. Auf Grundlage des Argumentationsmusters des relationalen Ressourcenansatzes werden neben den individuellen Ressourcen einzelner Akteure auch Ressourcen von Allianzpartnern sowie Netzwerkressourcen berücksichtigt. Das Rentengenerierungspotential einer Wertschöpfungsorganisation resultiert aus den internen und den relationalen Renten.

Für das theoretische Konzept einer Wertschöpfungsorganisationsbetrachtung ist nun zu klären, welchen Einfluss die Organisationsformen auf die internen (Ricardo)[67] und die relationalen Renten

67 Quasi Renten, die im Kontext interner Renten betrachtet werden (vgl. Lavie 2006), wurden bereits im Kontext der Transaktionskostentheorie thematisiert.

haben. Der Einfluss der Organisation auf die Rentenmodelle erfolgt durch dessen Determinanten, nämlich die zentrale Integration und die formellen und informellen Bindungen zwischen den Wertschöpfungsakteuren. Die Heterogenitäts- und Knappheitsannahme ist eine zentrale Voraussetzung für die nachhaltige Erzielung von Ricardo und relationalen Renten (vgl. Barney 1991, Dyer und Singh 1998, Peteraf 1993). Ressourcenbasierte Wettbewerbsvorteile sind nur solange durch eine Wertschöpfungsorganisation zu erzielen, bis konkurrierende Organisationen über die gleichen Ressourcen verfügen. In diesem Fall ist die Heterogenitäts- und Knappheitsvoraussetzung nicht mehr gegeben und die Grundlage für ökonomische Renten entfällt. Im theoretischen Konzept ist zu klären, welche Wirkungen von den Wertschöpfungsorganisationsdeterminanten auf die nachhaltige Absicherung der Ressourcenknappheit und -heterogenität ausgehen. Im Resource-based View stehen die Identifikation distinktiver Ressourcen und deren nachhaltiger Schutz vor Imitation und Akquisition durch den Wettbewerb im Mittelpunkt des Konzeptes. Im vorliegenden theoretischen Konzept wird postuliert, dass die identifizierten Wertschöpfungsorganisationsmerkmale, nämlich zentrale Integration sowie formelle und informelle Interakteursbindungen, die Determinanten der ressourcenbasierten Rentenkonzepte beeinflussen.

Nach Identifikation distinktiver Ressourcen fordert das Argumentationsmodell des Resource-based View den Schutz der wertschöpfenden Ressourcen, wozu unterschiedliche Isolationsmechanismen diskutiert werden. Isolationsmechanismen führen dazu, dass konkurrierende Wertschöpfungsorganisationen die distinktiven Ressourcen schwer imitieren oder adaptieren können, wodurch die Grundlage der Wettbewerbsvorteile nachhaltig gesichert werden kann. Peteraf (1993) spricht in diesem Zusammenhang von der Ex-Post Beschränkung des Wettbewerbs. Zu den allgemeinen Isolationsmechanismen zählt der Resource-based View die unternehmensinterne Kontrolle der Ressourcen, die kausale Ambiguität, die Ressourcenspezifität, die Pfadabhängigkeit und soziale Komplexitäten (vgl. Barney 1991, S. 108, Dierickx und Cool 1989, Peteraf 1993, Reed und DeFillippi 1990, Rumelt 1984).

Die zentrale Kontrolle über die Ressourcen wird im klassischen Resource-based View als ein wichtiger Isolationsmechanismus betrachtet, um distinktive Ressourcen nachhaltig vor dem Wettbewerb zu schützen. Der klassische Resource-based View geht bei strategisch wertvollen Ressourcen generell davon aus, dass diese zentral durch einen Akteur kontrolliert werden sollten (vgl. Barney 1991). Im Fall von unternehmensübergreifenden Ressourcenpartnerschaften spielen formelle und informelle Koordinationsmechanismen eine wichtige Kontrollfunktion und regeln die Verfügungsrechte zwischen den unterschiedlichen Akteuren (vgl. Dyer und Singh 1998, S. 670). Durch entsprechende institutionelle Koordinations- und Kontrollmechanismen wird eine Imitation und Adaption der distinktiven Ressourcen durch den Wettbewerb erschwert. Das zentrale Eigentum stellt ein überdurchschnittlich starkes Kontrollinstrumentarium dar. Die Ausgestaltung von vertraglichen und informellen Kontrollinstrumente beeinflusst die Stärke der Isolationswirkung in Ressourcenpartnerschaften. Generell ist zu postulieren, dass eine ausgeprägte Ressourcenkontrolle durch das zentrale Eigentum an den Ressourcen und entsprechende formelle (wie beispielsweise vertragliche) und informelle (wie beispielsweise Vertrauen) Kontrollmechanismen erreicht werden kann (vgl. Dyer und Singh 1998). Konkret würde es aus Ressourcensicht bedeuten, dass distinktive Ressourcen durch das zentrale Eigentum oder durch formelle und informelle Koordinationsinstitute vor Imitations- und Akquisitionsgefahren zu schützen sind.

Die Spezifität der Ressourcenpartnerschaft führt zu ausgeprägten Mobilitätsbarrieren und in Folge dessen ebenfalls zur Isolation der distinktiven Ressourcen (vgl. Duschek 2002, S. 107). Durch spezifische Investitionen in die Ressourcenpartnerschaft werden Mobilitätsbarrieren aufgebaut, da die Ressource im Kontext eines anderen Nutzens einen geringeren Wert darstellt. Spezifische Investitionen können innerhalb der physischen Produktionsmittel, des Humankapitals oder in die Fertigungsstätten getätigt werden (vgl. zum Beispiel Williamson 1996, S. 13ff.). Aus den spezifischen Investitionen kann ein spezifischer Ressourcennutzen resultieren, der in Folge dessen ein Isolationsmechanismus darstellt. Spezifische Investitionen führen in Ressourcenpartnerschaften zur Einbringung finanzieller Geiseln, die als ein formell-selbstregulierendes Koordinationsinstrument und als ein Ressourcen Isolationsmechanismus bezeichnet werden können (vgl. Dyer und Singh 1998, S. 670ff.). Die Spezifität führt zu einer ausgeprägten Mobilitätsbeschränkung der Ressourcen, wodurch die Ressourcen schwer zu transferieren sind. Das Ausmaß formell-finanzieller Bindungsmechanismen steht somit in einem engen Zusammenhang mit Mobilitätsbarrieren und dem nachhaltigen Schutz von Ressourcen.

Soziale Komplexitäten stellen einen weiteren Isolationsmechanismus im Verständnis des Resource-based View dar (vgl. Barney 1991, Peteraf 1993). In diesem Zusammenhang sind informelle Koordinations- und Bindungsmechanismen zu nennen, die einen Einfluss auf diesen Isolationsmechanismus haben. Durch informelle Einbindungsmechanismen, wie Vertrauen und soziale Bindungen, kann ein überdurchschnittlich starker Isolationsmechanismus aufgebaut werden. Dieser Mechanismus erschwert die Transaktion beziehungsweise die Adaption der betreffenden Ressource und damit deren Einbettung in konkurrierende Organisationen (vgl. Dyer und Singh 1998, S. 671). Neben Mobilitätsbarrieren gehen mit sozialen Komplexitäten auch Imitationsbarrieren einher, da informelle Bindungen nur schwer durch Wettbewerber zu imitieren sind.

Die Pfadabhängigkeit wird als weiterer Isolationsmechanismus in den ressourcenbasierten Beiträgen thematisiert. Pfadabhängige Ressourcen gewinnen im Zeitverlauf an Wert und sind deswegen eng innerhalb einer Organisation verwoben. Durch die langfristige Einbindung der Ressourcen (und deren Lieferanten) ist die Herauslösung der Ressourcen nur schwer durchzuführen, wodurch eine Ressourcenisolation erreicht werden kann (vgl. Barney 1991, S. 107). Die Pfadabhängigkeit unterstreicht die Bedeutung von langfristigen Bindungsmechanismen im Fall distinktiver Ressourcen in Wertschöpfungsorganisationen.

Insgesamt zeigt sich ein starker Zusammenhang zwischen der Form der Wertschöpfungsorganisation und dessen Einfluss auf das Ausmaß an Isolationsmechanismen. Distinktive Ressourcen sollten auf Basis der Argumentationsketten des Resource-based und des Relational Views mit integrierten beziehungsweise quasi-integrierten Koordinationsinstrumenten einhergehen. Die Isolationsmechanismen, nämlich die unternehmensinterne Kontrolle der Ressourcen, die kausale Ambiguität, die Ressourcenspezifität, die Pfadabhängigkeit und soziale Komplexitäten, werden von den Wertschöpfungsorganisationsdeterminanten unterschiedlich beeinflusst. Ein extremes Ausmaß der Ressourcenkontrolle kann durch das zentrale Eigentum an der Ressource erreicht werden. In Wertschöpfungspartnerschaften üben die formellen und informellen Koordinationsmechanismen eine bedeutende Kontrollfunktion aus. Ein hohes Maß an Spezifität ergibt sich durch spezifische Investitionen in die Ressourcenpartnerschaft. Finanzielle Geiseln stellen ein Koordinationsmechanismus in der vorliegenden Untersuchung dar. Soziale Komplexitäten werden durch informelle Bindungsmechanismen positiv beeinflusst, wodurch dieser Isolationsmechanismus verstärkt werden kann. Langfristige Interakteursbindungen stehen in einem Zusammenhang mit pfadabhängigen Ressourcen.

In Ressourcenpartnerschaften determinieren zudem Anreizmechanismen und organisatorische Routinen die Effektivität der eingebrachten Ressourcen (vgl. Dyer und Singh 1998, S. 663ff.). Im Fall spezifischer Investitionen sind entsprechende Koordinationsinstrumente notwendig, um die Investitionen der Akteure abzusichern und Sunk-Costs zu vermeiden (vgl. Montgomery und Wernerfelt 1988). Das Fehlen formeller und informeller Einbindungsmechanismen würde Akteure abschrecken, in die Ressourcenpartnerschaft zu investieren, was sich nachteilig auf die Rentengenerierung auswirken würde (vgl. Dyer und Singh 1998, S. 666, Kogut 1988). Anreizmechanismen werden insbesondere im Zusammenhang mit finanziellen Geiseln und informellen Koordinations- und Bindungsinstrumenten im Relational View thematisiert (vgl. Dyer und Singh 1998, S. 663 und S. 671). Die Einbringung finanzielle Geiseln auf der einen Seite und das Vorhandensein informeller Bindungsmechanismen wir Vertrauen und Reputation erhöht das Kooperationsverhalten und den Anreiz, im Sinn der Organisationskollektiv zu handeln und Ressourcen einzusetzen (vgl. Granovetter 1985, Gulati 1995a).

Im Kontext der Opportunismusgefahr thematisiert Lavie (2006) negative Spill-over Renten. Im Falle einer stärker kooperativen Zusammenarbeit kann die Gefahr eines Rentenabfluss durch negative Spill-over Renten eingeschränkt werden (vgl. Lavie 2006). Aus Wertschöpfungsorganisationsperspektive können negative Spill-over Renten entstehen, wenn Akteure die Ressourcen auch für konkurrierende Organisationen verwenden, woraus ein Rentenabfluss resultiert. Spill-over Renten resultieren aus dem opportunistischen Verhalten einzelner Akteure und werden unter dem Begriff des „Trojanischen Pferdes“ zusammengefasst (vgl. Hennart et al. 1999). Dyer und Singh (1998) stellen fest, dass informelle Bindungsmechanismen die Kooperationsintensität erhöhen und die Opportunismusgefahr reduzieren. Durch die Einschränkung der Opportunismusgefahr können Spill-over Renten vermieden werden, wodurch langfristig ein Handeln im Sinne des Organisationskollektivs angeregt wird. Informelle Bindungsmechanismen schränken in diesem Fall den Rentenabfluss ein.

Organisatorische Routinen und Lernprozesse werden im Relational und im Dynamic Capabilities View als Rentendeterminanten thematisiert. Der Relational View sieht einen positiven Zusammenhang zwischen dem Vorhandensein organisatorischer Routinen und dem Nutzen, der aus den eingebrachten Ressourcen gezogen wird (vgl. Dyer und Singh 1998, S. 665). Je stärker ein Informations- und Know-How Austausch durch organisatorische Routinen unterstützt wird, desto höher ist der Nutzen der kooperativ genutzten Ressourcen, da in der Regel spezifisches Wissen und Informationen zur effektiven Ressourcennutzung notwendig sind. Organisatorische Routinen erfordern entsprechende Anreizmechanismen, die dafür sorgen, dass Akteure in diese Routinen investieren und Informationen und Know-How mit anderen Akteuren teilen. Formelle und informelle Mechanismen, die im Rahmen einer Wertschöpfungsorganisationsbetrachtung konzeptualisiert werden, stellen solche Mechanismen dar. In diesem Zusammenhang wird die überdurchschnittliche Anreizwirkung informeller Koordinationsinstitute betont (vg. Dyer und Singh 1998, Granovetter 1985, Gulati 1995a und 1995b). Organisatorische Routinen sind stark pfadabhängig, wodurch die Bedeutung langfristiger Interakteursbindungen betont werden kann, was zu komparativ integrierten Formen von Wertschöpfungsorganisationen führt. In diesem Kontext werden relationale Renten positiv beeinflusst.

Der Dynamic Capabilities View sieht die Ursache von Schumpeterrenten in der Fähigkeit der Wertschöpfungsorganisation, die Ressourcenpositionen entsprechend der sich dynamisch verändernden Wettbewerbslandschaft stetig neu zu konfigurieren und zu kombinieren (vgl. Teece et al. 1997). Voraussetzung ist die Entwicklung von organisatorischen Prozessen, Routinen sowie der Aufbau von unternehmensinternen und unternehmensübergreifenden Know-How und Kompetenzen (vgl. Eisenhardt und Martin 2000, Kogut und Zander 1992). Für Teece (1986) und Teece et al. (1997) ist es eine Voraussetzung, dass Unternehmen komplementäre Ressourcen und Kompetenzen in die gemeinsamen Tätigkeiten einbringen, um die Effektivitätsvorteile von Innovationen nutzen zu können: „In almost all cases. the successful commercialization of an innovation requires that the know-how in question be utilized in conjunction with other capabilities or assets“ (Teece 1986, S. 288). In einigen Fällen kann der Innovationsvorteil nur durch komplementäre Ressourcen und Vermögenswerte generiert werden. Teece (1986) spricht in diesem Zusammenhang von der Spezialisierung und Ko-Spezialisierung der komplementären Vermögenswerte[68].

Im Rahmen des zu entwickelnden Konzeptes einer Wertschöpfungsorganisationsanalyse wird betrachtet, wie Schumpeter Renten durch den koordinierten und wertschaffenden Einsatz von tangiblen und intangiblen Ressourcen in einer dynamischen Unternehmensumwelt erzielt werden können. Schumpeterrenten ergeben sich aus risikofreudigen und unternehmerischen Entscheidungen in einer ungewissen und komplexen Umwelt (vgl. Collis 1994 und Makadok 2001). Prozesse, Positionen und Pfade werden als die Hauptdeterminanten von Schumpeterrenten betrachtet (vgl. Teece et al, 1997, S. 524). Formelle und informelle Koordinationsinstrumente stellen Anreizmechanismen zur Einbringung der notwendigen Investitionen und Ressourcen dar. Hervorgehoben werden im Dynamic Capabilities formelle und informelle Organisationsstrukturen, die die Kompetenzentwicklung und die Anpassung der Unternehmensressourcen an die Unternehmensumwelt determinieren (vgl. Teece 1996, Teece et al. 1997). Zuvor wurde bereits die überdurchschnittliche Anreizwirkung informeller Bindungsinstitute dargestellt. Das theoretische Konzept postuliert einen Zusammenhang zwischen dem Ausmaß langfristiger und anreizwirksamer Bindungs- und Koordinationsmechanismen und der Ausprägung langfristiger organisatorischer Lern- und Know-How Austauschprozessen. Diese werden als Grundlage für innovationsbasierter Schumpeterrenten betrachtet.

Der konzeptionelle Denkrahmen geht von bestimmten Zusammenhängen zwischen einer Wertschöpfungsorganisation und der Erzielung strategischer Wettbewerbsvorteile aus[69]. Aus diesen Zusammenhängen werden im folgenden Abschnitt Hypothesen gebildet, die im Rahmen der empirischen Analyse mit der Realität konfrontiert werden.

---

68 Teece (1986, S. 289) differenziert im Kontext komplementärer Unternehmensressourcen zwischen generischen, spezialisierten und ko-spezialisierten. Ausschlaggebend für diese Differenzerieung ist die gegenseitige Abhängigkeit zwischen der komplementären Ressource auf der einen Seite und der Wertschöpfungs(Innovations-)tätigkeit auf der anderen. Bei komplementären generischen Ressourcen besteht eine geringe beiderseitige Abhängigkeit, um die Innovationsvorteile zu generieren. Bei komplementären spezialisierten Ressourcen besteht entweder eine einseitige Abhängigkeit der Innovation von der komplementären Ressource (zur Generierung der Innovationsvorteile) beziehungsweise eine Abhängigkeit der komplementären Ressource von der gemeinsamen Tätigkeit (Derterminierung des Ressourcenwertes). Eine bilaterale Abhängigkeit formuliert Teece (1986, S. 289) bei ko-spezialisierten Ressourcen beziehungsweise Vermögenswerten.

69 Vgl. dazu auch die Zusammenfassung im Abschnitt 2.4.5.

2.4.4 Hypothesen des theoretischen Konzepts

Die grundlegende These der vorliegenden Arbeit geht davon aus, dass ein Zusammenhang zwischen den Wertschöpfungsorganisationsdeterminanten und der Erzielung strategischer Wettbewerbsvorteile besteht. Bei den Wertschöpfungsorganisationsdeterminanten handelt es sich um das Ausmaß der zentralen Integration und den formellen und informellen Bindungsmerkmalen zwischen den Akteuren innerhalb der Wertschöpfungsorganisation. Die Wertschöpfungsorganisationsdeterminanten stellen die unabhängigen Variablen des theoretischen Konzepts dar. Zur Konzeptualisierung von Wettbewerbsvorteilen greift die vorliegende Arbeit auf die Rentenkonzepte der ökonomischen Theorien des Strategischen Managements zurück und komplementiert die Effektivitätsbetrachtung dieser Konzepte durch eine effizienzorientierte Transaktionskostenanalyse.

Die Wertschöpfungsorganisationsform beeinflusst die Determinanten, die in den unterschiedlichen Theorien zur Erzielung strategischer Wettbewerbsvorteile diskutiert werden. Die Zusammenhänge zwischen Wertschöpfungsorganisationsformen und den relevanten Rentenkonzepten wurden in den vorangegangenen Abschnitten erläutert. Aus unterschiedlichen Wertschöpfungsorganisationsformen folgen unter bestimmten Bedingungen und Merkmalen strategische Wettbewerbsvorteile. Strategische Wettbewerbsvorteile stellen die abhängigen Variablen des Denkrahmens dar. Die Ausprägungen der unterschiedlichen Wertschöpfungsorganisationsdeterminanten und deren Wirkung auf die unterschiedlichen Wettbewerbsvorteile (aus Effizienz- und Effektivitätssicht) stehen im Vordergrund der Hypothesenentwicklung.

Die drei unabhängigen Variablen bestimmen die Form der Wertschöpfungsorganisation. Die globale Systematisierung der Wertschöpfungsorganisationsform greift auf das Kontinuum zwischen Integration und Desintegration zurück. Das Ausmaß der globalen Integration (oder Desintegration) wird durch den zentralen Integrationsgrad sowie durch die Stärke der formellen und informellen Bindungen zwischen den Akteuren gemessen. Durch das Ausmaß der zentralen Integration wird gleichermaßen die Bedeutung externer Akteure determiniert. Eine zentrale Integration geht mit einer geringen/keinen Bedeutung externer Akteure einher. Eine Desintegration impliziert eine ausgeprägte Bedeutung externer Akteure, während das fokale Unternehmen weitreichende Steuerungs- und Verfügungsrechte an Dritte ausgelagert hat. Die formellen und informellen Bindungsinstrumente beeinflussen die Einbindung der externen Akteure. Eine ausgeprägte formelle und informelle Einbindung der Akteure durch den zentralen Akteur führt zu einer hohen (Quasi-) Integration. Die erste Hypothese nimmt den Wirkungszusammenhang zwischen dem allgemeinen Integrationsgrad einer Wertschöpfungsorganisation und dessen Einfluss auf strategische Wettbewerbsvorteile auf.

2.4.4.1 Globale Integration und strategische Wettbewerbsvorteile

Der Einfluss des Integrationsgrades auf die strategische Wettbewerbsfähigkeit wurde zuvor im Kontext der unterschiedlichen theoretischen Konzepte diskutiert. Ein enger Wirkungszusammenhang wird zwischen dem Grad der Integration auf der einen Seite und dem Differenzierungs- sowie Markterfolg angenommen. Differenzierungsvorteile werden sowohl vom Market-based View als auch vom Resource-based View thematisiert.

Dem industrieökonomischen Market-based View zufolge schöpft eine Wertschöpfungsorganisation dann Monopolrenten ab, wenn dessen Wertschöpfungsprodukt einzigartig oder die Wertschöpfung außergewöhnlich effizient gestaltet ist und eine Monopolposition in attraktiven Märkten besetzt wird (vgl. Porter 1980). Die einzigartige Marktposition ist Voraussetzung zur Verknappung des Angebotes und den daraus resultierenden ökonomische Renten (Monopol Renten). Durch differenzierende Wertschöpfungsleistungen wird eine Markteintrittsbarriere gebildet, die zur Absicherung der ökonomischen Renten erforderlich ist. Wettbewerber sind davon abzuhalten, die Marktposition mit ähnlichen Wertschöpfungsleistungen ebenfalls zu besetzen, wodurch die Grundlage der Monopolrenten entfallen würde. Insgesamt resultieren aus der besonderen, differenzierenden Positionierung der Wertschöpfungsorganisation ein überdurchschnittlicher Markterfolg und eine überdurchschnittliche Nachfrage nach dem Wertschöpfungsprodukt. Eine Begrenzung des Angebotes bei hoher Nachfrage ergibt überdurchschnittliche ökonomische Renten. Aus dieser Wertschöpfungsstrategie folgen aus transaktionskostentheoretischer Sichtweise Implikationen zur Gestaltung der Transaktionen. Die Spezifität der Leistungen steht im Mittelpunkt transaktionskostentheoretischer Überlegungen. Je spezifischer und weniger standardisiert die Produktelemente und Schnittstellen gestaltet sind und spezifische Wertschöpfungsleistungen und Investitionen erfordern, desto eher empfiehlt sich aus transaktionskostentheoretischer Sichtweise eine integrierte Form der Wertschöpfungsorganisation. Differenzierende, spezifische Wertschöpfungsleistungen erfordern entsprechend dieser Perspektive eher integrierte Formen der Wertschöpfung.

Der Resource-based View thematisiert Differenzierungsporteile durch die Ausstattung eines Unternehmens mit einzigartigen und wertvollen Ressourcen, die zu einer effektiveren Wertschöpfung führen und strategische Wettbewerbvorteile verursachen (vgl. Barney 1991, Peteraf 1993, Wernerfelt 1984). Die Absicherung der Ressourcenknappheit und der Ressourcenheterogenität sind im Erklärungsmodell des Resource-based View zur Erzielung von strategischen Wettbewerbsvorteilen notwendig (vgl. Peteraf 1993). Im Kontext einer Ressourcenbetrachtung ist es für eine Wertschöpfungsorganisationsanalyse bedeutend, welchen Einfluss die Wertschöpfungsorganisationsform auf die Sicherung der Ressourcenknappheit und -heterogenität hat. Konkret ist zu verhindern, dass distinktive Ressourcen von konkurrierenden Wertschöpfungsorganisationen imitiert, adaptiert oder akquiriert werden. Die Angleichung der Ressourcenpositionen zwischen unterschiedlichen Wertschöpfungsorganisationen würde aus Sicht des Resource-based und Relational Views zum Verlust der einzigartigen (auf Ressourcen basierenden) Wertschöpfungskraft führen. Das theoretische Konzept der Untersuchung postuliert, dass die Wertschöpfungsorganisationsdeterminanten Isolationsmechanismen zur Sicherung der Ressourcenheterogenität darstellen.

Im theoretischen Denkrahmen der Untersuchung fungieren das zentrale Ressourceneigentum sowie die formelle und informelle Einbindung der Ressourcenpartner als zentrale Isolationsmechanismen. Barney (1991) impliziert in seiner Ressourcendefinition die proprietäre Zuordnung distinktiver Ressourcen zu einem spezifischen Unternehmen. Das zentrale Ressourceneigentum im Fall strategisch bedeutender und wertvoller Ressourcen ist im klassischen Resource-based View theorieimmanent. In relationalen Wertschöpfungspartnerschaften üben die formellen und informellen Koordinationsmechanismen Koordinations- und Kontrollfunktionen über die gemeinsam genutzten Ressourcen aus. Ein hohes Maß an Spezifität, welches die Immobilität der Ressourcen fördert und die Höhe der Quasi Renten determiniert, ergibt sich durch überdurchschnittlich hohe spezifische Investitionen in die Ressourcen. Diese Investitionen können unternehmensintern oder innerhalb Ressourcenpartnerschaften erfolgen, wodurch finanzielle Geiseln und Bindungsmechanismen aufgebaut werden. Die Nutzenspezifität von Ressourcen wird als wichtiger Mechanismus zur Beschränkung der Mobilität und zur Absicherung der differenzierenden Ressourcenposition angesehen (vgl. Duschek 2004). Soziale Komplexitäten als weiterer allgemeiner Isolationsmechanismus des Resource-based Views werden durch das zentrale Eigentum und informelle Bindungsmechanismen positiv beeinflusst. Ressourcen sind schwer zu identifizieren und aus einer Organisation herauszutrennen, wenn diese innerhalb eines Unternehmens oder eine Ressourcenpartnerschaft langfristig eingebettet und mit anderen Ressourcen verwoben sind. Informelle Bindungen implizieren komplexe soziale Beziehungen, die schwer durch Wettbewerber zu adaptieren sind. Eine Isolation der strategisch bedeutenden Ressourcen wird durch die dadurch entstehende kausale Ambiguität und durch Mobilitätsbarrieren erreicht. Pfadabhängige Ressourcen erfordern eine langfristige Einbettung innerhalb einer Organisation, die durch das zentrale Eigentum oder im Kontext von Ressourcenpartnerschaften durch formelle und informelle Bindungsmechanismen zu erreichen ist. Zusammenfassend postuliert das vorliegende theoretische Konzept einen Zusammenhang zwischen der Organisationsform und der Ausprägung von Isolationsmechanismen, die die Ressourcenheterogenität von Wertschöpfungsorganisationen sicherstellen. Eine ausgeprägte zentrale Integration und starke formelle und informelle Bindungen stellen Isolationsmechanismen dar.

Im vorliegenden theoretischen Konzept wird angenommen, dass eine überdurchschnittliche Integration, erreicht durch den zentralen Eigenleistungsanteil und die formellen und informellen Bindungen zwischen den Akteuren, die Ressourcenheterogenität der Wertschöpfungsorganisation absichert und die Grundlage für strategische Wettbewerbsvorteile darstellt. Die Argumentation fußt auf dem Differenzierungspotential und der Heterogenität der Wertschöpfungsorganisation. Im Market-based, Resource-based und Relational View werden diese Wettbewerbsvorteile durch Monopol, Quasi, Ricardo und relationale Renten konzeptualisiert. Durch die einzigartige, differenzierende Ressourcenposition kann der Leistungsoutput begrenzt werden beziehungsweise die Wertschöpfung ist im Vergleich zum Wettbewerb effektiver. Mit zunehmender Bedeutung von externen Akteuren gewinnen relationale Renten im Vergleich zu Ricardo Renten an Bedeutung. Durch die Konzeption der Wertschöpfungsorganisation werden die Isolationsmechanismen zur Vermeidung der Ressourcenimitation und Adaption determiniert.

Im vorliegenden theoretischen Konzept wird angenommen, dass eine hohe Integration, determiniert durch das Ausmaß der zentralen Integration und den formellen und informellen Interakteursbindungen, das Differenzierungsvermögen durch einzigartige Leistungen und Ressourcen positiv beeinflusst. Strategische Wettbewerbsvorteile werden somit unter Differenzierungsgesichtspunkten betrachtet. Aus diesem Zusammenhang wird die erste Hypothese dieser Arbeit postuliert:

Hypothese H-1
Je höher der globale Integrationsgrad der Wertschöpfungsorganisation, desto größer sind die Differenzierungsvorteile der Wertschöpfungsorganisation.

Die zweite Hypothese zum theoretischen Konzept der vorliegenden Arbeit generiert sich aus der zuvor formulierten Hypothese H-1. Hypothese H-1 thematisiert den Zusammenhang zwischen dem Grad der Integration und dem Differenzierungsvermögen der Wertschöpfungsorganisation.

Im Erklärungsmuster des Market-based Views fußen Monopolrenten auf der marktbeherrschenden Stellung eines Unternehmens. Ursächlich für die marktbeherrschende Stellung sind dem Market-based View entsprechend entweder Kosten- oder Differenzierungsvorteile. Konkret nimmt Hypothese H-2 den von Porter postulierten Zusammenhang zwischen Differenzerierungsvorteilen und einem überdurchschnittlichen Markterfolg und der gleichzeitgen Verknappung des Angebotes auf. Die monopolistische Stellung eines Unternehmens beziehungsweise einer Wertschöpfungsorganisation basiert auf den einzigartigen Merkmalen des resultierenden Produktes. Ein überdurchschnittlicher Markterfolg ist in dieser Argumentationslogik immanent. Der Resource-based und der Relational View thematisieren Differenzierungsvorteile im Kontext einzigartiger und wertvoller Ressourcen, die ebenfalls zu einer einzigartigen Marktposition für das Unternehmen beziehungsweise für die Wertschöpfungsorganisation führen.

Bedeutend für die Hypothese H-2 ist der Markterfolg, der aus den Differenzierungsvorteilen der Wertschöpfungsorganisation resultiert. Der Markterfolg wird als weiterer Wettbewerbsvorteil konzeptualisiert. Aus dem Kontext der Hypothese H-1 und dem Argumentationsmuster zur Erklärung monopolistischer und ricardianischer Renten resultiert zusammenfassend Hypothese H-2:

Hypothese H-2
Je höher der Integrationsgrad der Wertschöpfungsorganisation, desto größer ist der Markterfolg der Wertschöpfungsleistungen.

2.4.4.2 Integration externer Akteure und strategische Wettbewerbsvorteile

Die Bedeutung der einzelnen unabhängigen Variablen, nämlich zentrale Integration und formelle und informelle Bindungen zwischen den Akteuren, wird im theoretischen Konzept ebenfalls thematisiert. Das Ausmaß der Integration wird im Kontext einer Wertschöpfungsorganisationsanalyse durch den zentralen Integrationsgrad sowie durch die Stärke der formellen und informellen Bindungen zwischen den Akteuren gemessen. Generell geht die Transaktionskostentheorie bei komplexen, spezifischen und strategisch bedeutenden Teilleistungen von der zentralen Eigenherstellung aus. Durch die langfristige und spezifische Zusammenarbeit mit externen Akteuren kann eine quasi-integrierte Wertschöpfung erreicht werden, die Merkmal einer integrierten Wertschöpfungsorganisation mit marktlichen Zusammenarbeitsformen kombiniert. Ein starker Einbezug externer Akteure ist aus verschiedenen theoretischen Perspektiven vorteilhaft und kann im Vergleich zu einer ausgeprägten zentralen Eigenleistung strategische Wettbewerbsvorteile erwirken. Transaktionskostentheoretische Überlegungen legen eine vollständige zentrale Integration nur dann nahe, sofern das Wertschöpfungsprodukt ausschließlich strategisch bedeutende und spezifische Transaktionen und distinktive Ressourcen erfordert. Solche Wertschöpfungssysteme spielen in der Praxis eine untergeordnete Rolle. Hochgradig zentral integrierte Wertschöpfungsorganisationen unterliegen der Gefahr überdurchschnittlich hoher (Produktions-) und Transaktionskosten, die beispielsweise aus fehlenden Anreizmechanismen und Bürokratiekostennachteilen resultieren (vgl. zum Beispiel Hermesch 2002, S. 24ff. und Picot et al. 2005, S. 68).

Im Vergleich zu einer zentralen Eigenherstellung bietet der Fremdbezug von spezialisierten Akteuren, Bürokratiekostenvorteile gegenüber einer zentralen Integration sowie Anreizeffekte und Skalen- und Spezialisierungspotentiale, die sich positiv auf die Produktions- und Transaktionskosten auswirken (vgl. zum Beispiel D'Aveni und Ravencraft 1994, Mahoney 1992). Spezifische und strategisch bedeutende Teilleistungen innerhalb Wertschöpfungspartnerschaften können durch entsprechende formelle und informelle Bindungsmechanismen abgesichert und die Opportunismusgefahr eingeschränkt werden, um überdurchschnittliche Vereinbarungs-, Kontroll- und Anpassungskosten zu vermeiden. Langfristige Verträge, finanzielle Verzahnungen zwischen den Akteuren, finanzielle Geiseln oder soziale Bindungen stellen Mechanismen dar, die zur Eindämmung opportunistischen Verhaltens führen und Merkmalen einer zentralen Integration entsprechen (vgl. Monteverde und Teece 1982a und 1982b, Picot et al. 2005). Im Rahmen der unterschiedlichen theoretischen Überlegungen wurde die Wirkung einzelner Organisationsdeterminanten diskutiert. Herausgestellt wurde die Transaktionskosten reduzierende Wirkung finanzieller Geiseln und die der informellen Bindungsmechanismen. Finanzielle Geiseln und informelle Bindungen werden als selbst-regulierende Koordinationsinstrumenten angesehen, die im Vergleich zur unternehmensinternen und vertraglichen Institutionen Transaktionskosteneinsparungen ermöglichen (vgl. zum Beispiel Dyer und Singh 1998, Gulati 1995b und Larson 1992).

Insgesamt wird postuliert, dass durch eine starke formelle und informelle Einbindung externer Akteure eine überdurchschnittliche Integration (und Differenzierung) effizient erreicht wird. Die zentrale Integration zur Erzielung von Differenzierungsvorteilen ist aus Effizienzsicht im Vergleich zur einer starken formellen und informellen Zusammenarbeit mit externen Akteuren nachteilig. Die formellen und informellen Bindungen erfordern eine zentrale Koordination durch den fokalen Wertschöpfungsakteur. Die zentralen Eigenleistungen sind auf diese Koordinationsaktivitäten gerichtet.

Ressourcenbasierte Erklärungskonzepte zu strategischen Wettbewerbsvorteilen liefern weitere Argumentationsketten, die für eine starke Einbindung externer Akteure sprechen. Der Einbezug externer Akteure ist aus ressourcenbasierter Sichtweise dann sinnvoll, wenn notwendige und strategisch wertvolle Ressourcen schwer transferierbar- und handelbar sind und der fokaler Wertschöpfungsakteur die Ressourcen nicht akquirieren kann. Insgesamt erscheint eine Ressourcenpartnerschaft vorteilhaft, wenn die Kosten der Eigenakquisition oder -entwicklung höher als das wertschaffende Potential der Ressource ist oder wenn die Ressourcen nicht handel- und transferierbar sind und nur durch eine Ressourcenpartnerschaft genutzt werden können. Dyer und Singh (1998) thematisierten in diesem Kontext die zusätzliche wertschaffende Wirkung von Ressourcenpartnerschaften, die durch die Nutzenspezifität erreicht und nicht durch einzelne Akteure erreicht werden können. Relationale Renten werden in diesem Kontext konzeptualisiert. Der Ressourcennutzen kann somit in einer Partnerschaft höher als innerhalb eines Unternehmens sein.

In Ressourcenallianzen determinieren neben den Isolationsinstrumenten zudem Anreizmechanismen die Effektivität der eingebrachten Ressourcen (vgl. Dyer und Singh 1998, S. 663ff.). Die Rentengenerierungskraft wird dadurch begünstigt, indem die Ressourcen möglichst wertschaffend in der Wertschöpfungsorganisation eingebracht und dadurch die Effektivität der eingebrachten Ressourcen erhöht wird. In diesem Kontext ist es bedeutend, dass die Akteure im Sinne des Zielsystems des Organisationskollektivs arbeiten und die Ressourcen und das dazu notwendige komplementäre Wissen und Know-How möglichst wertschaffend innerhalb der Wertschöpfungsorganisation einsetzen. Im vorliegenden Konzept wird postuliert, dass die formellen und informellen Bindungsmechanismen entsprechende Anreizmechanismen darstellen. Die überdurchschnittliche Anreizwirkung finanzieller Geiseln und informeller Bindungsmechanismen wurde zuvor dargestellt (vgl. Dyer und Singh 1998, S. 669ff.). Das vorliegende Konzept geht in diesem Kontext davon aus, dass ein ausgeprägtes kooperatives Verhalten durch formelle und informelle Anreizmechanismen die Höhe von relationalen Renten positiv beeinflusst und die Gefahr von Spill-over Renten einschränkt (vgl. Lavie 2006, S. 647). Handelt ein Akteur in Relation zu dem anderen Allianzpartner opportunistisch und nutzt Netzwerkressourcen auch für konkurrierende Wertschöpfungsorganisationen, dann findet ein Rentenabfluss statt, der innerhalb negativer Spill-over Renten thematisiert wird. Ein formeller und informeller Anreiz zum kooperativen Verhalten schränkt die Gefahr von Spill-over Renten ein und erhöht das Potential relationaler Renten, die auf der differenzierenden Ressourcenposition von Wertschöpfungsorganisationen fußen.

Auf den geschilderten Wirkungszusammenhängen basiert Hypothese H-3 des theoretischen Konzeptes. Es wird angenommen, dass durch eine ausgeprägte formelle und informelle Einbindung externer Akteure sowohl Differenzierungs- als auch Effizienzvorteile erzielt werden können. Differenzierungsvorteile basieren auf der heterogenen Ressourcenausstattung und auf spezifischen Wertschöpfungsaktivitäten. Die langfristige und enge Zusammenarbeit mit externen Akteuren kombiniert die Vorteile einer Integration mit denen einer marktlichen Zusammenarbeit. Auf der einen Seite wird die Opportunismusgefahr durch die ausgeprägte Einbindung externer Akteure eingeschränkt sowie Ressourcen-Isolationsmechanismen gebildet, auf der anderen Seite bietet die Zusammenarbeit mit externen Akteuren Anreizeffekte, Skalen- und Spezialisierungsvorteile. Die geschilderten Wirkungszusammenhänge werden von Hypothese H-3 aufgenommen und zusammengefasst. Insgesamt wird davon ausgegangen, dass eine hohe Integration mit Differenzierungsvorteilen einhergeht. Dieser Zusammenhang wurde in Hypothese H-1 postuliert. Im Mittelpunkt der nächsten Hypothese steht die Annahme, dass eine hohe Integration und Differenzierung durch die formelle und informelle Einbindung externer Akteure effizienter erreicht wird, wodurch ökonomische Wettbewerbsvorteile erzielt werden können. Hypothese H-3 lautet entsprechend

Hypothese H-3
Je höher das Ausmaß der formellen und informellen Einbindung externer Akteure zur Erreichung eines bestimmten Integrationsgrades, desto größer ist der finanzielle Erfolg der Wertschöpfungsorganisation.

Zur Erzielung von Innovationsvorteilen spielen in unternehmensübergreifenden Wertschöpfungsorganisationen interorganisationale Lern- und Informationsaustauschprozesse sowie die Entwicklung gemeinsamer Kompetenzen eine besondere Rolle und stellen die Grundlage innovativen Wertschöpfens dar (vgl. Jacobides et al. 2006, Teece 1986, Teece et al. 1997). In diesem Verständnis sind Innovationen oft das Ergebnis einer unternehmensübergreifenden Zusammenarbeit mit spezialisierten Akteuren (vgl. Dyer und Singh 1998, Teece 1986). Organisatorische Routinen und Lernprozesse werden im Relational und im Dynamic Capabilities View thematisiert. Im Dynamic Capabilities View beeinflussen Lernprozesse, organisatorische Fähigkeiten und Pfade die Effektivität der Ressourcenpositionen von Unternehmen und Organisationen. Aus der dynamischen Anpassung der Ressourcen und Kompetenzen innerhalb einer Wertschöpfungsorganisation können Innovationen erreicht werden, die anhand von Schumpeterrenten konzeptualisiert werden können.

Das vorliegende theoretische Konzept geht davon aus, dass die Wertschöpfungsorganisationsdeterminanten die Entwicklung organisatorischer Routinen, Lernprozesse und den Aufbau gemeinsamer Kompetenzen beeinflussen. Der Dynamic Capabilities View sieht in den organisationalen

Prozessen und Pfaden die Ursache darin, die vorhandenen Ressourcen innovativ einzusetzen und Wettbewerbsvorteile zu erzielen (vgl. Teece et al. 1997). Es geht um die Zusammenlegung und „Ko-Spezialisierung" der strategisch relevanten (und komplementären) Ressourcen und Kompetenzen innerhalb Wertschöpfungspartnerschaften (vgl. Teece 1986). Organisatorische Routinen sind notwendig, um in einer Partnerschaft die Ressourcen im Sinne der Ressourcenallianz effizient und effektiv zu koordinieren, zu entwickeln und zu re-konfigurieren (vgl. Duschek 2002 und 2004). Je langfristiger die Lieferanten distinktiver Ressourcen in die Wertschöpfungsorganisation eingebunden sind und die komplementären Ressourcen und Kompetenzen verbunden werden, desto eher können sich Routinen, Lernprozesse und unternehmensübergreifende dynamische Fähigkeiten in den Organisationen entwickeln und innovationsbasierte Schumpeterrenten Renten erzielen.

Formelle und informelle Koordinationsinstrumente stellen in diesem Kontext Bindungs- und Anreizmechanismen dar, damit die Akteure in den langfristigen Aufbau der organisatorischen Routinen investieren und Know-How sowie Informationen anderen Wertschöpfungspartnern zur Verfügung stellen. Der Aufbau gemeinsamer Kompetenzen und die Entwicklung von Routinen und Prozessen ist stark pafdabhängig. Langfristige Interakteursbindungen stellen die Grundlage für das nachhaltige Zusammenarbeiten zwischen Wertschöpfungsakteuren dar. Neben formell-vertraglichen Bindungsmechanismen spielen in diesem Zusammenhang auch informelle Mechanismen eine besondere Rolle. Diese reduzieren auf der einen Seite die Opportunitätsgefahr und stellen damit einen Anreiz für die koooperative Nutzung von Ressoourcen und Informationen dar. Auf der anderen Seite können sich innerhalb langfristiger informeller Zusammenarbeitsformen Pfade und Routinen entwickeln, die vom Wettbewerb schwer zu imitieren und adaptieren sind. Dadurch sichert sich eine Wertschöpfungsorganisation einen zeitlichen Vorsprung, der ebenfalls schwer durch die Konkurrenz zu adaptieren ist.

Der Wirkungszusammenhang zwischen einer ausgeprägten formellen und informellen Zusammenarbeit mit externen Akteuren auf der einen Seite und der Erzielung von innovationsbasierten Schumpeter Renten auf der anderen wird in Hypothese H-4 postuliert. Die in H-4 postulierten Wettbewerbsvorteile basieren auf interorganisationalen Informations- und Know-How Austauschprozessen sowie gemeinsamen Fähigkeiten und Kompetenzen, die entsprechende Koordinations- und Anreizmechanismen sowie organisatorische Routinen erfordern. Diese werden durch langfristige und komplexe formelle und informelle Bindungsmechanismen dargestellt. Die Wirkungszusammenhänge werden zusammenfassend in Hypothese H-3 dargestellt:

Hypothese H-4
Je höher das Ausmaß der formellen und informellen Einbindung externer Akteure, desto größer sind die Innovationsvorteile.

2.4.5 Zusammenfassende Darstellung des theoretischen Konzeptes

Das vorliegende theoretische Konzept postuliert einen Zusammenhang zwischen der Wertschöpfungsorganisationsform und strategischen Wettbewerbsvorteilen, die durch unterschiedliche theoretische Modelle konzeptualisiert werden können. Die Wertschöpfungsorganisation wird durch den zentralen Grad der Integration und die formellen und informellen Bindungsmerkmale zwischen den Akteuren determiniert. Die drei Wertschöpfungsorganisationsdeterminanten stellen die unabhängigen Variablen des theoretischen Konzeptes dar. Diese beeinflussen die strategischen Wettbewerbsvorteile, die abhängigen Variablen des vorliegenden theoretischen Konzeptes. Wettbewerbsvorteile fußen im vorliegenden Konzept auf Effizienz- und Effektivitätsvorteilen. Eine Effizienzbetrachtung fußt auf der Argumentationskette und den Annahmen der Transaktionskostentheorie. Neben der Transaktionskostentheorie liegen dem vorliegenden theoretischen Konzept die ökonomischen Theorien des Strategischen Managements zugrunde. Konkret finden der Market-based View, der Resource-based und Relational View sowie der Dynamic Capabilities View Berücksichtigung. Die effektivitätsbasierten Wettbewerbsvorteile dieser Theorien werden anhand Monopol, Ricardo, Quasi, relationalen, Spill-over und Schumpeterrenten konzeptualisiert. Die Annahmen dieser Rentenkonzepte werden (nach Überprüfung der Komplementarität) für das vorliegende theoretische Konzept übernommen.

Die Annahmen des vorliegenden theoretischen Konzeptes orientieren sich an den theoretischen Konzepten, die dieser Arbeit zugrunde liegen. Das Wesen und die Unterschiede zwischen Wertschöpfungsorganisationen werden als eine Ursache von Wettbewerbsvorteilen angesehen. Daraus folgt die Annahme, dass sich Wertschöpfungsorganisationen innerhalb bestimmter Märkte unterscheiden und heterogen sind. Als zentrale Differenzierungsmerkmale werden der Grad der zentralen Integration und die Bindungsmechanismen zwischen den Wertschöpfungsakteuren betrachtet. Unterschiedliche Organisationsansätze führen in unvollkommenen Märkten zu einem unterschiedlichen Maß an Wertschöpfungseffizienz und -effektivität. Daraus folgt die Annahme, dass Produktionsfaktoren nicht perfekt mobil und handelbar sind, woraus heterogene Ressourcen- und Kompetenzpositionen innerhalb Wertschöpfungsorganisationen resultieren. Das vorliegende theoretische Konzept einer (unternehmensübergreifenden) Wertschöpfungsorganisationsbetrachtung geht von einer begrenzten Rationalität und opportunistischen Verhalten der Wertschöpfungsakteure aus. Die Organisationsdeterminanten beeinflussen das kooperative Verhalten der einzelnen Akteure. Die individuellen Akteure agieren Nutzen maximierend und verfügen über ein unterschiedliches Maß an Informationen über strategisch bedeutende Ressourcen und Kompetenzen. Tabelle 2.9 fasst die Verhaltens- und Umweltannahmen des theoretischen Konzepts zusammen.

Tabelle 2.9 Zentrale Verhaltens- und Umweltannahmen des theoretischen Konzeptes

Verhaltensannahmen	Beschränkte Rationalität Akteure handeln Nutzen maximierend im Eigeninteresse Opportunistisches Verhalten
Umweltannahmen	Unvollkommene und dynamische Märkte Heterogenität von Unternehmen und Wertschöpfungsorganisationen Informationsasymmetrien zwischen Akteuren Imperfekte Mobilität der Inputfaktoren

Quelle: Eigene Darstellung

Das theoretische Konzept postuliert auf Basis dieser Annahmen einen Zusammenhang zwischen der Wertschöpfungsorganisationsform und strategischen Wettbewerbsvorteilen. Im Mittelpunkt der Analyse steht der Zusammenhang zwischen den unabhängigen Variablen, die durch die zentrale Integration und die formelle und informelle Einbindung externer Akteure dargestellt werden und strategischen Wettbewerbsvorteilen (die abhängigen Variablen der vorliegende Untersuchung). Strategische Wettbewerbsvorteile werden anhand des ökonomischen und des marktlichen Erfolges sowie der Differenzierungs- und Innovationskraft der Wertschöpfungsorganisation bewertet. Diese Arten von Wettbewerbsvorteilen stehen in einem engen Zusammenhang mit den effizienz- und effektivitätsgetriebenen Denkrahmen der Transaktionskostentheorie und der Theorien des Strategischen Managements. Die Transaktionskostentheorie bewertet die Effizienz unterschiedlicher Koordinationsinstrumente zur Durchführung einer ökonomischen Transaktion. Die Effizienz steht im Zusammenhang mit der ökonomischen Leistungsfähigkeit der Wertschöpfungsorganisation. Differenzierungsvorteile werden in erster Linie vom industrieökonomischen Market-based und den ressourcenbasierten Resource-based und Relational Views thematisiert. Die Einzigartigkeit der Wertschöpfung, die Differenzierungskraft und die dazu notwendigen Ressourcenausstattung wird als Grundlage strategischer Wettbewerbsvorteile betrachtet. Innovationsvorteile werden vom Dynamic Capabilities View thematisiert und anhand Schumpeterrenten konzeptualisiert. Gemäß der grundlegenden These dieser Arbeit determinieren die drei fokussierten unabhängigen Variablen die Ausprägungen der hier betrachteten Wettbewerbsvorteile. Abbildung 2.7 fasst das theoretische Konzept der vorliegenden Untersuchung graphisch zusammen.

Abbildung 2.7 Das theoretische Konzept einer strategischen Wertschöpfungsorganisationsanalyse

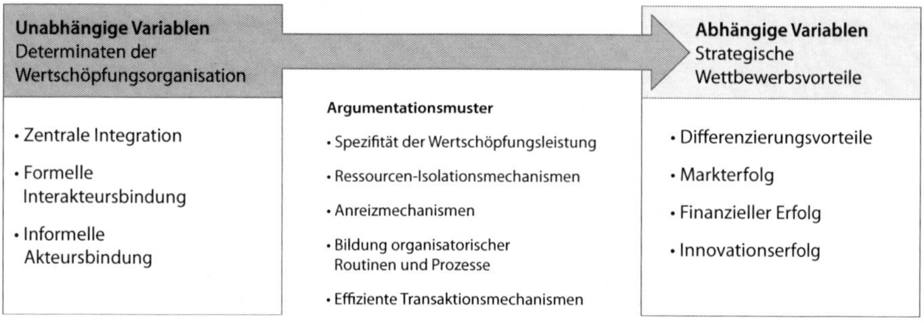

Quelle: Eigene Darstellung

Auf dem theoretischen Konzept basieren unterschiedliche Hypothesen. Tabelle 2.10 gibt einen Überblick über die Hypothesen und die dominanten theoretischen Überlegungen zur Entwicklung der Hypothesen.

Tabelle 2.10 Hypothesen der Untersuchung

Hypothesen	Dominanten theoretische Überlegungen
H-1 Je höher der globale Integrationsgrad der Wertschöpfungsorganisation, desto größer sind die Differenzierungsvorteile der Wertschöpfungsorganisation.	Market-based View Resource-based View Relational View
H-2 Je höher der Integrationsgrad der Wertschöpfungsorganisation, desto größer ist der Markterfolg der Wertschöpfungsleistungen.	Market-based View Resource-based View Relational View
H-3 Je höher das Ausmaß der formellen und informellen Einbindung externer Akteure zur Erreichung eines bestimmten Integrationsgrades, desto größer ist der finanzielle Erfolg der Wertschöpfungsorganisation.	Transaktionskostentheorie Market-based View Resource-based View Relational View
H-4 Je höher das Ausmaß der formellen und informellen Einbindung externer Akteure, desto größer sind die Innovationsvorteile.	Relational View Dynamic Capabilities View

3 Inhalt und Methodik der empirischen Analyse

Die empirische Untersuchung stellt den Hauptteil dieser Arbeit dar. Der im zweiten Kapitel entwickelte theoretische Bezugsrahmen und die darauf aufbauenden Hypothesen sollen mit empirischen Datenmaterial konfrontiert werden. Das theoretische Konzept postuliert einen Zusammenhang zwischen den Wertschöpfungsorganisationsdeterminanten und strategischen Wettbewerbsvorteilen. Die unabhängigen Variablen werden durch die zentrale Integration sowie durch die formellen und informellen Bindungsmechanismen dargestellt. Strategische Wettbewerbsvorteile stellen im Rahmen des vorliegenden Konzeptes die abhängigen Variablen dar. Die strategischen Wettbewerbsvorteile werden anhand unterschiedlicher Rentenkonzepte der ökonomischen Theorien des Strategischen Managements und anhand der effizienzorientierten Transaktionskostentheorie erklärt und anhand Differenzierungs- und Innovationsvorteilen sowie anhand des marktlichen und finanziellen Erfolges konzeptualisiert.

Die empirische Untersuchung erfolgt im Kontext der europäischen Automobilwirtschaft. Die europäische Automobilwirtschaft wurde als praktisches Untersuchungsfeld ausgesucht, da sich in den letzten Dekaden umfassende Veränderungen in der Produktion und Distribution ergeben haben. Daraus resultierten weitreichende Rekonfigurationsprozesse in den Wertschöpfungsorganisationen, die neue Anforderungen an Wettbewerbsstrategien stellen. Die Anforderungen an die Wettbewerbsfähigkeit von Wertschöpfungsorganisationen ergeben sich aus unterschiedlichen Merkmalen von Märkten, Branchen und Unternehmen. Die Merkmale von automobilspezifischen Wertschöpfungsorganisationen und die Entwicklungen in der europäischen Automobilwirtschaft werden in den nächsten Abschnitten nachgezeichnet, um später das empirische Datenmaterial in einen allgemeinen Kontext diskutieren zu können.

Die Untersuchung von Wertschöpfungsorganisationen in der europäischen Automobilwirtschaft erfordert zuerst eine Klärung der terminologischen Grundlagen. In diesem Zusammenhang werden die Merkmale des europäischen Automobilmarktes sowie die nachhaltigen Veränderungen in den Wertschöpfungsorganisationen der Automobilwirtschaft dargestellt. Die Identifikation der Merkmale der europäischen Automobilwirtschaft dient zudem der Variablenoperationalisierung. Der Opertionalisierungsschritt schließt sich an die allgemeine Analyse der Wertschöpfungsorganisationen in der Automobilwirtschaft. Die Darstellung der methodischen Vorgehensweise in der empirischen Analyse schließt dieses Kapitel ab.

3.1 Wertschöpfungsorganisation in der Automobilwirtschaft

Das empirische Datenmaterial wird anhand Wertschöpfungsorganisationen in der europäischen Automobilwirtschaft erhoben. Der europäische Automobilmarkt kann als ein zentraler Teilmarkt der globalen Automobilindustrie betrachtet werden. Der europäische Automobilmarkt zählt zu den großen Triade Märkte, die neben den Rest-of-World (RoW) Märkten die globale Automobilindustrie dominieren (vgl. Diez und Reindl 2005c, S. 105). Unter den Triade Märkten werden Westeuropa, die NAFTA Staaten und Japan zusammengefasst. In den RoW Märkten zählen insbesondere

Brasilien, China und Russland zu den größten Wachstumsmärkten[70]. Die Bedeutung der einzelnen Marktregionen kann anhand der produzierten und verkauften Neufahrzeuge gemessen werden[71]. In der globalen Automobilindustrie ist Westeuropa nach den NAFTA Staaten weiterhin der größte Neuwagenabsatzmarkt. Die fünf europäischen Kernmärkte Deutschland, Frankreich, Großbritannien, Italien und Spanien sind innerhalb Westeuropas die bedeutendsten Märkte für Automobile.

Überdurchschnittliche Wachstumsraten zeigen sich insbesondere außerhalb der etablierten Triade Märkte. Seit dem Jahr 2003 wächst China überdurchschnittlich stark, ähnliche Entwicklungen zeigt jüngst der russische Automobilmarkt (siehe Abbildung 3.1). Die Marktdynamik ist auf Grund einer sehr geringen Kraftfahrzeugdichte und eines überdurchschnittlichen Zusatzbedarfs an Automobilen in China und Russland jedoch nur schwer mit dem westeuropäischen Wirtschaftsraum vergleichbar. Der Analysefokus der vorliegenden Arbeit ist auf die Märkte des westeuropäischen Wirtschaftsraums gerichtet[72]. Die selektive Betrachtung eines abgegrenzten Marktraumes im Weltmarkt für Automobile erscheint auf Grund unterschiedlicher institutioneller Rahmenbedingungen, Kundencharakteristika sowie Wettbewerbskonstellationen sinnvoll.

Abbildung 3.1 Der Weltmarkt für Automobile im Zeitverlauf

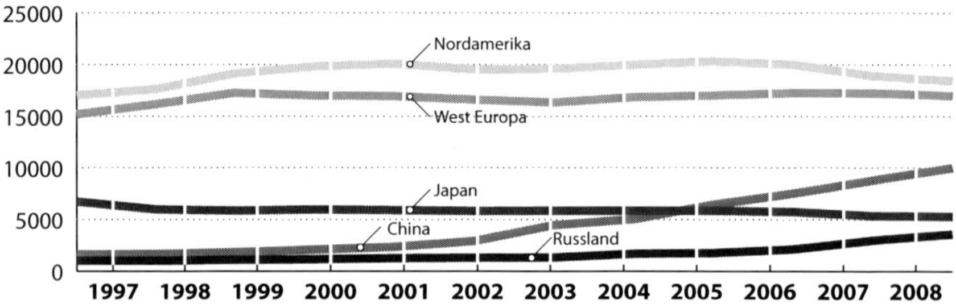

Quelle: in Anlehnung an Automotive News 2008.

3.1.1 Die europäische Automobilwirtschaft

Der europäische Marktraum ist im internationalen Vergleich durch eine überdurchschnittliche Homogenität geprägt. Die Homogenität des Marktraumes und der darin berücksichtigten Einzelmärkte ist ein notwendiges Kriterium für die geplante empirische Analyse, um eine Verzerrung der empirischen Analyseergebnisse zu vermeiden. Im europäischen Wirtschaftsraum werden die institutionellen Rahmenbedingungen einheitlich durch die Europäische Kommission koordiniert und erlassen (vgl. Lung 2002). Die EU Kommission ist unter anderem für technische, ökologische und

70 Das größte Marktwachstum ist für den chinesischen Markt zu erwarten, da dort weiterhin weniger als drei Prozent der Bevölkerung ein Automobil besitzt. Zwischen dem Jahr 2000 und 2005 hat sich das chinesische Marktvolumen mehr als verdoppelt, wenngleich die Zuwachsraten mit wachsendem Absatzvolumen leicht rückgängig sind (vgl. Automotive News Europe Data Book 2007).

71 Die größte Anzahl an Fahrzeugen wird in den asiatischen Märkten gefertigt, gefolgt von Produktionsstätten in Westeuropa und NAFTA Staaten (vgl. Global Insight 2009). Daraus ergibt sich ein Exportüberschuss für die asiatischen Märkte, ein Importüberschuss für die NAFTA Märkte und eine relativ ausgeglichene Produktionsbilanz für die westeuropäischen Automobilmärkte.

72 Im Jahr 2008 zählte die europäische Wirtschaftsunion 27 Mitgliedsstaaten. Der gesamte westeuropäische Marktraum umfasst im automobilwirtschaftlichen Kontext 16 Märkte und bildet einen Ausschnitt aus dem europäischen Wirtschaftsraum (vgl. Wade und Brown 2007, S. 4ff.).

wettbewerbsrechtliche Rahmenbedingungen verantwortlich (vgl. Jürgens 2005, S. 14). Für ökologische Gesetzgebungen spielen vor allem Schadstoffnormen sowie die Besteuerung von Fahrzeugen zentrale Rollen. Diese Gesetze haben einen indirekten Einfluss auf die Wettbewerbsfähigkeit einzelner Fabrikate, da hierdurch die Kosten und die Komplexität in der Fahrzeugentwicklung und -produktion beeinflusst werden. Einen direkten Einfluss auf die wettbewerbsrechtlichen Freiräume in der Automobildistribution hat die automobilindustriespezifische Gruppenfreistellungsverordnung (GVO) Nr. 1400/2002[73]. Insgesamt erscheint eine Fokussierung auf den europäischen Markt aus den genannten Gründen sinnvoll. Unterschiede zeigen sich zwar weiterhin in den geografischen, sozialen und sozioökonomischen Gegebenheiten, im globalen Vergleich erscheint die Heterogenität der europäischen Märkte insgesamt aber nachrangig (vgl. Jürgens 2005).

Die Analyse betrachtet Wertschöpfungsorganisationen in der Automobilwirtschaft. Decker (2000, S. 52) fasst unter dem Begriff Automobilwirtschaft alle Mitglieder zusammen, die Anteil an der Wertschöpfung um eine Automobil haben. Darunter fallen neben den Zulieferern, Automobilherstellern, Absatzorganen, Service- und Reparaturdienstleister auch Ersatzteilhersteller und -distributoren. Meinig (1995, S. 595) konzentriert seinen Definitionsansatz auf alle mit der Produktion, dem Import, Export und Vertrieb von Automobilen oder automobilbezogenen Produkten maßgeblich beschäftigten Unternehmen. Eine weitere Definition liefern Diez und Reindl (2005a, S. 59): „Die Automobilwirtschaft fasst alle Unternehmen, die überwiegend mit der Herstellung, der Vermarktung, der Instandhaltung sowie der Entsorgung von Automobilen und Automobilteilen beschäftigt sind." Florenz (1992, S. 6) grenzt den Akteurskreis der Automobilwirtschaft stärker ein und verbindet mit dem Terminus die Gesamtheit aller Automobilhersteller, -importeure und -händler und blendet damit Gruppen in der Automobilproduktion aus. Diese Definition erscheint für die vorliegende Arbeit jedoch als zu eng, da der Produktionsbereich im Rahmen der Definition ausgeblendet wird. Die Wertschöpfungsorganisationsbetrachtung des postulierten theoretischen Denkrahmens verfolgt gerade diese ganzheitliche Betrachtung aller Wertschöpfungsaktivitäten und -akteure. Die Definition nach Decker (2000, S. 52) greift weiter und liegt dieser Arbeit zugrunde.

Eine zunehmende Wettbewerbsintensivierung und -dynamisierung ist ein globales Phänomen der Automobilindustrie. Allerdings bestehen weitereichende Unterschiede zwischen den einzelnen Marktregionen im Weltmarkt für Automobile. In den westeuropäischen Neufahrzeugmärkten zeichnen sich seit den achtziger Jahren Sättigungstendenzen ab, die in stagnierenden Neufahrzeugabsatz-Wachstumsraten Ausdruck finden. Der europäische Neufahrzeugmarkt spiegelt in erster Linie einen Ersatzbedarf wieder. Dies ist eine Folge einer überdurchschnittlich hohen Kraftfahrzeugdichte in Europa. Deutschland, Frankreich und Großbritannien liegen neben den USA und Japan hinsichtlich der Kraftfahrzeugdichte an der Weltspitze (vgl. Diez und Reindl 2005c, S. 107)[74]. In der europäischen Automobilwirtschaft ist eine deutliche Verschärfung des Wettbewerbs zwischen allen Wertschöpfungsakteuren festzustellen. Die zunehmende Wettbewerbsintensität begegnet einer rückläufigen Zahlungsbereitschaft der Kunden auf der einen Seite sowie wachsende Kosten in der Automobilproduktion und -distribution auf den anderen. Der europäische Automobilmarkt ist

73 Weitere Einzelheiten und Auswirkungen der GVO Nr. 1400/2002 auf Wertschöpfungsorganisationsstrategien befinden sich im Abschnitt 3.1.2.2.2 dieser Arbeit.

74 Die Kraftfahrzeugdichte resultiert aus der Anzahl Personenkraftwagen je 1.000 Einwohner. Deutschland, Frankreich und Großbritannien liegen neben den USA und Japan mit einer Kraftfahrzeugdichte von 500 bis 750 PKW in der Weltspitze. Der zusätzliche Bedarf von Fahrzeugen ist entsprechend gering, woraus ein umfassender Verdrängungswettbewerb resultiert.

insgesamt durch eine überdurchschnittliche Marktsättigung, einen umfassenden Inter-Organisationswettbewerb sowie einer ausgeprägten Wettbewerbs- und Innovationsdynamik geprägt. Daraus leiten sich überdurchschnittlich hohe Anforderungen an die Effizienz und Effektivität von Wertschöpfungsorganisationen ab. Die Wertschöpfungsorganisationsstrukturen gewinnen gleichzeitig an Komplexität, da die Strukturen nicht mehr länger auf vertikale Akteursbeziehungen begrenzt sind, sondern vor allem die horizontale Zusammenarbeit zwischen Wettbewerbsunternehmen enorm an Bedeutung gewinnt (vgl. Dietl et al. 2009a und 2009b).

Die Entwicklung hin zu einem intensiven Verdrängungswettbewerb auf Ebene der Automobilhersteller hat seit den 90er Jahren an Dynamik gewonnen. In Westeuropa kontrollieren die zehn größten Automobilfabrikate drei Viertel des Neufahrzeuggesamtmarktvolumens (vgl. Global Insight 2009). Der globale Konzentrationsprozess in der Automobilindustrie kann als eine Folge der überdurchschnittlichen globalen Wettbewerbsintensität, des Kostendrucks in Produktion und Distribution sowie der zunehmenden Nachfragemacht auf Seiten der Konsumenten angesehen werden. Der Eintritt neuer Wettbewerber in gesättigte Märkte hat überdurchschnittliche Auswirkungen auf die Wettbewerbsintensität. In den letzten 20 Jahren wurde der Wettbewerb vor allem durch japanische Automobilproduzenten intensiviert (vgl. Becker 2007)[75]. In der letzten Dekade zeigen zudem koreanische Fabrikate überdurchschnittliche Zuwachsraten und initiieren einen ausgeprägten Verdrängungswettbewerb in der Gruppe der Volumenhersteller[76]. Chinesische Produzenten treten seit 2005 vereinzelt in den europäischen Märkten auf, der Markterfolg der Produkte ist bislang jedoch sehr gering[77]. Auf Grund der genannten Wettbewerbsdeterminanten kam es in den letzten zwei Dekaden zu einer Vielzahl von Unternehmenszusammenschlüssen oder Fabrikate sind gänzlich aus dem Markt ausgeschieden. Abbildung 3.2 zeigt den Konsolidierungsprozess in der Gruppe der Automobilhersteller seit dem Jahr 1990. Eine Vielzahl der Zusammenschlüsse ist als wenig erfolgreich zu bewerten, was entweder zur Aufgabe eines gesamten Wertschöpfungsorganisationssystems, zur Integration einer ehemals eigenständigen Organisation in ein bestehendes oder in einer erneuten Abspaltung des vormals eingebundenen Fabrikats resultierte[78]. Im europäischen Markt sind von 36 Automobilherstellern im Jahr 1970 lediglich 12 rechtlich unabhängige Automobilhersteller im Jahr 2008 vorhanden, die eine Marktbedeutung haben (vgl. Tongue 2008).

---

75 Vor allem Toyota konnte den Neufahrzeugabsatz in Europa deutlich steigern und zählt heute zu den zehn größten Anbietern. Einen weitaus größeren Erfolg erreichten japanische Hersteller in den USA. Dort verzeichnen die japanischen Automobilhersteller mittlerweile einen Marktanteil von etwa 35 Prozent (vgl. Becker 2007, S. 16).

76 Koreanische Fabrikate sind erst Mitte der Neunziger Jahre in den europäischen Markt eingetreten und erzielen mittlerweile einen Marktanteil von etwa vier Prozent (vgl. Global Insight 2009). Fabrikate wir Kia oder Hyundai nutzen Faktorpreisvorteile in der Automobilproduktion, um mit Preisführerschaftsstrategien in den europäischen Markt zu drängen (vgl. Becker 2007). Dadurch geraten insbesondere solche Fabrikate unter Druck, deren Marktstrategie ebenfalls in erster Linie auf Preisvorteilen basiert.

77 Zu diesen Herstellern zählen zum Beispiel Brilliance China Automotive Holding oder NAC. Einige chinesische Automobilhersteller planen einen Markteintritt mit Hilfe europäischer Montagewerke (zum Beispiel NAC-MG), um mit einer Multidomestic Strategie eine erfolgreichen Markteintritt in Europa zu erreichen, der Produktions- und Distributionsaktivitäten an die speziellen Erfordernisse in den einzelnen Zielmärkten anpasst (vgl. Diez und Reindl 2005c, S. 118).

78 Folgende Beispiele illustrieren eine Aufgaben, Integration und Abspaltung von Wertschöpfungsorganisationen. Der britische Automobilhersteller Rover hat nach der Abspaltung von BMW die Aktivitäten eingestellt. Nur einzelne Fertigungsmittel und -stätten wurden durch den chinesischen Automobilhersteller NAC übernommen. Die Marke Rover ist jedoch nicht mehr im europäischen Markt existent. Die Integration einer Organisation in ein bestehendes stellt die organisatorische Eingliederung von Smart in die Daimler Organisation dar. Smart wurde anfänglich als separate Organisation geführt. Eine Abspaltung von ehemals eigenen Fabrikaten hat Ford hat im Jahr 2008 mit dem Verkauf der Marken Jaguar und Land-Rover an den indischen Automobilhersteller Tata vollzogen.

Neben einer Konsolidierung der Automobilhersteller gewinnen gleichzeitig Kooperationsstrategien an Bedeutung, um gemeinsam Wettbewerbsvorteile zu erlangen und Risiken zu minimieren. Neben vertikalen Kooperationen findet man in der Automobilindustrie immer häufiger horizontale Allianzformen[79]. In diesem Fall arbeiten Wettbewerbsunternehmen zusammen, um Produktions- und Transaktionskosten einzusparen, Risiken zu minimieren sowie Know-how und Kapazitätsgrenzen zu überwinden (vgl. Royer 2000, S. 2). Horizontale Kooperationen können sich auf gemeinsame Produktions- und-oder Distributionsaktivitäten beziehen, wenngleich Entwicklungs- und Produktionsallianzen dominierend sind. In der Produktion sind gemeinsame Aktivitäten auf die Entwicklung und Produktion von Fahrzeugkomponenten, Modulen bis hin zu Komplettfahrzeugen gerichtet (vgl. Dietl et al. 2007, 2009a und 2009b, Diez und Reindl 2005b, S. 71ff.). Kooperationsstrategien zeigen sich auch im Zusammenhang mit Markteintrittsstrategien neuer Wettbewerber. Institutionalisiert sind diese Allianzen beispielsweise durch langfristige Verträge, kapitalseitige Beteiligungen oder die Gründung eigenständiger Joint-Ventures (vgl. Dannenberg et al. 2004). Aus der zunehmenden Anzahl von Unternehmenskooperationen und institutionalisierter, strategischer Allianzen ergibt sich ein komplexes, internationales Beziehungsgeflecht unter den Automobilherstellern. Für Wertschöpfungsorganisationsstrategien ergeben sich aus horizontalen Allianzen die Fragen, welche Allianzpartner ausgewählt und in welcher Form in die eigene Wertschöpfungsorganisation einzubetten ist.

Eine wesentliche Folgeerscheinung eines stagnierenden Marktes sind Überproduktionskapazitäten. Schätzungen gehen von einem Überproduktionsvolumen von etwa 20 bis 40 Prozent der gesamten Produktion aus (vgl. Becker 2007, S. 26, Diez 2003, S. 13) [80]. Da sich die westeuropäischen Märkte durch einen relativ stabilen Marktverlauf auszeichnen und konjunkturelle Überkapazitäten damit relativ unbegründet sind, resultiert das Überproduktionsvolumen vor allem aus strukturellen Problemen in der Automobilproduktion und -distribution. (vgl. Bozon et al. 2009, Diez und Reindl 2005c, S. 107, Williams und Bozon 2006). Weiterhin können die Produktionsvolumina nicht flexibel genug an die dynamischen Marktanforderungen und die individuelle Nachfrage nach einzelnen Modellen angepasst werden (vgl. Bozon et al. 2009). Das Überproduktionsproblem korreliert stark mit einer Verschärfung des Preiswettbewerbs und in Folge dessen mit der Rentabilität der Wertschöpfungsorganisation.

Auf Grund neuer Informations- und Kommunikationstechnologien und transparenter Wettbewerberstrukturen kann die Wettbewerbsdynamik für die europäischen Märkte als überdurchschnittlich bewertet werden. Neue Informations- und Kommunikationstechnologien führen zu einer Reduktion der Informationskosten für alle Akteure. In einem oligopolistischen Markt werden solche Informationskosteneffekte zusätzlich verstärkt (vgl. Diez 2001, S. 34). Kunden nutzen neue Informations- und Kommunikationstechnologien für Produkt- und Preisinformationen. In Märkten mit einer geringen Anzahl an Wettbewerbern und der Verfügbarkeit zahlreicher und einfach zugänglicher Informationsquellen können sich Wettbewerber umfassend und schnell

79 Unter horizontalen Kooperationen versteht man Formen der Zusammenarbeit von Unternehmen der selben Branche und Wertschöpfungsstufe mit einem gleichen bzw. ähnlichen Tätigkeitsbereich (vgl. z.B. Kraege 1997: 66).

80 Auf Grund einer hohen Fixkostenintensität in der Automobilproduktion versuchen die Automobilhersteller Produktionskapazitäten auszulasten (vgl. Williams und Bozon 2006).

Abbildung 3.2 Die Anzahl unabhängiger Automobilhersteller im Zeitverlauf

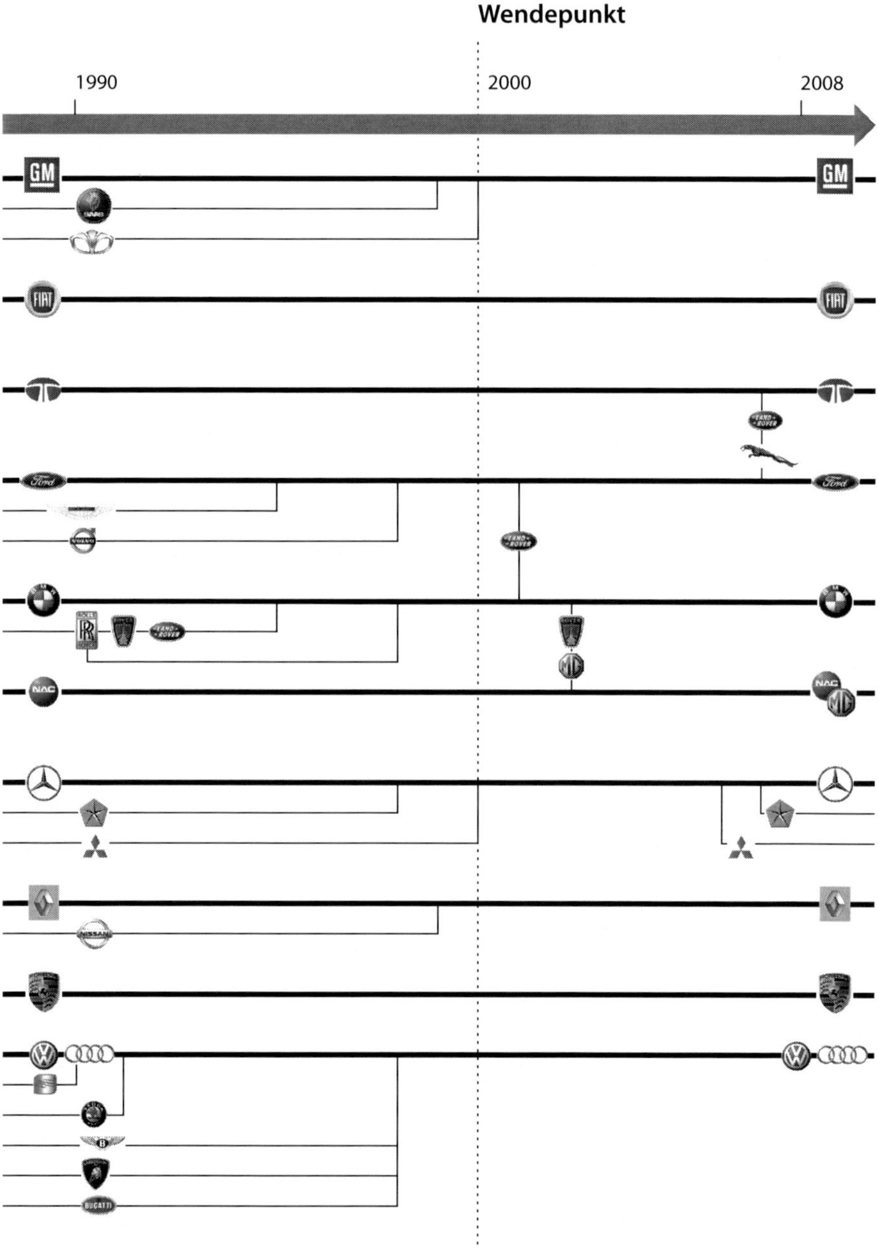

Quelle: in Anlehnung an Tongue 2008

über die Produktions- und Vertriebsaktivitäten aller Akteure im Markt informieren. Wettbewerber können in einem solchen Marktumfeld immer schneller auf Produktions- und Distributionsstrategien von Konkurrenten reagieren. Dieses Phänomen wird durch verkürzte Entwicklungszeiten und Modellzyklen begünstigt[81]. Die wechselseitige Reaktionsverbundenheit zwischen den Aktivitäten der verschiedenen Fabrikate ist im Vergleich zu anderen Branchen überdurchschnittlich hoch (vgl. Dannenberg et al. 2005). Kurz- und mittelfristige Vertriebsmaßnahmen in Form von Sonderrabatten und Abverkaufsmaßnahmen werden beispielsweise in transparenten Marktstrukturen schnell von Wettbewerbern imitiert, was den Preiswettbewerb zusätzlich entfacht und das Rentengenerierungspotential einschränkt. Ein wachsendes Rabattniveau ist eine deutlicher Trend in den europäischen Kernmärkten (vgl. Bozon et al. 2008). Eine wachsende Innovationsdynamik ist eine weitere Folgeerscheinung und wird durch die hohen, branchenübergreifenden Technologiestandards in Europa weiter verstärkt (vgl. Krcal 2001, S. 56ff.). Bedeutender Treiber ist zum einen eine zunehmende Ökologieorientierung, die durch steigende Treibstoffkosten, gesetzliche Regelungen und fiskalische Instrumente in Europa forciert wird[82].

Eine weitere Determinante des Wettbewerbs in den westeuropäischen Automobilmärkten ist ein verändertes Konsumentenverhalten und eine zunehmende Verhandlungsmacht auf Kundenseite. Neben einer hohen Markttransparenz sind die europäischen Automobilmärkte auch durch eine Individualisierung der Nachfrage sowie eine ausgeprägte abnehmerseitiger Verhandlungsmacht geprägt (vgl. Kiff 2005). Die Individualisierung der Kundenwünsche kann als Folge eines gesellschaftlichen Wandels angesehen werden (vgl. Winzen 2002). Auf Grund einer überdurchschnittlich hohen Fahrzeugdichte wird Mobilität heute in den westeuropäischen Märkten als Selbstverständlichkeit angesehen. Der reine Besitz eines Automobils reicht für die Befriedigung der individuellen Bedürfnisse und des Wunsches nach Differenzierung nicht mehr aus (Winzen 2002, S. 8). Als eine Folgeerscheinung steigt die Wechselneigung beim Kunden. Im Rahmen einer stark ausgeprägten Wechselneigung wechseln Kunden den Anbieter nicht auf Grund einer Unzufriedenheit oder veränderten Präferenzen, sondern weil in einem Wechsel des Produktes oder des Fabrikats ein Nutzen gesehen wird (vgl. Diez 2001, S. 466). Das Massenprodukt verliert an Reiz und die Kunden suchen nach Individualisierungs- und Abwechslungsmöglichkeiten, um ihre Persönlichkeit zu demonstrieren (vgl. Fournier 1994). Neben einer zunehmenden Wechselneigung und dem Wunsch nach Differenzierung steigen die Ansprüche an die Fahrzeugausstattung, sowie an die Varianten- und Modellvielfalt der Fabrikate (vgl. Weiss 2001, S. 58ff.). Die Individualisierung der Nachfrage stellt zusammenfassend hohe Anforderungen an die Wertschöpfungsstrategien der einzelnen Automobilfabrikate. Zusätzlich zu den klassischen betriebswirtschaftlichen Zielen Produktivität und Kostenwirtschaftlichkeit und den bereits genannten Zeit- und Flexibilitätszielen spielen Differenzierungsziele eine zunehmend bedeutendere Rolle.

---

81 Die Zeitdauer für die Neuentwicklung eines Automobils beträgt ca. 36 Monate, wobei eine Absenkung auf unter 20 Monate angestrebt wird.

82 Die EU Kommission zielt für das Jahr 2012 eine gesetzliche Eindämmung der CO-2 Autoabgase an. Automobilhersteller sind in diesem Zusammenhang gezwungen, eine durchschnittliche Obergrenze an CO-2 pro Kilometer für die gesamte Modellpalette einzuhalten. Dieses Gesetzt wird insbesondere von der deutschen Automobilindustrie scharf kritisiert, da deutsche Fabrikate überdurchschnittlich viele großvolumige Fahrzeuge in den Modellpaletten aufweisen. Zudem treten im Jahr 2009 für die europäischen Märkte neue Abgasnormen (Euro 5, Euro 6 ab 2014) in Kraft, die zusätzliche Anforderungen an die Effizienz und Schadstoffemissionen neuer Fahrzeuge stellen.

Die wachsende Bedeutung gewerblicher Abnehmer hat eine größere Verhandlungsmacht der Abnehmer zur Folge. In Europa ist das Kundensegment der gewerblichen Kunden in den letzten Jahren kontinuierlich gewachsen. Der Anteil gewerblicher Kunden an den gesamten Neuwagenverkäufen in Deutschland, Frankreich, Großbritannien, Italien und Spanien beträgt über 40 Prozent und ist weiter zunehmend (vgl. Kiff 2005, S. 15)[83]. Eine Konzentration der Nachfragestrukturen geht insbesondere von gewerblichen Kunden mit einem großen Beschaffungsvolumen aus. Im Bezug auf das unterschiedliche Kundenprofil dieser Großkunden ergeben sich spezifische Anforderungen an die Distributionsleistungen. Im Unterschied zu einem privaten Kunden fragen Gewerbekunden überdurchschnittlich oft mobilitätsschaffende oder mobilitätserweiternde Dienstleistungen nach. Zu diesen Dienstleistungen zählen im Wesentlichen die automobilwirtschaftlichen Finanzdienstleistungen wie Finanzierung, Leasing und Versicherungen (vgl. Reindl 2005b, S. 427).

Viele Fabrikate reagieren auf die veränderten Kundenanforderungen mit einer immer ausgedehnteren und hochgradig ausdifferenzierten Modell- und Variantenvielfalt, um den unterschiedlichen Kundenanforderungen gerecht zu werden. In den letzten 20 Jahren hat sich eine Verdoppelung der Modellsegmente ergeben (vgl. Bozon et al. 2009)[84]. Aus der zunehmenden Angebotsvielfalt ergeben sich zwei zentrale Problemstellungen für Automobilproduzenten und -distributoren. Zum einen werden die Zielmärkte und das Absatzpotential immer kleiner, da für jede Nische eine eigene Produktvariation entworfen wird (vgl. Becker 2007, S. 27). Inflexible Produktions- und Distributionssysteme führen in diesem Zusammenhang zu hohen strukturellen Überproduktionsvolumen und zu einem Ertragsverfall in der Produktion und Distribution (vgl. Williams 2005)[85]. Die steigende Variantenvielfalt führt zu Zusatzkosten in Entwicklung, Logistik, Produktion und Distribution. Die zunehmende Verwendung von Gleichteilen und modellübergreifenden Produktarchitekturen ist eine Folge der zunehmenden Kostendrucks in der Automobilproduktion (vgl. Becker 2007, S. 28). Die technologische und produktarchitektonische Angleichung unterschiedlicher Modelle und insbesondere Marken birgt wiederum Gefahren hinsichtlich des Differenzierungspotentials im Wertschöpfungsorganisationswettbewerb (vgl. Dietl et al. 2009a, S. 44-45 und 2009b, S. 453).

Zusammenfassend resultiert eine Wettbewerbsverschärfung durch die Individualisierung der Kundenansprüche aus einem steigenden Kostendruck in der Produktion und Distribution. Generell ist das Anspruchsniveau der Kunden sowohl an das Produkt als auch an die Distribution gestiegen, ohne dass eine entsprechende Erhöhung der Preisbereitschaft erkennbar ist (vgl. Diez 2001, S. 466). MacDonald und Tobin (1998) sprechen in diesem Zusammenhang auch von einem „Empowerment" der Abnehmer, das durch eine zunehmende Selbstständigkeit der Kunden, durch soziodemographische Entwicklungen sowie eine hedonistische Konsumhaltung unterstützt und getragen wird (vgl. Reichwald und Piller 2006, S. 22f.). Insgesamt ist die Wettbewerbsintensität und -dynamik in den europäischen Märkten im Vergleich zum Weltmarkt für Automobile überdurchschnittlich. hoch

---

83 In Großbritannien fragen nicht-gewerbliche Privatnutzer lediglich 20 Prozent der Neuwagen nach. Insgesamt ist der britische Markt durch einen überdurchschnittlichen Konzentrationsgrad auf der Abnehmer- (durch die Konzentration der Nachfrage auf relativ wenig Unternehmen) und der Anbieterseite (durch die Konzentration in den Vertriebsorganisationen auf relativ wenige Händlergruppen).

84 Seit dem Jahr 2000 gewinnen beispielsweise Crossover Modelle an Bedeutung, die neue Nischensegmente durch Kreuzung von Fahrzeugkonzepten kreieren (DRI-WEFA 2002, S. 46). Die traditionellen Segmente (wie zum Beispiel die klassischen Mittelklasse Limousinen) verlieren gleichzeitig an Verkaufsvolumina.

85 Die Anzahl der Fahrzeugverkäufe, die auf einem konkreten Kundenauftrag basieren lag bei den europäischen Volumenherstellern im Jahr 2005 weit unter 50 % (vgl. Williams 2005).

3.1.2 Veränderungen in den Wertschöpfungsorganisationen der Automobilwirtschaft

Bislang erfolgte die Definition des Wertschöpfungsorganisationsbegriffs in einem allgemeinen Kontext. Eine Wertschöpfungsorganisation fasst allgemein die Aktivitäten der vertikal, horizontal und lateral verbundenen Akteure zusammen (vgl. Dietl et al. 2007, 2009a und 2009b). Das zu Grunde liegende theoretische Konzept postuliert einen Zusammenhang zwischen verschiedenen Organisationsformen und der Wettbewerbsfähigkeit. Die Organisationsformen werden durch die unabhängigen Variablen determiniert, nämlich durch das Ausmaß der integrierten Wertschöpfungsaktivitäten eines fokalen Akteurs sowie die formelle und informelle Einbindung externer Akteure[86]. Basierend auf dem theoretischen Konzept kann der Wertschöpfungsorganisationsbegriff im Kontext der Automobilwirtschaft erklärt werden.

Der Begriff Wertschöpfungsorganisation in der Automobilwirtschaft umfasst alle Wertschöpfungsakteure und deren Aktivitäten zur Produktion und Distribution eines Automobils. Das Automobil ist das zentrale Wertschöpfungsprodukt und dient als Abgrenzungsmerkmal unterschiedlicher Organisationen. Für die Automobilwirtschaft könne vor allem drei Akteursgruppen differenziert werden, der fokale Automobilhersteller sowie dessen Lieferanten und Vertriebsakteure. Der Automobilhersteller wird in der vorliegenden Arbeit als das Bindeglied zwischen der Produktion und Distribution sowie als maßgebender Architekt betrachtet.

In den folgenden Abschnitten wird der Untersuchungsgegenstand Wertschöpfungsorganisation im Kontext der europäischen Automobilwirtschaft betrachtet. In diesem Zusammenhang werden zentrale Einflussfaktoren und Entwicklungen im europäischen Marktraum sowie innerhalb der Wertschöpfungsorganisationen dargestellt. Aus Gründen der Komplexität erfolgt die Darstellung und Analyse separat für die Wertschöpfungsbereiche Automobilproduktion und -distribution.

3.1.2.1 Veränderungen im Wertschöpfungsorganisationsbereich Automobilproduktion

Der Wertschöpfungsorganisationsbereich Automobilproduktion umfasst primär die Forschungs- und Entwicklungsaktivitäten (F&E) sowie die Aktivitäten zur Komponentenfertigung und die finale Montage des Automobils (vgl. Sako 2003, S. 238, Diez und Reindl 2005b, Diez 2001, Waringer und Piller 1999). Die Beschaffung von Einsatzfaktoren ist eine weitere Teilaktivität in der Produktion und indiziert, inwieweit ein Automobilhersteller Wertschöpfungsaktivitäten von externen Lieferanten bezieht. Diese zur Produktion eines Automobils notwendigen Leistungen können in einem nächsten Detaillierungsgrad in weitere, sekundäre Teilleistungen differenziert werden, die zur Bereitstellung der primären Leistungen notwendig sind (vgl. dazu auch Porter 2000, S. 67ff.).

Forschungs- und Entwicklungsaktivitäten können verschiedene Ziele verfolgen. Dazu zählen die Konstruktion eines komplett neuen Fahrzeugs, die optische und technische Veränderung eines bereits vorhandenen Produkts oder die Entwicklung einer zusätzlichen Variante zur Erweiterung des Produktportfolios (vgl. Waringer und Piller 1999, S. 55). Forschungs- und Entwicklungsleistungen haben für ein technologisch hochkomplexes Produkt, wie es das Automobil darstellt, eine wichtige Funktion zur Erzielung und Sicherung von Innovationsvorteilen. Die Bedeutung für die strategische Wettbewerbsfähigkeit einer Wertschöpfungsorganisation ist entsprechend hoch, da

86 Vgl. dazu Kapitel 2 dieser Arbeit.

Innovationsvorteile Grundlage zur Abschöpfung ökonomischer (Schumpeter-)Renten sind. Unter den eigentlichen Produktionsleistungen wird die Fertigung der einzelnen Fahrzeugkomponenten aus den dazu notwendigen Inputfaktoren verstanden. Die Montage der Komponenten und Module ergibt das finale Endprodukt. Dannenberg et al. (2005) sieht im finalen Montageschritt einen wesentlichen Wertschöpfungsschritt, da die Auswahl und Kombination der einzelnen Komponenten das Wesen und den Wert des Automobils determinieren.

In den folgenden Abschnitten werden nachhaltige Veränderungen in der Automobilproduktion und deren Auswirkungen auf die Wertschöpfungsorganisation dargestellt.

3.1.2.1.1 Reduktion der zentralen Integration

In den letzten zwei Dekaden haben umfassend Desintegrationsprozesse in der Automobilproduktion stattgefunden. Ford kommunizierte seine Unternehmensstrategie Ende der Neunziger Jahre folgendermaßen: „[outsourcing] could signal the company's gradual withdrawal from final assembly as a core activity – transforming Ford from a carmaker into a global consumer products and services group“ (Financial Times 1999 in Sako 2005, S. 21). Der Anteil der durch die Automobilhersteller erbrachten Wertschöpfungsleistungen war bis Mitte der Achtziger Jahre überdurchschnittlich hoch. In Relation zu der notwendigen Gesamtleistung erbrachten europäische Automobilhersteller etwa 80 Prozent aller Forschungs- und Entwicklungsleistungen intern, in der Fertigung belief sich der Eigenanteil auf über 50 Prozent (vgl. Dannenberg et al. 2005, Eiberger 2005). In beiden Wertschöpfungsbereichen wurde der durch den Automobilhersteller erbrachte Anteil deutlich reduziert. In den letzten zwei Dekaden reduzierten die Automobilhersteller den Eigenleistungsanteil in der F&E auf unter 20 Prozent, in der Automobilfertigung auf etwa 25 bis 30 Prozent (vgl. Eiberger 2005)[87]. Die Automobilhersteller haben Outsourcing Prozesse überdurchschnittlich stark im Zuge neuer Produktionsstätten forciert (vgl. Sako 2003, S. 245). Die Auslagerung von Produktionsressourcen an bestehenden Produktionsstandorten gestalten sich vergleichsweise schwierig und sind oftmals langwierig.

Sako (2003, S. 237) beschreibt einen Outsourcing Pfad für die Automobilindustrie (siehe Abbildung 3.3). In der Regel werden im ersten Pfadabschnitt die Logistik und die Montage an externe Akteure vergeben. Diesen Outsourcing Schritten folgt oftmals die Vergabe der Beschaffung, Koordination von Sub-Lieferanten sowie letztlich die Vergabe der Forschungs- und Entwicklungsleistungen an externe Akteure. Die Automobilhersteller haben sich im Rahmen erster Outsourcing Maßnahmen vor allem auf strategisch weniger bedeutende Komponenten konzentriert (vgl. Kilper und Pries 1999)[88]. Der frühzeitig durch die japanischen Automobilhersteller angestoßene Outsourcing Prozess wurde von den US-amerikanischen und europäischen Fabrikaten in den letzten zwei Dekaden nachgeahmt. Flexibilitäts- und Kostennachteile einer vertikal integrierten Wertschöpfungsorganisation begründeten einen Desintegrationskurs in der europäischen Fahrzeugproduktion, der sich sowohl in der Reorganisation der Entwicklungs- und Fertigungsprozesse als auch in neuen Organisationsstrukturen zeigte (vgl. Hübner 1987, Gerhard 1995). Mit der Auslagerung von Wertschöpfungsaktivitäten verfolgten die Automobilhersteller vor allem Finanz- und absatzwirtschaftliche Zielsetzungen.

---

87 Im Falle der Forschungs- und Entwicklungsleistungen kann mittlerweile von einem realen Eigenanteil von unter zehn Prozent im europäischen Durchschnitt ausgegangen werden (vgl. Eiberger 2005).

88 Diese Entwicklung ist zum Teil auf das Fehlen eigener Ingenieure und Mitarbeiter innerhalb der Unternehmen zurückzuführen, während die Entwicklungs- und Modelllebenszyklen immer kürzer wurden und die Innovationsdynamik zunahm.

Abbildung 3.3 Der Desintegrationsprozess in der Automobilproduktion

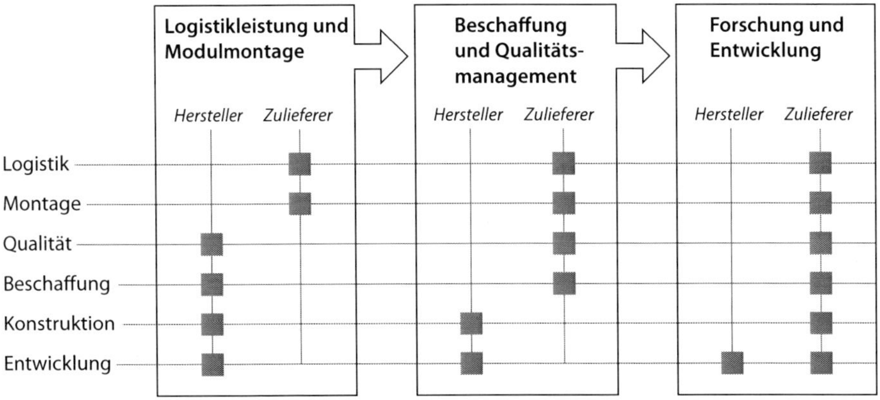

Quelle: in Anlehnung an Sako 2003, S. 238.

Zentrale finanzwirtschaftliche Ziele waren die Erzielung von Faktorpreisvorteilen, die Variabilisierung fixer Kosten, die Reduzierung der Entwicklungsrisiken sowie die Erzielung von Transaktionskostenvorteile (vgl. Takeishi und Fujimoto 2003, Sako 2003, Gerhard 1995 sowie Clark und Fujimoto 1991). Faktorpreisvorteile erhofften sich die Automobilproduzenten durch ein geringeres Lohnkostenniveau auf Seiten der Zuliefererbetriebe. Das Lohn- und Gehaltsniveau innerhalb europäischer und US-amerikanischer Automobilunternehmen bewegte sich auf Grund gewerkschaftlicher Strukturen und relativ hohen Tarifabschlüsse aus Jahren der wirtschaftlichen Hochphasen auf einem überdurchschnittlichen Niveau. Dadurch ergaben sich für einzelne Automobilproduzenten deutliche Lohnkostennachteile im Vergleich zu Zuliefererunternehmen (vgl. Diez und Reindl 2005b, S. 81). Durch die Auslagerung von Entwicklungs- und Fertigungsprozessen an externe Lieferanten können die Lohnkostenvorteile dieser Akteure sowie Anreiz- und Bürokratiekostenvorteile eines Fremdbezuges genutzt werden. Globale Beschaffungsstrategien bieten zusätzliche Kosteneinsparungspotential, die Kostenvorteile von Niedriglohnländer sind jedoch mit zusätzlichen Transaktionskosten (zum Beispiel Koordinations- und Logistikkosten) und Flexibilitätsnachteilen zu vergleichen (vgl. Bozon et al. 2009).

Die Variabilisierung fixer Kosten war ein weiterer Beweggrung für die Reduktion eigener Aktivitäten und für die Auslagerung von Ressourcen durch die Automobilhersteller. Zu den fixen Kosten eines Automobilproduzenten sind insbesondere die Kosten für Produktionsanlagen und Lohnkosten zu zählen. In zyklischen Märkten kann die Substitution fixer Kosten durch flexible Kosten eines Fremdbezuges zu Effizienzvorteilen führen (vgl. Sako 2003, S. 245, Diez und Reindl 2005b)[89]. Der Innovationsdruck und die Flexibilitätsanforderungen nehmen durch kürzer werdende Modelllebenszyklen und dynamischen Marktanforderungen weiter zu. Die Reduzierung der Entwicklungsrisiken ist in Folge dessen eine weitere Zielsetzung einer Desintegration. Durch die Nutzung externer, spezialisierter Entwicklungsdienstleister und Systemlieferanten sollten Spezialisierungs- und Flexibilitätsvorteile erreicht werden. Absatzwirtschaftliche Ziele einer Outsourcing Strategie

89 Zum Beispiel können Automobilproduzenten im Rahmen von Neubauprojekten Investitionsrisiken auf die Lieferanten verlagern und verringern somit die eigenen Verbindlichkeiten.

fokussieren eine Flexibilisierung der Produktion zur Befriedigung der zunehmenden Individualisierung der Kundennachfrage (vgl. Sako 2003). Die hohe Marktdynamik sowie die zunehmenden Individualisierungswünsche der Kunden führen zu wachsenden Ansprüchen an die Flexibilität der Produktion[90]. Durch Spezialisierungsvorteile der Zulieferer erhoffen sich die Automobilhersteller Zeitvorteile, die für die Lancierung technischer Innovationen und der Abschöpfung der daraus resultierenden Renten maßgeblich sind (vgl. Jürgens 2005).

Insgesamt ist der der Anteil der innerhalb des Automobilherstellers geleisteten Entwicklungs- und Fertigungsaktivitäten innerhalb der letzten zwei Dekaden drastisch gesunken. Der Vergleich von Produktionssystemen von Fabrikaten US-amerikanischer, europäischer und japanischer Provenienz bietet einen Startpunkt für eine regionale Gegenüberstellung unterschiedlicher Systeme. Seit den neunziger Jahren haben die US-amerikanischen und europäischen Automobilhersteller im Vergleich zu den japanischen Konkurrenten einen überdurchschnittlich starken Desintegrationsprozess umgesetzt und eine organisatorische Modularisierung weiter forciert (vgl. Takeishi und Fujimoto 2003, S. 262). Im Vergleich zu den japanischen Konkurrenten vergaben einige Konkurrenten mit US-amerikanischer und europäischer Provenienz größere Produktionsmodule und verfolgten eine umfassendere Outsourcingstrategie. Ziele waren die bereits erwähnten Produktionskostenvorteile sowie eine erhöhte Koordinationseffizienz durch die Reduzierung der Anzahl der Direktzulieferer (vgl. Dannenberg et al. 2005). Auf Ebene individueller Wertschöpfungsorganisationen ist diese Verallgemeinerung jedoch differenzierter zu betrachten (vgl. Dietl et al. 2009a und 2009b). Die Wertschöpfungsorganisation in der Automobilproduktion weisen weiterhin gravierende Unterschiede hinsichtlich des Eigenleistungsanteils auf, der durch den Automobilhersteller erbracht wird.

Eine wesentliche Folgeerscheinung des Desintegrationsprozesses in der Automobilwirtschaft sind Modularisierungserscheinungen in den Wertschöpfungsorganisationen. Modularisierungen zeigen sich sowohl in den Produkt- als auch in den Organisationsarchitekturen. Aus dem Modularisierungstrend resultieren neue Wertschöpfungsorganisationsformen sowie veränderte Merkmale der Interakteursbeziehungen. Modularisierungsentwicklungen werden im folgenden Abschnitt nachgezeichnet.

3.1.2.1.2 Modularisierung der Wertschöpfungsleistungen

Japanische Automobilproduzenten wiesen im Vergleich zu den traditionell tayloristisch-fordistischen Produktionsorganisationen europäischer und US-amerikanischer Automobilherstellern frühzeitig eine geringere horizontale und vertikale Arbeitsteilung innerhalb des Unternehmens auf (vgl. Kilper und Pries 1999). Daraus folgte eine stärkere Bündelung der Leistungsumfänge, die an externe Lieferanten vergeben wurden, woraus eine Reduktion der Anzahl an Lieferantenpartner folgte (vgl. Fujimoto 1999, Clark und Fujimoto 1991). Der durch die japanischen Automobilhersteller initiierte Prozess wurde von den Wettbewerbsunternehmen in unterschiedlichen Umfängen adaptiert. In den Wertschöpfungsorganisationen der europäischen Automobilwirtschaft zeigte sich in der Folge eine zunehmende Bedeutung für vertikale Modullieferanten. In diesem Prozess erhalten externe, vertikal verbundene Zulieferer weit reichende Verantwortlichkeiten an Wertschöpfungsleistungen, die

90 Das Dell Produktionsmodell stellt einen Benchmark für ein kundenorientiertes Build-to-Order Modell dar (vgl. Sako 2003, S. 242). Ein zentrales Merkmal des Dell Models ist eine umfassende Auslagerung der Produktionsprozesse an externe Lieferanten und die Umsetzung von Just-in-Time modularen Beschaffungsstrategien. Zur Reduktion der Produktionsprozesskomplexität wurden modulare Produktarchitekturen und Produktionsprozesse forciert und externe Lieferanten stärker einbezogen.

oftmals mit der Modularisierung der Beziehungsstrukturen zwischen Automobilproduzenten und externen Zulieferern einhergeht (vgl. Takeishi und Fujimoto 2006).

Im Rahmen von Modulbeschaffungsstrategien bündeln Automobilhersteller Forschungs- und Entwicklungs- sowie Montageaktivitäten und vergeben diese an externe Lieferanten. Im Unterschied zum klassischen Fremdbezug einzelner, wenig komplexer Teile werden im Rahmen von Modulbeschaffungsstrategien komplexe technische Module von vergleichsweise wenigen Direktzulieferern bezogen (vgl. Waringer und Piller 1999, S. 98, Arnold 1996, S. 1865). Modulare Beschaffungsstrategien verfolgen in erster Linie sowohl die Reduzierung der Anzahl an Beschaffungsobjekten als auch die der Direktzulieferer, um Vorteile hinsichtlich der Prozesskomplexität und des Koordinationsaufwands zu erreichen (vgl. Arnold 1996, S. 1865 ff.)[91]. Modularisierte Produktarchitekturen und Prozessabläufe zur Erbringung der einzelnen Wertschöpfungsleistungen begünstigt die Vergabe komplexer Wertschöpfungsfunktionen an externe Akteure. Nach der Aufspaltung des Fahrzeugs in einzelne Module und der Definition der Schnittstellen zwischen den zu verbindenden Modulen und der anschließenden Definition von Leistungsmodulen kann der Automobilhersteller die Entwicklung dieser Module aus einem funktional integrierten Entwicklungsprozess separieren (vgl. Waringer und Piller 1999, S. 85). Die Bündelung von Wertschöpfungsaktivitäten in der Automobilproduktion erfordert ein gewisses Maß der Produktmodularisierung (vgl. Ulrich 1995, Ulrich und Tung 1991).

Der Leistungserstellungsprozess wird in besonderem Maße durch die Produktarchitektur determiniert „Product architecture is the scheme by which the function of a product is allocated to physical components. [...] the architecture of the product can be a key driver of the performance of the manufacturing firm, that firms have substantial latitude in choosing a product architecture, and that the architecture of the of the product is therefore important in managerial decision making" (Ulrich 1995, S. 419)[92]. Modularisierungsentwicklungen wurden vor allem durch neue Produktarchitekturen in der PC Industrie initiiert. Das Konzept der Produktmodularisierung verhalf den PC Produzenten, externen Lieferanten sowie Kunden im ersten Schritt zu großer Flexibilität, die den Entwicklungsprozess und die Verbreitung von PC Produkten stark beschleunigte (vgl. Baldwin und Clark 2000, S. 39ff.). Aus einer begrenzten Anzahl standardisierter und kompatibler Komponenten konnten kundenspezifische PC Produkte erstellt werden (vgl. Baldwin und Clark 1997 und 2000). Modulare Produktarchitekturen hatten in der der PC Industrie nachhaltige Veränderungen in den Wertschöpfungsorganisationen zur Folge[93]. Ulrichs versteht unter modularen Produktarchitekturen: [modular product architecture is the] scheme by which the function of a product is allocated

---

91 Die zunehmende Modellvielfalt und steigende technische Komplexität der Fahrzeuge hat einen Zuwachs der Lieferantenanzahl und einen Zuwachs der Komplexität in allen Wertschöpfungsprozessen (Entwicklung, Beschaffung und Montage) zur Folge (vgl. Waringer und Piller 1999, S. 97). Der Bezug von Modulen verringert die Prozesskomplexität in der Beschaffung und in der Montage.

92 Ulrich (1995) sieht drei wesentlich Konstruktionselemente einer Produktarchitektur, i. die Anordnung der funktionalen Elemente des Produkts und die Identifikation der Funktionszusammenhänge zwischen den Produktelemente, ii. die Zuordnung einzelner Produktfunktionen zu den physischen Komponenten des Produkts sowie iii. die Spezifikation der physischen Komponentenschnittstellen innerhalb des Endprodukts.

93 Aus Wertschöpfungsorganisationssicht waren die Konsequenzen für die PC Produzenten äußerst nachteilig. Als Folge des umfassenden Desintegrations- und Standardisierungsprozesses verloren eine Vielzahl an PC Produzenten die Kontrolle über das System und mussten in der Konsequenz Wertschöpfungspotentiale an Lieferanten abtreten (vgl. Dietl, Royer und Stratmann 2007, 2009a und 2009b).

to its physical components. A modular architecture includes a one-to-one mapping from function elements in the functional elements in the functional structure to the physical components of the product, and specifies decoupled interfaces between components" (Ulrich 1995, S. 422). Für modulare Produkte kann der ehemals integrierte und deterministische Produktionsprozess aufgespalten und modulare Teilleistungseinheiten gebildet werden (vgl. Waringer und Piller 1999, S. 128). Der eigentliche Produzent konzentriert sich im Folgenden auf die Koordination der unternehmenseigenen oder externen Akteure sowie auf die Definition der Schnittstellen zwischen den Modulen. Dieses geht in der Regel mit einer engen zeitlichen und kommunikativen Integration der externen Akteure einher (vgl. Wheelwright und Clark 1994, S. 241).

Im Falle eines Automobils kann unter einer Produktmodularisierung die Zerlegung eines Automobils in einzelne Produktmodule verstanden werden, die wiederum in einzelne Subsysteme zerlegt werden können (vgl. Waringer und Piller 1999, S. 38). Module werden in diesem Zusammenhang als standardisierte einbaufertige Einheiten verstanden, die in der Gesamtsumme das Automobilprodukt ergeben (vgl. Ulrich 1995, S. 422). Das modulare Automobil kann in einzelne Teilmodule und im nächsten Schritt in eigene Entwicklungs- und Produktionsprozesse sowie Organisationseinheiten aufgeteilt werden (vgl. Sako 2003). Takeishi und Fujimoto (2003) sehen eine direkte Verbindung zwischen der Produkt- und Produktions- sowie der organisatorischen Modularisierung, die entsprechende Auswirkungen auf die Zusammenarbeit mit den Zulieferern hat.

Die fortschreitende Produktmodularisierung begünstigt die Bedeutung von Modullieferanten in der Automobilindustrie. Im Vergleich zu den Charakteristika von PC Produkten kann die ehemals als hochgradig integriert zu bezeichnende Produktarchitektur eines Automobils jedoch weiterhin nicht als modular bezeichnet werden (vgl. zum Beispiel Takeishi und Fujimoto 2006). Festzuhalten bleibt, dass eine einfache Austauschbarkeit von Modulen und Komponenten zwischen Automobilen unterschiedlicher Fabrikate zur Zeit nicht möglich beziehungsweise auf spezifische Modelle begrenzt ist: „[...] if we probe into what is happening in the industry, we observe some movements in which the redefnition of hierarchies in production and inter-firm systems may lead to modularization in product architecture" (Takeishi und Fujimoto 2003, S. 270). Die vorzufindende Produktmodularisierung in der Automobilindustrie spielt sich in erster Linie zwischen Modellen und Fabrikaten innerhalb Automobilkonzernen ab und sind noch nicht mit der Situation in der PC Branche vergleichbar. Einige Wertschöpfungsorganisationen avancieren jedoch eine allgemeine Komponentenstandardisierung, die wertschöpfungsorganisationsübergreifend ist. Die Produktmodularisierung in der Automobilindustrie entspricht vielmehr einer Hybridform, die Merkmale einer integrierten und modularen Produktarchitektur aufweist. Die Produktmodularisierung ist auf Ebene der Automobilhersteller unterschiedlich ausgeprägt und hat entsprechende Auswirkungen auf die interne und externe Zusammenarbeit und Koordination der Wertschöpfungsakteure.

Zusammenfassend erfolgt die Produktmodularisierung in der Automobilwirtschaft in der Regel nur innerhalb der Wertschöpfungsorganisationsgrenzen. Einheitliche produkttechnische Standards und Schnittstellen zwischen den Komponenten und Modellen unterschiedlicher Fabrikate sind in der Automobilindustrie weiterhin wenig verbreitet (vgl. Sako 2003, S. 248). Hinsichtlich des Desintegrationsgrades und des Modularisierungsausmaßes unterscheiden sich jedoch die Wertschöpfungsorganisationen, was im Rahmen der Fallstudienuntersuchung analysiert werden soll[94].

---

94 Vgl. Kapitel 4 dieser Arbeit.

Ein etabliertes Modularisierungskonzept in der Automobilindustrie ist das Plattform Engineering. Produktplattformen stellen ein Set aus zusammengehörenden Komponenten dar, auf deren gemeinsamen Struktur eine Anzahl unterschiedlicher Produkte entwickelt und produziert werden können (vgl. Meyer und Lehnerd 1997, S. 7). Abbildung 3.4 skizziert das Modell des Plattform Engineering im Kontext der Automobilindustrie. Im Zusammenhang modularer Produktarchitekturen kann die Plattform als Basismodul aufgefasst werden, das modellvarianten- und produktübergreifend eingesetzt wird und eine Produktfamilie bildet. Von Produkten mit Plattformkonzepten sind solche Produkte zu differenzieren, die auf Grund einer Gleichteilestrategie eine Anzahl von Komponenten gemeinsam haben (vgl. Robertson und Ulrich 1998, S. 20). Meyer und Lehnerd (1997, S. 39) definieren den Plattformbegriff im automobilwirtschaftlichen Zusammenhang als eine Kombination aus Bodengruppe, Fahrwerk, Antriebsstrang, Getriebe und deren Sub-Modulen. Gewissermaßen stellt eine Produktplattform im Vergleich zu modularisierten Komponenten eine umfassendere Modularisierung dar. Basierend auf Ulrichs Begriffserklärung zu modularen Produktarchitekturen spielt die Zuordnung zwischen Fahrzeugfunktionen und Plattform sowie die Standardisierung von Schnittstellen eine Rolle hinsichtlich des Ausmaßes der Modularität (vgl. Meyer und Lehnerd 1997, S. 39f.).

Abbildung 3.4 Plattformkonzepte in der Automobilindustrie

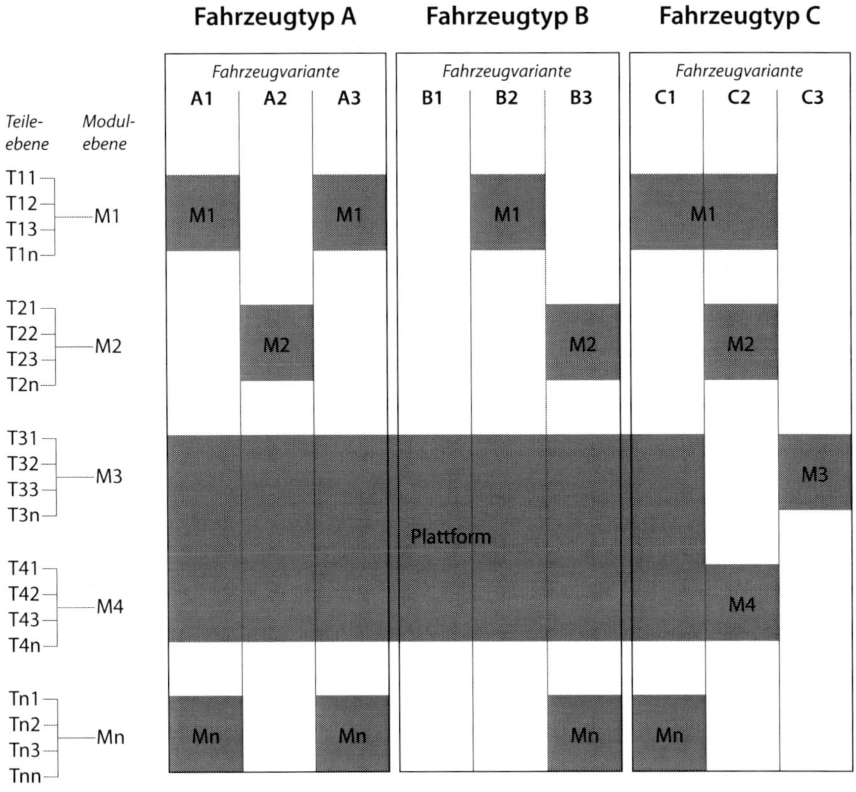

Quelle: in Anlehnung an Waringer und Piller 1999, S. 67

Ziel eines Modul- beziehungsweise Plattform Engineering innerhalb eines Automobilkonzerns ist die Vereinfachung des Produktportfolios und eine höhere Flexibilität in der Produktion durch die modellübergreifende Verwendung identischer Plattformen (vgl. Waringer und Piller 1999, S. 67). Produktplattformen begünstigen die Realisierung einer hohen Modell- und Variantenvielfalt, ohne einen äquivalenten Anstieg der Kosten und Produktionskomplexität (vgl. Sawhney 1998, S. 54). Zusammenfassend begünstigen Plattformkonzepte eine hohe externe Varietät bei einer vergleichbaren geringen internen Varietät (vgl. Sawhney 1998). Die Kombination einer hohen externen und geringen internen Varietät ist eine zentrale, jedoch schwierige Aufgabe für das Unternehmen. Erst dadurch können die Vorteile einer Standardisierung und Individualisierung verbunden werden (vgl. Ulrich und Tung 1991, S. 76). Skaleneffekte sollen in Form von Entwicklungs- und Produktionskostenvorteile durch die Entwicklung und Produktion größerer Stückzahlen baugleicher Module realisiert werden (Waringer und Piller 1999, S. 68)[95]. Plattformmodule können auf den gleichen Produktionsanlagen gefertigt werden, was eine Prozessneuentwicklung und zusätzliche Investitionen in Produktionsanlagen vermeidbar macht (vgl. Waringer und Piller 1999, S. 71).

In der Folge können Fixkostendegressionseffekte und Risikominimierungen erzielt werden, da sich die Investitionen auf die unterschiedlichen Produkte verteilen, die die gemeinsame Plattform nutzen (vgl. Robertson und Ulrich 1998, S. 20). Investitionsrisiken stellen sich vor allem bei Nischenprodukten, die in vergleichsweise geringen Stückzahlen gefertigt werden. Die wachsende Nachfrage nach Nischensegmenten hat die Anwendung von Plattformkonzepten zusätzlich beschleunigt (vgl. Hackenberg et al. 1997, S. 56). Neben Economies of Scale Effekten erhoffen sich Automobilhersteller auch die Vorteile von Economies of Scope. Economies of Scope zeigen sich in Form von Verbund- beziehungsweise Synergieeffekten, die durch die gemeinsame Nutzung von Produktionsfaktoren durch mehrere Akteure entstehen (vgl. Schnäbele 1997, S. 120 ff.). Noori (1990, S. 142) spricht im Zusammenhang einer synchronen Realisierung von Economies of Scale und Economies of Scope von Economies of Integration.

Die zunehmende Bündelung von Wertschöpfungsaktivitäten und die Auslagerung dieser Fertigungsmodule an externe Akteure haben zu einer Reduzierung der Anzahl von Direktlieferanten und zu einer Verringerung der Prozesskomplexität geführt[96]. Die Verringerung der Prozesskomplexität war beispielsweise Voraussetzung für die Implementierung von Just-in-Time (JIT) Belieferungskonzepte, die im Mittelpunkt der Restrukturierungsmaßnahmen der europäischen und US-amerikanischen Automobilhersteller Ende der achtziger Jahre standen (vgl. Diez und Reindl 2005b, S. 89). Nach dem Vorbild der japanischen Wettbewerber initiierten die Produzenten in Europa und in USA produktionssynchrone Beschaffungsstrategien, um eine Reduktion der Lagerbestände und Kapitalbindungskosten zu erreichen[97]. Die Realisierung von JIT Beschaffungsmethoden erfordert eine Modularisierung der Beschaffungsprozesse, damit die wirtschaftlichen Vorteile des Konzepts nicht durch zusätzliche Transaktionskosten kompensiert werden (vgl. Diez und Reindl 2005b, S. 90). Neben der Modularisierung der Beschaffung erfordert eine JIT Methode eine enge räumliche Ansiedlung der Lieferanten.

95 Dudenhöffer (1997, S. 146) nimmt eine Entwicklungskostenersparnis von über 70 Prozent durch eine Plattform Engineering im Vergleich zu konventionellen Neuentwicklungen an.

96 Volkswagen hat zum Beispiel die Anzahl der direkten Lieferanten zwischen 1992 und 1998 von 1.550 Lieferanten auf 700 Lieferanten reduziert (vgl. Waringer und Piller 1999, S. 98).

97 Toyota hat Just-in-Time Konzepte bereits in den fünfziger Jahren eingeführt (vgl. Wertz 2000).

Die räumliche Bindung der Lieferanten verstärkt prinzipiell die Bindung zwischen den Akteuren (vgl. Germonpre 2000, S. 52ff.). Insgesamt führen die Bündelung der Wertschöpfungsaktivitäten und deren Vergabe an einzelne Lieferanten zu einer stärkeren Einbindung der Akteure. Die Einbindung verläuft in der Automobilindustrie oftmals frühzeitig im Stadium der Fahrzeugentwicklung. Die Lieferanten begleiten dann entsprechend alle Wertschöpfungsstufen. In diesem Zusammenhang werden in der europäischen Automobilwirtschaft zunehmend Simultaneous Engineering Strategien angewendet. Das Simultaneous Engineering hat eine parallele Produkt- und Prozessentwicklung zum Ziel und fördert die Zusammenarbeit und Integration zwischen den Akteuren aus verschiedenen Prozess- und Funktionsbreichen (vgl. Clark und Fujimoto 1992, S. 233). Die funktionsübergreifende Zusammenarbeit zwischen unterschiedlichen unternehmensinternen und -externen Akteursgruppen wird durch Simultaneous Engineering begünstigt (vgl. Wheelwright und Clark 1994, S. 227 ff.). Insgesamt erhalten die externen Akteure im Zuge der Bündelung von Wertschöpfungsaktivitäten und der frühzeitigen Einbindung in den Wertschöpfungsprozess eine zunehmend bedeutende Rolle in der Wertschöpfungsorganisation, während sich die Automobilhersteller auf die langfristigen Entscheidungen und Koordination der Akteure konzentrieren.

Neben einer Anzahl von Potentialen birgt die Vergabe weit reichender Leistungsumfänge im Rahmen einer modularen Produktarchitektur Risiken. Die Risiken sind für unterschiedliche Industrien und Märkte individuell zu bewerten. Risiken zeigen sich aus Marketing-, Kosten- und Technologiegesichtspunkten. Ein zentrales marketingbezogenes Problem einer umfassenden Produktmodularisierung ist der Verlust von Produkt- und Markendifferenzierungsmöglichkeiten, die beispielsweise für PC Produzenten schwerwiegende Auswirkungen hatte (vgl. Dietl et al. 2009a und 2099b). In der Automobilindustrie sind Produktdifferenzierungsmöglichkeiten auf spezifische technische Merkmale gerichtet, die von den Kunden als wesentlich erachtet werden. Hierzu zählen die sichtbaren Fahrzeugmerkmale wie das Fahrzeugdesign, die Innenausstattung sowie technische Merkmale wie Motor, Fahrwerk und Informations- und Kommunikationsausstattungsmerkmale (vgl. Dudenhöffer 1997, Robertson und Ulrich 1998). Differenzierungsmerkmale sind eine zentral Grundlage für die Erzielung einer vorteilhaften Wettbewerbsposition.

Technologische Herausforderungen stellen sich in der Entwicklung einer modularen Produktarchitektur. Die Konzeption eines modularen Produkts erfordert die Abstimmung der unterschiedlichen Module und deren Schnittstellen untereinander, sowie die spezifizierte Zuweisung von Funktionen (vgl. Waringer und Piller 1999, S. 82). Baldwin und Clark (2000, S. 42) haben festgestellt, dass Schwierigkeiten vor allem in der Montage in Form von Anpassungsproblemen auftreten. Die Verwendung von Modulen innerhalb unterschiedlicher Modellsegmente kann dazu führen, dass Modelle unterer Fahrzeugsegmente mit Modulen bestückt werden, die eigentlich nicht benötigt werden (vgl. Ulrich und Tung 1991, S. 76). Die Entwicklung und Spezifikationen von modellübergreifenden Modulen muss an seiner höchsten Verwendung ausgerichtet sein, um die Anforderungen des Produktes zu erfüllen. Dies kann zu einer Zunahme der Stückkosten für Modelle unterer Segmente führen. Durch die reduzierte Produktkomplexität birgt eine Modularisierung auch zusätzliche Gefahren, dass Wettbewerber das Produkt imitieren und bestehen Wettbewerbsvorteile kompensieren können. Diese Gefahr bietet sich insbesondere im Fall von standardisierten Schnittstellen und Modulen, die fabrikatsübergreifend Verwendung finden (vgl. Baldwin und Clark 1997, S. 87).

Im Falle einer Modularisierung der Produktarchitektur sind auch die Konsequenzen für die Service- und Reparaturleistungen im Bereich der Automobildistribution zu berücksichtigen. Modulare Produktarchitekturen begünstigen beispielsweise eine Standardisierung und Desintegration für die Aftersales Dienstleistungen (Sako 2003, S. 233). Dadurch werden Differenzierungspotentiale eingeschränkt. Momentan sind analog zu den vergleichsweise wenig standardisierten Produkten weiterhin spezifische Ressourcen und Kompetenzen zur Reparatur von Fahrzeugen notwendig. Der Endkunde kann somit sein Fahrzeug nicht in beliebigen Werkstätten reparieren lassen, was einen gewissen Wettbewerbsschutz für die Gruppe der Automobilhersteller darstellt (vgl. Chieux und Stratmann 2007). Dieses ändert sich jedoch durch eine wachsende Produktangleichung sowie durch die Liberalisierung des Aftersales Marktes.

3.1.2.1.3 Rekonfiguration der Interakteursbeziehungen

Die Bündelung von Wertschöpfungsaktivitäten und deren Vergabe an externe Lieferanten begünstigen die Entstehung dezentraler Organisationsstrukturen (vgl. Waringer und Piller 1999, S. 89). Bis in die achtziger Jahre war die Automobilproduktion traditionell durch eine Organisationsstruktur geprägt, in die der Automobilhersteller hierarchisch vertikale Lieferanten koordiniert, die im Gegenzug wenig komplexe Teilleistungen zum Endprodukt beitrugen. Der überwiegende Anteil der Wertschöpfungsleistungen wurde integral durch den Automobilhersteller geleistet, die verbleibenden Aktivitäten koordinierte dieser autark und besaß weit reichende Verfügungsmacht an den Produktionsressourcen. Diese Wertschöpfungsstrategie implizierte eine Organisationsstruktur bestehend aus einem zentralen Akteur und einer Vielzahl direkt untergeordneter Lieferanten.

Der erste Rekonfigurationsschritt in Bezug zu den Beziehungsstrukturen zwischen einem Automobilhersteller und dessen Lieferanten führte zur einer pyramidalen Zuliefererstruktur (vgl. Jürgens 2005, S. 26). Die pyramidale Zulieferkette wurde in der japanischen Automobilproduktion im Vergleich zur US-amerikanischen und europäischen Produktionsmethoden sehr viel früher umgesetzt und verfolgte die Zielsetzung, die Anzahl der Direktzulieferer und damit die Koordinationskomplexität und die Transaktionskosten zu reduzieren (vgl. Wildeman 1998). Im Fall einer Zuliefererpyramide steht ein fokales Unternehmen an der Spitze der Pyramide und übernimmt die Führung der Netzwerkpartner. Die Systemführung hatte im Fall der Automobilwirtschaft der Automobilhersteller inne. Modullieferanten auf der zweiten Pyramidenebene können in diesem Zusammenhang weit reichende Wertschöpfungsleistungen übernehmen, einschließlich Forschungs- und Entwicklungs-, Beschaffungs- und Montageleistungen sowie Koordinierungsfunktionen für den nach geordneten Akteure (vgl. Waringer und Piller 1999, S. 116).

Im Verlauf ausgeprägter Outsourcing Prozesse und der Bündelung umfassender Wertschöpfungsaktivitäten entstanden in Europa und in den USA überdurchschnittlich große Modul-Lieferantenunternehmen, die mit einer Vielzahl unterschiedlicher Automobilherstellern in einer Leistungsbeziehung stehen (vgl. Wertz 2000). Solche Modullieferanten sind in mehreren Wertschöpfungsorganisationen gleichzeitig aktiv und tragen Wertschöpfungsfunktionen für konkurrierende Fabrikate aus. In Folge dessen entstehen komplexe und vernetzte Lieferbeziehungen zwischen unterschiedliche Wertschöpfungsorganisationen. Die wertschöpfungsorganisationsübergreifenden Aktivitäten durch Lieferanten begünstigen die Durchsetzung standardisierter Technologien und Produktschnittstellen und in Folge dessen die Desintegration von Wertschöpfungsorganisationen.

Die Vergabe großer Lieferumfänge an einzelne Lieferanten begünstigen kapitalkräftige und vergleichsweise große Unternehmen. Kleine und mittelständige Akteure verfügen oftmals nicht über die notwendigen Ressourcen und Kompetenzen, die im Rahmen der Modularisierungsstrategien der Automobilhersteller gefordert werden[98].

Die skizzierten Entwicklungen implizieren einen nachhaltigen Konsolidierungsprozess im Kreis der Zuliefererakteure und begünstigten konzentrierte Zuliefererstrukturen[99]. Große Zuliefererunternehmen verfolgen eine globale Akquisitionspolitik, um den Kaskadierungs- und Globalisierungsentwicklungen im Zulieferersektor zu begegnen (vgl. Volpato 2002). Solche Strukturen sind in Wertschöpfungsorganisationen von Fabrikaten europäischer Provenienz überdurchschnittlich oft auszumachen (vgl. Jürgens 2005, S. 27). Im Verlauf des weltweiten Konsolidierungsprozess hat sich die Zahl der selbstständigen Zuliefererunternehmen von 25.000 im Jahr 1980 auf etwa 5.600 im Jahr 2000 reduziert (vgl. Eiberger 2005). Die daraus resultierenden Zuliefererunternehmen zeichnen sich durch eine überdurchschnittliche Unternehmensgröße aus und formen neue, tendenziell oligopolistische Zuliefererstrukturen in Europa. In der Folge entsteht ein bilaterales Oligopol zwischen den Automobilherstellern und den Zuliefererunternehmen. Tabelle 3.1 zeigt die 20 größten Automobilzulieferer weltweit. Abbildung 3.5 skizziert den Konsolidierungsprozess im Kontext der globalen Zulieferer- und Automobilherstellerstrukturen.

Tabelle 3.1 Die 20 größten Automobilzulieferer

Rang im Jahr 2008	Unternehmen	Umsatz in USD ($)	Rang im Jahr 2008	Unternehmen	Umsatz in USD ($)
1	Bosch	39.006	11	Faurecia	17.359
2	Denso	33.213	12	Lear	15.995
3	Magna	26.67	13	Siemens VDO	15.184
4	Bridgestone	23.356	14	ZF Group	14.915
5	Michelin	22.664	15	ThyssenKrupp	14.893
6	Delphi	22.024	16	TRW Automotive	14.702
7	Aisin Seiki	21.982	17	Valeo	13.285
8	Johnson Controls	21.887	18	Visteon	10.721
9	Continental	21.078	19	Toyota Boshoku	10.477
10	Goodyear	19.644	20	BASF	10.420

Quelle: Automobilproduktion 2009, Unternehmensangaben

98 Die Auslagerung komplexer Entwicklungs- und Fertigungsaufgaben stellt hohe finanzielle Anforderungen an die Zulieferer, was in der Folge zu einer weiteren Beschleunigung des Konzentrationsprozesses im Zulieferersektor führt (vgl. Meinig 2005). Zuliefererunternehmen müssen neue Entwicklungen oftmals vorfinanzieren, so dass nur finanzstarke Unternehmen überleben können. Kleinere Unternehmen sind in der Konsequenz übernommen worden oder sie haben die Rolle eines Sublieferanten der zweiten oder n-ten Hierarchieebene eingenommen.

99 In der Literatur wird von Mega-Zulieferern gesprochen, wenn der Unternehmensumsatz größer als 10 Milliarden Euro pro Jahr beträgt (vgl. Eiberger 2005).

Weitere Veränderungen in den Interakteursbeziehungsstrukturen ergeben sich durch die wachsende Bedeutung horizontaler Produktionspartnerschaften. Unter horizontalen Kooperationen versteht man Formen der Zusammenarbeit von Unternehmen der gleichen Branche und Wertschöpfungsstufe mit einem gleichen beziehungsweise ähnlichen Tätigkeitsbereich (vgl. Kraege 1997, S. 66). In diesem Fall arbeiten Wettbewerbsunternehmen zusammen, um Produktions- und Transaktionskosten einzusparen, Risiken zu minimieren sowie Know-how und Kapazitätsgrenzen zu überwinden (vgl. zum Beispiel Royer 2002). In der Produktion sind gemeinsame Aktivitäten auf die Entwicklung und Produktion von Fahrzeugkomponenten, Modulen bis hin zu Komplettfahrzeugen gerichtet (vgl. Diez und Reindl 2005b, S. 71 ff., Waringer und Piller 1999, S. 69). Der Umfang der gemeinsamen Aktivitäten ist für individuelle Partnerschaften unterschiedlich und kann sich auf einzelne Transaktionen begrenzen.

Abbildung 3.5 Der Konsolidierungsprozess in der Automobilindustire

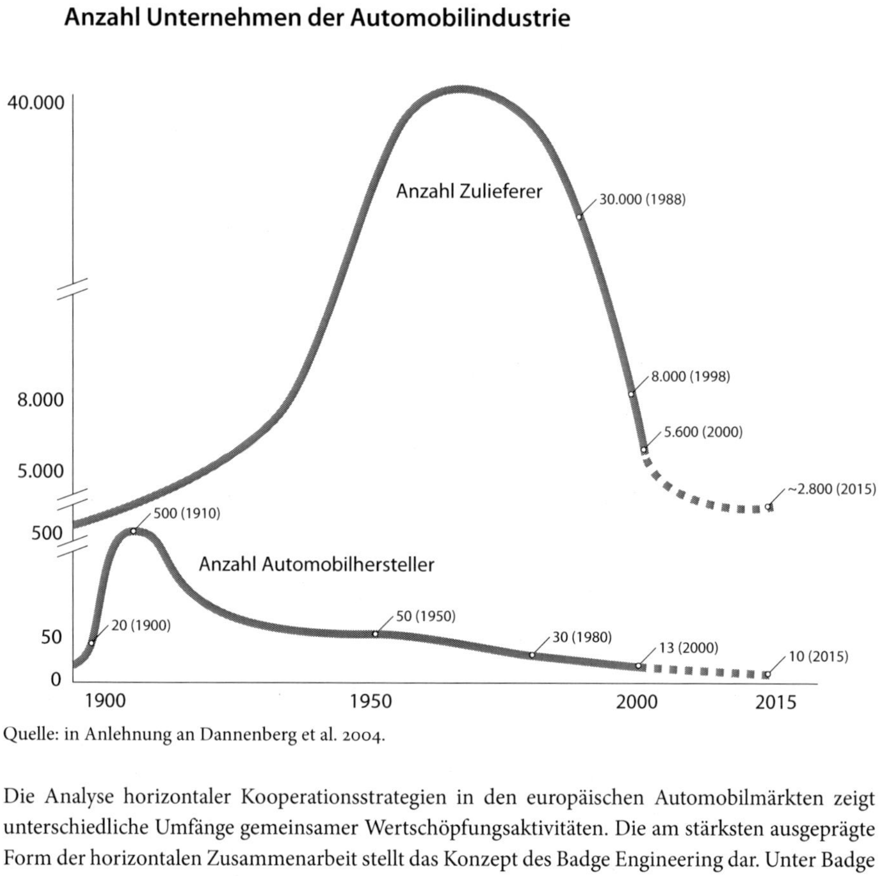

Quelle: in Anlehnung an Dannenberg et al. 2004.

Die Analyse horizontaler Kooperationsstrategien in den europäischen Automobilmärkten zeigt unterschiedliche Umfänge gemeinsamer Wertschöpfungsaktivitäten. Die am stärksten ausgeprägte Form der horizontalen Zusammenarbeit stellt das Konzept des Badge Engineering dar. Unter Badge

Engineering versteht man die Baugleichheit von Fahrzeugen, die von verschiedenen Fahrzeugherstellern gemeinsam produziert, aber unter verschiedenen Markennamen vermarktet werden (vgl. zum Beispiel Dudenhöffer 1997, S. 144)[100]. Eine identische Produktarchitektur und technische Baugleichheit impliziert ein geringes Produktdifferenzierungspotential zwischen den Wettbewerbsfabrikaten. Die Produktdifferenzierung beschränkt sich bei Beispielen aus der Automobilindustrie auf wenige optische Details. Die Strategie wird sowohl bei Modellen unterschiedlicher Marken eines Dachkonzerns als auch zwischen direkten Wettbewerbsunternehmen[101] angewendet. Zentrale Ziele einer Badge Engineering Strategie liegen analog zu den Zielsetzungen einer horizontalen Kooperationsstrategie in der Kosten- und Risikominimierung in der Entwicklung und Produktion von zusätzlichen Modellen. Einige Automobilhersteller nutzen durch das „Re-Branding" das Vertriebsnetz von Wettbewerbsunternehmen in solchen Märkten, in denen kein eigenes Netz für das spezifische Fabrikat besteht. Das Produkt wird dann innerhalb des Distributionsnetzes unter dem Markennamen des Wettbewerbsfabrikates verkauft und somit in zusätzliche Märkte penetriert. Einen geringeren Umfang an gemeinsam genutzten Produktionsumfängen stellen horizontale Plattform- und Modulkooperationen dar. Eine wachsende Bedeutung erfahren horizontale Kooperationen vor allem im Bereich der investitionsintensiven Antriebstechnik.

Die Rekonfiguration der Interakteursbeziehungen begünstigt die Entstehung komplexer, netzwerkförmiger Lieferantenstrukturen. Ehemals streng vertikal hierarchische Organisationsarchitekturen werden durch Netzwerke und vermehrt durch horizontal kooperative Akteursbindungen ersetzt und ergänzt. Direkte Zulieferer haben durch die Bündelung und anschließenden Auslagerung von Produktionsaktivitäten eine weit reichende Verfügungsmacht an den Produktionsprozessen erhalten. Auf Grund von Spezialisierungstendenzen, der Konzentration im Zulieferersektor und der Übertragung weitreichender Produktionsaufgaben können die Automobilproduzenten die Interakteursbeziehungen weniger hierarchisch koordinieren (vgl. Jürgens 2005, S. 28). Daraus ergeben sich Implikationen für die Gestaltung der Interakteursbeziehungen im Produktionsbereich.

3.1.2.1.4 Zwischenfazit zur Automobilproduktion

Innerhalb der Wertschöpfungsorganisationen in der Automobilproduktion zeigen sich deutliche Desintegrationsprozesse. Die Bündelung und Auslagerung von Produktionsaktivitäten hat die Entstehung von Mega-Direktlieferanten gefördert, die innerhalb unterschiedlicher Wertschöpfungsorganisationen aktiv sind. Aus den ehemals zentral hierarchischen Organisationsformen entwickeln sich komplexe, netzwerkförmige Gebilde, die eine überdurchschnittliche Koordinationsaufgabe an die Automobilhersteller stellen. Die Koordination der Akteure und die Organisationskonfiguration avancieren zu einer immer bedeutender werdenden Kernkompetenz für Automobilproduzenten (vgl. Dietl et al. 2009a und 2009b). Konkrete Gefahren einer organisatorischen Modularisierung sind unter anderem der Verlust der Kontroll- und Koordinationsmacht, der Verlust der Nachfragemacht, der Know-how Verlust, sowie die Intransparenz über das System und der Verlust von

100 Ein prominentes Beispiel einer horizontalen Badge-Engineering Strategie ist das Autoeuropa Projekt zwischen Volkswagen, Seat und Ford. In diesem Joint-Venture wurden gemeinsam die Großraumlimousinen Volkswagen Sharan, Seat Alhambra und Ford Galaxy entwickelt und produziert. Ford ist mittlerweile aus dem Projekt ausgestiegen und Volkswagen hat die Produktionsstätten übernommen. Weitere Beispiele sind Joint-Ventures zwischen Mitsubishi und der Peugeot-Citroen Gruppe, Suzuki und Fiat oder zwischen Ford und Fiat.

101 Ein Beispiel stellt das Kleinwagen Joint-Venture zwischen Peugeot-Citroen SA (PSA) und Toyota dar. Toyota produziert in diesem Fall die baugleichen Kleinwagen Peugeot 109, Citroen C1 und Toyota Aygo.

Differenzierungspotentialen. Wertz (2000) spricht im Rahmen umfassender Outsourcing Strategien von einem „Zangengriff", in den eine Vielzahl von Unternehmen geraten ist. Auf der einen Seite sind die Unternehmen zur Verbesserung der ökonomischen Effizienz gezwungen, auf der anderen Seite gilt es, Differenzierungsziele zu erfüllen.

3.1.2.2 Veränderungen im Wertschöpfungsorganisationsbereich Automobildistribution

Der Wertschöpfungsorganisationsbereich Distribution umfasst ein Spektrum unterschiedlicher Aktivitäten. Unter Distribution kann im vorliegenden Untersuchungskontext „[...] die Summe der Aktivitäten sämtlicher am Austausch der Waren und Dienstleistungen vom Hersteller zum Verbraucher beteiligten Wirtschaftseinheiten" verstanden werden (Decker 2000, S. 56)[102]. Die Distributionsorganisation umfasst auf Grundlage dieser Definition alle agierenden Wirtschaftsakteure, die absatzwirtschaftliche Aktivitäten übernehmen[103]. Reindl (2005a, S. 14) fasst den Begriff Distributionssystem aus institutioneller Sichtweise im automobilwirtschaftlichen Kontext folgendermaßen zusammen: „[Das Distributionssystem ist die] Gesamtheit der absatzwirtschaftlichen Institutionen, die dazu beitragen, räumliche, zeitliche, qualitative und quantitative Diskrepanzen zwischen der Produktion und der Konsumtion von Fahrzeugen zu überbrücken."[104] Ahlert (1991, S. 27) betont in seiner Definition des Begriffs „Distributionssystem" die wechselseitigen Beziehungen zwischen den Absatzwegen und den partizipierenden Wirtschaftssubjekten. In der Literatur erfolgt häufig eine Differenzierung zwischen den Begriffen Distributions- und Vertriebsorganisation. Der Vertriebsbegriff bezieht sich im automobilwirtschaftlichen Kontext sowohl auf den Fahrzeug- und Ersatzteilvertrieb als auch auf Reparatur- und Servicedienstleistungen (vgl. Decker 2000, S. 57)[105]. Eine Vertriebsorganisation kann zusammenfassend als eine untergeordnete Kategorie einer Distributionsorganisation verstanden werden, die in erster Linie Einzelhandelsaktivitäten fokussiert (vgl. Florenz 1992, S. 45, Decker 2000, S. 56)[106]. Zusammenfassend kann analog zur Definition des Wertschöpfungsorganisationsbegriffs im Kontext der Automobilproduktion unter Distributionsorganisation die Koordination und Integration aller vertikal, horizontal und lateral verbundenen Akteure verstanden werden, die einen Beitrag zur Distribution eines Automobils und komplementärer Dienst- und Sachleistungen leisten und spezifische Funktionen übernehmen.

---

102 Zur Erklärung des Distributionsbegriffs findet sich in der Distributionsliteratur eine Anzahl verschiedener Definitionen (vgl. zum Beispiel Ahlert 1981, 1991, Nieschlag, Dichtl, Hörschgen 1991).

103 Absatzaktivitäten stellen nach Diller (1992, S. 3) den entgeltlichen Verkauf von Wirtschaftsgütern und -leistungen am Ende des betrieblichen Leistungsprozess dar. Ahlert (1991, S. 14) berücksichtigt hinsichtlich der Absatzaktivitäten neben der eigentlichen Verkaufsfunktion zusätzlich Aspekte der Produktdarbietung, der Verkaufsberatung und der Kaufverhandlung.

104 Von der Definition des Distributionsbegriffes auf Grundlage der unterschiedlichen Institutionen und Akteure ist die Definition der physischen Distribution zu unterscheiden. Die physische Distribution betrifft die Gestaltung des Transportes der Ware von der Produktion bis zum Endkunden (Nieschlag, Dichtl und Hörschgen 1991, S. 996). Die physische Distribution ist als eine Wertschöpfungsleistung innerhalb der Wertschöpfungsorganisation zu verstehen. Der vorliegenden Untersuchung liegt ein institutionelles Verständnis des Distributionsbegriffs zugrunde.

105 Die Begriffe Vertrieb und Absatz sowie die Begriffe Distributionssystem und Distributionsorganisation werden im Folgenden synonym verwendet.

106 Florenz (1992, S. 45) definiert den Begriff Vertriebssystem »[...] als die institutionalisierte Zusammenfassung und Absicherung der [...] Beziehungen zwischen Hersteller und Absatzmittler [durch] strukturierenden Einzelvereinbarungen, also als Organisationsform der Distribution.« In diesem Fall wird der Begriff Vertriebssystem mit dem Begriff Vertriebsorganisation synonym füreinander gebraucht

Analog zu Produktarchitekturen kann zwischen integralen und modularen Dienstleistungsarchitekturen unterschieden werden. Eine modulare Dienstleistungsarchitektur folgt dem Prinzip der Dekomposition und Standardisierung von Produktkomponenten (vgl. Sanchez und Mahoney 1996, S. 65 ff.). Burr (2002) definiert eine modulare Dienstleistung und Dienstleistungsarchitektur folgendermaßen: „Eine komplexe Dienstleistung (ein Kundenproblem) wird in eine strukturierte Anordnung von Dienstleistungsmodulen (Teilproblem) zerlegt. Ein Dienstleistungsmodul wird gebildet, indem eine Gesamtdienstleistung und ihre Gesamtfunktionalität in Teildienstleistungen und Teilfunktionalitäten zerlegt und anschließend für jede Teildienstleistung eine organisatorische Einheit bestimmt wird, die für ihre Erfüllung zuständig ist“ (Burr 2002, S. 113).

Die Automobildistribution erfüllt weitestgehend die Merkmale einer modularen Dienstleistungsarchitektur. Neben dem eigentlichen Automobilvertrieb spielen komplementäre Dienstleistungen aus strategischer Sicht eine besondere Rolle. Aus Wertschöpfungsorganisationsperspektive ist es möglich, die Teildienstleistungen jeweils einzelnen organisatorischen Einheiten zuzuordnen. Modulare Dienstleistungsarchitekturen können sowohl durch desintegrierte oder integrierte Organisationen erbracht werden (vgl. Burr 2002, S. 113ff.). Neben den eigentlichen Groß- und Einzelhandelsleistungen im Neu- und Ersatzteilvertrieb zählen zu den bedeutenden Dienstleistungen vor allem die Finanzdienstleistungen sowie die Service- und Reparaturdienstleistungen. Die Automobildistribution stellt die Gesamtheit dieser Einzelleistungen dar. Die Einzelleistungen können in einem weiteren Detaillierungsgrad in weitere Teilleistungen differenziert werden[107].

Distributionsfunktionen lassen sich im vorliegenden Kontext nach Großhandels- und Einzelhandelsfunktionen für Sach- und Dienstleistungen differenzieren. Die strategische Konzeption und Steuerung einer Distributionsorganisation obliegt im Wesentlichen den Organen der Großhandelsstufe (vgl. Bailey 2006, S. 6). Dienstleistungen im Neuwagenvertrieb umfassen die klassischen Einzelhandelsfunktionen gegenüber dem Endkunden, die je nach Betriebsform in unterschiedlicher Intensität geleistet werden. Haas (1993, S. 1137 ff.) differenziert für diesen Kontext vier Teilleistungen: i. Unterstützung bei der Kaufentscheidung (zum Beispiel Angebot von Probefahrten, persönliche Beratung), ii. Gestaltung der Einkaufshandlung (zum Beispiel Warenpräsentation), iii. Übergang der Ware (zum Beispiel Bereitstellung der Ware, technische Beratung), iv. Betreuung nach dem Verkauf (zum Beispiel das Angebot von technischen Serviceleistungen). Hinsichtlich der Betriebsfrom folgt der traditionelle Automobilhandel den Merkmalen des Fachhandelsprinzips. Diese spezialisierte Betriebsform ist durch eine hohe Dienstleistungsintensität gekennzeichnet, die auf Gurnd der hohen Kosten überdurchschnittliche Marktpreise erfordert (vgl. Diez 2001, S. 354)[108].

Neben dem eigentlichen Neuwagenvertrieb haben komplementäre Finanzdienstleistungen enorm an strategischer Relevanz gewonnen (vgl. Buzzavo und Bozon 2004). Originäre Funktion von Finanzdienstleistungen im automobilwirtschaftlichen Kontext ist die Abwicklung der Neu- und

107 Der Neuwagenvertrieb kann beispielsweise in weitere Teildienstleistungen untergliedert werden. Reindl (2005b, S. 426) unterscheidet zwischen Akquisitionsaufgaben, Kommunikationsaufgaben, Abschlussaufgaben, Serviceaufgaben, Informationsaufgaben und Koordinationsaufgaben. »Zu den Kerndienstleistungen im Automobilhandel zählen heute insbesondere die Kaufberatung mit Probefahrt. Der persönliche Verkauf wird überall dort eingesetzt, wo es um den Absatz komplexer, erklärungsbedürftiger und hochpreisiger Produkte geht. Damit ist er in der Automobilwirtschaft die typische Verkaufsform, mit einer nach wie vor hohen Akzeptanz« (Reindl 2005b, S. 426).

108 Der traditionelle Automobilhandel deckt die Dienstleistungsfelder i. Verkauf von Neu- und Gebrauchtwagen, ii. Durchführung von Wartungs- und Reparaturarbeiten und den Verkauf von Ersatzteilen und Zubehör ab (Diez 2003, S. 4).

Gebrauchtfahrzeugtransaktionen. Klassische Finanzdienstleistungen, nämlich Finanzierung und Leasing, werden momentan durch die Ergänzung weiterer Leistungsbausteine weiterentwickelt und innerhalb von Dienstleistungsmodulen gebündelt. Die Absatzfinanzierung sowie das Leasing stellen die beiden wichtigsten Arten von Finanzdienstleistungen dar[109]. Die Bedeutung von Finanzdienstleistungen wurde auf der einen Seite auf Grund der vergleichsweise hohen Wertschöpfungserträge sowie der Absatzförderungs- und Kundenbindungsfunktionen durch die Automobilhersteller forciert. Auf der anderen Seite werden Finanzdienstleistungen durch die wachsende Gruppe der Gewerbekunden sowie auf Grund stetig steigender Neuwagenpreise vermehrt nachgefragt (vgl. Kiff 2005)[110]. Zum Finanzdienstleistungsspektrum gehört eine Vielzahl weiterer Dienstleistungen, die neben der originären Funktion, nämlich der Abwicklung der Kauftransaktion, weitere Funktionen abdecken. Diez (2001, S. 183) unterscheidet zwischen Mobilität schaffenden, Mobilität sichernden und Mobilität erweiternden Dienstleistungen. Prinzipiell können Finanzdienstleistungsmodule mittels eines nahezu unbegrenzten Spektrums weiterer Dienstleistungen konzipiert werden. Im Ergebnis entstehen daraus komplexe Dienstleistungsprodukte, die auch als Mobilitätsdienstleistungen oder Mobilitätssysteme bezeichnet werden[111]. Diese Dienstleistungen wurden lange Zeit vor allem durch spezialisierte Akteure außerhalb der vertragsgebundenen Organisation des Automobilherstellers angeboten (vgl. Reindl 2005a).

Eine aus Rentensicht weitere Säule für die Automobildistribution sind die Service- und Reparaturdienstleistungen. Service- und Reparaturdienstleistungen umfassen alle Leistungen, die für die Sicherung des Gebrauchsnutzens des Automobils notwendig sind (vgl. Diez 2001, S. 194). Im Kontext der Automobilwirtschaft werden darunter alle Dienstleistungen zusammengefasst, die mit Wartungs- und Reparaturarbeiten[112] aller Art in Verbindung stehen. Die Durchführung von Service- und Reparaturdienstleistungen erfordert den Einsatz von Ersatzteilen und umfasst in Folge dessen Vertriebsfunktionen für die Ersatzteildistribution. Service- und Reparaturdienstleistungen werden zunehmend in Finanzdienstleistungsprodukten integriert, was Auswirkungen auf die Architektur der Distributionsleistungen und die gesamte Form der Distributionsorganisation hat.

---

109 Die Absatzfinanzierung beschreibt den klassischen Ratenkredit. Hauptfunktion dieser Finanzdienstleistung ist die Nutzung und der langfristige Erwerb des Eigentums am finanzierten Fahrzeug (vgl. Kimmel 1993, S. 66). Zur Kategorie der Absatzfinanzierung können in der Automobilwirtschaft die Standardfinanzierung und die Schlussratenfinanzierung gezählt werden. Lorenz (2000, S. 62) definiert Leasing im automobilwirtschaftlichen Kontext als: »[...] die längerfristige Gebrauchsüberlassung von Wirtschaftsgütern des privaten und gewerblichen Bedarfs gegen periodisch entrichtetes Entgelt. Als Leasingobjekte kommen nur die Gebrauchsgüter in Betracht, die wirtschaftlich selbstständig verwendbar sind.«

110 In den durch Geschäftskunden dominierten britischen Markt werden mehr als 90 Prozent der Neufahrzeuge mit einer Absatzfinanzierung oder einer Leasingprodukt verkauft (vgl. Buzzavo und Bozon 2004). Auch in Deutschland liegt die Penetration von Finanzdienstleistungen (Absatzfinanzierung und Leasing) im Verhältnis zum Gesamtabsatz der Neufahrzeuge bei mehr als 70 Prozent (Reindl 2005b, S. 428, Buzzavo und Bozon 2004, S. 22 ff.). Der eigentliche Finanzierungsanteil pro finanzierten liegt in Deutschland bei circa 35 Prozent (DAT Report 2005, S. 22).

111 Vor allem das Fuhrparkmanagement wird in der automobilwirtschaftlichen Literatur häufig zur Kategorie der Mobilitätsdienstleistungen gezählt. Das Fuhrparkmanagement baut auf dem klassischen Leasingprodukt auf und enthält zusätzlich Fuhrparkverwaltungs- und Service- und Reparaturdienstleistungen. Reindl (2005b, S. 449) definiert eine Mobilitätssystem als: »ein Leistungsbündel [...], das der Befriedigung von Mobilitätsbedürfnissen durch die Sicherstellung einer hohen intra- und intermodalen Flexibilität dient. Die intra-modale Flexibilität bezieht sich auf die Wahlmöglichkeit zwischen verschiedenen Automobiltypen und/oder Automobilmarken. Inter-modale Flexibilität ist hingegen die Wahlmöglichkeit in Bezug auf den Verkehrsträger (Auto, Bus, Bahn, Flugzeug, Fahrrad).«

112 Unter Reparaturarbeiten werden hier technische, mechanische Reparaturen am Fahrzeug sowie Unfallinstandsetzungen verstanden.

In den folgenden Abschnitten werden nachhaltige Veränderungen in der Automobildistribution und deren Auswirkungen auf die Wertschöpfungsorganisation dargestellt.

3.1.2.2.1 *Zunehmender Eigenleistungsanteil durch die Automobilhersteller*

Der wachsende Druck auf die Rentabilität in der Automobilproduktion führt zu einer zunehmenden Fokussierung der Automobilhersteller auf die Wertschöpfung im Distributionsbereich. In Folge dessen weiten einige Automobilhersteller die eigenen Distributionsaktivitäten aus, während gleichzeitig die Aktivitäten im Industriebereich zurückgefahren werden. Dieser Trend wird auch durch ein verändertes Kundenverhalten begünstigt, wodurch vielmehr Mobilitätsdienstleistungen denn das eigentliche Produkt im Vordergrund steht (vgl. Reindl 2005b, S. 449).

Ein Indikator für eine zunehmende Integration ist die wachsende Zahl an herstellereigenen Niederlassungen. Herstellereigene Niederlassungen führen in der Regel alle relevanten Distributionsaktivitäten aus, nämlich den Neu-, Gebrauchtwagen- und Ersatzteilvertrieb sowie Service-, Reparatur- und Finanzdienstleistungen. Im Jahr 2007 kontrollierten herstellereigene Betriebsstätten in Frankfreich etwa 18 Prozent des Neuwagenabsatzvolumens, in Deutschland etwa 13 Prozent (siehe Abbildung 3.6) (vgl. Bozon 2008a, S. 6, Wade und Brown 2007). Neben den Niederlassungen gewinnen herstellereigene Zentralabteilungen an Bedeutung, die direkt mit großen Flottenkunden in Kontakt stehen. Auf europäischer Ebene werden etwa zehn Prozent aller Neuwagenzulassungen durch diese integrierten Verkaufszentralen an (große Flotten-)Kunden vertrieben (vgl. Kiff 2005, S. 18). Externe Händler erfüllen bei zentralen Direktvertriebsaktivitäten in der Regel nur noch Logistik- sowie Service- und Reparaturfunktionen und erhalten ein Betreuungsentgelt. Berücksichtigt man die Verkaufsaktivitäten durch zentrale und dezentrale Herstellerorgane, dann ist von einem direkt durch die Automobilhersteller erbrachten Eigenleistungsanteil von mehr als 20 Prozent im Neufahrzeugeinzelhandel für die europäischen Kernmärkte auszugehen. Einige Automobilhersteller haben aktiv neue Betriebsstätten in Metropolenlagen errichtet oder haben ehemals selbstständigen Vertriebsakteuren zugekauft (vgl. Bozon 2008a). Insgesamt ist die Zahl der herstellereigenen Niederlassungen und deren Anteil am Neufahrzeugabsatzvolumen für den europäischen Markt zunehmend (vgl. Wade und Brown 2007).

Abbildung 3.6 Herstellereigene Niederlassungen im europäischen Marktraum

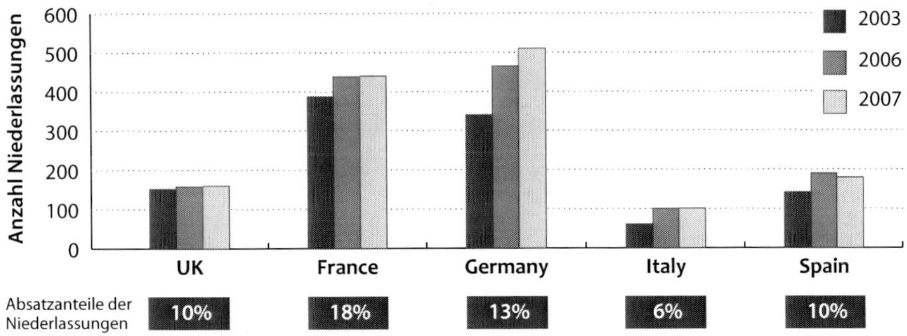

Quelle: in Anlehnung an Bozon 2008a, Wade und Brown 2007

Neben dem klassischen Automobilvertrieb haben Automobilhersteller weitere Wertschöpfungsleistungen integriert. Eine Vielzahl an Automobilherstellern bieten mittlerweile eigene Finanzdienstleistungsprodukte in Form von Fahrzeugfinanzierungen, Leasing und Versicherungen an. Neben den originären Finanzdienstleistungen für Automobilprodukte offerieren einige Automobilbanken weitere Bankenprodukte und besitzen einen Vollbankenstatus (vgl. Buzzavo und Bozon 2004). Deutschland zeichnet sich durch die Dominanz der herstellereigenen Finanzdienstleistungsakteure aus, die eng mit Vertragshändlern kooperieren (vgl. Buzzavo und Bozon 2004, S. 22 ff.). Die herstellerkontrollierten Akteure haben einen überdurchschnittlich hohen Marktanteil im Bereich der Neuwagenabsatzfinanzierung (vgl. Kiff 2005). Herstellergebundene Banken profitieren von der Dichte des Neuwagenvertragshandelsnetzes und der Integration der Finanzdienstleistungen in den Neuwagenvertriebsprozess (vgl. Buzzavo und Bozon 2004).

Festzuhalten bleibt, dass die Mehrheit der Automobilhersteller die Wertschöpfungsaktivitäten im Bereich der Automobildistribution ausgedehnt hat. Die Verschiebung der Rentengenerierungspotentiale aus dem Bereich der Automobilproduktion in die Automobildistribution hat die Automobilhersteller dazu veranlasst, die Aktivitäten stärker auf die Distribution zu richten. Ein erheblicher Teil der Wertschöpfung und damit auch der Gewinnpotentiale werden zunehmend erst nach der Herstellung und dem Verkauf des Fahrzeuges generiert (vgl. Diez 2003, S. 20-21). Neben der strategischen Wertschöpfungsbedeutung der Automobildistribution hat die europaweite Liberalisierung des Vertragshandelssystems in einigen Wertschöpfungsorganisationen eine stärkere zentrale Integration von Aktivitäten initiiert. Die Liberalisierungsentwicklungen und Konsequenzen sind Inhalt der folgenden Abschnitte.

3.1.2.2.2 Liberalisierung des Vertragshandelssystems

Das Vertragshandelssystem ist eine Besonderheit der Automobilwirtschaft (vgl. Reindl 2005a, S. 16, Florenz 1992, S. 63 ff.)[113]. Ein Vertragshändler kann als selbstständiger Gewerbetreibender definiert werden, der „aufgrund eines Vertrages ständig damit betraut ist, im eigenen Namen und auf eigene Rechnung Waren zu vertreiben, und verpflichtet ist, sich für deren Absatz nach der Konzeption des Herstellers einzusetzen" (Ahlert 1991, S. 215). Charakteristisch für das traditionelle Vertragshändlersystem ist eine integrierte Leistungsabdeckung in Form des Verkaufs von Neu- und Gebrauchtwagen, der Durchführung von Wartungs- und Reparaturdienstleistungen und den Verkauf von Ersatzteilen, Zubehör und Finanzdienstleistungen (vgl. Diez 2003, S. 4). Charakteristisches Merkmal eines Vertragshandelssystems sind enge vertragliche Bindungen, streng hierarchische Koordinationsmechanismen und integrierte Organisationsarchitekturen. Durch den Vertrag werden externe Akteure langfristig in die Wertschöpfungsorganisation integriert und auf Grundlage von Einzelregelungen koordiniert (vgl. Decker 2000, S. 75). Abbildung 3.7 skizziert das Vertragshandelssystem in Kontext der Automobilwirtschaft. In der europäischen Automobilwirtschaft stellt die automobilspezifische Gruppenfreistellungsverordnung (GVO) Nr. 1400/2002 die wettbewerbsrechtliche Grundlage für das Vertragshandelssystem dar. Die Vertragsklauseln beziehen sich im Wesentlichen auf die auszuübenden Distributionsfunktionen, die bereitzustellenden Ressourcen und die zu leistenden Investitionen durch die Distributionsakteure auf der einen Seite und auf die Gegenleistungen durch den Automobilhersteller auf der anderen (vgl. Creutzig 2002, S. 29ff.).

---

113 In der englischsprachigen Literatur wird der Begriff »Franchise System« synonym für das Vertragshandelssystem verwendet.

Abbildung 3.7 Das Vertragshandelssystem im Kontext der Automobilwirtschaft

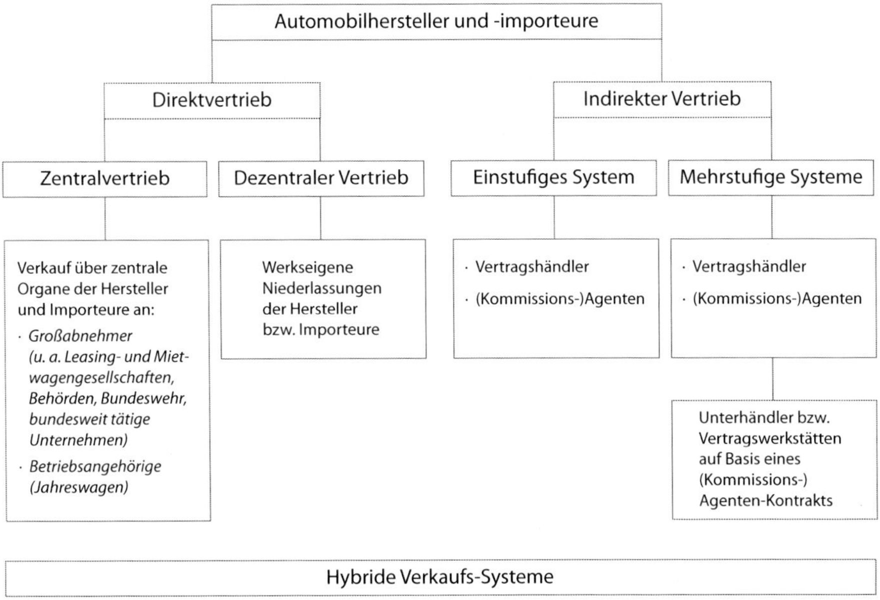

Quelle: in Anlehnung an Reindl 2005a, S. 17.

In der europäischen Automobilwirtschaft bestehen für die unterschiedlichen Distributionsfunktionen spezifische Kontraktverhältnisse. Die GVO Nr. 1400/2002 erfordert eine vertragliche Trennung zwischen Neuwagenverkauf, Service- und Reparaturdienstleistungen sowie dem Ersatzteilvertrieb (vgl. Tongue 2008, S. 6 ff., Creutzig 2002, S. 44). Entsprechend sind Neuwagen-, Service- und Reparatur- sowie Ersatzteilvertriebsverträge voneinander zu differenzieren. Ein Akteur kann als Vertragspartner für alle Funktionen oder nur für Teilfunktionen agieren. Unterschiedliche Arten vertraglich an den Automobilhersteller gebundener Distributionsakteure können danach differenziert werden, für welche Distributionsfunktionen eine vertragliche Autorisierung vorliegt (vgl. Chieux et al. 2008, S. 6ff.) [114]. Kompletthändler verfügen über eine Autorisierung für alle Distributionsfunktionen.

114 In der automobilwirtschaftlichen Literatur wird die Anzahl der unterschiedlichen Vertriebsakteure und der jeweiligen Distributionsfunktionen mit der Länge der Vertikalkette gleichgesetzt (vgl. Diez 2001, S. 308 ff., Decker 2000, S. 39 ff., Posselt 1998, Florenz 1992). Die Länge der Vertikalkette bezieht sich auf die Akteure und deren jeweilige jeweiligen Distributionsleistungen. Eine Differenzierung der Distributionsleistungen kann beispielsweise nach Umfang der Großhandels-, Einzelhandels- (zum Beispiel direkter Haupthändler, Sub-Händler, Agenten) und Serviceleistungen (zum Beispiel Werkstattbetriebe) erfolgen (vgl. Meinig 1995, S. 595, Florenz 1992, S. 46). In einer groben Differenzierung kann zwischen direkter (einstufiger) und indirekter (mehrstufiger) Distribution unterschieden werden (vgl. Ahlert 1991, S. 27, Heß und Meinig 1996, S. 283 ff.). Bei der direkten Distribution erfolgt der Verkauf vom Hersteller zum Kunden ohne Einschaltung von weiteren Distributionsorganen. In diesem Fall existieren keine weiteren Distributionsstufen zwischen Automobilhersteller und Endkunde. Bei der indirekten, mehrstufigen Distribution werden vom Hersteller zusätzliche Distributionsstufen eingeschaltet. Distributionsorganisationen in den westeuropäischen Automobilmärkten sind durch mehrstufige Strukturen in Form der Zusammenarbeit von Herstellern und Importeuren mit externen Distributionsakteuren gekennzeichnet (vgl. Reindl 2005a, S. 16). Im Falle einer zweistufigen indirekten Distributionsorganisation übernimmt eine Gruppe artgleicher externer Akteure alle distributionsrelevanten Dienstleistungen im Einzelhandel, um komplexe Kundenprobleme im Fahrzeugvertrieb und im Bereich der Service- und Reparatur- sowie Finanzdienstleistungen zu lösen.

Ähnlich den Kompletthändlern führen Subhändler alle an den Endkunden gerichteten Einzelhandelsaktivitäten aus und verfügen über Neuwagenvertriebs- sowie Service-, Reparatur- als auch Ersatzteilvertriebsverträge (vgl. Heß 1994, S. 31)[115]. Im Unterschied zum Haupthändler müssen diese Akteure jedoch geringere Selektionskriterien und Vertragsleistungen erfüllen und werden in der Regel durch den Haupthändler betreut (vgl. Chieux et al. 2008).

Eine wachsende Bedeutung erfährt die Gruppe der Service- und Reparaturdienstleister, die als Agenten für andere Händler Neuwagenvertriebsfunktionen ausüben. Während die Vertragsbeziehung im Bereich Service- und Reparatur direkt mit dem Automobilhersteller besteht, kann die Agententätigkeit im Neuwagenvertrieb in diesem Fall durch indirekte Vertragsbeziehungen mit einem Neuwagenhändler oder direkt mit dem Hersteller erfolgen. Die vertraglichen Regelungen und Beziehungen sind fabrikatsspezifisch unterschiedlich. Einige ehemals spezialisierte Service- und Reparaturakteure diversifizieren ihr Geschäftsmodell und organisieren den Zukauf von Neuwagen am freien Markt eigenständig (vgl. Chieux et al. 2008, S. 7). Zahlenmäßig ist die Gruppe der rein auf Service- und Reparaturdienstleistungen spezialisierten Unternehmen in Europa weithin die größte Einheit im breiten Spektrum der herstellergebundenen Distributionsorgane (vgl. Wade und Brown 2007)[116]. Vertragsakteure, die ausschließlich Neuwagen oder Ersatzteile vertreiben, spielen im europäischen Markt eine vernachlässigbare Rolle.

Die Gruppenfreistellungsverordnung (GVO) Nr. 1400/02 stellt die institutionellen Rahmenbedingungen für das selektive Vertragshandelssystem in der europäischen Automobilwirtschaft. Gemäß Artikel 81 des EU Vertrages ist der selektive Automobilvertrieb durch wettbewerbsbeschränkende Wirkungen geprägt, was grundsätzlich unzulässig ist (vgl. Creutzig 2005). Von diesem Verbot können Ausnahmen gemacht werden, sofern die damit verbundenen Vorteile für den Verbraucher größer sind als die Nachteile: „Die Kraftfahrzeughersteller arbeiten mit ausgewählten Händlern und Werkstätten zusammen, um einen besonderen, auf das Produkt zugeschnittenen Kundendienst hervorzubringen. Diese Zusammenarbeit kann schon aus Gründen der Kapazität und Wirtschaftlichkeit nicht auf eine unbegrenzte Zahl von Händlern und Werkstätten ausgedehnt werden" (vgl. GVO Nr. 1475/1995, Erwägungsgrund 4). Im Rahmen erster Desintegrationsprozesse in den Achtziger Jahren stellte die Europäische Kommission den Automobilherstellern unterschiedliche Möglichkeiten zur Begrenzung des Wettbewerbs zur Verfügung, um für die Verbraucherseite Vorteile zu erzielen (vgl. GVO Nr. 123/1985, Creutzig 2000, S. 30). Die ersten Kfz-spezifischen Gruppenfreistellungsverordnungen (vgl. GVO Nr. 123/1985 und Nr. 1475/1995) begünstigten eine enge Integration externer, vertraglich gebundener Akteure und schränkten marktliche Koordinationsmechanismen ein. Vorteile vertikaler Vertriebsbindungen sieht die EU Kommission vor allem in einer Absenkung der Distributions- und Transaktionskosten zwischen Herstellern und Absatzmittlern. Die im Jahr 2002 erfolgte Neuregelung der wettbewerbsrechtlichen Rahmenbedingungen (GVO Nr. 1400/2002) stellte eine Liberalisierung des selektiven Vertragshandelssystems in der Hinsicht dar, dass den

115 Die Betreuung von Sub-Händlern durch Haupthändler und die daraus folgende Kaskadierung von Händlerstrukturen soll die Koordinationseffizienz mittels der Reduktion direkter Handelspartner bei gleichzeitig hoher Marktabdeckung mit (Sub-) Distributoren (der zweiten und n-ten Distributionsstufe) erhöhen (vgl. Reindl 2005a, S. 18). Vertragliche Beziehungsstrukturen in kaskadierten Distributionsorganisationen können dahingehend differenziert werden, inwiefern der Sub-Händler mit dem Direkthändler und dem Automobilhersteller (drei Vertragsparteien) oder direkt nur mit dem Automobilhersteller oder nur mit dem Direkthändler ein Vertragsverhältnis führt (zwei Vertragsparteien) (vgl. Creutzig 2005, S. 133 ff.).

116 Darüber hinaus sind die wenig bedeutenden Akteursgruppen zu nennen, die sich auf rein auf den Vertrieb von Neuwagen oder den Ersatzteilen konzentrieren (vgl. Wade und Brown 2007).

Automobilherstellern (theoretisch) weniger rechtliche Freiräume zur Einbindung des Vertragshandels auf der einen Seite und den externen Akteuren mehr unternehmerische Freiheit zugebilligt wurden (vgl. Tongue 2008).

Whiteman (2008) sieht die übergreifende Zielstellung einer Wettbewerbsordnung im Stil der GVO Nr. 1400/2002 in der Erhöhung des Kundennutzens und nicht im Händlerschutz. Die EU Kommission sieht zusammenfassend einen Wettbewerbsschutz und die Begrenzung marktlicher Koordinationskräfte für legitim, so lange der Kundennutzen erhöht wird. Dadurch ergibt sich ein vergleichsweise stark reglementierter Markt für die Automobildistribution in Europa. Der Vertrieb von fabrikneuen Fahrzeugen und Ersatzteilen sowie Reparatur und Servicedienstleistungen fallen in den Geltungsbereich der GVO Nr. 1400/2002, während Gebrauchtwagen und Finanzdienstleistungen von Kfz-speziellen Freistellungsverordnungen ausgenommen sind. Vertikale Vertriebsbindungen, wie diese im Neuwagen und After-Sales Bereich durch die GVO Nr. 1400/2002 legitimiert sind, dürfen für Finanzdienstleistungen und Gebrauchtwagen nicht umgesetzt werden (vgl. Creutzig 2005, S. 129ff. und Diez 2001, S. 190)[117].

Im Wesentlichen verfolgt die im Jahr 2002 in Kraft getretenen GVO Nr. 1400/02 folgende Zielsetzungen (vgl. Tongue 2008): i. Trennung von Neuwagenvertriebs-, Service- und Ersatzteilbelieferungsverträgen, ii. Stärkung der Unabhängigkeit der Marktakteure gegenüber den Automobilherstellern, iii. Erleichterung des Marktzugangs für unabhängige Teilehersteller und -händler zum Ersatzteilmarkt, vi. Verbesserung der Marktposition freier Werkstätten im Servicemarkt sowie v. Realisierung des Binnenmarktes durch Förderung des grenzüberschreitenden Handels mit fabrikneuen Automobilen. Aus Perspektive der EU Kommission sieht Tongue (2008, S. 13 ff.) neben diesen Zielsetzungen vor allem einen ausreichenden Inter- und Intra-Fabrikatswettbewerb im Neufahrzeugvertrieb sowie im Bereich der Service- und Reparaturdienstleistungen. Die Wettbewerbsintensität ist im Sinne eine zusätzlichen Kundennutzens zu verstehen (vgl. Whiteman 2008). Festzuhalten bleibt, dass die Akteure in den Distributionsorganisationen durch die GVO Nr. 1400/2002 rechtlich mehr Freiraum erhalten haben, um autarker vom Automobilhersteller zu agieren. Die Liberalisierung der rechtlichen Rahmenbedingungen begünstigt die Desintegratino der Organisationsstrukturen in Form einer stärkeren Vermarktlichung der Austauschbeziehungen. Im Folgenden soll auf die zentralen Inhalte der GVO Nr. 1400/2002 und den erfolgten Änderungen gegenüber der Vorgängerverordnung sowie den zu erwartenden Änderungen im Jahr 2010 eingegangen werden, ohne an dieser Stelle auf die rechtlichen Einzelheiten einzugehen.

Die Neufassung der Gruppenfreistellungsverordnung im Jahr 2002 hat einen nachhaltigen Einfluss auf die Strategieoptionen zur Gestaltung einer Distributionsorganisation aus Perspektive der Automobilhersteller. Eine wesentliche Änderung stellt die nunmehr notwendige vertragliche Trennung zwischen i. Neuwagenverkauf, ii. Service-/Reparaturdienstleistungen und iii. Ersatzteilvertrieb dar (Tongue 2008, S. 6 ff., Creutzig 2002, S. 44). Die ehemalige vertragliche Einheit aus den drei Distributionsbreichen ist mit Inkrafttreten der GVO Nr. 1400/2002 nicht mehr legitimiert (Europäische Kommission 2002, Erwägungsgrund 4). Das ehemals vertraglich integrierte Leistungssystem aus Neuwagen- und Ersatzteilvertrieb sowie Service- und Reparaturdienstleistungen wurde in Folge

117 Obwohl der Neuwagen- und der Finanzdienstleistungsvertrieb immer stärker verzahnt ist, dürfen Bezugsbindungen für Finanzdienstleistungen nicht mit Neuwagenvertriebsverträgen kombiniert werden (Creutzig 2005, S. 129 ff.). Neuwagenvertriebspartner sind in Folge dessen frei in der Lieferantenentscheidung für Finanzdienstleistung (Diez 2001, S. 190).

dessen vertraglich „modularisiert". In der Konsequenz können neue Organisationseinheiten die spezifischen Funktionen der Distributionsbereiche übernehmen. Neben einer vertraglichen Verknüpfung der unterschiedlichen Distributionsleistungen sind auch vertragliche Klauseln zur Sicherstellung eines selektiven und gleichzeitig gebietsexklusiven Vertriebssystems auf Grundlage der GVO Nr. 1400/2002 rechtlich nicht mehr legitimiert (vgl. Creutzig 2002, S. 41). In der Konsequenz müssen Automobilhersteller entscheiden, ob eine Selektion der Distributionsakteure erfolgen oder alternativ exklusive regionale Verkaufgebiete vertraglich abgesichert werden sollen. Die überwiegende Mehrheit der Automobilhersteller in der europäischen Automobilwirtschaft hat eine selektive Vertragsstrategie gewählt, die eine Selektion der Akteure in den unterschiedlichen Distributionsbereichen erlaubt (vgl. Tongue 2008). Der fehlende Schutz für regionale Verkaufsgebiete im selektiven Vertriebssystem stellt für den Händler einerseits einen Verlust des Alleinverkaufsrechts in seiner Region dar. Andererseits ermöglicht ihm eine rein selektive Vertragsbindung den aktiven Verkauf außerhalb der bisherigen Marktverantwortungsgebiete (vgl. Reindl 2005a, S. 39).

Für den Schutz von Marktverantwortungsgebieten muss der Hersteller eine exklusives Vertriebssystems wählen[118]. Für kleinere Vertragshandelsbetriebe kann der Wegfall von Marktverantwortungsgebieten den Verlust eines wichtigen Wettbewerbsschutzes bedeuten, wodurch spezifische Investitionen durch rechtliche Institute weniger geschützt sind (Picot et al. 2002, S. 189). Mit der 2005 in Kraft getretenen Neuregelung der Niederlassungsfreiheit ist es dem Händler mit bereits bestehenden Vertriebskontrakten zudem freigestellt, ob und in welchem Land der EU er zusätzliche Verkaufs- und Auslieferungsstellen errichtet. Der Wegfall der Standortklausel schränkt die quantitativen Selektionsmöglichkeiten und die direkten Gestaltungsmöglichkeiten der Automobilhersteller im selektiven Vertriebssystem ein (vgl. Creutzig 2005, S. 129 ff.). Als Folge einer Wahlfreiheit über die Anzahl der Vertriebsstützpunkte werden kapitalstarke Automobilhandelsunternehmen begünstigt, die über die finanziellen Mittel für Investitionen in neue Standorte verfügen.

Zur Stärkung der Unabhängigkeit vertraglich gebundener Akteure enthält die Wettbewerbsordnung veränderte Klauseln bezüglich der fabrikatsübergreifende Distribution von Neuwagen und Ersatzteilen sowie der Service- und Reparaturdienstleistungen. Im Unterschied zu den Vorgängerregelungen (vgl. GVO Nr. 123/1985 und Nr. 1475/1995) stehen dem Automobilhersteller weitaus weniger rechtlich legitime Vertragsregelungen zur Verfügung, die fabrikatsübergreifende Aktivitäten für einen Akteur erschweren beziehungsweise wirtschaftlich unrentabel machen. Auf Grund geringerer spezifischer Investitionsanforderungen und den daraus folgenden geringeren Wechselkosten werden fabrikatübergreifende Aktivitäten auf Basis dieser Neuregelung deutlich erleichtert[119]. Neben der Vermeidung überhöhter spezifischer Investitionen in Human- und Sachkapital darf der Automobilhersteller die Höhe der dem Händler eingeräumten Marge nicht mit Vertragsklauseln verbinden, die eine Bonifizierung exklusiver Distributionsaktivitäten beinhaltet (Diez 2002a, S. 22). Zusammenfassend regelt die GVO Nr. 1400/2002, dass der Automobilhersteller einen

118 Lediglich Suzuki betreibt in den europäischen Automobilmärkten ein exklusives Vertragshandelssystem und verzichtet auf die qualitative und quantitative Selektion der Vertriebspartner. Ungebundene Akteure finden im Vergleich zum selektiven Vertragshandelssystem prinzipiell einen leichteren Zugang zur Distributionsorganisation, da keine Selektion der Distributionsakteure besteht. Den vertraglich gebundenen Händlern wird der Verkauf an nicht-autorisierte Wiederverkäufer in Folge dessen ermöglicht (Diez 2003, S. 7). Die zentrale Kontrollmöglichkeiten durch den Automobilhersteller sind in einem exklusiven System vergleichsweise gering.

119 Im Unterschied zur Vorgängerregelung GVO Nr. 1475/1995 kann der Automobilhersteller beispielsweise keine separaten Verkaufshäuser für den Vertrieb seiner Neuwagen mehr verlangen.

Mehrmarkenvertrieb nicht unverhältnismäßig durch eigene fabrikatsspezifische Regelungen beeinträchtigen darf. In Folge dessen erhält der Vertragshändler mehr unternehmerische Autonomie und kann die Abhängigkeit zu einem Automobilhersteller abbauen. Geringere spezifische Investitionen reduzieren die Wechselkosten und die Abhängigkeit zu einem Ressourcenlieferanten.

Im Neufahrzeughandel wurden neben vertraglich gebundenen Akteuren auch herstellerungebundene Akteure mit zusätzlicher Handlungsautonomie ausgestattet. Zu nennen sind hier zwei Akteursgruppen: i. herstellerunabhängige Vermittler und ii. Leasinggesellschaften. Herstellerunabhängige Vermittler, die im Auftrag eines Endkunden handeln, können in ihren Aktivitäten nur noch begrenzt durch den Automobilhersteller reglementiert werden (vgl. Creutzig 2005, S. 137)[120]. Dadurch werden neue Akteursgruppen und Distributionsformate innerhalb der Wertschöpfungsorganisationen prinzipiell gefördert. Im Vergleich zu den Vorgängerregelungen der aktuellen Gruppenfreistellungsverordnung (GVO Nr. 123/1985 und Nr. 1475/1995) sind die Handlungsspielräume von herstellerunabhängigen Leasinggesellschaften vergrößert worden. Die Regelungen der GVO Nr. 123/1985 und 1475/1995 vermieden, dass Leasinggesellschaften, die keine Mitglieder des Vertriebssystems eines Automobilherstellers sind, neue Kraftfahrzeuge autonom weiterverkaufen können[121]. Die Belieferung des Automobilherstellers beziehungsweise des Vertragshändlers an die Leasinggesellschaft setzte einen spezifischen Kundenauftrag voraus (vgl. GVO Nr. 123/1985 und Nr. 1475/1995). Auf Basis der GVO Nr. 1400/2002 ist das Vorhandensein eines speziellen Kundenauftrages für die Belieferung an eine Leasinggesellschaft eine nicht mehr legitimierte vertragliche Voraussetzung. Herstellerunabhängige Leasinggesellschaften können in Folge dessen Distributionsaktivitäten ausbauen und mit herstellereigenen Leasinggesellschaften und anderen Vertriebsorganen in den Distributionsorganisationen konkurrieren. Festzuhalten bleibt, dass die Position herstellerunabhängiger Distributionsakteure im Bereich des Neufahrzeugvertriebs verbessert und Wettbewerbsschutzmechanismen abgebaut wurden. Die zu Grunde liegende Zielstellung ist die Verbesserung des Kundennutzens durch eine Stärkung des Wettbewerbs zwischen den unterschiedlichen Akteuren in der Automobildistribution (vgl. Whiteman 2008).

Liberalisierungsmaßnahmen der GVO Nr. 1400/2002 zeigen sich in allen Distributionsbereichen, auch im Bereich der Servicedienstleistungen und im Ersatzteilvertrieb. Eine im Vergleich zum Neuwagenvertrieb überdurchschnittliche Liberalisierung des institutionellen Rahmens erfolgt i. durch das Verbot der quantitativen Selektion von Vertriebspartnern, ii. der überarbeiteten Definition des Ersatzteilbegriffs und iii. des erleichterten Zugangs zu technischen Informationen (vgl. Chieux und Stratmann 2007). Durch die überdurchschnittliche Liberalisierung der Service- und Reparaturmärkte soll die von der EU Kommission angestrebte Öffnung des Marktes für neue Anbieter erreicht werden (vgl. Diez 2003, S. 8). Dieser Distributionsbereich stellt aus strategischen Gesichtspunkten ein vergleichsweise hohes Wertschöpfungspotential dar (vgl. Royer und Stratmann 2008). Im Rahmen der Neuregelung darf der Automobilhersteller im Bereich des Ersatzteilvertriebs und der Service- und Reparaturdienstleistungen keine quantitative Selektion der Distributionspartner mehr ausüben und muss Bewerbern den Zugang zur Vertragsorganisation gewähren,

120 Im selektiven Vertragshandelssystem ist der Verkauf an Wiederverkäufer auch unter der GVO Nr. 1400/2002 weiterhin nicht rechtlich legitimiert. Vertragshändler können im selektiven System jedoch nicht autorisierte Vermittler einschalten, die einen Lieferauftrag von einem Endkunden vorweisen.

121 Im Verständnis der GVO Nr. 123/1985 und Nr. 1475/1995 war die Gruppe der herstellerunabhängigen Leasinggesellschaften im Wesentlichen als Kunde zu interpretieren, im Rahmen der GVO Nr. 1400/2002 wird diese Akteursgruppe stärker als Distributionsorgan eingeordnet (vgl. Kiff 2005).

sofern die qualitativen Selektionsanforderungen erfüllt werden (Creutzig 2003, S. 50). Neben freien Werkstätten können bereits autorisierte Servicebetriebe durch den Kontrahierungszwang einen Mehrmarkenservice im Rahmen geringerer Investitionen aufbauen. Der Verlust der quantitativen Selektionsmöglichkeit führt in Folge dessen zu einem geringeren Schutz der direkt durch Automobilhersteller kontrollierten Vertriebsorganisationen. Ungebundene Akteure finden leichter Zugang in Vertragsorganisationen und bestehende Vertragsakteure können autonom entscheiden, inwieweit Wertschöpfungsaktivitäten fabrikatsspezifisch oder für mehrere Fabrikate ausgeübt werden sollen. Fabrikatsübergreifende Akteure können im nächsten Schritt eine Standardisierung von Distributionsleistungen in Form einer Funktionsspezialisierung anstatt einer Fabrikatsspezialisierung avancieren (vgl. Chieux und Stratmann 2007).

Die neu verfasste Definition des Originalersatzteilebegriffs reduziert die Bindung zwischen externen Akteuren und dem fokalen Automobilhersteller und verstärkt marktliche Koordinationskräfte in der Ersatzteildistribution[122]. Durch die Neudefinition werden Bezugsbindungen zwischen vertraglich gebundenen Serviceakteuren abgebaut sowie der Markt für Service- und Reparaturdienstleistungen herstellerungebundenen Akteuren weiter geöffnet. Autorisierte Vertragswerkstätten können auf dieser Grundlage Originalteile neben den herstellereigenen und kontrollierten Distributionskanälen beziehen und den Wettbewerb zwischen den unterschiedlichen Großhandelsakteuren im Ersatzteilmarkt intensivieren (vgl. Tongue 2008, S. 16 ff.). Lediglich für Reparaturen unter der Herstellergarantie, für Rückrufaktionen und vom Hersteller angebotene unentgeltliche Kundendienste kann der Automobilhersteller von den vertraglich gebundenen Werkstätten verlangen, dass diese ausschließlich vom ihm gelieferte Ersatzteile verwenden (vgl. Creutzig 2005, S. 142). Zur Stärkung des Wettbewerbs zwischen vertraglich gebundenen und herstellerungebundenen Service- und Reparaturakteuren werden die Bezugsmöglichkeiten für ungebundene Akteure auch im Ersatzteilbereich verbessert. Durch die Neudefinition des Originalersatzteilbegriffs erhalten ungebundene Akteure einen leichteren Zugang zu dieser Teilekategorie und können von einem geöffneten Markt profitieren (vgl. Chieux und Guillaneuf 2005). Für vertraglich an den Automobilhersteller gebundene Teilehändler bedeutet dieses vice versa, dass Originalersatzteile an unabhängige Werkstätten verkauft werden dürfen, sofern diese für die Reparatur und Wartung und nicht für den weiteren Großhandel eingesetzt werden (vgl. Creutzig 2005, S. 144).

Zur Stärkung der Wettbewerbsposition fabrikatsunabhängiger Werkstätten legt die GVO Nr. 1400/2002 fest, dass diese Akteursgruppe Zugang zu fabrikatsspezifischen technischen Informationen, der Ausbildung, der spezifischen Diagnoseausrüstung und den Werkzeugen haben (vgl. Chieux und Stratmann 2007, Creutzig 2005)[123]. Der Zugang darf nicht diskriminierend sein und den Grundsatz der Verhältnismäßigkeit beachten (vgl. Tongue 2007). Die Sicherung unternehmensspezifischer Ressourcen für die Automobilhersteller wird dadurch prinzipiell erschwert und der

122 Bislang konnten nur von den Automobilherstellern vertriebene Ersatzteile als Originalsersatzteile bezeichnet werden. In diesem Fall war der Vertriebsweg das entscheidende Kriterium für die Definition eines Originalsersatzteils. Mit der GVO Nr. 1400/2002 ist das entscheidende Kriterium nicht weiter der Vertriebsweg, sondern die Art der Herstellung. Den Originalersatzteilbegriff können auf dieser Basis auch Teilehersteller in Anspruch nehmen. Voraussetzung ist lediglich, dass der Teilehersteller Lieferant im Erstausrüstergeschäft des jeweiligen Fabrikats ist und dass die Ersatzteile analog zum Erstausrüsterteil/-komponente auf der gleichen Montagelinie hergestellt werden (vgl. Diez 2003, S. 9-10).

123 In den Vorgängerregelungen wurde lediglich allgemein die Herausgabe technischer Informationen an unabhängige Werkstätten durch die Automobilhersteller festgelegt.

vormals überdurchschnittlich regulierte Reparaturmarkt vor allem im Bereich der jungen Fahrzeuge liberalisiert. Ohne den Zugang zu den oben genannten Informationen, Schulungen und Werkzeugen würde den unabhängigen Werkstattakteuren im Verständnis der Europäischen Kommission ein nachhaltiger Wettbewerbsnachteil entstehen und die Wahlfreiheit des Kunden hinsichtlich des Werkstattpartners überdurchschnittlich eingeschränkt (vgl. GVO Nr. 1400/2002, Artikel 4, Absatz 1). Festzuhalten bleibt, dass die Position herstellerunabhängiger Service- und Reparaturdienstleister sowie Ersatzteildistributoren durch die Regelungen der GVO Nr. 1400/2002 prinzipiell verbessert wurde und eine überdurchschnittliche Liberalisierung dieser Distributionsbereiche erfolgte.

3.1.2.2.3 Rekonfiguration der Interakteursbeziehungen

Die Liberalisierungseffekte der GVO Nr. 1400/02, strukturellen Ertragsprobleme im Vertragshandel und herstellerinitiierte Netzumstrukturierungsmaßnahmen nähren den Konsolidierungsprozess in den Vertragshändlernetzen (vgl. Bozon 2008a, London Economics 2006, Diez 2003, Buzzavo 2003). Seit Ende der neunziger Jahren fördern einzelne Automobilhersteller die Bedeutung von Gruppenbetrieben durch Vertragskündigungen von kleineren Betrieben sowie durch die Forcierung von Fusionen auf Handelsebene (vgl. Bozon 2008a, London Economics 2006, Buzzavo 2003). Die Hersteller erhoffen sich dadurch neben einer Reduktion des Intra-Organisationswettbewerbs auch eine Senkung der Vertriebs- und Transaktionskosten, die unter anderem durch die Anzahl der im vertikalen Kontraktvertrieb angeschlossenen Vertriebspartner beeinflusst werden (Diez 2003, S. 16 ff.).

Neben der direkten Beeinflussung der Vertragshandelsstrukturen durch die Automobilhersteller beeinflussen strukturelle und konjunkturelle Einflussfaktoren die Vertragshandelsstrukturen. Die Analyse der europäischen Vertragshandelsnetze zeigt generell eine unzureichende Ertragslage für die vertraglich gebundenen Distributionsakteure (vgl. Whiteman 2007, S. 2ff.)[124]. Die geringe Ertragslage kann auf unterschiedliche Gründe zurückgeführt werden. Der Einsatz spezifischer Ressourcen und der Wertschöpfungsbeitrag des Vertragshandels stehen oftmals nicht in Relation zur erzielten Wertschöpfungsrente. Das geringe Rentenniveau innerhalb der Distributionsorganisationen führt zu einem ausgeprägten Verteilungswettbewerb zwischen den Akteuren (vgl. Decker 2000, S. 96). Vertraglich gebundene Akteure haben hohe spezifische Investitionen zu tätigen und Fabrikatstandards umzusetzen (vgl. Kiff 2006). Die dadurch entstehenden Kosten können durch die am Markt erbrachte Wertschöpfungsleistung oftmals nicht kompensiert werden. Als Folge des ausgeprägten Wettbewerbs zwischen Vertragshändler eines Fabrikates sowie durch den generellen Wettbewerb zwischen den Fabrikaten wird zunehmend ein Preiswettbewerb entfacht, der zu Lasten der Rentabilität aller Akteure geht. Festzuhalten bleibt, dass in den Vertragshandelsorganisationen eine Konsolidierung durch eine wachsende Zahl von Insolvenzen und Unternehmensaufgaben genährt wird. In der Konsequenz entstehen in Europa filialisierte Händlergruppenstrukturen in den Vertragshandelsnetzen. Einzelner Akteure übernehmen dadurch mehr Vertriebsverantwortung, wodurch sich ein verändertes Abhängigkeitsverhältnis zwischen externen Vertragspartnern und Automobilherstellern ergibt (vgl. Reindl 2005a, S. 13)

---

124 Die Umsatzrendite des Vertragshandels in den europäischen Kernmärkten beträgt etwa ein Prozent (Whiteman 2007, S. 2ff.). Die Ertragslage verläuft seit Jahren auf einem niedrigen Niveau. Die Analyse der Ertragssituation auf Basis der unterschiedlichen Distributionsbereiche zeigt die strategische Bedeutung von Service-, Reparatur- und Finanzdienstleistungen. Lediglich 30 Prozent des Gesamtunternehmensergebnisses generiert sich aus dem Neuwagenvertrieb, während etwa 60 Prozent des Unternehmenserfolgs im Reparatur- und Servicebereich sowie mit Finanzdienstleistungen getätigt werden (vgl. Stratmann and Waller 2008, Whiteman 2007).

Die Konsolidierung in den Vertragshandelsnetzen ist ein europaweites Phänomen, wenngleich der Konsolidierungsgrad und die Konsolidierungsgeschwindigkeit in den einzelnen Märkten unterschiedlich sind. Zur Messung des Konsolidierungsgrades in den Vertragshandelsorganisationen kann der Marktanteil der größten Händlergruppen herangezogen werden (vgl. Bozon 2008a)[125]. Großbritannien zeichnet sich bereits seit den Neunziger Jahren durch einen überdurchschnittlichen Konsolidierungsgrad und einer hohen Bedeutung für Handelsgruppen aus. In Großbritannien kontrollierten die 50 größten Handelsgruppen im Jahr 2008 etwa 35 Prozent des relevanten Neufahrzeugmarktes während der Konsolidierungsgrad in den übrigen europäischen Kernmärkten Deutschland, Frankreich, Spanien und Italien zurzeit noch geringer ist (vgl. Abbildung 3.8). Konzentrationsbewegungen und Modularisierungstendenzen zeigen sich seit 2002 insbesondere in Deutschland und Italien. Deutschland ist traditionell der am stärksten fragmentierteste Markt in Bezug zur Anzahl der selbstständigen Vertragshandelsakteure im gesamten Automobilmarkt (vgl. Wade und Brown 2007, Bozon 2008a und 2005, Buzzavo 2003).

Abbildung 3.8 Der Neuwagen-Marktanteil der jeweils 25 größten Automobilhandelsunternehmen im internationalen Vergleich.

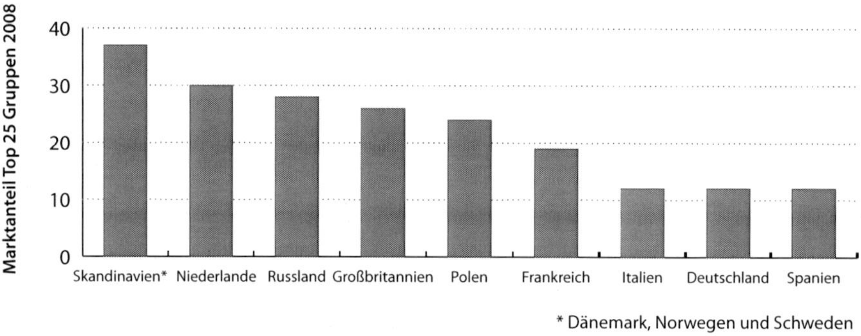

Quelle: Eigene Darstellung in Anlehnung an Royer et al. 2009b

Handelsgruppen decken mit dem eigenen und angeschlossenen Filialnetz größere Marktgebiete ab und übernehmen konsequenterweise eine größere Vertriebsverantwortung innerhalb des Marktes. Neben nationalen Aktivitäten weiten einzelne Handelsgruppen ihre Vertriebsaktivitäten im Rahmen von Diversifikationsstrategien in andere Märkte aus und sind international tätig (vgl. Whiteman und Bailey 2006). Dadurch erhalten Handelsgruppen im Vergleich zu einem traditionellen Automobilhändler eine vergleichsweise marktbeherrschende Stellung in bestimmten Marktgebieten, da der Markt nun auf weniger Vertriebsakteure aufgeteilt ist (vgl. Whiteman 2008). Innerhalb der Wertschöpfungsorganisationen ausgewählter Fabrikate ist die Bedeutung einzelner Handelsgruppen mittlerweile sehr hoch. In einigen Fällen befindet sich die Mehrheit des Vertriebsnetzes eines Automobilherstellers innerhalb eines Marktes in den Händen von nur fünf Gruppenbetrieben

125 Der Marktanteil errechnet sich aus dem Einzelhandels-Neufahrzeugabsatz der 50 größten, selbstständigen vertraglich gebundenen Automobilhandelsgruppen im Vergleich zum Gesamtmarkt für Neufahrzeuge. Nicht berücksichtigt werden herstellereigene Niederlassungen.

(vgl. Abbildung 3.9)[126]. Daraus resultiert ein verändertes Abhängigkeitsverhältnis zwischen dem Automobilhersteller und dem Vertriebspartnern.

Abbildung 3.9 Der Anteil des Vertriebsnetzes, der sich im Besitz der jeweils fünf größten Automobilhandelsunternehmen in England, Frankreich und Deutschland befindet.

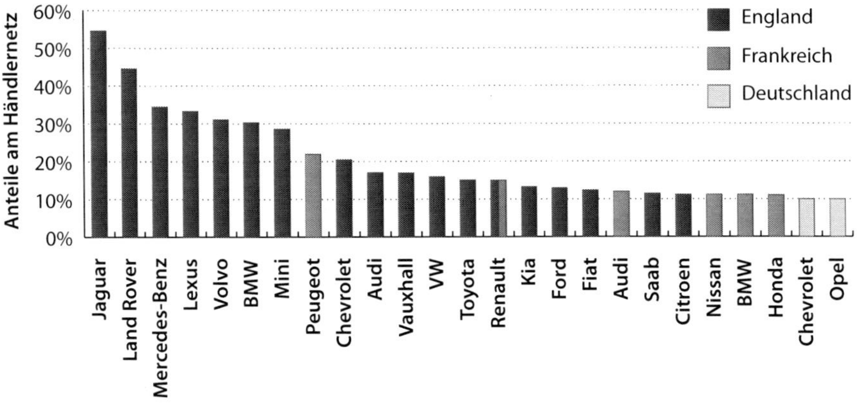

Quelle: in Anlehnung an Bozon 2008a

Eine wachsende Zahl an Automobilhandelsgruppen baut eigene Ressourcen und Kompetenzen auf und trägt bestimmte Distributionsleistungen (wie Absatzfinanzierungen und Leasing) in Eigenregie aus. In diesem Fall wird die Leistungsbeziehung zum Automobilhersteller eingeschränkt, da dieser nicht weiter als Lieferant kritischer Ressourcen in Anspruch genommen wird. Einige Handelsgruppen bilden in Folge dessen zunehmend autarke Organisationsmodule, wobei nur noch der eigentliche Neuwagen und einige Originalersatzteile vom Automobilhersteller bezogen werden. Systemhändler schöpfen dadurch Wertschöpfungsgewinne außerhalb der herstellergebundenen Organisation ab. Durch die Übernahme der Großhandelsfunktionen verantworten einige große Automobilhandelsgruppen die gesamten Distributionsfunktionen einzelner Marken[127]. Die betreffenden Automobilhersteller haben in diesem Rahmen die Mehrzahl an Distributionsfunktionen ausgelagert, wobei in der Regel eine starke Bindung durch entsprechende vertragliche Vereinbarungen vorzufinden ist. Die vollständige Integration einzelner Wertschöpfungsleistungen ist auf die wachsende Unternehmensgröße zurückzuführen, die zu Effizienzvorteilen für eine interne Produktion gegenüber von außen bezogenen Leistungen führen kann. Der Automobilhersteller verliert analog einen zentralen Vertriebspartner beziehungsweise gewinnt einen Wettbewerber für bestimmte Marktbereiche.

126 Beispielsweise kontrolliert die Händlergruppe Pendragon in Großbritannien mehr als 50 Prozent des Absatzvolumens von Jaguar und Land-Rover (vgl. Bailey und Whiteman 2006).

127 Der US-amerikanische Automobilhandelskonzern United Auto Group baut momentan den Vertrieb für die Daimler Marke Smart in den USA auf. In West-Europa verantwortet die niederländische Kroymans Gruppe den Vertrieb der GM Marken Cadillac, Hummer und Corvette, die Emil Frey Gruppe steuert beispielsweise den Vertrieb von Subaru in Deutschland, Frankreich und der Schweiz.

Die Analyse von Handelsgruppenstrategien in den europäischen Kernmärkten zeigen, dass diese Akteursgruppe in der Regel nicht nur in einer Wertschöpfungsorganisation aktiv ist, sondern dass Distributionsfunktionen für unterschiedliche Fabrikate geleistet werden. Der Mehrmarkenvertrieb beschreibt vertragliche Bindungen eines Vertriebsakteurs mit zwei oder mehr Fabrikaten beziehungsweise Lieferanten. Hoffmeister definiert den Mehrmarkenvertrieb allgemeiner als den Verkauf mehrerer konzerngleicher oder konzernübergreifender Marken durch ein Handelsunternehmen (Hoffmeister 1998, S. 420)[128]. Der Begriff Mehrmarkenvertrieb bezieht sich prinzipiell auf alle Bereiche der selektiven Automobildistribution, insbesondere auf den Neufahrzeugvertrieb und auf Service- und Reparaturdienstleistungen. Ein starker Trend zu fabrikatsübergreifenden Aktivitäten zeigt sich seit der Implementierung der GVO Nr. 1400/2002 im Bereich des Neufahrzeugvertriebs. Der fabrikatsübergreifende Neufahrzeugvertrieb kann in Bezug auf die zu leistenden fabrikatsspezifischen Investitionen differenziert werden (vgl. Hoffmeister 1998). Weiterhin hohe fabrikatsspezifische Investitionen zeigen fabrikatsexklusive Betriebsstätten, während der Vertrieb mehrerer Fabrikate innerhalb eines Gebäudes die geringsten fabrikatsspezifischen Investitionen mit sich bringt. Der Händler ist in diesem Fall vergleichsweise wenig abhängig von nur einem Automobilhersteller. Im Falle ausgeprägter fabrikatsübergreifender Aktivitäten entwickeln einige Gruppen beispielsweise komplett eigene Prozessstandards, Steuerungssysteme und Marketinginstrumente und bauen die Autarkie und Unabhängigkeit von einzelnen Automobilherstellern kontinuierlich aus.

3.1.2.2.4 Zunehmende Bedeutung herstellerunabhängiger Akteure

Im Intra-Organisationswettbewerb konkurrieren herstellereigene Distributionsorgane, vertraglich gebundene Akteure sowie ungebundene Akteure. Neben Veränderungen innerhalb der Vertragsorganisationen ergeben sich nachhaltige Entwicklungen im vertraglich nicht gebundenen Akteurskreis. Im Unterschied zur Vertragshandelsorganisation ist die Koordinierungs- und Kontrollstärke, die der Automobilhersteller auf die ungebundenen Akteure ausüben kann, deutlich geringer. Der wachsende Einfluss vergleichsweise gering integrierter und regulierter Akteure verstärkt prinzipiell die Intensität des Intra-Wertschöpfungsorganisationswettbewerbs (vgl. Chieux und Stratmann 2007). Herstellerungebundene Akteure sind in allen Distributionsbereichen aktiv, das Ausmaß der Aktivitäten durch ungebundene Akteure unterscheidet sich jedoch in den unterschiedlichen Dienst- und Sachleistungsbereichen. Einen ausgeprägten Einfluss auf die Wertschöpfungsaktivitäten haben herstellerungebundene Akteure im Markt für Service- und Reparaturdienstleistungen sowie im Vertrieb von Finanzdienstleistungen (vgl. Buzzavo 2004 und Chieux und Stratmann 2007).

Der Finanzdienstleistungsbereich ist aus Ertragspotentialgesichtspunkten überdurchschnittlich attraktiv, was zu einer wachsenden Zahl an neuen Wettbewerbern geführt hat (vgl. Buzzavo und Bozon 2004). Der Wettbewerb zwischen vertraglich nicht an einen Automobilhersteller gebundenen und den Herstellerorganisationen wird zusätzlich durch das Internet entfacht, das ein effizientes Interaktionsmedium zwischen Finanzdienstleister und Endkunden darstellt. Der Dienstleistungsprozess in Bezug auf Finanzdienstleistungen lässt im Vergleich zu einem Neuwagenverkaufsprozess überdurchschnittlich stark standardisieren, da Finanzdienstleistungsprodukte im Vergleich zum Automobilprodukt weniger komplex sind (vgl. Burr 2002). Neue Akteure erhalten durch das

128 Unter konzerngleichen Mehrmarkenvertrieb wird der Vertrieb unterschiedlicher Fabrikate verstanden, die zu rechtlich und wirtschaftlich zu einem Automobilkonzern gehören. Ein Beispiel stellt der Vertrieb von Audi und Volkswagen dar, der als konzerngleicher Mehrmarkenvertrieb zu definieren ist. Der konzernübergreifende Mehrmarkenvertrieb umfasst den Vertrieb unterschiedlicher Fabrikaten von rechtlich und wirtschaftlich unterschiedlichen Automobilkonzernen. Ein Beispiel stellt der Vertrieb von Opel und Ford dar, der als konzernübergreifender Mehrmarkenvertrieb zu definieren ist (vgl. Hoffmeister 1995).

Internet vergleichsweise einfachen Zugang zum Endkunden und können an den Wertschöpfungspotentialen partizipieren. Neben den herstellergebundenen Finanzinstituten sind Universalbanken, wie beispielsweise die Geschäftsbanken und Sparkassen sowie spezialisierte Anbieter in den Distributionsorganisationen unterschiedlicher Fabrikate aktiv (vgl. Diez 2001, S. 186-190). Universalbanken profitieren von einer vergleichsweise engen Kundennähe und einem dichten Filialnetz (vgl. Kiff 2005, S. 33 ff.). Herstellerunabhängige Spezialbanken profitieren von einem spezifisches Know-How im Bereich der Automobilwirtschaft. Im Unterschied zu Universalbanken können diese Akteure in der Regel nicht auf eine eigene Vertriebsorganisation zurückgreifen und nutzen sowohl vertragsgebundene als auch ungebunden Neu- und Gebrauchtfahrzeughändler als Vertriebsagenten[129].

Im Vergleich zu herstellergebundenen Banken zeichnen sich unabhängige Finanzinstitute durch ihre Markenneutralität aus, was von gewerblichen Flottenkunden- als auch von Mehrmarkenhändler zunehmend positiv bewertet wird (vgl. Kiff 2005). Gewerbliche Kunden können durch die Zusammenarbeit mit einem fabrikatsübergreifenden Finanzdienstleister die Transaktionspartnerzahl konsolidieren und dadurch Skaleneffekte und Koordinationskostenvorteile erzielen. Eine Konsolidierung der Anzahl Akteure sowie Internationalisierungsstrategien im Kreis der herstellerunabhängigen Banken und Finanzdienstleistungsorganisationen begünstigen diese Entwicklung. International agierende System-Finanzdienstleister bieten nahezu alle relevanten Distributions- und Servicefunktionen bis hin zu Re-Marketing der Fahrzeuge an (vgl. Kiff 2005, S. 33 ff.). Im Zuge der Liberalisierung der institutionellen Rahmenbedingungen durch die GVO Nr. 1400/2002 haben die herstellerunabhängigen Leasinggesellschaften zusätzliche Rechte und Freiheiten von der europäischen Wettbewerbskommission erhalten und können nun aktiver am Markt agieren und Wertschöpfungsgewinne ausbeuten[130]. Auf Grund der Unternehmens- und Leasingflottengröße bieten sich Skaleneffekte im Fahrzeugeinkauf sowie in den Reparaturdienstleistungen (vgl. Buzzavo und Bozon 2004, S. 4). Leasinggesellschaften können auf Grundlage veränderter Wettbewerbsrichtlinien nun größere (homogene) Mengen an Neufahrzeugen nachfragen, um Skaleneffekte in Einkauf zu erreichen[131].

Die Bedeutung der verschiedenen Akteure innerhalb der Wertschöpfungsorganisationen ist in den europäischen Kernmärkten unterschiedlich. Deutschland zeichnet sich durch die Dominanz der herstellereigenen beziehungsweise vertraglich eng gebundenen Finanzdienstleistungsakteure aus (Buzzavo und Bozon 2004, S. 22ff.). Einen besonders hohen Durchdringungsgrad mit Finanzdienstleistungen zeigt traditionell der auf Geschäftskunden fokussierte britische Automobilmarkt (vgl. Henderson und Watts 1999, S. 51ff.)[132]. Der Vertrieb von Finanzdienstleistungen ist in diesem Fall

129 Vertragshändler sind auf Grund rechtlicher Bestimmungen frei in der Lieferantenentscheidung in Bezug auf Finanzdienstleistung (vgl. Creutzig 2005, S. 129 ff.).

130 Auf Basis der GVO Nr. 1400/2002 ist das Vorhandensein eine speziellen Kundenauftrages für die Belieferung an eine Leasinggesellschaft eine nicht mehr legitimierte vertragliche Voraussetzung. Herstellerunabhängige Leasinggesellschaften können in Folge dessen Distributionsaktivitäten ausbauen und mit herstellereigenen Leasinggesellschaften und anderen Vertriebsorganen in den Distributionsorganisationen konkurrieren. Im Verständnis der GVO Nr. 123/1985 und Nr. 1475/1995 war die Gruppe der herstellerunabhängigen Leasinggesellschaften im wesentliche als Kunde zu interpretieren, im Rahmen der GVO Nr. 1400/2002 ist diese Akteursgruppe stärker als Distributionsorgan zu charakterisieren (vgl. Kiff 2005).

131 Unter der GVO Nr. 1475/1995 stand den Automobilhersteller eine Belieferung frei, sofern die Leasinggesellschaft keinen direkten Kundenauftrag vorweisen konnte.

132 Auf Grund des überdurchschnittlich großen Geschäftskundenmarktes beträgt die Finanzierungspenetration an den gesamten Neufahrzeugzulassungen mehr als 90 Prozent (Buzzavo und Bozon 2004, S. 26). Im Unterschied zu Deutschland dominieren in Großbritannien herstellerungebundene Universalbanken, die enge Bindungen zu Geschäftskunden halten und eine integrierte Dienstleistungslösung für alle relevanten Bereiche eines Unternehmens offerieren.

aus dem herstellerkontrollierten Akteurskreis desintegriert. Die Märkte Frankreich und Italien zeigen im Vergleich zu Großbritannien geringere Gesamtpenetrationsraten für Finanzdienstleistungen (Buzzavo und Bozon 2004, S. 17-22, 24-26).

Reparatur- und Service-Aktivitäten gewinnen aus Wertschöpfungssicht kontinuierlich an strategischer Relevanz. Im europäischen Durchschnitt teilen sich die freien und die herstellergebundenen Anbieter den Markt mit einem jeweiligen Anteil von etwa 50 Prozent (vgl. Royer und Stratmann 2008 und Royer et al. 2009a). Ungebundene Akteure haben im Service- und Reparaturmarkt durch verschiedene Gründe an Einfluss gewonnen. Ein Katalysator war die Implementierung der GVO Nr. 1400/2002 und der folgenden Anhebung qualitativer Selektionskriterien und Vertragsanforderungen durch die Automobilhersteller (vgl. Kiff 2006). Eine Vielzahl ehemaliger Vertragspartner konnte die Selektionskriterien nicht erfüllen und wechselte in den Markt für freie Werkstätten. Darüber hinaus sind einige europäische Märkte historisch durch eine Vielzahl unabhängiger Werkstätten gekennzeichnet. Insbesondere in den Märkten Italien und Spanien prägt weiterhin eine überdurchschnittlich hohe Anzahl unabhängiger Kleinstbetriebe mit weniger als drei Mitarbeitern das Angebotsbild (vgl. Chieux und Stratmann 2007). Deutschland, Frankreich und vor allem Großbritannien sind hinsichtlich der Anzahl an freien Werkstattbetrieben stärker konsolidiert (vgl. Chieux und Stratmann 2007). Hinsichtlich des Leistungsangebotes konzentrieren sich die herstellerunabhängigen Reparaturbetriebe in erster Linie auf Standardreparaturen mechanischer Art und auf Verschleißreparaturen. Auf Grund der Markenneutralität ist es für freie Betriebe schwierig, komplexe und marken- beziehungsweise modellspezifische Reparaturen durchzuführen. Die Markenneutralität freier Werkstätten impliziert eine breite jedoch weniger fabrikatsspezifische Kompetenz, was sich als erschwerend hinsichtlich der Diagnose elektronischer Fehler auswirkt (vgl. Royer und Stratmann 2008 und Royer et al. 2009a). Abbildung 3.10 skizziert den Wettbewerb zwischen unterschiedlichen Systemen im europäischen Service- und Reparaturmarkt.

Abbildung 3.10 Systemwettbewerb im Service- und Reparaturmarkt

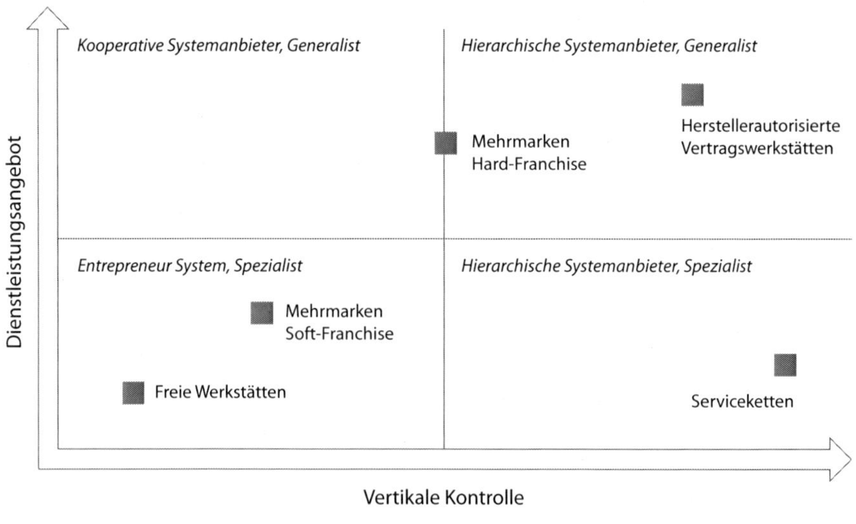

Quelle: in Anlehnung an Royer und Stratmann 2008

Herstellerungebundene Reparatur- und Service Franchise Systemkonzepte gewinnen in den europäischen Kernmärkten an Bedeutung (vgl. Royer et al. 2009a). In der Regel basieren die Systemkonzepte auf Vertragsarrangements zwischen herstellerunabhängigen Werkstätten und einem herstellerunabhängigen Systemlieferanten. Diese Form von Service- und Reparaturorganisationen entspricht den Merkmalen von Business Format Franchiseorganisationen (vgl. Skaupy 1992, S. 1786). Franchisegeber im Kontext markenunabhängiger Service- und Reparaturdienstleistungen treten gegenüber den Werkstätten als zentraler und fabrikatsübergreifender Lieferant von Ressourcen wie Ersatzteilen und technischen Hilfeleistungen, Mitarbeitertrainings oder Marketingprogrammen auf (vgl. Chieux und Guillaneuf 2005). Dadurch kann die angeschlossene Werkstatt die Anzahl der Lieferanten modularisieren und erhält Zugang zu strategisch bedeutenden Ressourcen (vgl. Royer et al. 2009a). Eine wachsende Zahl an Franchisegebern diversifiziert in den Bereich des Neuwagenvertriebs und bietet den Franchisenehmern eine zentrale Ankaufsmöglichkeit für Neuwagen an. Franchisegeber sind in der Regel unabhängige Teilegroßhändler, die in der Regel über ein internationales Vertriebsnetz und Partner verfügen (vgl. Chieux und Stratmann 2007). Die herstellerunabhängigen Teilehändler sehen die Franchise Reparaturorganisationen als einen Vertriebskanal und Schnittstelle zum Werkstattkunden an. In diesem Zusammenhang findet eine Professionalisierung im Akteursbereich der freien Werkstattakteure statt. Neben der Gruppe der herstellerunabhängigen Franchiseorganisationen intensivieren Reparaturketten den Wettbewerb im Bereich der Wartungs- und Verschleißreparaturen. Insbesondere diese Akteure dringen in den Markt jüngerer Fahrzeuge ein und versuchen aggressiv, gewerbliche Kunden von den vertraglich gebundenen Akteuren der Automobilhersteller abzuwerben (vgl. Chieux und Stratmann 2007).

Zusammenfassend konkurriert eine wachsende Zahl an vertraglich nicht gebundenen Akteuren mit dem etablierten Vertragshandelsakteuren und den herstellereigenen Distributionsorganen in den Wertschöpfungsorganisationen der Automobilwirtschaft. Dadurch erhöht sich der Intra-Wertschöpfungsorganisationswettbewerb und in Folge dessen der Renten-Verteilungswettbewerb. Der Automobilhersteller kann diese Akteure in einem geringeren Ausmaß koordinieren und die Wertschöpfungsorganisationsstrategie nach seinen Zielsetzungen ausrichten. Daraus folgt eine zunehmende Vermarktlichung innerhalb der Organisation und ein Kontrollverlust über die Aktivitäten und Ressourcen.

3.1.2.2.5 Zwischenfazit zur Automobidistribution

Die Entwicklungen in der Automobildistribution weisen (zeitlich versetzte) Parallelen zu den identifizierten Trends und Veränderungen in der Automobilproduktion auf. Auffällig ist eine zunehmende Konzentration der Automobilhersteller auf die distributionsrelevanten Wertschöpfungsaktivitäten, was als Folge der rückläufigen Rentabilität in der Automobilproduktion bewertet werden kann. Einige Automobilhersteller weiten in Folge dessen die Integration in der Automobildistribution aus. Der Wettbewerb innerhalb der Wertschöpfungsorganisationen ist jedoch wachsend, da neue Akteure an der Wertschöpfung in der Automobildistribution ebenfalls partizipieren möchten. Daraus folgt ein wachsender Druck auf die etablierten Akteure in den Distributionsorganisationen, insbesondere auf die Vertragshandelsorganisationen. Diese reagieren entsprechend und nutzen ihre erhöhte Handlungsautonomie, die aus der Liberalisierung der rechtlichen Rahmenbedingungen des Vertragshandelssystems in Form der Gruppenfreistellungsverordnung Nr. 1400/2002 resultiert. Der vormals stark regulierte Wettbewerb zwischen den Vertragshandelsakteuren wird in

Folge dessen zunehmend durch marktliche Koordinierungsmechanismen ersetzt. Die wachsende Bedeutung großer Handelsgruppen ist eine Folgeerscheinung der Liberalisierung des Vertragshandelssystems. Diese Entwicklungen haben Auswirkungen auf die Steuerungs- und Koordinierungsmöglichkeiten für den Automobilhersteller und auf die Interakteursbeziehungen, die das Wesen der Wertschöpfungsorganisation determinieren. Die Einflussnahme und die Koordinations- und Entscheidungsautonomie nimmt aus Perspektive des Automobilherstellers tendenziell ab, während externen Akteure ein wachsender Spielraum zur Verfügung steht, Wertschöpfungsorganisationen mit zu gestalten, Ressourcen zu nutzen und Aktivitäten beizusteuern. Dies erfolgt vor dem Kernziel, der Abschöpfung der zur Disposition stehenden Renten. Der Rentenverteilungskampf nimmt entsprechend zu.

3.2 Die Operationalisierung der Variablen

Der Operationalisierungsschritt ist ein zentraler Bestandteil der Analyse, da durch die Messung der operationalisierten Variablen entscheidbar wird „[...] ob und in welchem Ausmaß der mit dem Begriff bezeichnete Sachverhalt in der Realität vorliegt" (Kromrey 1998, S. 178). Die Erforschung von Wertschöpfungsorganisationen ist komplex und wird durch ein weites Spektrum unterschiedlicher Determinanten beeinflusst. Die folgende Untersuchung erfordert die Fokussierung auf relevante, aber wenige Determinanten, um die Komplexität zu reduzieren. Die Analyse und Untersuchung theoretischer Konstrukte kann immer nur einen selektiven Ausschnitt der Wirklichkeit beschreiben (Kromrey 1998, S. 90). Bedeutend ist in diesem Zusammenhang die Identifikation geeigneter Indikatoren zur Messung der theoretisch als relevant erachteten Variablen (vgl. Opp 1984, S. 55, Friedrichs 1985, S. 73).

Die Wertschöpfungsorganisationsdeterminanten i. Zentrale Integration, ii. formelle Integration externer Akteure und iii. informelle Integration externer Akteure stellen die unabhängigen Variablen des theoretischen Rahmenkonzeptes dar. Die Wettbewerbsfähigkeit der Wertschöpfungsorganisation kann als abhängige Variable interpretiert werden. Die Operationalisierung und Messung der unabhängigen Variablen wird gesondert für die Wertschöpfungsorganisationsbereiche Automobilproduktion und Automobildistribution durchgeführt. Zur Sicherstellung einer einheitlichen Operationalisierungsmethodik, erfolgt die Identifikation geeigneter Indikatoren und Messkriterien analog in der Produktion und Distribution auf Basis der in Kapitel 2 identifizierten Wertschöpfungsorganisationsdeterminanten. Im Fokus der Untersuchung steht die strategische Wettbewerbsfähigkeit unterschiedlicher Wertschöpfungsorganisationsformen. Diese wird anhand unterschiedlicher Rentenmodelle konzeptualisiert, die die Grundlage der Operationalisierung der abhängigen Variablen darstellen.

3.2.1 Die Operationalisierung der unabhängigen Variablen

In den folgenden Abschnitten werden die theoretisch als relevant erachteten Variablen anhand geeigneter Kriterien und Indikatoren operationalisiert. Im ersten Schritt werden Kriterien zur Analyse der integrierten Wertschöpfungsaktivitäten ausgewählt. Die weiteren Operationalisierungsschritte verfolgen die Identifikation empirisch messbare Indikatoren, um Aussagen über die formelle und informelle Bindung zwischen den relevanten Wertschöpfungsakteuren ableiten zu können. Ziel dieses Abschnittes ist die Identifikation empirisch messbarer Indikatoren, um diese im Folgenden mit dem theoretischen Konzept zu kontrastieren.

3.2.1.1 Die Operationalisierung der Variable ›Zentrale Integration‹

Das Ausmaß der integrierten Wertschöpfungsaktivitäten stellt die erste unabhängige Variable des theoretischen Konzepts dar. Zur Erklärung und Messung der Integration findet sich in der Literatur ein weites Spektrum unterschiedlicher Definitionen, eine konkrete Definition und allgemeine Messmethodik zur Integration existiert jedoch nicht:„Like a camel, [...] integration is easier to recognize than to define" (Warren-Boulton 1978, S. 4)[133]. Diese Aussage verdeutlicht weitgehende Operationalisierungsproblematiken, die im Folgenden dargestellt und diskutiert werden. Ganz allgemein kann die Integration als „[...] das Ersetzen von Markttransaktionen durch unternehmensinterne Formen der Koordination" definiert werden (Hübner 1987, S. 1). In integrierten Organisationen sind Wertschöpfungsaktivitäten internalisiert und die Produktionsressourcen befinden sich im Eigentum eines Akteurs. Gerhard (1995, S. 56) definiert Integration im Kontext der Automobilindustrie in einem weiteren Sinne: „[...] vertikale Integration kann [...] zum einen bedeuten, dass ein Automobilhersteller zugleich Eigentümer einer Zuliefererfirma ist und von dieser auch Teile bezieht beziehungsweise die Teile von dem Automobilhersteller eigengefertigt werden." Für die vorliegende Arbeit ist eine Operationalisierung der integrierten Aktivitäten im Kontext der Automobilproduktion und der Automobildistribution zu klären. Auf Grund des spezifischen Untersuchungsgegenstandes ergeben sich bestimmte Anforderungen an die Operationalisierung, die im Folgenden dargestellt und im Zusammenhang mit der empirischen Analyse diskutiert werden.

3.2.1.1.1 Operationalisierung zentrale Integration in der Automobilproduktion

Das Ausmaß der zentral integrierten Wertschöpfungsaktivitäten kann in der Produktion anhand des Eigenleistungsanteils gemessen werden, der durch den Automobilhersteller erbracht wird. Das Ausmaß der Fertigungstiefe bezeichnet den zentralen Eigenleistungsanteil im allgemeinen (vgl. zum Beispiel Picot 1991a, S. 337, Domschke, Scholl und Voß 1993). Allgemein bezeichnet der Terminus Fertigungstiefe die vertikale Ausrichtung des Fertigungsprozesses, von der Entwicklung, Teilefertigung bis hin zur Endmontage des Produktes (vgl. Wildemann 1997, S. 153). Die Fertigungstiefe misst, welche Teilleistungen an der insgesamt für ein Erzeugnis erforderlichen Fertigungsleistung innerhalb eines Unternehmens eigenständig erbracht wird (Djabarian 2002, S. 8). In einer weitergehenden Definition im Kontext der Automobilwirtschaft bezeichnet Djabarian (2002, S. 10) die Fertigungstiefe als: „[...] Umfang der Teilleistungen [...], der unter dem Dach des Automobilherstellers von diesem selbst oder von zugehörigen Unternehmen mit Mehrheitsbeteiligung erbracht wird. Diese Leistungen umfassen: Technologie- und Verfahrensentwicklung, ganzheitliche Prozesskoordination, Vorplanung der Serienentwicklung, Rohteilfertigung, Teilefertigung, Prüfung und Montage." Der Prozessschritt der Forschung- und Entwicklung wird in diesem Zusammenhang oftmals separat betrachtet (vgl. Dannenberg et. al 2004, S. 13)[134]. Die Entwicklungstiefe bezieht

133 Warren-Boulton (1978, S. 4) definieren vertikale Integration als »[...] two or more separable stages of production [that] are combined under common ownership.«

134 Die Fahrzeugmontage wird in der Definition von Dannenberg nicht berücksichtigt. Diese wird als Bestandteil der Wertschöpfungstiefe betrachtet, da durch die Auswahl und Montage der einzelnen Komponenten und Module erst die eigentliche »Veredlung« der Einzelleistungen erreicht wird (Dannenberg et. al 2004, S. 13).

sich demnach auf die durch den Automobilhersteller erbrachte Eigenleistung in der Vor- und Serienentwicklung. Zum Begriff der Fertigungstiefe finden sich in der Literatur ein Spektrum weiterer Definitionen, auf die im Rahmen dieser Arbeit nicht weiter eingegangen werden soll (vgl. zum Beispiel Adelman 1949, Edwards 1953, McGee 1960, Crandall 1968, Williamson 1971, Hübner 1987, Djabarian 2002, Krcal 2007). Ausschlaggebend für die Operationalisierung der integrierten Wertschöpfungsaktivitäten in der Automobilproduktion ist die Messung des Eigenleistungsanteils des fokalen Automobilherstellers.

Der Eigenleistungsanteil kann auf verschiedenen Wegen gemessen werden. Hierzu zählen i. eine Mengenbetrachtung, ii. eine Betrachtung der Prozessschritte und iii. eine wertschöpfungsbasierte Messung der Eigenleistung (vgl. Krcal 2007). Eine reine Mengenbetrachtung setzt den Anteil der durch den Automobilhersteller produzierten Teile in Relation zur gesamten Anzahl der Teile und Komponenten eines Automobils. Komponenten und Module sind jedoch aus Kostensicht und aus Sicht des markenprägenden Wertschöpfungscharakters sehr unterschiedlich zu bewerten. Die Messung gestaltet sich auf Grund der hohen Zahl verschiedener Teile und Komponenten innerhalb eines Automobils als schwierig[135]. Ein mengenbasiertes Messverfahren für die vorliegende Untersuchung erscheint zusammenfassend wenig sinnvoll. Die Zahl der Prozessschritte beziehungsweise der Teilleistungen, die innerhalb eines fokalen Unternehmens geleistet werden, stellt ein weiteres Messverfahren dar. In diesem Fall wird die Fertigungstiefe als Ausdruck des Abhängigkeitsgrades eines Unternehmens von den Vorstufen im Wertschöpfungsprozess verstanden (vgl. Krcal 2007, S. 5). Die Fertigungstiefe ist durch die Zahl der intern kontrollierten Produktionsprozesse definiert (Corsten 1999, S. 105). Die wertschöpfungsbasierte Messung der Eigenleistung stellt die dritte Methode dar. Eine wertschöpfungsbasierte Messung der Fertigungstiefe findet in der Literatur weite Verbreitung und wird zur Messung der Fertigungstiefe empfohlen (Hübner 1987, S. 30). Dieser Ansatz wird im Folgenden umfangreicher dargestellt und als Messmethodik für die vorliegende Untersuchung diskutiert.

Die Fertigungstiefe aus wertschöpfungsbasierter Betrachtung „[...] charakterisiert den Umfang an Wertschöpfung, den ein Unternehmen beziehungsweise eine strategische Geschäftseinheit durch ihre eigene Produktion im Verhältnis zu der insgesamt erforderlichen Wertschöpfung für ein Endprodukt erbringt" (Zäpfel 1989, S. 132). Als ein zentraler Vorteil der wertschöpfungsbasierten Messung der Fertigungstiefe, wird die Datenverfügbarkeit und die vergleichsweise einfache Messung bewertet: „So lassen sich Wertschöpfungs- und Umsatzgrößen sowohl auf Unternehmensebene als auch auf Industrieebene erheben, und eine Messung der vertikalen Integration kann ohne weitere Probleme erfolgen" (Hübner 1987, S. 30). In diesem Zusammenhang wird in der Literatur empfohlen, die Messung der Fertigungstiefe auf Basis der Daten aus der Gewinn- und Verlustrechnung des betrachteten Unternehmens durchzuführen (vgl. Diez und Reindl 2005b, S. 79). Die Errechnung der Wertschöpfung kann additiv als Summe aller Aufwendungen, die keinen Vorleistungscharakter haben oder subtraktiv als Differenz zwischen der Unternehmensleistung und den bezogenen Vorleistungen gemessen werden (vgl. Krcal 2007, S. 6). Der Quotient aus eigener Wertschöpfung zur Gesamtleistung ergibt das Maß für die Fertigungstiefe. Dieses Messverfahren wird in der Literatur auch als der „Adelman-Index" bezeichnet (vgl. Hübner 1987, S. 30, Dirrheimer 1981, S. 27 ff.). Der

135 Ein Automobil besteht aus mehr als 20.000 Einzelteilen, die wiederum innerhalb Komponenten und Modulen zusammengefasst werden können (vgl. Kretschmer 2005, S. 82).

durch den Automobilhersteller erbrachte Anteil an der Wertschöpfung kann i. komponenten- und modulspezifisch, ii. baureihenspezifisch oder iii. auf Ebene der gesamten Baureihen betrachtet werden. Die Fertigungstiefen unterscheiden sich zunehmend hinsichtlich unterschiedlicher Komponenten- und Modulgruppen sowie Baureihengruppen und Automobilhersteller verfolgen differenzierte Fertigungsstrategien (vgl. Krcal 2007, S. 11, Djabarian 2002, S. 38)[136].

Für den vorliegenden Untersuchungskontext zeigen sich im Zusammenhang mit der wertschöpfungsbasierten Messung der Fertigungstiefe jedoch umfassende Messproblematiken. Eine Messung der Fertigungstiefe auf Grundlage der Unternehmensdaten aus der Gewinn- und Verlustrechnung wird nicht als valides Messverfahren betrachtet. In einer wertschöpfungsbasierten Messung der Fertigungstiefe kann der zu Grunde liegende Referenzwert durch unterschiedliche Faktoren beeinflusst werden, wodurch die Messergebnisse verzerrt werden. Die Messung der Wertschöpfung auf Basis der Gewinn- und Verlustrechnung eines Automobilherstellers wird durch die Höhe des Unternehmensgewinns beeinflusst. Eine zunehmende Fertigungstiefe kann in Folge dessen rein aus einer Gewinnsteigerung resultieren, während der reale Eigenleistungsanteil unverändert bleibt. Eine weitere Messproblematik ergibt sich aus der Zusammensetzung der Gesamtleistung des Unternehmens. Die Gesamtleistung eines Unternehmens kann neben produktionsbasierten Leistungen auch Leistungen aus Distributionsaktivitäten ausweisen. Für die Messung der integrierten Aktivitäten in der Automobilproduktion werden ausschließlich die Produktionsleistungen fokussiert. Eine undifferenzierte Betrachtung der Unternehmensgesamtleistung auf Basis der Jahresberichte kann die Messergebnisse für den Wertschöpfungsbereich Produktion demnach verzerren. Für Fabrikate, die sich innerhalb eines Konzerns mit unterschiedlichen Marken befinden, sind zudem die internen Leistungsverflechtungen zu berücksichtigen. In diesem Zusammenhang stellt sich die Frage, ob die innerhalb der Konzerngrenzen erfolgten Leistungen als integrierte Aktivitäten oder als Fremdbezug definiert werden. Eine Anzahl von Automobilkonzernen verfügt beispielsweise über eigene Zuliefererunternehmen, die Komponenten und Entwicklungsdienstleistungen offen am Markt anbieten. Die Beziehungen zu diesen konzerneigenen Lieferanten erfordern eine differenzierte Betrachtung, da die Leistungen nicht proprietär einem Automobilfabrikat zuzuordnen sind.

Zusammenfassend ist eine rein quantitative Messung der Eigenleistung für den vorliegende Untersuchungsgegenstand nicht möglich. Die Messung erfordert neben der Berücksichtigung quantitativer Daten auch eine qualitative Betrachtung, um valide Aussagen über das Ausmaß der durch einen Wertschöpfungsakteur erbrachten Aktivitäten herausarbeiten zur können. Entscheidend ist der relative Eigenleistungsanteil eines Automobilherstellers im Vergleich zu den Wettbewerbsunternehmen. Von einer konkreten Ermittlung des Eigenleistungsanteils wird auf Grund umfangreicher Messproblematiken abgesehen.

Auf Grund komplexer Unternehmensstrukturen und Leistungsbeziehungen zwischen Unternehmenseinheiten innerhalb eines Automobilkonzerns ist zu klären, ob Leistungsbeziehungen innerhalb eines Automobilkonzerns als eigene Aktivitäten oder als Fremdbezug definiert werden. Diese Frage wurde bislang unzureichend geklärt. Nach Djabarian (2002, S. 10) werden zur Ermittlung der Fertigungstiefe alle Leistungen betrachtet, die unter dem Dach des Automobilherstellers oder von

136 Zu den Komponentengruppen zählen unter anderem Fahrwerk, Antriebsstrang oder Elektronik. Unter Baureihengruppen werden beispielsweise Kleinwagen oder Oberklassefahrzeuge zusammengefasst.

einem zugehörigen Unternehmen erbracht werden. Die notwendige Voraussetzung für die Definition einer Eigenleistung ist, dass der fokussierte Automobilhersteller die Leistungen innerhalb der ihm direkt zuzuordnenden Fertigungsstätten erbringt. Bezieht der Automobilhersteller Komponenten von Konzernfabrikaten, dann werden diese als externe Lieferbeziehungen definiert und nicht als Eigenleistungen betrachtet. In der Analyse werden die Automobilprodukte und deren Produktionsstandorte berücksichtigt, die in den europäischen Märkten angeboten werden.

Die komparativ, relative Ermittlung des herstellerindividuellen Eigenleistungsanteils in der Automobilproduktion erfolgt durch eine differenzierte Betrachtung der Entwicklungs- und der Fertigungstiefe. Als empirische Indikatoren der Entwicklungstiefe dienen zum einen die Forschungs- und Entwicklungsausgaben, die der Automobilhersteller während des Untersuchungszeitraumes getätigt hat. Zur Messung der Entwicklungstiefe wird zum anderen betrachtet, über welche Humanressourcen der Hersteller im Bereich Forschung und Entwicklung verfügt. Die Ausstattung mit Humanressourcen dient als Indikator dafür, welches Ausmaß der F&E Aktivitäten innerhalb des Unternehmens getätigt werden kann. Die dazu notwendigen Daten werden den Unternehmensjahresberichten entnommen und mit den Angaben anderer Automobilhersteller verglichen.

Die quantitativen Daten werden mit qualitativen Informationen aus Experteninterviews und Sekundärquellen dahingehend komplementiert, dass die quantitativen Daten mit den qualitativen Daten kontrastiert werden und die quantitativen Messdaten entsprechend be- oder entkräftigt werden. Die Ermittlung der Entwicklungstiefe basiert auf einem Index, der die quantitativen und qualitativen Daten der unterschiedlichen Fabrikate in Relation setzt, um daraus komparative Aussagen ableiten zu können. Die Messung der Fertigungstiefe basiert für die vorliegende Untersuchung in erster Linie auf Sekundärdaten, eine Errechnung der Fertigungstiefe erfolgt nicht. Ausschlaggebend ist der relative Anteil der Fertigungs- und Montageleistungen, die der Automobilhersteller mit eigenen Produktionsmitteln und Ressourcen leistet. Eine Errechnung der Fertigungstiefe auf Basis der Bilanzdaten beziehungsweise der Gewinn- und Verlustrechnung ist aus den zuvor geschilderten Messproblematiken nicht möglich, da die Ergebnisse verzerrt werden könnten.

Der zentrale Eigenleistungsanteil wird auf Basis von Experteninterviews, Aussagen von Unternehmensvertretern und auf Basis von Sekundärstudien ermittelt und mit den Daten der unterschiedlichen Fabrikate verglichen, woraus ein komparativer Index abgeleitet werden kann. Für die einzelnen Modellbaureihen wird unter anderem der Anteil an Komponenten, Modulen und Plattformen betrachtet, der von anderen Fabrikaten und von Lieferanten bezogen wird. Der größte Outsourcingumfang wird durch einen kompletten Fremdbezug des gesamten Fahrzeuges erreichet. Der Eigenleistungsanteil wird zusammenfassend baureihenübergreifend für ein spezifisches Fabrikat dargestellt und ein Globalindex gebildet, der die Informationen für alle Produkte des fokussierten Fabrikats zusammenfasst.

3.2.1.1.2 Operationalisierung zentrale Integration in der Automobildistribution

Die Operationalisierung integrierter Wertschöpfungsaktivitäten in der Automobildistribution folgt dem Vorgehen in der Automobilproduktion. In diesem Zusammenhang werden alle Distributionsaktivitäten betrachtet, die direkt durch den Automobilhersteller erbracht und kontrolliert werden. In einer vollständig integrierten Distributionsorganisation werden alle Funktionen und -leistungen zentral innerhalb des Automobilherstellers oder dezentral durch solche Distributionsakteure getätigt, die rechtlich und wirtschaftlich zum Automobilhersteller gehören. Die Koordination der Wertschöpfungsaktivitäten erfolgt in diesem Fall durch Hierarchie und Eigentum. Die Distribution eines Automobils umfasst neben dem eigentlichen Absatz von Neufahrzeugen auch Service- und Reparaturdienstleistungen sowie den Vertrieb von Ersatzteilen und Finanzdienstleistungen. Der Vertrieb von unterschiedlichen Sach- und Dienstleistungen umfasst Groß- und Einzelhandelsfunktionen, wobei die vorliegende Untersuchung den Einzelhandel fokussiert.

Analog zur Definition der Fertigungstiefe in der Automobilproduktion kann unter dem Begriff der Distributionstiefe der Quotient verstanden werden, der sich aus den direkten Distributionsleistungen des Automobilherstellers im Vergleich zur gesamten Distributionsleistung ergibt. Im Verständnis der vorliegenden Untersuchung umfasst die Gesamtleistung alle Distributionsaktivitäten, die während eines Fahrzeuglebenszyklus relevant sind. Das zentrale Problem einer Distributionstiefenmessung ist der Mangel an Daten bezüglich der Umsatzleistungen aller Distributionsakteure (vgl. Diez und Reindl 2005b, S. 86). Diese Umsatzdaten sind notwendig, um den Quotient aus den integrierten Distributionsumsätzen des Automobilherstellers zum Gesamtumsatz zur errechnen. Für die Messung der Distributionstiefe sind nur für einzelne Distributionsbereiche ausreichend quantitative Daten verfügbar. Im Wesentlichen kann die Leistungstiefe nur für den Neuwagenvertrieb anhand von Absatzdaten gemessen werden. Der herstellereigene Anteil in der Neuwagendistribution errechnet sich auf Grundlage des Neuwagenabsatzes, der direkt durch den Automobilhersteller getätigt wird. Der Gesamtneuwagenabsatz kann aus offiziellen Zulassungsstatistiken erhoben werden. Das Absatzvolumen der herstellereigenen Vertriebsstandorte wird mit dem Gesamtabsatzvolumen der jeweiligen Fabrikate verglichen und der Eigenvertriebsanteil errechnet. Vergleichbare Daten liegen für die Distributionsbereiche Service und Reparatur, Teilevertrieb und Finanzdienstleistungen nicht vor[137].

Integrierte Aktivitäten zur Neufahrzeugdistribution können danach differenziert werden, in wie fern Distributionsleistungen durch dezentrale herstellereigene Niederlassungen oder durch zentrale Vertriebsabteilungen ausgeübt werden. Die Verkaufsaktivitäten zentraler Verkaufsabteilungen konzentrieren sich in der Regel auf gewerbliche Kunden mit überdurchschnittlich großen Beschaffungsmengen (vgl. Reindl 2005a, S. 17)[138]. Zur Messung der direkten Kontrolle über die Wertschöpfungsaktivitäten in der Distribution wird die Bedeutung dezentraler Aktivitäten berücksichtigt, konkret die Aktivitäten des Automobilherstellers innerhalb eigener Niederlassungen. Herstellereigene Niederlassungen befinden sich im vollständigen Besitz des Automobilherstellers oder werden mehrheitlich durch diesen kontrolliert. Herstellereigene Niederlassungen können anhand unterschiedlicher Betriebstypen differenziert werden. Von Komplettbetrieben sind spezialisierte Typen

137 Für Distributionsbereiche neben dem Neuwagenvertrieb sind keine offiziellen Absatz- und Umsatzstatistiken verfügbar. Auch die Automobilhersteller verfügen weiterhin über unzureichende Umsatz- und Absatzdaten aller Akteure, die innerhalb ihrer Distributionsorganisation tätig sind. Ein zentrales Problem stellt die Messung der Umsatzleistungen von vertraglich nicht gebundenen Distributionsakteuren dar.

138 Bei den Großabnehmern handelt es sich in der Regel um Vermiet- und Leasinggesellschaften sowie um Großunternehmen (vgl. Diez 2001, S: 313). Der Anteil an Neufahrzeugverkäufen, der zentral durch den Automobilhersteller an Großabnehmer getätigt wird, wird von der Kundenstruktur des Fabrikats beeinflusst (vgl. Kiff 2005). Ein hoher Anteil gewerblicher Großkunden begünstigt eine höhere Bedeutung zentraler Direktverkäufe. Die quantitative Erfassung zentraler Direktverkäufe gestaltet sich auf Grund fehlender Daten für die europäischen Märkte als schwierig.

zu differenzieren, die für den Vertrieb von Gebrauchtwagen sowie für Service- und Reparaturdienstleistungen Anwendung finden. Dominanter Betriebstyp ist der Komplettbetrieb, der alle relevanten Einzelhandelsfunktionen, nämlich den Neu-, Gebrauchtwagen- und Ersatzteilhandel sowie Finanz- und Servicedienstleistungen ausführt (vgl. Wade und Brown 2007)[139]. Spezialisierte Betriebstypen konzentrieren sich auf ein bestimmtes Dienst- beziehungsweise Sachleistungsangebot. Das Ausmaß integrierter Tätigkeiten im Neufahrzeugvertrieb wird anhand des Neuwagenverkaufsvolumens aller Niederlassungen im Vergleich zur Gesamtzahl der relevanten Neufahrzeugzulassungen gemessen. Zusammenfassend wird die Integration im Neufahrzeugvertrieb durch den Anteil der Neufahrzeugverkäufe gemessen, der direkt durch die Automobilhersteller innerhalb Niederlassungen geleistet wird. Eine hohe Integration impliziert einen überdurchschnittlichen hohen Verkaufsanteil durch herstellereigene Niederlassungen. Im Falle eines überdurchschnittlich stark ausgeprägten indirekten Vertriebs (Vertrieb über externe Akteure) ist die Integration gering.

Das Ausmaß der Integration im Wertschöpfungsbereich der Finanzdienstleistungen hängt in erster Linie davon ab, in wie weit der Automobilhersteller eigene Finanzdienstleistungen in Form von Fahrzeugfinanzierungen, Leasing, Versicherungen sowie weiteren verwandten Dienstleistungen am Markt anbietet. Konkret stellt sich hier die Frage, ob die Finanzdienstleistungen zugekauft oder innerhalb des Unternehmens mit eigenen Instituten geleistet werden. Der Vertrieb der eigenen Finanzdienstleistungsprodukte ist durch Zentralabteilungen, dem herstellereigenem Niederlassungssystem oder durch Agenturverträge mit externen Händlern organisiert (vgl. Buzzavo und Bozon 2004). Für das Ausmaß der eigenen Wertschöpfungsaktivitäten spielt es für die vorliegenden Untersuchung eine Rolle, in wie weit der Automobilhersteller eigene Finanzdienstleistungen für unterschiedliche Kundengruppen anbietet. Neben dem klassischen Privatkundengeschäft gewinnt das Geschäft mit gewerblichen Kunden und hier vor allem mit Großflotten an Bedeutung (vgl. Kiff 2005). Die differenzierte Betrachtung integrierter Aktivitäten nach Kundengruppen ist insofern sinnvoll, da gewerbliche Kunden andere Anforderungen an das Dienstleistungsangebot als private Kunden stellen (vgl. Kiff 2005, Scheffer et al. 1998). Gewerbliche Kunden wurden bislang vor allem durch spezialisierte, herstellerunabhängige Leasinggesellschaften bedient (vgl. Buzzavo und Bozon 2004). Zusammenfassend basiert die Integrationsmessung im Bereich der Finanzdienstdienstleistungen auf der Analyse, über welche integrierten Finanzinstitute zur Versorgung privater und gewerblicher Kundenanforderungen der jeweilige Automobilhersteller verfügt. Eine hohe Integration ergibt sich, wenn der Automobilhersteller mit eigenen Institut(en) Finanzdienstleistungen für ein weites Spektrum privater und gewerblicher Kundenanforderungen anbieten kann. Eine geringe Integration beziehungsweise Desintegration ergibt sich, wenn Finanzdienstleistungen von externen Lieferanten bezogen werden.

Die Betrachtung integrierter Aktivitäten im Verlauf des gesamten Fahrzeuglebenszyklus ist für die Analyse der After-Sales Aktivitäten von besonderer Relevanz[140]. Im Verständnis der vorliegenden

139 Neben Einzelhandelsfunktionen übernehmen Niederlassungen auch Großhandelsfunktionen für Vertragshändler in der Distributionsorganisation.

140 Diez (2001, S. 462) geht davon aus, dass ein durchschnittlicher Automobilhersteller in Deutschland 46 Prozent der gesamten Wertschöpfung durch eigene Aktivitäten und indirekt durch die vertraglich gebundene Handelsorganisation kontrolliert. Der übrige Wertschöpfungsanteil wird zum überwiegenden Anteil durch herstellerunabhängige Akteure im After-Sales Markt geleistet.

Untersuchung impliziert eine vollständig integrierte Distributionsorganisation die Betreuung des Fahrzeugs durch den Automobilhersteller über den gesamten Lebenszyklus hinweg. Der Fokus der Untersuchung im Bereich von Reparatur- und Servicedienstleistungen liegt auf dem Ersatzteilvertrieb[141]. Im Ersatzteilvertrieb existiert ein intensiver Wettbewerb zwischen Automobilherstellern und Ersatzteilherstellern und deren Groß- und Einzelhändlern (vgl. Guillaneuf et al. 2005). Ein erheblicher Teil der Wertschöpfung wird durch After-Sales Leistungen in der zweiten Lebenszyklusphase eines Fahrzeugs erwirtschaftet, d.h. wenn das Fahrzeug älter als fünf Jahre ist (vgl. Diez 2001, S. 462). Die Ersatzteildistribution des Automobilherstellers beschränkt sich in erster Linie auf die Versorgung der Vertragshändler, die in erster Linie das Segment der Fahrzeuge bis zu fünf Jahren bedienen (vgl. Royer, Seeba und Stratmann 2008). Vertraglich nicht gebundene Reparaturakteure sind im Markt für ältere Fahrzeuge dominant, indem diese mit Preisführerschaftsstrategien arbeiten und preissensible Kunden fokussieren (vgl. Chieux und Stratmann 2007). Konkret stellt sich für die Operationalisierung der integrierten Aktivitäten im After-Sales die Frage, welche institutionalisierten Aktivitäten der Automobilhersteller unternimmt, um den Ersatzteilvertrieb im Verlauf eines Fahrzeuglebenszyklusses zu kontrollieren. Neben den eigenen und vertraglich eng gebundenen Service- und Reparaturakteuren sind auch solche Unternehmen mit Ersatzteilen zu beliefern, die nicht dem eigenen und dem Vertragshandelsnetz im klassischen Sinne zugehören, aber innerhalb der jeweiligen Fabrikatsorganisation aktiv sind. Herstellerunabhängige Werkstattunternehmen haben einen vergleichsweise hohen Marktanteil im After-Sales Marktsegment der älteren Fahrzeuge (vgl. Royer und Stratmann 2008 und Royer et al. 2009a). Zusammenfassend wird der Umfang der integrierten After-Sales Leistungen anhand integrierter Teilevertriebsaktivitäten operationalisiert, die an alle relevanten Service- und Reparaturakteure im Verlauf eines Fahrzeuglebenszyklus gerichtet sind. Eine hohe Integration ergibt sich, wenn eine überdurchschnittliche Zahl aller relevanten Service- und Reparaturakteure durch eigene institutionalisierte Teilevertriebsorganisationen kontrolliert beziehungsweise versorgt werden. Eine geringe Integration ergibt sich, wenn wenige bis keine der relevanten Service- und Reparaturakteure durch eigene institutionalisierte Teilevertriebsorganisationen versorgt werden.

3.2.1.2 Die Operationalisierung der Variable ›Formelle Bindung externer Akteure‹

Neben der zentralen Integration stellen die formellen und informellen Bindungsmechanismen die weiteren unabhängigen Variablen des dieser Arbeit zugrunde liegenden theoretischen Rahmenkonzeptes dar. Unter den formellen Interakteursbindungen werden vertragliche und finanzielle Bindungsformen zusammengefasst, die im Folgenden zu operationalisieren sind[142]. Die Operationalisierung der formellen Interakteursbindungsarten erfolgt analog zum Vorgehen bei der Variable ›Zentrale Integration‹ für die Bereiche Produktion und Distribution getrennt. Die Operationalisierung berücksichtigt durch das separate Vorgehen die spezifischen Indikatoren der beiden konstituierenden Wertschöpfungsbereiche.

---

141 Nach der Definition von Reindl (2005b, S. 438) umfasst der Servicemarkt (wird synonym verwendet für den Begriff After-Sales) alle Leistungen, die für die Sicherstellung des Gebrauchsnutzens des Automobils notwendig sind. Der Servicemarkt umfasst die Bereiche der Wartung, Reparatur und Instandsetzung von Kraftfahrzeugen. Dem Servicemarkt ist auch die Versorgung mit Ersatzteil- und Zubehörteilen zuzuordnen.

142 Vgl. dazu Abschnitt 2.3.2 dieser Arbeit sowie die dort angegebene Literatur.

3.2.1.2.1 Operationalisierung formelle Bindung in der Automobilproduktion

Eine Wertschöpfungsorganisation ist durch eine hohe Zahl unterschiedlicher Akteure gekennzeichnet, die unterschiedliche Wertschöpfungsaktivitäten austragen. Für die Operationalisierung und Messung der formellen Akteursbindungen in der Automobilproduktion werden nur die Interakteursbeziehungen zu den Lieferanten ersten Grades betrachtet. Konkret stehen die Lieferbeziehungen zwischen dem fokalen Automobilhersteller und den direkten Lieferanten im Mittelpunkt der Operationalisierung und Untersuchung[143].

Auf Ebene der Direktlieferanten werden horizontale und vertikale Beziehungen einbezogen. Die Art der einzelnen Lieferanten gibt Aufschluss darüber, ob es sich um eine horizontale oder vertikale Lieferbeziehung handelt. Leistungsbeziehungen zu Wettbewerbsunternehmen der gleichen Produktionsstufe, in diesem Fall zwischen konkurrierenden Automobilherstellern, werden als horizontal definiert (vgl. z.B. Brown et. al. 2007, S. 20,). Zu den horizontalen Lieferbeziehungen werden auch die Transaktionsbeziehungen zwischen Fabrikaten eines Automobilkonzerns gezählt. Horizontale Beziehungen umfassen somit Bindungen zu konzerneigenen und konzernfremden Wettbewerbsunternehmen. In der Praxis verfügen einzelne Automobilkonzerne über eigene Zuliefererunternehmen, die offen am Zulieferermarkt als eigenständige Unternehmen positioniert sind und Leistungen anbieten. Diese Unternehmen agieren als unternehmensübergreifende Zulieferer und arbeiten nicht ausschließlich exklusiv für einen spezifischen Automobilhersteller[144]. Ausschlaggebend für eine vertikale Lieferbeziehung ist in diesem Kontext, dass die Leistungen offen am Markt angeboten werden und das Unternehmen als eigenständiger Zulieferer positioniert ist. In diesem Fall wird die Lieferbeziehung zwischen einem Automobilhersteller und einem konzerneigenen Zuliefererunternehmen als vertikal definiert. Festzuhalten bleibt, dass zwischen Akteuren innerhalb gemeinsamer Konzerngrenzen sowohl horizontale als auch vertikale Lieferbeziehungen bestehen können. Das konzernzughörige Zuliefererunternehmen befindet sich in diesem Fall auf einer vorgelagerten Produktionsstufe und kann für die vorliegende Untersuchung als quasi-externer vertikaler Lieferant interpretiert werden, zu dem jedoch in der Regel eine ausgeprägte formelle Bindung besteht.

Bezüglich der aufgezeigten Wertschöpfungsakteure geht es nun darum, die vertraglichen Bindungscharakteristika systematisch zu betrachten. Eine direkte Vertragsanalyse ist für das Forschungsvorhaben der vorliegenden Arbeit nicht möglich, da die Vertragsdokumente dem Autor nicht zugänglich sind und die Analyse auf Grund der hohen Zahl an Lieferantenverträge aus Praktikabilitätsgründen nicht möglich ist. Betrachtet werden solche Indikatoren, die bestimmte vertragliche Bindungsarten beschreiben und Rückschlüsse darauf zulassen, ob eine überdurchschnittliche, eine durchschnittliche oder unterdurchschnittliche vertragliche Bindung vorliegt. Konkret bedeutet dieses, welche Bedeutung den relationalen beziehungsweise klassischen Vertragstypen im Rahmen der Hersteller-Lieferantenbeziehungen zukommt. Die Verbreitung relationaler vertraglicher Lieferantenbindungsformen wird daran gemessen, inwieweit i. exklusive Single-Sourcing und ii. langfristige, vertraglich abgesicherte Beziehungen bestehen. Komplexe und langfristige Verträge gehen in

143 Die Einbeziehung von Lieferanten der zweiten bis zur n-ten Produktionsstufe ist aus Praktikabilitätsgründen im Umfang dieser Arbeit nicht möglich. Auf Grund der hohen Zahl von Sub-Lieferanten und der komplexen vertraglichen Beziehungen zwischen Lieferanten n-ter Funktionsebene, den übergeordneten Lieferanten und den Automobilherstellern werden Subkontraktbeziehungen nicht berücksichtigt.

144 Vgl. dazu Abschnitt 3.1.2.1 dieser Arbeit.

der Regel mit Exklusivvereinbarungen einher (vgl. Gerhard 1995, S. 195). Da Exklusivverträge einen geringen Intra-Wertschöpfungsorganisationswettbewerb implizieren, sind marktliche Koordinationsmechanismen wenig bedeutend. Für den Bezug von Produktmodulen und Komponenten greift der Automobilhersteller auf einzelne Lieferanten zurück und kann während Preisverhandlungen konkurrierende Lieferanten nicht untereinander ausspielen. Exklusive Lieferantenverträge verringern das Hold-Up Risiko für den Lieferanten, da dieser bei nachträglichen Preisverhandlungen nicht mit einem kurzfristigen Lieferantenwechsel drohen kann. Hohe spezifische Investitionen des Lieferanten für die Wertschöpfungsorganisation eines spezifischen Fabrikats werden dadurch abgesichert. Ziel einer langfristigen und engen Bindung ist die Absicherung der Lieferbeziehung und die Minimierung der Risiken, die eine ausgeprägte Fremdvergabe von Wertschöpfungsleistungen mit sich bringt (vgl. zum Beispiel Wertz 2000, Weiss 1999, Gerhard 1995, S. 191). Für das Ausmaß exklusiver Single Sourcing Strategien wird unter anderem die Zahl der Direktlieferanten betrachtet, denn diese Strategien implizieren eine Reduzierung der Zahl an Direktzulieferern. Eine vertragliche Leistungsbeziehung wird in dieser Arbeit als langfristig eingestuft, wenn sie mindestens einen Produktlebenszyklus umfasst (vgl. zum Beispiel Hamprecht 2003, S. 12). In der Praxis bedeutet das faktisch eine Vertragslaufzeit von mindestens fünf Jahren.

Zusätzlich werden Informationen berücksichtigt, die Aussagen über den durch den Automobilhersteller initiierten Wettbewerb zwischen den Lieferanten liefern. Diese Informationen indizieren den Wettbewerb zwischen gleichartigen Lieferanten und die Bedeutung klassischer, marktlich geprägter Verträge. Barney und Hansen (1995) sowie Sako (1991) haben festgestellt, dass relationale Bindungen das Ausmaß nachträglicher Preisverhandlungen reduzieren und somit den Intra-Organisationswettbewerb eingrenzen. Diese Studienergebnisse werden dafür genutzt, das Ausmaß eher marktlich geprägter, klassischer Verträge zu messen. Dazu werden Studien herangezogen, die den Preisdruck der Automobilhersteller auf deren Lieferanten analysieren (vgl. Automotive News and Supplier Business 2008; Fein 2004 und 2007; Meining und Mallad 2007). Fein (2004 und 2007) untersucht die Forderungen der Automobilhersteller nach Preissenkungen gegenüber ihren Zulieferern. Dazu werden Preisreduktionsrunden zwischen Automobilherstellern und Lieferanten ausgewertet und im Zeitablauf dargestellt. Zur Analyse der Preisforderungen wurden die Lieferanten von Automobilherstellern in Europa hinsichtlich der Höhe der Preissenkungsforderungen, der Begründungen für Preissenkungsforderungen und die tatsächlich durch den Lieferanten gewährten Preissenkungen befragt. Die Studienergebnisse von Fein werden durch die empirischen Ergebnisse der Studien nach Meinig und Mallad (2007) und Automotive News/Supplier Business (2008) komplementiert und verglichen. Die Ergebnisse dieser Studien werden als Indikatoren für das Ausmaß marktlicher Steuerungsmechanismen genutzt, die einer ausgeprägten formellen Integration entgegenwirken.

Die Operationalisierung der formell-vertraglichen Bindungen fußt zusammenfassend darauf, welche Bedeutung langfristige relationale Verträge auf der einen Seite beziehungsweise marktliche geprägte klassische Verträge auf der anderen in der Gesamtheit der Hersteller-Lieferantenbeziehungen haben. Betrachtet werden horizontale und vertikale Beziehungen zwischen dem Automobilherstellern und seinen Direktlieferanten. Informationen zur Anzahl der Direktlieferanten und zur Wettbewerbsintensität zwischen den Lieferanten werden unter anderem berücksichtigt, um Aussagen zur vertraglichen Bindung abzuleiten. Auf Grund der Komplexität der Untersuchung wird betont, dass die Analyse der vertraglichen Interakteursbindungen auf empirischen Indikatoren basiert, die eine Richtung anzeigen, nämlich die Dominanz in Richtung relationaler Verträge oder in Richtung klassischer Verträge oder eine tendenzielle Ausgewogenheit zwischen relationalen und klassischen Verträge.

Zur empirischen Messung der finanziellen Geiseln wird zum einen die Ausprägung der finanziellen Verflechtungen zwischen den Akteuren analysiert. Zum anderen wird untersucht in wie weit durch räumlich eng verbundene Produktionsstandorte des Automobilherstellers und der Lieferanten finanzielle Geiseln existieren. Eine gemeinsame räumliche Ansiedlung der Akteuren geht oftmals mit einer starken vertraglichen Bindung einher. Germonpre (2000, S. 52-54) hat den Zusammenhang zwischen vertraglichen und finanziellen Integration anhand räumlicher Lieferantenansiedlungen geprüft. Nach Germonpre zeichnet sich eine räumliche Lieferantenbindung in der Regel dadurch aus, dass das Vertragsverhältnis zwischen Lieferanten und Hersteller den gesamten Lebenszyklus eines Fahrzeugs umfasst. Die Bindung zwischen Lieferanten ist in der Folge überdurchschnittlich hoch. Diese empirischen Ergebnisse werden durch weitere Arbeiten gestützt. Becker (2006, S, 92) hat in einer Analyse unterschiedlicher Zuliefererparkmodelle festgestellt, dass räumlich eng gebundene Lieferanten eine enge Geschäftsbeziehung mit dem Automobilhersteller über mehrere Modellwechsel hinweg führen. Die Fluktuationsrate liegt bei einigen Beispielen unter zwanzig Prozent. In einem Zuliefererpark stehen die Lieferanten in der Regel nicht im direkten Wettbewerb, sondern liefern exklusiv an den Automobilhersteller (vgl. Becker 2006, S. 73). In weiteren Arbeiten wird auf die Bedeutung der geographischen Anbindung zur Integration externer Akteure hingewiesen: „[...] although ownership is separate, proximity is a necessity and a manifestation of the importance of organisational integration" (Sako 2003, S. 237). In der Literatur werden bestimmte Formen der Lieferantenintegration sogar als Strategien des In-Sourcing angesehen (vgl. Freiling und Sieger 1999, S. 8f.). Die Vertreter dieser Auffassung sehen die räumliche Integration als eine Re-Integration von Wertschöpfungsumfängen, indem die Zulieferer direkt vor Ort beim Abnehmer die Leistung erbringen (vgl. Becker 2006, S. 41). Die Integration des Lieferanten durch eine räumliche Anbindung seiner Produktionsanlagen wird somit in der Regel durch vertragliche und informell-kooperative Integrationsmaßnahmen ergänzt.

Für räumliche Lieferantenanbindungsmodelle finden sich in der Literatur unterschiedliche Systematisierungsansätze (vgl. zum Beispiel Jürgens 2005, S. 31ff., Becker 2006, S. 165ff.)[145]. Abgrenzungskriterien sind beispielsweise i. die räumliche Entfernung zwischen Lieferant und Abnehmer, ii. die Exklusivität der Interakteursbeziehungen, iii. die Vertragscharakteristika oder iv. die Funktionsverteilung zwischen den partizipierenden Akteuren (vgl. Becker 2006, S. 165f.). Ein zentraler

145 Jürgens (2005, S. 31ff.) differenziert unterschiedliche Modelle anhand der räumlichen und rechtlichen Integration. Im Falle eines Kondominium Modells arbeiten externe Zulieferer und Automobilproduzent innerhalb eines gemeinsamen Produktionswerkes. Die räumliche Integration ist in diesem Fall durch das Arbeiten »unter einem Dach« sehr hoch. Der höchste Grad der finanziellen Integration durch räumliche Lieferantenansiedlungen ergibt sich durch das so genannte Konsortium Modell. Im Falle eines Konsortiums befinden sich die Produktionsmittel und Immobilen im gemeinsamen Besitz der Akteure. In Folge dessen können beide Akteure, nämlich der Automobilproduzent und der Lieferant, nach Ablauf des Liefervertrages nicht ohne überdurchschnittlich hohe Kosten wechseln. Die bilaterale Abhängigkeit ist überdurchschnittlich hoch. Das Integrationsmaß ist sehr nah an der Definition von integrierten Wertschöpfungsaktivitäten, das heißt der Lieferant und der Automobilhersteller sind nahezu eine rechtliche und wirtschaftliche Einheit. Das Kondominium und das Konsortium Modell werden als eine stärker integrierte Unterform des Zuliefererparks verstanden. Becker (2006, S. 165f.) differenziert vier Zuliefererparkmodelle anhand der Merkmale Vertragsinhalte, Finanzierung und Funktionsverteilung. Die Abgrenzung unterschiedlicher Formen von Lieferantenansiedlungen wird für die vorliegende Arbeit zur Reduzierung der Analysekomplexität nicht angestrebt.

Bestandteil aller Definitionen ist die räumliche Vernetzung der Wertschöpfungspartner, kombiniert mit einer gemeinsamen Infrastruktur (vgl. zum Beispiel Becker 2006, S. 41, Jürgens 2005, S. 11ff; Wildemann 2000, S. 227). Eine weite begriffliche Verbreitung zeigt das Zuliefererpark Modell. In einem Zuliefererpark befinden sich Produktionsstandorte externer Zulieferer in enger räumlicher Nähe zum Werk des Automobilproduzenten (vgl. Larsson 2001). Als wesentliche Merkmale eines Zuliefererparks können angesehen werden: i. organisierte Ansiedlung von Lieferanten mit großvolumigen und werthaltigen System- und Modulumfängen, ii. gemeinsame Infrastruktur unmittelbar auf dem Werksgelände oder in enger räumlicher Nähe, iii. langfristige Vertragsverhältnisse und iv. informationsseitige Anbindung zwischen Lieferant und Abnehmer (vgl. Germonpre 2000, Becker 2006). Die Investitionen in die Produktionsmittel und Gebäude werden im unterschiedlichen Maße durch die beteiligten Akteure getätigt[146]. Investitionen in die Produktionsmittel durch die Lieferanten führen auf Grund der räumlichen Bindung zu hohen finanziellen Geiseln für die Zuliefererunternehmen[147].

Im Fokus der Operationalisierung steht die Messung der formellen Integration durch finanzielle Geiseln. Die Spezifität der eingebrachten Investitionen nimmt mit zunehmender räumlicher Nähe zwischen den Fertigungsstätten des Automobilherstellers und der Lieferanten zu. In diesem Zusammenhang gehen klassische Zuliefererparkmodelle mit einer stärkeren formellen Integration der Lieferanten einher. Nach Germonpre (2000, S. 52f.) impliziert ein Zuliefererpark eine vergleichsweise hierarchische Form der Zusammenarbeit zwischen Automobilhersteller und Zulieferer und eine ausgeprägte formelle Anbindung. Mit zunehmender Entfernung der Lieferanten von den Fertigungsstätten der Automobilhersteller nimmt die formelle Bindung durch ein geringeres Ausmaß spezifischer Investitionen ab. Ausschlaggebend für die empirische Messung ist das Ausmaß der finanziellen Geiseln auf Seiten der Lieferanten. Das Ausmaß der finanziellen Geiseln wird anhand der Investitionen in räumlich eng angebundenen Fertigungsstätten gemessen. Die Anzahl an Lieferantenansiedlungsparks sowie deren räumliche Nähe zu den Herstellerproduktionsstätten sind zentrale Messkriterien. Die finanzielle Integration erfolgt in der Regel in Kombination mit einem relationalen Lieferantenvertrag.

Die Messung der formellen Bindung externer Akteure basiert zusammenfassend auf den Vertragsbeziehungen und dem Ausmaß finanzieller Geiseln. Hinsichtlich der vertraglichen Bindung wird analysiert, welche Bedeutung langfristige relationale Verträge auf der einen Seite beziehungsweise marktlich geprägte klassische Verträge haben. Aussagen zur formellen Bindung der Lieferanten werden durch die Analyse finanzieller Geiseln komplementiert. Ein zentraler Indikator ist, inwieweit Lieferanten räumlich eng an die Fertigungsstätten der Automobilhersteller gebunden sind, woraus spezifische Investitionen für die Lieferanten resultieren. Finanzielle Geiseln gehen in der Regel mit langfristigen Lieferverträgen einher.

146 Die Gebäude werden in der Regel nicht durch die Zulieferer finanziert, sondern die Automobilhersteller oder externe Investoren leasen diese an die Unternehmen. Die Vertragsdauer der Leasingvertrages stimmt in der Regel mit der Laufzeit des Zulieferervertrages überein (Jürgens 2005, S. 30). Die Koordination der Infrastrukturdienste liegt im Fall des klassischen Zuliefererparkmodells überwiegend in der Verantwortung eine Joint Ventures aus Automobilhersteller, der Kommune und möglichen dritten Investoren.

147 Wobei sich der Integrationsgrad je nach Zuliefererpark Modell unterscheiden kann. Beispielsweise hinsichtlich der Eigentumsverhältnisse oder der vertraglichen Beziehungen.

3.2.1.2.2 Operationalisierung formelle Bindung der Automobildistribution

Die Operationalisierung der formellen Interakteursbindung in der Automobildistribution folgt der Systematik, die bereits für den Wertschöpfungsbereich der Automobilproduktion gewählt wurde. Im Mittelpunkt der Operationalisierung stehen die vertraglichen Bindungsmerkmale zwischen dem fokalen Automobilhersteller und seinen Distributionspartnern sowie die Einbindung der Distributionsakteure durch finanzielle Geiseln.

Analog zum Vorgehen in der Automobilproduktion ist im ersten Schritt zu klären, welche Interakteursbeziehungen in der Automobildistribution fokussiert werden. Im Folgenden ist der Analysefokus auf die Akteure in den Vertragshandelsorganisationen gerichtet[148]. Konkret werden die vertraglichen Merkmale der Neuwagenvertriebs- sowie der Service- und Reparaturverträge berücksichtigt. Der Fokus liegt auf der vertraglichen Beziehung zu den direkten Vertragspartnern. Im Unterschied zur Messung der vertraglichen Bindung in der Automobilproduktion erfolgt in der Automobildistribution eine konkrete Vertragsanalyse. Eine Vertragsanalyse ist im Distributionsbereich möglich, da die Vertriebs- und Serviceverträge im Unterschied zu den Lieferantenverträgen standardisiert sind, was eine Analyse erleichtert. Der erste Schritt der Vertragsanalyse ist darauf gerichtet, um welchen Vertragstypus es sich bei den Vertriebsverträgen handelt. Unterschieden werden in diesem Zusammenhang der Agenturvertrag, der selektive Vertragshandelsvertrag und der exklusive Vertragshandelsvertrag.

Der Agenturvertrag stellt eine spezifische Vertriebsbindung in der Automobilwirtschaft dar. In der Klassifizierung unterschiedlicher Bindungsformen stellt der Agenturvertrag ein überdurchschnittlich starkes institutionelles Arrangement dar (vgl. Diez 2001, S. 322). Beim Agentursystem agieren die externen Akteure als Absatzmittler, wobei weitgehende Vertriebsaufgaben weiterhin in der Verantwortung des Automobilherstellers verweilen. Externe Distributionsagenten nehmen eine Vermittlerfunktion zwischen dem Endkunden und einem weiteren Distributionsakteur beziehungsweise dem Lieferanten/Produzenten ein. In diesem Fall liegt das wirtschaftliche Risiko weitestgehend beim Lieferanten, während der Agent reine Verkaufsfunktionen übernimmt (vgl. Reindl 2005a, S. 16)[149]. Im Unterschied zum Vertragshandelssystem kann der Hersteller im Rahmen eines Agentensystems beispielsweise die Transaktionspreise signifikant beeinflussen, verantwortet die Lagerhaltung und Bereitstellung von Vorführwagen und ist direkter Vertragspartner für den Endkunden (vgl. Diez 2001, S. 322). Preis- und Absatzbindungen sowie eine geringe unternehmerische Gestaltungsfreiheit und eine einseitige Verteilung der Verfügungsrechte zu Lasten des Agenten sind Merkmale einer Agenturbeziehung (vgl. Reindl 2005a, S. 16f.). Agenturverträge zeichnen sich insgesamt durch eine überdurchschnittliche vertragliche als auch wirtschaftliche Bindungsintensität aus (vgl. Reindl 2005a. S. 17ff., Diez 2003, S. 3, Diez 2001, S. 322).

Im Unterschied zum Agenturvertrages übt der klassische Vertragshändler die relevanten Einzelhandelsfunktionen im eigenen Risiko aus und ist nicht an Preisvorgaben und an strikte Geschäftsabwicklungsprozesse sowie Marketingkonzeptionen des Automobilherstellers gebunden (Diez 2001,

148 Vgl. dazu Abschnitt 3.1.2.2 dieser Arbeit. In diesem Abschnitt werden der die Besonderheiten des Vertragshandelssystems der Automobilwirtschaft dargestellt.

149 In der Automobildistribution halten Agenten in der Regel keine eigenen Fahrzeuglager sondern vermitteln lediglich die Fahrzeuge und haben keinen direkten Einfluss auf die Preisgestaltung. Der eigentliche Kaufvertrag wird zwischen dem Lieferanten und dem Endkunden und nicht zwischen Endkunden und Agent geschlossen.

S. 322). Auf Grund wettbewerbsrechtlicher Vorgaben ist beim Vertragshändlersystem keine vertikale Preisbindung in der Automobilwirtschaft möglich. Hinsichtlich der Vertragshändlerverträge wird zur Messung der Integration zwischen einem selektiven und einem exklusiven Vertragstyp differenziert. Die Selektionsstrategie befasst sich mit den Entscheidungskriterien zur Erstselektion von Distributionsakteuren und der kontinuierlichen Überprüfung der Zusammenarbeit zwischen Automobilhersteller und externen Vertriebsakteuren (Florenz 1992, S. 270 ff.). Die Selektionsstrategie umfasst die konstituierenden zwei Phasen in einer Interakteursbeziehung, nämlich die Erstselektion des Akteurs durch den fokalen Wertschöpfungsorganisationsarchitekt und die kontinuierliche Überprüfung der Selektionskriterien und die daraus folgenden Anpassungsmaßnahmen. Während der Selektivvertrieb in anderen Branchen nur für bestimmte Produkte und Distributionsleistungen angewendet wird, ist der selektive Kontraktvertrieb in der Automobildistribution eine dominante Koordinationsstrategie (vgl. Tongue 2008, Diez 2003, S. 3, Posselt 1998, S. 1098 ff.). Eine Selektivstrategie impliziert eine eher integrierte geprägte Organisationsform, während eine ubiquitäre Universalvertriebsstrategie, die keine Beschränkung der Distributionsakteure verfolgt, desintegrierte Organisationsarchitekturen begünstigt.

Das Prinzip der horizontalen Selektion basiert auf qualitativen und quantitativen Selektionsstandards, was eine Auswahl der Vertriebsakteure für die unterschiedlichen Distributionsfunktionen nach Art und Anzahl ermöglicht (vgl. Reindl 2005a, S. 22, Diez 2003, S. 3, Diez 2001, S. 314)[150]. Mit der qualitativen und quantitativen Selektionsstrategie verfolgen die Automobilhersteller das Ziel, Art und Struktur des Distributionsnetzes zentral zu steuern (vgl. Diez und Brachat 1994, S. 113). Qualitative Selektionskriterien führen zu einer Auswahl spezifischer Distributionsakteure, die bestimmte Leistungs- und Qualitätskriterien erfüllen müssen[151]. Die quantitative Selektion ist rein auf die Begrenzung der Anzahl an gleichartigen Distributionsakteuren gerichtet. Die quantitative Selektion in der Gruppe artgleicher Akteure ist ein besonderes Merkmal der etablierten Distributionsorganisationen der Automobilwirtschaft. Der fokale Automobilhersteller kann dadurch einem Akteur eine Übertragung von Vertriebsrechten vorenthalten, selbst wenn der Akteur die qualitativen Selektionskriterien erfüllt (vgl. Creutzig 2002, 2005). Die quantitative Selektion der Vertriebspartner kann auf Grundlage der GVO Nr. 1400/2002 nur im Bereich des Neufahrzeugvertriebs angewendet werden, während eine quantitative Selektion der Distributionspartner für den Ersatzteilvertrieb sowie für Service- und Reparaturdienstleistungen durch die GVO Nr. 1400/2002 nicht legitimiert ist (vgl. Tongue 2008, Creutzig 2005, S. 140). Im Umkehrschluss bedeutet eine rein qualitative Selektionsmöglichkeit einen Kontrahierungszwang, sobald der Akteur die qualitativen Selektionskriterien erfüllt, die von den betreffenden Automobilherstellern festgelegt wurden. Händlerverträge zeichnen sich durch umfassende Bezugs- und Absatzbindungen sowie durch Verhaltensregeln aus und beinhalten für den Händler Tätigkeitspflichten in den unterschiedlichen (jeweils durch den Vertrag fokussierten) Distributionsbereiche, wie Neuwagenverkauf, Service- und Reparaturdienstleistungen (vgl. Heß 1994, S. 47 ff.).

---

150 Die qualitativen und quantitativen Selektionsmöglichkeiten richten sich nach dem Distributionsbereich. Qualitativ und quantitativ kann im Bereich des Neufahrzeughandels selektiert werden, während im Bereich der Service- und Reparaturdienstleistungen die Partnerakteure lediglich qualitativ selektiert werden können (vgl. Creutzig 2005, Tongue 2008).

151 Insbesondere die qualitative Selektion spielt eine bedeutende Rolle in der Automobildistribution. Ein qualitative Selektion bezieht sich beispielsweise auf die Qualifikation des Automobilhändlers und dessen Mitarbeiter, die Erfüllung von baulichen und Corporate Identity Maßgaben sowie auf bestimmte Kapital- und Finanzmittelausstattung (Heß 1994, S. 47 ff.).

Vom selektiven Vertragshändlervertrag ist der exklusive Händlervertrag zu unterscheiden. Im Unterschied zum selektiven Vertriebsvertrag ist es dem Automobilhersteller bei Anwendung eines exklusiven Vertrages möglich, Marktverantwortungsgebiete für den Vertragshändler zu definieren, um ihm dadurch einen Gebietsschutz zu gewährleisten. Bei Anwendung des exklusiven Vertrages verliert der Automobilhersteller jedoch die rechtliche Legitimation dem Vertragshändler zu verbieten, an nicht-autorisierte Wiederverkäufer zu verkaufen (vgl. Tongue 2008, Reindl 2005a, S. 43, Diez 2003, S. 7, Creutzig 2002, S. 42). In der Konsequenz stehen dem Automobilhersteller im exklusiven Vertrieb nur Möglichkeiten zur Selektion der direkten Vertragspartner zur Verfügung. Da die Vertragshändler die Vertragsware auch an nicht-autorisierte Wiederverkäufer veräußern dürfen, verliert der Automobilhersteller Steuerungsmöglichkeiten über die Distribution im Handel. Nicht-autorisierte Akteure erhalten indirekten Zugang zur Vertragsware und können ohne Einwirken der Automobilhersteller Distributionsaktivitäten ausüben. Im selektiven Vertragssystem darf den Vertragshändlern der Absatz der Vertragsware an nicht-autorisierte Akteure vertraglich untersagt werden (Creutzig 2002, S. 42). Zusammenfassend ist für die formelle Bindung auf Basis der Vertragstypen festzuhalten, dass ein Agenturvertrag eine hohe vertragliche Bindung, ein selektiver Vertriebsvertrag eine mittlere Bindungsintensität und ein exklusiver Vertriebsvertrag eine komparativ schwache Bindungsintensität impliziert.

Zusätzlich wird untersucht, wie komplex der Vertrag gestaltet ist, welche Anforderungen an den Vertragshändler gestellt werden und welche spezifischen Investitionen zur Erfüllung der Vertriebsstandards notwendig sind. Konkret werden die Service- und Reparaturverträge hinsichtlich der Selektionskriterien und Tätigkeitspflichten und den daraus folgenden finanziellen Geiseln für die kontraktlich gebundenen Händler analysiert (vgl. Kiff 2006)[152]. Die Vertragsanalyse wurde durch das Forscherteam des International Car Distribution Programms (ICDP) in den europäischen Kernmärkten Deutschland, Frankreich, Großbritannien und Italien ausgetragen. Der Autor dieser Arbeit hat die Untersuchung für ICDP im deutschen Markt geleitet und die Vertragsanalysen sowie die qualitativen Interviews mit den Akteuren durchgeführt. In der Untersuchung wurden die Service- und Reparaturverträge der zwanzig bedeutendsten Fabrikate pro Markt berücksichtigt. Im Rahmen der Umsetzung der Untersuchung wurden die direkten Vertragspartner berücksichtigt. Die indirekten Vertragspartner, die einem Haupthändler untergeordnet sind, finden in der Analyse keine Berücksichtigung, da die Vertragsbeziehungen durch den Haupthändler beeinflusst werden können. Auf Grund der Neuregelung der Gruppenfreistellungsverordnung Nr. 1400/2002 wurden nahezu ausnahmslos alle Verträge im Jahr 2002 neu verfasst. Grundlegende Vertragsänderungen innerhalb des Untersuchungszeitraumes werden für die Analyse berücksichtigt. Die Ergebnisse der Servicevertragsanalyse können als Bewertungsgrundlage für die Neuwagenhändlerverträge herangezogen werden, da zwischen beiden Verträgen ein direkter und enger Zusammenhang besteht (vgl. Kiff 2006).

Die Messung der Vertragskomplexität basiert auf den fabrikatsspezifischen Investitionen und Kosten sowie auf dem Ausmaß der vom Automobilhersteller ausgehenden Intervention, die den Bindungsgrad und die unternehmerische Autonomie für den Händler determinieren. Hohe fabrikatsspezifische Investitionen erschweren dem Händler die Aufnahme einer weiteren vertraglichen

152 Die Ergebnisse der Servicevertragsanalyse können als Bewertungsgrundlage für die Neuwagenhändlerverträge herangezogen werden, da zwischen beiden Verträgen ein direkter und enger Zusammenhang besteht (vgl. Kiff 2006).

Beziehung zu einem weiteren Fabrikat beziehungsweise führen zu hohen Wechselkosten im Fall eines Vertragsabbruchs. Eine geringere Fabrikatsspezifität der Investitionen geht mit höheren potentiellen Synergieeffekten einher, da Investitionen beispielsweise für unterschiedliche Fabrikate genutzt werden können[153]. Die Abhängigkeit und Bindung zu nur einem Automobilhersteller nimmt in Folge dessen mit einer höheren Spezifität zu. Im Rahmen einer Vertragsanalyse wurden 106 Merkmale analysiert, die folgenden Vertragsbereichen zuzuordnen sind: i. Corporate Identity, ii. Werkstattgröße, iii. Personal, iv. Werkstattausstattung, v. Informations- und Kommunikationssysteme, vi. Dienstleistungsangebot und vii. Anforderungen an das Reporting zum Hersteller (vgl. Kiff 2006, S. 2 und 26). Die vertraglichen Anforderungen führen zu fabrikatsspezifischen Investitionen und determinieren den Grad der unternehmerischen Freiheit des vertraglich gebundenen Akteurs (vgl. Kiff 2006).

Die Auswertung der Vertragskomplexität basiert auf einem Bindungsindex‹, der die 106 Einzelmerkmale auf Basis der Kategorisierung: i. hohe Komplexität = Index drei, ii. mittlere Komplexität = Index zwei und iii. geringe Komplexität = Index eins zusammenfasst (Kiff 2006, S. 6 und S. 10). Zur Errechnung des Gesamtindex werden die sieben Merkmalskategorien zusätzlich gewichtet (Kiff 2006, S. 26). Eine Merkmalskategorie erhält eine starke Gewichtung, wenn diese potentiell zu hohen spezifischen Kosten und zu einer engen Bindung des Vertragspartners führen kann[154]. Die Einzelkategorien wurden komparativ bewertet, gewichtet und im Rahmen eines Gesamtindex dargestellt. Der Komplexitätsindex wird für die vorliegende Untersuchung als Indikator für die formelle Integration des Vertragspartners genutzt. Tabelle 3.2 fasst die Merkmalskategorien der Vertragsanalyse zusammen.

153 Zum Beispiel können bei einigen Konzernmarken die gleichen Fehlerdiagnosegeräte in der Werkstatt genutzt werden.

154 Die stärkste Gewichtung erfahren Personalstandards und Standards in Bezug zur Werkstattausstattung, da dieses die kostenintensivsten Bereiche für Service- und Reparaturdienstleister sind und der Automobilhersteller im Rahmen fabrikatsspezifischer Ausbildungen und Schulungen sowie spezifischer Geräte und Werkstattausstattungen den Vertragspartner eng binden kann. Spezifische Investitionen in Bezug zur Gebäudegröße und in die Informations- und Kommunikationshardware spielen vergleichsweise eine geringere Rolle.

Tabelle 3.2 Inhalt der Vertragsanalyse

Vertragselement	Markenspezifische Anforderungen	Gewichtung
Corporate Identity	Innen- und Außen-Signalisation (Markenelement an der Außenfassade, spezifisch markierte Bereich im Gebäudeinneren) Geschäftsausstattung (spezifische Möbel, Fließen, Architektur) Markenspezifische Bereich innerhalb und außerhalb des Autohauses Markenexklusive Bereiche innerhalb und außerhalb des Autohauses	12,50 %
Humanressourcen	Anzahl markenspezifisches Personal Anforderungsprofil und Einstellungskriterien Weiterbildungsanforderungen	25,00 %
Betriebsmittel, Computer- und Informationssysteme	Hard- und Software Management Systeme Werkstattausrüstung (wie Diagnosegeräte, Tester und markenspezifisches Werkzeug)	31,25 %
Customer Relationship Management	Spezifische Kommunikationssysteme Vorschriften zur Kundenpflege und Kundeninteraktion Kundenveranstaltungen und Kundenzufriedenheitsmessungen	12,50 %
Controlling und Unternehmensführung	Bereitstellung von Unternehmensdaten an den Automobilhersteller Controlling-Systeme Maßnahmen zu Verbesserung der Unternehmensleistung (vor allem hinsichtlich Kundenbindungsmaßnahmen)	12,50 %
Gebäude und Grundstück	Größe des Gebäudes und der markenexklusiven Bereiche Größe der Außenflächen	6,25 %

Quelle: in Anlehnung an Kiff 2006, S. 2 und S. 26

Zusammenfassend wird die formelle Integration von Vertragshandelsakteuren zum einen auf Grundlage des gewählten Vertragstypus und zum anderen auf Grundlage der dargestellten Vertragsanalyse gemessen. Die vertragliche Bindung wird auf Grundlage eines Vertrags-Komplexitätsindizes gemessen. Die Ausprägung der gewählten Komponenten determiniert das Ausmaß der formellen Bindung der Vertragshandelsakteure.

3.2.1.3 Die Operationalisierung der Variable ›Informelle Bindung externer Akteure‹ in der Produktion und in der Distribution

Informelle Mechanismen in einer Transaktionsbeziehung werden im Unterschied zu formellen Bindungen nicht durch dritte Institutionen und Verträge abgesichert, sondern sind selbst-regulierend (vgl. Dyer und Singh 1998). Sako betont beispielsweise die Notwendigkeit einer kulturellen Nähe zwischen dem fokalen Produzenten und externen Lieferanten auch in desintegrierten, modularen Organisationen: „Thus, module design may not happen within an organization with unified ownership but both cultural and geographical proximity is important for the success of co-development (Sako 2003, S. 237)." Eine enge Bindung und Integration externer Akteuren kann somit auch dann erreicht werden, wenn formelle Integrationsmechanismen fehlen. Informelle Integrationsmechanismen stehen demnach in einer Wechselbeziehung mit formellen Bindungsformen.

Die Zufriedenheit der Zulieferer und der Vertragshändler mit der Geschäftsbeziehung zum Automobilhersteller wird als Indikator für das Vorhandensein informeller Bindungsmechanismen genutzt. Die informelle Bindung von externen Akteuren basiert auf einem Spektrum unterschiedlicher Mechanismen. Zu diesen Mechanismen zählen unter anderem gemeinsame Normen und langfristige Ziele, die Reputation der Transaktionspartner und die soziale Verbundenheit zwischen den Akteuren (vgl. zum Beispiel Dyer und Singh 1998, Gulati 1995b, Larson 1992, Powell 1990, Uzzi 1997, Weigelt und Camerer 1988, Ouchi 1979)[155]. Sako (1992) sieht das Vertrauen zwischen den Akteuren als ein zentrales Kriterium einer langfristigen und engen Zusammenarbeit. Rousseau et al. (1998) definieren Vertrauen in diesem Zusammenhang nicht als einen informellen Bindungsmechanismus, sondern sehen es als einen Indikator für das Vorhandensein solcher Mechanismen. Im Fall eines ausgeprägten Vertrauens gehen die Akteure davon aus, dass der jeweilige Partner nicht opportunistisch handelt (vgl. Sako 1991). Dies reflektiert das Vorhandensein informeller Bindungsmechanismen und determiniert in Folge dessen die Kooperationsintensität und die Zusammenarbeit zwischen den Partner (vgl. Das und Teng 2001, Speklé 2001).

Barney und Hansen (1995) sowie Sako (1991) zeigen, dass informelle Bindungsmechanismen das opportunistische Verhalten in einer Transaktionsbeziehung reduzieren und die Zusammenarbeit stabilisieren und absichern. Florenz (1992, S. 268) spricht in diesem Zusammenhang von einer Stimulierungsstrategie, die der kooperativen Aufgabenerfüllung im Sinne der gemeinsamen Zielsetzungen dient. Die Kooperationsintensität determiniert die Form und Effektivität der Zusammenarbeit und beeinflusst die Effizienz der Transaktion (vgl. Heß 1994, S. 263). Die Stimulierung der Vertragspartner durch eine hohe Kooperationsintensität stellt demnach neben der formellen Bindung eine unterstützende und absichernde Koordinationsstrategie dar. Irrgang bewertet die Zufriedenheit im Kontext der Automobildistribution als einen nicht-monetären Anreiz, die zu

155 Weitere Erläuterungen zu den informellen Variablen befinden sich im Abschnitt 2.3.2 dieser Arbeit.

einer hohen Marktausschöpfung, zur Umsetzung der vertraglich fixierten Leistungsanforderungen und zu einer hohen Investitionsbereitschaft beim Händler führen (vgl. Irrgang 1989, S. 79ff.). Nach Meinig (2005, S. 49) ergibt sich die Zufriedenheit eines Akteurs daraus, in wie weit der eigene Wertschöpfungseinsatz und das Ergebnis mit dem Einsatz und Ergebnis des Transaktionspartners übereinstimmt. Opportunistisches Verhalten eines Akteurs führt zu einem Ungleichgewicht und in Folge dessen zur Unzufriedenheit. Die Zufriedenheit des Lieferanten mit der Zusammenarbeit mit dem jeweiligen Automobilhersteller dient als Indikator für Aussagen über das Vorhandensein informeller Integrationsmechanismen wie Vertrauen, soziale Bindungen und Fairness (vgl. Mallad 2003, S. 662).

Zur Messung der Zufriedenheit der Zulieferer mit der Geschäftsbeziehung zum Automobilhersteller werden die Studien von Meinig (vgl. 2003 und 2005), Utikal, Ebel und Hofer (vgl. 2004 und 2005), sowie von dem Marktforschungsunternehmen SupplierBusiness (vgl. Automotive News und Supplier Business 2008) genutzt. Die Studien fokussieren die Direktlieferanten der bedeutenden Automobilhersteller in Europa und gehen zusammenfassend der Frage nach, wie zufrieden die Akteure mit der Zusammenarbeit mit einem spezifischen Automobilhersteller sind und inwieweit die Erwartungen und Anforderungen der Lieferanten durch diese erfüllt werden[156]. Tabelle 3.3 stellt die zugrunde liegenden Zufriedenheitsstudien dar und zeichnet die Kernelemente der Studien nach. Diese bilden die Grundlage für die empirische Analyse der informellen Bindung zwischen dem fokalen Automobilhersteller und seinen Direktlieferanten.

Tabelle 3.3 Vergleichende Darstellung der Zulieferer-Zufriedenheitsstudien

	Supplier Satisfaction Index	**OEM-Supplier Relations Study**	**Kooperation, Fairness und Zufriedenheit in der Hersteller-Lieferanten Beziehung**
Markt	Deutschland	Europa	Europa
Inhalt	Zufriedenheit der Lieferanten in den Interaktionsfeldern: i. Akquisition, ii. Forschung und Entwicklung, iii. Serienfertigung, iv. Logistik, v. Lieferbeziehung, vi. Pricing und Inkasso und vii. Kommunikation zwischen den Unternehmen.	i. Attraktivität der Geschäftsbeziehung, ii. Ausmaß des Vertrauens und iii. Intensität der Zusammenarbeit.	Intensität der Zusammenarbeit mit den Automobilherstellern, der Kooperationsfokus in den Interaktionsfeldern, i. kooperativer Austausch von Informationen, ii. beidseitige Investitionen in die Geschäftsbeziehung und iii. faire Verteilung von Kosten und Risiken in der Fahrzeugforschung- und Entwicklung wird bewertet.

156 Auf Grund multipler Transaktionsbeziehungen können einzelne Lieferanten mehrere Wertungen zu unterschiedlichen Automobilherstellern abgeben. In den Studien nach Meinig können die Lieferanten im Fall multipler Transaktionsbeziehungen beispielsweise maximal vier Automobilherstelle bewerten..

	Supplier Satisfaction Index	OEM-Supplier Relations Study	Kooperation, Fairness und Zufriedenheit in der Hersteller-Lieferanten Beziehung
Zielgruppe	Direktlieferanten	Direktlieferanten	Führende Direktlieferanten
Stichprobe	Für den Erhebungszeitraum im Durchschnitt über 900 Lieferanten	Für den Erhebungszeitraum im Durchschnitt über 130 Lieferanten	2004: 56 Interviews, 2005: 65 Interviews
Befragung	Schriftlich, basierend auf einer fünfstellige Skala. Die Skala reicht von 1 = sehr unzufrieden, über 3 = durchschnittlich bis zu 5 = sehr zufrieden.	Schriftlich, basierend auf einer fünfstellige Skala. Die Skala reicht von 1 = sehr gering, über 3 = durchschnittlich bis zu 5 = sehr hoch.	Experteninterviews mit Vertreter der Geschäftsführung, der Vertriebs- und Marketingabteilung oder des Bereichs Unternehmensplanung. Auswertung basiert auf einer siebenstelligen Skala von 1 = sehr schlecht, über 4 = durchschnittlich bis zu 7 = sehr gut.
Zeitraum	2003 und 2005	Jährlich seit 2004	2004 und 2005
Autor	Meinig, W.	ANE & Supplier Business	Utikal, Ebel und Hofer

Für den Wertschöpfungsbereich Automobildistribution werden Studien herangezogen, die die Zufriedenheit der Vertragshändler in den vier europäischen Kernmärkte Deutschland, Frankreich, Italien und Großbritannien messen. Die Ergebnisse für den deutschen Markt basieren auf den Studien von Diez (vgl. 2002b, 2003b, 2004, 2005b, 2006 und 2007), die Ergebnisse für Frankreich auf den Studien des französischen Automobilhändlerverbandes Conseil National de Professions de l'Automobil (CNPA) (vgl. 2003, 2004, 2005, 2006 und 2007), die Ergebnisse für Italien auf den Studien von Buzzavo et al. (vgl. 2004, 2005, 2006, 2007 und 2008) und für den britischen Markt auf den Studienergebnissen der Retail Motor Industry (RMI) Federation (vgl. Ratledge 2001, 2002, 2005, 2006 und 2008). Für die globale Messung der Händlerzufriedenheit werden die marktspezifischen Ergebnisse der unterschiedlichen Studien zusammengetragen und innerhalb eines aggregierten Zufriedenheitsindex dargestellt. Im Fokus der Untersuchungen stehen die Erfahrungen und die globale Zufriedenheit der Vertragshändler mit der Zusammenarbeit mit einem spezifischen Automobilhersteller. Diez definiert die Händlerzufriedenheit:„[...] als das Ergebnis eines komplexen Informationsverarbeitungsprozesses [...], in dessen Zentrum im Sinne eines psychischen Soll-Ist Vergleichs die Bewertung aktueller Erfahrungen (Ist) mit den Leistungen eines Herstellers anhand eines Anspruchsniveaus (Soll) durch den Händler erfolgt" (Diez 2003b, S. 21-22). Das Vorhandensein und die Erfüllung gemeinsamer Normen und Ziele durch kooperatives Verhalten determiniert, inwieweit die Interessen und Erwartungen beider Parteien erfüllt werden

Die Studien von Buzzavo et al. und Diez sind strukturell und methodisch sehr ähnlich aufgebaut und analysieren die Zufriedenheit anhand eines multiattributiven Fragenkataloges. Der globale Zufriedenheitsindex wird aus den gewichteten Einzelfragen errechnet. Die Studien des französischen und britischen Händlerverbandes errechnen keinen globalen Index, sondern die Analyse basiert auf Einzelfragen, die nicht subsumiert werden. In einer abschließenden Frage müssen die Händler eine globale Bewertung der Geschäftsbeziehung leisten. Im Wesentlichen sind die Einzelfragen der hier betrachteten Studien vergleichbar. Die Händlerzufriedenheit wird in den Studien in den distributionsrelevanten Interaktionsbereichen Neuwagenvertrieb, Gebrauchtwagenvertrieb, Service- und Reparaturdienstleistungen sowie im Bereich des Ersatzteilvertriebs abgefragt. Berücksichtigt werden die Haupthändler solcher Fabrikate, die über eine eigenständige Vertragshandelsorganisation in dem jeweils betrachteten Markt verfügen[157]. Im Falle von Agenturverträgen werden diese Händler ebenfalls als Vertragshändler bezeichnet und in der Analyse berücksichtigt (vgl. Diez 2003b, S. 39)[158]. Innerhalb der Autohausunternehmen werden die jeweiligen Geschäftsführer kontaktiert und befragt[159]. Im Rahmen der Interpretation der Ergebnisse berücksichtigen Diez und Buzzavo et al. strukturelle Einflussgrößen (vgl. Diez 2003b, S. 49ff., Buzzavo et. al 2008, S. 6 und 12). Zu diesen zählen die Zahl der Händler in den jeweiligen Händlernetzen, die Größe des befragten Betriebes und die Dauer der Vertragsbeziehungen (vgl. Diez 2003b, S. 49). Neben strukturellen Merkmalen finden in den Studien von Diez zudem situative Faktoren in der Ergebnisinterpretation Beachtung, konkret die Absatzentwicklung, die Ergebnissituation und die Wettbewerbssituation des befragten Betriebes (Diez 2003b, S. 49ff.). Ein positiver Zusammenhang ergibt sich zwischen der Betriebsgröße und der Händlerzufriedenheit sowie zwischen der Zufriedenheit mit der Umsatzrendite und der globalen Händlerzufriedenheit (vgl. Diez 2005, Diez 2003b, S. 50 ff.). Die Zufriedenheit mit der Umsatzrendite fließt jedoch nicht in den globalen Zufriedenheitsindex ein.

Für die Datenerhebung werden Studien zur Händlerzufriedenheit in den fokussierten Märkten genutzt, die in Tabelle 3.4 vergleichend dargestellt sind.

157 Der nationale Vertrieb kann sich in diesem Zusammenhang in den Händen des Automobilherstellers oder in den Händen eines freien Importeurs befinden.

158 Eine bedeutende Rolle spielen Agenturverträge in der Distributionsorganisation von Mercedes-Benz in Deutschland.

159 Sofern ein Händler Vertragspartner unterschiedlicher Fabrikate ist, wurde die Bewertung für jedes einzelne Fabrikat beziehungsweise für das volumenstärkste Fabrikat durchgeführt (vgl. Buzzavo et. al 2008).

Tabelle 3.4 Vergleichende Darstellung der Händler-Zufriedenheitsstudien

	MarkenMonitor: Händlerzufrieden-heitsmonitoring	**DealerStat: Dealer Satisfaction Performance**	**Cap Réseaux: Cote d'Amour des Constructeurs**	**Dealer Attitude Survey**
Markt	Deutschland	Italien	Frankreich	Großbritannien
Inhalt	Ermittlung der globalen Händler-zufriedenheit in den zentralen Interaktionsfeldern.	Ermittlung der globalen Händler-zufriedenheit in den zentralen Interaktionsfeldern.	Einzelfragen zur Händler-zufriedenheit in den zentralen Interaktionsfeldern.	Einzelfragen zur Einstellung der Händler gegenüber dem Automobil-hersteller in den zentralen den Interaktionsfeldern.
Zielgruppe	Haupthändler	Haupthändler	Haupthändler	Haupthändler
Stichprobe	Durchschnittlich mehr als 1.000 Händler. Durchschnittlich mehr als 25 Fabrikate.	Durchschnittlich mehr als 1.000 Händler. Durchschnittlich mehr als 25 Fabrikate.	Durchschnittlich mehr als 1.000 Händler. Durchschnittlich mehr als 25 Fabrikate.	Durchschnittlich mehr als 1.000 Händler. Durchschnittlich mehr als 25 Fabrikate.
Befragung	Telefonisch, Ergebnisse basieren auf einer 6-er Skala: 1 = sehr zufrieden, 3 = indifferent, 6 = sehr unzufrieden.	Schriftlich, Ergebnisse basieren auf einer 5-er Skala: 1 = sehr unzufrieden, 3 = indifferent und 5 = sehr zufrieden; Globaler Zufrieden-heitsindex basiert auf 60 Einzelfragen und auf einer allge-meinen Zufrieden-heitsbewertung[107]	Telefonisch, Ergebnisse basieren auf einer 10-er Skala: 1 = sehr gering, 5 = indifferent 10 = sehr hoch.	Schriftlich, Einzelfragen basieren auf einer 5-er Skala; Die abschließende Globalfrage auf einer 10-er Skala: 1 = keine Zustimmung, 5 = indifferent 10 = volle Zustimmung.
Zeitraum	Jährliche Erhebung seit 1997	Jährliche Erhebung seit 2004	Jährliche Erhebung seit 1994	Zweimal Jährlich seit 1998
Autor	Diez, W.	Buzzavo, L. et al.	CNPA	RMIF

3.2.1.4 Zusammenfassende Betrachtung zur Operationalisierung der unabhängigen Variablen

Aus Tabelle 3.5 gehen alle zur Messung der unabhängigen Variablen gewählten Komponenten für die Wertschöpfungsbereiche Produktion und Distribution zusammenfassend hervor. Die zentrale Integration, die formellen Bindungen zwischen den Akteuren und die informellen Bindungsmechanismen stellen die unabhängigen Variablen des vorliegenden theoretischen Konzepts dar. Die Operationalisierung und die empirische Messung der Variablen erfolgen getrennt für die Bereiche Produktion und Distribution.

Tabelle 3.5 Operationalisierung der unabhängigen Variablen

Variable	Theoretische Ebene	Messebene Produktion	Messebene Distribution
Zentrale Integration	Eigenleistungsanteil durch den Akteur, der die Schnittstelle zwischen Produktion und Distribution markiert.	Ausmaß der Forschungs- und Entwicklungsausgaben des Automobilherstellers Ausmaß der Ausstattung mit herstellereigenen Humanressourcen im Bereich Forschung und Entwicklung Ausmaß der Fertigungs- und Montageleistungsumfang durch den Automobilhersteller Ausmaß Produktkomponenten und -module (bis hin zu Komplettfahrzeugen), die fremdbezogen werden	Ausmaß des Neuwagenverkaufsvolumen, das durch herstellereigene Niederlassungen abgedeckt wird Bedeutung, Funktionen und Dienstleistungsangebot herstellereigener Finanzinstitute Bedeutung, Funktionen und Dienstleistungsangebot herstellereigener Teilevertriebsinstitute und Distributionskanäle
Formelle Bindung	Vertragliche Bindung zwischen den Wertschöpfungsakteuren	Bedeutung relationaler, exklusiver Verträge zwischen Automobilhersteller und Lieferanten Bedeutung marktlicher Koordinationsmechanismen anhand des durch den utomobilhersteller initiierten Preiswettbewerbs zwischen den Lieferanten	Bedeutung von Agentur, selektiven oder exklusiven Vertragstypen im Neuwagenvertrieb Komplexität des Händlervertrages in Bezug zu den Anforderungen an den Händler
	Beziehungsspezifische Investitionen durch Wertschöpfungsakteure	Finanzielle Verflechtungen zwischen Automobilhersteller und Lieferanten Standortspezifische Investitionen durch die Lieferanten.	Vertraglich geforderte beziehungsspezifische Investitionen durch den Vertragshändler
Informelle Bindung	Vorhandensein gemeinsamer Normen, Ziele, Vertrauen oder sozialer Bindungen	Zufriedenheit der Zulieferer mit der Geschäftsbeziehung zum Automobilhersteller auf Basis von Zuliefererzufriedenheitsstudien	Zufriedenheit der Vertragshändler mit der Geschäftsbeziehung zum Automobilhersteller auf Basis von Händlerzufriedenheitsstudien

3.2.2 Die Operationalisierung der abhängigen Variablen

Die abhängige Variable der theoretischen Rahmenkonzeptes ist die strategische Wettbewerbsfähigkeit einer Wertschöpfungsorganisation. Die vorliegende Arbeit postuliert einen Zusammenhang zwischen der Wertschöpfungsorganisationsform und strategischen Wettbewerbsvorteilen. Ziel der Operationalisierung der abhängigen Variablen ist, entsprechende empirische Indikatoren für die Renten in der Praxis zu finden. Neben ökonomischen Erfolgsgrößen werden weitere Leistungsindikatoren für die Messung der strategischen Wettbewerbsfähigkeit genutzt. Hierzu zählen der Markt- und Differenzierungserfolg sowie die Innovationskraft der Wertschöpfungsorganisation.

Als ökonomische Erfolgsgrößen werden für die vorliegende Untersuchung Rentabilitätskennzahlen herangezogen (siehe Abbildung 3.11). Rentabilitätskennzahlen dienen als Maß für den ökonomischen Erfolg eines Unternehmens[160]. Zur Messung von Rentabilitätskennzahlen wird eine Ergebnisgröße im Hinblick auf eine zur Erfolgserzielung eingesetzte Kapital-, Vermögens- oder Umsatzgröße relativiert (vgl. Wöhe 2002, S. 47). Die Gesamtkapitalrendite (RoI) sowie die Umsatzrendite (RoS) sind geeignete Kennzahlen, um Aussagen über die Rentabilität eines Unternehmens abzuleiten (vgl. Schult 2003, S. 98)[161]. Der gesamte Wertschöpfungsorganisationsgewinn ergibt sich durch die Aufsummierung der Gewinnsummen, die die partizipierenden Akteure erzielen. Die zuvor erfolgte Operationalisierung der unabhängigen Variablen bezieht im Wesentlichen den fokalen Automobilhersteller, dessen Direktlieferanten sowie die direkten Vertragshändler ein. Für Aussagen zur Wettbewerbsfähigkeit einer Wertschöpfungsorganisation finden die wirtschaftlichen Leistungsdaten dieser drei Akteursgruppen Beachtung. Notwendige Voraussetzung für die Interpretation von Daten ist, dass ein Zusammenhang zwischen dem Leistungsergebnis und den Aktivitäten in der betrachteten Wertschöpfungsorganisation besteht.

Die Verfügbarkeit von Finanzdaten ist für die Gruppe der Automobilhersteller relativ gut, da die überwiegende Zahl der in dieser Arbeit herangezogenen Fabrikate publizitätspflichtig ist und Daten aus Jahresberichten entnommen werden können. Konkret werden für die hier betrachteten Fabrikate die Umsatzrenditen für den Betrachtungszeitraum aus den Jahresberichten entnommen. Für Fabrikate, die innerhalb eines Konzerns geführt werden, ist es notwendig, die entsprechenden wirtschaftlichen Erfolgsgrößen aus den Jahresberichten des Gesamtkonzerns und für den relevanten Marktraum herauszufiltern, beziehungsweise entsprechende Indikatoren zu identifizieren.

---

160 Jacobs (1992) sieht den Umsatz, den Gewinn, die Umsatzrentabilität und die Rentabilität des Gesamtkapitals als zentrale Indikatoren für den finanziellen Erfolg eine Unternehmens.

161 Die Umsatzrendite ergibt sich aus dem Gewinn (vor Steuern) in Relation zum Umsatz, die Gesamtkaptialrendite aus dem Gewinn (vor Steuern) in Relation zum Gesamtkapital.

Abbildung 3.11 Du Pont Kennzahlensystem

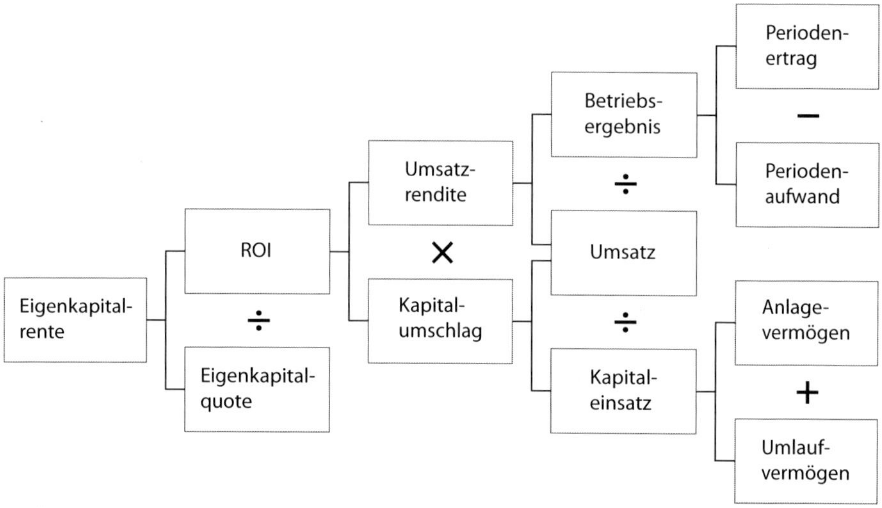

Quelle: in Anlehnung an Marschner 2004, S. 38

Die Datenerhebung zur Messung der wirtschaftlichen Leistungsfähigkeit der relevanten Zulieferer und Vertragshändler ist aus zwei Gründen problematisch. Zum einen sind offizielle Dokumente zu wirtschaftlichen Erfolgsgrößten nicht oder nur in einem unzureichenden Umfang vorhanden[162]. Zum anderen ist es auf Grundlage der verfügbaren Unternehmensdaten nicht möglich, einen Zusammenhang zwischen dem wirtschaftlichen Erfolg eines Akteurs und dessen fabrikatsspezifischen Aktivitäten zu identifizieren. Die Akteursgruppen der Zulieferer und der Vertragshändler agieren in vielen Fällen in unterschiedlichen Wertschöpfungsorganisationen. Die Zuordnung zwischen dem ökonomischen Erfolg und Wertschöpfungsorganisationsrenten eines spezifischen Fabrikats ist auf Grund von Abgrenzungs- und den daraus folgenden Datenerhebungsproblemen schwierig. Die Unternehmen weisen in der Regel keine fabrikatsspezifischen Finanzkennzahlen aus. Eine undifferenzierte Betrachtung des wirtschaftlichen Gesamterfolges externer Akteure würde das Analyseergebnis verzerren.

Zur Operationalisierung und Messung des ökonomischen Erfolges von Zulieferern und Vertragshändlern wird auf qualitative Aussagen der Akteure zurückgegriffen. Die qualitativen Aussagen basieren auf den individuellen Erwartungen an wirtschaftliche Zielgrößen und den tatsächlichen Erfahrungen, woraus ein Zielerreichungsgrad ermittelt werden kann. Voraussetzung ist die Existenz explizit genannter operationalisierter Zielgrößen, wie beispielsweise Zielvorstellungen zur Umsatzrendite. Sofern die Zielgrößen genannt sind, kann die individuelle Einschätzung eines Akteurs als Grad der Zielerreichung definiert werden (vgl. Budäus und Dobler 1977, S. 63 f., Stähle 1991, S. 412). Der finanzielle Erfolg der Lieferanten wird anhand der wahrgenommenen Kapitalrendite gemessen

162 Die Verfügbarkeit von Daten zur wirtschaftlichen Leistungsfähigkeit ist vor allem für die Gruppe der Vertragshändler sehr gering.

(vgl. Automotive News und Supplier Business 2008). Der finanzielle Erfolg der Vertragshändler basiert auf den markenspezifischen Einschätzungen der Händler (vgl. für Deutschland Diez 2003b bis 2007, für Frankreich CNPA 2003 bis 2007, für Italien Buzzavo et al. 2004 bis 2008 und für Großbritannien RMIF 2003 bis 2008). Der individuelle Zielerreichungsgrad wird als Indikator für den wirtschaftlichen Erfolg der hier betrachteten Akteursgruppen angesehen und soll die mangelnde Verfügbarkeit von Finanzkennzahlen kompensieren.

Neben der relativen wirtschaftlichen Leistungsfähigkeit der Wertschöpfungsorganisation kann zur Messung der Wettbewerbsposition auch der Markterfolg des Kernproduktes in die Erfolgsmessung einfließen (vgl. zum Beispiel Bratzel 2007a, Becker 2006, S. 9, Buzzell und Gale 1989, S. 25). Im Rahmen der empirischen Analyse wird für das jeweilige Fabrikat der Neuwagen Absatzerfolg in dem abgegrenzten Marktraum gemessen. Der Absatzerfolg ist jedoch für die unterschiedlichen Fabrikate differenziert zu betrachten. Einen nachhaltigen Einfluss auf das Absatzvolumen und den relativen Marktanteil des Fabrikats hat die Größe des Produktportfolios. Eine undifferenzierte Gegenüberstellung der Gesamtabsatzmengen würde das Resultat verzerren. Im Fokus der Messung steht vielmehr, welchen Erfolg die einzelnen Modelllinien im Vergleich zum Wettbewerb aufweisen. Der relative Marktanteil wird in Folge dessen auf Ebene der einzelnen Produktklassen gemessen.

Als weiterer Indikator für den Markterfolg der Produkte wird die jährliche Wachstumsrate des Gesamtabsatzvolumens und des relativen Marktanteils berücksichtigt. In diesem Zusammenhang wird die durchschnittliche jährliche Wachstumsrate, die Compound Annual Growth Rate (CAGR), ermittelt[163]. Der Entwicklung der Leistungsindikatoren wird dadurch Rechnung getragen. Als einen weiteren marktbezogenen Leistungsindikator umfasst die Operationalisierung die Zufriedenheit der Kunden. Zu diesem Zweck werden für die europäischen Kernmärkte Kundenzufriedenheitsstudien analysiert, die im Verlauf des Untersuchungszeitraumes erhoben wurden (vgl. J.D. Power and Associates CSI Studien in Deutschland, Frankreich und Großbritannien zwischen 2003 und 2007). Studien von J. D. Power zeigen einen Zusammenhang zwischen der Kundenzufriedenheit und einer geringeren Preissensibilität des Kunden sowie einen positiven Einfluss auf die Rentabilität des Automobilherstellers (vgl. Lauth 2007). Neben der Produktqualität werden zusätzlich die Kundenerfahrungen mit der Service- und Dienstleistungsqualität der Distributionsorganisation gemessen (vgl. Lauth 2007). Festzuhalten bleibt, dass hohe Kundenzufriedenheitswerte als Indikatoren für zusätzliche Renten auf Grund einer höheren Zahlungsbereitschaft und einer überdurchschnittlichen Kundenbindung betrachtet werden können. Tabelle 3.6 stellt die Kundenzufriedenheitsstudien nach J. D. Power zusammenfassend dar.

163 Die jährliche Wachstumsrate des Absatzvolumens und des Marktanteils wird für den Betrachtungszeitraum zwischen 2002 und 2007 errechnet und kann für den Vergleich des Absatzerfolges je Fabrikat über die Zeit angewendet werden.

Tabelle 3.6 J. D. Power and Associates Kundenzufriedenheitsstudie

Herausgeber	Märkte	Inhalt	Gewichtung	Stichprobe
J. D. Power and Associates	Deutschland, Frankreich und Großbritannien.	Kundenzufriedenheitsstudie: Vier Hauptkategorien mit 77 Einzelvariablen:		Durchschnittlich 20.000 Autobesitzer je Markt
		i. Qualität und Zuverlässigkeit des Produktes	30 Prozent	
		ii. Attraktivität des Fahrzeuges	25 Prozent	
		iii. Zufriedenheit mit dem Vertragshändler	23 Prozent	
		iv. Unterhaltskosten.	22 Prozent	

Quelle: in Anlehnung an Automobil-Produktion 2007, S. 16.

Die Markendifferenzierungsstärke dient zur weiteren Operationalisierung der Wettbewerbsfähigkeit eines Fabrikats. Differenzierungsvorteile führen im Verständnis des Market-based Views zu einer dominanten Position gegenüber den Wettbewerbern, worauf monopolistische Renten fußen. Für die Messung des Differenzierungsvermögens werden Daten einer europäischen Marktstudie genutzt, in der die Positionierung unterschiedlicher Marken untersucht wird (vgl. Eiberger 2003, 2004, 2005, 2006 und 2007). Im Rahmen dieser jährlichen Erhebungen wird das Markenprofil der unterschiedlichen Fabrikate anhand der übergeordneten Dimensionen Qualität und Emotion gemessen. Das persönliche Fabrikats-Set wird durch Faktoren wie Markenbekanntheitsgrad, Marktanteil und Marketingaktivitäten determiniert. Die Faktoren Qualität und Emotion werden aus den zugewiesenen Einzelkriterien errechnet und auf dieser Grundlage die Markenposition bestimmt (Eiberger 2006, S. 347). Die Untersuchungsmethodik ist im gesamten Untersuchungszeitraum nicht verändert worden, die Vergleichbarkeit der Daten im Zeitverlauf und zwischen den Märkten somit gegeben. Tabelle 3.7 zeigt die Elemente der Studie, die dieser Arbeit zugrunde liegt.

Tabelle 3.7 Studie zur Markenpositionierung in der europäischen Automobilwirtschaft

Herausgeber	Märkte und Stichprobe	Inhalt	Methodik
Motor Presse Stuttgart	18 europäische Märkte, Durchschnittlich mehr als 250.000 autoaffine Automobilkunden.	Markenpositionierung anhand der Kriterien Qualität und Emotion. Qualität umfasst die Kriterien: »Gute Verarbeitung", „Hohe Zuverlässigkeit", „Hohe Sicherheitsstandards", „Baut umweltverträgliche Autos", „Hoher Wiederverkaufswert" und „guter Kundendienst". Emotion umfasst die Kriterien: „Fortschrittliche Technik", „Gutes Aussehen/Styling", „Baut sportliche Autos" und „Ich mag die Marke".	Schriftliche Befragung Probanden ordnen den vorgegebenen Kriterien eine der abgefragten Fabrikate zu.

Quelle: in Anlehnung an Eiberger 2006, S. 346.

Schumpeterrenten ergeben sich aus risikofreudigen und unternehmerischen Entscheidungen in einer ungewissen und komplexen Umwelt (vgl. Makadok 2001; Teece et al. 1997). Die Innovationsleistungen der Wertschöpfungsorganisation sind relevant zur Operationalisierung von Erfolgsgrößen, auf denen Schumpeterrenten basieren. Für die Messung der Innovationsleistung wird auf die Studien von Bratzel zurückgegriffen (vgl. Bratzel 2007a und 2007b, 2008). Bratzel analysiert die Innovationsleistungen der Automobilhersteller anhand vier Dimensionen: i. den Innovationsgrad der fahrzeugtechnischen Neuerungen, ii. die Originalität der Innovation, iii. den Reifegrad der Innovation und iv. die Fokussierung der Innovation auf einen möglichst hohen Kundennutzen (vgl. Bratzel 2007a, S. 19-20)[164]. Zusammenfassend bewertet Bratzel die technischen Neuerungen auf deren Innovationsgrad und Marktrelevanz. Schumpeterrenten erfordern die Marktfähigkeit der Innovation und eine höhere Zahlungsbereitschaft vom Kunden. Die vier Dimensionen dienen als Maßstab für die Bewertung jeder Innovationsleistung eines Automobilherstellers, die im Form eines Innovations-Index zusammenfassend dargestellt werden (Bratzel 2007a, S. 29). Neben der absoluten Innovationsleistung eines Fabrikats wird die relative Innovationsstärke als Operationalisierungsmerkmal berücksichtigt. Die relative Innovationsleistung bewertet technische Neuerungen, unabhängig von deren Gesamtzahl, hinsichtlich der technischen Innovationsstärke und marktmäßigen Bedeutung (Bratzel 2007a, S. 30). Ausschlaggegend für die vorliegende Untersuchung ist die Innovationsstärke des spezifischen Fabrikats und nicht die des gesamten Automobilkonzerns. Zur Messung der Innovationskraft einer Wertschöpfungsorganisation wird entsprechend die Marken-Innovationsstärke und nicht die Konzerninnovationsstärke berücksichtigt. Die Daten werden den Studien nach Bratzel entnommen (vgl. Bratzel 2006, 2007a und 2007b, 2008).

Zusammenfassend wird die abhängige Variable, die das Ausmaß der strategischen Wettbewerbsfähigkeit einer Wertschöpfungsorganisation abbildet, anhand unterschiedlicher Indikatoren operationalisiert. Einen wesentlichen Beitrag zur Messung der abhängigen Variablen leisten ökonomische Erfolgsdaten der relevanten Akteure. Die Messung fußt auf Rentabilitätskennzahlen sowie auf akteursgruppenindividuellen, ökonomischen Zielerreichungsgraden. Neben ökonomischen Erfolgsgrößen werden weitere Indikatoren genutzt, um Rückschlüsse auf die Ursache der erzielten Renten zu ziehen. In diesem Zusammenhang steht der Markterfolg des Kernproduktes, die technische Innovationsleistung und die Differenzierungskraft der Marke im Mittelpunkt der empirischen Analyse.

Aus Tabelle 3.8 gehen alle zur Messung der abhängigen Variablen gewählten Komponenten zusammenfassend hervor. Strategische Wettbewerbsvorteile werden anhand des finanziellen Erfolges, des Markterfolges, der Innovationsleistung sowie der Differenzierungskraft der Wertschöpfungsorganisation gemessen.

164 Der Innovationsgrad der fahrzeugtechnischen Neuerung reflektiert das Ausmaß der Neuartigkeit der technischen Innovation. Die Originalität einer Innovation wird dadurch determiniert, in wie weit die technischen Neuerung eine Neuheit für das Fabrikat, für den Konzern oder für den gesamten Markt darstellt. Der Reifegrad der Innovation spiegelt die Marktfähigkeit der Innovation wider. Die vierte Dimension bewertet die Fokussierung der Innovation auf möglichst hohe Kundennutzwerte. Hierzu werden sechs Funktionsfelder differenziert, die einen spezifischen vordefinierten Nutzenindex aufweisen. Bratzel unterscheidet zwischen den Funktionsfeldern Wirtschaftlichkeit, Sicherheit, Komfort, Umwelt, Vielseitigkeit und Fahrdynamik. Die jeweilige Innovation wird im nächsten Schritt einem Funktionsfeld zugeordnet (Bratzel 2007a, S. 19ff.).

Tabelle 3.8 Operationalisierung der abhängigen Variablen

Variable	Theoretische Ebene	Messebene
Wettbewerbsvorteil 1	Finanzieller Erfolg der Wertschöpfungsorganisation	Umsatzrendite des relevanten Automobilhersteller Einschätzung der Rendite der in die Wertschöpfungsorganisation geleisteten Investitionen durch die Zulieferer Einschätzung der Rentabilität der geleisteten wirtschaftlichen Aktivitäten und Investitionen durch die Vertragshändler
Wettbewerbsvorteil 2	Markterfolg des zugrunde liegenden Wertschöpfungsproduktes	Relativer Verkaufserfolg der einzelnen Modelle eines Fabrikats Entwicklung Marktanteil der gesamten Produktpalette Relative Zufriedenheit der Kunden mit dem Produkt und der Dienstleistungsqualität der betrachteten Wertschöpfungsorganisation
Wettbewerbsvorteil 3	Innovationsleistung der Wertschöpfungsorganisation	Technologische Innovationskraft der Produkte
Wettbewerbsvorteil 4	Differenzierungskraft der Wertschöpfungsorganisation	Einschätzung der Imageposition des betrachteten Fabrikates innerhalb der Dimensionen Qualität und Emotion durch Automobilkunden

3.3 Methodische Vorgehensweise

Der Zusammenhang zwischen strategischen Wettbewerbsvorteilen und der Wertschöpfungsorganisationsarchitektur wird anhand einer Fallstudienanalyse empirisch überprüft. Inhalt dieses Arbeitsabschnitts ist die Abgrenzung der Fallstudienmethodik von anderen Forschungsmethoden sowie die Differenzierung unterschiedlicher Fallstudienmethoden. Für die Evaluierung der Fallstudien werten unterschiedliche Gütekriterien herangezogen und für die vorliegende Untersuchung konkretisiert. Anschließend wird das Verfahren zur Datenerhebung sowie zur Datenauswertung dargestellt.

3.3.1 Fallstudien als Forschungsmethodik

Die Fallstudienanalyse stellt eine komplexe Forschungsmethode dar, die häufig in den Forschungsdisziplinen der Psychologie, Soziologie, Politikwissenschaften und den Wirtschaftswissenschaften eingesetzt wird (vgl. Yin 2003 S. 1-3). Unter einer Fallstudie versteht Yin (1994, S. 13) eine empirische Untersuchung, die ein zeitgenössisches Phänomen innerhalb der Lebenswirklichkeit untersucht. Eine Fallstudie bietet sich insbesondere dann an, wenn komplexe und ganzheitliche Fragestellungen und Zusammenhänge untersucht werden sollen (vgl. Eisenhardt 2002, S. 8, Yin 1994, S. 13ff.). Die Fallstudienmethodik kann von Experimenten, Befragungen oder die Analyse von Archivmaterial abgegrenzt werden (vgl. Yin 2003).

Die unterschiedlichen Forschungsstrategien weisen bestimmte Vor- und Nachteile auf, die vom jeweiligen Kontext abhängig sind. Yin (2003) bewertet die Auswahl der Forschungsmethode anhand drei Faktoren, i die Art der Forschungsfragen, ii. die möglichen Kontrollmöglichkeiten durch den Forscher während der Datenerhebung und iii. der Fokus auf aktuelle oder historischer Ereignisse und Daten. Die unterschiedlichen Forschungsstrategien weisen für bestimmte Situation spezifische Vor- und Nachteile auf (vgl. dazu Yin 2003, S. 5ff.). In einigen Kontexten kann die kombinierte Anwendung unterschiedlicher Methodiken sinnvoll sein. Wichtig ist jedoch, dass die Forschungsmethodik dem Forschungskontext entspricht. Fallstudien beantworten in erster Linie „Wie" und „Warum" Fragen und der Fokus liegt auf aktuellen Daten und Ereignissen. Fallstudien bietet sich für solche Untersuchungen an, bei denen der Forscher den Untersuchungsverlauf wenig oder gar nicht kontrollieren kann (vgl. Yin 2003, S. 1 und 9). Tabelle 3.9 fasst die unterschiedlichen Merkmale von Forschungsstrategien zusammen.

Tabelle 3.9 Forschungsstrategien in unterschiedlichen Forschungskontexten

Forschungsstrategie	Art der Forschungsfrage	Kontrolle durch den Forscher erforderlich	Fokussierung auf aktuelle Ereignisse
Experiment	Wie? Warum?	Ja	Ja
Schriftliche Befragung	Wer? Was? Wo? Wie? Wie viele? Wie viel?	Nein	Ja
Archivanalyse	Wer? Was? Wo? Wie? Wie viele? Wie viel?	Nein	Ja/Nein
Analyse der Historie	Wie? Warum?	Nein	Nein
Fallstudie	Wie? Warum?	Nein	Ja

Quelle: in Anlehnung an Yin 1994, S. 6

Auf Grund des vorliegenden Forschungskontexts, der postulierten Forschungsfragen und der Komplexität der Untersuchungseinheit erscheint die Fallstudienmethodik als sinnvolle Vorgehensweise zur empirischen Analyse. Die vorliegende Untersuchung adressiert den Zusammenhang zwischen Wertschöpfungsorganisationsformen und strategische Wettbewerbsvorteile (Wie-Frage) und verfolgt die Erklärung der Zusammenhänge (Warum-Frage). Für aktuelle Wertschöpfungsorganisationen in der europäischen Automobilindustrie soll dieser Zusammenhang exemplarisch untersucht werden. Der Fragetypus, die geforderte Datenaktualität und die nicht vorhandenen Kontrollmöglichkeiten für den Autor dieser Arbeit, den Untersuchungsverlauf zu steuern, sprechen zusammenfassend für die Anwendung der Fallstudienmethode. Ein weiteres Argument für eine Fallstudienuntersuchung liegt in der Komplexität der Untersuchung. Experimente konzentrieren die Forschungsarbeit auf nur wenige Variablen und die Identifikation direkter, kausaler Zusammenhänge. Zwar ist die Anzahl der Variablen des vorliegenden theoretischen Rahmenkonzeptes begrenzt. Die vorangegangenen Operationalisierungsschritte zeigen jedoch eine schwierige Messbarkeit der Variablen sowie multikausale Zusammenhänge. Dieses spricht gegen ein Experiment als Forschungsmethodik.

Fallstudien eignen sich für die Analyse komplexer Zusammenhänge, in der es mehr interessierende Variablen als Datenpunkte gibt (vgl. Royer 2000, S. 158). Der Forscher ist im Vergleich zum Experiment oder Befragung eher Betrachter und nutzt für die Analyse neben der primären Datenerhebung verschiedene Belegquellen. Im Zuge einer Triangulation werden unterschiedliche Datenquellen ausgewertet und für die Beantwortung der „Wie" und „Warum" Fragen zusammengetragen (vgl. Fielding und Fielding 1986, S. 23ff.). Durch die Anwendung der Triangulation können verschiedene Erhebungsmethoden, wie das Interview, die Beobachtung und die Dokumentenanalyse kombiniert eingesetzt werden. Die Triangulation ist eine etablierte Datenerhebungsmethode für Fallstudien: „Case studies typically combine data collection methods such as achives, interviews, questionnaires and observations. The evidence may be qualitative (e.g., words), quantitative (e.g., numbers), or both" (Eisenhardt 2002, S. 9).

Festzuhalten bleibt, dass der vorliegende Forschungskontext eine Anwendung der Fallstudienmethodik legitimiert und sinnvoll erscheinen lässt. Zur Analyse der Forschungsfragen werden unterschiedliche Fallstudien analysiert, und damit eine multiple, komparative Fallstudienmethodik gewählt (vgl. Agranoff und Radin 1991). Hinsichtlich der Datenerhebung kann zwischen einer rein quantitativen, einer rein qualitativen oder einer kombinierten Fallstudie differenziert werden. Die vorliegende empirische Analyse basiert auf einer Kombination aus quantitativen und qualitativen Daten. Die Fallstudienkonzeption ist an der Zielstellung der Forschungsarbeit auszurichten. Ist das Ziel einer Arbeit, komplexe kausale Ursache-Wirkungsbeziehungen in einer real existierenden und sich dynamisch verändernden Untersuchungseinheit zu analysieren, so bietet sich eine erklärende Fallstudienmethodik an (vgl. Yin 2003, S. 15). Fallstudien können auch für die Beschreibung, Illustration und Definition von Sachverhalten oder Entwicklungen konzipiert werden. Wenn Zusammenhänge und Wirkungen nicht deutlich auftreten und durch eine Vielzahl von Variablen beeinflusst werden, kann in einer weiteren Zielsetzung das Fallstudiendesign auf explorative Fragestellungen abzielen. Schließlich können eine Bewertung von Sachverhalten und Variablen, sowie eine Überprüfung von Hypothesen mit Hilfe der Fallstudienmethodik erfolgen (vgl. Knyphausem-Aufsess 1996). Zusammenfassend können Fallstudien narrativ, illustrativ, explorativ, erklärend und bewertend in Bezug zur adressierten Untersuchungseinheit konzipiert werden. Die vorliegende Untersuchung konzentriert eine Überprüfung der hergeleiteten Hypothesen und eine Erklärung der Zusammenhänge zwischen den thematisierten unabhängigen und abhängigen Variablen.

Tabelle 3.10 zeigt unterschiedliche Typen von Fallstudien, konkret die heuristische, die ideographische, die nomothetische und die diagnostische Fallstudie sowie Illustrationsfallstudien und didaktische Fallstudien (vgl. Weber et al. 1994, S. 51ff.).

Tabelle 3.10 Fallstudientypen

Fallstudientyp	Erläuterung
Heuristische Fallstudie	Die Offenlegung relevanter Zusammenhänger und Variablen wird verfolgt.
Ideographische Fallstudie	Die einzelnen Fälle werden jeweils als einmalige Ergebnisse aufgefasst. Gesetzmäßigkeiten im Bereich sozialer Prozesse werden negiert. Dies schließt die ex-ante Formulierung von Hypothesen und die Verwendung quantitativer Methoden aus.
Nomothetische Fallstudie	Die einzelnen Fälle können jeweils in ein Klassifikationsschema eingeordnet werden. Gesetzmäßigkeiten im Bereich sozialer Prozesse werden im Unterschied zur ideographischen Fallstudie angenommen. Quantitative Methoden lassen sich mit dieser Fallstudienart vereinbaren.
Diagnostische Fallstudie	Der Verwendungszusammenhang steht im Mittelpunkt der Untersuchung, wie beispielsweise die Evaluierung von Gestaltungsmaßnahmen.
Illustrations-Fallstudie	Die Illustration abstrakter Aussagen steht im Mittelpunkt der Untersuchung, wie beispielsweise die Illustration theoretischer Modelle.
Didaktische Fallstudie	Im Unterschied zu den anderen Fallstudientypen stellen didaktische Fallstudien keine Forschungsstrategie dar. Der Inhalt kann fiktiv sein.

Quelle: in Anlehnung an Weber et al. 1994

Auf Basis des Typologisierungsschemas nach Weber et al. (1994, S. 51ff.) wird für die vorliegende Untersuchung eine nomothetische Fallstudie angewendet. Ziel der vorliegenden Untersuchung ist die Analyse des Zusammenhangs zwischen Wertschöpfungsorganisationsform und strategischen Wettbewerbsvorteilen. Das vorliegende theoretische Konzept geht von spezifischen Verhaltens- und Umweltannahmen aus, die bestimmte Gesetzmäßigkeiten einschließen und somit eine nomothetische Fallstudie rechtfertigen. Es werden acht Fälle untersucht und miteinander verglichen. Nomothetische Fallstudien verstehen die einzelnen Fälle als einen Repräsentant einer Typologie, im vorliegenden Fall als einen Repräsentant einer Wertschöpfungsorganisationsform. Nomothetische Fallstudien können in einem nächsten Differenzierungsschritt in vergleichende, hypothesenprüfende, falsifizierende und abweichende Fallstudien unterteilt werden (vgl. Weber et al. 1994). Die empirische Untersuchung verfolgt eine Überprüfung der Hypothesen, die auf dem theoretischen Konzept basieren. In der vorliegenden Untersuchung wird entsprechend auf eine nomothetische, hypothesenprüfende Fallstudie zurückgegriffen. Die Identifikation von Mustern zwischen

Wertschöpfungsorganisation und Wettbewerbsvorteile erfolgt anhand eines komparativen Vergleichs mehrerer Fälle. Jeder Fall stellt einen bestimmten Wertschöpfungsorganisationstyp dar, der anhand der zuvor abgeleiteten unabhängigen Variablen bestimmt wird. Der Vergleich der Fälle dient der empirischen Überprüfung der Hypothesen. Konkret wird untersucht, inwieweit sich die theoretisch zu erwartenden Variablenausprägungen in den Fallstudien wieder finden lassen. Anschließend werden die Hypothesen angenommen oder verworfen.

Kritiker der Fallstudienmethodik führen die unzureichende Generalisierbarkeit der aus Fallstudien gewonnenen Ergebnisse als Hauptkritikpunkt dieser Forschungsstrategie an. Diese Kritik kann anhand der Zielstellungen der vorliegenden Untersuchung weitestgehend entkräftet werden. Das Ziel dieser Arbeit liegt in der Ausweitung und Etablierung eines theoretischen Konzepts. Die Zielstellung liegt somit nicht in einer statistischen, sondern vielmehr in einer analytischen Verallgemeinerung, die für die allgemeine Fallstudienmethodik im Vordergrund steht (vgl. Yin 2003, S. 10). Es geht um einen Vergleich eines im Vorfeld entwickelten theoretischen Konzepts, das mit den empirischen Ergebnissen der Fallstudie konfrontiert wird. Sofern unterschiedliche Fallstudien bestimme Ergebnismuster aufweisen, können Ähnlichkeiten und allgemeine Zusammenhänge behauptet werden. Eine hohe Aussagekraft liegt vor, wenn unterschiedliche Fallstudien sowohl bestimmte Theorien stützen und gleichzeitig rivalisierenden Theorien entgegenstehen (vgl. Yin 1994, S. 31). Die Aussagekraft der empirischen Ergebnisse wird auch durch den Interpretationsspielraum des Forschers beeinflusst. Kritiker führen in diesem Zusammenhang an, dass ein großer Interpretationsspielraum einer Generalisierbarkeit der Ergebnisse entgegensteht. Die Auswahl und Evaluierung der Fallstudien mit geeigneten Gütekriterien kann diesen Kritikpunkt begegnen und die Verallgemeinerung der Ergebnisse stützen (vgl. Yin 1994, S. 32ff.).

3.3.2 Gütekriterien zur Evaluierung der Fallstudien

Die Auswahl und Evaluierung der Fallstudien mit geeigneten Gütekriterien dient der Generalisierbarkeit der aus Fallstudien gewonnenen Ergebnisse: „Generalizability refers to the extent to which one can extend the account of a particular situation or population to other persons, times, or settings than those directly studied“ (Maxwell 2002, S. 52). In der Literatur werden in der Regel vier Gütekriterien zum Test der Forschungsmethodik herangezogen (vgl. Yin 2003, S. 33f., Schofield 2002, S. 171f., Kidder und Juff 1986, S. 26f.): i. die Konstruktvalidität, ii. die interne Validität, iii. die externe Validität und iv. die Reliabilität. Die Validität ist ein Kriterium für die Genauigkeit, mit dem ein Test das misst, was dieser auch messen soll (vgl. Roth 1993, S. 356). Der Reliabilitätstest zeigt an, in wie weit die Forschungsmethodik von einem anderen Forscher wiederholt werden kann und dieser die gleichen Ergebnisse erhält: „The objective is to be sure that if a later investigator followed the same procedures as described by an earlier investigator and conducted the same case study all over again, the later investigator should arrive at the same findings and conclusions" (Yin 2003, S. 37). Zusammenfassend geht es um die intersubjektive Nachvollziehbarkeit einer Studie. Die beiden Hauptkriterien Validität (in Verbindung mit den unterschiedlichen Validitätstests) und Reliabilität werden im Folgenden für die vorliegende Analyse konkretisiert.

3.3.2.1 Konstruktvalidität

Ausgehend von der allgemeinen Definition des Kriteriums Validität definiert die Konstruktvalidität die korrekte Operationalisierung der Variablen, die auf dem theoretischen Modell basieren. In der Konstruktvalidität liegt ein weiterer Kritikpunkt an der Fallstudienmethodik, da die Operationalisierung einen subjektiven Spielraum für den Forscher offen lässt. Der Begriffsbestandteil Konstrukt beschreibt die Position empirischer Indikatoren innerhalb der wissenschaftlichen Theorien (vgl. Roth 1993, S. 358). Die Konstruktvalidierung stellt den Zusammenhang zwischen den Konstrukten eines theoretischen Konzepts mit den erhobenen empirischen Daten sicher.

Die Konstruktvalidierung beinhaltet mehrere Evaluierungsschritte. Im ersten Schritt werden die Hypothesen auf Grundlage des zuvor erarbeiteten theoretischen Denkschemas abgeleitet. Die Operationalisierung der Variablen, die empirische Analyse zur Überprüfung der zuvor abgeleiteten Hypothesen und die Dokumentation der Ergebnisse stellen die weiteren Arbeitsschritte dar. Die Analyseschritte haben für die Arbeit das Ziel, Schlussfolgerungen hinsichtlich des Zusammenhangs zwischen strategischen Wettbewerbsvorteilen und Wertschöpfungsorganisationsarchitektur zu ziehen. Die Konstruktvalidität der Fallstudienmethodik erfährt regelmäßig eine Kritik in der Literatur: „People who have been critical of case studies often point to the fact that a case study investigator fails to develop a sufficiently operational set of measures and that subjective judgements are used to collect the data" (Yin 2003, S. 35). Die Operationalisierung der Variablen und die Aussagekraft der empirischen Indikatoren sind somit zentral für die Validierung.

Eine schlüssige Argumentationskette und die Identifikation und Anwendung geeigneter und ausreichend vieler Datenquellen kann die Konstruktvalidierung erhöhen (vgl. Yin 2003, S. 35f.). Für die vorliegende Untersuchung werden eine Vielzahl von Datenquellen genutzt, die auf ihre Aussagekraft und auf die jeweilige Aussagerichtung überprüft werden (zum Beispiel, ob sich einige Datenquellen widersprechen)[165]. Die Argumentation der Zusammenhänge zwischen den theoretischen Konstrukten und den empirischen Indikatoren wird im Rahmen der Entwicklung des theoretischen Konzepts, der Variablenoperationalisierung und der Auswertung und Interpretation der empirischen Daten offengelegt. Im Falle von Interviews kann der valide Zusammenhang zwischen den zuvor gestellten Fragen und die Auswertung der Daten durch den Einbezug des Interviewten erreicht werden. Die Interviewten wurden im Rahmen einer Präsentation im Jahr 2007 in die Auswertung einbezogen und mit dem theoretischen Konzept konfrontiert. Konkret wurden Ergebnisse der Untersuchung vor einem Kreis aus Industrieexperten vorgestellt und mit diesen diskutiert. Dieses erfolgte im Rahmen der regelmäßigen Veranstaltungen des International Car Distribution Programmes, bei denen Experten aus der Automobilindustrie teilnehmen[166]. Darüber hinaus besteht für den Autor durch das ICDP Projekt ein enger Kontakt zu den Interviewten.

Zusammenfassend wird für die vorliegende Untersuchung eine hohe Konstruktvalidität durch die Umsetzung folgender Maßnahmen angestrebt: i. die Verwendung einer Vielzahl von Datenquellen, ii. die Offenlegung einer schlüssigen Argumentationskette und iii. der Einbezug der Interviewten durch eine vorläufige Präsentation der Forschungsergebnisse.

---

165 Für die Untersuchung wurden Experteninterviews und Dokumentenanalysen angewendet.

166 Zum Teilnehmerkreis bei ICDP Veranstaltungen zählen Vertreter der Automobilhersteller, Lieferanten und Händler. Die Teilnehmer generieren sich aus der mittleren bis oberen Managementebene.

3.3.2.2 Interne Validität

Die interne Validität spielt für erklärende Fallstudien eine Rolle, die kausale Zusammenhänge zwischen Variablen identifizieren und erklären wollen (vgl. Yin 2003, S. 36). Kausale Zusammenhänge sollen mit der vorliegenden Untersuchung erklärt werden, so dass die Überprüfung der internen Validität notwendig ist. Ziel ist die Identifikation und Erklärung kausaler Beziehungen, indem bestimmte Bedingungen zu anderen Bedingungen führen. Die interne Validität stellt sicher, dass die Wirkungszusammenhänge für den jeweiligen Fall zutreffen. Im Falle einer unzureichenden internen Validität resultiert eine Scheinbeziehung durch andere Wirkungen oder andere Ursachen.

Die Evaluierung der Fallstudie anhand der internen Validität kann anhand der Pattern Matching Methode erfolgen. Ziel des Pattern Matching ist, die theoretisch abgeleiteten Wirkungszusammenhänge mit den empirisch erhobenen Daten zu konfrontieren und zu überprüfen (vgl. Festing 1996, S. 192). Im Rahmen des Pattern Matching wird der theoretisch postulierte Zusammenhang zwischen Wertschöpfungsorganisation und Wettbewerbsvorteile mit dem empirisch vorgefundenen Datenmaterial verglichen[167]. Die im Rahmen der Hypothesen postulierten Zusammenhänge werden mit dem empirischen Datenmaterial verglichen, und das theoretische Modell überprüft. Zusammenfassend wird für die vorliegende Untersuchung eine hohe interne Validität durch die Anwendung der Pattern Matching Methode angestrebt. Das Pattern Matching vergleicht empirisch vorgefundene Muster mit den abgeleiteten Mustern des theoretischen Denkrahmens und analysiert kausale Zusammenhänge zwischen den Variablen.

3.3.2.3 Externe Validität

Die externe Validität begegnet der Kritik der fehlenden Generalisierbarkeit der aus Fallstudien gewonnen Ergebnisse: „External validity asks the question of generalizability: To what populations, settings, treatment variables, and measurement variables can the effect be generalized?" (Campbell und Stanley 1963, S. 175). Kritiker der Fallstudienmethodik bemängeln, dass auf Grund fehlender quantitativer Methoden der Datenreduktion und -analysen keine verallgemeinerbaren Ergebnisse aus Fallstudienforschungen abgeleitet werden können (vgl. dazu Schofield 2002, S. 171ff., Festing 1996, S. 191). Eine fehlende Generalisierbarkeit der gewonnenen Ergebnisse würde jedoch dem originären Ziel der Forschung entgegenstehen (vgl. Smith 1975, S. 88).

Die Generalisierbarkeit von Forschungsergebnissen ist im Kontext der jeweiligen Forschungsmethode differenziert zu betrachten. Fallstudien wie auch Experimente fokussieren im Unterschied zu Befragungen keine statistische Verallgemeinerungen, sondern vielmehr eine Generalisierung von Theorien auf Grundlage einer analytischen Generalisierung (vgl. Yin 2003, S. 10-11). In der analytischen Verallgemeinerung geht es darum, das theoretische Konzept als Erklärungs- und Vergleichsmaßstab für die Gegenüberstellung der empirischen Ergebnisse zu nutzen. Sofern zwei oder mehrere Fälle das theoretische Konzept und dessen Annahmen stützen, können Ähnlichkeiten behauptet werden und Hypothesen bekräftigt beziehungsweise widerlegt werden. Die analytische Generalisierung erfordert einen Replikationstest der zu überprüfenden theoretischen Zusammenhänge. Erst wenn die Wiederholung der Untersuchung zu den gleichen Ergebnissen führt, werden die Ergebnisse verallgemeinerbar. Die Untersuchung der Fälle mit Blick auf die aus den theoretischen Überlegungen abgeleiteten Hypothesen soll die Gültigkeit oder Nicht-Gültigkeit der Hypothesen belegen. Das Ziel der Analyse besteht nicht darin, Häufigkeiten festzustellen.

167 Vgl. Kapitel 2 für die Entwicklung des theoretischen Rahmenkonzeptes.

Zusammenfassend wird für die vorliegende Untersuchung eine hohe externe Validität und die Verallgemeinerung der aus Fallstudien gewonnen Ergebnisse erreicht, indem die empirischen Ergebnisse einer Replikationslogik unterzogen werden. Die Replikationslogik stellt sicher, dass eine Generalisierbarkeit von Ergebnissen erst erfolgen kann, wenn zwei oder mehr Fälle die gleiche Theorie stützen.

3.3.2.4 Reliabilität

Die Evaluierung der Forschungsmethode anhand des Reliabilitätstest dient dazu, den Grad der Genauigkeit zu bewerten, mit der ein bestimmtes Merkmal gemessen wird (vgl. Roth 1993, S. 355). Der Reliabilitätstest zeigt an, in wie weit die Forschungsmethodik von einem anderen Forscher wiederholt werden kann und dieser die gleichen Ergebnisse erhält (vgl. Yin 2003, S. 37). Weber et al. (1994, S. 56f.) schlagen zur Erhöhung der Reliabilität vor, dass die empirischen Daten auch anderen Forschern zugänglich gemacht werden. Für die vorliegende Untersuchung werden in erster Linie Sekundärdaten und darüber hinaus Interviews genutzt, die den Gutachtern dieser Promotion zur Verfügung gestellt werden. Die Reliabilität der Forschungsmethode kann durch einen Vergleich der Fälle untereinander ebenfalls erhöht werden. Fälle mit gleichen beziehungsweise sehr ähnlichen Merkmalen sollten in diesem Fall zu gleichen beziehungsweise ähnlichen Ergebnissen in der empirischen Überprüfung führen. In diesem Fall wird zusätzlich auch die interne Validität erhöht. Für die vorliegende Untersuchung wird ein Vergleich unterschiedliche Wertschöpfungsorganisationen durchgeführt und die gleiche Forschungsmethode für jeden Fall angewendet.

Zusammenfassend wird für die vorliegende Untersuchung zur Erhöhung der Reliabilität die Offenlegung der Fallstudiendatenbasis durchgeführt und kann von anderen Forschern eingesehen werden.

3.3.3 Methode der Datenerhebung

Für die vorliegende Untersuchung werden unterschiedliche Datenquellen und -erhebungstechniken genutzt, in erster Linie Dokumentenanalysen sowie persönliche Experteninterviews. Zur Erhöhung der Generalisierbarkeit der aus Fallstudien gewonnenen Ergebnisse ist es notwendig, möglichst viele Belegquellen heranzuziehen (vgl. Yin 2003, S. 35f.). Der Bedarf vieler Belegquellen rechtfertigt einen Methodenpluralismus für die Durchführung von Fallstudien (vgl. Alemann und Ortlieb 1975, S. 170). Die Datenerhebung für die vorliegende Untersuchung basiert im Wesentlichen auf der Analyse von wissenschaftlichen Studien und Unternehmensdokumenten. Zusätzlich werden diese Daten mit Informationen aus persönlichen Experteninterviews ergänzt und konfrontiert. Die Anwendung verschiedener Datenerhebungstechniken wird für die Analyse der unterschiedlichen Fälle angewendet und damit versucht, eine hohe Validität und Reliabilität durch die gegenseitige Neutralisierung von Datenfehlern zu erreichen (vgl. Alemann und Ortlieb 1975).

Die Untersuchungseinheit und die postulierten Forschungsfragen führen zu einer hohen Komplexität der Untersuchung. Die Komplexität ergibt sich aus der Zahl unterschiedlicher Wertschöpfungsakteure, aus der Zahl unterschiedlicher Wertschöpfungsaktivitäten (gruppiert in Produktions- und Distributionsaktivitäten) und aus den nahezu unbegrenzten Kombinationen an Interakteursbeziehungen. Der Komplexität des Forschungsthemas wird damit begegnet, dass in erster Linie

Sekundärdaten aus wissenschaftlichen Studien und Unternehmensdokumente zur Datenerhebung herangezogen werden. Zur empirischen Analyse der theoretisch hergeleiteten und später operationalisierten Variablen werden Sekundärquellen genutzt, die Daten zu den unterschiedlichen Wertschöpfungsorganisationen in den fokussierten europäischen Märkten beinhalten. Die angewendeten Dokumente umfassen Studien- und Geschäftsberichte sowie Artikel aus Fachzeitschriften und Zeitungen[168]. Für die Auswahl der zu untersuchenden Dokumente wurde eine umfassende Recherche durchgeführt, um eine Verzerrung der Analyse auf Grund der Ausblendung relevanter Studien zu minimieren. Außerdem stehen dem Autor die Studien des International Car Distribution Programmes zur Verfügung, aus denen umfassende Daten generiert werden konnten.

Die Dokumentenanalyse zeigt eine Reihe von Vorteilen in der Datengenerierung. Dokumente können erneut zur Datenanalyse herangezogen werden, womit eine Replikation der Analyse jederzeit möglich ist. Weiterhin zeichnet sich eine Dokumentenanalyse durch eine exakte Dokumentation von Namen, Referenzen und Einzelheiten der betrachteten Analysemerkmale aus (vgl. zum Beispiel Royer 2000, S. 172). Ein zentraler Vorteil für die vorliegende Untersuchung ist zudem die Verfügbarkeit von Daten aus längeren Zeitspannen, womit eine Generalisierbarkeit der Ergebnisse erhöht wird. Temporäre Einflüsse auf die Untersuchungseinheit können somit besser identifiziert und Verzerrungen neutralisiert werden. Öffentlich zugängliche Unternehmensdokumente wie Geschäftsberichte implizieren eine hohe Validität der Daten. Geschäftsberichte wurden für die vorliegende Untersuchung berücksichtigt und Daten aus anderen Dokumenten mit diesen konfrontiert und überprüft.

Die Berücksichtigung von Experteninterviews hat einen ergänzenden Charakter zu der Auswertung von Dokumenten. In diesem Zusammenhang wird auf ICDP Experteninterviews zurückgegriffen, die in einem direkten Zusammenhang mit der vorliegenden Untersuchung stehen. ICDP führt Studien zum weiten Spektrum der Automobilwirtschaft durch, wobei der Fokus auf distributionsrelevanten Fragestellungen liegt. In diesem Zusammenhang werden Themenfelder untersucht, die zur Analyse der in der vorliegenden Arbeit hergeleiteten Hypothesen und theoretischen Konstrukte dienen. Im Rahmen der Forschungsprojekte von ICDP werden unterschiedliche Interviewformen angewendet. Die Interviews umfassen je nach kontextuellem Zusammenhang des Forschungsprojektes sowohl informatorische (im Sinne der Beschreibung von Tatsachen) als auch analytische (im Sinne der Erfassung von Sachverhalte auf der Basis theoretischer Überlegungen) Zielsetzungen (vgl. dazu Koolwijk 1974, S. 15f.). Im Falle des deutschen Marktes führte der Autor dieser Arbeit alle Interviews selbst durch und dokumentierte diese entsprechend. Interviewt wurden Vertreter der in dieser Arbeit betrachteten Unternehmen (siehe Tabelle 3.11). Die Gesprächspartner generierten sich aus der mittleren bis oberen Managementebene. In erster Linie bekleiden die Gesprächspartner Funktionen zur strategischen Distributionssteuerung beziehungsweise im Fall der Automobilhändler wurden Vertreter der Geschäftsführung befragt. Die Gesprächsdauer belief sich auf durchschnittlich 90 bis 120 Minuten. Insgesamt liegen dieser Untersuchung 23 persönlich geführte Experteninterviews zugrunde, die in einem direkten thematischen Zusammenhang mit dem Forschungsvorhaben stehen. Eine ähnliche Anzahl wurde jeweils durch das ICDP Forscherteam in den drei weiteren europäischen Kernmärkten (Frankreich, Italien und Großbritannien) durchgeführt.

168 Die wesentlichen Studien zur Messung der Variablen wurden im Abschnitt 3.2.1.1 dieser Arbeit im Detail erläutert und vorgestellt.

Die Interviewergebnisse anderer ICDP Forscher wurden ebenfalls in dieser Arbeit berücksichtigt. Die Interviews wurden in Form von Studienreporten ausgewertet und dokumentiert und stehen dem Autor dieser Arbeit zur Verfügung. Im Falle eines strukturierten Interviews, welches die überwiegende Interviewform darstellt, ist der Interviewleitfaden für alle europäischen Forscherteams identisch, um die Vergleichbarkeit der Daten zu gewährleisten. Tabelle 3.11 zeigt die Interviews, die mit den unterschiedlichen Akteuren durchgeführt wurden.

Tabelle 3.11 Durchgeführte Interviews

Themenfeld	Akteursgruppe(n)	Anzahl Intensiv-Interviews in D	Anzahl der Zeitpunkt
Allgemeine Distributionsstrategien und Zusammenarbeit zwischen Automobilhersteller und Vertragshandel	i. Automobilhersteller ii. Vertragshändler	5 Interviews 4 Interviews	2005 und 2006
Distributionsstrategien im Ersatzteilhandel	i. Automobilhersteller ii. Vertragshändler iii. Verband der Ersatzteilhändler.	3 Interviews 5 Interviews 1 Interview	2004 und 2007
Distributionsstrategien im Bereich Finanzdienstleistungen und Großkundenbetreuung.	Automobilhersteller	5 Interviews	2004

Aus den geführten Interviews ergibt sich ein Gesamtbild zu den adressierten Fragestellungen und Akteuren. Für die Analyse der operationalisierten Variablen wird dieses Gesamtbild ergänzend zur Dokumentenanalyse berücksichtigt. Die durchgeführten Interviews liefern in erster Linie einen Beitrag zur Messung der unabhängigen Variablen im Bereich der Distribution. Ein bedeutender Vorteil für das Forscherteam von ICDP liegt in der Gewinnung von Interviewpartnern und in der Kooperationsbereitschaft der Gesprächspartner. Alle Automobilhersteller, die in der vorliegenden Untersuchung berücksichtigt werden, sind langjährige Mitglieder des Forschungsprogramms. Daraus ergibt sich ein vergleichsweise hohes Vertrauen zwischen Forscher und Gesprächspartner und in der Folge die Bereitschaft, auch über „heikle" Themen zu sprechen. Nachteile von Interviews zeigen sich durch die so genannte Reflexivität und durch Verzerrungen der Antworten durch schlecht gestellte Fragen. Im Falle einer Reflexivität liefert der Gesprächspartner dem Forscher die Antworten, die der Forscher annimmt (vgl. Friedrichs 1990, S. 222f., Friedrichs 1985, S. 216.). Das Problem der Reflexivität stellt sich bei allen Erhebungsmethoden mit hoher Reaktivität des Befragten und ist für die vorliegende Untersuchung nicht vollständig auszuräumen. Allerdings besteht das ICDP Forscherteam aus erfahrenen Industrieexperten und die Ergebnisse werden regelmäßig im Kreis der Befragten präsentiert, diskutiert und auf deren Aussagegehalt überprüft. Dadurch kann das Problem der Reflexivität weitestgehend eingeschränkt werden.

Die analytische Generalisierbarkeit der Forschungsergebnisse wird die durch Erhebung von Daten über einen größeren Zeitraum erhöht. Ziel der vorliegenden Untersuchung ist die Identifikation und Interpretation von Zusammenhängen zwischen der Wertschöpfungsorganisationsform und der Wettbewerbsfähigkeit. Mit einer Zeitreihenanalyse kann vermieden werden, dass saisonale Abhängigkeiten und Einflüsse die Forschungsergebnisse verzerren (vgl. Hamilton 1994). Die Zeitreihenanalyse ermöglicht zudem, Entwicklungs- und Wandlungsprozesse sowie Trends zu untersuchen (vgl. Friedrichs 1990, S. 157). Für die vorliegende Untersuchung ist es von Bedeutung, Zusammenhänge zwischen Veränderungen in den Merkmalsausprägungen der unabhängigen Variablen und der abhängigen Variablen zu identifizieren und daraus Schlussfolgerungen zu ziehen. Für die Messung der operationalisierten Variablen werden Daten für den Zeitraum zwischen den Jahren 2002 bis 2007 berücksichtigt. Eine Vielzahl der für die vorliegende Untersuchung verwendeten Sekundärdaten werden in konstanten Abständen (i.d.R. jährlich) erhoben und erlauben eine Zeitreihenanalyse.

Zusammenfassend wird mit dem Einbezug möglichst vieler Belegquellen, unterschiedlicher Erhebungsmethoden sowie die Messung der Modellvariablen zu mehreren Zeitpunkten eine Erhöhung der Aussagekraft und Generalisierbarkeit der Fallstudienergebnisse verfolgt. Die Daten der vorliegenden Untersuchung basieren in erster Linie auf Dokumentenanalysen und auf Experteninterviews. Die vom Autor ausgewählten Dokumente werden hinsichtlich der Daten verglichen und gleichartige Dokumente miteinander konfrontiert, um Verzerrungen in der Datenanalyse zu vermeiden. Tabelle 3.12 fasst die Methode der Datenerhebung zusammen.

Tabelle 3.12 Methode der Datenerhebung

Datengenerierung	Zahl der Zeitpunkte
Analyse von öffentlich zugänglichen Dokumenten, wie Geschäftsberichte, Studiendokumenten und Zeitschriften Analyse von firmeninternen Dokumenten, wie zum Beispiel Verträge zwischen Automobilhersteller und Vertragshändler Persönliche Experteninterviews mit relevanten Unternehmen in Deutschland (einschließlich Vertretern von Konzernzentralen, die internationale Verantwortlichkeiten ausüben) Insgesamt 23 Interviews (in Deutschland) mit einer durchschnittlichen Länge von 90 Minuten. Auf europäischer Ebene wurden in Frankreich, Italien und Großbritannien jeweils eine ähnlich Zahl an Interviews durch das ICDP Team durchgeführt und in Studienberichten dokumentiert	Daten beziehen sich auf die Jahre 2002 2003 2004 2005 2006 2007

3.3.4 Methode der Datenauswertung

Nach Yin (2003, S. 109f.) ist das Ziel der Datenauswertung, die auf dem theoretischen Modell basierenden Hypothesen mit den empirischen Daten zu vergleichen. Die zentralen Arbeitsschritte der Datenauswertung umfassen die Untersuchung, die Kategorisierung, die Tabellarisierung und die Diskussion der empirischen Daten im Kontext der anfänglichen Annahmen und Hypothesen (Yin 2003, S. 109). In den folgenden Abschnitten wird die Messung der Variablen sowie die Analysestrategie der erhaltenen Daten erläutert. Datenauswertungsmethoden für Fallstudien sind im Vergleich zu anderen Forschungsstrategien weiterhin unzureichend konzeptualisiert und etabliert:" Analyzing case study evidence is especially difficult because the strategies and techniques have not been well defined. [...] every case study should nevertheless strive to have a general analytic strategy – defining priorities for what to analyze and why" (Yin 2003, S. 109). Das Pattern Matching gehört zu einer der in der Literatur empfohlenen Analysestrategien und wird für die vorliegende Untersuchung angewendet.

3.3.4.1 Darstellung und Systematisierung der Daten

In der vorliegenden Arbeit wird postuliert, dass die drei konstituierenden unabhängigen Variablen „zentrale Integration" und die „formelle" und die „informelle" Integration der externen Akteure den Wertschöpfungsorganisationstyp determinieren. Die Ausprägungen der Variablen werden komparativ im Vergleich zum ermittelten Durchschnitt gemessen und anhand von Indizes auf Fabrikatsebene dargestellt. Der Durchschnitt ergibt sich aus den empirischen Datenmaterial der in dieser Arbeit betrachteten Fälle. Durch die Anwendung von Indizes kann für die Variablen ein quantitativer Ausdruck erarbeitet werden (vgl. Friedrichs 1990, S. 166). Kriz (1973) spricht in diesem Zusammenhang von einer isomorphen Abbildung des empirischen Relativs durch das numerische Relativ. Die Zahlenwerte sollen die Verhältnisse in der Wirklichkeit abbilden.

Die Anwendung von Indizes erscheint für die vorliegende Untersuchung sinnvoll, da Merkmalsausprägungen für die jeweiligen Variablen in der Regel durch zwei oder mehreren Indikatoren gemessen werden. Die unterschiedlichen Komponenten dienen dazu, die Wertschöpfungsorganisationsform so genau wie möglich zu beschreiben, um dann im nächsten Schritt Schlussfolgerungen für den Zusammenhang zwischen den Merkmalen der Organisationsform und der strategischen Wettbewerbsfähigkeit zu ziehen. Indizes können die unterschiedlichen Indikatoren zusammenfassend abbilden (vgl. Friedrichs 1990, S. 165). Die Merkmalsausprägungen der Indikatoren bilden innerhalb des aggregierten Index die jeweilige Variable ab. Für die Operationalisierung der unabhängigen Variablen wurden unterschiedliche empirische Indikatoren identifiziert[169]. Die Indikatoren können jeweils einer Variablenkomponenten zugeordnet und zu einem Index zusammengefasst werden. Der Index stellt eine Reduktion des Merkmalsraumes dar, indem die Ergebnisse der Merkmalsausprägungen in einem Index dargestellt werden.

Die Extrempunkte der Indizes ergeben sich aus der Operationalisierung der Variablen. Eine überdurchschnittliche Ausprägung der Variablenindikatoren ergibt den höchsten, eine unterdurchschnittliche Ausprägung den niedrigsten Index-Wert. Die Merkmale haben entsprechend der Operationalisierung drei Ausprägungen, die mit einem entsprechenden Indexwert versehen werden.

169 Vgl. dazu Abschnitt 3.2 dieser Arbeit.

Der Indexwert -2 entspricht einer unterdurchschnittlichen Variablenausprägung, der Wert 0 einer durchschnittlichen und der Wert +2 einer überdurchschnittlichen Variablenausprägung. Es wird bewusst eine Unterscheidung zwischen drei Ausprägungen im Fall von rein qualitativ messbaren Variablen gewählt. Qualitativ messbare Variablen mit mehr als drei Ausprägungen bergen das Risiko, dass der reale Unterschied undefiniert zwischen den Extrempunkten liegt und eine Messung in Folge dessen verzerrt wird (vgl. Galtung 1970, S. 240ff.). Eine ausschließlich qualitative Datenmessung fußt entsprechend auf den zuvor dargestellten Indexwerten -2, 0 und +2. Damit soll eine „Scheingenauigkeit" vermieden werden, die auf Grund von Abgrenzungsschwierigkeiten die Gefahr der Ergebnisverzerrung birgt.

Für die vorliegende Arbeit ist zu berücksichtigen, dass einzelne Variablen auf quantitativ messbaren Daten und auf Indizes von Sekundärquellen basieren, die mehr als drei Ausprägungen aufweisen. Zum Beispiel wird die Integration im Neufahrzeugvertrieb durch die Messung der herstellereigenen Niederlassungen und deren relativen Verkaufsanteil quantitativ erhoben. Die Ergebnisse der in dieser Arbeit berücksichtigten Zufriedenheits- oder Preiswettbewerbsstudien werden durch Indizes mit fünf bis sechs Ausprägungen dargestellt. Die Indizes werden einheitlich für die vorliegende Arbeit umgerechnet und durch einen komparativen Index zwischen -2 (unterdurchschnittlich), -1, 0 (durchschnittlich), +1 und +2 (überdurchschnittlich) dargestellt. Diese Daten können zusammenfassend auf einem feingliedrigeren Index abgebildet werden. Von quantitativen Daten und Indizes, die für mehrere Zeitpunkte vorliegen, wird der gleitende Mittelwert gebildete. Von diesem Mittelwert wird der Indexwert abgeleitet. Der gleitende Mittelwert wird auch gleitender Durchschnitt genannt. Gleitende Mittelwerte verringern die in einer Datenreihe vorhandene Variation. Daher werden sie oft verwendet, um Zeitreihen zu glätten.

Für die Messung der Daten stellt sich die Frage, ob eine Gewichtung der Modellvariablen und der Variablenbestandteile notwendig ist. Eine Gewichtung ist in dieser Phase der Erforschung nicht möglich, da es vorrangig um die Identifikation von Zusammenhängen zwischen den unabhängigen Variablen und der abhängigen Variable geht. Zur Errechnung einer Gewichtung ist eine zusätzliche Untersuchung notwendig, um sinnvolle Gewichtungsfaktoren herauszuarbeiten.

3.3.4.2 Datenauswertung mit der Pattern Matching Methode

Die Pattern Matching Methode vergleicht vorhergesagte theoretische Muster (in der englischen Sprache „Pattern") mit den empirisch vorgefundenen Muster, woraufhin Aussagen abgeleitet werden können, in wie fern sich die theoretischen Konzepte und Hypothesen in der Wirklichkeit wieder finden (vgl. Trochim 1989, S. 355ff., Yin 2003, S. 116 und 1994, S. 106). Mit dem Pattern Matching wird die Analyse kausaler Zusammenhänge fokussiert, die wiederum der internen Validierung der Untersuchung dient (vgl. Yin 2003, S. 116). In einer erklärenden Fallstudienanalyse, wie sie in der vorliegenden Untersuchung verfolgt wird, können die Muster entweder mit der abhängigen oder unabhängigen Variablen der Untersuchung oder mit beiden Variablengruppen in Beziehung gesetzt werden (Yin 2003, S. 116). Für die vorliegende Untersuchung werden beide Variablengruppen mit den empirisch vorgefundenen Mustern in Beziehung gesetzt. Abbildung 3.12 skizziert die Pattern Matching Logik im Zusammenhang mit den unabhängigen und abhängigen Variablen.

Abbildung 3.12 Die unabhängigen und abhängigen Variablen des theoretischen Modells

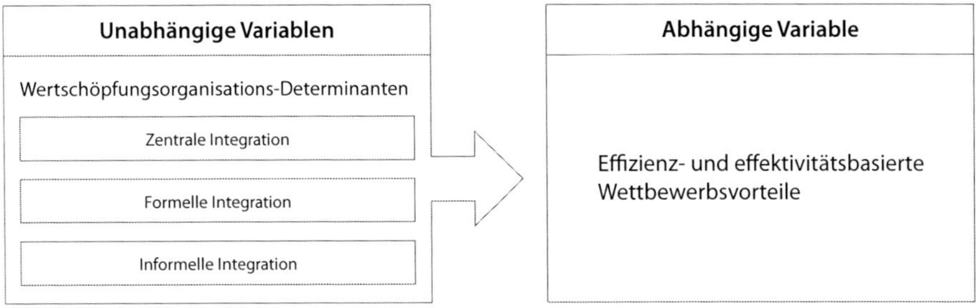

Quelle: Eigene Darstellung

Zusammenfassend wird mit dem Pattern Matching für die vorliegende Untersuchung das Ziel verfolgt, die theoretisch entwickelten Hypothesen mit der Wirklichkeit zu vergleichen. Konkret soll untersucht werden, ob die behaupteten Zusammenhänge zwischen Wertschöpfungsorganisationsarchitektur und Wettbewerbsvorteile mit empirischen Daten bestätigt werden. In diesem Zusammenhang sind die in den Hypothesen formulierten unabhängigen Variablen von Interesse. Für diese Variablen werden die empirischen Ergebnisse aus den Fallstudien mit den postulierten Hypothesen verglichen und es wird überprüft, ob die relevanten unabhängigen Variablen tatsächlich als Ursache für die abhängigen Variablen anzusehen sind. Wie zuvor bereits erläutert, können Fallstudienergebnisse nicht für eine statistische, sondern vielmehr für eine analytische Verallgemeinerung genutzt werden. Die Bestätigung der Hypothesen wird mit einer zunehmenden Zahl an Fällen, die zu gleichen Aussagen führen, bekräftigt und Schlussfolgerungen erhalten eine zunehmend solidere Basis. Die Hypothesenprüfung basiert auf den Ergebnissen des Pattern Matching. Vor allem zur Erhöhung der Konstruktvalidität ist eine argumentative Hypothesenprüfung notwendig, die die empirischen Daten mit den Hypothesen in einer logischen und intersubjektiv nachvollziehbaren Beziehung setzt, die verständlich und kritisierbar ist[170].

3.3.4.2.1 Pattern Matching mit den abhängigen Variablen

In der vorliegenden Untersuchung ist die abhängige Variable die strategische Wettbewerbsfähigkeit einer Wertschöpfungsorganisation[171]. Indikatoren werden zur Operationalisierung der übergreifenden Variablen, nämlich Wertschöpfungsorganisationsrente, hergeleitet[172]. Die verschiedenen operationalisierten Indikatoren werden anschließend in der Datenauswertung mit den empirischen Daten abgeglichen.

Die abhängige Variable ist der zentrale Indikator für die Wettbewerbsfähigkeit der betrachteten Wertschöpfungsorganisationen. Die zugrunde liegende Annahme der vorliegenden Untersuchung ist der Zusammenhang zwischen Wertschöpfungsorganisationsform und strategischen Wettbewerbsvorteilen. Auf dieser Annahme werden weitere Hypothesen gebildet, die von einem Zusammenhang zwischen bestimmten Merkmalen einer Wertschöpfungsorganisation und das Ausmaß strategischer Wettbewerbsvorteile ausgehen. Die Analyseergebnisse zur strategischen Wettbewerbsfähigkeit der

170 Vgl. dazu Abschnitt 3.3.2.1 dieser Arbeit.

171 Vgl. dazu Kapitel 2 dieser Arbeit.

172 Vgl. dazu Abschnitt 3.2 dieser Arbeit.

einzelnen Wertschöpfungsorganisationen werden mit den Analyseergebnissen der unabhängigen Variablen in Verbindung gesetzt. Das Analyseziel besteht darin, herauszufinden, ob bestimmte Wertschöpfungsorganisationsformen als Ursache für strategische Wettbewerbsvorteile anzusehen sind. Im nächsten Schritt können fundierte Schlüsse über die Wirkung von Wertschöpfungsorganisationsformen auf die strategische Wettbewerbsfähigkeit von Wertschöpfungsorganisationen und deren Akteure gezogen werden.

Zusammenfassend bildet das Pattern Matching der abhängigen Variable die Basis für das Pattern Matching mit den unabhängigen Variablen des theoretischen Modells. Die abhängige Variable dient als Bewertungsmaßstab, in wie weit eine Wertschöpfungsorganisation strategisch überlegen beziehungsweise anderen Organisationen unterlegen ist. Die Ursachen für eine hohe beziehungsweise eine geringe Wettbewerbsfähigkeit wurde im theoretischen Modell anhand von Mustern vorhergesagt. Diese Muster werden im nächsten Schritt analysiert.

3.3.4.2.2 Pattern Matching mit den unabhängigen Variablen

Das Pattern Matching mit den abhängigen Variablen führt für die unterschiedlichen Wertschöpfungsorganisationen zu spezifischen Indikatoren hinsichtlich der strategischen Wettbewerbsfähigkeit. Konkret wird eine Anzahl von Wertschöpfungsorganisationen eine komparativ überdurchschnittlich hohe Wettbewerbsfähigkeit, eine mittlere Wettbewerbsfähigkeit und eine geringe Wettbewerbsfähigkeit aufweisen. Der nächste Analyseschritt zielt darauf, was die Ursachen und die Zusammenhänge für die Ausprägung der abhängigen Variablen sind, das heißt der Wirkungszusammenhang steht im Fokus.

Die empirische Analyse der unabhängigen Variablen erfolgt für die ausgewählten Fälle der vorliegenden Untersuchung. Die Pattern Matching Methode wird für jeden einzelnen Fall angewendet. Das zuvor entwickelte theoretische Konzept und die darauf basierenden Hypothesen der Untersuchung dienen als Schablone, mit der die empirischen Ergebnisse aus jeder Fallstudie verglichen werden. Stützen zwei oder mehr Fälle die gleiche Hypothese, dann kann ein theoretisches Konstrukt angenommen werden. In der Folge können mit zunehmender Zahl der analysierten Fälle solidere Schlussfolgerungen zur Annahme oder zur Ablehnung der postulierten Hypothesen gezogen werden. Die Nichtübereinstimmung einer Hypothese mit den empirischen Daten führt in der Pattern Matching Logik zu einer Verwerfung der Hypothese. In diesem Fall ist zu berücksichtigen, dass auch Fehler und Verzerrungen in der Datenerhebung zur Nichtübereinstimmung führen können (vgl. Weber et al. 1994, S. 59). Die Berücksichtigung von Verzerrungen in der Datenerhebung spielt vor allem dann eine Rolle, wenn die Hypothese zuvor von zwei oder mehreren Fällen bestätigt wurde. Im Falle der Diskrepanz zwischen empirischen Daten und Hypothesen liegt in jedem Fall eine geringe Validität der Forschungsergebnisse vor.

Kausalanalysen beinhalten die Gefahr, dass andere als die genannten unabhängigen Variablen Ursache für die empirisch nachgewiesene Wirkung sind. Der Einfluss anderer Variablen muss entsprechend eliminiert werden. Konkret sollte für die Bestätigung beziehungsweise Verwerfung von Hypothesen sichergestellt werden, ob die in den Hypothesen formulierten unabhängigen Variablen tatsächlich die Ursache für die Ausprägung der abhängigen Variablen sind (vgl. Weber et al. 1994). Der Validierung der Forschungsergebnisse wird in der vorliegenden Untersuchung durch eine multiple Fallstudienanalyse Rechnung getragen. Die Analyse mehrerer Fallstudien ist notwendig, um Aussagen abzuleiten, die auch für andere Fälle gelten können (vgl. Fisch und Boos 1987, S. 366).

Zusammenfassend wird im Pattern Matching der unabhängigen Variablen der eigentliche Analyseschritt vollzogen, nämlich der Abgleich der postulierten Hypothesen mit den empirischen Daten. Im Fokus steht der kausale Zusammenhang zwischen Wertschöpfungsorganisationsform und Wettbewerbsvorteilen. Die Analyse der unabhängigen Variablen baut auf den Ergebnissen des Pattern Matchings der abhängigen Variablen auf. In diesem Zusammenhang können die zuvor formulierten Zusammenhänge verworfen oder angenommen werden. Bei der Hypothesenprüfung sind jedoch mögliche Verzerrungen der empirischen Daten zur berücksichtigen. In einer ausführlichen Diskussion der Ergebnisse werden die empirischen Daten noch einmal mit den postulierten Hypothesen in Beziehung gesetzt.

3.3.4.3 Zusammenfassung zum Pattern Matching als Datenauswertungsmethode

Die Abbildung 3.13 fasst die Vorgehensweise zur Auswertung der Daten in der vorliegenden Untersuchung zusammen.

Abbildung 3.13 Vorgehensweise bei der Datenauswertung

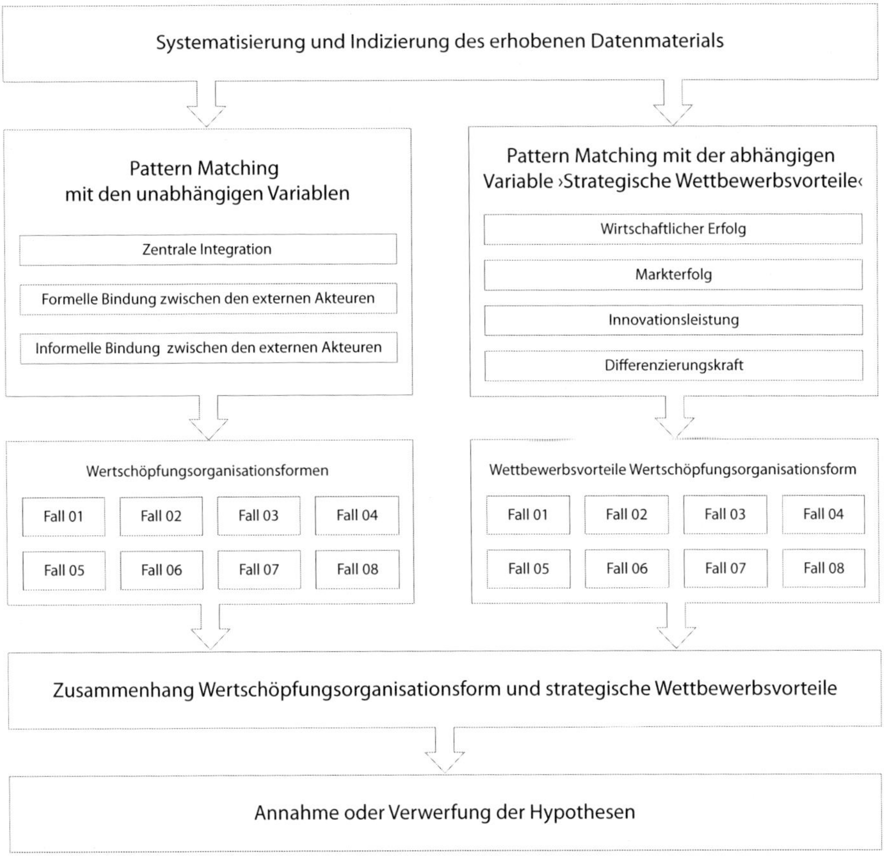

Quelle: Eigene Darstellung

3.3.5 Auswahl der Fallstudien

Die vorliegende Arbeit untersucht Merkmale von Wertschöpfungsorganisationen und deren Wirkungen auf die strategische Wettbewerbsfähigkeit. Zentrales Abgrenzungsmerkmal der Untersuchungseinheit ist ein Produkt. Alle Akteure werden berücksichtigt, die Wertschöpfungsaktivitäten zur Produktion und zur Distribution des fokussierten Produktes beisteuern. Ausgangspunkt der Fallstudienauswahl für die vorliegende Untersuchung ist die Identifikation eines bestimmten Produkttyps. Für die vorliegende Untersuchung ist das Automobil das differenzierende Produkt[173].

Unterschiedliche Automobilprodukte können auf Ebene des Fabrikats differenziert werden (zum Beispiel Automobilmodelle von Audi, BMW oder Mercedes). Auf Grund der zunehmenden Mehrmarkenstrategie ist an dieser Stelle eine Differenzierung zwischen Automobilhersteller und Automobilmarke beziehungsweise -fabrikat notwendig[174]. Unter einer Mehrmarkenstrategie ist die parallele Führung mehrerer selbstständiger Marken innerhalb eines Konzerns zu verstehen (vgl. Diez 2001, S. 580). Mehrmarkenstrategien wurden in der Automobilindustrie in erster Linie durch Zukäufe oder durch Markenneugründungen forciert[175]. Meffert und Perry (2000, S. 625) verstehen unter einer selbstständigen Marke „[wenn] Produkte und Dienstleistungen sich anhand zentraler Leistungsmerkmale beziehungsweise der Ausgestaltung der Marketinginstrumente [von anderen Konzernmarken] unterscheiden, [und wenn ein] voneinander getrennter Markenauftritt von den Nachfragern als solcher wahrnehmbar ist und die innerhalb des Gesamtunternehmens organisatorisch abgegrenzte und mit der Markenführung betraute Einheiten darstellen." Für den vorliegenden Untersuchungskontext ist die organisatorische Autarkie eines Fabrikats notwendig. Eine eigenständige Wertschöpfungsorganisation erfordert autarke Organisationen für die Produktion und Distribution. In der weiteren Untersuchung wird zwischen Wertschöpfungsorganisationen auf Fabrikatsebene unterschieden, um die Komplexität einer produktspezifischen Analyse zu vermeiden und fabrikatsspezifische Besonderheiten zu identifizieren.

Für die zu untersuchenden Fälle werden folgende drei Auswahlkriterien herangezogen. Zum einen müssen die Produkte in den hier fokussierten vier europäischen Kernmärkten verkauft werden[176]. Die Aktivitäten in den vier Kernmärkten müssen einen wesentlichen Anteil an den Gesamtaktivitäten des Fabrikats in Westeuropa ausmachen. Als drittes Auswahlkriterium wird die Produktpalette des Fabrikats herangezogen. Die Produktpaletten der einzelnen Fabrikate müssen untereinander vergleichbar sein. Das erste Auswahlkriterium betrachtet die Marktaktivitäten der unterschiedlichen Fabrikate. Es werden nur solche Fabrikate ausgewählt, die in den vier Kernmärkten über eine offizielle Distributionsorganisation verfügen. Die Produkte müssen jedoch nicht notwendigerweise auch in diesen Märkten produziert werden. Für die Analyse der Produktionsorganisation werden somit auch Produktionsstätten außerhalb der hier fokussierten Märkte betrachtet. Entscheidend ist,

---

173 Relevant für diese Untersuchung sind artgleiche Automobile. Für die vorliegende Untersuchung werden Personenkraftwagen (PKW) betrachtet, leichte und schwere Nutzfahrzeuge sind von PKWs zu differenzieren und werden entsprechend nicht als direkt vergleichbare Produkttypen angesehen.

174 Im Folgenden werden die Begriffe Marke und Fabrikat synonym verwendet.

175 Ein Beispiel stellt der Zukauf von Skoda und Seat durch Volkswagen dar. Eine Neugründung stellt das Beispiel der Marke Smart durch die DaimlerChrysler AG dar.

176 Im Verständnis der vorliegenden Untersuchung umfassen die europäischen Kernmärkte Deutschland, Frankreich, Großbritannien und Italien.

dass die Produkte in Frankreich, Deutschland, Großbritannien und Italien angeboten werden. Die in der vorliegenden Untersuchung betrachteten vier Kernmärkte sind die größten Einzelmärkte in Westeuropa und umfassen die Mehrheit aller Neuzulassungen in diesem Marktraum (vgl. Smolinska 2008, S. 10f.)[177]. Die geographische Eingrenzung beruht auf der vorteilhaften Datenverfügbarkeit. Es werden nur solche Fabrikate untersucht, die den überwiegenden Umsatz innerhalb Europas in den genannten vier europäischen Kernmärkten tätigen.

Die Charakteristika der Produktpalette spielen für die Vergleichbarkeit der Wertschöpfungsorganisationen eine zentrale Rolle. Der originäre Ausgangspunkt einer Wertschöpfungsorganisationsbetrachtung ist ein spezifisches Produkt. Die produktspezifische Analyse der abhängigen und unabhängigen Variablen ist für den vorliegenden Untersuchungskontext auf Grund von Abgrenzungsproblematiken nicht möglich[178]. Wertschöpfungsorganisationen werden daher für die vorliegende Untersuchung auf Fabrikatsebene differenziert. Voraussetzung für die Vergleichbarkeit der Fabrikate ist ein vergleichbares Produktprogramm. Die Segmentierung und Typisierung der Produktportfolios unterschiedlicher Fabrikate basiert auf den technischen Eigenschaften der am Markt angebotenen Automobilprodukte (vgl. Diez 2001, S. 36f., Heise und Hünerberg 1995, S. 92f.). Technische Eigenschaften können hinsichtlich der wesentlichen Leistungsmerkmale (wie Motorleistung und Fahrzeuggröße) sowie der Karosserieaufbauform (wie Limousine, Van oder Coupé) differenziert werden (vgl. Diez 2001, S. 37). Die Segmentierung der Produkte auf Basis der technischen Leistungsmerkmale führt in der Regel zu einer vertikalen, die Segmentierung auf Basis der Aufbauformen zu einer horizontalen Klassifizierungslogik. Für die vorliegenden Untersuchung werden nur solche Fabrikate ausgewählt, die sowohl horizontal als auch vertikal eine großes Spektrum unterschiedlicher Fahrzeugmodelle anbieten. Spezial- (Abdeckung eines einzelnen vertikalen oder horizontalen Produktsegments) und Nischenanbieter (Abdeckung eines einzelnen vertikal-horizontalen Segments) sind auf Grund der fehlenden Vergleichbarkeit des Produktportfolios für die Auswahl der Fallstudien nicht relevant. Dieses Kriterium schränkt die Auswahl der zu untersuchenden Fälle somit insofern ein, als dass nur Fabrikate betrachtet werden, die bezüglich ihres Produktportfolios als „Generalisten" zu bezeichnen sind.

Ein Ziel der vorliegenden Untersuchung ist die analytische Generalisierbarkeit der aus den Fallstudien gewonnen Ergebnisse. Die Generalisierbarkeit der Fallstudienergebnisse erfordert ein Mehr-Fall-Design, wodurch die externe Validität der Ergebnisse gesichert wird (vgl. Fisch und Boos 1987, S. 366). Die mögliche Zahl unterschiedlicher Fälle ist jedoch durch die Komplexität der Datenerfassung und -auswertung begrenzt (vgl. Knyphausen-Aufsess 1996, S. 223). In der Literatur wird eine Fallanzahl zwischen vier und zehn Fällen empfohlen (vgl. Yin 2003, Eisenhardt 1989). Mit dieser Fallanzahl wird eine ausreichende Validitätsprüfung erzielt und die Durchführung gestaltet sich nicht zu komplex. Für die vorliegende Untersuchung werden acht Fallstudien erhoben. Für die Fallstudienauswahl wurden die zuvor beschriebenen Auswahlkriterien angewendet. Von den in Frage kommenden Fabrikaten wurden acht Fabrikate ausgewählt. Tabelle 3.13 fasst die Kriterien zur Auswahl der Fallstudien zusammen:

---

177 Im Jahr 2007 hatten die vier Kernmärkte einen Anteil von 65 Prozent an den gesamten Neuzulassungen in den 15 westeuropäischen Märkten (vgl. Smolinska 2008, S. 14).

178 Zuliefererunternehmen liefern in der Regel Teile für unterschiedliche Modelle. Händler vertreiben in der Regel die gesamte Modellpalette eines Fabrikats. Zudem ergeben sich Messproblematiken hinsichtlich wirtschaftlicher Erfolgsgrößen und der Zuordnung zu bestimmten Produkten.

Tabelle 3.13 Auswahlkriterien für die Fallstudien

Marktraum	Wertschöpfungsaktivitäten	Produktpalette
Offizielle Absatzaktivitäten in den europäische Kernmärkten Deutschland, Frankreich, Großbritannien und Italien. Produktion von Produkten für die vier fokussierten Märkte kann außerhalb Europas liegen	Absatzanteil in den vier Kernmärkten muss einen wesentlichen Anteil an den europäischen Gesamtaktivitäten des Fabrikats betragen	Generalisten Abdeckung der bedeutenden Produktsegmente für den europäischen Markt

3.3.6 Zusammenfassende Betrachtung zur Forschungsmethodik

Als Forschungsstrategie für die vorliegende Untersuchung wurde die Fallstudienmethodik ausgewählt. Unter einer Fallstudie ist eine empirische Untersuchung zu verstehen, die ein zeitgenössisches Phänomen innerhalb der Realität untersucht. Anwendung findet die Fallstudienmethodik insbesondere dann, wenn kontextuelle Bedingungen abgedeckt werden sollen, die hochgradig relevant für das theoretische Konzept sind (vgl. Yin 1994, S. 13). Ziel der vorliegenden Untersuchung ist die Analyse des Wirkungszusammenhangs zwischen Wertschöpfungsorganisationsarchitektur und strategischen Wettbewerbsvorteilen. Das postulierte theoretische Konzept unterstellt einen Zusammenhang zwischen bestimmten Wertschöpfungsorganisationsmerkmalen und Wettbewerbsvorteilen. Die Untersuchungseinheit zeichnet sich durch eine hohe Anzahl von Determinanten und eine überdurchschnittliche Komplexität aus.

Die Auswahl der Fallstudienmethodik erfolgt im Wesentlichen nach Yins Empfehlungen für die im Einzelfall auszuwählenden Forschungsmethodik. In der vorliegenden Untersuchung sollen kausale Zusammenhänge durch „wie" und „warum" Fragen beantwortet werden. Im Fokus stehen Beispiele aktueller Wertschöpfungsorganisationen in der Automobilindustrie. Für alternative Forschungsmethoden, insbesondere für Befragungen oder Experimente, ist die Kausalanalyse zu komplex. Eine großzahlige Untersuchung erscheint für die vorliegende Untersuchung als Erhebungsmethode auf Grund der begrenzten Zahl der Fälle und der Komplexiät des Untersuchungsgegenstandes nicht angemessen. Auf Grund der Komplexität der Untersuchung wird in Folge dessen auch auf vorhandene empirische Untersuchungen zurückgegriffen. Interviews mit Akteuren innerhalb von Wertschöpfungsorganisationen werden zusätzlich für die Datensammlung berücksichtigt. Tabelle 3.14 fasst die vorliegende Forschungssituation im Zusammenhang mit Yins Auswahlkriterien zusammen.

Tabelle 3.14 Vorliegende Forschungssituation und Auswahl der Forschungsmethode nach Yin

	Kriterien für Fallstudie nach Yin	Vorliegender Kontext
Art der Forschungsfrage	Wie Warum	Gegeben
Kontrollmöglichkeiten durch den Forscher erforderlich	Nein	Gegeben
Fokussierung auf aktuelle Ereignisse	Ja	Gegeben

Quelle: in Anlehnung an Yin (2003), S. 5.

Zusammenfassend eignet sich die Fallstudie als Methode zur Erklärung kausaler Zusammenhänge in einem komplexen realen Untersuchungsfeld, für die schriftliche Befragungen oder Experimente zu komplex sind (vgl. Yin 2003 und 1994). Für die empirische Analyse werden hypothesenprüfende Fallstudien konzipiert. Jede Fallstudie ist ein Repräsentant einer spezifischen Wertschöpfungsorganisationsform. Die Merkmale (Ursache) einer Wertschöpfungsorganisation werden hinsichtlich deren Einfluss auf die die strategische Wettbewerbsfähigkeit (Wirkung) analysiert.

Eine mangelnde Generalisierbarkeit der aus Fallstudien gewonnen Ergebnisse ist der zentrale Kritikpunkt in Bezug auf die Fallstudienmethodik. Kritiker der Fallstudienmethodik monieren die fehlende quantitative Datenanalyse und sehen die Ergebnisse der Fallstudien als wenig objektiv und verallgemeinerbar (vgl. zum Beispiel Yin 2003, S. 10f.). Um Verzerrungen der Forschungsergebnisse zu vermeiden und eine größtmögliche Generalisierbarkeit der Forschungsergebnisse zu erreichen, werden für die vorliegende Untersuchung Gütekriterien zur Evaluierung von Fallstudien identifiziert und für die vorliegende Untersuchung angewendet. Die Aussagefähigkeit und die Generalisierbarkeit der aus Fallstudien gewonnen Ergebnisse wird anhand von vier Güterkriterien evaluiert. Die beiden Hauptkriterien Validität (in Verbindung mit den unterschiedlichen Validitätstests) und Reliabilität dienen als Evaluierungsgrundlage. Maßnahmen zur Erhöhung der Validität und der Reliabilität werden umgesetzt, um die Generalisierbarkeit der empirischen Ergebnisse zu stärken. Die einzelnen Maßnahmen sind für die verschiedenen Phasen in der Forschung relevant. Tabelle 3.15 zeigt die Gütekriterien für die Evaluierung der Fallstudienmethodik dieser Untersuchung auf.

Tabelle 3.15 Gütekriterien zur Evaluierung von Fallstudien in der vorliegenden Untersuchung

Test	Fallstudienmethodik	Forschungsphase, in der die Taktik relevant ist
Konstruktvalidität	Vielzahl von Quellen Schlüssige Argumentationskette Integration der Interviewten durch eine gemeinsame Ergebnispräsentation	Datenerhebung Datenabgleich
Interne Validität	Abgleich von theoretischen und empirischen Mustern – Pattern Matching mit abhängigen und unabhängigen Variablen	Datenanalyse
Externe Validität	Replikationslogik bei mehr als einer Fallstudie	Forschungsdesign
Reliabilität	Offenlegung der Fallstudiendaten	Datenerhebung

Quelle: in Anlehnung an Yin (2003), S. 34.

Die Hypothesen werden anhand von Intensivinterviews und Dokumentenanalysen mit der Wirklichkeit konfrontiert und überprüft. Die Fallstudienanalyse erlaubt die Anwendung verschiedener Techniken der Datenerhebung: „Erst ein solcher „Methodenpluralismus" erlaubt bei der Anwendung verschiedener Forschungstechniken mit unterschiedlichem Gültigkeitsbereich eine gegenseitige Neutralisierung von Fehlerquellen selbst bei einzelnen in sich fehlerhaften Verfahren" (Alemann und Ortlieb 1975, S. 170). Mit Hilfe des Methodenpluralismus wird angestrebt, die komplexen Zusammenhänge zwischen Wertschöpfungsorganisation und Wettbewerbsfähigkeit aufzudecken. Daten für eine Reihe unterschiedlicher Fälle werden mit dem Ziel erhoben, die Güte der gewonnenen Forschungsergebnisse zu erhöhen. Diese Fälle werden sowohl einzeln als auch komparativ analysiert. Für die Fallauswahl wurden spezifische Kriterien definiert, um eine möglichst hohe Vergleichbarkeit der Fälle und der gewonnenen Forschungsergebnisse zu erreichen. Die Auswahlkriterien dienen dazu, den Einfluss bestimmter Variablen zu kontrollieren und die Verzerrung der Ergebnisse durch diese Variablen zu vermeiden.

Die empirische Messung der Daten und Datenauswertung ist der wesentliche Abschnitt dieser Arbeit. Die Messung der operationalisierten Variablen basiert auf der Indizierung der Variablenkomponenten. Die Merkmalsausprägungen werden mit den durchschnittlichen Ausprägungen der Fälle konfrontiert und einem Indexwert zwischen -2 = unterdurchschnittlich, 0 = durchschnittlich und +2 = überdurchschnittlich zugeordnet. Jede Modellvariable wird einem Index zugeordnet. Die Pattern Matching Methodik vergleicht empirisch vorgefundene Muster mit den angenommenen theoretischen Muster. Der Autor dieser Arbeit konfrontiert sowohl die abhängigen als auch die unabhängigen Variablen des entwickelten Denkrahmens mit den empirischen erhobenen Mustern. Das Pattern Matching folgt dem Ziel der vorliegenden Untersuchung, den Wirkungszusammenhang zwischen Wertschöpfungsorganisation und Wettbewerbsfähigkeit zu identifizieren und Schlussfolgerungen zwischen vorhandenen oder fehlenden Zusammenhängen zu ziehen.

Das hier fokussierte Wertschöpfungsorganisationskonzept wird anhand der operationalisierten Variablen mit der Realität konfrontiert. Dazu werden zuvor acht Fallstudien ausgewählt und anhand von Güterkriterien evaluiert. Der Abgleich der Theorie mir der Realität führt zu Schlussfolgerungen hinsichtlich der postulierten Hypothesen. Die Ergebnisse der Untersuchung werden anschließend fallübergreifend diskutiert und innerhalb finaler Schlussfolgerungen zusammengefasst.

4 Ergebnisse der Fallstudienuntersuchung

Das folgende Kapitel beinhaltet die aus den Fallstudien gewonnen Ergebnisse zu den unabhängigen und abhängigen Variablen des theoretischen Konzeptes der Untersuchung. Das Kapitel ist entsprechend des im vorherigen Kapitel dargestellten methodischen Vorgehens aufgebaut. Die Ergebnisse der acht Fallstudien werden jeweils für die unabhängigen und die abhängigen Variablen dargestellt. Die unabhängigen Variablen stellen die zentral integrierten Wertschöpfungsaktivitäten auf Ebene des Automobilherstellers sowie die formelle und informelle Bindung zwischen den Akteuren dar. Die strategische Wettbewerbsfähigkeit der Wertschöpfungsorganisation ist im Untersuchungskontext die abhängige Variable. Die Betrachtung der unabhängigen Variablen erfolgt für die Wertschöpfungsorganisationsbereiche Automobilproduktion und -distribution getrennt.

4.1 Fallstudie Audi

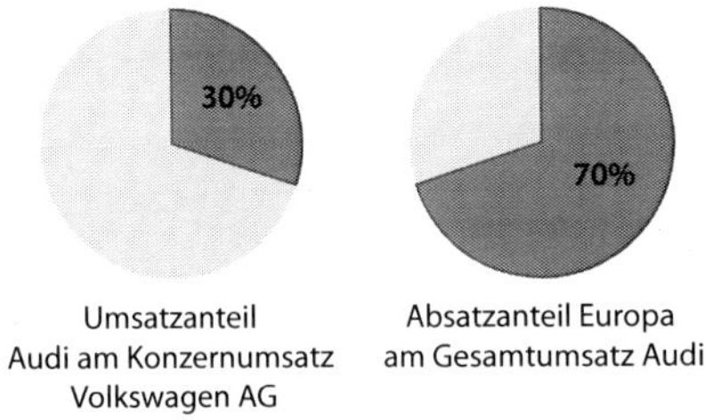

Abbildung 4.1 Umsatzstrukturen der Audi AG

Die Audi AG ist ein deutscher Automobilhersteller, der sich faktisch vollständig im Besitz der Volkswagen AG befindet[179]. Innerhalb des Volkswagen Konzerns ist Audi nach der Kernmarke Volkswagen die umsatzstärkste Marke[180]. Abbildung 4.1 zeigt für Audi den Umsatzanteil innerhalb der Volkswagen Konzerns sowie die Bedeutung des europäischen Marktes in Bezug zum Umsatzanteil von Audi gesamt. In der Produktion und Distribution verfügt Audi über eigene Produktions- und Vertriebsorganisationseinheiten und kann im Strategischen Management auf eine umfassende Entscheidungsautonomie zurückgreifen. Zur Audi AG gehört der italienische Sportwagenhersteller Lamborghini, der durch diesen geführt und koordiniert wird. Den überwiegenden Anteil des Umsatzes generiert Audi im europäischen Markt[181].

Das Produktportfolio der Audi AG ist auf Mittel- und Oberklassemodelle fokussiert. Tabelle 4.1 gibt einen Überblick zum Produktangebot und über die bedeutendsten Fertigungs- und Montagewerke.

179 Die Volkswagen AG besaß im Jahr 2008 99,14 Prozent der Kapitalanteile der Audi AG in Ingolstadt. Der Unternehmenssitz von Audi befindet sich in Ingolstadt (D).

180 Neben der Kernmarke Volkswagen und Audi zählen die Marken Bentley, Lamborghini, Skoda, Seat sowie Volkswagen Nutzfahrzeuge zum Volkswagen Konzernmarkenportfolio.

181 Der bedeutendste Absatzmarkt ist Deutschland, wo Audi im Jahr 2008 ein Viertel aller Fahrzeuge abgesetzt hat. International hat für Audi in der letzten Dekade vor allem der chinesische Markt deutlich an Bedeutung gewonnen.

Tabelle 4.1 Produktportfolio und die bedeutendsten Fertigungsstätten für Audi Produkte

Modell	Mini-Klasse	Klein-wagen	Kompakt-klasse	Mittel-klasse	Ober-klasse	Luxus-klasse	Produktions-standort
Audi A2*		X					Neckarsulm (D)
Audi A3			X				Ingolstadt (D)
Audi A4				X			Ingolstadt (D)
Cabrio				X			Hannover (D)
Audi TT				X			Györ (HU)
Audi A6					X		Neckarsulm (D)
Audi Q7					X		Bratislava (SK)**
Audi A8						X	Neckarsulm (D)

*Produktion wurde im Jahr 2005 eingestellt.
** Die Fertigungsstätte befindet sich im Besitz der Volkswagen AG
Quelle: Audi AG

4.1.1 Unabhängige Variablen der Wertschöpfungsorganisation Audi

4.1.1.1 Eigenleistungsanteil in der Produktion

Die Analyse des Eigenleistungsanteils in der Automobilproduktion ergibt ein differenziertes Bild für die Wertschöpfungsorganisation Audi. Einen überdurchschnittlichen Eigenanteil zeigt Audi in der Forschung und Entwicklung. Während des Untersuchungszeitraumes steuerte Audi im Durchschnitt 5,7 Prozent des Unternehmensumsatzes in die eigenen Forschungs- und Entwicklungsarbeiten. Die F&E Quote lag damit über dem durchschnittlichen Wert der in dieser Arbeit analysierten Automobilhersteller (im Durchschnitt 4.5 % F&E Quote). Insgesamt arbeiten bei Audi etwa 6.000 Mitarbeiter im Bereich F&E. Die Hauptaktivitäten finden in den von Audi definierten Kernbereichen Elektronik, Motorentechnologie, Vierradantrieb und der Aluminiumtechnologie statt. Audi setzt insgesamt elf Prozent seiner gesamten Mitarbeiter in der Forschung und Entwicklung ein, während der Industriedurchschnitt bei etwa neun Prozent liegt. Vor allem im Bereich Elektronik verfügt Audi über überdurchschnittliche eigene Ressourcen und ist innerhalb des Volkswagen Konzerns für diesen Bereich hauptverantwortlich. Die Marken Audi und Volkswgen sind federführend in der Entwicklung neuer Produkte für den Volkswagen Konzern und arbeiten horizontal eng zusammen.

In der eigentlichen Automobilfertigung hat Audi Anfang der neunziger Jahre im Rahmen des »Audi Fitnessprogramms« eine umfassende Reorganisation vollzogen. Die Folge war eine deutliche Reduktion des Eigenfertigungsanteils. Gleichzeitig wurden die Kernkompetenzbereiche definiert, die innerhalb des Unternehmens verbleiben und weiterhin durch Audi selber kontrolliert werden sollen. Im Umkehrschluss wurden nicht-markenprägende Komponenten konsequent von externen Lieferanten bezogen. Audi gibt für die eigenen Fertigungsstätten insgesamt eine Fertigungstiefe von etwa 23 Prozent an. Im Unterschied zur Entwicklungstiefe liegt die Fertigungstiefe damit unter dem Durchschnitt der in dieser Arbeit betrachteten Automobilhersteller. Ausgelagert wurden beispielsweise die Presswerke für die kleineren Modellbaureihen.

Einen hohen Anteil von Komponenten und Modulen bezieht Audi von Komponentenwerke der Volkswagen AG[182]. Audi nutzt für die Baureihen bis zur oberen Mittelklasse eine Vielzahl der Module aus dem Volkswagen Baukasten. Für die Produktion der Oberklassemodelle ist der Einsatz gemeinsamer Teile gering und Audi verwendet spezifische Komponenten, die durch Audi selber oder durch konzernfremde Lieferanten entwickelt und gefertigt werden. In der Entscheidung zum Ausmaß der Eigenfertigung in der Automobilproduktion verfolgt Audi zusammenfassend eine Strategie, die zum Einen auf Synergievorteile und Skalenerträge durch die Verwendung von Konzernmodulen und zum Anderen auf Innovations- und Differenzierungsvorteile durch den gezielten Einsatz eigener Ressourcen und durch die markenspezifische Gestaltung und Abstimmung von Fahrzeugkomponenten fußt.

Festzuhalten bleibt, dass die Forschungs- und Entwicklungstiefe von Audi überdurchschnittlich hoch ist (Index +2), während Audi einen hohen Anteil der Gesamtfertigungsleistung von vertikalen Lieferanten und vor allem von der Volkswagen AG bezieht. Die Fertigungstiefe ist insgesamt unterdurchschnittlich und wird mit einem Index von -2 bewertet.

4.1.1.2 Eigenleistungsanteil in der Distribution

Die Organisation der Wertschöpfung in der Automobildistribution ähnelt stark der Organisationsstrategie in der Produktion. Im europäischen Marktraum befinden sich etwa sieben Prozent aller Betriebsstätten im Eigentum der Audi AG. Dieser Anteil hat in den letzten zehn Jahren deutlich zugenommen. Einen überdurchschnittlich starken Ausbau des Eigenvertriebs wurde in Deutschland verfolgt. In Deutschland hat Audi die Zahl eigener Handelsstandorte durch finanzielle Beteiligungen oder komplette Übernahmen ehemals eigenständiger Handelsbetriebe erhöht[183]. Die Betriebe werden innerhalb der eigenständigen Gesellschaft Audi Retail GmbH geführt, die im Jahr 2007 gegründet wurde. Der Anteil des Neufahrzeugabsatzes durch die 18 Niederlassungen und deren Zweigbetriebe beträgt im deutschen Marktraum jedoch weiterhin unter zehn Prozent. In den europäischen Kernmärkten Deutschland, Frankreich, Großbritannien und Italien setzt Audi insgesamt etwa fünf Prozent des Neuwagenabsatzes durch eigene Betrieb um. Der höchste Anteil wird in Deutschland generiert. Dieser Anteil liegt unter dem Durchschnitt, der aus den Daten der übrigen Fallstudien ermittelt wurde. Der Eigenleistungsanteil durch Audi wird für den Bereich Neuwagenvertrieb mit dem Index -1 beziffert.

Das Angebot von Finanzdienstleistungen erfolgt über die konzerneigene Volkswagen Financial Services AG Holding[184]. Unter der Volkswagen Financial Services Holding firmieren markenspezifische

---

182 Die Volkswagen AG hat eine eigene Lieferantenorganisation mit 14 Werken und 31.000 Mitarbeitern.

183 Audi verfügt vor allem in den deutschen Metropolen über Händlerbeteiligungen beziehungsweise über eigene Betriebe.

184 Die Audi Bank wird als Unternehmenszweig der Volkswagen Financial Services AG Holding geführt und ist vollständig in das Unternehmen integriert. Die Holding verfügt insgesamt über etwa 6.000 Mitarbeiter, in Deutschland sind etwa 3.800 Mitarbeiter beschäftigt.

Unternehmenseinheiten, die durch die Holding koordiniert und strategisch geführt werden. Im Fall von Audi existieren die Audi Bank als Niederlassung der Volkswagen Bank GmbH, die Audi Leasing als Zweig der Volkswagen Leasing GmbH und der Audi Versicherungsdienst als Teil der Volkswagen Versicherungsdienst GmbH. Eine Besonderheit ist das eigene Direktbankengeschäft, welche unter der »Audi Bank direct« im europäischen Markt firmiert[185]. Die Audi Bank verfügt in enger Kooperation mit der Volkswagen Bank über eine komplexe Vertriebsorganisation, zu der unter anderem eigenständige Finanz-Center zählen. Weitere Besonderheiten der Volkswagen Financial Services Holding sind die Mehrmarkenaktivitäten durch die teilweise Integration der Leaseplan Corporation sowie durch die Autoeuropa Bank. Die Volkswagen Financial Services Holding hat im Jahr 2004 die Hälfte der Unternehmensanteile von Leaseplan übernommen und integrierte damit finanziell ein Mehrmarken Flottenmanagement Unternehmen[186]. Die Autoeuropa Bank ist als markenneutraler Finanzdienstleister positioniert, der sich auf die Finanzierung von Gebrauchtwagen und aller Art von Kraftfahrzeugen spezialisiert hat[187]. Festzuhalten bleibt, dass die Volkswagen Financial Services mit der LeasePlan Corporation und Autoeuropa Bank in Wertschöpfungsbereichen aktiv ist, die in der Regel nur von Akteuren außerhalb der Gruppe der Automobilherstellern bearbeitet werden. Insgesamt nutzt Audi die Leistungen der konzerneigene Volkswagen Financial Services AG Holding, die sich durch ein überdurchschnittliches Leistungsangebot auszeichnet. Die Leistungen werden nicht direkt von Audi generiert, sondern es bestehen dazu horizontale institutionalisierte Beziehungen zur Volkswagen AG. Die Leistungen der Volkswagen Financial Services stehen ausschließlich den Fabrikaten des Volkswagen Konzerns zur Verfügung. Audi nutzt die Leistungen und vertreibt diese unter einer eigenen Firmierung und innerhalb der Audi Vertragshandelsorganisation.

Im After-Sales verfügt Audi als Teil der Volkswagen Organisation über Teilevertriebsprogramme, die sowohl auf den Vertragshandel als auch auf herstellerunabhängige Serviceakteure gerichtet sind[188]. Zur Kontrolle der Wertschöpfungsaktivitäten, die durch herstellerunabhängige Werkstätten an Audi Fahrzeugen ausgetragen werden, verfügt Audi über spezifische Bestell- und Distributionssysteme für diese vertraglich nicht gebundenen Akteure. In diesem Zusammenhang werden die Vertragshändler als Mittler zwischen dem Hersteller und den freien Akteure integriert. Analog zum Bereich der Finanzdienstleistungen verfügt Audi über keine separate Institution für die Ersatzteildistribution, sondern ist innerhalb der Volkswagen Ersatzteilorganisation integriert. Gegenüber den Händlern und Endkunden wird die Ersatzteildistribution jedoch markenspezifisch geführt.

Zusammenfassend wird der Eigenleistungsanteil im Neuwagenvertrieb mit dem Index -1, das Ausmaß der eigenen Aktivitäten im Bereich der Finanzdienstleistungen und im After-Sales als durchschnittlich mit den Index 0 eingeschätzt.

---

185 Im Direktbankengeschäft bietet Audi unter anderem Girokonten, Tagesgeldkonten und Kreditgeschäfte an.

186 Die LeasePlan Corporation zählt mit der primären Marke LeasePlan zu den Marktführern im europäischen Flottenmanagement. Im Unterschied zur Volkswagen Leasing GmbH sind die Aktivitäten vor allem auf das Angebot von herstellerübergreifenden Flottendienstleistungen ausgerichtet. Im Verlauf des Jahres 2009 ist geplant, dass der Volkswagen Konzern das gesamte Unternehmen übernimmt.

187 Bis zum Jahr 2002 firmierte die Autoeuropa Bank unter der Europcar Bank. Die Bank offeriert automobile Finanzdienstleistungen für alle Automarken sowie für Wohnwagen, Reisemobile, Motorräder und Anhänger. Die Geschäftsfelder umfassen Finanzierung, Leasing und Versicherung für Privat- und Geschäftskunden und werden über die jeweiligen Gesellschaften Autoeuropa Bank, Autoeuropa Leasing sowie Autoeuropa Versicherungsservice abgebildet.

188 Vgl. dazu Abschnitt 4.1.8 dieser Arbeit.

4.1.1.3 Formelle Bindung in der Produktion

Die formelle Bindung zwischen Audi und seinen Lieferanten ist differenziert für die vertikalen und horizontalen Beziehungskonstellationen zu betrachten. Eine sehr ausgeprägte formelle Bindung besteht zu den Zuliefererbetrieben der Volkswagen AG. Die Volkswagen AG verfügt über eigene Komponentenfertigungsstätten und ist darüber hinaus für die Fertigung der Modelle der Marke Volkswagen verantwortlich. Die Komponentenwerke werden nicht als eigenständige Zuliefererunternehmen betrieben, die die Leistungen offen am Markt zur Verfügung stellen. Die Lieferbeziehungen zwischen Audi und Volkswagen werden demnach in dieser Analyse als horizontale Beziehungsform angesehen. Diese horizontalen Lieferbeziehungen sind formell hochgradig abgesichert. Die formelle Bindung resultiert aus der gemeinsamen Konzernangehörigkeit und den daraus resultierenden finanziellen und organisatorischen Verzahnungen. Audi bezieht etwa 30 Prozent aller fremdbezogenen Teile von der Volkswagen AG und ihren Tochterunternehmen. Neben einer starken organisatorischen Bindung zwischen Audi und den nahe stehenden Unternehmen der Volkswagen AG impliziert zudem die Modulstrategie des Volkswagen Konzerns eine starke formelle Integration zwischen Audi und den Produktionsstätten der Volkswagen AG. Der Volkswagen Konzern ist weit fortgeschritten hinsichtlich der Umsetzung modellreihen- und markenübergreifender Produktmodule und Architekturen. Mit der horizontalen Konzernkooperationsstrategie sollen zum einen Skalenerträge und zum anderen eine notwendige Produktdifferenzierung erreicht werden. Zur Erreichung beider Ziele wird der maximale Einsatz gemeinsamer Teile und Module zur Erzielung von Skalenerträgen und die Differenzierung der Modelle durch sichtbare Bauteile verfolgt. Diese Strategie erfordert eine gewisse Homogenisierung und Standardisierung der Produktarchitekturen zwischen den Modellbaureihen und den Konzernmarken sowie eine Angleichung der Produktionssysteme und -organisation. Die Standardisierung der Produktarchitektur erfolgt jedoch nur in den Grenzen der Volkswagen Organisation und ist nicht mit einer allgemeinen Standardisierung zu vergleichen. Daraus folgt auch eine starke Integration von Audi in die Beschaffungsorganisation der Volkswagen AG. Zusammenfassend erhöht die Standardisierung von Komponenten und Modulen zwischen den Konzernmarken die Bindung zu den konzerneigenen Lieferanten beziehungsweise zum Lieferantenverbund. Die formelle Bindung zu horizontalen Partnern in der Produktion wird mit dem Index +2 eingeschätzt.

Aus der Modulstrategie ergeben sich zudem überdurchschnittliche finanzielle Geiseln für vertikal verbundene, konzerfremden Lieferanten. Überdurchschnittliche spezifische Investitionen resultieren aus den Anforderungen des spezifischen Produktionssystems von Volkswagen und Audi. Die Produktion von markenübergreifenden »Carry-over Parts« erfordert von Lieferant spezifische Investitionen in die Produktionsfaktoren[189]. Dieses erfordert entsprechend flexible Produktionsmittel, die für Audi-Volkswagen Komponenten eingesetzt werden können. Die Konzentration auf vergleichsweise wenige Lieferanten geht mit exklusiven und relativ langfristigen Lieferverträgen einher. Die 20 größten Lieferanten decken nach Aussage von Audi nahezu 40 Prozent des Beschaffungsvolumens ab. Ein Großteil komplexer und markenprägender Komponenten bezieht Audi von jeweils nur einem Lieferanten. Für bestimmte Komponentengruppen vermeidet Audi jedoch eine zu ausgeprägte Bindung. Audi initiiert in diesem Fall einen umfassenden Lieferantenwettbewerb und droht zur Erreichung von Effizienzzielen mit Lieferantenwechsel. Insgesamt ist der Intra-Organisationswettbewerb aus Perspektive der Lieferanten als durchschnittlich einzuschätzen.

---

189 Carry-over Parts sind hinsichtlich der Funktionalität gleich, nicht jedoch in Bezug zur detaillierten Bauweise, die für die Modellreihen und Marken unterschiedlich sein kann.

Eine überdurchschnittliche formelle Integration durch spezifische Investitionen auf Seiten der Lieferanten wird durch die geographische Ansiedlung der Kernlieferanten erreicht. Die beiden bedeutendsten deutschen Fertigungsstätten in Ingolstadt und Neckarsulm verfolgen eine starke Integration der Lieferanten durch Zuliefererparkkonzepte[190]. Die weitere Analyse zeigt Zuliefererparkkonzepte auch für das Gemeinschaftsprojekt mit Volkswagen und Porsche im slowakischen Bratislava sowie in Heilbronn[191]. Auch das Motorenwerk sowie die Audi TT Fertigung in Ungarn sind mit Zuliefererparkkonzepten kombiniert. Insgesamt hat Audi an allen bedeutenden Fertigungsstätten die Lieferanten räumlich eng angesiedelt (siehe Tabelle 4.2). Die umfassende Ansiedlung von Lieferanten geht mit einer langfristigen vertraglichen Bindung der Lieferanten einher. Die formelle Integration externer Lieferanten wird dadurch verstärkt.

Tabelle 4.2 Bedeutende Zuliefererparks der Audi AG

Fertigungsstätte	Eröffnet	Angesiedelte Kernlieferanten
Ingolstadt (D)	1995	Carcoustics, Delphi, Dräxlmaier, Faurecia, Preymesser, Montes, Rehau, Scherm, Röchling Automotive, Continental, Tenneco, TI Automotive, Venture/Peguform
Neckarsulm (D)	1996	AFL Michels, Plastal, Faurecia, Fritz Logistik, Grammer, HP Petzer, Johnson Controls, Rhenus, Continental, Venture/ Peguform, WIG
Heilbronn (D)	-	Magna, Grupo Antolin, Kendrion, Novern, Rhenus, Continental
Bratislava (SK)	2001	Plastal, Ficosa/Schefenacker, Faurecia, Grupo Antolin, Hayes Lemmerz, Johnson Controls, Küster, Magna, Mecaplast, Brose, VW Slovakia

Quelle: Eigene Darstellung

Die formelle Bindung zwischen Audi und den vertikal verbundenen Lieferanten ist im Vergleich zu den anderen untersuchten Herstellern durchschnittlich bis überdurchschnittlich. Zu einer Vielzahl an externen Lieferanten hat Audi eine langfristige und exklusive Vertragsbeziehung. Diese werden überdurchschnittlich oft durch finanzielle Geiseln in Form einer engen geographischen Ansiedlung gebunden. Von einer uneingeschränkt starken formellen Integration der Lieferanten sieht Audi jedoch ab. Der durch Audi initiierte Wettbewerb zwischen den Lieferanten ist durchschnittlich und Audi droht punktuell mit einem Lieferantenwechsel zur Durchsetzung von Preisreduktionen.

190 Das Ingolstadt Logistik Centre ist 1995 gegründet worden und umfasst etwa 15 Lieferanten mit etwa 2.000 Mitarbeitern. In Ingolstadt wird der Audi A3 und der Audi A4 gefertigt. Der Bad Friedrichshall Industriepark in der Nähe der Audi Produktionsstätte Neckarsulm wurde 1996 in Betrieb genommen. In Neckarsulm sind 30 Lieferanten mir etwa 3.000 Mitarbeiter angesiedelt worden. In Neckarsulm wird der Audi A6 und der Audi A8 produziert.

191 In Lozorno wurde der Zuliefererpark im Jahr 2001 eröffnet. Dort haben sich etwa zehn Systemlieferanten angesiedelt. Im Heilbronner Hafen befindet sich ein Lieferantenpark von sieben Direktlieferanten.

Aus den generierten empirischen Daten folgt die Indizierung der formellen Interakteursbindungen. Die horizontalen Beziehungen zu den Fertigungsstätten der Volkswagen AG sind formell hochgradig abgesichert und bestehen seit mehreren Dekaden. Die horizontalen Produktionspartnerschaften werden entsprechend mit einem Index von +2 eingeschätzt. Generell verfolgt Audi für den Bezug markenprägender Komponenten eine starke formelle Einbindung der vertikalen Lieferanten. Für bestimmte Komponenten initiiert Audi jedoch einen relativ ausgeprägten Wettbewerb zwischen den Zulieferern. Von einer generell starken formellen Einbindung sieht Audi ab. Die formelle Bindungsstärke zu den vertikalen Lieferanten wird mit dem Index +1 eingeschätzt.

4.1.1.4 Formelle Bindung in der Distribution

Die formelle Bindung zwischen den Vertragshändlern und Audi ist sehr stark ausgeprägt. Audi bindet seine Vertragspartner im Vertrieb und Service durch einen selektiven Vertrag formell ein. Die vertraglich fixierten Standards, die die Selektionskriterien für Vertraghändler festlegen, sind überdurchschnittlich hoch. Dieses betrifft die vertraglichen Standards im Neuwagenvertrieb sowie die der Service- und Reparaturverträge. Die Analyse der Händlerverträge ergibt für die europäischen Kernmärkte ein homogenes Bild. Aus den überdurchschnittlichen vertraglichen Standards ergeben sich hohe spezifische Investitionen für die Händler. Audi verlangt beispielsweise sehr hohe Investitionen in die Corporate Identity, die unter anderem auch eine spezifische Architektur des Gebäudes beinhaltet. Die Umsetzung der Audi spezifischen Baustandards wird im Rahmen strategischer Vertriebsinstrumente wie dem Bonus- und Margensystem berücksichtigt. Die aus den Selektionskriterien und Vertragsstandards resultierenden Kosten liegen deutlich über dem Durchschnitt der in dieser Arbeit analysierten Verträge. Die Vertragshändler geben überdurchschnittliche Erst- sowie laufende Investitionen an.

Durch die vertragliche Bindung erreicht Audi eine hohe Markenexklusivität im Kreis seiner Vertragshändler. Die Abhängigkeit des Händlers von den Produkten von Audi ist entsprechend hoch. Vertragshändler setzen Mehrmarkenaktivitäten in der Regel durch den Verkauf von Volkswagen Konzernmarken um, da in diesem Fall Synergiepotentiale genutzt werden können. Die hohen spezifischen Investitionen für Audi Händler erschweren es jedoch, weitere Marken an den Vertriebsstandorten aufzunehmen. Mehrmarkenaktivitäten mit konzernfremden Marken sind in Europa wenig ausgeprägt. Durch spezifische Technologien verfolgt Audi im Service- und Reparaturbereich eine enge Bindung zu seinen autorisierten Werkstattakteuren. Als Beispiel ist die Aluminiumtechnologie zu nennen, die spezielle Werkzeuge für die Karosseriereparatur erfordern, die in einer üblichen Werkstatt nicht zu finden sind.

Festzuhalten bleibt eine überdurchschnittliche formelle Integration der Vertragshändler im Neuwagenvertrieb sowie im Service- und Reparaturbereich. Die formelle Integration basiert auf hohen vertraglichen Anforderungen und überdurchschnittlich hohen markenspezifischen Investitionen für die Händler. Aus diesen Merkmalen resultiert ein Index von +2 für die formelle Integration der Vertragshändler.

4.1.1.5 Informelle Bindung in der Produktion und Distribution

Die informelle Bindung zwischen Audi und seinen externen Lieferanten ist auf Grundlage der analysierten Zufriedenheitsstudien durchschnittlich ausgeprägt. Die Zufriedenheitsdimensionen weisen insgesamt durchschnittliche Werte auf, was in einer mittleren Zufriedenheit auf Seiten der Lieferanten resultiert. Auffällig ist der positive Trend. Während ältere Studien eine vergleichsweise unterdurchschnittliche informelle Bindung zeigen, zeigen aktuellere Studien tendenziell überdurchschnittliche Werte. Das Ausmaß des Vertrauens und Fairness wird generell als durchschnittlich bewertet. Positiv wird in einzelnen Studien unter anderem die Fach- und technische Kompetenz von Audi bewertet. In langfristiger Sicht bewerten die Lieferanten Audi insgesamt als überdurchschnittlich attraktiven Geschäftspartner und sind bereit, langfristige Investitionen in die Wertschöpfungsorganisation zu tätigen. Tabelle 4.3 fasst die Ergebnisse der Zufriedenheitsstudien zusammen.

Tabelle 4.3 Informelle Bindung in der Produktion

Zufriedenheitsstudien	Index Audi
Automotive News- Supplier Business: OEM-Supplier Relations Study Studien in 2006 und 2007	+1
Ebel et al.: Kooperation, Fairness und Zufriedenheit in der Hersteller-Lieferanten Beziehung Studien in 2005 und 2006	0
Meinig: Supplier Satisfaction Index (SSI) Studien in 2001 und 2003	-1
Relative informelle Bindung im Gesamtkontext	Durchschnittlich, Gesamtindex 0

Die informelle Bindung zwischen dem Automobilhersteller und seinen Vertragshändlern ist durchschnittlich ausgeprägt. Die Händler in Deutschland, Frankreich und Italien sind durchschnittlich mit der Geschäftsbeziehung zu Audi zufrieden, die britischen Händler geben ein überdurchschnittliches Zufriedenheitsniveau an. Die Analyse der Händlerzufriedenheitsstudien ergibt insgesamt einen durchschnittlichen informellen Integrationsgrad zwischen Audi und den direkten Vertragshändlern. Ein negativer Einfluss auf die informelle Bindung kann von der überdurchschnittlich hohen Zahl an Vertriebspartnern ausgehen. Ein ausgeprägter Intra-Wertschöpfungsorganisationswettbewerb wird dadurch prinzipiell begünstigt. Tabelle 4.4 zeigt die Ergebnisse der Händlerzufriedenheitsstudien.

Tabelle 4.4 Informelle Bindung in der Distribution

Zufriedenheitsstudien	Index Audi
CNPA : Cap Réseaux – Cote d'Amour des Constructeurs, Frankreich Studien zwischen 2002 und 2007	0
Diez: MarkenMonitor – Händlerzufriedenheitsmonitoring, Deutschland Studien zwischen 2002 und 2007	0
Buzzavo et al.: DealerStat – Dealer Satisfaction Italien, Studien zwischen 2004 und 2007	0
RMIF: Dealer Attitude Survey, Großbritannien Studien zwischen 2002 und 2007	+1
Relative informelle Bindung im Gesamtkontext	Durchschnittlich, Gesamtindex 0

4.1.1.6 Zwischenfazit

Die Wertschöpfungsorganisation Audi verfolgt auf der einen Seite Synergieziele und Skaleneffekte durch die Nutzung von Ressourcen des übergeordneten Volkswagen Konzerns sowie externer (vertikaler) Akteure. Im Unterschied zur Fertigungstiefe wird die Entwicklungstiefe als überdurchschnittlich bewertet. Eine Besonderheit der Audi-Volkswagen Konstellation ist die überdurchschnittlich hohe zentrale Integration des Volkswagen Konzerns[192]. Dieser zeigt weiterhin einen überdurchschnittlich hohen Eigenleistungsanteil in allen Wertschöpfungsbereichen. Die Ressourcen des Volkswagen Konzerns werden weitestgehend nur den Konzernmarken zur Verfügung gestellt, während horizontale Partnerschaften mit Nicht-Konzernfabrikaten eine untergeordnete Rolle spielen. Dadurch ist ein hoher Schutz der Ressourcen durch unternehmensnahe Institutionen gegeben. Ein Teil der externen Lieferanten wird durch spezifische Investitionen und entsprechende vertragliche Bindungsformen in die Organisation integriert. Marktliche Koordinationsformen finden jedoch ebenfalls Anwendung. Die überdurchschnittliche formelle Bindung in der Distribution wird durch hohe spezifischen Investitionen auf Seiten der Vertragshändler sowie durch entsprechende Verträge erreicht. Die informelle Bindung zu den externen Akteursgruppen, nämlich Zulieferern und Vertragshändlern, ist durchschnittlich stark. Abbildung 4.2 fasst die Ergebnisse für den Fall Audi zusammen.

192 Siehe dazu auch Abschnitt 4.8 dieser Arbeit.

Abbildung 4.2 Ausprägungen der unabhängigen Variablen der Wertschöpfungsorganisation Audi

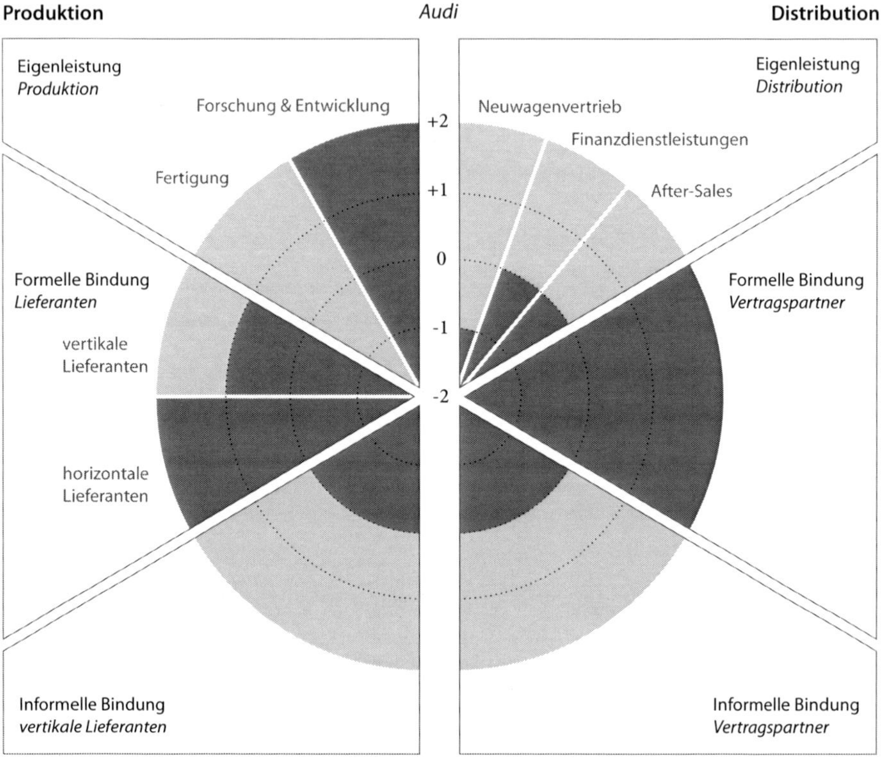

4.1.2 Abhängige Variablen der Wertschöpfungsorganisation Audi

Die Rentengenerierungskraft der Wertschöpfungsorganisation Audi ergibt sich aus den ökonomischen Leistungsdaten der vertikalen Lieferanten, des fokalen Automobilherstellers und dessen Vertragshändlern. Einen überdurchschnittlichen ökonomischen Erfolg erzielte Audi in den letzten Jahren in Europa. Audi erreichte in Europa zwischen den Jahren 2002 und 2007 im Mittel eine Umsatzrendite von sechs Prozent und bewegte sich damit deutlich über dem Durchschnitt der hier ausgewählten Automobilhersteller. Die ökonomischen Zielvorstellungen der europäischen Vertragshändler wurden ebenfalls überdurchschnittlich erfüllt. Lediglich die Händler in Deutschland sehen eine nur durchschnittliche Erfüllung der ökonomischen Zielvorstellung. In Frankreich, Großbritannien und Italien bewerten die Händler die ökonomischen Ziele als überdurchschnittlich erfüllt. Auf Grundlage der gesichteten Studien ergibt sich auf der Ebene der Lieferanten ein überdurchschnittliches Rentengenerierungspotential. Aus Sicht der Lieferanten ist die Kapitalrendite relativ hoch, das heißt die innerhalb der Audi Wertschöpfungsorganisation geleisteten Investitionen waren für die Lieferanten aus ökonomischer Sicht lohnenswert.

Zusammenfassend zeigt die Audi Wertschöpfungsorganisation im Vergleich zu den hier analysierten Wertschöpfungsorganisationen eine deutlich überdurchschnittliche ökonomische Leistung während des Untersuchungszeitraums (siehe Tabelle 4.5).

Tabelle 4.5 Ökonomische Leistungsdaten der Wertschöpfungsakteure

Akteur(gruppe)	Indikator	Quelle	Index
Automobilhersteller (Audi)	Umsatzrendite	Audi Geschäftsberichte 2002 bis 2007	+2
Zulieferer	Wahrgenommener Return on Investment	Automotive News und Supplier Business 2006 und 2008	+2
Vertragshändler	Wahrgenommene Rentabilität	Frankreich: CNPA (2005, 2006, 2007)	+2
		Deutschland: Diez (2002, 2003, 2004, 2005, 2007)	-1
		Italien: Buzzavo et al. (2004, 2005, 2006, 2007).	+2
		Großbritannien: RMIF (2005, 2006, 2008).	+2

Die weiteren Leistungsindikatoren unterstützen das Bild einer komparativ hohen Wettbewerbsfähigkeit der Wertschöpfungsorganisation von Audi. Hinsichtlich des Markterfolges werden der relative Verkauferfolg, die Entwicklung des Marktanteils von Audi sowie die Kundenzufriedenheitswerte betrachtet. Einen hohen Verkaufserfolg erreichte Audi mit den Modellen in den oberen, renditestarken Produktsegmenten, während der stückzahlenmäßige Markterfolg der Kompakt- und Kleinwagenmodelle unterdurchschnittlich war. In diesem Zusammenhang ist jedoch die deutlich höhere Preispositionierung im Vergleich zum Wettbewerb festzuhalten, woraus eine stärkere Ertrags- als Volumenfokussierung resultiert. Die Absatzentwicklung von Audi Automobilprodukten war im Untersuchungszeitraum positiv. Die absoluten Verkaufszahlen zeigten ein jährliches Wachstum von etwa drei Prozent (CAGR), der relative Marktanteil hat jährlich um 2,43 Prozent (CAGR) zugenommen[193]. Insgesamt zeigen die Indikatoren einen überdurchschnittlichen Markterfolg für die Audi Produkte (siehe Tabelle 4.6). Kunden in den europäischen Kernmärkten sind laut der J. D. Power Studien in den europäischen Kernmärkten überdurchschnittlich zufrieden mit den Produkten und Dienstleistungen von Audi[194]. Die Zufriedenheit im Untersuchungszeitraum verlief gleich bleibend auf einem komparativ hohen Niveau. Im Vergleich zu den hier betrachteten Fällen konnten lediglich Toyota und BMW höhere Zufriedenheitswerte im Untersuchungszeitraum aufweisen. Die Kundenzufriedenheit im Fall Audi wird mit dem Index +1 bewertet.

193 Eine besonders hohe Nachfrage erfährt Audi im deutschen Heimatmarkt, die vor allem durch gewerbliche Kunden gestützt ist. Geschäfts- und Flottenkunden haben insgesamt eine sehr hohe Bedeutung für Audi, während der Anteil individueller Privatkunden rückläufig ist.

194 Berücksichtigt wurden die Kundenzufriedenheitsstudien nach J. D. Power in den Märkten Frankreich, Deutschland und Großbritannien.

Tabelle 4.6 Relativer Verkaufserfolg der Audi Modellpalette

	Audi A2*	Audi A3	Audi A4	Audi TT	Audi A6	Audi A8
Index	-2	-2	+2	0	+1	0

Quelle: Daten basieren auf Automotive News Data Book 2002 bis 2007
* Die Produktion des Audi A2 wurde vorzeitig eingestellt und kann nicht für den gesamten Betrachtungszeitrum berücksichtigt werden.

Der Messung der Innovationsleistung liegen die Studien nach Bratzel zugrunde (vgl. Bratzel 2007a, 2007b und 2008). In diesen Studien wird die Innovationsstärke der individuellen Fabrikate und die der übergeordneten Konzerne analysiert. Die Innovationsstudien zeigen für Audi eine durchschnittliche Markeninnovationsstärke. Die Ergebnisse sind im Kontext der ebenfalls erfolgten globalen Bewertung der Innovationsstärke des Volkswagen Konzerns zu betrachten. Der Volkswagen-Konzern wird auf Grund der Anzahl und der Marktrelevanz der Innovationen neben Toyota als innovativster Automobilkonzern überhaupt bewertet (vgl. Bratzel 2007a und 2008). Der Volkswagen Konzern zeigt jedoch die Innovationen häufiger unter der Marke Volkswagen, wodurch Audi hinter Volkswagen im Ranking gerät. Festzuhalten bleibt in diesem Zusammenhang, dass die Innovationen in der Regel nach kurzer Zeit auch in den Produkten von Audi Einzug halten. Ein überdurchschnittlicher Anteil der Innovationen wird im Bereich der Antriebstechnologien generiert. Obwohl der übergeordnete Volkswagen Konzern als innovativster Automobilkonzern überhaupt bewertet wurde, ist die Markeninnovationsstärke für Audi im Vergleich zu den anderen Fällen durchschnittlich (Index 0).

Abbildung 4.3 Imagepositionierung für die Marke Audi

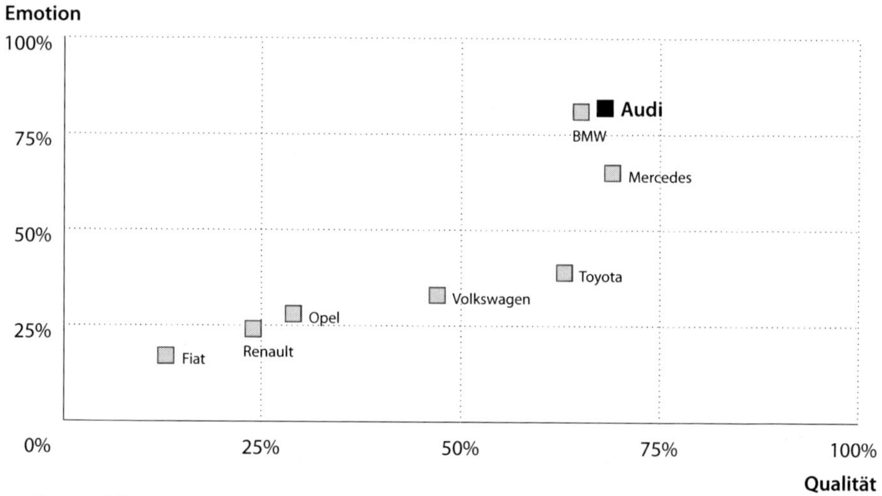

Quelle: in Anlehnung an Eiberger 2005, 2006 und 2007

Im nächsten Schritt erfolgt eine Bewertung des Differenzierungspotentials der Marke Audi. Abbildung 4.3 zeigt die Positionierung von Audi im Vergleich zu den anderen hier betrachteten Fabrikaten. Eine überdurchschnittliche Innovationsleistung wird der Marke Audi von den Kunden attestiert, womit die vom Kunden wahrgenommene Innovationsleistung von der gemessenen Leistung zu Gunsten für Audi abweicht. Aus Kundensicht zählt Audi zu den Innovationsführern in der Automobilindustrie (vgl. Bratzel 2008, S. 112) und wird vor BMW und Mercedes positioniert. Die jährliche Analyse der Imageposition der Marke Audi zeigt, dass Audi als eine der attraktivsten Marken in Europa bewerte wird (vgl. Eiberger 2005, 2006 und 2007). Vor allem die Image Dimension Emotion ist bei Audi sehr stark ausgeprägt und wird nur von wenigen anderen Marken in dieser Höhe erreicht. Das Potential zur Abschöpfung zusätzlicher Renten auf Grundlage von Differenzierungsvorteilen ist bei Audi sehr hoch.

Zusammenfassend belegen neben den ökonomischen Leistungsindikatoren auch die übrigen Erfolgsindikatoren der Wertschöpfungsorganisation von Audi eine überdurchschnittliche Wettbewerbsfähigkeit. Die Produkte sind überdurchschnittlich erfolgreich im europäischen Markt. Die hohe Kundenzufriedenheit ist ein Indikator für eine überdurchschnittliche Kundenloyalität, was wiederum den negativen Auswirkungen eines intensiven Inter-Wertschöpfungsorganisationswettbewerbs mit Wettbewerbsprodukten entgegenwirkt und den Preiswettbewerb eingrenzt. Die Differenzierungskraft der Marke ist hinsichtlich der relativen Imageposition hoch und kann als Grundlage für überdurchschnittliche ökonomische Renten genutzt werden. Wettbewerbsvorteile können auch auf Basis der Innovationsleistung erzielt werden. Abbildung 4.4 fasst die Ausprägungen der Erfolgsindikatoren zusammen.

Abbildung 4.4 Erfolgsindikatoren der Wertschöpfungsorganisation Audi

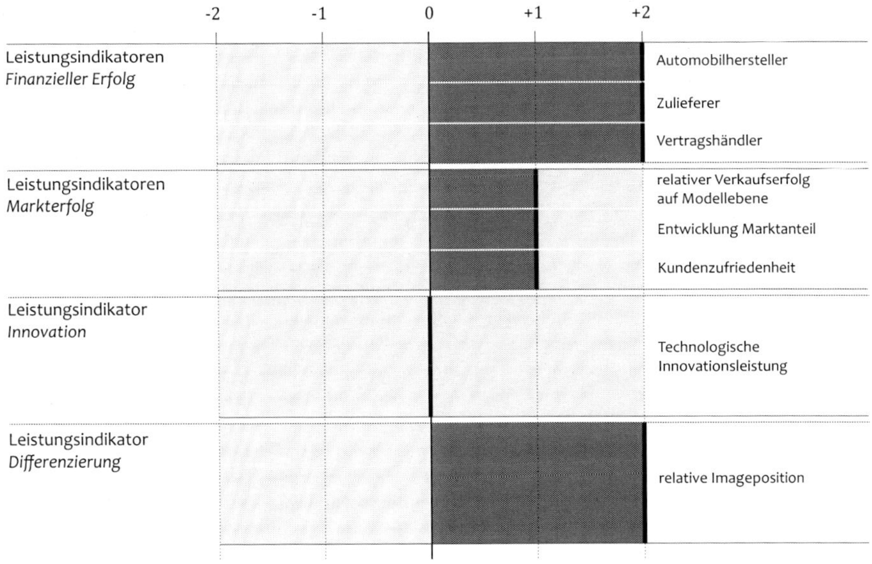

4.2 Fallstudie BMW

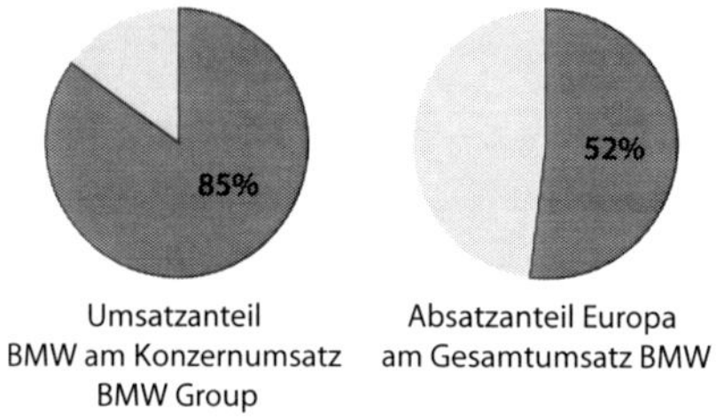

Abbildung 4.5 Umsatzstrukturen für die Marke BMW

Die BMW AG ist ein deutscher Automobilkonzern und besitzt neben der Marke BMW die Automobilmarken Mini sowie Rolls-Royce Motor Cars[195]. Die Kernmarke BMW macht den größten Anteil des Konzernumsatzes aus, gefolgt vom Absatz der reanimierten Marke Mini (siehe Abbildung 4.5). Die BMW Gruppe setzt in Europa etwa die Hälfte aller Fahrzeuge ab, wobei Deutschland der weltweit wichtigste Markt für das Unternehmen ist[196]. In der Rangfolge ist der US-Amerikanische Markt nach Deutschland der bedeutendste Absatzraum für BMW.

Das Produktportfolio der Marke BMW ist auf Mittel- und Oberklassemodelle fokussiert. Tabelle 4.7 zeigt das Produktportfolio und die Fertigungsstätten des bayrischen Automobilherstellers. Insgesamt verfügt die BMW Gruppe über 17 Produktionsstätten in sechs Ländern. Die folgende Fallstudie betrachtet die Wertschöpfungsorganisation der Kernmarke BMW.

Tabelle 4.7 Produktportfolio und die bedeutendsten Fertigungsstätten der BMW AG

Modell	Mini-Klasse	Kleinwagen	Kompaktklasse	Mittelklasse	Oberklasse	Luxus	Produktionsstandort
1er			X				Regensburg (D)
3er				X			Regensburg (D) & Leipzig (D)
X3				X			Graz (AT)
Z4				X			Spartanburg (US)
5er					X		Dingolfing (D)
X5					X		Spartanburg (US)
6er					X		Dingolfing (D)
7er						X	Dingolfing (D)

Quelle: BMW AG

195 Neben den Automobilen produziert und vertreibt die Unternehmensgruppe auch Motorräder der Marke BMW.

196 Basierend auf dem Gesamtabsatzvolumen in Europa, wird in Deutschland mehr als 40 Prozent der europäischen Verkäufe generiert.

4.2.1 Unabhängige Variablen der Wertschöpfungsorganisation BMW

4.2.1.1 Eigenleistungsanteil in der Produktion

BMW investiert überdurchschnittlich viel in den Bereich Forschung- und Entwicklung und greift in diesem Zusammenhang zusätzlich stark auf die Ressourcen externer Akteure zurück. Zwischen den Jahren 2002 und 2007 betrug die Forschungs- und Entwicklungsquote im Mittel 6,2 Prozent und stellt damit den höchsten Wert im Kontext der hier betrachteten Fälle dar. Im F&E Bereich arbeiten etwa 9.300 Mitarbeiter, was einem Anteil von etwa neun Prozent an der Gesamtzahl der Mitarbeiter entspricht. Eine zentrale Aktivität der eigenen Mitarbeiter ist die Steuerung und Kontrolle externer F&E Dienstleister, die im Fall BMW eine bedeutende Rolle spielen. Ein Merkmal der BMW Wertschöpfungsorganisation ist die enge und langfristige Betreuung dieser Entwicklungsdienstleister durch BMW. Die externen Akteure arbeiten in diesem Zusammenhang oftmals direkt in den Entwicklungszentren und Fertigungsstätten BMWs und betreuen Projekte sehr frühzeitig unter Koordination von BMW mit. Zusammenfassend kann für BMW festgehalten werden, dass im Untersuchungszeitraum hohe Ausgaben für den Bereich F&E getätigt wurden. Die eigenen Ressourcen und Aktivitäten konzentrieren sich unter anderem stark auf die Steuerung externen Akteure. Die Ressourcen im F&E Bereich sind durch den überdurchschnittlichen Eigenleistungsanteil und des starken Einbezugs externer Akteure für die Größe des Unternehmens sehr hoch. Der Eigenleistungsanteil in der F&E wird für BMW insofern als überdurchschnittlich bewertet (Index +2).

In der Fahrzeugfertigung weist BMW mit einer durchschnittlichen Fertigungstiefe von etwa 25 bis 30 Prozent einen durchschnittlichen Wert auf[197]. BMW ist in den letzten Jahrzehnten mit Blick auf das Neuwagenabsatzvolumen stark gewachsen und musste Produktionsmittel aufbauen beziehungsweise fremd beziehen, um die Nachfrage zu bedienen. Die Eigenleistungen konzentrieren sich vor allem auf die Kernkompetenzbereiche Motorentechnologie, Fahrwerk und Elektronik. Vor allem im Elektronikbereich hat BMW eigene Ressourcen aufgebaut und gründete im Jahr 2001 mit »BMW Car IT GmbH« eine eigene Software Firma. Die Unternehmenseinheit wurde zur Entwicklung innovativer Technologien und Elektronikkomponenten ins Leben gerufen. Die Entwicklungen werden jedoch nicht notwendigerweise durch BMW selber produziert, sondern können nach dem Entwicklungsstadium zur Fertigung fremd vergeben werden[198]. Der Eigenleistungsanteil ist für einzelne Modellreihen differenziert zu betrachten. Für bestimmte Komponenten von Oberklassefahrzeugen ist der Eigenleistungsanteil überdurchschnittlich hoch[199]. Ein geringer Eigenfertigungsanteil ergibt sich bei Modellen, die von Lohnfertigern produziert werden. Ein Beispiel ist die neue Baureihe BMW X 3, die bei Magna Steyr in Graz gefertigt wird[200].

---

197 Berücksichtigt wurden Unternehmensangaben in dem Betrachtungszeitraum zwischen den Jahren 2002 und 2007.

198 BMW hat im Jahr 2001 die BMW Car IT GmbH gegründet, die für die Entwicklung von Software- und Systemlösungen für BMW zuständig ist. Die Kernaufgabe ist, entsprechende Dienstleister zu identifizieren und zu koordinieren, die für die eigentliche Entwicklung verantwortlich sind. Die BMW Car IT GmbH verfügte im Jahr 2008 über 35 Mitarbeiter.

199 BMW fertigt beispielsweise die Sitze für die 7er Baureihe in Eigenregie.

200 Magna hat von der Serienentwicklung bis hin zum Prototypenbau auf Basis des von der BMW Group entwickelten Designs und Konzepts alle Produktionsfunktionen übernommen. Der resultierende Eigenleistungsanteil ist im Fall des BMW X3 sehr gering. Das Nachfolgemodell soll jedoch wieder in Eigenregie entwickelt und produziert werden.

Zusammenfassend zeichnet sich BMW durch einen durchschnittlichen Eigenleistungsanteil in der Fahrzeugfertigung aus[201]. Der Index wird entsprechend mit dem Wert 0 beziffert. Überdurchschnittlich ist der Eigenleistungsanteil in der Forschung und Entwicklung, der mit einem Index von +2 dargestellt wird.

4.2.1.2 Eigenleistungsanteil in der Distribution

Der Anteil eigener Betriebsstätten an der Gesamtzahl von Vertriebsstandorten beträgt für den europäischen Marktraum etwa vier Prozent. Die Eigenvermarktungsstrategie ist in erster Linie auf den deutschen Markt konzentriert, während in den übrigen Märkten weitaus weniger eigene Betriebsstätten vorzufinden sind und entsprechend weniger Neuwagen in Eigenleistung vermarktet werden. Etwa 25 Prozent aller Neuwagen werden in Deutschland durch herstellereigene Betriebe verkauft. Die Niederlassungsstrukturen sind in Deutschland sukzessive gewachsen. Die Niederlassungsorganisation ist nicht in eine eigenständige Unternehmenseinheit integriert, sondern jede Niederlassung wird jeweils als eigenständiges Profit Centre geführt. In den übrigen europäischen Märkten ist der Anteil eigener Neuwagenverkaufsaktivitäten auf Grund einer geringeren Anzahl BMW zugehöriger Betriebsstätten deutlich geringer. Den Neuwagenabsatz der europäischen Kernmärkte zugrunde liegend werden etwa 14 Prozent aller Neuwagen durch BMW Niederlassungen eigenvermarktet. Insgesamt sind die Eigenvertriebsleistungen BMW durch Niederlassungen auf europäischer Ebene als durchschnittlich zu bewerten.

Ein überdurchschnittliches Spektrum an eigenen Aktivitäten leistet BMW im Bereich der Finanzdienstleistungen. Zur BMW Financial Services[202] gehören drei eigenständige Institutionen, die sich mit einem spezifischen Produktangebot an die unterschiedlichen Kundensegmente richten. Zu diesen Institutionen zählen die BMW Bank, die BMW Leasing sowie das markenneutrale Flottenmanagementunternehmen Alphabet. Alphabet bietet Mehrmarken Flottendienstleistungslösungen und differenziert sich dadurch bewusst von herstellereigenen Leasinggesellschaften, die in der Regel eine ausgeprägte Bindung zur Herstellermarke aufweisen. BMW begegnet damit einem allgemeinen Trend, dass große Flottenbetreiber die Zahl der Leasing- und Fuhrparkmanagementdienstleister konsolidieren und auf internationaler Ebene mit einer geringen Zahl an Dienstleistern zusammenarbeiten möchten[203]. Zudem besitzt BMW eine eigene Direktbank mit dem Dienstleistungsfokus auf das Vermögensmanagement von Privatkunden[204]. Der Vertrieb wird durch eine Zentralabteilung ausgeführt, der Kontakt zum Kunden erfolgt direkt. Die integrierten Aktivitäten und das Dienstleistungsspektrum im Bereich Finanzierung sind für den Fall BMW insgesamt als überdurchschnittlich zu bewerten.

Im After-Sales konzentriert BMW die eigenen Ressourcen auf ein Ersatzteilversorgungssystem für die Vertragshändler. Herstellerunabhängige Werkstattakteure werden als strategisch bedeutende

201 Aus den geführten Interviews und aktuellen Äußerungen von BMW Managern in Fachzeitschriften ist zu entnehmen, dass der Eigenleistungsanteil in Zukunft erhöht und die Wertschöpfung wieder stärker im eigenen Haus betrieben werden soll.

202 Bei der BMW Financial Services sind in Deutschland etwa 800 Mitarbeiter beschäftigt (Stand 31. Dezember 2007).

203 Dieses erfordert Mehrmarkenlösungen auf Seiten der Leasingunternehmen und Flottenmanagement-Organisationen. Mit dem neutralen Namen Alphabet unterstreicht BMW die Eigenständigkeit und Markenneutralität der Leasinggesellschaft.

204 Das Angebotsspektrum der BMW Direktbank umfasst unter anderem verschiedene Geldanlagemöglichkeiten, Privatkredite und Investmentmöglichkeiten. Der Fokus liegt auf dem Privatkundensegment.

Gruppe bewertet. Ein separates (markenübergreifendes) Teiledistributionssystem existiert für diese Akteursgruppe jedoch nicht. Über ein Onlinesystem können technische Fahrzeugdaten abgerufen und Ersatzteile bestellt werden. Die Belieferung erfolgt über die Zentral- und Regionallager sowie über das Vertragshandelsnetz.

Zusammenfassend wird die zentrale Integration im Bereich des Neuwagenvertriebs mit dem Index 0, im Bereich Finanzdienstleistungen mit dem Index +2 und im After-Sales mit dem Index 0 beziffert.

4.2.1.3 Formelle Bindung in der Produktion

Die formelle Bindung zu den vertikal verbundenen Lieferanten ist durch langfristige Bindungen geprägt, die das Wettbewerbsprinzip weitestgehend ersetzen. Eine starke formelle Bindung ergibt sich aus dem »Partnernetzwerk Konzept« der BMW AG. Dieses Lieferantennetzwerk umfasst langfristige und vergleichsweise exklusive Bindungen zu den verbundenen Akteuren. Der Fokus liegt auf einer engen Zusammenarbeit mit vertikalen Lieferanten. Bei der allgemeinen Lieferantenauswahl forciert BMW zunehmend die Zusammenarbeit mit Modul- und Systemlieferanten, die frühzeitig in die Entwicklungsphasen einbezogen werden. Die frühzeitige und intensive Integration der Lieferanten (oftmals vor Ort) soll den Systemlieferanten die Möglichkeit bieten, die Produktausgestaltung und -architektur aktiv zu beeinflussen. Systemintegratoren erhalten durch BMW weitgehende Koordinationsverantwortlichkeiten und steuern das Netzwerk der nach geordneten Lieferanten. Die Konzentration auf Systemlieferanten geht mit langfristigen Lieferverträgen und exklusiven Beziehungen einher[205]. Daraus ergibt sich für die Mehrheit der Lieferanten vertraglich langfristig abgesicherte Lieferbeziehungen von etwa zehn Jahren[206]. BMW konzentriert entsprechend die Zusammenarbeit auf relativ wenige Lieferanten.

Überdurchschnittliche finanzielle Geiseln verstärken die formelle Integration der Lieferanten. BMW erwartet von den Lieferanten hohe spezifische Investitionen bereits in der Forschungs- und Entwicklungsphase. Die daraus entstehenden Kosten und Risiken müssen sich durch langfristige Lieferbeziehungen wieder amortisieren. Zudem verlangt BMW ein exklusives Nutzungsrecht der Investitionen für einen bestimmten Zeitraum. Eine ausgeprägte formelle Integration wird durch einen geringen Intra-Organisationswettbewerb kombiniert. Marktliche Koordinationsmechanismen spielen zur Steuerung der Lieferanten insgesamt eine sehr untergeordnete Rolle. BMW baut auf langfristige und exklusive Lieferantenbeziehungen. Insgesamt ist der durch BMW initiierte Preiswettbewerb zwischen den Lieferanten auf Grundlage der gesichteten Studien als sehr gering zu bewerten.

Spezifische Investitionen auf Ebene der Lieferanten ergeben sich durch Zulieferparks an den deutschen Fertigungsstätten in Regensburg und in Leipzig sowie am US amerikanischen Werk Spartan-

205 Die Einbindung der Systemlieferanten in die Konzeptphase mündet ohne Lieferantenwettbewerb in eine langfristige Lieferbeziehung, sofern die zuvor definierten Zielkosten durch die Lieferanten erreicht werden.

206 Eine Lieferbeziehung von zehn Jahren deckt eine Modelllaufzeit von sieben Jahren sowie drei Jahre Mitarbeit in der Projektentwicklung ab. Laut Unternehmensangaben arbeitete BMW im Jahr 2006 mit etwa 150 Kernlieferanten auf Basis von Model-Life Verträgen zusammen.

burg (siehe Tabelle 4.8)[207]. Der Zuliefererpark in Wackersdorf befindet sich zudem in mittelbarer räumlicher Nähe zum Werk Dingolfing. Das größte Motorenwerk im österreichischen Steyr ist in ein Cluster integriert worden, um die Ressourcen der angesiedelten Lieferanten zu nutzen[208]. Insgesamt besteht ein enger räumlicher Produktionsverbund zwischen den BMW eigenen Produktionsstätten. Die Transportwege sind sehr kurz und folgen dem Konzept der japanischen Hersteller. BMW hat JIT Konzepte bereits früh angewendet, erste Ansätze wurden bereits Ende der siebziger Jahre durchgeführt. Die Integration der Lieferanten durch Zuliefererparkkonzepte ist zusammenfassend als hoch zu bewerten, da eine umfassende räumliche Angliederung an allen bedeutenden Fertigungsstätten erfolgte.

Tabelle 4.8 Bedeutende Zuliefererparks der BMW AG

Fertigungsstätte	Eröffnet	Angesiedelte Kernlieferanten
Regensburg und München	1990	Polytec, Fehrer, Gillhuber, Grammer, Magna, Modine, Neumann Aluminium, Recticel
Leipzig	2005	Faurecia, Grammer, Magneti Marelli, Modine, Webasto, Dräxlmaier, TI Automotive

Für die Kernmarke BMW spielen horizontale Produktionspartnerschaften keine bedeutende Rolle. Lediglich für die Marke Mini bezieht die BMW Group Motoren vom französischen PSA Konzern[209]. Im Bereich der Hybrid Antriebe forscht und entwickelt BMW gemeinsam mit General Motors und der Daimler AG. BMW plant für die Zukunft die Belieferung von anderen Automobilherstellern mit Komponenten, um Skaleneffekte zu erhöhen[210]. Für den Untersuchungszeitraum haben horizontale Beziehungen jedoch keine signifikante Auswirkungen.

Zusammenfassend ist die formelle Integration der vertikalen Lieferanten als überdurchschnittlich stark zu bewerten. Die formelle Integration basiert auf der mehrheitlichen Anwendung von relationalen-langfristigen Verträgen sowie auf finanziellen Geiseln, die sowohl vom Automobilhersteller als auch von den Lieferanten getätigt werden. Der initiierte Lieferantenwettbewerb ist ebenfalls sehr gering. Die formelle Bindung zu den Lieferanten in der Produktion wird mit +2 einschätzt. Horizontale Lieferbeziehungen spielen für die Marke BMW im Untersuchungszeitraum eine geringe Rolle.

207 Das neue Werk in Leipzig greift auf eine Ansiedlung von Großlieferanten sowie auf mehr als 130 mittelständische Lieferanten zurück. Das BMW eigene Fertigungswerk und der daran angesiedelte Industriepark wurden im Jahr 2005 in Betrieb genommen. Beim Werk Regensburg wurde der Industriepark Wackersdorf im Jahr 1990 eröffnet. In Regensburg befinden sich mehr als zehn Direktlieferanten in direkter räumlicher Nähe. In Regenburg und Leipzig werden die BMW 1er und die 3er Modellbaureihen gefertigt. Das Komponentenwerk in Wackersdorf galt als eines der ersten europäischen Industrieparks. In Spartanburg werden seit 1994 BMW Modelle gefertigt. Der aktuelle BMW X5 und der BMW Z4 werden in den USA für den weltweiten Vertrieb produziert.

208 Das Motorenwerk produziert jährlich etwa 550.000 Motoren. Im Cluster befinden sich etwa 700 Lieferanten.

209 Mini stellt jedoch eine eigene Wertschöpfungsorganisation dar und wird in dieser Fallstudie nicht berücksichtigt. Für Mini Fahrzeuge werden Motoren von Wettbewerbern bezogen, da BMW für die Marke Mini keine Kernkompetenzen im Bereich der Motorentechnologie definiert hat. Für die erste Mini Baureihe wurden Motoren von Chrysler und Toyota bezogen. Eine stärker institutionalisierte Bindung hat BMW mit dem PSA Konzern aufgenommen. BMW hat zusammen mit PSA eine Motorengeneration für untere Modellreihen entwickelt. Im Unterschied zu Eigenleistung in der Entwicklung wird die Fertigung gänzlich durch PSA ausgetragen.

210 In diesem Zusammenhang will BMW vor allem als Lieferant von Komponenten und vor allem Motoren im Markt auftreten.

4.2.1.4 Formelle Bindung in der Distribution

In Europa verfügt BMW neben dem eigenen Niederlassungsnetz über eine selektive Vertragshandelsorganisation. Die vertraglichen Selektionskriterien sowie die formellen Anforderungen an die Vertriebs- und Servicepartner sind sehr hoch und führen zu einer vergleichsweise geringen Zahl von Neuwagenhändlern in Europa. Auf Grund der hohen spezifischen Investitionen ist ein vergleichsweise hohes Neufahrzeugverkaufsvolumen notwendig, um einen entsprechende Kapitalrendite zur erzielen. Auf europäischer Ebene hat BMW die Zahl der Vertragspartner sukzessive reduziert und einzelnen Unternehmen dadurch eine größere Vertriebsverantwortung übertragen[211]. Aus den Vertragsstandards und Verpflichtungen ergeben sich zusammenfassend überdurchschnittlich hohe spezifische Investitionen und Anforderungen in Bezug zur Geschäftsausstattung, Corporate Identity, personellen Ressourcen sowie Systeme und Prozesse. Die Vertragshändler geben sechsstellige jährliche Investitionen sowie überdurchschnittlich Investitionen zur Umsetzung der Vertragsrichtlinien an.

Hohe spezifische Investitionen in die Corporate Identity führen zu einer überdurchschnittlich hohen Exklusivität in den europäischen Vertriebsorganisationen. Der Anteil von Mehrmarkenstandorten ist vergleichsweise gering, woraus die Bindung und die Abhängigkeit der Händler vom Automobilhersteller vergrößert wird. BMW verlangt von den Werkstattpartnern hohe Investitionen in BMW-spezifische Werkzeuge und Diagnosegeräte. Die von den Vertragspartnern geforderten BMW spezifischen Investitionen sind zusammenfassend überdurchschnittlich hoch. Mehrmarkenaktivitäten werden dadurch erschwert, die Bindung der Händler erhöht. BMW plant für die Zukunft, vor allem die Vertragswerkstätten durch spezifische Fahrzeugtechnologien stärker zu binden.

Festzuhalten bleibt die überdurchschnittlich hohe formelle Bindung zwischen dem Automobilhersteller und seinen Vertriebs- und Servicepartnern, d.h. einen Index von +2. Die Bindung resultiert aus den vertraglichen Anforderungen und den spezifischen Investitionen, die Vertragshändler in die Sach- und Humanressourcen tätigen müssen.

4.2.1.5 Informelle Bindung in der Produktion und Distribution

Alle gesichteten Lieferantenzufriedenheitsstudien weisen ein weit überdurchschnittliches Zufriedenheitsniveau aus. Die Lieferanten bewerten BMW als einen der attraktivsten Geschäftspartner und verweisen auf die hohe Kontinuität in der Beziehung. Die Hersteller-Lieferantenbeziehungen beinhalten einen hohen Grad der Fairness und des Vertrauens zwischen Lieferanten und Automobilhersteller. Positiv werden auch die technische Kompetenz und die BMW eigenen Entwicklungsressourcen von den Lieferanten bewertet. Festzuhalten bleibt eine negative Entwicklung in den Jahren 2006 und 2007, die von den Lieferanten mit einem umfassenden Sparprogramm der BMW AG in Verbindung gebracht werden. Für den gesamten Analysezeitraum ist die informelle Integration zusammenfassend überdurchschnittlich. Alle gesichteten Studien bekräftigen diese Analyseergebnisse. Tabelle 4.9 fasst die Ergebnisse zusammen.

---

211 Im europäischen Marktraum beläuft sich das Neuwagenverkaufsvolumen pro Händlervertrag auf 543 Neuwagen und pro Neuwagenvertriebsstandort auf etwa 370 Neuwagen. Diese Werte entsprechen etwa den durchschnittlichen Werten im Industrievergleich, mit 650 Neuwagen pro Vertrag und 320 Neuwagen pro Betriebsstätte (vgl. Wade und Brown 2007).

Tabelle 4.9 Informelle Bindung in der Produktion

Zufriedenheitsstudien	Index BMW
Automotive News- Supplier Business: OEM-Supplier Relations Study Studien in 2006 und 2007	+2
Ebel et al.: Kooperation, Fairness und Zufriedenheit in der Hersteller-Lieferanten Beziehung Studien in 2005 und 2006	+2
Meinig: Supplier Satisfaction Index (SSI) Studien in 2001 und 2003	+2
Relative informelle Bindung im Gesamtkontext	Überdurchschnittlich hoch, Gesamtindex +2

Die informelle Bindung zwischen BMW und seinen Vertragshändlern ist ebenfalls überdurchschnittlich. Die Zufriedenheitsstudien in Europa ergeben ein sehr hohes Zufriedenheitsniveau für autorisierte Händler innerhalb der BMW Wertschöpfungsorganisation. In allen europäischen Kernmärkten erreicht BMW einen Spitzenplatz in Bezug zur Händlerzufriedenheit und Kooperationsintensität. BMW erreicht somit auch durch vertraglich nicht gestützte Maßnahmen und Faktoren eine enge Bindung zu den Vertragshändlern. Insgesamt sind BMW Händler auf Grundlage der Zufriedenheitsstudien die zufriedensten im Vergleich der in dieser Arbeit analysierten Wertschöpfungsorganisationen. Die Ergebnisse in Form der durchschnittlichen Indizes pro Studie zeigt Tabelle 4.10.

Tabelle 4.10 Informelle Bindung in der Distribution

Zufriedenheitsstudien	Index BMW
CNPA : Cap Réseaux – Cote d'Amour des Constructeurs, Frankreich Studien zwischen 2002 und 2007	+2
Diez: MarkenMonitor – Händlerzufriedenheitsmonitoring, Deutschland Studien zwischen 2002 und 2007	+2
Buzzavo et al.: DealerStat – Dealer Satisfaction Italien, Studien zwischen 2004 und 2007	+2
RMIF: Dealer Attitude Survey, Großbritannien Studien zwischen 2002 und 2007	+2
Relative informelle Bindung im Gesamtkontext	Überdurchschnittlich hoch, Gesamtindex +2

4.2.1.6 Zwischenfazit

Zusammenfassend zeichnet sich die Wertschöpfungsorganisation von BMW durch eine sehr enge Integration der Akteure in den gesamten Wertschöpfungsprozess aus. Eigene Aktivitäten durch den Automobilhersteller erfolgen zur Absicherung der BMW eigenen Ressourcen und zur Sicherstellung der Markenidentität. Umfassende Reorganisationsmaßnahmen fanden in den letzten Jahren nicht statt, sondern die Produktions- und Distributionsorganisationen wurden evolutionär weiterentwickelt. In der Distribution verfolgt BMW einen ähnlichen Ansatz wie in der Produktion. Der Eigenleistungsanteil ist in strategisch bedeutenden Bereich überdurchschnittlich. Hierzu zählt unter anderem der Finanzdienstleistungsbereich. Eine besonderes Merkmal der BMW Wertschöpfungsorganisation ist die starke informelle Bindung zwischen dem Automobilhersteller und seinen externen Partnern. Dieses trifft sowohl für die informelle Einbindung der Lieferanten als auch der Vertragshändler zu. Abbildung 4.6 fasst die unabhängigen Variablen zusammen.

Abbildung 4.6 Ausprägungen der unabhängigen Variablen der Wertschöpfungsorganisation BMW

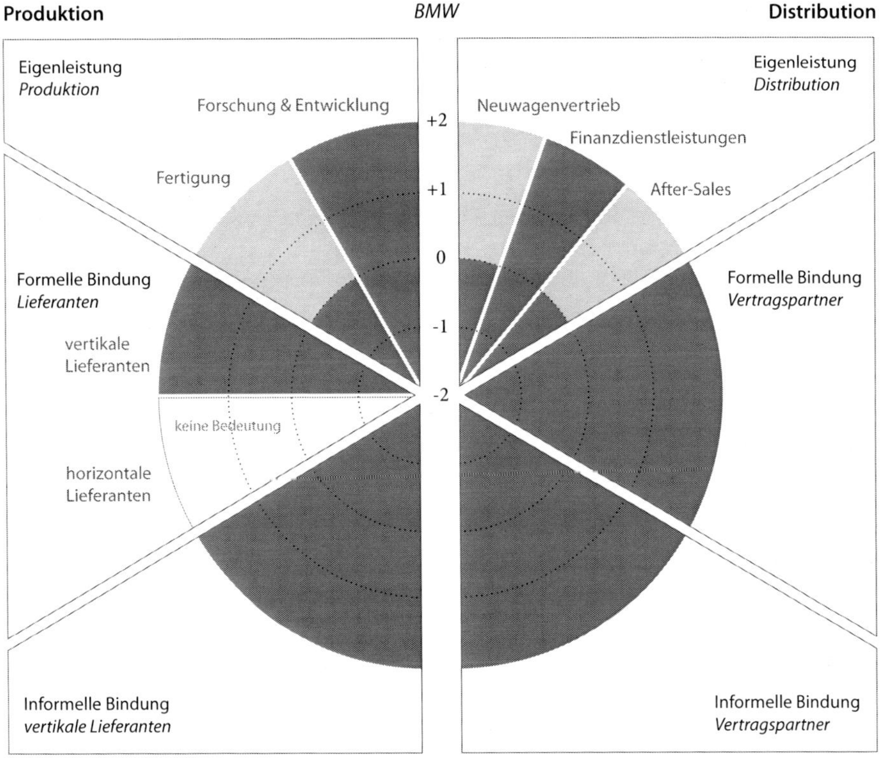

4.2.2 Abhängige Variablen der Wertschöpfungsorganisation BMW

Die ökonomische Rentengenerierungskraft der Wertschöpfungsorganisation und der darin partizipierenden Akteure ist überdurchschnittlich hoch. Der vor allem auf den europäischen Markt konzentrierte Automobilhersteller erzielte im Betrachtungszeitraum eine durchschnittliche Umsatzrendite von 7,7 Prozent und erreicht im Vergleich zu den anderen in dieser Arbeit analysierten Automobilherstellern den höchsten durchschnittlichen Wert. Der überdurchschnittliche ökonomische Erfolg des Automobilherstellers generiert sich vor allem aus den Aktivitäten im Kerngeschäft, der Automobilproduktion und -distribution. Der Umsatz und Gewinn, der direkt dem Kerngeschäft zuzuordnen ist, ergibt für den Untersuchungszeitraum eine Rendite von mehr als sieben Prozent. Die gesamte ökonomische Leistungsfähigkeit ist im Vergleich zu anderen Automobilherstellern weniger von Komplementäraktivitäten abhängig. Finanzdienstleistungen und After-Sales Aktivitäten ergänzen vielmehr die Ergebnissituation. Ein überdurchschnittlich hohes Rentengenierungspotential lässt sich auch für die Gruppe der Lieferanten ableiten. Die Direktlieferanten geben für BMW die höchste Umsatzrendite an und bewerten die geleisteten Investitionen als besonders lohnenswert. Die BMW Zulieferer geben im Vergleich zu den anderen Fallstudien die höchste Bewertung hinsichtlich der wahrgenommen Rentabilität. Die europäischen Vertragshändler sind insgesamt überdurchschnittlich mit dem ökonomischen Erfolg zufrieden, der sich aus den Vermarktungs- und Dienstleistungsaktivitäten innerhalb der Wertschöpfungsorganisation von BMW ergibt. In Frankreich, Italien und Deutschland ergibt sich für den Betrachtungszeitraum ein Index von +1.

Insgesamt sind die wirtschaftlichen Leistungsdaten für die Akteure innerhalb der Wertschöpfungsorganisation überdurchschnittlich. Für den Automobilhersteller und die Lieferanten ergibt sich der höchste Index von +2, für die analysierten Vertragshändler ein Index von +1. Tabelle 4.11 zeigt die Ergebnisse der unterschiedlichen Studien.

Tabelle 4.11 Ökonomische Leistungsdaten der Wertschöpfungsakteure

Akteur(gruppe)	Indikator	Quelle	Index
Automobilhersteller (BMW)	Umsatzrendite	BMW Geschäftsberichte 2002 bis 2007	+2
Zulieferer	Wahrgenommener Return on Investment	Automotive News und Supplier Business 2006 und 2008	+2
Vertragshändler	Wahrgenommene Rentabilität	Frankreich: CNPA (2005, 2006, 2007)	+1
		Deutschland: Diez (2002, 2003, 2004, 2005, 2007)	+1
		Italien: Buzzavo et al. (2004, 2005, 2006, 2007).	+1
		Großbritannien: RMIF (2005, 2006, 2008).	0

Der Markterfolg der BMW Wertschöpfungsorganisation ist überdurchschnittlich. Betrachtet wurden der relative Markterfolg, die Entwicklung des Marktanteils und die Kundenzufriedenheitswerte. Das Produktportfolio erzielte im Untersuchungszeitrum einen überdurchschnittlichen Markterfolg (siehe Tabelle 4.12). Mit Ausnahme des Kompaktklassemodells verkauften sich die Produkte im Vergleich zu den Wettbewerbsprodukten überdurchschnittlich[212]. Einen besonderen Erfolg erzielte BMW mit den Ober- und Luxusklassemodellen. Die Verkaufsentwicklung zwischen den Jahren 2002 und 2007 zeigt einen kontinuierlich positiven Verlauf. Sowohl die absoluten Verkaufszahlen als auch der relative Marktanteil ist jährlich um 4,7 Prozent (CAGR) in Europa gewachsen. Der Markterfolg von BMW Produkten ist insgesamt überdurchschnittlich und BMW gehört zu der Gruppe der Automobilhersteller mit den höchsten Absatzwachstumsraten in Europa. In der Gruppe der Premiumhersteller weist BMW nach Mercedes-Benz den höchsten Marktanteil in Europa auf[213]. BMW hat auf Grundlage der europäischen Kundenzufriedenheitsmessungen nach J. D. Powert überdurchschnittlich zufriedene Kunden und kann in Folge dessen von einer überdurchschnittlichen Kundenbindung profitieren[214]. Die Kundenzufriedenheit verlief zwischen 2002 und 2007 auf einem relativ stabilen Niveau, mit einer leicht negativen Tendenz. Der Inter-Wertschöpfungsorganisations-Wettbewerb wird durch die ausgeprägte Bindung zwischen den dem Fabrikat und den Kunden prinzipiell begrenzt. Die Kundenzufriedenheit wird mit dem Index +2 bewertet.

Tabelle 4.12 Relativer Verkaufserfolg der BMW Modellpalette

	1er	3er	X3	Z4	5er	X5	7er
Index	-2	+2	0	+1	+2	+2	+1

Quelle: Daten basieren auf Automotive News Data Book 2002 bis 2007

Die technologische Innovationsleistung der Marke BMW ist auf Grundlage der Studien nach Bratzel überdurchschnittlich (vgl. Bratzel 2007a und 2008). Die gesichteten Studien zeigen für BMW den höchsten Markeninnovations-Index (vgl. Bratzel 2008, S. 81). Unter den insgesamt 63 ausgewerteten Marken der globalen Konzerne erreichte BMW in den Studien einen relativ deutlichen ersten Rang (vgl. Bratzel 2008, S. 90). Eine überlegene Innovationsleistung basiert auf überdurchschnittlich viele technische Neuerungen, die eine hohe technische und marktmäßige Bedeutung generieren. Fokus der Innovationstätigkeiten liegt auf innovative Antriebskonzepte. Die Innovationsintensität der lancierten Neuerungen wird insgesamt als überdurchschnittlich hoch bewertet (vgl. Bratzel 2008, S. 90). Die sehr hohe Innovationsleistung ist auch vor der relativ geringen Unternehmensgröße von BMW zu bewerten, die eine hohe Innovationseffizienz erfordert[215]. Die Innovationsleistung wird insgesamt mit dem Index +2 bewertet.

212 Analog zur Fallstudie Audi erzielt BMW jedoch deutliche höhere Preise in der Kompaktwagenklasse, während die Stückzahlen unterdurchschnittlich sind.

213 Die Gruppe der gewerblichen Kunden hat einen überdurchschnittlichen Anteil und determiniert in besonderem Maße die Nachfrage in Europa. Im absatzstärksten Markt liegt der Anteil der gewerblichen Kunden durchschnittlich über 40 Prozent.

214 Berücksichtigt wurden die Kundenzufriedenheitsstudien nach J. D. Power in den Märkten Frankreich, Deutschland und Großbritannien.

215 Die Innovationseffizienz kann anhand der F&E Ausgaben pro Innovation gemessen werden.

Auch aus Sicht der Kunden wird BMW ebenfalls als überdurchschnittlich innovativ bewertet. In den Studien von Bratzel wird BMW nach Audi als innovativste Marke betrachtet (vgl. Bratzel 2008, S. 112ff.). Die relative Imageposition der Marke BMW reflektiert ein hohes Differenzierungspotential (vgl. Eiberger 2005, 2006 und 2007). Die Dimension Emotion ist bei BMW sehr stark ausgeprägt und charakteristisch für eine Premium-Marke. Die Kaufentscheidung wird in Folge dessen weniger nur von rationellen Motiven getrieben. Die Abschöpfung zusätzlicher Renten wird durch die überdurchschnittliche Markendifferenzierungskraft begünstigt. Durch eine Abgrenzung von anderen Fabrikaten kann eine dominante Position im Markt erzielt werden. Abbildung 4.7 zeigt die Markenpositionierung von BMW im Vergleich zu Wettbewerbsunternehmen.

Abbildung 4.7 Imagepositionierung für die Marke BMW

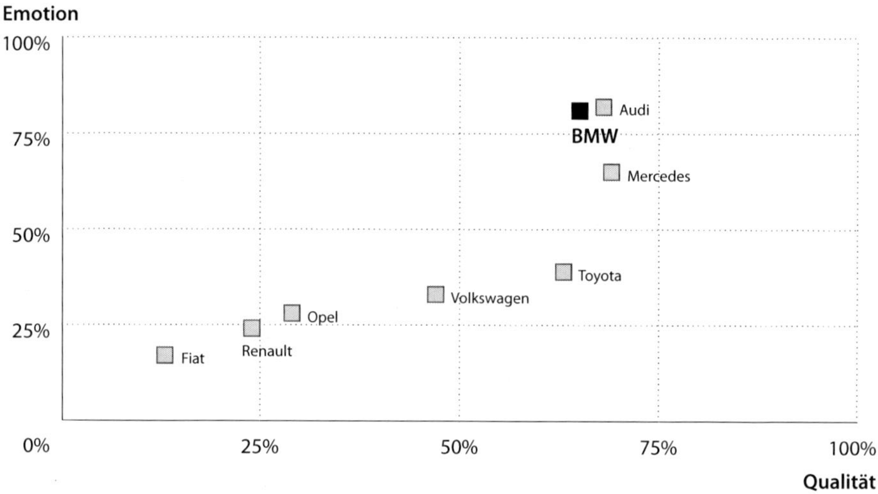

Quelle: in Anlehnung an Eiberger 2005, 2006 und 2007

Zusammenfassend ist die Wertschöpfungsorganisation von BMW als überdurchschnittlich erfolgreich zu bewerten. Die Wettbewerbsfähigkeit der Wertschöpfungsorganisation ist überdurchschnittlich hoch. Wertschöpfungsorganisationsrenten können durch eine ausgeprägte Markendifferenzierung, durch überdurchschnittlich Innovationsleistungen und durch eine ausgeprägte Kundenzufriedenheit und -bindung abgeschöpft werden. Abbildung 4.8 fasst die Ergebnisse für die Wertschöpfungsorganisation von BMW zusammen.

Abbildung 4.8 Erfolgsindikatoren der Wertschöpfungsorganisation BMW

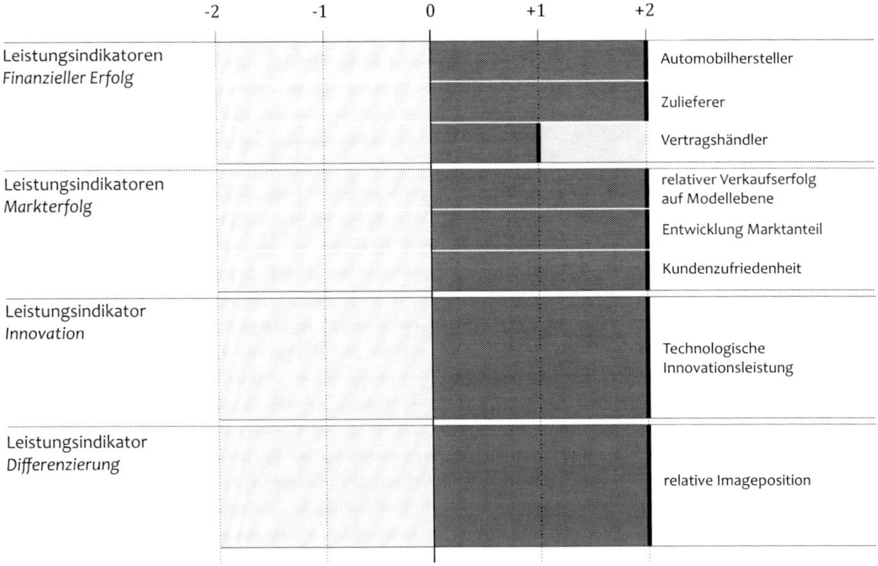

4.3 Fallstudie Fiat

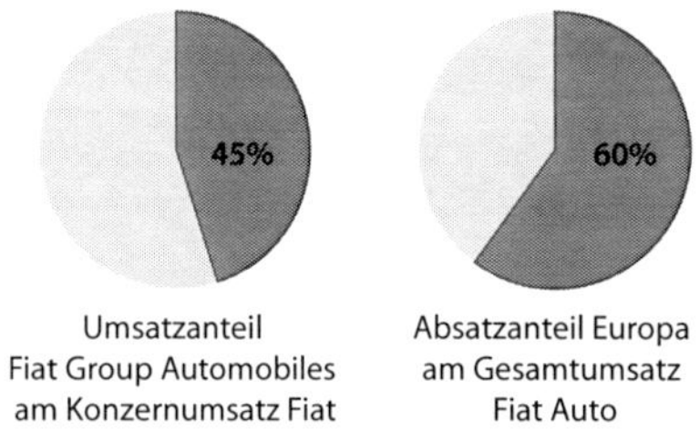

Abbildung 4.9 Umsatzstrukturen der Marke Fiat

Die Marke Fiat gehört zur italienischen Fiat Gruppe, die neben dem Automobilgeschäft auch in den Nutzfahrzeug-, Land- und Industriemaschinenindustrien sowie im Medienbereich aktiv ist. Neben Fiat als Kernmarke der »Fiat Group Automobiles« zählen die Marken Alfa-Romeo und Lancia zum Markenportfolio. Maserati und Ferrari gehören ebenfalls zur Unternehmensgruppe, sind jedoch nicht innerhalb der Kernautomobileinheit integriert. Alle Automobilmarken tragen nahezu die Hälfte zum gesamten Unternehmensumsatz bei (siehe Abbildung 4.9). Der europäische Markt ist der Hauptabsatzmarkt für Fiat Auto, während der brasilianischen Markt eine zunehmende Bedeutung erhält[216]. Mit weitem Abstand der wichtigste Markt ist weiterhin der italienische Heimatmarkt..

Fiat als Kernmarke ist in erster Linie auf die Produktion und Distribution von Klein- und Kompaktklassenfahrzeugen fokussiert (siehe Tabelle 4.13). In der Fallstudie wird die Wertschöpfungsorganisationsstrategie der Kernmarke Fiat analysiert.

Tabelle 4.13 Produktportfolio und die bedeutendsten Fertigungsstätten von Fiat Auto

Modell	Mini-Klasse	Kleinwagen	Kompaktklasse	Mittelklasse	Oberklasse	Luxus	Produktionsstandort
Seicento	X						Tychy (PL)
500	X						Tychy (PL)
Panda	X						Tychy (PL)
Punto		X					Melfi & Mirafiori (I)
Doblo		X					Bursa (TR)
Bravo			X				Cassino (I)
Linea			X				Bursa (TR)
Idea			X				Mirafiori (I)
Multipla			X				Mirafiori (I)
Sedici			X				Esztergom (HU)

216 In Brasilien setzt Fiat Auto etwa 25 Prozent aller Neuwagen ab. Zu Fiat Auto zählen Alfa-Romeo, Fiat und Lancia.

Modell	Mini-Klasse	Klein-wagen	Kompakt-klasse	Mittel-klasse	Ober-klasse	Luxus	Produktions-standort
Croma				X			Cassino (I)
Ulysse				X			Valenciennes (F)

Quelle: Fiat Auto

4.3.1 Unabhängige Variablen der Wertschöpfungsorganisation Fiat

4.3.1.1 Eigenleistungsanteil in der Produktion

In der Automobilproduktion nutzt Fiat überdurchschnittlich stark Ressourcen und Kompetenzen externer Akteure, um eigene Ressourcenrestriktionen zu kompensieren und Skalen- und Synergieeffekte durch die Zusammenarbeit mit horizontal und vertikal verbundenen Partnern zu erzielen. Ein geringer Eigenleistungsanteil zeigt sich sowohl in der Forschung und Entwicklung, als auch in der Fahrzeugfertigung.

Die Forschungs- und Entwicklungsquote markiert mit 3,3 Prozent den unteren Wert der in dieser Arbeit analysierten Fälle (höchste F&E Quote liegt bei 6,2 %, der Durchschnitt bei 4,5 %). Wichtige Partner sind in diesem Bereich die zwei konzerneigenen Organisationen, die für die Forschungsaktivitäten aller zur Fiat Gruppe gehörenden Unternehmenseinheiten verantwortlich sind. Hierzu zählen das „Centro Ricerche Fiat" (CRF) und das F&E Zentrum „Elasis"[217]. Das CRF koordiniert unter anderem die Aktivitäten der Fiat Powertrain Technologies sowie weitere F&E Projekte innerhalb der Gruppe[218]. Im Vergleich zu den anderen Fallstudien ist die Humanausstattung des Automobilherstellers im Forschungsbereich unterdurchschnittlich. Aus den Äußerungen von Fiat Managern in Fachzeitschriften ist zu entnehmen, dass bis zum Jahr 2005 Entwicklungsleistungen stark von außen bezogen und in erster Linie die Kompetenz der Lieferanten genutzt wurde.

In der Komponentenfertigung und Fahrzeugmontage wurde in der letzten Dekade Produktionsstätten teilweise stillgelegt und eine hohe Zahl eigener Mitarbeiter entlassen[219]. Der Fremdbezug hat analog an Bedeutung gewonnen. Fiat bezieht komplexe Module und Plattformen bis hin zu gesamten Fahrzeugen von Wettbewerbsunternehmen, woraus sich ein geringer Anteil der Eigenleistung sowohl in der Forschung- und Entwicklung als auch in der Fertigung ergibt[220]. Insgesamt

217 Elasis wurde im Jahr 1988 im Rahmen eines Entwicklungsprogramms für die Region Süd-Italien ins Leben gerufen. Elasis hat zwei Niederlassungen im süditalienischen Pomigliano d'Arco und Lecce. Elasis stellt F&E Leistungen für die Kernaktivitäten des Automobilherstellers als auch für die separaten Unternehmenseinheiten wie etwa Magneti Marelli zur Verfügung.

218 Das Centro Ricerche verfügte im Jahr 2007 über 865 Mitarbeiter/-in, das F&E Zentrum Elasis über 800 Mitarbeiter/-in.

219 Im Stammhaus Mirafori wurden drei der sieben Fertigungslinien gestoppt. Fiat verfolgte zur Reduktion der Verluste Werksschließungen, die mit mehr als 8.000 Entlassungen einhergingen. Generell zeichnen sich die Fertigungsstätten durch einen vergleichsweise geringen produktionstechnischen Standard und durch Überalterung aus.

220 Eine Vielzahl von Komponenten und Plattformen nutzt Fiat weiterhin vom General Motors Konzern. General Motors liefert unter anderem die Type 199 und die Premium Plattformen für die Volumenmodelle Fiat Grande Punto und Fiat Croma. Der Fiat Sedici ist ein Suzuki SX4 und unterscheidet sich nur durch wenige optische Details vom ursprünglichen Modell. Die Modelle Fiat Sedici und Suzuki SX4 werden durch Suzuki im ungarischen Suzuki Werk produziert. Ein horizontales Produktionsabkommen besteht unter anderem auch mit dem PSA Konzern zum Bau der Großraumlimousine Fiat Ulysse. Die Modelle Fiat Ulysse, Peugeot 809 und Citroen Evasion werden durch den PSA Konzern in Frankreich produziert.

basiert nur eine geringe Zahl von Fiat Modellen auf Fiat spezifischen Eigenentwicklungen, die nicht von anderen Automobilherstellern bezogen oder in Kooperation entwickelt und produziert werden. Durch die horizontalen Produktionsbeziehungen ist sowohl die Produkt- als auch die Organisationsarchitektur als relativ offen zu bezeichnen. Technische Spezifikationen einzelner Modelle sind mit Wettbewerbsmodellen identisch und deren Standards werden übernommen[221]. Die sehr ausgeprägte Fremdvergabe von Wertschöpfungsleistungen in der Automobilproduktion war im Jahr 2005 Anlass für eine Reorganisation und neue strategische Ausrichtung. Die Reintegration von Forschungs- und Entwicklungsleistungen sowie der stärkere Aufbau einer In-house Kompetenz im Bereich des Fahrzeugdesigns sind Zielsetzungen der Neuorganisation. Insbesondere die Designkompetenz soll durch den Aufbau eigener Aktivitäten wieder zurück gewonnen werden. Auch im Motorenbau sollen wieder stärker Kompetenzen innerhalb des Fiat Konzerns aufgebaut werden[222]. Der konzerneigene Motorenbau ist nicht exklusiv den Konzernmarken vorbehalten, sondern die Produkte werden aktiv am Markt angeboten.

Festzuhalten bleibt, dass Fiat im Vergleich zu anderen Automobilherstellern weniger exklusive Kernkompetenzbereiche definiert. Die Produktion ist hauptsächlich auf Kosteneinsparungszielen ausgerichtet und verfolgt einen vergleichsweise hohen Anteil der Fremdfertigung und punktuelle horizontale Kooperationen. Die Fertigungstiefe wird bei deutlich unter 25 Prozent eingeschätzt. Der Eigenleistungsanteil in der Forschung und Entwicklung sowie im Bereich Fertigung wird als unterdurchschnittlich mit den Indizes -2 bewertet.

4.3.1.2 Eigenleistungsanteil in der Distribution

Das Niederlassungsnetz von Fiat konzentriert sich in erster Linie auf den deutschen und französischen Markt. Hier besitzt Fiat jeweils mehr als fünf Prozent des Filialnetzes, wenngleich der anteilige Neuwagenabsatz auf Grund der überdurchschnittlichen Betriebsgröße deutlich höher ist. Zudem verfügt Fiat in Italien über eigene Filialen. In Frankreich werden etwa elf Prozent, in Deutschland etwa neun Prozent sowie in Italien etwa sechs Prozent aller Neuwagen durch Fiat eigene Niederlassungen verkauft. In Großbritannien werden keine eigenen Betriebe im Vertriebsnetz geführt. Insgesamt ist der relative Anteil der Eigenverkäufe im Vergleich zu den hier betrachteten Wertschöpfungsorganisationen unterdurchschnittlich und beträgt für die vier europäischen Kernmärkte im Mittel etwa 6,5 Prozent. Die zentrale Integration im Neuwagenvertrieb wird entsprechend mit dem Index -1 eingeschätzt.

Im Bereich der Finanzdienstleistungen offeriert Fiat Auto durch die »Fiat Group Automobiles Financial Services« die üblichen Finanzdienstleistungsprodukte im Neu- und Gebrauchtfahrzeugvertrieb. Der Finanzdienstleistungsbereich befindet sich nicht mehr vollständig im Besitz des Fiat Konzerns. Die Fiat Group hat im Jahr 2003 auf Grund finanzieller Probleme 51 Prozent der Finanzdienstleistungssparte »Fidis Retail« an ein italienisches Bankenkonsortium verkauft[223]. Die Anteile wurden im Jahr 2006 von der Bankengruppe zurück erworben und in ein neues Unternehmen integriert,

221 Ein Beispiel hierfür ist die Epsilon Plattform des General Motors Konzerns, worauf neben dem Fiat Croma der Chevrolet Malibu, der Opel Vectra, der Opel Signum und der Saab 9-3 basieren. Neben Fahrwerkskomponenten wird für den Fiat Croma auch die Karosserie durch Opel Kaiserslautern geliefert.

222 Im Jahr 2005 wurde die Fiat Powertrain Technologies gegründet. In dieser Unternehmenseinheit werden die Aktivitäten der Autosparte sowie der Nutzfahrzeugsparte mit der Marke Iveco gebündelt, um die eigenen Produkte zu bestücken und anderen Automobilherstellern zur Verfügung zu stellen.

223 Das Bankenkonsortium bestand aus den vier Hauptkreditgebern San Paolo Imi, Unicredit, Intesa und Capitalia.

das sich im Besitz der Fiat Group und der Crédit Agricole S.A. befindet. Das Angebotsportfolio umfasst die Händlereinkaufsfinanzierung, die Absatzfinanzierung und Leasingprodukte sowie das Vermietgeschäft. Die Fiat Group Automobiles Financial Services verfügt über ein durchschnittliches Leistungsportfolio, während die Ressourcen auf Grund des Unternehmensanteilsverkaufs beziehungsweise des im Jahr 2006 gegründeten Joint Ventures teilweise von außen bezogen werden müssen. Festzuhalten bleibt ein relativ geringer Integrationsgrad im Bereich der Finanzdienstleistungen. Die Aktivitäten im Service- und Reparaturgeschäft beschränken sich im Wesentlichen auf die Ersatzteilversorgung der Vertragshandelsorganisation[224]. Der Eigenleistungsanteil in der Distribution von Komplementärprodukten ist zusammenfassend vergleichsweise gering.

Die generierten Daten führen zu einem Index von -1 im Neuwagenvertrieb, zu einem Index von -2 für die Eigenaktivitäten im Bereich der Finanzdienstleistungen und zu einem Index von 0 für die Eigenleistungen im After-Sales.

4.3.1.3 Formelle Bindung in der Produktion

Auf Grund der überdurchschnittlichen Bedeutung horizontaler Lieferbeziehungen erfolgt eine differenzierte Betrachtung horizontaler und vertikaler Lieferbeziehungen.

Die vertikale Zusammenarbeit mit Zulieferern ist durch einen geringen Modularisierungsgrad geprägt. Das Produktionssystem von Fiat zeichnet sich bezüglich der unterschiedlichen Baureihen durch einen geringen Anteil von Gleichteilen zwischen den Modellen aus. Die Modularisierung der Lieferantenstrukturen ist analog zur geringen Produktmodularisierung wenig fortgeschritten, da Module und Systeme nicht modellübergreifend von Systemlieferanten bezogen werden können. In der Folge arbeitet Fiat im Vergleich zu anderen Automobilherstellern mit überdurchschnittlich vielen vertikalen Lieferanten zusammen, woraus eher marktlich geprägte Koordinationsformen resultieren[225]. Der initiierte Preiswettbewerb zwischen den Lieferanten ist höher als der ermittelte Durchschnitt für alle Fälle. Zulieferparkkonzepte zur räumlichen Ansiedlung und Bindung von Lieferanten sind lediglich im Fiat Fall am Standort Melfi umgesetzt[226]. Die übrigen Fiat eigenen Fertigungsstätten in Italien weisen keine Zuliefererparkkonzepte auf. Die formelle Integration der Lieferanten durch deren räumliche Ansiedlung und den daraus folgenden spezifischen Investitionen ist zusammenfassend als gering zu bewerten[227]. Tabelle 4.14 zeigt die bedeutendsten Zuliefererparks für Fiat.

---

224 Im Jahr 2007 hat Fiat eine eigenständige Ersatzteildistributionssparte zurückgekauft, die bis zum Jahr 2003 bei Magneti Marelli integriert war und zur Versorgung des freien Werkstattmarktes diente. Eine neue Serviceorganisation wurde gegründet, die auf einer Kooperation zwischen Magneti Marelli und Fiat basiert. Eine eigenständige Ersatzteildistributionsorganisation soll in erster Linie herstellerunabhängige Werkstätten mit Ersatzteilen und Zubehör versorgen. Zusätzlich soll mit dem Franchise Konzept »Checkstar« freien Werkstätten eine Systemanbindung an Fiat offeriert werden. Ziel ist die Bindung älterer Fahrzeuge und die Optimierung des Ersatzteilverkaufs, indem ehemals freie Werkstätten in die Wertschöpfungsorganisation integriert werden. Diese Aktivitäten finden jedoch für die vorliegende Untersuchung keine Berücksichtigung, da die unabhängigen Variablen nur für den Untersuchungszeitraum zwischen 2002 und 2007 analysiert werden.

225 In den Interviews mit Fiat Managern in Fachzeitschriften wird von einem »Sammelsurium« an Einzelaktivitäten gesprochen. Fiat verfügte im Jahr 2006 über 19 unterschiedliche Produktarchitekturen. Diese Zahl soll bis zum Jahr 2012 auf sechs reduziert werden. Auch ist die Zahl der verkauften Fahrzeuge pro Modellplattform mit durchschnittlich etwa 140.000 Fahrzeugen sehr gering.

226 Das Werk Melfi gilt als das modernste italienische Werk im Fiat Konzernverbund. Die »Zona Industrial Contriade Barone« wurde 1993 in Betrieb genommen und umfasst mehr als 15 Direktlieferanten.

227 In diesem Zusammenhang bleibt festzuhalten, dass eine gewisse Abhängigkeit zwischen Fiat und den Zulieferern per se besteht, da Fiat der einzige Automobilproduzent in Italien ist und somit ein Ausweichen auf andere Abnehmer für die Zulieferer schwierig ist.

Tabelle 4.14 Bedeutende Zuliefererparks von Fiat Auto

Fertigungsstätte	Eröffnet	Angesiedelte Kernlieferanten
Melfi (I)	1993	Arvin Meritor, Benteler, De Benedetti, Ergom, Fontana, Johnson Controls, Lames, Lear, Magneti Marelli, Magnetto Automotive, Michelin, Pirelli, Sila Teknik, Stola, TI Automotive, Tower Automotive, Nidec Motors

Einer schwachen Bindung zur Mehrheit der externen Lieferanten stehen die Lieferbeziehungen zu den konzerneigenen Zuliefererbetrieben entgegen. Die Fiat Gruppe verfügt mit Magneti Marelli und Teksid über eigenständige, jedoch konzerneigene Unternehmen[228]. Diese Unternehmen wurden aus dem Unternehmensbereich Fiat Auto herausgelöst und sind als eigenständige Akteure im allgemeinen Zulieferermarkt positioniert. Die Leistungen dieser Akteure sind frei über dem Markt zugänglich und alle Wettbewerbsunternehmen können darauf zurückgreifen. Die Bindung zwischen Fiat Auto und diesen Zuliefererunternehmen wird somit als vertikale Beziehungskonstellation klassifiziert. Die Lieferbeziehungen zu Magneti Marelli und Teksid sind formell überdurchschnittlich abgesichert. Eine enge formelle Bindung zu Magneti Marelli resultiert aus den organisatorischen und finanziellen Verzahnungen zwischen Magneti Marelli, der Fiat Group und Fiat Auto[229]. Magneti Marelli deckt ein vergleichsweise großes Spektrum unterschiedlicher Fahrzeugkomponenten ab[230]. In den letzten zehn Jahren hat der Fiat Konzern jedoch eine Reihe von Unternehmensbereichen von Magneti Marelli verkauft und damit konzerneigene Ressourcen ausgelagert[231]. Exklusive Lieferbeziehungen zwischen Magneti Marelli und Fiat Auto bestehen nicht, da Magneti Marelli als externes und markenübergreifendes Unternehmen offen am Markt positioniert wird[232]. Neben Magneti Marelli zählt das Zuliefererunternehmen Teksid zum Fiat Mischkonzern[233]. Teksid ist spezialisiert auf die Fertigung von Motor- und Getriebeblöcken und wurde 1978 als eigenständiger Lieferant aus dem Fiat Automobilbereich herausgelöst. Die formelle Bindung zu diesen Unternehmen ist zusammenfassend auf Grund der Konzernzugehörigkeit als hoch zu bewerten.

228 Zur Fiat Gruppe gehört auch das Unternehmen Comau, welches ist ein Lieferant technischer Produktionsanlagen und Werkzeuge. Comau wird in diesem Zusammenhang nicht weiter betrachtet, da es kein Zuliefererunternehmen im engeren Sinne ist.

229 Magneti Marelli verfügt über unterschiedliche Zuliefersparten. Das Unternehmen deckt die Bereiche Lichttechnik, Elektronikkomponenten, Motormanagement, Abgasanlagen und Fahrwerkssysteme ab. Magneti Marelli ist eine eigenständige Unternehmenseinheit der Fiat Unternehmens-Gruppe.

230 Zu seinen Kompetenzen zählt das Zuliefererunternehmen den Bereich Motormanagement, Lichttechnik, Instrumentierung, Abgastechnik und Elektronik. Magneti Marelli ist ein internationaler Lieferant für eine Vielzahl unterschiedlicher Automobilhersteller und zählt zu den fünfzig umsatzstärksten Automobilzulieferern weltweit.

231 Zum Beispiel wurde der Bereich Dieseltechnik an Bosch veräußert.

232 Ein Beispiel ist die Entwicklung des Common Rail Diesel Einspritzsystems. Dieses wurde Ende der Achtziger Jahren unter der Federführung von Magneti Marelli und unter Einbezug der Fiat Forschungsabteilung entwickelt. Die technische Innovation wurde jedoch letztlich durch Mercedes gekauft und am Markt penetriert. Mercedes-Benz profitierte stark von dieser vermeintlichen Pionierleistung.

233 Im Jahr 2007 hat Teksid etwa 7.000 Mitarbeiter in sieben Fertigungsstätten beschäftigt. Davon befinden sich vier Werke in Europa, sowie jeweils ein Werk in Südamerika, Mittelamerika und China.

Neben vertikalen Lieferantenbeziehungen verfügt Fiat Auto über eine Anzahl horizontaler Partnerschaften mit Wettbewerbsunternehmen (siehe Tabelle 4.15). In den horizontalen Partnerschaften tritt Fiat zum einen als Lieferant und zum anderen als Abnehmer von Teilen und Komponenten auf. Zwischen den Jahren 2000 bis 2005 bestand eine enge formelle Bindung mit dem General Motors Konzern. GM hat im Rahmen eines strategischen Kooperationsabkommens 20 Prozent an Fiat Auto erworben, während Fiat Auto im Gegenzug 5,15 Prozent der GM Aktien kaufte. Aus der finanziellen und vertraglichen Verzahnung resultierte eine starke formelle Bindung zwischen GM und Fiat, die langfristig in einem gemeinsamen Unternehmen münden sollte[234]. Nach der Trennung von GM initiierte Fiat eine Reihe von horizontalen Kooperationsabkommen. Ähnlich starke formelle Bindungen zu anderen Automobilherstellern bestehen nicht mehr. Festzuhalten bleibt, dass Fiat nach der GM Allianz nicht den Weg exklusiver, enger horizontaler Partnerschaften verfolgt.

Tabelle 4.15 Produkte mit wesentlichem Anteil von Komponenten aus horizontalen Lieferbeziehungen

Modell	Mini-Klasse	Kleinwagen	Kompakt	Mittelklasse	Partnerunternehmen
500*	X				Ford
Punto		X			GM-Opel
Bravo			X		GM-Opel
Sedici			X		Suzuki
Croma				X	GM-Opel
Ulysse				X	PSA

* Der Fiat 500 und der Ford Ka basieren auf einer Plattform, wobei Fiat die Produktion für beide Modelle verantwortet.

Zusammenfassend ist die formelle Bindung zwischen Fiat und den vertikal verbundenen Lieferanten als durchschnittlich zu bewerten. Die Bindung zu den externen Lieferanten ist überwiegend nicht durch relationale Verträge und finanzielle Geiseln abgesichert. Zwischen der Automobilsparte Fiat und den konzerneigenen Zuliefererbetrieben besteht jedoch eine relativ enge Bindung, die die schwache Bindung zu den anderen Lieferanten teilweise kompensiert. Daraus resultiert ein Index von 0 für die Gesamtbetrachtung aller Lieferantenbindungen. Die formelle Bindung zu den horizontalen Fertigungspartnern ist vergleichsweise schwach und wird mit dem Index -2 bewertet. Fiat verfolgt im Unterschied zu anderen Herstellern keine exklusiven horizontalen Partnerschaften, sondern arbeitet mit unterschiedlichen Wettbewerbsunternehmen zusammen und vermeidet eine zu enge Bindung.

234 Im Jahr 2005 wurde die enge Kooperation beendet und GM musste Abstandszahlungen in Höhe von 1,55 Milliarden Euro leisten, da Fiat im Besitz einer Verkaufsoption war. Fiat war mit dieser Option berechtigt, die restlichen 80 Prozent der Aktien an GM zu veräußern.

4.3.1.4 Formelle Bindung in der Distribution

Fiat bindet die europäischen Händler über ein selektives Vertragshändlersystem formal in die Wertschöpfungsorganisation ein. Die Selektionskriterien sowie die vertraglichen Standards sind im Fall der Fiat Händler- und Serviceverträge vergleichsweise gering. Händler müssen im Vergleich zu den vertraglichen Anforderungen anderer Automobilhersteller relativ geringe Standards erfüllen und geringere spezifische Investitionen in die Fiat Wertschöpfungsorganisation leisten. Der Vertragskomplexitäts-Index weist für Fiat einen der geringsten Werte auf.

Die notwendigen Investitionen in die Geschäftsausstattung und in die Corporate Identity sind unterdurchschnittlich. Insgesamt ist die formelle Bindung zwischen Fiat und seinen Vertragshändlern durch das Vorhandensein finanzieller Geiseln bei den Händlern gering. Die Umsetzung eines Mehrmarkenkonzeptes innerhalb eines Verkaufsstandorts wird dadurch prinzipiell erleichtert. In Deutschland forciert Fiat beispielsweise die Zusammenarbeit mit Gruppenbetrieben, die aktiv das Mehrmarkengeschäft betreiben. Überdurchschnittlich oft werden die Marken Fiat und Alfa-Romeo innerhalb eines Verkaufsstandortes vertrieben. Im Vergleich zu anderen Automobilherstellern erfolgt auch überdurchschnittlich oft ein Mehrmarkenvertrieb mit Fabrikaten eines anderen Automobilkonzerns. Neben Gruppenbetrieben finden sich in der Fiat Wertschöpfungsorganisation weiterhin eine Anzahl kleiner Familienbetriebe[235]. Die Netzstrukturen sind hinsichtlich der Vertriebsakteure relativ heterogen. Die Autorisierung zur Vertragswerkstatt erfordert ebenfalls relativ geringe spezifische Investitionen. Durch die geringen markenspezifische Technologien ist die Werkstattorganisation vergleichsweise wenig vor dem Wettbewerb geschützt. Verwandte Technologien zeigen sich beispielsweise zwischen Fiat und Opel sowie mit Ford, Peugeot-Citroen und Suzuki.

Die formellen Bindungen zu den Distributionsakteuren sind insgesamt unterdurchschnittlich und werden mit einem Index von -2 bewertet.

4.3.1.5 Informelle Bindung in der Produktion und Distribution

Die informelle Bindungsintensität im vertikalen Beziehungsgefüge zwischen Fiat und seinen Lieferanten ist relativ gering. Die gesichteten Studien weisen geringe Lieferantenzufriedenheitswerte aus. Das Ausmaß des Vertrauens in der Geschäftsbeziehung wird von den Lieferanten als gering bewertet. Aus Perspektive der befragten Lieferanten gehört Fiat zur Gruppe der wenig attraktiven Geschäftspartner. Die Dimensionen Kooperation und Fairness erzielen geringe Indexwerte, was insgesamt in eine geringe Zufriedenheit und einer geringen informellen Bindung zwischen Automobilhersteller und seinen Lieferanten resultiert. Alle gesichteten Zufriedenheitsstudien weisen insgesamt unterdurchschnittlich Werte für Fiat aus (siehe Tabelle 4.16).

---

235 Im europäischen Marktraum beläuft sich das Neuwagenverkaufsvolumen pro Händlervertrag auf 560 Neuwagen und bewegt sich damit auf dem Industriedurchschnitt. Pro Neuwagenvertriebsstandort ist die Zahl der Neuwagenverkäufe jedoch unterdurchschnittlich. Das Neuwagenverkaufsvolumen pro Vertriebsstandort beträgt 260 Neuwagen.

Tabelle 4.16 Informelle Bindung in der Produktion

Zufriedenheitsstudien	Index Fiat
Automotive News- Supplier Business: OEM-Supplier Relations Study Studien in 2006 und 2007	-1
Ebel et al.: Kooperation, Fairness und Zufriedenheit in der Hersteller-Lieferanten Beziehung, Studien in 2005 und 2006	-2
Meinig: Supplier Satisfaction Index (SSI) Studien in 2001 und 2003	Keine Daten
Relative informelle Bindung im Gesamtkontext	Unterdurchschnittlich, Gesamtindex -2

Auf Grundlage der gesichteten europäischen Studien sind die Vertragshändler relativ unzufrieden mit der Geschäftsbeziehung zu Fiat. Die Vertragshändler monieren unter anderem die unzureichende Vertriebsnetzabsicherungen durch die nationalen Vertriebsgesellschaften von Fiat. In der Konsequenz erhalten nicht autorisierte Automobilhändler die Vertragsware und konkurrieren mit den Vertragshändlern, die zuvor Investitionen in die Fiat Wertschöpfungsorganisation tätigen mussten. Daraus resultiert ein Kostennachteil für die Vertragspartner. Auf Grund der heterogenen Vertriebsorganisationsstrukturen aus kleinen und großen Händlern ist der Intra-Organisationswettbewerb hoch. Als weiterer zentraler Schwachpunkt wird die Betreuung der Händler im After-Sales angegeben.

Insgesamt ist die informelle Bindung zu den Vertragshändlern als schwach zu bezeichnen. Tabelle 4.17 fasst die Ergebnisse der Händlerzufriedenheitsstudien zusammen.

Tabelle 4.17 Informelle Bindung in der Distribution

Zufriedenheitsstudien	Index Fiat
CNPA : Cap Réseaux – Cote d'Amour des Constructeurs, Frankreich Studien zwischen 2002 und 2007	-2
Diez: MarkenMonitor – Händlerzufriedenheitsmonitoring, Deutschland Studien zwischen 2002 und 2007	-2
Buzzavo et al.: DealerStat – Dealer Satisfaction Italien, Studien zwischen 2004 und 2007	-1
RMIF: Dealer Attitude Survey, Großbritannien Studien zwischen 2002 und 2007	-2
Relative informelle Bindung im Gesamtkontext	Unterdurchschnittlich, Gesamtindex -2

4.3.1.6 Zwischenfazit

Zusammenfassend zeichnet sich die Wertschöpfungsorganisation von Fiat Auto durch eine vergleichsweise geringe zentrale Kontrolle und Integration aus. Eine Vielzahl der eingesetzten Ressourcen und Kompetenzen sind für andere Wettbewerber am Markt frei zugänglich. Horizontale Lieferbeziehungen und Fertigungsabkommen kommen überdurchschnittlich oft zum Tragen. Auf der einen Seite werden eigene Ressourcen anderen Unternehmen angeboten, um Skaleneffekte zu erzielen. Auf der anderen Seite werden Ressourcen von Wettbewerbsunternehmen intensiv genutzt. In der Automobilproduktion ist ein Strategiewechsel in den Jahren 2005-6 festzuhalten, der zu nachhaltigen Veränderungen in der Organisationskonzeption führen soll. Die Reorganisationsmaßnahmen umfassen unter anderem einen stärkeren Fokus auf die eigenen Aktivitäten und die Modularisierung der Lieferantenstrukturen. In der Distribution ist die Bindung zwischen Hersteller und Handel gering und der Intra-Organisationswettbewerb kann auf Grundlage mangelnder formeller und informeller Koordinationsmechanismen als hoch bewertet werden. Festzuhalten bleibt somit auch eine vergleichsweise geringe Kontrolle in der Distribution. Abbildung 4.10 fasst die Merkmale der unabhängigen Variablen zusammen.

Abbildung 4.10 Ausprägungen der unabhängigen Variablen der Wertschöpfungsorganisation Fiat Auto

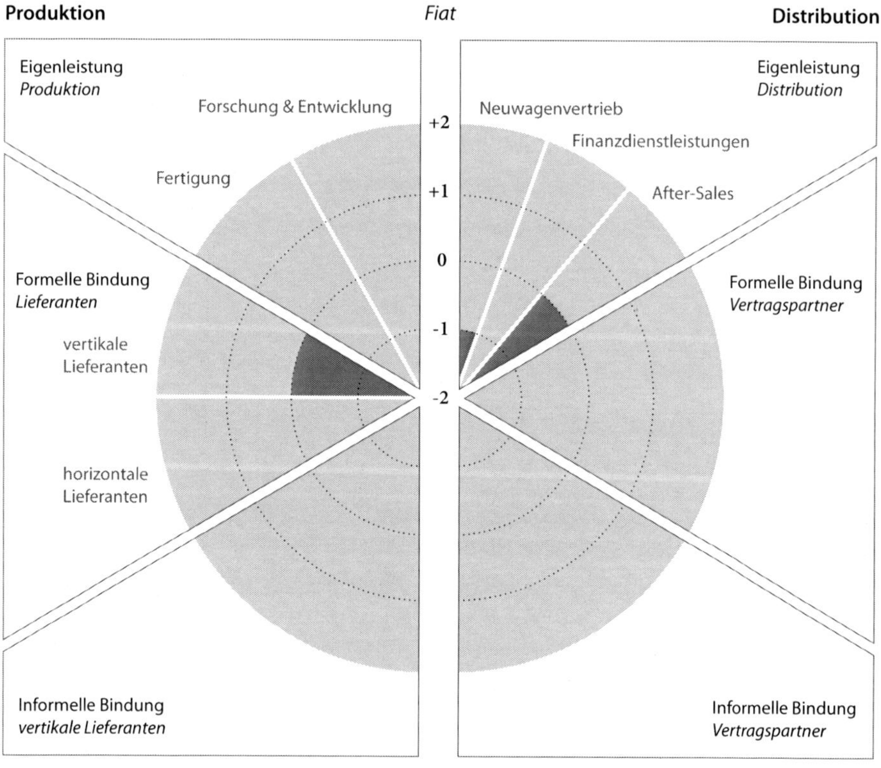

4.3.2 Abhängige Variablen der Wertschöpfungsorganisation Fiat

Die Unternehmenseinheit Fiat Auto[236] erzielte zwischen den Jahren 2002 und 2007 eine durchschnittliche Umsatzrendite von minus vier Prozent und befindet sich damit in der Gruppe der leistungsschwächsten Automobilhersteller der hier vorliegenden Fallstudienauswahl. Ingesamt zeigt der Automobilhersteller eine unterdurchschnittliche Rentabilität für den Betrachtungszeitraum, obwohl in den Jahren 2006 und 2007 die Unternehmenseinheit Fiat Auto Umsatzrenditen von über zwei Prozent erzielte. Diese konnten jedoch die hohen Verluste der Vorjahre nicht kompensieren. Auf Ebene der Lieferanten ergibt sich ein unterdurchschnittlicher finanzieller Erfolg. Die Lieferanten geben eine unterdurchschnittliche Kapitalrendite an, die Ergebnisse werden mit einem Leistungsindikator von minus eins bewertet. Die Gruppe der Vertragshändler bewertet die ökonomischen Ergebnisse ebenfalls als unterdurchschnittlich. In Deutschland und in Großbritannien sehen die Vertragshändler die ökonomischen Zielsetzungen insgesamt als nicht erfüllt. Lediglich im Heimatmarkt sind die Vertragshändler mit dem Zielerreichungsgrad zufrieden. Im Vergleich zu den Vertragshändlern anderer Fabrikate ist der wirtschaftliche Zielerreichungsgrad insgesamt unterdurchschnittlich. Auf Ebene des fokalen Automobilherstellers und der direkten Vertragshändler ergibt sich insgesamt eine unterdurchschnittliche ökonomische Leistungsfähigkeit und eine geringe Rentengenerierungskraft für die Fiat Wertschöpfungsorganisation. Tabelle 4.18 zeigt die Ergebnisse der in dieser Arbeit verwendeten Daten.

Tabelle 4.18 Ökonomische Leistungsdaten der Wertschöpfungsakteure

Akteur(gruppe)	Indikator	Quelle	Index
Automobilhersteller (Fiat)	Umsatzrendite	Fiat Geschäftsberichte 2002 bis 2007	-2
Zulieferer	Wahrgenommener Return on Investment	Automotive News und Supplier Business 2006 und 2008	-1
Vertragshändler	Wahrgenommene Rentabilität	Frankreich: CNPA (2005, 2006, 2007)	0
		Deutschland: Diez (2002, 2003, 2004, 2005, 2007)	-2
		Italien: Buzzavo et al. (2004, 2005, 2006, 2007).	+1
		Großbritannien: RMIF (2005, 2006, 2008).	-2

Der Markterfolg der Produkte der Wertschöpfungsorganisation Fiat ist ebenfalls unterdurchschnittlich. In Europa erzielt Fiat einen überdurchschnittlichen Markterfolg mit Produkten der Mini- und Kleinwagenklassen. Diesem Erfolg stehen sehr schwache Absatzleistungen für Modelle der übrigen Produktsegmente gegenüber. Die Mittelklassefahrzeuge konnten sich gegenüber den Wettbewerbsprodukten im Markt nicht behaupten. Die Absatzentwicklung auf Basis des CAG Quotienten zeigt einen leichten Zuwachs von 0,5 Prozent für den Untersuchungszeitraum, auch wenn vergleichsweise

236 Zur Unternehmenseinheit Fiat Auto gehören zudem die Marken Alfa Romeo und Lancia. Eine differenzierte Betrachtung des Ergebnisbeitrags ist für diese Marken nicht möglich. Alfa Romeo und Lancia tragen jedoch weniger als 25 Prozent zum Gesamtumsatz von Fiat Auto bei.

starke Absatzschwankungen festzustellen sind. Nach Marktanteilsverlusten konnte der Marktanteilswert des Jahres 2002 im Jahr 2007 wieder erreicht werden. Insgesamt ist die Absatzleistung der Fiat Produkte als schwach zu bewerten (siehe Tabelle 4.19). Laut der gesichteten J. D. Power Studien sind Fiat-Kunden unterdurchschnittlich zufrieden mit den Produkten und den Dienstleistungen der Vertriebs- und Serviceorganisation[237]. Im Vergleich zu den anderen Fällen zeigt Fiat die geringste durchschnittliche Kundenzufriedenheit. Auf Grund der geringen Kundenzufriedenheit wird die Kundenbindung beeinträchtigt, die wiederum den Inter-Wertschöpfungsorganisationswettbewerb verstärkt.

Tabelle 4.19 Relativer Verkaufserfolg von Fiat Auto (ohne Nutzfahrzeuge)

	500er und Panda	Punto	Stilo	Multipla	Croma	Ulysse
Index	+2	+1	-2	-2	-2	-2

Quelle: Daten basieren auf Automotive News Data Book 2002 bis 2007

Die technologische Innovationsleistung der Marke Fiat ist auf Grundlage der gesichteten Studien als gering einzustufen (vgl. Bratzel 2007a und 2008). Nur die Marke Opel weist im Durchschnitt einen geringeren Index für die Markeninnovationsstärke auf (vgl. Bratzel 2008, S. 81). Neben der Marke Fiat wird auch die Innovationsstärke der gesamten Fiat Automobilgruppe als unterdurchschnittlich bewertet. Die Innovationsleistung ist sowohl hinsichtlich der Anzahl an Innovationen als auch hinsichtlich der Innovationsintensität als gering einzustufen (vgl. Bratzel 2008, S. 78). Der Innovationsleistungs-Index markiert zusammenfassend den zweit geringsten Wert für die hier ausgewählten Fallstudien und wird mit dem Index -2 eingeschätzt.

Abbildung 4.11 Imagepositionierung für die Marke Fiat

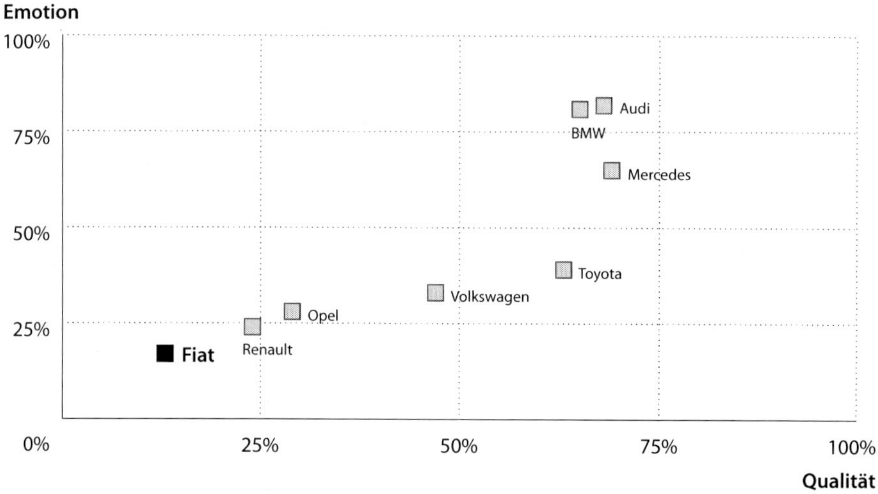

Quelle: in Anlehnung an Eiberger 2005, 2006 und 2007

237 Berücksichtigt wurden die Kundenzufriedenheitsstudien nach J. D. Power in den Märkten Frankreich, Deutschland und Großbritannien.

Aus Kundenperspektive wird die Marke Fiat ebenfalls als wenig innovativ bewertet (vgl. Bratzel 2008, S. 112ff.). Eine weitere Beeinträchtigung für die Wettbewerbsfähigkeit der Wertschöpfungsorganisation ist die geringe Differenzierungskraft des Fabrikats (vgl. Eiberger 2005, 2006 und 2007). Nur eine Minderheit der europäischen Kunden verbinden mit den Dimensionen Emotion und Qualität Produkte von Fiat. Differenzierungsvorteile können auf der unterdurchschnittlichen Imagepositionierung nicht fußen, wie Abbildung 4.11 zeigt.

Zusammenfassend ist die Wettbewerbsfähigkeit der Fiat Wertschöpfungsorganisation auf Grundlage der analysierten Leistungsindikatoren als gering zu bewerten. Alle Indikatoren sind unterdurchschnittlich ausgeprägt, nämlich ein geringer finanzieller Erfolg der Akteure, ein relativ geringer Markterfolg der Produkte sowie eine unterdurchschnittliche Innovationsleistung, was sich auch in der Markendifferenzierungsschwäche widerspiegelt. Die Grundlage für ökonomische Renten, beispielsweise Differenzierungsvorteile zur Abschöpfung von Monopolrenten oder innovationsbasierte Schumpeterrenten, sind nur wenig vorhanden. Festzuhalten bleibt jedoch, dass der überwiegende Teil der Leistungsindikatoren eine positive Richtung zeigen. Abbildung 4.12 stellt die Erfolgsindikatoren für Fiat zusammenfassend dar.

Abbildung 4.12 Erfolgsindikatoren der Wertschöpfungsorganisation Fiat

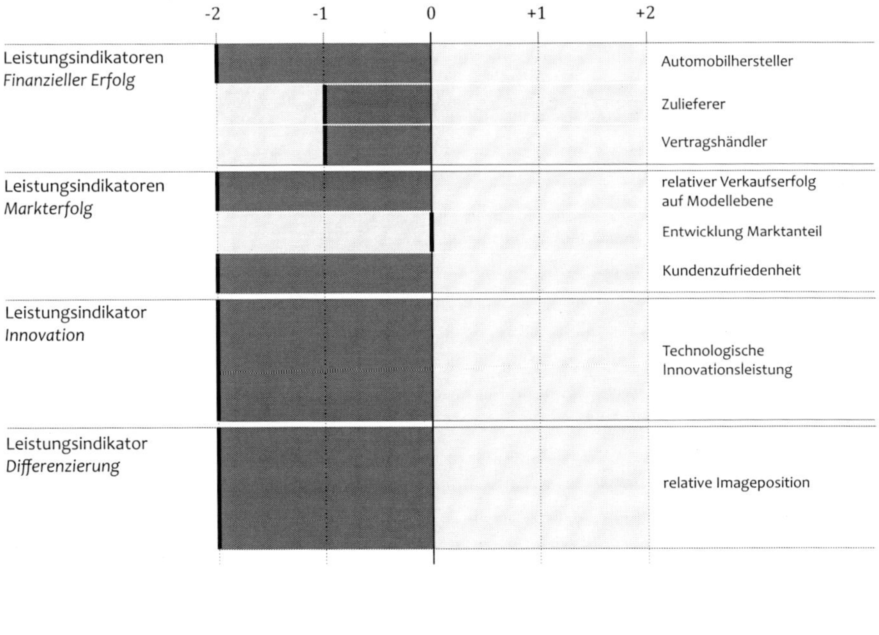

4.4 Fallstudie Mercedes-Benz Cars

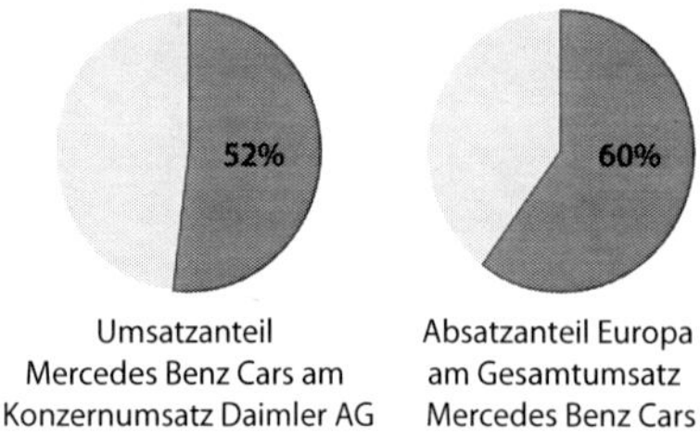

Abbildung 4.13 Umsatzstruktur der Mercedes Car Group

Mercedes-Benz Cars (MBC) gehört zum deutschen Daimler Konzern, der bis zum Jahr 2007 unter dem Namen DaimlerChrysler firmierte[238]. Die Kernaktivitäten von Mercedes-Benz Cars richten sich auf die Marken Mercedes-Benz und Smart[239]. Neben Mercedes-Benz Cars gehören die Unternehmenseinheiten Mercedes-Benz Trucks, Mercedes-Benz Vans und Daimler Bus zum Angebotsportfolio des Daimler Konzerns[240]. Mercedes-Benz Cars steuert mehr als die Hälfte zum Gesamtumsatz der Daimler AG (siehe Abbildung 4.13). Der westeuropäische Markt ist der bedeutendste Absatzmarkt für die MBC[241].

Das Angebotsportfolio von Mercedes-Benz besteht überwiegend aus Mittel- und Oberklassemodellen, wenngleich in der letzten Dekade eine deutliche Diversifikation in die unteren Produktsegmente erfolgte. Tabelle 4.20 zeigt das Angebotsportfolio und die PKW Fertigungsstätten von MBC.

Tabelle 4.20 Produktportfolio und die bedeutendsten Fertigungsstätten von Mercedes-Benz Cars

Modell	Mini-Klasse	Klein-wagen	Kompakt-klasse	Mittel-klasse	Ober-klasse	Luxus-klasse	Produktions-standort
Smart	X						Hambach (F)
A Klasse			X				Rastatt (D)
B Klasse			X				Rastatt (D)
C Klasse				X			Bremen (D), Sindelfingen (D), Osnabrück (D)
SLK				X			Bremen (D)
E Klasse					X		Sindelfingen (D)

238 Im Jahr 1998 fusionierte der Daimler Konzern mit dem US amerikanischen Automobilhersteller Chrysler. Daraus entstand ein Unternehmen mit 412.000 Mitarbeitern und einem Umsatz von 234 Milliarden Dollar. Im Sommer 2007 verkaufte Daimler 80 Prozent von Chrysler an den Finanzinvestor Cerberus und der Konzern erhielt mit dem Namen Daimler AG eine neue Firmierung.

239 Zusätzlich werden die Marken Mercedes-Benz AMG, Mercedes-Benz McLaren und Maybach zu Mercedes-Benz Cars gezählt. Die Aktivitäten sind jedoch hochgradig spezialisiert und können nicht mit anderen Automobilherstellern verglichen werden.

240 Die Daimler AG verfügt über diverse Beteiligungsgesellschaften im Rahmen dieser Unternehmenseinheit, wie beispielsweise Beteiligungen an den US amerikanischen LKW Herstellern Freightliner und Sterling Trucks.

241 Der wichtigste europäische Markt ist Deutschland. In Deutschland setzt Mercedes-Benz etwa 25 Prozent des Gesamtvolumens ab.

Modell	Mini-Klasse	Klein-wagen	Kompakt-klasse	Mittel-klasse	Ober-klasse	Luxus-klasse	Produktions-standort
M Klasse					X		Tuscaloosa (US)
R Klasse					X		Tuscaloosa (US)
S Klasse						X	Sindelfingen (D)
SL						X	Bremen (D)
G Klasse						X	Graz (AT)

Quelle: Daimler AG

Die folgende Fallstudie analysiert die Wertschöpfungsorganisation von Mercedes-Benz Cars und somit der Marken Mercedes-Benz und Smart[242].

4.4.1 Unabhängige Variablen der Wertschöpfungsorganisation Mercedes Benz Cars

4.4.1.1 Eigenleistungsanteil in der Produktion

Die Ressourcenausstattung im Bereich Forschung- und Entwicklung ist im Fall Mercedes-Benz Cars überdurchschnittlich. Insgesamt verfüg MBC über 11.000 Mitarbeitern in der Produktforschung und -entwicklung und setzt damit elf Prozent aller Mitarbeiter in diesem Wertschöpfungsbereich ein. Zwischen den Jahren 2002 und 2007 steuerte Mercedes etwa fünf Prozent des Unternehmensumsatzes in die Forschung, was einem Wert leicht über dem Durchschnitt der in dieser Arbeit analysierten Fälle entspricht (im Durchschnitt 4.5 % F&E Quote). Eine Reduktion der F&E Quote ist analog zum Kostensenkungsprogramm CORE festzustellen[243]. Insgesamt ist die eigentliche Ressourcenausstattung von MBC im F&E Bereich überdurchschnittlich, die getätigten Aktivitäten und Ausgaben wurden jedoch während des Untersuchungszeitraumes deutlich reduziert.

In der Automobilfertigung wurde eine Reduktion des Eigenleistungsanteils mit neuen Modellreihen und neuen Fertigungsstätten initiiert. Das Modellangebot von Mercedes-Benz war traditionell auf die oberen Fahrzeugklassen konzentriert. Analog zu dieser Modellreihenspezialisierung zeichnete sich Mercedes-Benz durch eine überdurchschnittliche Fertigungstiefe aus, die Mitte der Neunziger Jahre noch nahezu 50 Prozent betrug. Mit neuen Fahrzeugmodellen und den dazu notwendigen Produktionsstätten wurden veränderte Produktionssysteme eingeführt. Die unteren Baureihen der Mercedes Car Group weisen eine vergleichsweise geringe Fertigungstiefe und einen hohen Grad

242 Auf Grund eines ausbleibenden Unternehmensgewinns wurde die Unternehmenseinheit Smart nahezu vollständig in die Organisationsstrukturen von Mercedes-Benz integriert.

243 Das Kostensenkungsprogramm »CORE« steht für »Costs down, Revenue up« und wurde zwischen den Jahren 2005 und 2007 innerhalb des Unternehmens implementiert.

der Modularisierung auf[244]. Ein extremes Beispiel für einen überdurchschnittlich hohen Anteil der Fremdfertigung stellt das Smart Werk im französischen Hambach dar. Die Fertigungstiefe des Smart Werkes markiert bis heute den untersten Wert in der Automobilindustrie und beträgt laut Unternehmensangaben unter 15 Prozent. Neue Fertigungsstätten wurden auch im US-amerikanischen Tuscaloosa errichtet. Dort werden die Sport Utility Fahrzeuge (SUV) Mercedes-Benz M und R Klasse gefertigt, die vor allem für den amerikanischen Markt konzipiert wurden. Für diese Modelle beläuft sich die Fertigungstiefe auf einem durchschnittlichen Niveau von etwas 25 bis 30 Prozent. Eine überdurchschnittliche Fertigungstiefe von etwa 35 bis 40 Prozent weist der größte Fertigungsstandort Sindelfingen aus, wo die Mercedes-Benz CL-, CLS, E- und S-Klassen gefertigt werden. Für die Oberklassefahrzeuge verweist Mercedes auf einen überdurchschnittlich hohen Eigenfertigungsanteil. Die Kernkompetenzen, die innerhalb des Unternehmens und mit einem überdurchschnittlichen Anteil eigener Mittel und Aktivitäten kontrolliert werden sollen, sieht Mercedes im Fahrwerksbereich, in den Sicherheitssystemen, in der Entwicklung und Produktion von Automatikgetrieben und der Allradantriebstechnik, im Bereich der faltbaren Stahldächer sowie in der Sitzfertigung für die Oberklassefahrzeuge.

Insgesamt erfolgt eine vergleichsweise starke Differenzierung des Eigenleistungsanteil nach Modellsegmenten. Die unternehmenseigene Ressourcenausstattung in der Forschung und Entwicklung ist überdurchschnittlich hoch, wenngleich die Aktivitäten rückläufig sind (Index +2). Reduziert wurde vor allem auch der Eigenfertigungsanteil bei den MBC Modellen der mittleren und unteren Produktsegmenten (Index 0).

4.4.1.2 Eigenleistungsanteil in der Distribution

Im Unterschied zu den Produktionsleistungen wurde der Eigenleistungsanteil in der Automobildistribution bislang nicht reduziert und soll laut aktueller Unternehmensangaben in der Zukunft eher ausgeweitet werden[245]. Die Automobildistribution erfährt bei der Mercedes Car Group überdurchschnittliche Beachtung und die zentrale Kontrolle durch den Automobilhersteller ist stark ausgeprägt. Die Mercedes Car Group zeichnet sich in diesem Wertschöpfungsbereich durch einen sehr hohen Eigenleistungsanteil aus.

Im Industrievergleich verfügt Mercedes über die meisten eigenen Niederlassungen und kontrolliert entsprechend einen überdurchschnittlichen Anteil der Neuwagenverkäufe durch eigene Ressourcen. Im europäischen Wirtschaftsraum befinden sich mehr als 20 Prozent aller Vertriebsstandorte im Besitz des Automobilherstellers. Einen sehr hohen Anteil eigener Niederlassungen weist Mercedes im deutschen Markt auf. In Deutschland werden mehr als 50 Prozent aller Neuwagen in Eigenregie des Automobilherstellers vertrieben. Diese Strukturen sind in den letzten 40 Jahren gewachsen.

---

244 Ein Beispiel ist die Mercedes-Benz A-Klasse. Die A-Klasse wird seit 1997 im Werk Rastatt gefertigt. Das Werk Rastatt wurde 1992 eröffnet und produziert neben der A-Klasse seit dem Jahr 2005 auch die Mercedes-Benz B-Klasse. Die Mercedes A-Klasse war das erste Modell, das mit einem sehr hohen Fremdanteil entwickelt und gefertigt wurde. Die Fertigungstiefe wurde mit dem Nachfolgemodell um ein Weiteres reduziert und beträgt momentan etwa 20 bis 25 Prozent.

245 Aus den Interviews mit führenden Mercedes Vertretern ist immer wieder zu entnehmen, dass im Distributionsbereich die eigenen Aktivitäten weiter ausgebaut werden sollen. Laut Mercedes ist die Ausschöpfung des Kundenwertes über die Nutzungsdauer des Autos das langfristige Ziel. Das Projekt wird intern als »Projekt Business Innovation« bezeichnet. Hierunter fallen unter anderem die stärkere Integration der Bereiche Vermietgeschäft, Finanzierung von Gebrauchtwagen sowie eine stärkere Konzentration auf den Teilehandel.

Die eigenen Betriebsstätten bieten neben dem Neuwagenvertrieb auch Reparatur- und Wartungsdienstleistungen sowie Gebrauchtwagen an. Mit einem Verkaufsanteil von über 20 Prozent spielen die Mercedes Niederlassungen auch in Frankreich eine überdurchschnittliche Rolle im Neuwagenvertrieb. Darüber hinaus verkauft Mercedes in Italien und Großbritannien Neuwagen durch eigene Filialen. Im Vergleich zum gesamten Neuwagenabsatz in den vier europäischen Kernmärkten verkauf Mercedes insgesamt mehr als 35 Prozent aller Neuwagen in Eigenregie. Damit ist der Eigenleistungsanteil im Fall Mercedes am höchsten in Europa und wird mit den Index +2 beziffert.

Einen hohen Anteil eigener Ressourcen und Aktivitäten erfährt auch der Finanzdienstleistungsbereich. Die Mercedes Car Group verfügt mit der Mercedes-Benz Bank AG über ein konzerneigenes Finanzinstitut, das ein überdurchschnittliches Spektrum an Dienstleistungen offeriert[246]. Übergeordnetes Institut ist die Daimler Financial Services AG, die mit etwa 6.500 Mitarbeitern zu den größten herstellereigenen Finanzdienstleistern zählt[247]. Die Mercedes-Benz Bank ist zentraler Finanzdienstleistungspartner für die Marken Mercedes-Benz und Smart sowie für Chrysler, Jeep, Dodge, Setra und Mitsubishi Fuso[248]. Zur Mercedes-Benz Bank gehören vier Organisationseinheiten, die Mercedes-Benz Bank Service GmbH, die Mercedes-Benz Leasing GmbH, die Daimler Fleet Management GmbH und die Mercedes-Benz Charterway GmbH[249]. Das Direktkundengeschäft ist Bestandteil der Bankensparte und ist eine Besonderheit im Vergleich zum durchschnittlichen Dienstleistungsangebot einer Herstellerbank[250]. Im Automobilgeschäft offeriert die Bank alle relevanten Finanzdienstleistungs- und Leasingprodukte sowie Versicherungsdienstleistungen. Laut Unternehmensangaben soll vor allem der Versicherungsbereich in Zukunft stärker ausgebaut werden, um die Kunden im Falle eines Unfalls an die Mercedes-Benz Serviceorganisation stärker zu binden[251]. Für den Bereich der Finanzdienstleistungen weist Mercedes-Benz insgesamt eine überdurchschnittliche Ressourcenausstattung und einen hohen Anteil eigener Aktivitäten auf. Im Reparatur- und Ersatzteilgeschäft konzentriert die Mercedes Car Group die Aktivitäten auf die Ersatzteilversorgung des Vertragshandels. Vertraglich nicht gebundene Werkstätten können über den Online Dienst „Mercedes-Benz WebParts" Ersatzteile über den Online-Teilekatalog bestellen. Die Logistik wird über die herstellereigenen Großlager sowie über die eigenen Betriebsstätten und Vertragspartner organisiert[252].

---

246 Nach der Trennung von Chrysler wurde die DaimlerChrysler Bank am 1. Januar 2008 in die Mercedes-Benz Bank umbenannt.

247 Diese Daten beziehen sich auf das Jahr 2007. Die unter geordnete Mercedes-Benz Bank beschäftigte im Jahr 2007 etwa 1.400 Mitarbeiter.

248 Die Beziehungen zu den Chrysler Marken Chrysler, Jeep und Dodge sowie zu Mitsubishi Fuso bestehen aus den ehemaligen Unternehmensverbindungen.

249 Die Charterway GmbH bietet ein Fuhrparkmanagement ausschließlich für Mercedes-Benz Nutzfahrzeuge.

250 Das Dienstleistungsangebot der Direktbankeinheit basiert auf drei Säulen, dem Einlagen-, dem Depot und dem Kreditkartengeschäft.

251 Einen stärkeren Einsatz eigener Mittel soll auch der Flotten- und Leasingbereich in Zukunft erfahren. Im Bereich des Flottenvertriebs und -management wird momentan eine eigene Organisation aufgebaut. Um den Absatz im Marktsegment der Flottenkunden zu erhöhen wird auch die Produktion stark mit dem Vertrieb verbunden. Ziel ist, die Kosten für die Wartung und Versicherung des Fahrzeuges bereits in der Produktion zu beeinflussen und entsprechend attraktive Fahrzeuge zu entwickeln, die sich durch geringe Unterhaltskosten im Leasingbereich auszeichnen.

252 Laut geführten Experteninterviews ist der negative Einfluss und die Intensivierung durch herstellerungebundene Service- und Reparaturbetriebe momentan noch gering ausgeprägt.

Zusammenfassend ist die Eigenleistung im Distributionsbereich durch die hohe Zahl eigener Niederlassungen überdurchschnittlich hoch (Index +2). Im Finanzdienstleistungsbereich ist die Mercedes Car Group ebenfalls stark integriert (Index +2), während der Eigenleistungsanteil im After-Sales durchschnittlich ist (Index 0).

4.4.1.3 Formelle Bindung in der Produktion

Die Zusammenarbeit mit externen Lieferanten war im Fall Mercedes-Benz traditionell durch exklusive, relationale Verträge gekennzeichnet. Im Rahmen von Kostensenkungsprogrammen wurde der Anteil des Single-Sourcing und der langfristigen Lieferantenbeziehungen für strategisch weniger bedeutende Komponentegruppen jedoch reduziert. Der durch den Automobilhersteller initiierte Preiswettbewerb zwischen den Lieferanten ist weiterhin vergleichsweise gering, wenn auch zunehmend[253]. Auch das Multiple- und das Global Sourcing wird durch MBC nur in einem geringen Umfang umgesetzt. Dieser unterdurchschnittlich ausgeprägte Intra-Organisationswettbewerb bekräftigt die Aussage, dass ein relativ großer Anteil der Lieferanten langfristig in die Organisation eingebunden wird. Eine Besonderheit ist der konzerneigene Forschungs- und Entwicklungsdienstleister MB-Tech. Die MB-Tech wurde im Jahr 1995 gegründet und stellt in erster Linie den eigenen Unternehmenseinheiten Entwicklungsdienstleistungen zur Verfügung. Langfristig visiert die MB-Tech eine stärkere Öffnung gegenüber konzernfremden Unternehmen. Um den Umsatz mit konzernfremden Unternehmen zu steigern tritt die MB-Tech als eigenständiger Dienstleister im Markt auf und kann durch Wettbewerbsunternehmen genutzt werden. Die Lieferbeziehung zwischen Mercedes Benz Cars und der MB Tech wird daher als vertikale Beziehung klassifiziert. Die formelle Bindung zwischen den Unternehmen ist auf Grund der gemeinsamen Konzernzugehörigkeit hoch. In diesem Zusammenhang ist zu bemerken, dass die MB Tech etwa 80 Prozent des Umsatzes mit Automobilunternehmen des Daimler-Konzerns tätigt[254].

Der Bau neuer Fertigungsstätten erfolgte anhand einer vergleichsweise starken räumlichen Integration der Direktlieferanten (siehe Tabelle 4.21). Ein häufig zitiertes Modellbeispiel für die Integration von Lieferanten ist das Smart Werk im französischen Hambach[255]. Aus Gründen der gegenseitigen Abhängigkeit wurden langfristige Verträge mit den eng angebundenen Systemlieferanten abgeschlossen. Die direkt am Werkt beziehungsweise im Werk integrierten Lieferanten übernehmen eine überdurchschnittliche Koordinations- und Fertigungsverantwortung[256]. Die Lieferverträge mit den Systemlieferanten umfassen in der Regel eine Laufzeit von mindestens einem Modelllebenszyklus. Auch die übrigen neuen Produktionsstätten wurden mit Zulieferparkmodellen kombiniert und die Zusammenarbeit mit Systemlieferanten intensiviert. Zu diesen Fertigungsstätten zählen das

253 Einen wachsenden Kostendruck geben die Lieferanten im Zusammenhang mit dem Kostensenkungsprogramm CORE an.

254 Die MB Tech offeriert Entwicklungsdienstleistungen für einzelne Komponenten und für gesamte Fahrzeuge. Die MB Tech liefert etwa 20 Prozent der Entwicklungsdienstleistungen an konzernfremde Unternehmen. Die überwiegende Mehrheit der Forschungs- und Entwicklungsarbeit verbleibt somit innerhalb des Daimler Konzerns.

255 Die Smart Fertigungsstätte und der von vornherein geplante, stark integrierte Zuliefererpark wurden im Jahr 1997 in Betrieb genommen. Für die Fertigung des Smart arbeitet die Mercedes Car Group mit weniger als 40 System- und etwa 120 Komponentenlieferanten zusammen, die in direkter räumlicher Nähe zum Montagewerk angesiedelt sind. Einige Lieferanten sind direkt in die Werkshallen von Smart integriert, woraus sich sehr hohe spezifische Investitionen für diese Lieferanten ergeben.

256 Für den Smart liefert beispielsweise Magna die komplett lackierte Karosserie direkt ans Band. VDO bestückt den Smart mit einem kompletten Cockpitmodul.

Werk in Rastatt (D) und das US amerikanische Werk in Tuscaloosa[257]. Eine überdurchschnittlich räumliche Nähe zu den Kernlieferanten weisen auch die traditionellen Fertigungsstätten Werk Sindelfingen und Werk Bremen auf[258]. Die finanziellen Geiseln der Lieferanten sind durch die eingebrachten spezifischen Investitionen insgesamt überdurchschnittlich. Die formelle Bindung wird dadurch verstärkt.

Tabelle 4.21 Bedeutende Zuliefererparks von Mercedes-Benz Cars

Fertigungsstätte	Eröffnet	Angesiedelte Kernlieferanten
Hambach (F)	1997	Bosch, Plastal, Magna, Continental, Eisenmann, ThyssenKrupp
Rastatt (D)	1997	Delphi, Brose, Faurecia, Tenneco, Johnson Controls, Magna, Eurofit Radsystem Mosel, TI Automotives, Woco

Die Zahl horizontaler Lieferbeziehungen mit Wettbewerbsunternehmen ist gering[259]. Vergleichsweise lose horizontale Kooperationen bestehen beispielsweise in der Forschung und Entwicklung von Elektronikkomponenten[260] und Hybridantrieben[261].

Eine überdurchschnittliche formelle Bindung zwischen den vertikal verbundenen Lieferanten und MBC ergibt sich zusammenfassend aus i. der engen geographischen Integration und der daraus folgenden spezifischen Investitionen für die Lieferanten, ii. den langfristigen und relativ exklusiven Lieferbeziehungen und iii. einem gering ausgeprägten Wettbewerb zwischen den Lieferanten innerhalb der Organisation. Daraus resultiert ein Index von +1. Die Lieferbeziehungen konzentrieren sich in erster Linie auf vertikal verbundene Akteure, während horizontale Partnerschaften im Verlauf des Untersuchungszeitraumes keine signifikante Rolle spielen.

4.4.1.4 Formelle Bindung in der Distribution

Die formelle Bindung zwischen dem Automobilhersteller und den vertraglich gebundenen Händlern und Servicebetrieben ist sehr stark. Im Unterschied zur überwiegenden Mehrheit der Automobilhersteller organisiert die Mercedes Car Group den vertraglich gebundenen Neuwagenvertrieb in Deutschland über ein Agentursystem. Das Agentursystem stellt in diesem Vergleich die stärkste vertragliche Bindungsform dar. In den übrigen europäischen Märkten bindet die Mercedes Car Group

257 Im Industriepark Rastatt befinden sich etwa zehn Systemlieferanten mit mehr als 1.000 Mitarbeitern in direkter räumlicher Nähe. Der Industriepark wurde 1997 eröffnet. Das Werk Tuscaloosa wurde ebenfalls mit einem Zuliefererparkkonzept kombiniert. Dort befinden sich etwa 30 Systemzulieferer, die sich rund um das Werk angesiedelt haben.

258 Eine Vielzahl der Lieferanten hat sich in Nähe der Werke Bremen und Sindelfingen angesiedelt. Diese Strukturen sind langfristig gewachsen.

259 Nach Abspaltung von Chrysler sucht der Daimler Konzern nach engen horizontalen Kooperationspartnern, um Skaleneffekte für einzelne Komponentenentwicklungen und -fertigungen zu erzielen.

260 Zu nennen ist hier beispielsweise das Kooperationsprojekt »AUTOSAR« im Elektronikbereich. AUTOSAR steht für Automotive Open System Architecture, woran unter anderem BMW, Ford, Toyota und Volkswagen teilnehmen.

261 Die Kooperation zu Hybridantrieben findet zwischen BMW, General Motors und Daimler (zum Anfangszeitpunkt noch DaimlerChrysler) statt. Das Investitionsvolumen zur gemeinsamen Entwicklung von Hybridantrieben beläuft sich auf 1 Mrd. Dollar. Seit dem Jahr 2005 arbeiten an dem Projekt etwa 500 Ingenieure. Die finalen Antriebe werden dann herstellerspezifisch ausgestaltet.

die Neuwagenhändler über eine selektive Vertragshandelsorganisation in das eigene Wertschöpfungssystem ein. Die vertragliche Bindung zu den Servicepartnern erfolgt ebenfalls ausschließlich über eine selektive Vertragsorganisation. Die Analyse der Händlerverträge ergänzt das Bild einer ausgeprägten Integration der Vertriebspartner. Vergleichbare beziehungsweise höhere vertragliche Anforderungen und Standards weisen mit Blick auf die in dieser Arbeit ausgewählten Automobilhersteller nur BMW und Audi auf. Der Vertragskomplexitäts-Index rangiert am oberen Ende der Skala, woraus sich überdurchschnittlich hohe spezifische Investitionen für die Vertragspartner im Neuwagenvertrieb und im After-Sales Bereich ergeben. Die Vertragspartner geben hohe sechsstellige Anfangsinvestitionen sowie überdurchschnittliche jährliche Investitionen in die Sach- und Humanressourcen an, um die Vertragsanforderungen zu erfüllen. Die notwendigen Investitionen zur Umsetzung der Autorisierungskriterien sind überdurchschnittlich und erfordern eine relativ große Mindestgröße, um eine Amortisierung der Investitionen zu erreichen[262].

Mercedes-Benz Cars arbeitet mit vergleichsweise wenigen Vertriebspartnern zusammen, wobei die einzelnen Partner überdurchschnittlich viele Neuwagen verkaufen. Der Konsolidierungsgrad in der Mercedes Distributionsorganisation ist als hoch zu bewerten[263]. Auf Grund der hohen spezifischen Investitionen und der Ausgestaltung der Vertriebsverträge ist der Anteil an Betriebsstätten, die neben den Mercedes Produkten auch konzernfremde Produkte anbieten, sehr gering. Der überwiegende Anteil der Fahrzeuge wird durch Single Franchise Betriebsstätten vertrieben. Mehrmarkenaktivitäten finden in der Regel mit den Konzernmarken, nämlich mit Mercedes-Benz und Smart[264]. Festzuhalten bleibt, dass der Anteil der Händler, der Vertriebs- und Serviceaktivitäten auch für konzernfremde Marken austrägt, relativ gering ist. Entsprechend ist die Markenexklusivität in der Distributionsorganisation als hoch zu bewerten.

Die Vertriebs- und Servicepartnern erfahren eine ausgeprägte formelle Integration. Die vertragliche Einbindung der Händler ist insgesamt sehr hoch und wird mit einem Index von +2 bewertet.

4.4.1.5 Informelle Bindung in der Produktion und Distribution

Die informelle Bindung zwischen den Lieferanten und der Mercedes Car Group ist überdurchschnittlich. Positiv wird unter anderem die Kompetenz der Mercedes eigenen Ingenieure sowie die Kontinuität der Geschäftsbeziehung bewertet. Das Ausmaß und die Qualität der Ressourcen und Kompetenzen der Mercedes Car Group beeinflussen aus Perspektive der Lieferanten die Qualität der Geschäftsbeziehung positiv. Die Lieferanten vertrauen der Mercedes Car Group als Geschäftspartner überdurchschnittlich stark, wodurch die informelle Bindung intensiviert wird. Insgesamt wird die Intensität der Geschäftsbeziehung als hoch bewertet, woraus sich ein überdurchschnittlicher Zufriedenheitswert auf Seiten der Lieferanten ergibt. Alle gesichteten Studien belegen diese Ergebnisse (siehe Tabelle 4.22). Zusammenfassend wird die Mercedes Car Group aus Perspektive der Lieferanten als ein überdurchschnittlich attraktiver und bevorzugter Geschäftspartner angesehen.

---

262 Die Vertriebsstandards erfordern eine Mindestgröße, da die Investitionen zu hohen Fixkosten führen, die ein entsprechendes Neuwagenverkaufs- und Servicevolumen erfordern.

263 Im europäischen Marktraum beläuft sich das Neuwagenverkaufsvolumen pro Händlervertrag auf 970 Neuwagen und pro Neuwagenvertriebsstandort auf 366 Neuwagen. Beide Verkaufsquoten liegen deutlichen über dem europäischen Durchschnitt.

264 In diesem Fall findet der Mehrmarkenservice vor allem zwischen Mercedes-Benz und Smart statt, da hier Synergieeffekte durch die gemeinsame Nutzung der Werkstattausstattung erzielt werden können.

Tabelle 4.22 Informelle Bindung in der Produktion

Zufriedenheitsstudien	Index MBC
Automotive News- Supplier Business: OEM-Supplier Relations Study Studien in 2006 und 2007	+1
Ebel et al.: Kooperation, Fairness und Zufriedenheit in der Hersteller-Lieferanten Beziehung, Studien in 2005 und 2006	+1
Meinig: Supplier Satisfaction Index (SSI) Studien in 2001 und 2003	+1
Relative informelle Bindung im Gesamtkontext	Überdurchschnittlich, Gesamtindex +1

Im Unterschied zur sehr ausgeprägten formellen Bindung zwischen den Distributionsakteuren und dem Automobilhersteller ist die informelle Bindung durchschnittlich. Die Händlerzufriedenheitsstudien ergeben ein differenziertes Bild je nach europäischem Markt. In Frankreich und in Italien sind die Händler überdurchschnittlich zufrieden mit der Geschäftsbeziehung zur Mercedes-Car Group. Durchschnittliche beziehungsweise unterdurchschnittliche Zufriedenheits-Indizes ergeben sich für Großbritannien und für Italien. Für beide Märkte zeigen sich jedoch positive Trendwerte in Bezug zur Entwicklung der Händlerzufriedenheit im Analysezeitraum. Die Gesamtbetrachtung der europäischen Kernmärkte ergibt insgesamt einen durchschnittlichen informellen Bindungs-Index in Bezug zur Zusammenarbeit zwischen vertraglich gebundenen Distributionsakteuren und dem Automobilhersteller. Tabelle 4.23 fasst die durchschnittlichen Indizes der unterschiedlichen Studien zusammen.

Tabelle 4.23 Informelle Bindung in der Distribution

Zufriedenheitsstudien	Index MBC
CNPA : Cap Réseaux – Cote d'Amour des Constructeurs, Frankreich Studien zwischen 2002 und 2007	+1
Diez: MarkenMonitor – Händlerzufriedenheits-monitoring, Deutschland Studien zwischen 2002 und 2007	+1
Buzzavo et al.: DealerStat – Dealer Satisfaction Italien, Studien zwischen 2004 und 2007	-1
RMIF: Dealer Attitude Survey, Großbritannien Studien zwischen 2002 und 2007	0
Relative informelle Bindung im Gesamtkontext	Durchschnittlich, Gesamtindex 0

4.4.1.6 Zwischenfazit

Die Wertschöpfungsorganisation von Mercedes-Benz Cars zeichnete sich traditionell durch einen überdurchschnittlichen Integrationsgrad aus. Reorganisationsmaßnahmen fanden in den letzten Jahren vor allem in der Automobilproduktion statt. Eine Reduktion der Eigenleistung erfolgte mit neuen Modellreihen und Fertigungsstätten. Eine umfassende Konzentration eigener Ressourcen ist für die Distribution festzustellen. Die Wertschöpfungs- und Fahrzeuglebenszykluskontrolle durch eigene Ressourcen soll zukünftig noch weiter ausgebaut werden. Mercedes verfügt über die höchste Zahl eigener Niederlassungen in Europa und betreibt ein Agentursystem im Heimatmarkt Deutschland (größter Markt für MBC). Abweichend vom ausgeprägten Eigenleistungsanteil und der formellen Integration der Distributionsakteure ist die nur durchschnittliche informelle Bindung zu den Vertragsakteuren. Festzuhalten bleibt der intensive Fokus auf die Fahrzeugdistribution. Abbildung 4.14 fasst die Ergebnisse zusammen.

Abbildung 4.14 Ausprägungen der unabhängigen Variablen der Wertschöpfungsorganisation MBC

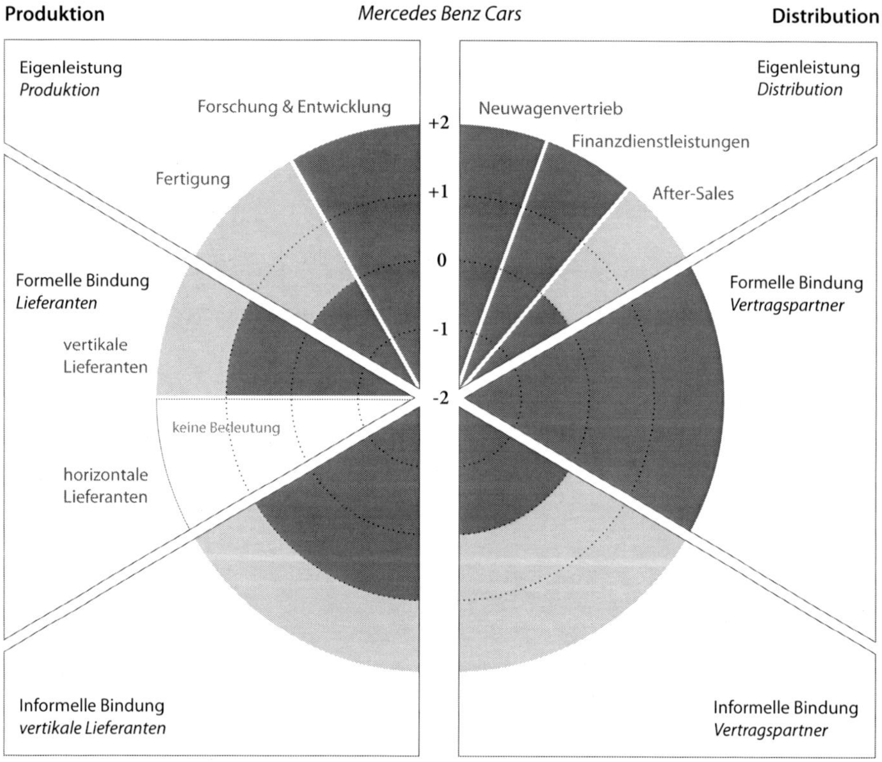

4.4.2 Abhängige Variablen der Wertschöpfungsorganisation Mercedes-Benz Cars

Im Betrachtungszeitraum erzielte der Automobilhersteller im Durchschnitt eine Umsatzrendite von 4,5 Prozent und lag damit über dem Durchschnittswert der in dieser Arbeit analysierten Automobilhersteller[265]. Das Unternehmensergebnis wurde vor allem auch durch die Finanzdienstleistungssparte unterstützt, während die Erträge aus dem Kerngeschäft zu einer geringeren Umsatzrendite geführt hätten. Die Rentengenerierungskraft des Automobilherstellers fußt zusammenfassend überdurchschnittlich auf Komplementärprodukte in der Distribution. Die Lieferanten bewerten die ökonomischen Ergebnisse, die sich aus den Investitionen in die Mercedes Wertschöpfungsorganisation ergeben, positiv. Auf Ebene der Vertragshändler ergibt sich ein ähnliches Bild. Die Vertragshändler und Agenten bewerten die Erfüllung ihrer wirtschaftlichen Zielsetzungen als überdurchschnittlich gegeben. Vertragspartner in Frankreich sehen die ökonomischen Ziele durch Aktivitäten in der Mercedes Organisation als vollkommen erfüllt. Einen durchschnittlichen Zielerfüllungsgrad zeigt die Befragung der italienischen Vertragshändler. Insgesamt ergibt die Analyse für die europäischen Vertragshändler einen Index von +1. Zusammenfassend ist die ökonomische Leistungsfähigkeit der Wertschöpfungsorganisation von Mercedes-Benz Cars als überdurchschnittlich zu bewerten. Tabelle 4.24 zeigt die ökonomischen Leistungsdaten für die Wertschöpfungsorganisation von Mercedes-Benz Cars.

Tabelle 4.24 Ökonomische Leistungsdaten der Wertschöpfungsakteure

Akteur(gruppe)	Indikator	Quelle	Index
Automobilhersteller (Mercedes)	Umsatzrendite	Daimler Geschäftsberichte 2002 bis 2007	+1
Zulieferer	Wahrgenommener Return on Investment	Automotive News und Supplier Business 2006 und 2006	+1
Vertragshändler	Wahrgenommene Rentabilität	Frankreich – CNPA (2005, 2006, 2007)	+2
		Deutschland: Diez (2002, 2003, 2004, 2005, 2007)	+1
		Italien: Buzzavo et al. (2004, 2005, 2006, 2007).	0
		Großbritannien: RMIF (2005, 2006, 2008).	+1

265 Die Umsatzrendite ist durch Restrukturierungsmaßnahmen beeinträchtigt, die für die Marke Smart im Betrachtungszeitraum ausgetragen wurden. In dieser Arbeit wurde eine Umsatzrendite von 4,8 % für die Mercedes Car Group errechnet, wenn die Maßnahmen nicht berücksichtigt werden. Der ermittelte Indexwert ändert sich durch den abweichenden Renditewert nicht.

In der Gruppe der Premiumfabrikate ist die Mercedes-Benz Cars Marktführer in Europa[266]. Das Produktportfolio von Mercedes-Benz ist in erster Linie in den Ober- und Luxusklassensegmenten überdurchschnittlich erfolgreich. Die unteren Klassen zeigen einen durchschnittlichen bis unterdurchschnittlichen Markterfolg. Der relative und absolute Markterfolg (CAGR) von Mercedes Produkten zeigt einen negativen Verlauf. Im jährlichen Durchschnitt hat Mercedes ein Minus von einem Prozent beim Marktanteil erlitten. Der Markterfolg der Produkte ist insgesamt als durchschnittlich bis überdurchschnittlich zu bewerten, die Entwicklung ist jedoch negativ. Tabelle 4.25 fasst den relativen Verkaufserfolg der Modellpalette der Mercedes-Car Group zusammen. Gemäß der gesichteten J. D. Power Studien sind Kunden durchschnittlich mit den Produkten und den Serviceleistungen der Mercedes Wertschöpfungsorganisation zufrieden[267]. Der vergleichsweise hohen Erwartungshaltung der Mercedes Kunden standen in den Jahren 2003 bis 2005 überdurchschnittliche Produktqualitätsproblemen gegenüber. Dieses führte bei einigen Modelleinführungen zu deutlichen Zufriedenheitsverlusten.

Tabelle 4.25 Relativer Verkaufserfolg der Mercedes-Benz Car Modellpalette (ohne Nutzfahrzeuge)

	A-Klasse	B-Klasse	C-Klasse	SLK	E-Klasse	M-Klasse	S-Klasse
Index	-2	-1	+1	+2	+2	+2	+2

Quelle: Daten basieren auf Automotive News Data Book 2002 bis 2007

Die technologische Innovationskraft der Marke Mercedes ist auf Grundlage der gesichteten Studien überdurchschnittlich und wird mit dem Index von +1 bewertet (vgl. Bratzel 2007a und 2008). Neben den Marken BMW und Volkswagen zählt Mercedes zu den innovativsten Fabrikaten, während die Konzern-Innovationsstärke von Daimler im Jahr 2006 mit dem Rang drei und im Jahr 2007 mit dem Rang vier im Gesamtvergleich bewertet wurde (vgl. Bratzel 2007a und 2008). Einen zunehmenden Fokus legt Mercedes auf die Themen Wirtschaftlichkeit und Umwelt, was einen Strategiewechsel in der Produktpolitik darstellt. In den Studien wird trotzt der überdurchschnittlichen Ausstattung mit eigenen Mitarbeitern und Ressourcen im Bereich Forschung und Entwicklung die eher durchschnittliche Anzahl der Innovationen bemängelt (vgl. Bratzel 2008, S. 91). Hervorgehoben wird jedoch der überdurchschnittlich hohe technische Innovationsgrad der am Markt lancierten Technikneuheiten.

Die zuvor beschriebenen Verluste in der Kundenzufriedenheit werden in von den Ergebnissen der Markendifferenzierungsstudien reflektiert (siehe Abbildung 4.15). Mercedes-Benz hat insbesondere in der Dimension Qualität an Kraft verloren. Insgesamt ist die Markendifferenzierungskraft von Mercedes jedoch weiterhin überdurchschnittlich und kann für die Abschöpfung zusätzlicher Renten genutzt werden. In diesem Kontext stehen Monopolrenten als Erklärungsgrößen überdurchschnittlicher ökonomischer Renten. Diese basieren auf Differenzierungsvorteilen und in Folge dessen einer dominanten Position im Marktumfeld.

266 Mit einem Anteil von mehr als 10 Prozent im deutschen Neuwagenmarkt generiert sich der Markterfolg vor allem aus den Verkäufen im Heimatmarkt.

267 Berücksichtigt wurden die Kundenzufriedenheitsstudien nach J. D. Power in den Märkten Frankreich, Deutschland und Großbritannien.

Abbildung 4.15 Imagepositionierung für die Marke Mercedes-Benz

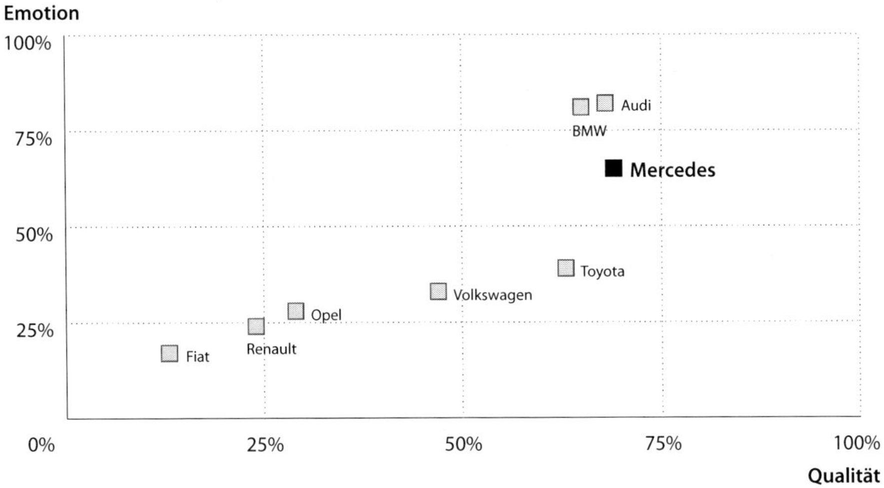

Quelle: in Anlehnung an Eiberger 2005, 2006 und 2007

Zusammenfassend fußen die Wettbewerbsvorteile der Wertschöpfungsorganisation der Mercedes-Benz Cars in erster Linie auf einem überdurchschnittlichen Markenimage sowie auf Innovationsleistungen, wenngleich während des Untersuchungszeitraums negative Entwicklungen festgestellt wurden. Der Markterfolg von Mercedes Produkten war im Betrachtungszeitraum durchschnittlich. Abbildung 4.16 fasst die Indikatoren für die Mercedes-Benz Cars zusammen.

Abbildung 4.16 Erfolgsindikatoren der Wertschöpfungsorganisation Mercedes-Benz Cars

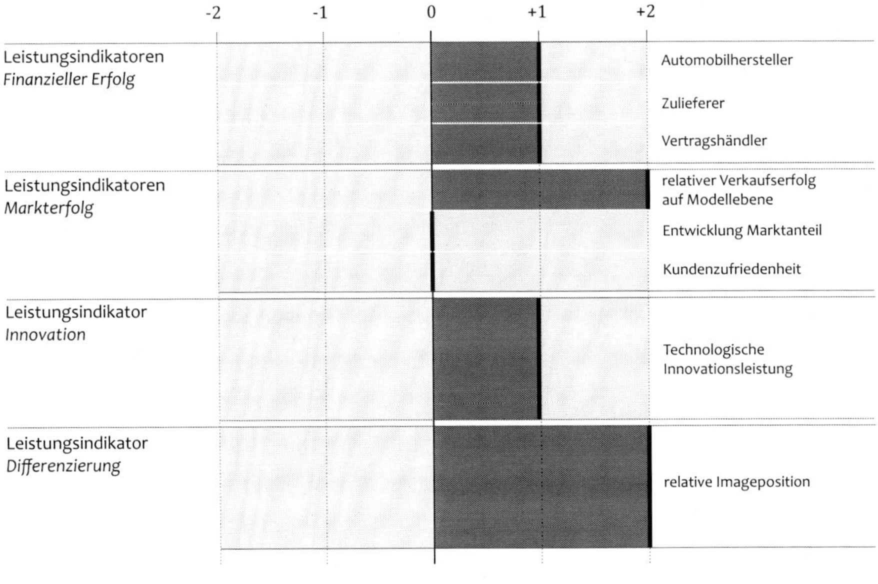

4.5 Fallstudie Opel-Vauxhall

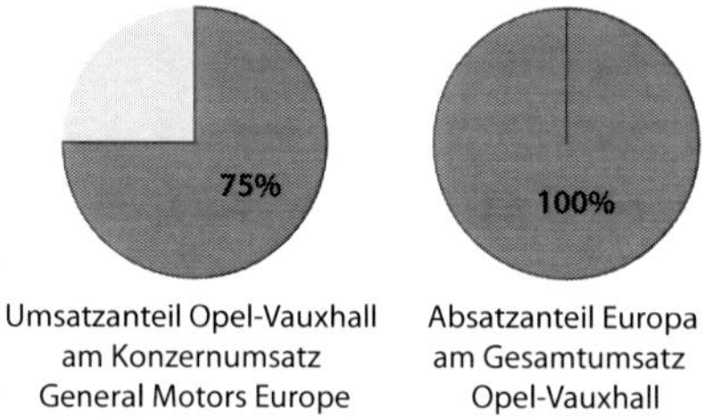

Abbildung 4.17 Umsatzstruktur der Marke Opel-Vauxhall

Die deutsche Adam Opel GmbH gehört zum US amerikanischen General Motors (GM) Konzern und ist organisatorisch innerhalb der europäischen GM Tochter General Motors Europe AG (GME) integriert[268]. Zum Markenportfolio von GME gehören neben der Kernmarke Opel-Vauxhall[269] die Marken Chevrolet, Cadillac, Corvette, Hummer und Saab[270]. Opel ist die bedeutendste Marke im Portfolio von General Motors Europe. Die Aktivitäten von Opel sind auf die europäischen Märkte konzentriert, wobei Großbritannien und Deutschland die bedeutendsten Absatzmärkte sind (siehe Abbildung 4.17). Mittel- und osteuropäische Märkte wie Russland und Polen haben in der letzten Dekade für einige GME Konzernmarken, vor allem Chevrolet, stark an Bedeutung gewonnen. Die Unternehmenszentrale der Adam Opel GmbH befindet sich in Rüsselsheim, wo auch bedeutende zentrale Organisationseinheiten von GME angesiedelt sind.

Das Angebotsportfolio von Opel setzt sich überwiegend aus Produkten der mittleren und unteren Fahrzeugsegmente zusammen. Tabelle 4.26 gibt dazu eine Übersicht. Die folgende Fallstudie bezieht sich auf die Aktivitäten der Marke Opel, die für GME die mit Abstand bedeutendste Marke im europäischen Marktraum ist.

Tabelle 4.26 Produktportfolio und die bedeutendsten Fertigungsstätten von Opel-Vauxhall

Modell	Mini-Klasse	Kleinwagen	Kompakt-Klasse	Mittel-Klasse	Ober-Klasse	Luxus-Klasse	Produktionsstandort
Agila		X					GM Werk Esztergom (HU)
Corsa		X					Opel Werk Eisenach (D) & GM Werk Saragossa (ES)
Tigra		X					Heuliez Werk Cerizay (F)

268 Bis zum Jahr 2004 war Opel eine eigenständige Aktiengesellschaft und wurde dann als GmbH stark in die GM Konzernstrukturen integriert. Die spanische GM Automotive Holdings (64,3 Prozent), die GM Europe Holding (26,9 Prozent) und die US-amerikanische Konzernmutter GM Corporation (8,8 Prozent) sind im Besitz der Adam Opel GmbH.

269 In Großbritannien firmiert die Marke Opel unter der Marke Vauxhall, ist jedoch vollständig in die Produktions- und Distributionsorganisationen von Opel integriert.

270 Die umfassenden Restrukturierungsmaßnahmen innerhalb des GM Konzerns im Jahr 2009 finden in dieser Arbeit keine Berücksichtigung, da diese nicht in den Untersuchungszeitraum fallen. Umfassende Restrukturierungsmaßnahmen wurden im Jahr 2009 mit der Insolvenz des GM Mutterkonzerns und der Abspaltung Opels von GM initiiert. Dieser Prozess ist weiterhin nicht abgeschlossen. Neben Opel wurde Saab im Jahr 2009 aus dem Konzern getrennt. Für die Untersuchung wurden die Merkmale der Wertschöpfungsorganisation für die Marke Opel bis zum Jahr 2007 berücksichtigt.

Modell	Mini-Klasse	Klein-wagen	Kompakt-Klasse	Mittel-Klasse	Ober-Klasse	Luxus-Klasse	Produktions-standort
Astra			X				Opel Werk Bochum (D)
Meriva			X				GM Werk Saragossa (ES)
Vectra				X			Opel Werk Rüsselsheim (D)
Zafira				X			GM Werk Gliwice (PL) & Opel Werk Bochum (D)
Antara				X			Daewoo Werk Seoul (Korea)
Signum				X			Opel Werk Rüsselsheim (D)

Quelle: General Motors Europe AG

4.5.1 Unabhängige Variablen der Wertschöpfungsorganisation Opel-Vauxhall

4.5.1.1 Eigenleistungsanteil in der Produktion

Die Fertigungstiefe von Opel und des übergeordneten General Motors Konzerns war bis in die neunziger Jahre überdurchschnittlich hoch. In den letzten zwanzig Jahren wurde der Integrationsgrad jedoch sowohl auf Konzern- als auf Ebene der unterschiedlichen Marken drastisch reduziert[271]. Eine deutliche Reduktion des Eigenleistungsanteil und der konzerneigenen Ressourcen erreichte General Motors mit der Abspaltung der konzerneigenen Zuliefererersparte Delphi Automotive Systems im Jahr 1999[272].

271 Schließt man die konzerneigene Zuliefererersparte Delphi Automotive Systems in die Berechnung der Fertigungstiefe ein, dann wurden bis in die Neunziger Jahre nahezu 60 Prozent aller Komponenten und Teile durch GM selber entwickelt und produziert.

272 Zwischen 1991 und 1995 firmierte Delphi als eigenständige Zuliefersparte von General Motors unter dem Namen »Automotive Components Group Worldwide«. Delphi war lange Zeit der weltweit größte Automobilzulieferer und umfasste eine Reihe unterschiedlicher Komponenteneinheiten. Unter anderem wurde auch die GM eigene Elektroniksparte »Delco« in die Zulieferergruppe integriert. Die einzelnen Fabrikate des General Motors Konzerns waren die Hauptabnehmer des konzerneigenen Zuliefererkonzerns. Auf Grund der eigenständigen Positionierung beliefert Delphi auch andere Automobilhersteller. Die Abhängigkeit Delphis von General Motors als bedeutendster Abnehmer war jedoch sehr hoch. Im Jahr 1999 hat sich GM von Delphi getrennt und damit einen hohen Anteil ehemals konzerneigener Fertigungsressourcen ausgelagert. Die schlechte wirtschaftliche Situation von Delphi führte im Jahr 2005 zur Insolvenz des Unternehmens. Das Unternehmen befindet sich in einem Sanierungsprozess. Im Jahr 2007 verfügte Delphi über 155.500 Mitarbeiter und erzielte einen Umsatz von 22,3 Mrd. Dollar. Delphi betreibt 148 eigene Fertigungsstätten in weltweit 35 Ländern (Stand 2007).

Anfang der neunziger Jahre initiierte Opel (als vergleichsweise eigenständige Organisationseinheit von General Motors Europe) einen umfassenden Outsourcing Prozess[273]. Zur Steigerung der eigenen Produktivität wurde eine Vielzahl von Wertschöpfungsaktivitäten an externe Lieferanten vergeben und eigene Produktionsressourcen abgestoßen und ausgelagert. Als Teil dieser Strategie erhielten externe Lieferanten umfassende Forschungs- und Entwicklungs- sowie Fertigungsverantwortungen. Opel konzentrierte sich auf den Bau hoch automatisierter Montagewerke. Die Fertigungsstätten Opel Eisenach und Opel Rüsselsheim sind erst in den neunziger Jahren beziehungsweise Anfang 2000 in Betrieb genommen beziehungsweise grundlegend modernisiert worden[274]. Diese Werke konzentrieren sich in erster Linie auf die Fahrzeugmontage und beziehen Komponenten und Module von externen und von konzerneigenen Fertigungsstätten. Die neuen Fertigungsstandorte zeichnen sich gleichzeitig durch einen geringen Eigenleistungsanteil aus. Auf Grund der gewachsenen Strukturen und des langfristigen Outsourcing Prozesses beläuft sich die Fertigungstiefe in den Opel Fertigungsstätten Bochum und Kaiserslautern weiterhin auf einem Niveau von etwa 30 Prozent[275]. Auch an diesen Fertigungsstätten verfolgt Opel einen weiter andauernden Auslagerungsprozess beziehungsweise versucht seit Anfang 2000 den Standort Kaiserslautern vollständig auszulagern[276].

Die Restrukturierung der gesamten General Motors Konzerns zwischen 2000 und 2005 begünstigte zusätzlich die Auslagerung von Aktivitäten, die ehemals durch Opel direkt kontrolliert wurden. Die Produktionsstätten der unterschiedlichen GM Marken wurden innerhalb einer neuen übergreifenden Produktionsorganisation eingebettet. In Folge dessen verfügt Opel im Jahr 2008 lediglich über vier eigene Werke, nämlich die Werke Rüsselsheim, Eisenach, Bochum und Kaiserslautern. Eine Vielzahl an Komponenten und gesamte Fahrzeuge werden nach der Restrukturierung durch Werke des GM Konzerns und nicht durch Opel spezifische Fertigungsstätten produziert. In diesem Zusammenhang haben horizontale Lieferbeziehungen zu konzerneigenen Fertigungsstätten und Fabrikaten an Bedeutung gewonnen. Darüber hinaus hält Opel horizontale Lieferbeziehungen zu konzernfremden Fabrikaten. Einige komplette Fahrzeuge werden komplett von anderen Fabrikaten

273 Zwischen den Jahren 2000 und 2007 wurden mehr als 12.000 Mitarbeiter abgebaut. Betroffen war vor allem das Komponentenwerk im belgischen Antwerpen.

274 Das Opel Werk Eisenach galt lange Zeit als eines der produktivsten Werke in Europa. Das Werk wurde 1992 zur Produktion des Opel Corsa und des Opel Astra gebaut und es wurden stark die JiT Prinzipien und die Ansiedlung von Lieferanten umgesetzt. Dadurch konnte die Fertigungszeit und die Produktivität im Vergleich zu anderen Werken stark erhöht werden. Das Werk konzentriert sich auf die Montage der Fahrzeuge. Das Werk Rüsselsheim wurde nach gleichen Prinzipien geplant und zeichnet sich ebenfalls durch einen überdurchschnittlichen Automatisierungsgrad aus. In Rüsselsheim können verschiedene Modelle gleichzeitig auf einer Produktionslinie produziert werden. Hierzu zählen die Opel Vectra Limousine und die Caravan Version sowie der Opel Signum. Seit 2008 wird der neu entwickelte Opel Insignia in Rüsselsheim gefertigt.

275 Im Opel Werk Bochum wird der Opel Zafira und der Opel Astra Caravan sowie Achsen, Motoren und Getriebe. Das Werk Kaiserslautern fertigt Karosseriekomponenten und Interieurteile sowie Motoren. Der Opel Corsa wird zudem im spanischen Saragossa, der Opel Astra im britischen Ellesmere und der Opel Zafira im polnischen Gliwice gefertigt.

276 Opel versucht das Komponentenwerk Kaiserslautern seit 2000 zu verkaufen beziehungsweise das Werk durch Kooperations- und Beteiligungsmodelle auszulagern. Auf Grund mangelnden Käufer- und Partnerinteresses wurde die Auslagerung bislang nicht realisiert. In einigen Fällen konnte Opel Fertigungsmittel an Lieferanten übertragen, die Bestandteil unternehmenseigener Produktionsstätten sind. Darunter zählt unter anderem die Auslagerung der Sitzfertigung an Johnson Controls und die Vergabe der Achsfertigung an ThyssenKrupp. In Bochum wurde das Logistik und die Transportabteilung, die Motoren-Endaufrüstung, die Achsfertigung und die Kühlervormontage bereits fremd vergeben.

übernommen und nur durch wenige optische Details für die Marke Opel modifiziert[277]. In diesem Fall werden die gesamten Forschungs- und Entwicklungs- sowie Fertigungsleistungen fremd bezogen[278]. Horizontale Lieferbeziehungen bestehen auch im Bereich einzelner Komponenten[279].

Der Anteil markenspezifischer Ressourcen und Aktivitäten ist auf Grund der geschilderten Entwicklungen gering. Im Zuge der Restrukturierung hat Opel jedoch innerhalb des GM Konzernverbund eine zunehmend bedeutende Rolle für die Entwicklung von Produkten der Schwestermarken erhalten. GM forciert momentan den Einsatz markenübergreifender Modellplattformen, um die notwendigen Skaleneffekte eines Mehrmarken Automobilkonzerns zu erzielen[280]. Dazu wurde das Internationale Technische Entwicklungszentrum in Rüsselsheim der Opel GmbH angebunden. Alle technischen Entwicklungen und Patente werden jedoch an die Global Technologie Operations Corporation abgetreten und befinden sich nicht im Besitz von Opel. Opel verfügt in Folge dessen über die Entwicklungsressourcen, jedoch nicht über die Verfügungsrechte an den Wertschöpfungsleistungen. Zur Nutzung der Patente muss Opel entsprechende Lizenzgebühren an den Mutterkonzern abführen[281]. Entsprechend können die Innovationen auch nicht markenexklusiv eingesetzt werden. Die Forschungs- und Entwicklungsaktivitäten müssen entsprechend auf Konzernebene gemessen werden. Die F&E Quote des General Motors Konzerns lag mit 3,5 Prozent zwischen den Jahren 2002 und 2007 deutlich unter dem Industriedurchschnitt[282].

Insgesamt zeigt die Opel Wertschöpfungsorganisation einen umfassenden Abbau ehemals eigener Aktivitäten und Ressourcen. Die ehemals überdurchschnittliche Eigenleistung in der Fahrzeugfertigung und in der Forschung und Entwicklung wurde deutlich reduziert. Laut Unternehmensangaben werden langfristig die eigenen Ressourcen und Leistungen auf die Fahrzeugmontage sowie auf den Bereich Karosseriebau und Lackierung fokussiert. Da der Desintegrationsprozess weiterhin nicht abgeschlossen ist, wird die Fertigungstiefe noch mit dem durchschnittlcien Index 0 beziffert. In der Forschung und Entwicklung ist der Eigenanteil vergleichsweise gering (Index -2).

277 Der Opel Agila basiert vollständig auf dem Suzuki Wagon R+ beziehungsweise seit 2007 auf dem Suzuki Splash. Die Entwicklung und Fertigung des Fahrzeuges wird komplett von Suzuki geleistet. Die Fertigung des Fahrzeuges erfolgt im ungarischen Suzuki Werk. Der Opel Antara wird von Daewoo gefertigt und wurde auch weitestgehend unter Daewoo Federführung entwickelt. Daewoo Produkte werden in Europa unter der Marke Chevrolet vertrieben. Daewoo wurde Anfang 2000 vom General Motors Konzern übernommen. Der Opel GT ist eine US-amerikanische Produktion und wurde von der GM Marke Saturn entwickelt und in den USA produziert. Das Vorgängerprodukt Opel Speedster wurde von Lotus entwickelt und produziert. Lotus vertrieb das Fahrzeug unter dem Namen Lotus Elise. Der Opel Zafira TwinTop wurde weitestgehend durch den französischen Lohnfertiger Heuliez entwickelt und wird von dem Zuliefererunternehmen in seinem Werk im französischen Cerizay gefertigt.

278 Das erfolgreiche Modell Opel Zafira wurde von der Porsche Engineering Services entwickelt, während die Fertigung durch Opel selber getätigt wird.

279 Zum Beispiel war Isuzu bislang ein wichtiger Lieferant von Dieselmotoren für Opel Produkte, da Opel unzureichend über eigene Dieseltechnologie, insbesondere im Bereich der Direkteinspritzer, verfügte.

280 Opel ist verantwortlich für die Entwicklung und Fertigung der Delta und Epsilon Plattformen. Auf diesen Plattformen basieren Modelle von Opel, Saab und Chevrolet. Darüber hinaus ist Opel ein bedeutender Plattform- und Komponentenlieferant für die konzernfremde Marke Fiat. Laut Entscheidungen des GM Konzernmanagements soll die Anzahl der Gleichteile in Zukunft erhöht, die Zahl der Plattformen reduziert werden. Die aktuell fünf Plattformen für die Mittelklasse Modelle sollen auf nur eine Plattform für alle Konzernmarken reduziert werden. Ein »Single-Architecture« Strategie soll damit langfristig erreicht werden.

281 Im Jahr 2007 hat Opel beispielsweise 633 Millionen Euro Lizenzgebühren zur Nutzung der Technologien an die Global Technologie Operations Corporation überwiesen.

282 Setzt man die F&E Kosten des Internationalen Technischen Entwicklungszentrums in Relation zum Umsatz der Adam Opel AG, so liegt die Quote über fünf Prozent. Die F&E Aktivitäten wurden jedoch für den Konzernverbund geleistet.

4.5.1.2 Eigenleistungsanteil in der Distribution

Opel sieht gänzlich von einer Eigenvermarktungsstrategie ab und verfügt über keine eigenen Betriebsstätten im europäischen Marktraum. Auch in Zukunft will Opel von eigenen Niederlassungen absehen und sich auf die Zusammenarbeit mit unabhängigen Händlern und Serviceakteuren konzentrieren. Festzuhalten bleibt für Opel, dass kein direkter Eigenleistungsanteil im Neuwagenvertrieb und im Bereich der Reparatur- und Wartungsdienstleistungen erfolgt.

Finanzdienstleistungen werden über die General Motors Acceptance Corporation (GMAC) angeboten, die für alle GM Konzernmarken als Lieferant von Finanzdienstleistungen fungiert. GMAC war bis zum Jahr 2006 eine vollständige Tochter des General Motors Konzerns. Ein Konsortium unter der Führung der Private-Equity-Gesellschaft Cerberus hat im Jahr 2006 51 Prozent der Anteil an der GM Finanztochter erworben[283]. GMAC wurde bereits zuvor als ein vergleichsweise eigenständiges Finanzinstitut im Markt positioniert, um eine hohe Markenunabhängigkeit zu signalisieren. Organisatorisch wurde die Bank relativ stark separiert und nicht in die Strukturen der Opel Organisation integriert. Die Vermarktung von Opel Leasingrückläufern erfolgt beispielsweise unter der Regie der GMAC Bank, während andere Automobilhersteller diese Funktion in die zentrale Vertriebsorganisation integriert haben. Die Finanzdienstleistungssparte beinhaltet zum einen die GMAC Bank und zum anderen die GMAC Leasing und bietet über diese Institutionen die klassischen Finanzdienstleistungsprodukte an[284]. Zusammenfassend ist die GMAC Bank als ein relativ eigenständiges Finanzdienstleistungsunternehmen zu betrachten, das durch den Verkauf der Unternehmensanteile zusätzlich an Eigenständigkeit gewonnen hat.

Im Bereich der Reparatur- und Wartungsdienstleistungen verfügt Opel über eine Ersatzteilvertriebsorganisation, die in erster Linie die Vertragswerkstätten bedient. Die physische Teiledistribution und Logistik wurde komplett an einen externen Dienstleister vergeben. In Europa ist das Unternehmen Caterpillar für die Ersatzteilversorgung verantwortlich und hat die ehemals durch Opel geleisteten Funktionen übernommen. Ein reines Vertriebskonzept wurde für vertraglich nicht gebundene Werkstätten im Jahr 2006 entwickelt. Das Konzept basiert in erster Linie auf der Organisation eines Vertriebsnetzes von vertraglich gebundenen Teiledistributionszentren, die freie Werkstätten beliefern[285].

Der Eigenleistungsanteil in der Distribution ist zusammenfassend durch folgende Merkmale geprägt: i. keine eigenen Niederlassungen (Index -2), ii. Nutzung der weitestgehend ausgelagerten und neutral positionierten Finanzdienstleistungsorganisation GMAC (Index -2) und iii. die Fremdvergabe der physischen Ersatzteildistribution an einen externen Dienstleister (Index -2). Insgesamt ergibt sich ein geringer Eigenleistungsanteil für die Marke Opel.

283 Zu dem Konsortium gehören unter anderem auch eine Tochter der Citigroup Inc. und die japanische Aozora Bank. GM hat durch den Verkauf und nach der Tilgung von Verbindlichkeiten etwa 14 Milliarden Dollar erhalten.

284 Darunter fallen auch Dienstleistungen für Flottenkunden, die durch die GMAC Fleet Services angeboten werden.

285 Die Teiledistributionszentren sind in erster Linie Vertragshändler der Opel Organisation. Von einer Zusammenarbeit mit reinen Teilegroßhändlern wird abgesehen. Im Jahr 2007 verfügte Opel in Deutschland über 140 Leistungszentren zur Belieferung freier Werkstätten.

4.5.1.3 Formelle Bindung in der Produktion

Die formelle Bindung zu externen Lieferanten wurde prinzipiell mit der Neuorganisation der Produktion und dem Outsourcing Prozess verstärkt. Opel arbeitet insgesamt intensiver mit Systemintegratoren zusammen, was mit einer stärkeren vertraglichen Integration einhergeht[286]. Eine enge formelle Bindung besteht weiterhin zwischen General Motors und Delphi Automotive Systems. Eine formelle Bindung resultiert aus bestehenden Pensions- und finanzieller Ansprüchen Delphis gegenüber General Motors. Eine stärkere formelle Einbindung impliziert auch die Einführung von Just-in-Time Beschaffungssystemen. Die neuen Montagewerke in Rüsselsheim und in Eisenach basieren auf komplexen JiT Belieferungskonzepten, die eine engere Ansiedlung der Lieferanten erfordern. Im Fall des Werks Rüsselsheim arbeitet Opel mit 80 Kernlieferanten zusammen, die jedoch nicht unmittelbar am Fertigungsstandort angesiedelt sind. Die produktionssynchrone Teilebelieferung wird zentral durch einen externen Logistikdienstleister koordiniert, der vor Ort mit einem Zentrallager arbeitet und die dezentralen Zulieferer koordiniert[287]. Nach einem ähnlichen Prinzip arbeiten die hoch automatisierten Montagewerke in Eisenach und Rüsselsheim. Eine unmittelbare Ansiedlung der Lieferanten erfolgte nicht, wenngleich sich eine Zahl von Lieferanten in Werksnähe befindet[288]. Von einem klassischen Zulieferparkkonzept hat Opel für diese Standorte abgesehen, die Zulieferer sind dadurch weniger an Opel gebunden. Die Ansiedlung von Lieferanten durch klassische Zuliefererparks erfolgte im spanischen Werk Saragossa, im britischen Ellesmere Port sowie im polnischen Zafira Werk[289]. Tabelle 4.27 zeigt die Zuliefererpark für GM Europe. Zusammenfassend ist festzuhalten, dass die Bindung durch unmittelbare oder werknahe Integration der Lieferanten an der überwiegenden Mehrheit der Opel Standorte verstärkt wurde.

Tabelle 4.27 Bedeutende Zuliefererparks von GM Europe

Fertigungsstätte	Eröffnet	Angesiedelte Kernlieferanten
GM Werk Antwerpen (NL)	1997	Delphi, Lear, Plastic Omnium, Stankiewicz
GM Werk Ellesmere (UK)	1997	Delphi, TDS Automotive, Plastic Omnium
GM Werk Saragossa (ES)	2001	Bosal, Gerposa, Ilpa, Johnon Controls, Irmscher, Mittal Arcelor

286 Opel ist unter anderem Teilnehmer in einem österreichischen Automobil-Cluster, an dem 700 Lieferanten beteiligt sind. Opel fertigt in dem österreichischem Cluster Getriebe.

287 Das Werk Rüsselsheim wurde sternförmig gebaut, um Platz für etwa 70 flexible Andockstellen zur Teilebelieferung zu ermöglichen. Über diese Andockstellen gelangen die »SILS« (Supply-In-Line-Sequence) Materialien direkt an die Einbaustelle. Der externe Logistikdienstleister arbeitet auf dem Werksgelände und ist verantwortlich für die Belieferung der vorgefertigten Module und Komponenten, die in der Montagefolge sequenziell angeliefert werden. Im Werk Rüsselsheim liegt die eigene Materialbevorratung von Opel unter zwei Stunden. Die Belieferungslogistik wurde auch im Werk Bochum an einen externen Dienstleister vergeben, der die JiT Anlieferung von Komponenten organisiert.

288 In der Region Eisenach arbeiten Lieferanten mit etwa 3.000 Mitarbeitern.

289 Der Zuliefererpark in Ellesmere wurde 1997 in Betrieb genommen. An diesem Standort wird der Vauxhall Astra für den britischen Markt produziert. Der Zuliefererpark in Saragossa existiert seit dem Jahr 2001. Im Werk Saragossa erfolgt die Produktion des Opel Corsa und des Opel Meriva.

Hinsichtlich der allgemeinen Zusammenarbeit mit den Lieferanten zeigt sich, dass Opel einen intensiven Wettbewerb zwischen den Lieferanten initiiert, was einer langfristigen und exklusiven Zusammenarbeit mit externen Lieferanten entgegensteht. Der Anteil exklusiver und langfristiger Lieferantenbeziehungen an der Gesamtanzahl der Lieferantenbeziehungen ist dadurch als relativ gering zu bewerten, während der initiierte Wettbewerb zwischen den Lieferanten überdurchschnittlich hoch ist. Der Anteil von Komponenten, die in Niedriglohnländern bezogen werden, ist ebenfalls überdurchschnittlich und soll in Zukunft weiter ausgebaut werden.[290] Die Kostenfokussierung steht im Fall Opel stark im Vordergrund und hat einen negativen Einfluss auf die formelle Einbindung der Lieferanten, da marktliche Anreizmechanismen dominieren[291].

Im Falle der horizontalen Lieferbeziehungen zu Daewoo-Chevrolet und Saturn sind die Partner Teil des General Motors Konzerns und somit organisatorisch und finanziell eng mit Opel verwoben. Bis zum Jahr 2006 besaß General Motors General Motors Anteile am japanischen Automobilhersteller Suzuki[292]. Festzuhalten bleibt für GM, dass in der Automobilproduktion relativ geringe Synergiepotentiale durch Modularisierungs- und Standardisierungskonzepte zwischen den europäischen, den US-amerikanischen und den koreanischen Unternehmenseinheiten erzielt werden[293]. Eine formelle Integration unterschiedlicher Fabrikate ging nicht mit einer konzernweiten Standardisierung von Produktarchitekturen einher. Opel bezieht und beliefert in Folge dessen auch konzernfremde Automobilhersteller, um notwendige Skaleneffekte zu erzielen und Ressourcenrestriktionen in der Produktion zu kompensieren.

Zusammenfassend ist die formelle Bindung zu den vertikal verbundenen Lieferanten als relativ schwach, wenn auch tendenziell zunehmend, zu bewerten. Eine formelle Bindung wird für einige Zulieferer durch deren (nicht unmittelbare) räumliche Anbindung sowie durch die Lieferbeziehungen zum ehemaligen Konzernunternehmen Delphi erreicht. Der ausgeprägte Intra-Organisationswettbewerb und die sehr starke Kostenfokussierung beeinflussen jedoch die allgemeine Zusammenarbeit mit den Lieferanten. Der Anteil relationaler Verträge wird dadurch als gering bewertet (Index -1). Horizontale Lieferbeziehungen bestehen nicht ausschließlich innerhalb des Konzerns, sondern Komponenten werden auch von außen stehenden Wettbewerbsunternehmen bezogen. Diese sind jedoch in der Regel durch finanzielle Beteiligungen und langfristigen Verträgen abgesichert. Die formelle Bindung zu horizontalen Partnern wird mit dem Index 0 bewertet.

290 Für die neue Epsilon Plattform soll der Global Sourcing Anteil mittelfristig 10 Prozent, für die Delta Plattform mittelfristig 20 Prozent betragen. Dieser Anteil liegt deutlich über dem derzeitigen Industriedurchschnitt.

291 Bei der Zuliefererauswahl agiert General Motors laut einer Studie fünf Mal stärker kosten- als qualitätsorientiert (vgl. Planning Perspectives OEM-Supplier Working Relations Study, 2005).

292 General Motors war bis zum Jahr 2006 mit 20 Prozent an Suzuki beteiligt. GM hat sich vollständig von den Anteilen getrennt. Suzuki liefert jedoch weiterhin den Opel Agila.

293 Modell- und markenübergreifend standardisierte Module wurden bislang nur in geringem Umfang eingesetzt. Bislang wird nur die Epsilon Plattform und dessen Module markenübergreifend eingesetzt. Eine Modul- und Plattformstrategie wird erst jüngst avanciert. GM nutzte bislang punktuell einzelne Gleichteile beziehungsweise vertreibt gesamte Fahrzeuge unter unterschiedlichen Marken. Eine Standardisierung komplexer Module zum Einsatz innerhalb unterschiedlicher Modelle fand nur im geringen Umfang statt.

4.5.1.4 Formelle Bindung in der Distribution

Opel bindet die Vertragshändler unterdurchschnittlich stark durch vertragliche Bindungsformen in die Wertschöpfungsorganisation ein. Das Neuwagen- und Servicenetz basiert auf einem selektiven Vertragshandelssystem und zeichnet sich durch vergleichsweise geringe Selektionskriterien und vertragliche Anforderungen an die Distributionsakteure aus. Nach Einführung der GVO Nr. 1400/2002 und der daraus folgenden Neufassungen der Vertriebs- und Serviceverträge hat Opel die anfänglich anspruchsvolleren Selektionsstandards und Vertragspflichten nach kurzer Zeit deutlich reduziert. Die Vertragsanalysen zeigen, dass Opel im Vergleich zu anderen Automobilherstellern relativ geringe Anforderungen hat, woraus eine geringe formelle Bindung resultiert.

Die spezifischen Investitionen, die ein Opel Vertragshändler leisten muss, sind vergleichsweise unterdurchschnittlich. Opel konzentriert sich zunehmend auf eine Zusammenarbeit mit größeren Handelsgruppen, die neben Opel weitere Fabrikate vertreten oder Opel als eine weitere Marke in das Neuwagen und Service Markenportfolio ergänzen[294]. Auf Grund rückläufiger Marktanteile müssen bestehende Händler Überkapazitäten vergleichsweise oft durch die Aufnahme zusätzlicher Marken kompensieren. Die Zahl an Mehrmarkenstandorten, die neben Opel zudem GM Konzernmarken und/oder konzernfremde Marken vertreten, zeigt ein deutliches Wachstum. Die Vertragspartner können in Folge dessen vergleichsweise einfach auf andere Marken ausweichen, woraus sich eine unterdurchschnittliche Abhängigkeit der Händler von Opel ergibt.

Insgesamt ist die formelle Bindung zwischen Opel und den Vertragshändlern als unterdurchschnittlich zu bewerten (Index -1).

4.5.1.5 Informelle Bindung in der Produktion und Distribution

Die informelle Bindung zwischen Opel und den Lieferanten ist sehr schwach ausgeprägt[295]. Die Zufriedenheitsdimensionen Vertrauen und Kooperationsintensität weisen im Fall von Opel sehr geringe Werte auf. Opel erzielt für eine Vielzahl an Dimensionen die geringsten Zufriedenheitswerte. Für die Mehrheit der Lieferanten ist Opel langfristig ein relativ unattraktiver Geschäftspartner. Die Lieferanten geben auf Grund der mangelnden informellen Bindung an, dass Ressourcen und Investitionen eher in andere Geschäftsbeziehungen allokiert werden. Der Wert der Geschäftsbeziehung wird insgesamt als sehr gering bezeichnet. Ein Kritikpunkt ist unter anderem, dass vorhandene Verträge nicht eingehalten werden und die Kommunikation zwischen den Unternehmen unzureichend ist. Die ausgeprägte Kostenfokussierung ist ein weitere zentraler Kritikpunkt, der in Zeiten wirtschaftlicher Problem zusätzlich ausgeweitet wird. Alle gesichteten Studien belegen diese Ergebnisse (siehe Tabelle 4.28).

---

294 Im europäischen Marktraum beläuft sich das Neuwagenverkaufsvolumen pro Händlervertrag auf 663 Neuwagen und pro Neuwagenvertriebsstandort auf 290 Neuwagen. Beide Verkaufsquoten liegen auf einem durchschnittlichen beziehungsweise leicht unterdurchschnittlichen Niveau.

295 In diesem Zusammenhang werden auch Studienergebnisse berücksichtigt, die die Zufriedenheit zwischen den Lieferanten und der übergeordneten General Motors Europe Organisation messen. Die Opel Produktionsstätten sind unter dem GME Dach gruppiert.

Tabelle 4.28 Informelle Bindung in der Produktion

Zufriedenheitsstudien	Index Opel
Automotive News- Supplier Business: OEM-Supplier Relations Study Studien in 2006 und 2007	-2
Ebel et al.: Kooperation, Fairness und Zufriedenheit in der Hersteller-Lieferanten Beziehung, Studien in 2005 und 2006	-1
Meinig: Supplier Satisfaction Index (SSI) Studien in 2001 und 2003	-2
Relative informelle Bindung im Gesamtkontext	Unterdurchschnittlich, Gesamtindex -2

Die informelle Bindung zwischen Opel und den Vertragshändlern ist lauf Ergebnisse der Händlerzufriedenheitsstudien durchschnittlich. Überdurchschnittlich zufrieden mit der Geschäftsbeziehung zu Opel sind die Händler in Italien (siehe Tabelle 4.29). Einen durchschnittlichen Wert zeigen die Studien in Deutschland und Großbritannien, während französische Händler die informelle Bindung zu Opel unterdurchschnittlich bewerten. Festzuhalten bleibt ein deutlich positiver Trend mit Ausnahme des französischen Marktes. Die Gesamtbetrachtung der europäischen Kernmärkte ergibt insgesamt einen durchschnittlichen informellen Bindungs-Index in Bezug zur Zusammenarbeit zwischen vertraglich gebundenen Distributionsakteuren und dem Automobilhersteller.

Tabelle 4.29 Informelle Bindung in der Distribution

Zufriedenheitsstudien	Index Opel
CNPA : Cap Réseaux – Cote d'Amour des Constructeurs, Frankreich Studien zwischen 2002 und 2007	-2
Diez: MarkenMonitor – Händlerzufriedenheits-monitoring, Deutschland Studien zwischen 2002 und 2007	0
Buzzavo et al.: DealerStat – Dealer Satisfaction Italien, Studien zwischen 2004 und 2007	+1
RMIF: Dealer Attitude Survey, Großbritannien Studien zwischen 2002 und 2007	0
Relative informelle Bindung im Gesamtkontext	Durchschnittlich, Gesamtindex 0

4.5.1.6 Zwischenfazit

Die Wertschöpfungsorganisationsstrategie von Opel ist durch die anhaltenden wirtschaftlichen Probleme des Fabrikats und des übergeordneten General Motors Konzerns beeinflusst, wodurch offensichtlich ein langfristiges strategisches Handeln beeinträchtigt wird. Ein zentraler Fokus liegt auf Kostensenkungsmaßnahmen in der Produktion, der zu einer deutlichen Reduktion des Eigenleistungsanteils und zu einer schwachen Bindung zu den Lieferanten geführt hat. Opel konzentriert sich zunehmend auf die reine Fahrzeugmontage, während Systemlieferanten eine bedeutendere Rolle erhalten haben. Die Systemlieferanten werde jedoch im Vergleich zu anderen Automobilherstellern weniger stark eingebunden. In der Distribution ist der Eigenleistungsanteil gering und die Distributionsakteure werden formell schwach eingebunden. Die informelle Bindung in der Distribution ist durchschnittlich (siehe auch Abbildung 4.18).

Abbildung 4.18 Ausprägungen der unabhängigen Variablen der Wertschöpfungsorganisation Opel-Vauxhall

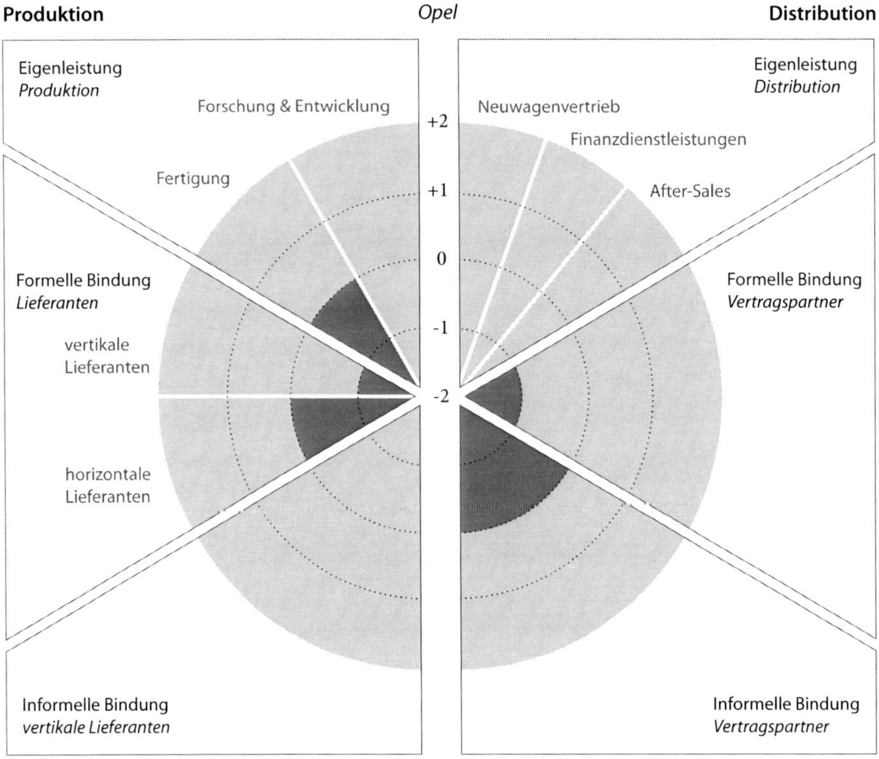

4.5.2 Abhängige Variablen der Wertschöpfungsorganisation Opel-Vauxhall

Die ökonomische Leistungsfähigkeit von Opel ist für den Untersuchungszeitraum als unterdurchschnittlich zu bewerten[296]. Für den gesamten Zeitraum lag die Umsatzrendite für die Fallstudie Opel bei etwa minus drei Prozent. Der finanzielle Erfolg ist für die Lieferanten ebenfalls im Vergleich zu den konkurrierenden Wertschöpfungsorganisationen unterdurchschnittlich. Die Zulieferer bewerten die Renditen, die sich aus den Investitionen in die Opel Wertschöpfungsorganisation ergeben, als sehr gering[297]. Die Opel Fallstudie weist die geringsten Bewertungen aller untersuchten Fälle auf. Investitionen in die Wertschöpfungsorganisation von Opel führen aus Sicht der Lieferanten zu einer unzureichenden Rendite. Die Vertragshändler als dritte Akteursgruppe innerhalb der Wertschöpfungsorganisation sehen die wirtschaftlichen Zielsetzungen durch ihre Aktivitäten für Opel in drei der vier europäischen Kernmärkte ebenfalls als nicht erfüllt. In Großbritannien bewerten die Vertragshändler die Ziele im Vergleich zu anderen Herstellern als durchschnittlich erfüllt, während deutsche und italienische Händler eine unterdurchschnittliche Zielerreichung wahrnehmen. In Frankreich sehen die Opel Händler die ökonomischen Ziele am wenigsten erfüllt. Die Analyse aller Kernmärkte ergibt zusammenfassend einen geringen finanziellen Erfolg für die Vertragshändler. Daraus folgt, dass alle drei Akteursgruppen geringe ökonomische Leistungsindikatoren aufweisen. Dies zeigt sich vor allem für die Lieferanten und den fokale Automobilhersteller. Die Vertragshändler weisen im Vergleich zu diesen zwei Akteuren komparativ höhere, wenn auch in der Summe weiterhin negative Leistungsindikatoren auf. Die Indikatoren erlauben Schlussfolgerungen auf ein insgesamt geringes Rentengenerierungspotential. Tabelle 4.30 fasst die Ergebnisse für den Fall Opel zusammen.

Tabelle 4.30 Ökonomische Leistungsdaten der Wertschöpfungsakteure

Akteur(gruppe)	Indikator	Quelle	Durchschnittlicher Index
Automobilhersteller (Opel)	Umsatzrendite	GME Geschäftsberichte 2002 bis 2007	-2
Zulieferer	Wahrgenommener Return on Investment	Automotive News und Supplier Business 2006 und 2008	-2

296 Ein gesonderter Ausweis der Unternehmenswerte in den Geschäftsberichten von General Motors Europe erfolgte für die Marke Opel nicht. Die Ertragslage wurde für Opel nur punktuell publiziert. Die Werte sind innerhalb der General Motors Europe Jahresabschlusses enthalten. Die Ergebnisse von GME werden für diese Untersuchung als Indikator genutzt, da Opel etwa 75 Prozent zum Gesamtumsatz von GME beisteuert und das Unternehmensergebnis überwiegend durch Opel beeinflusst wird.

297 Die Produktionsstätten der unterschiedlichen GME Marken wurden alle unter das Dach von GME gruppiert. Die Opel Werke machen den Großteil europäischer Werke aus.

Akteur(gruppe)	Indikator	Quelle	Durchschnittlicher Index
Vertragshändler	Wahrgenommene Rentabilität	Frankreich: CNPA (2005, 2006, 2007)	-2
		Deutschland: Diez (2002, 2003, 2004, 2005, 2007)	-1
		Italien: Buzzavo et al. (2004, 2005, 2006, 2007).	0
		Großbritannien: RMIF (2005, 2006, 2008).	0

Der Verkaufserfolg des Opel Produktportfolios ist für die Kompaktklassenprodukte durchschnittlich, einen unterdurchschnittlichen Erfolg zeigen die Mittel- und Oberklassenmodelle (siehe Tabelle 4.31). In den oberen Produktsegmenten hat Opel deutlich an Marktanteil verloren[298]. Auf Gesamtmodellebene verlief die Absatzentwicklung im Analysezeitraum negativ. In der Konsequenz ergibt sich ein deutlicher Marktanteilsverlust für Opel in Europa[299]. Der Marktanteilsverlust reflektiert einen absoluten jährlichen Rückgang von mehr als 1,5 Prozent (CAGR). Zusammenfassend ist der Markterfolg der Opel Produkte als unterdurchschnittlich zu bewerten. Im Vergleich zum Wettbewerb sind Opel Kunden laut der gesichteten J. D. Power Studien unterdurchschnittlich zufrieden mit den Fahrzeugprodukten und den Dienstleistungen der Vertriebsorganisation[300]. Daraus lässt sich eine vergleichsweise geringe Kundenbindung folgern, was im Umkehrschluss zu einem erhöhten Wettbewerb mit anderen Wettbewerbsprodukten führt. Unzufriedene Kunden sind prinzipiell eher zu einem Wechsel des Fabrikats bereit. Wettbewerbsvorteile können für das Fallbeispiel Opel nicht, beziehungsweise nur unzureichend auf der Markendifferenzierungskraft fußen.

Tabelle 4.31 Relativer Verkaufserfolg der Opel Modellpalette (ohne Nutzfahrzeuge)

	Agila	Corsa	Astra	Zafira	Vectra	Frontera	Signum
Index	-2	0	0	0	-1	-2	-2

Quelle: Daten basieren auf Automotive News Data Book 2002 bis 2007

Die Marken-Innovationskraft von Opel ist auf Grundlage der in dieser Arbeit berücksichtigten Studien vergleichsweise gering (vgl. Bratzel 2007a und 2008). Im Vergleich zu den hier betrachteten Fällen ist die Innovationsleistung der Marke Opel am geringsten (vgl. Bratzel 2008, S. 81). Andere Marken des GM Konzerns zeigen eine höhere Innovationsleistung als Opel. Beispielsweise zeigt die eher im unteren Marktsegment positionierte Marke Chevrolet im Jahr 2007 eine höhere

298 Das Absatzvolumen des Oberklassemodells Signum hat sich zwischen 2003 und 2007 etwa halbiert, der Absatz des früheren Volumenträgers Vectra ist zwischen 2003 und 2007 mehr als 25 Prozent eingebrochen (vgl. Automotive News Data Book 2002 bis 2007).

299 Der Marktanteil von Opel sank zwischen den Jahren 2002 und 2007 von 9,5 auf 8,5 Prozent.

300 Berücksichtigt wurden die Kundenzufriedenheitsstudien nach J. D. Power in den Märkten Frankreich, Deutschland und Großbritannien.

Markeninnovationsstärke im Vergleich zu Opel (vgl. Bratzel 2008, S. 95). Vergleichsweise gering ist der Neuigkeitsgrad der am Markt lancierten Innovationen. Positiv werden für das Jahr 2007 die Aktivitäten des GM Konzerns im Bereich alternative Antriebe bewertet, die jedoch nicht exklusiv Opel zur Verfügung stehen (vgl. Bratzel 2008, S. 94). Für die Marke Opel wird die Innovationskraft mit dem Index -2 bewertet.

Die relative Imageposition der Marke Opel ist den zugrunde liegenden Studien vergleichsweise schwach (siehe Abbildung 4.19). Dieses gilt sowohl für die Imagedimension Qualität als auch für die Dimension Emotion. Aus Kundensicht zeichnet sich Opel darüber hinaus durch eine eher durchschnittliche bis unterdurchschnittliche Innovationsleistung aus (vgl. Bratzel 2008, S. 112). Die Markendifferenzierung ist insgesamt als gering einzustufen. Differenzierungsvorteile werden im Market-based View als Ursache von Monopol Renten betrachtet. Die Grundlage für die Abschöpfung dieser Renten ist im Fall Opel nur gering vorhanden.

Abbildung 4.19 Imagepositionierung für die Marke Opel

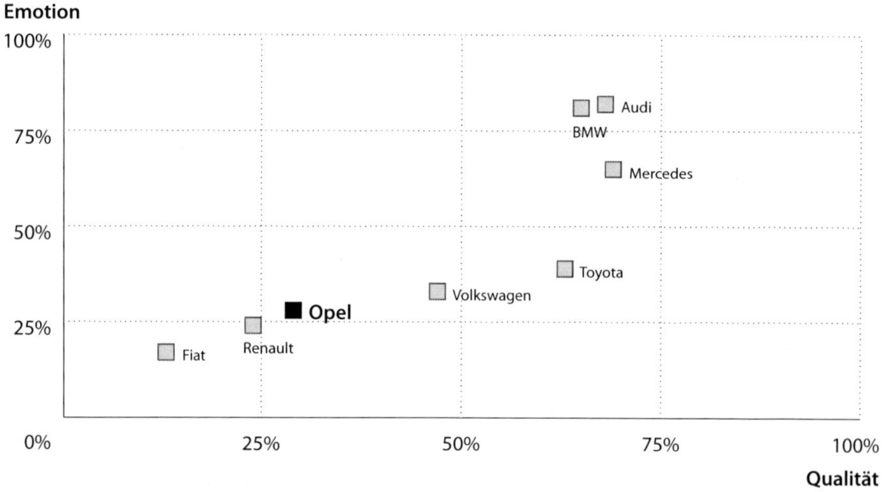

Quelle: in Anlehnung an Eiberger 2005, 2006 und 2007

Zusammenfassend fehlen die Voraussetzungen für eine überlegene Wettbewerbsposition der Wertschöpfungsorganisation von Opel. Die Konsequenzen werden durch rückläufige Verkaufszahlen und in Form der schwachen ökonomischen Leistungsdaten sichtbar. Die Wettbewerbsfähigkeit der Wertschöpfungsorganisation ist für den Analysezeitraum insgesamt als unterdurchschnittlich zu bewerten. Abbildung 4.20 fasst die Leistungsindikatoren für die Dimensionen Markterfolg, Kundenzufriedenheit, Imageposition und Innovationskraft zusammen.

Abbildung 4.20 Erfolgsindikatoren der Wertschöpfungsorganisation Opel-Vauxhall

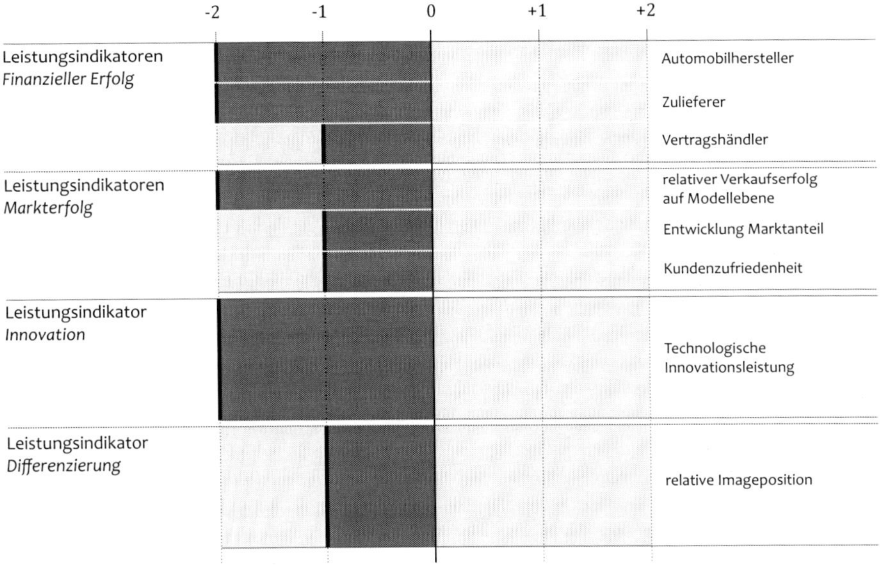

4.6 Fallstudie Renault

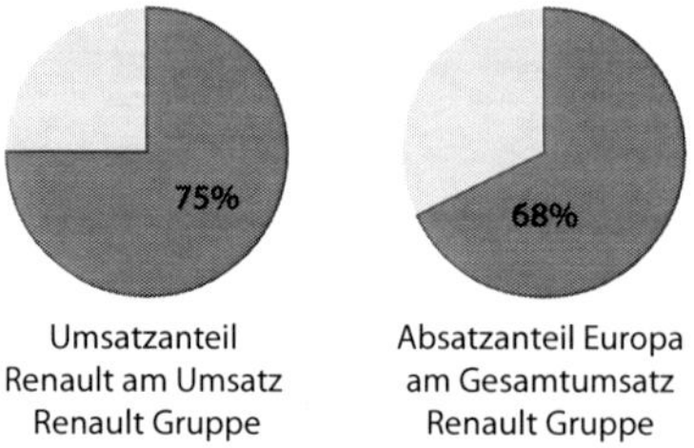

Abbildung 4.21 Umsatzstrukturen in der Fallstudie Renault

Renault ist die Kernmarke der französischen Renault Gruppe[301]. Zur Renault Gruppe gehören neben der Kernmarke Renault die Fabrikate Dacia und Samsung Motors. Renault ist mehrheitlicher Eigentümer des rumänischen Herstellers Dacia und vertreibt seit dem Jahr 2004 diese Marke aktiv in Europa[302]. Samsung Motors wurde von Renault im Jahr 2000 mehrheitlich übernommen[303]. Diese drei Marken bilden das Markenportfolio der Renault Gruppe. Eine bedeutende Veränderung im Konzern stellte die Zusammenarbeit mit Nissan dar. Der französische Hersteller Renault hat im Jahr 1999 eine strategische Allianz mit dem japanischen Automobilhersteller Nissan begründet. Die jüngste Akquisition stellt der Kauf von Unternehmensanteilen vom russischen AvtoVaz Konzern dar[304]. Der Hauptfokus der Renault Aktivitäten liegt auf dem europäischen Markt (siehe Abbildung 4.21)[305].

Das Produktportfolio der Marke Renault deckt ein weites Spektrum unterschiedlicher Segmente ab, wenngleich eine Fokussierung auf die Kompakt- und Mittelklasse festzustellen ist. Die Fallstudie betrachtet die Wertschöpfungsorganisation der Marke Renault. Tabelle 4.32 zeigt die bedeutendsten Fertigungsstätten und das Angebotsportfolio der Marke Renault.

Tabelle 4.32 Produktportfolio und die bedeutendsten Fertigungsstätten von Renault

Modell	Mini-Klasse	Kleinwagen	Kompakt-Klasse	Mittel-Klasse	Ober-Klasse	Luxus-Klasse	Produktionsstandort
Twingo	X						Novo Mesto (SI)
Clio		X					Dieppe (F), Flins (F) & Bursa (TK)
Kangoo		X					Maubeuge (F), Flins (F) & Valladolid (F)

301 Die Renault Gruppe ist in erster Linie im Automobilgeschäft tätig, nämlich im Personenkraftwagen- und Nutzfahrzeugbereich. Im Nutzfahrzeugbereich hält Renault 20,74 Prozent Anteile am Nutzfahrzeughersteller Volvo. Zusätzlich ist Renault über die SNR Roulements im Industriegütergeschäft tätig. Die Landmaschinensparte hat Renault im Jahr 2008 vollständig verkauft und Anteile dem Landmaschinenhersteller Claas übertragen.

302 Im Jahr 2008 besaß Renault 99,43 Prozent von Dacia.

303 Im Jahr 2008 waren 80,1 Prozent der Samsung Unternehmensanteile im Besitz von Renault.

304 Im Jahr 2008 verfügte Renault über 25 Prozent der Unternehmensanteile an AvtoVaz.

305 Die Marke Renault macht etwa 75 Prozent des Absatzvolumens der Renault Gruppe aus, bestehend aus Renault, Samsung Motors und Dacia. Der französische Heimatmarkt ist der bedeutendste Markt für Renault. In Frankreich werden über 40 Prozent des gesamten europäischen Absatzvolumens generiert. Einen wachsenden Anteil steuern die Mittel- und osteuropäischen Märkte bei. In diesem Zusammenhang ist vor allem der wachsende Erfolg der Marke Dacia zu nennen.

Modell	Mini-Klasse	Kleinwagen	Kompakt-Klasse	Mittel-Klasse	Ober-Klasse	Luxus-Klasse	Produktionsstandort
Modus		X					Valladolid (F)
Megane & Megane-Scenic			X				Dieppe (F), Douai (F), Palencia (ES)
Laguna				X			Sandouville (F)
Koleos				X			Busan (Korea)
Espace				X			Sandouville (F)
Vel Satis					X		Sandouville (F)

Quelle: Renault Atlas 2008

4.6.1 Unabhängige Variablen der Wertschöpfungsorganisation Renault

4.6.1.1 Eigenleistungsanteil in der Produktion

Der Produktionsbereich hat im Fall von Renault eine nachhaltige Reorganisation erfahren und wurde durch die strategische Allianz zwischen Renault und Nissan im Jahr 1999 initiiert[306]. Die neue Produktionsstrategie verfolgt im Wesentlichen Flexibilitätsvorteile durch variable Systemproduktionsstätten, Skalenerträge durch die Nutzung gemeinsamer Komponenten, Module und Plattformen sowie Synergieeffekte durch punktuelle organisatorische Bündelungen. Dieses schließt die kooperative Nutzung der Ressourcen von Allianzpartnern sowie einen stärkeren Einbezug externer Lieferanten ein. Der ehemalige Staatskonzern Renault[307] zeichnet sich weiterhin durch eine durchschnittliche bis überdurchschnittliche Ausstattung mit eigenen Ressourcen aus[308].

Die Forschungs- und Entwicklungsquote betrug im Untersuchungszeitraum 5,2 % und liegt damit leicht über den in dieser Arbeit ermittelten Durchschnitt in Höhe von 4,5 %. Forschungsleistungen konzentrieren sich auf die Bereiche der Fahrzeugsicherheitssysteme sowie auf den Motorenbau. Im Bereich F&E beschäftigt die Renault Gruppe 11.000 Mitarbeiter, was einem Anteil von etwa neun Prozent an allen Mitarbeitern entspricht.

Renault konzentriert sich zunehmend auf Integrations- und Koordinationsfunktionen zur Zusammenarbeit mit Systemlieferanten, die eng in den Wertschöpfungsprozess eingebunden werden. Die Zusammenarbeit mit Systemlieferanten erfährt eine Intensivierung und Renault überträgt diesen

306 Im Jahr 1999 hat Renault mit Nissan eine strategische Allianz begründet. In diesem Zusammenhang hat Renault bis zum Jahr 2002 44,43 Prozent an Nissan und Nissan 15 Prozent der Unternehmensanteile an Renault erworben. Die Allianz ging mit nachhaltigen Umstrukturierungen auf beiden Seiten sowie mit langfristigen Kooperationen vor allem im Produktbereich einher.

307 Der französische Staat hält weiterhin 15 Prozent der Unternehmensanteile an Renault.

308 Im Bereich Forschung und Entwicklung arbeiten weltweit etwa 12.000 Techniker und Ingenieure für die Gruppenmarken Renault, Dacia und Renault-Samsung.

Akteuren zunehmend Funktionen und Verantwortlichkeiten in der Entwicklung und Fertigung. Ein weit entwickelter Systemfertigungsstandort ist das französische Werk Douai[309]. Dieses Produktionskonzept soll mittelfristig auch an den weiteren Renault Fertigungsstandorten umgesetzt werden[310]. Bis zum Jahr 2003 hat Renault einzelne Fahrzeuge extern entwickeln und fertigen lassen, um innovative Fahrzeugkonzepte und Nischenprodukte am Markt zu lancieren[311]. Die Innovationsrisiken wurden dadurch teilweise auf externe Akteure verlagert und Renault verfolgte eine schnelle Reaktionsgeschwindigkeit, um im Falle eines Misserfolges das Produkt zeitnah vom Markt zu nehmen. Die an Lohnfertiger vergebenen Entwicklungs- und Fertigungsumfänge wurden wieder in die Renault Organisation re-integriert. Festzuhalten bleibt, dass Renault im Rahmen der Nissan Allianz sowie durch die Akquisition von Samsung Motors zunehmend die Ressourcen der neu entstandenen Organisation nutzt. Dazu zählt die gegenseitige Belieferung von Komponenten und Modulen sowie die gemeinsame Nutzung von Ressourcen wie etwa die Fertigungsstätten[312]. Eine tief greifende Reorganisation hat der Bereich Einkauf erfahren. Seit dem Jahr 2001 arbeiten Renault und Nissan innerhalb einer gemeinsamen Einkaufsorganisation zusammen, die die Einkaufsaktivitäten für beide Marken bündelt und die Zusammenarbeit mit den Lieferanten koordiniert[313]. Der Eigenleistungsanteil durch den Einsatz Renault spezifischer Ressourcen und Aktivitäten wird in diesem Zuge sukzessive reduziert und bewegt sich in Richtung der vergleichsweise geringen Fertigungstiefe von Nissan[314]. Dieser Reorganisationsprozess ist bislang nicht abgeschlossen. Insgesamt ist für den Untersuchungszeitraum die Fertigungstiefe von Renault Fertigungsstandorte als durchschnittlich zu bewerten (Tendenz abnehmend).

---

309 In Douai werden die Modell Renault Megane und Renault Scenic gefertigt. Renault hat im Jahr 2001 die Fertigung in Douai stark modernisiert und neu gestaltet. Das Werk ist hochflexibel, da an diesem Standort vier verschiedene Karosserievarianten des Megane produziert werden können. Renault bezeichnet das System als »Système de Production Renault«. Die Komponentenlogistik erfolgt nach dem Kanban System und adaptiert die Produktionsmechanismen von Nissan.

310 Renault verfügt über eine Vielzahl an Fertigungsstandorten in Europa und weltweit. In Frankreich werden die unterschiedlichen Fahrzeugmodelle an fünf Standorten gefertigt, nämlich Dieppe (Alpine Nischenfahrzeuge), Flins (Renault Clio), Douai (Renault Megane und Scenic), Maubeuge (Renault Kangoo) und Sandouville (Renault Oberklassefahrzeuge Vel-Satis, Espace und Laguna III). Neben den französischen Werken verfügt Renault über Standorte in Großbritannien, Rumänien, Spanien und Slowenien. Im Koreanischen Renault-Samsung Werk wird der SUV Renault Koleos gefertigt.

311 Der erste Renault Espace wurde in Zusammenarbeit mit dem französischen Zulieferer- und Lohnfertigungsunternehmen Matra entwickelt und bis zum Jahr 2002 von diesem auch gefertigt. Die Produktion des Renault Espace wird seit 2002 wieder durch Renault im französischen Werk Sandouville geleistet. Als Folgeprojekt erhielt Matra den Entwicklungs- und Fertigungsauftrag für den Renault Avantime, der jedoch auf Grund mangelnden Verkaufserfolges aus dem Programm genommen wurde. Diese Entwicklung hatte die Schließung des Bereichs Lohnfertigung von Matra zur Folge. Heute existiert von Matra lediglich die Entwicklungsabteilung, die von Pininfarina übernommen wurde.

312 Renault liefert beispielsweise Dieselmotoren an Nissan, während Nissan zunehmend für die Getriebeproduktion für Renault verantwortlich ist. Nissan verfügt mit dem unternehmenseigenen Zuliefererunternehmen »Jatco« über einen Getriebelieferant, der neben den Renault-Nissan eigenen Unternehmen auch Wettbewerbsfabrikate beliefert. Ein Beispiel einer internationalen Zusammenarbeit ist der Renault Koleos, der in Zusammenarbeit zwischen Renault, Nissan und Samsung entwickelt und gefertigt wird. Konzept, Fahrzeugdesign und die Dieselmotoren stammen von Renault. Nissan steuert das Allradsystem, die Hinterachskonstruktion sowie die Benzinaggregate bei und kümmerte sich um die technische Entwicklung. Im südkoreanischen Renault-Samsung Werk Busan wird der Wagen gebaut. Im Jahr 1999 basierten die Modelle von Renault und Nissan auf 33 Plattformen. Diese Zahl konnte bis zum Jahr 2005 auf 25 reduziert werden. Ziel bis 2011 ist eine Reduktion auf 15 Plattformen für alle Renault und Nissan Modellreihen.

313 Die Gründung einer gemeinsamen Einkaufsorganisation ging mit der Implementierung der »Joint Management Company Renault-Nissan B.V. « einher. Diese gemeinsame Organisationseinheit ist für das strategische Management der Allianz aus der Renault Gruppe und Nissan verantwortlich. Im Jahr 2004 betrug das gemeinsame Einkaufsvolumen bereits 70 Prozent des Gesamteinkaufsvolumens von Renault und Nissan.

314 Die Fertigungstiefe von Nissan wird auf Grundlage der gesichteten Dokumente auf etwa 20 Prozent geschätzt.

4.6.1.2 Eigenleistungsanteil in der Distribution

Renault zeichnet sich im europäischen Marktraum durch einen überdurchschnittlichen Eigenleistungsanteil in der Distribution aus. Renault hat im Verlauf der letzten zehn Jahre eigene Aktivitäten in den Kern- und Komplementärbereichen der Distribution deutlich ausgeweitet. Hierunter fallen Aktivitäten im Neu- und Gebrauchtwagenvertrieb, im Bereich der Finanzdienstleistungen sowie bei Service- und Reparaturdienstleistungen und im Ersatzteilvertrieb. Den höchsten Anteil eigener Neuwagenverkäufe generiert Renault in Frankreich, hier liegt der Eigenanteil am Neuwagenabsatz bei nahezu 30 Prozent. Deutlich überdurchschnittlich ist auch der Eigenleistungsanteil im Neuwagenvertrieb in Italien und Großbritannien. Eigene Niederlassungen besitzt Renault auch in Deutschland[315]. Insgesamt ist der Neuwagenvertrieb in den vier europäischen Kernmärkten überdurchschnittlich stark in der eigenen Hand von Renault. Gemessen der in den europäischen Kernmärkten verkauften Neuwagen setzt Renault mehr als 20 Prozent aller Neuwagen selber ab. In allen Kernmärkten ist die Zahl der eigenen Betriebsstätten tendenziell zunehmend. Die eigenen Betriebsstätten sind überwiegend Komplettbetriebe und bieten neben dem Neuwagenvertrieb alle weiteren Komplementärdienstleistungen, nämlich Finanzdienstleistungen, Service- und Reparaturdienstleistungen und Ersatzteilvertrieb an.

Die Renault Credit International Group (RCI) ist eine hundertprozentige Tochter von Renault und ist der Finanzdienstleistungslieferant für die Gruppenmarken Renault, Nissan, Dacia und Renault-Samsung Motors[316]. Unter der RCI Gruppe befinden sich in den europäischen Märkten Niederlassungen, die im Wesentlichen in einen Leasing- und Bankenbereich strukturiert sind. Die Renault Bank zählt mit etwa 3.000 Mitarbeitern zu den größeren Automobilbanken. Das Leistungsangebot konzentriert sich auf den Automobilbereich, mit Endkundenfinanzierungs- und Leasingprodukten sowie der Händlereinkaufsfinanzierung. Im Geschäftskundenbereich bietet Renault mit der Leasinggeschäftseinheit »Overlease« ein Flottenmanagement und individuelle Servicedienstleistungen in Kombination mit einem Fahrzeugleasing an.

Eine Besonderheit stellen Renaults Aktivitäten im After-Sales Bereich dar. Renault hat im Jahr 2001 eine zusätzliche Service- und Reparaturorganisation in Frankreich implementiert, um ehemalige Renault Vertragshändler sowie freie Werkstattakteure in der Distributionsorganisation zu binden[317]. Die Service- und Reparaturorganisation Motrio ist eine zusätzliche Organisationseinheit von Renault und umfasst ein Reparatur Franchise Konzept mit integriertem Teileversorgungssystem. Renault richtet sich mit der Serviceorganisation an ehemalige Vertragspartner und freie Werkstätten, deren Hauptkundengruppen Fahrer mit älteren Fahrzeugen sind, die nicht mehr die Vertragswerkstätten für Wartungen und Verschleißreparaturen besuchen[318]. Die Einbindung dieser

315 Renault verkauft in Deutschland etwa 15 Prozent, in Großbritannien etwa 16 Prozent und in Italien etwa 8 Prozent aller Neuwagen durch eigene Betriebsstätten.

316 Im Zuge der strategischen Allianz zwischen Renault und Nissan wurden die vormals eigenständigen europäischen Finanzierungsgesellschaften von Nissan in die Renault Credit International integriert.

317 Renault hat mit der Neufassung der Gruppenfreistellungsverordnung Nr. 1400/2002 eine umfassende Händlernetzumstrukturierung durchgeführt. In diesem Zusammenhang musste eine Vielzahl kleinerer Vertragshändler die Organisation verlassen. Dieses betraf vor allem den französischen Marktraum. Renault hat mit dem Reparatursystem Motrio eine Konzept entwickelt, um vor allem den ausscheidenden Händlern eine vertragliche Alternative zu bieten.

318 Fokussiert werden Kunden mit Fahrzeugen, die älter als sechs Jahre sind und mehrheitlich die Leistungen herstellerunabhängiger Werkstätten nutzen.

Distributionsakteure erfolgt unter der Zielstellung, das Wertschöpfungspotential eines Fahrzeuglebenszyklus auszuschöpfen und verlorene Kunden wieder zurückzugewinnen. In diesem Zusammenhang ergeben sich für Renault in erster Linie Wertschöpfungspotentiale aus der Ersatzteildistribution. Ein besonderes Merkmal der »Motrio« Serviceorganisation ist die Markenneutralität, die sich aus den Eigenschaften der Werkstattpartner ergibt. Die adressierten Servicepartner tragen überwiegend markenübergreifende Dienstleistungen mit einer Spezialisierung auf Verschleiß- und technisch wenig komplexen Schnellreparaturen aus. Die Spezialisierung auf einen bestimmten Dienstleistungsbereich erfordert markenübergreifende Aktivitäten, da aus einer weiteren Eingrenzung des Angebotes ein zu ausgeprägte Spezialisierung im sehr stark regional geprägten Servicegeschäft folgen würde. Im Umkehrschluss bedeutet dieses für Renault, dass die Teileversorgung nicht nur Renault Ersatzteile, sondern auch Ersatzteile anderer Fabrikat umfassen muss. Renault verfügt mit Motrio über ein Ersatzteilversorgungssystem, welches die Teileversorgung im begrenzten Bereich der Verschleiß- und Schnellreparaturen für etwa 90 Prozent alle Fahrzeuge abdeckt[319]. Die Motrio Ersatzteildistribution ist eng an das Versorgungssystem für die exklusive Renault Vertragshandelsorganisation angegliedert[320]. Neben der Ersatzteilversorgung ist Renault für das gesamte Distributionsmanagement verantwortlich[321]. Die Motrio Partner werden vertraglich in die Renault Organisation gebunden. Renault konzentriert die Motrio Aktivitäten bislang auf den Heimatmarkt Frankreich, wenngleich das System mittelfristig innerhalb Europas penetriert werden soll[322]. Festzuhalten bleibt, dass Renault überdurchschnittlich viele eigene Ressourcen und Aktivitäten in den Service- und Reparaturbereich steuert und sich hier durch eine hohe Integration auszeichnet.

In der Zusammenfassung ergibt sich für Renault ein hoher zentraler Integrationsgrad in der Distribution, der aus der Zahl der eigener Händlerbetriebe (Index +1) sowie aus den eigenen Aktivitäten im After-Sales Bereich (Index +2) resultiert. Die Integration im Bereich Finanzdienstleistungen wird im Vergleich zu anderen Automobilherstellern als durchschnittlich bewertet (Index 0).

4.6.1.3 Formelle Bindung in der Produktion

Einen bedeutenden Einfluss auf die Wertschöpfungsorganisation hat die Allianz zwischen Renault und Nissan. Renault und Nissan sind in einzelnen organisatorischen Bereichen eigenständig, die gemeinsamen Bereiche, nämlich Einkauf und Informationssysteme, befinden sich innerhalb der Organisationseinheiten Renault-Nissan Purchasing Organisation (RNPO) und Renault-Nissan Information Services (RNIS). Die Produktionsstrategien von Renault und Nissan erfahren eine sukzessive Angleichung. Dieses geht mit nachhaltigen Veränderungen sowohl auf Seiten Renaults als auch auf Seiten Nissans einher. Die Zusammenarbeit mit den vertikal verbundenen Lieferanten und deren formelle als auch informelle Integration werden seit dem Jahr 2001 durch eine gemeinsame Einkauforganisation koordiniert. Im Rahmen des Gemeinschaftseinkaufs sollen die internationalen

---

319 Das Motrio Ersatzteilvertriebssystem umfasst etwa 8.000 Teilepositionen aus 40 Teilgruppen. Das Ersatzteilsortiment ist auf die Angebotsstruktur der Serviceorganisation ausgerichtet, die in erster Linie Verschleiß- und wenig komplexe Reparaturdienstleistungen anbietet.

320 Die Ersatzteillogistik wird durch Renault, die Feinlogistik durch das Renault Vertragshandelsnetz organisiert.

321 Dazu zählen die Koordination der Servicepartner sowie Marketingkonzeption und -maßnahmen und die technische Unterstützungen und Schulungen der Partner.

322 Im Jahr 2007 verfügte Renault über etwa 1.100 Motrio Servicepartner im Heimatmarkt Frankreich. Außerhalb Frankreichs beträgt die Zahl der Motrio Partner etwa 70.

Einkaufsaktivitäten und die Zusammenarbeit mit den Lieferanten für Renault und Nissan gebündelt werden. Dieses geht mit einer Reduktion der Direktlieferanten und mit einer längerfristigen Zusammenarbeit mit markenübergreifenden, international agierenden Systemlieferanten einher, die sowohl Renault als auch Nissan beliefern. Renault-Nissan spricht in diesem Zusammenhang von einem Global-Single Sourcing. Die Zahl an Lieferanten, die die Ansprüche der internationalen Renault-Nissan Organisation erfüllen können, ist jedoch relativ gering. Die multinationale Zusammenarbeit mit den europäischen und japanischen Automobilherstellern erfordert spezifischen Ressourcen und Fähigkeiten, die tendenziell zu einer engeren vertraglichen Integration dieser Lieferanten führt[323]. Die Konsolidierung der Lieferantenstruktur und die Identifikation von markenübergreifenden Systemlieferanten ist bislang nicht abgeschlossen[324]. Im Jahr 2007 wurden etwa 65 Prozent des Einkaufsvolumens von Renault-Nissan durch lediglich 100 Lieferanten abgedeckt. Im Zusammenhang mit der formellen Lieferantenbindung ist es von Bedeutung, dass die Strategie der sehr ausgeprägten formellen Integration von Lieferanten, die Nissan bis 1999 verfolgte, nicht durch Renault adaptiert wurde. Vielmehr revidierte Renault diese Strategie auf Seiten Nissans durch einen stärkeren Lieferantenwettbewerb, um zusätzliche Einkaufskostenvorteile zu erzielen[325]. Mit der Restrukturierung wurden die überdurchschnittlich großen Keiretsu Firmenkooperationen[326] zwischen Nissan und den Lieferanten sukzessive aufgelöst und stärker marktlich geprägte Koordinationsmechanismen implementiert. Keiretsu Organisationen sind spezifisch für die Hersteller-Lieferantenbeziehungen im japanischen Automobilmarkt. Keiretsus gehen mit einer überdurchschnittlichen formellen Bindung einher, die auf gegenseitige Kapitalbeteiligungen und langfristigen und exklusiven Lieferverträgen fußen. Der Renault Manager Ghosn hat im Zuge der Allianz mit Nissan die Zusammenarbeit mit etwa der Hälfte der zur Keiretsu »Nisshokai« gehörenden Lieferanten beendet und bestehende Kapitalbeteiligungen verkauft[327].

Die formelle Bindung durch finanzielle Geiseln in Form spezifischer Investitionen auf Grund einer engen geographischen Ansiedlung der Lieferanten erfolgte an den französischen Fertigungsstandorten in Douai und in Sandouville (siehe Tabelle 4.33)[328]. Ein Zulieferparkkonzept wurde auch für den neuen Fertigungsstandort der Dacia Modelle im rumänischen Pitesti sowie für das spanische

323 Unter anderem müssen die Zulieferer mit zwei Entwicklungszentren zusammenarbeiten und über lokale Fertigungsstandorte in Europa und Japan verfügen.

324 Im Jahr 2002 hat Renault mit etwa 540 Lieferanten zusammengearbeitet. Im Jahr 2007 betrug diese Zahl etwa 640 und ist damit zunehmend. Dieses ist teilweise auf die wachsende Modell- und Markenpalette von Renault zurückzuführen. Im Jahr 2004 wurde beispielsweise die Produktion der Dacia Modelle aufgenommen.

325 Für die Restrukturierung von Nissan war insbesondere der Renault Manager Carlos Ghosn verantwortlich. Die Restrukturierung von Nissan ging mit einem drastischen Abbau von etwa 20.000 Arbeitsplätzen und der Schließung von fünf Fertigungsstätten einher.

326 Im Jahr 1999 umfasste die Keiretsu »Nisshokai« etwa 1.400 Lieferanten, was im Vergleich zu anderen Keiretsu Kooperationen überdurchschnittlich viel ist.

327 Eine Bewegung hin zum Keiretsu Modell zeichnet sich wieder seit 2006 ab. Das Renault-Nissan Management verfolgt insgesamt wieder engere Lieferantenbindungen in Form der Keiretsu Firmenkooperationen.

328 Der Zuliefererpark in Douai wurde im Jahr 2001 in Betrieb genommen. In Douai werden die Modelle Renault Megane und Scenic gefertigt. Die Inbetriebnahme des Zuliefererparks erfolgte mit einer allgemeinen Modernisierung des Fertigungsstandortes. Douai zeichnet sich durch eine hohe Flexibilität der Produktion aus, die unter anderem durch die Ansiedlung von Systemlieferanten und durch Just-in-Time Belieferungssysteme erreicht wurde. Neun Systemlieferanten liefern vormontierte Module wie gesamte Türmodule, Instrumententafeln und Front-End Module. In Sandouville wurden im Jahr 2000 sieben Systemlieferanten mit etwa 600 Mitarbeitern angesiedelt.

Werk in Palencia verwirklicht[329]. Die Mehrheit der Fertigungsstandorte ist jedoch nicht mit Zuliefererparks kombiniert. Den Aussagen von Verantwortlichen der Beschaffungsorganisation ist zu entnehmen, dass eine zu ausgeprägte geographische Bindung der Systemlieferanten auch in Zukunft nicht verfolgt wird. Dezentrale Lieferantestrukturen sollen mit entsprechenden Logistiksystemen an den Fertigungsstandorten verwirklicht werden. Die direkte Ansiedlung soll nur für solche Lieferanten erfolgen, die komplexe Komponenten und Module fertigen, die schwer zu transportieren und zu lagern sind und sich dadurch hohe Logistikkosten ergeben.

Tabelle 4.33 Bedeutende Zuliefererparks von Renault

Fertigungsstätte	Eröffnet	Angesiedelte Kernlieferanten
Sandouville (F)	2000	Faurecia, Grupo Antolin, Inergy, Inoplast, Lear, Plastic Omnium
Douai (F)	2001	Grupo Antolin, Benteler, Continental, Valeo, Plastic Omnium, Oxford Automotive Douai
Palencia (ES)	1999	Benteler, Grupo Antolin, Faurecia, Continental, Valeo, Plastic Omnium

Die Lieferbeziehungen zu den organisationszugehörigen Akteuren Nissan und Samsung Motors sind durch vertragliche und finanzielle Bindungsformen langfristig ausgelegt. Horizontale Lieferbeziehungen beschränken sich im Wesentlichen auf die Akteure, die der gemeinsamen, formell institutionalisierten Organisation angehören. Horizontale Partnerschaften zu organisationsfremden Unternehmen spielen eine vergleichsweise geringe Rolle.

Festzuhalten bleibt, dass Renault die Zusammenarbeit mit Lieferanten in der letzten Dekade stärker formalisiert hat und den Anteil relationaler Verträge tendenziell erhöhte. Die ausgeprägte formelle Bindung, wie sie zwischen Nissan und den Lieferanten bestand, wurde jedoch nicht adaptiert. Insgesamt sind die eingebrachten finanziellen Geiseln auf Seiten der Lieferanten als durchschnittlich zu bewerten. Die formelle Integration vertikaler Lieferanten wird insgesamt mit dem Index 0 beziffert. Die horizontalen Fertigungskooperationen sind auf Grundlage der langfristigen Allianz mit Nissan und durch die Akquisition von Samsung Motors formell hochgradig abgesichert und entsprechen einem Index von +2.

4.6.1.4 Formelle Bindung in der Distribution

Renault bindet seine Vertragshändler und autorisierten Werkstattbetriebe durch ein selektives Vertragshandelssystem in die Organisation ein. Die vertragliche Bindung zwischen Renault und den direkten Haupthändlern ist im Vergleich zu den anderen Fabrikaten durchschnittlich. Die Vertragsanalyse zeigt einen durchschnittlichen Vertrags-Bindungsindex (Index 0). Eine Besonderheit ist die europäische Händlernetzstruktur von Renault. Renault arbeitet mit wenig direkten Akteuren zusammen, die jedoch ein eigenes Filialnetz oder ein angeschlossenes Netz von nach geordneten kleineren

329 Das im Jahr 2004 in Betrieb genommene Werk Pitesti wurde mit einem Zuliefererpark kombiniert. In dem Park befinden sich sieben Systemlieferanten für die Produktion des Dacia Logan. Im spanischen Werk Palencia wurde der Megane II gefertigt. Heute erfolgt die Produktion von Karosseriebauteilen. Insgesamt fünf auf den Karosseriebereich spezialisierte Lieferanten sind seit dem Jahr 1999 an das Werk angegliedert.

Händlern koordinieren[330]. Renault ist der Automobilhersteller mit der am stärksten ausgeprägten zweistufigen Händlerorganisation. Daraus resultiert auf der einen Seite ein konsolidiertes Netz an direkten Vertriebpartnern und auf der anderen eine überdurchschnittliche Zahl an Betriebsstätten. Die Kontrolle über die Unterhändler, die von Haupthändlern betreut werden, ist jedoch vergleichsweise gering. Renault überträgt den Haupthändlern ein weites Spektrum an Verantwortlichkeiten und die Autonomie dieser Händler ist relativ groß. Aus der Händlernetzstruktur resultiert eine relativ geringe Zahl an Transaktionsbeziehungen zwischen Renault und den direkten Vertragspartnern, während trotzdem eine hohe Netzabdeckung erreicht wird. Festzuhalten bleibt, dass die formelle Bindung zu den Unterhändlern im Vergleich zu den Direkthändlern schwächer ist.

Aus den vertraglichen Anforderungen kann zusammenfassend eine durchschnittliche formelle Bindung zwischen Renault und dem Vertragshändlernetz postuliert werden (Index 0). Die Kontrolle über die den Haupthändlern nachgeordneten Händlern ist relativ schwach.

4.6.1.5 Informelle Bindung in der Produktion und Distribution

Die informelle Bindung zwischen den direkten Lieferanten und Renault ist durchschnittlich. Die Variablen Vertrauen, Kooperationsintensität und Fairness weisen in den gesichteten Studien durchschnittliche bis zuweilen unterdurchschnittliche Indizes auf. Aus Perspektive der Lieferanten ist Renault mittel- bis langfristig kein überdurchschnittlich attraktiver Geschäftspartner. Die Zulieferzufriedenheits-Indizes lassen auf eine durchschnittliche informelle Bindung zwischen Renault und den Zulieferern schließen. Tabelle 4.34 fasst die durchschnittlichen Indizes der gesichteten Studien zusammen.

Tabelle 4.34 Informelle Bindung in der Produktion

Zufriedenheitsstudien	Index Renault
Automotive News- Supplier Business: OEM-Supplier Relations Study Studien in 2006 und 2007	-1
Ebel et al.: Kooperation, Fairness und Zufriedenheit in der Hersteller-Lieferanten Beziehung, Studien in 2005 und 2006	+1
Meinig: Supplier Satisfaction Index (SSI) Studien in 2001 und 2003	In Studie nicht berücksichtigt
Relative informelle Bindung im Gesamtkontext	Durchschnittlich, Gesamtindex 0

Die gesichteten Händlerzufriedenheitsstudien ergeben für Renault insgesamt unterdurchschnittliche Zufriedenheitswerte (siehe Tabelle 4.35). Die Vertragshändler in Italien sind mit der Geschäftsbeziehung zu Renault tendenziell unzufrieden. Im Vergleich zu den in dieser Arbeit analysierten

330 Ein Indikator für die Netzstrukturen ist die Anzahl der verkauften Neuwagen pro Händlervertrag und pro Betriebsstätte. Im europäischen Marktraum beläuft sich Neuwagenverkaufsvolumen pro Händlervertrag auf etwa 1.100 Neuwagen und pro Neuwagenvertriebsstandort auf lediglich 172 Neuwagen.

Fallstudien ist der Händlerzufriedenheitsindex in Italien für Renault am geringsten. Einen Zufriedenheits-Index von -1 ergeben die Studien in Deutschland, Großbritannien und Frankreich. Insgesamt kann die informelle Bindung zwischen Renault und den Vertragshandelsakteuren im Vergleich zu den anderen hier betrachteten Fällen als schwach bewertet werden. Im Unterschied zu den anderen hier betrachteten Fällen erreicht Renault in keinem Land eine mindestens durchschnittliche informelle Bindung. Damit rangiert Renault am unteren Ende der informellen Bindung.

Tabelle 4.35 Informelle Bindung in der Distribution

Zufriedenheitsstudien	Index Renault
CNPA : Cap Réseaux – Cote d'Amour des Constructeurs, Frankreich Studien zwischen 2002 und 2007	-1
Diez: MarkenMonitor – Händlerzufriedenheits-monitoring, Deutschland Studien zwischen 2002 und 2007	-1
Buzzavo et al.: DealerStat – Dealer Satisfaction Italien, Studien zwischen 2004 und 2007	-2
RMIF: Dealer Attitude Survey, Großbritannien Studien zwischen 2002 und 2007	-1
Relative informelle Bindung im Gesamtkontext	Unterdurchschnittlich, Gesamtindex -2

4.6.1.6 Zwischenfazit

Die Wertschöpfungsorganisation von Renault zeichnet sich durch einen durchschnittlichen Eigenleistungsanteil in der Produktion aus. Die Bindung zu den externen Akteuren ist im Fall der vertikalen Beziehungen durchschnittlich, während die horizontalen Partnerschaften hochgradig formell abgesichert sind. Eine überdurchschnittliche Integration zeigt Renault in der Automobildistribution. In diesem Zusammenhang sind vor allem die eigenen Aktivitäten im Neufahrzeugvertrieb sowie im After-Sales zu nennen. Diesem Eigenleistungsanteil steht eine eher schwache Bindung zu den externen Akteuren gegenüber. Die informellen Bindungen zu den Distributionsakteuren sind im Vergleich zu den Zulieferern schwächer. Abbildung 4.22 fasst die Ergebnisse der Fallstudienuntersuchung zusammen.

Abbildung 4.22 Ausprägungen der unabhängigen Variablen der Wertschöpfungsorganisation Renault

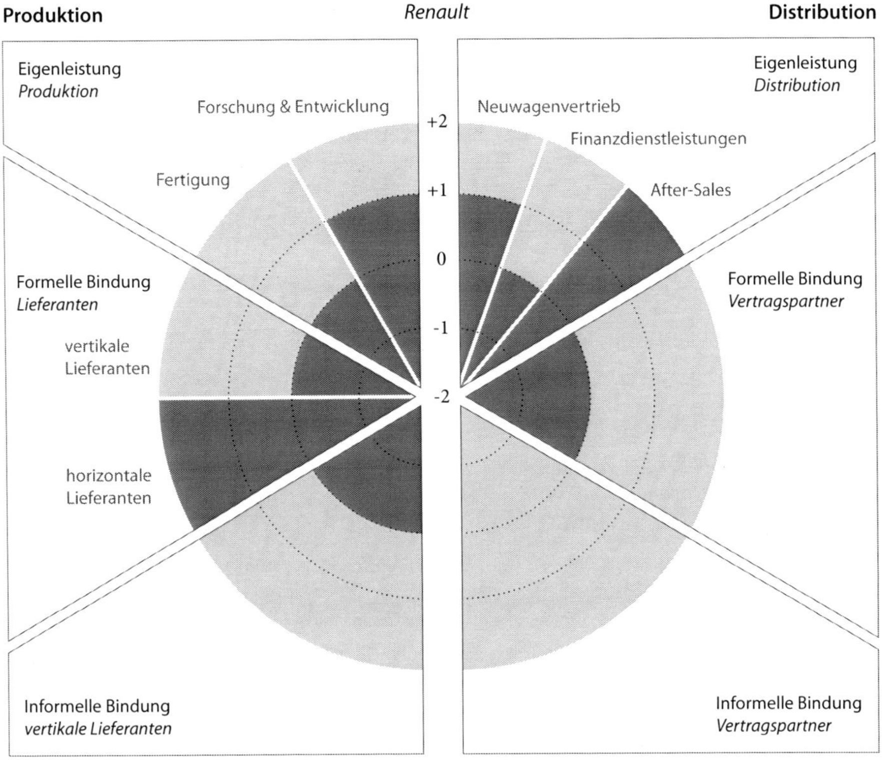

4.6.2 Abhängige Variablen der Wertschöpfungsorganisation Renault

Aus ökonomischer Perspektive sind die Zahlen der Renault Gruppe im Vergleich zu einer Reihe von Wettbewerbern überdurchschnittlich und Renault galt bis zum Jahr 2005 als einer der profitabelsten europäischen Volumenhersteller[331]. Seit dem Jahr 2005 werden die Unternehmensgewinne der Gruppe durch die Erfolge der Marke Dacia gestützt, während die Ertragskraft von Renault sinkt[332]. Finanzdienstleistungen sind ebenfalls bedeutend für die Rentabilität des französischen Automobilherstellers. Finanzdienstleistungen erzielen eine überdurchschnittlich hohe Rendite. Tendenziell findet eine Verlagerung der Unternehmensgewinne durch Komplementärprodukte statt. Die überdurchschnittliche wirtschaftliche Leistungsfähigkeit des Automobilherstellers steht im Gegensatz

331 Für die Marke Renault werden keine gesonderten Gewinne ausgewiesen, sondern dieses erfolgt auf Ebene der Renault Gruppe. Die Daten der Renault Gruppe können jedoch als Indikatoren genutzt werden, da der Umsatzanteil von Renault an der gesamten Renault Gruppe etwa 75 Prozent beträgt und das Ergebnis somit deutlich durch die Ertragskraft von Renault determiniert wird. Dacia wurde 2004 in Europa eingeführt und wird innerhalb der Renault Vertriebsorganisation vertrieben. Etwa 50 Prozent aller Dacia-Verkäufe werden in Rumänien getätigt. Im Jahr 2005 wurden 164.000 Dacia Fahrzeuge verkauft, im Jahr 2007 lag diese Zahl bei 230.000.

332 Einen wichtigen Beitrag zum Unternehmensergebnis von Renault leisten zudem Gewinnabführungen vom Allianzpartner Nissan.

zu den relativ schwachen Leistungsindikatoren anderer Akteursgruppen, nämlich der Lieferanten und der Vertragshändler. Nach Einschätzung der Lieferanten ist die Kapitalrendite aus den Investitionen in die Renault Wertschöpfungsorganisation unterdurchschnittlich. Die Ergebnisse der gesichteten Studien führen zu einem Index von -1. Der finanzielle Erfolg aus Sicht der Vertragshändler ist ebenfalls sehr gering. In allen europäischen Kernmärkten ist der Zielerfüllungsgrad unterdurchschnittlich. Im Heimatmarkt Frankreich sowie in Italien sind die Händler am unzufriedensten mit den ökonomischen Resultaten aus der Zusammenarbeit mit Renault. Insgesamt ergibt sich für die Akteursgruppe der Vertragshändler ein wirtschaftlicher Leistungsindex von -2. Festzuhalten bleibt, dass im Unterschied zu den Lieferanten und den Vertragshändlern der Automobilhersteller höhere Gewinne erwirtschaftet (siehe Tabelle 4.36).

Tabelle 4.36 Ökonomische Leistungsdaten der Wertschöpfungsakteure

Akteur(gruppe)	Indikator	Quelle	Index
Automobilhersteller (Renault)	Umsatzrendite	Renault Geschäftsberichte 2002 bis 2007	+1
Zulieferer	Wahrgenommener Return on Investment	Automotive News und Supplier Business 2006 und 2008	-1
Vertragshändler	Wahrgenommene Rentabilität	Frankreich: CNPA (2005, 2006, 2007)	-2
		Deutschland: Diez (2002, 2003, 2004, 2005, 2007)	-1
		Italien: Buzzavo et al. (2004, 2005, 2006, 2007).	-2
		Großbritannien: RMIF (2005, 2006, 2008).	-1

Hinsichtlich des relativen Absatzerfolges waren die Produkte der Klein- und Kompaktwagenklasse, hier vor allem die Van Ausführungen, in Europa relativ erfolgreich (siehe Tabelle 4.37). Einen geringen Absatzerfolg zeigten die Produkte in den Segmenten der klassischen Mittel- und Oberklasse. Obwohl der Verkaufserfolg einzelner Modellreihen in Bezug zur Absatzmenge überdurchschnittlich ist, zeigt die Absatzentwicklung in Europa einen deutlich negativen Trend. Im jährlichen Durchschnitt hat Renault mehr als fünf Prozent (CAGR) hinsichtlich der absoluten Verkaufszahlen und des Marktanteils verloren. Insgesamt waren die Marktanteilsverluste für die Marke Renault in Europa zwischen den Jahren 2002 und 2007 überdurchschnittlich hoch. Die Zufriedenheit der Kunden mit Renault Produkten und mit den Serviceleistungen der Vertriebsorganisation liegt laut J. D. Power Studien unter den durchschnittlichen Werten der in dieser Arbeit betrachteten Fälle[333]. Aus diesem Ergebnis lässt sich eine vergleichsweise geringe Kundenbindung ableiten, die wiederum zu einem höheren Inter-Wertschöpfungsorganisationswettbewerb führt. Der Kundenzufriedenheitsindex beläuft sich für den Fall Renault auf -1.

333 Berücksichtigt wurden die Kundenzufriedenheitsstudien nach J. D. Power in den Märkten Frankreich, Deutschland und Großbritannien.

Tabelle 4.37 Relativer Verkaufserfolg der Renault Modellpalette (ohne Nutzfahrzeuge)

	Twingo	Clio	Megane	Scenic	Laguna	Espace	Vel Satis
Index	0	+2	0	+2	0	+2	-2

Quelle: Daten basieren auf Automotive News Data Book 2002 bis 2007

Die Innovationsleistung der Marke Renault wird laut der Studien nach Bratzel (2007a und 2008) mit dem Index -1 bewertet. Nach einer Reihe von Modellinnovationen, die keinen Erfolg am Markt hatten, zeigt sich Renault zunehmend konservativer in der Produkt- und Modellpolitik. Die Innovationsstudien stellen jedoch eine positive Entwicklung der Innovationsleistung heraus (vgl. Bratzel 2008, S. 97). Herauszustellen ist die Fokussierung auf Fahrzeugkonzepte, die Vielseitigkeits- und Wirtschaftlichkeitsziele erfüllen sollen (vgl. Bratzel 2008, S. 97). Sicherheitstechnologien verlieren jedoch an Bedeutung, die in der Vergangenheit als markenprägende Elemente genutzt wurden. Die Innovationskraft wird insgesamt mit dem Index -1 und damit als unterdurchschnittlich bewertet.

Abbildung 4.23 Imagepositionierung für die Marke Renault

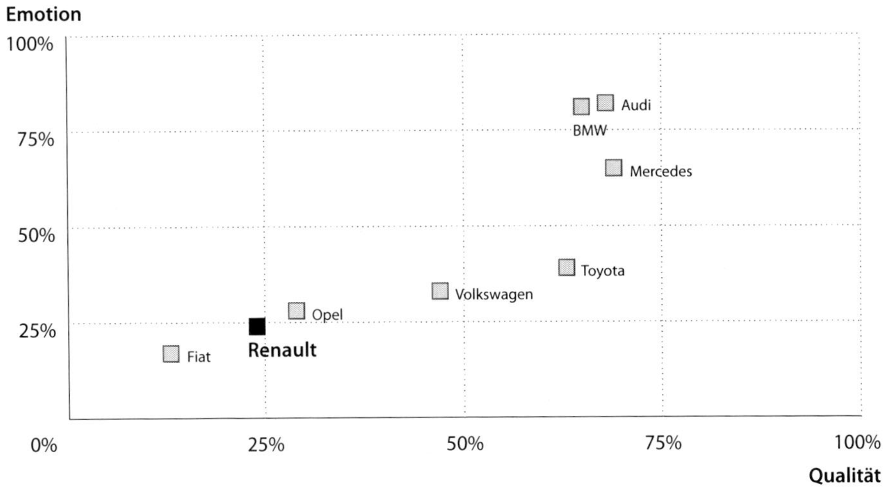

Quelle: in Anlehnung an Eiberger 2005, 2006 und 2007

Die zuvor festgestellte relative Kundenunzufriedenheit spiegelt sich auch in der Imageposition von Renault wider (siehe Abbildung 4.23). Nur etwa ein Viertel der in Europa befragten Kunden verbindet mit der Marke Renault qualitäts- und emotionsbezogene Markenfaktoren (vgl. Eiberger 2005, 2006 und 2007). Die Differenzierungskraft der Marke ist zusammenfassend gering. Die Abschöpfung differenzierungsbasierter Wettbewerbsvorteile ist auf Grund der Markenstärke im Fall von Renault eingeschränkt.

Die Leistungsdaten der Fallstudie Renault werden in Abbildung 4.24 dargestellt. Festzuhalten bleibt, dass die Renault Wertschöpfungsorganisation in Bezug zu den analysierten Variablen nur als unterdurchschnittlich wettbewerbsfähig angesehen werden kann.

Abbildung 4.24 Erfolgsindikatoren der Wertschöpfungsorganisation Renault

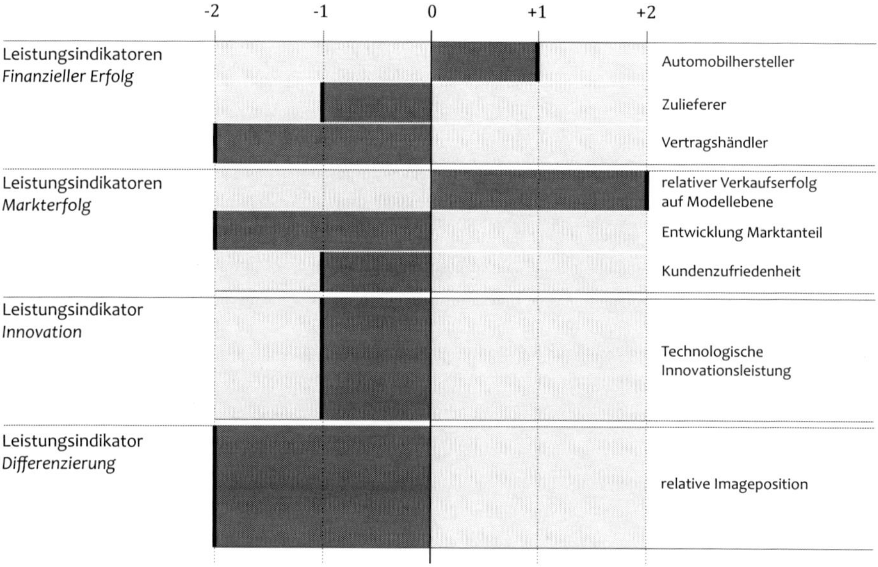

4.7 Fallstudie Toyota Motors Europe

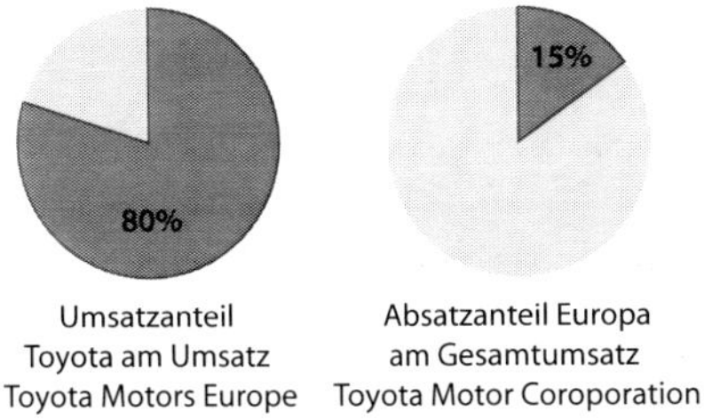

Abbildung 4.25 Umsatzstrukturen in der Fallstudie Toyota Motors Europe

Die Toyota Motors Europe NV/SA (TME) mit Firmensitz in Brüssel ist für die europäischen Aktivitäten der Toyota Motor Corporation (TMC) verantwortlich. TME steuert die Zusammenarbeit zwischen den für den europäischen Markt produzierenden und distribuierenden Unternehmen von Toyota. Neben der Kernmarke Toyota ist die Toyota Motor Corporation in Europa mit den Marken Daihatsu und Lexus vertreten[334]. Im Unterschied zur Mehrheit der Automobilkonzerne verfügt Toyota über ein relativ begrenztes Markenportfolio. Die bedeutendsten Absatzmärkte mit einem Anteil von jeweils über 30 Prozent sind die USA und Japan, während Toyota in Europa einen weitaus geringeren Umsatz erzielt (siehe Abbildung 4.25).

In Europa deckt Toyota mit seinem Produktportfolio vor allem die Kompakt- und Mittelklassesegmente ab. Die Marke Daihatsu ist spezialisiert auf den Kleinwagenbereich, während Lexus die Ober- und Luxusklassensegmente bedient. Die Fallstudie bezieht sich auf die Organisation der Marke Toyota. Das Produktportfolio und die Produktionsstandorte für die europäischen Modelle zeigt Tabelle 4.38.

Tabelle 4.38 Produktportfolio und die bedeutendsten Fertigungsstätten von Toyota Motors Europe

Modell	Mini-Klasse	Kleinwagen	Kompakt-Klasse	Mittel-Klasse	Ober-Klasse	Luxus-Klasse	Produktionsstandort
Aygo	X						Kolin (CZ)
Yaris		X					Valenciennes (F)
Auris			X				Burnaston (GB), Adapazari (TR)
Corolla Verso			X				Adapazari (TR)
Prius				X			Tsutsumi (JP)
RAV-4				X			Tahara (JP)
Avensis				X			Burnaston (GB)
Land-Cruiser						X	Tahara (JP)

Quelle: Toyota Motors Corporation

334 Die Toyota Motor Corporation besitzt 51,2 Prozent der Kapitalanteile von Daihatsu.

4.7.1 Unabhängige Variablen der Wertschöpfungsorganisation Toyota Motors Europa

4.7.1.1 Eigenleistungsanteil in der Produktion

Im Vergleich zur Mehrheit der Automobilhersteller hat Toyota den Eigenleistungsanteil in der letzten Dekade wenig verändert. Der Outsourcing Prozess wurde sehr viel früher initiiert und abgeschlossen, während europäische und US-amerikanische Wettbewerbsunternehmen diesen Prozess erst seit den neunziger Jahren intensiv verfolgen[335]. Mittlerweile weist eine Anzahl an Automobilherstellern eine geringere Fertigungstiefe als Toyota auf. Toyota greift in vielen Bereichen auf die Wertschöpfungsaktivitäten von Lieferanten zurück, der Wertschöpfungsprozess wird jedoch sehr eng durch Toyota begleitet und hierarchisch koordiniert.

Die Forschungs- und Entwicklungsquote von Toyota beträgt für den Untersuchungszeitraum etwa vier Prozent und liegt damit leicht unter dem Industriedurchschnitt (in Höhe von 4,5 %). Einen relativ großen Anteil der Innovationen bezieht Toyota von mittelständischen Lieferanten und Dienstleistern. Toyota steuert und gestaltet den Entwicklungsprozess jedoch mit dem Einsatz eigener Ressourcen aktiv mit, woraus eine relativ begrenzte Handlungsautonomie für die externen Akteure resultiert[336]. Hauptfokus der Forschungs- und Entwicklungsaktivitäten liegt in den Bereichen Antriebskonzepte, Sicherheitstechnologien und Fahrzeugqualität. Toyota hat eine Innovationsführerschaft im Bereich der Hybridantriebstechnologien und trägt in diesem Bereich überdurchschnittlich viele eigene Aktivitäten aus[337]. In den übrigen Fahrzeugtechnologien zeichnet sich Toyota durch eine relativ defensive Innovationsstrategie aus. Insgesamt kann der Eigenleistungsanteil im Bereich F&E als durchschnittlich bewertet werden.

Die Mehrheit der Fahrzeugmodelle, die für den europäischen Markt bestimmt sind, wird mittlerweile in Europa gefertigt[338]. Die Produktionsstrategien sind international stark standardisiert und folgen in den unterschiedlichen Märkten denselben Mustern. Die Fertigungstiefe von Toyota beträgt etwa 27 bis 30 Prozent und ist als durchschnittlich zu bewerten. Im Vergleich zu anderen Automobilherstellern hat Toyota die Fertigungstiefe weniger reduziert und eine weitere Reduktion auch in den letzten Jahren nicht vorangetrieben[339]. Bei einigen Schlüsseltechnologien und -produkten ist sowohl die Entwicklungs- als auch die Fertigungstiefe überdurchschnittlich, um Ressourcen und Aktivitäten innerhalb des Unternehmens zu belassen[340]. Im Rahmen eines Fremdbezuges vermeidet Toyota die Vergabe sehr umfassender Entwicklungs- und Fertigungsverantwortungen an einzelne

335 Eine umfassende Reduktion der Fertigungstiefe fand bereits in den Siebziger Jahren statt.

336 Unter anderem arbeitet ein Teil der Mitarbeiter der externen Lieferanten direkt in den Toyota Produktionsstätten und werden von Toyota geschult und geführt.

337 Zur Entwicklung der ersten Generation des Toyota Hybrid Modells Prius wurden die konzerneigenen Lieferanten einbezogen. Nach dem Erfolg des ersten Modells und der zunehmenden Bedeutung der Hybridantriebstechnik für das Innovationsimage von Toyota wurde die zweite Generation direkt im Haus entwickelt, um die Technologie stärker zu schützen. Toyota sieht die Hybridantriebe als die Schlüsseltechnologie und zentralen Wettbewerbsvorteil des Unternehmens an.

338 Ein wesentlicher Produktionsstandort ist für Toyota Großbritannien. In Burnaston werden die Toyota Modelle Auris (das Nachfolgemodell des Toyota Corolla) und Avensis gefertigt.

339 Die japanischen Automobilhersteller Nissan und Honda weisen eine wesentlich geringere Fertigungstiefe auf. Die Fertigungstiefe dieser Automobilhersteller wird mit etwa 20 Prozent beziffert.

340 Die Fertigungstiefe des Hybrid-Modells Toyota Prius wird mit etwa 70 Prozent beziffert und ist somit überdurchschnittlich hoch.

Lieferanten. Toyota verfolgt keine Vergabe sehr umfassender Module, wodurch die Entwicklung und Vormontage komplexer Komponenten wenigen großen Zulieferern übertragen würde. Der Konzentrationsgrad auf Ebene der Lieferanten ist beispielsweise in Japan weniger ausgeprägt und die durchschnittliche Größe der Lieferanten geringer. In Folge dessen werden vergleichsweise kleine Fertigungsumfänge an einzelne Akteure vergeben. Ein wesentlicher Anteil der Toyota Aktivitäten ist auf die Koordination dieser Lieferanten gerichtet.

Der Eigenleistungsanteil ist für Toyota in der F&E und Fertigung insgesamt als durchschnittlich zu bewerten (Index 0).

4.7.1.2 Eigenleistungsanteil in der Distribution

Toyotas Eigenleistungsanteil in der Automobildistribution ist gering. Toyota besitzt lediglich 2,5 Prozent aller Verkaufsstätten im gesamten europäischen Marktraum. Die Analyse des Neuwagenabsatzes durch Toyota eigene Betriebe in den vier europäischen Kernmärkten ergibt, dass Toyota in den Märkten Deutschland, Frankreich und Italien über keine eigenen Betriebe verfügt, während in Großbritannien etwa drei Prozent der Neuwagen durch Toyota eigene Niederlassungen vermarktet werden. Der Eigenleistungsanteil im Neuwagenvertrieb ist zusammenfassend als gering zu bewerten und soll laut den geführten Interviews auch in Zukunft nicht ausgebaut werden.

Im Bereich Finanzdienstleistungen ist die Toyota Financial Services Corporation (TFS) ein unternehmenseigener Lieferant für alle Marken der Toyota Motor Corporation[341]. Neben der Kernmarke Toyota beziehen auch die zur Toyota Gruppe gehörenden Marken Hino, Lexus und Daihatsu Dienstleistungen von der TFS. In den europäischen Märkten befinden sich Filialen der TFS, die durch die Toyota Overseas Sales Finance Companies gesteuert und versorgt werden[342]. Mit etwa 1.500 Mitarbeitern in der Unternehmenszentrale und weiteren 650 Mitarbeitern in den europäischen Filialen ist die Ausstattung mit eigenen Humanressourcen vergleichsweise gering[343]. Die europäischen Gesellschaften sind in der Regel in die Bereiche Banken- und Leasinggeschäft aufgeteilt und offerieren ein im Vergleich zu anderen Herstellerbanken handelsübliches Leistungsangebot. Dazu zählen die Endkundenfinanzierungsprodukte, gewerbliches und privates Leasing und die Händlereinkaufsfinanzierung. Im Bereich des Full-Service Leasing arbeitet die Toyota Financial Services teilweise mit nationalen externen Partnern zusammen und greift entsprechend auf Fremdleistungen zurück[344]. Zusammenfassend ist der Eigenleistungsanteil im Finanzdienstleistungsbereich für den Marktraum Europa als durchschnittlich zu bewerten.

Die After-Sales Aktivitäten von Toyota konzentrieren sich auf die Versorgung der Vertragshandelspartner mit technischen Mitteln und Know-How sowie mit Toyota Ersatzteilen. Das Teile-

341 Die TFS ist in 30 Märkten aktiv und deckt damit etwa 90 Prozent aller Märkte ab, in denen Toyota Fahrzeuge vertreibt. Toyota stellt somit eine Eigenversorgung in nahezu allen Märkten sicher, in denen die Marke präsent ist. Die gesamte TFS beschäftigt inklusive der Aioi Insurance Corporation weltweit etwa 15.000 Mitarbeiter.

342 Zu Toyota Financial Services (TFS) gehören die Toyota Overseas Sales Finance Companies (OSFC) sowie die Toyota Finance Corporation (TFC), die für den japanischen Automobilmarkt verantwortlich sind. Zusätzlich zählen Gesellschaften, die für non-automotive Branchen Finanzdienstleistungen anbieten (dazu zählt in erster Linie die Immobilienbranche) zu Portfolio von TFS. Die OSFC steht den nationalen Finanzdienstleistungsgesellschaften von Toyota außerhalb Japans vor.

343 Die größte europäische Gesellschaft der TFS ist die Toyota Kreditbank und Leasing GmbH in Deutschland. Dort waren im Jahr 2008 etwa 200 Mitarbeiter beschäftigt.

344 In Deutschland arbeitet die Toyota Leasing GmbH mit dem unabhängigen Leasingunternehmen ALD Automotive zusammen. ALD ist der Dienstleister zur Bereitstellung von Full-Service Produkten im gewerblichen Kundensegment.

Distributionsprinzip aus der Produktion wurde im Bereich der Ersatzteildistribution adaptiert und ist im Vergleich zu den meisten Wettbewerbern hochflexibel. Zusätzliche Aktivitäten zur Einbindung von Akteuren außerhalb der Vertragsorganisation leistet Toyota nicht. Nach Unternehmensaussagen spielen freie Werkstätten eine relativ geringe Rolle, da die Toyota Kundenklientel überdurchschnittlich loyal zu den Toyota Werkstätten ist. Der Marktanteil freier Werkstätten ist in Folge dessen unterdurchschnittlich. Insgesamt ist der Eigenleistungsanteil im After-Sales Bereich als durchschnittlich zu bewerten.

Zusammenfassend ist der Eigenleistungsanteil im Neuwagenvertrieb unterdurchschnittlich (Index -2), während der Anteil eigener Aktivitäten im Bereich Finanzdienstleistungen und im After-Sales als durchschnittlich eingeschätzt wird (jeweils Index 0).

4.7.1.3 Formelle Bindung in der Produktion

Toyota war einer der ersten Automobilhersteller, der eigene Zuliefererunternehmen als neutrale Lieferanten im Markt positioniert hat. Zu diesen Unternehmen zählen im Wesentlichen die Denso Corporation[345], die Aisin Seiki Corporation[346] und die Toyota Industries[347]. Die Toyota eigenen Lieferanten bieten die Leistungen offen am Markt an, wodurch bestimmte Komponenten und Teile durch konkurrierende Wertschöpfungsorganisationen bezogen werden können. Eine enge formelle Bindung zu diesen Zulieferern fußt auf den umfassenden finanziellen Beteiligungen Toyotas an diesen Unternehmen. Der vollständig zur Toyota Unternehmensgruppe gehörende Zulieferer Denso ist der bedeutendste Lieferant für Toyota[348]. Aisin hat bis Mitte der neunziger Jahre exklusiv an Toyota geliefert und sich dann zunehmend auch anderen Unternehmen geöffnet[349]. Toyota bezieht die Getriebe nahezu ausnahmslos von Aisin. Insgesamt können diese Zulieferer auf Grund der finanziellen und organisatorischen Verzahnungen als quasi-integriert bezeichnet werden. Ein Merkmal dieser Unternehmen ist beispielsweise die Adaption wesentlicher Produktions- und Organisationsmethoden von Toyota. Neben Fiat und bis zum Jahr 1999 auch General Motors ist Toyota ein weiterer Automobilhersteller, der den Weg eigener Zuliefererunternehmen geht, die sich im allgemeinen Beschaffungsmarkt positionieren. Im Unterschied zu Fiat und General Motors, die in den letzten Jahren Unternehmensteile bis hin zur gesamten Unternehmung veräußerten, wurden die Toyota Betriebe weiter ausgebaut. Toyota übt auf diese Betriebe einen überdurchschnittlichen Einfluss und Kontrolle aus.

---

345 Die Denso Corporation gehört zur Toyota Unternehmensgruppe und ist auf die Entwicklung und Fertigung von Elektrik und Elektronikkomponenten spezialisiert. Im Jahr 2007 verfügte Denso über 119.000 Mitarbeiter in 171 Fertigungsstätten, aufgeteilt in 64 Standorte in Japan, 43 Standorte in weiteren asiatischen Märkten, 33 Standorte in den USA sowie 31 Standorte in Europa. Der Unternehmensumsatz betrug im Jahr 2007 40 Milliarden US Dollar. In Europa erzielte Denso mit 15.800 Mitarbeitern einen Umsatz von 3,9 Milliarden Euro und ist in 14 europäischen Märkten aktiv.

346 Die Aisin Seiki Corporation Limited ist zu 23,9 Prozent im Besitz der Toyota Motor Corporation und zu 6,9 Prozent im Besitz der Toyota Industries Corporation. Aisin ist ein international bedeutender Lieferant für Antriebs- und Getriebetechnologien. Das Unternehmen hat im Jahr 2007 einen Umsatz von 23 Milliarden Euro erzielt und ist mit 73.500 Mitarbeitern in 148 Betriebsstätten weltweit tätig.

347 Toyota Industries ist in verschiedenen Branchen und mit unterschiedlichen Produkt- und Dienstleistungskategorien tätig. Neben Komponenten für die Automobilproduktion fertigt die Toyota Industries Fertigungsanlagen für die Textilindustrie, sowie Systeme und Produkte für Logistikdienstleister. Darüber hinaus ist die Toyota Industries selber ein Logistikdienstleister. Im Jahr 2007 erzielte die Automobilsparte mit 17 Milliarden Euro etwa die Hälfte des gesamten Unternehmensumsatzes. Zum ersten März 2008 hat Toyota Industries 39.000 Mitarbeiter weltweit beschäftigt.

348 Etwa 50 Prozent des Unternehmensumsatzes werden direkt durch Toyota generiert.

349 Zum Kundenkreis von Aisin gehören heute unter anderem Daimler, Mazda, Nissan, Mitsubishi, General Motors, Daihatsu, Hino-Motors und Porsche.

Ein besonderes Merkmal des Toyota Produktionssystems ist die ausgeprägte formelle Integration der überwiegenden Mehrheit externer vertikaler Lieferanten. Die formelle Bindung zwischen Toyota und den Lieferanten basiert auf engmaschigen Keiretsu Organisationen. Keiretsu als zwischenbetriebliches institutionelles Arrangement wurden in der japanischen Automobilindustrie in den siebziger Jahren initiiert und fanden bei der Mehrheit der japanischen Automobilhersteller bis Anfang 2000 eine intensive Anwendung. Die besonderen Merkmale der Keiretsu Organisation sind vertragliche und finanzielle Verzahnungen zwischen den teilnehmenden Unternehmen, die zu einem unternehmensübergreifenden Denken und zu einem im Sinne der übergeordneten Organisationszielen geprägten Handeln führen sollen. Zu den gemeinsamen Aktivitäten zwischen den Keiretsu Mitgliedern zählt der Informationsaustausch sowie gemeinsame Forschungs- und Entwicklungs- sowie Weiterbildungsaktivitäten. Zur formellen Absicherung des in sich geschlossenen Netzes aus unterschiedlichen und branchenübergreifenden Akteuren bestehen in der Regel komplexe finanzielle Beteiligungen zwischen den Keiretsu Partnern und dem Koordinator. Aus den Kapitalbeteiligungen entstehen für die Partnerunternehmen finanzielle Geiseln, die zu einer engen Bindung und Abhängigkeit zwischen den Akteuren führen. Diese Form der zwischenbetrieblichen Koordination geht oftmals damit einher, dass der Lieferant nur einen exklusiven Abnehmer hat. Marktlich-kompetitiv geprägte Steuerungsmechanismen werden in Keiretsu Organisationen durch kooperative Mechanismen ersetzt. Während die Mehrheit der japanischen Automobilhersteller mittlerweile Abstand von Keiretsus genommen hat, ist dieses weiterhin ein wesentlicher organisatorischer Baustein in der Toyota Wertschöpfungsorganisation. Die überwiegende Mehrheit der Lieferanten, die regelmäßig und in größeren Volumen an Toyota liefern, gehört zur Toyota spezifischen Lieferantenvereinigung »Kyohokai«[350]. Die Lieferanten, die innerhalb dieser Keiretsu Organisation eingebunden sind, steuern mehr als die Hälfte des gesamten Beschaffungsvolumens der Toyota Wertschöpfungsorganisation bei[351]. Denso als wichtigster Lieferant von Toyota gruppiert seine bedeutenden Unterlieferanten ebenfalls in einer Keiretsu Organisation, so dass auch die Zusammenarbeit mit den Lieferanten der zweiten und n-ten Stufe nach diesem Prinzip erfolgt. Die überdurchschnittlich enge Bindung zwischen den Lieferanten und Toyota bedingt eine geringe Wettbewerbsintensität, die zu eingeschränkten Anreizeffekten auf Seite der Lieferanten führen kann. Zur Sicherstellung eines ausreichenden Wettbewerbniveaus arbeitet Toyota für bestimmte Komponentengruppen mit zwei Lieferanten. Die Qualitäts-Kosten Relation der Lieferung entscheidet über die Bestellmenge beim jeweiligen Lieferanten. Im Zusammenhang mit Qualitäts-Kosten Zielen ist festzuhalten, dass Toyota im Vergleich zu anderen Automobilherstellern Qualitätszielen eine sehr viel höhere Bedeutung als Kostensenkungszielen beimisst.

Die Wettbewerbsintensität in Form des auf die Lieferanten ausgeübten Preisdrucks ist im Vergleich zu anderen Automobilherstellern als gering zu bewerten. Die analysierten Preisstudien zeigen für die Fallstudie Toyota geringe Indizes, was auf eine schwache Wettbewerbsintensität zwischen den Lieferanten zurückzuführen ist[352]. Marktmechanismen spielen zusammenfassend in der Toyota

350 Das Keiretsu »Kyohokai« ist regional in Untereinheiten aufgeteilt, denen wiederum unterschiedliche Lieferanten angehören. Die gesamte Organisation unterteilt sich in die Tokai Kyohokai, die Kanto Kyohokai und in die Kansai Kyohokai.

351 Toyota kauft etwa 25 Prozent des Beschaffungsvolumens über den Markt, d.h. in Form kurzfristiger Lieferbeziehungen ein. In diesem Zusammenhang sind die Bindungen zwischen Toyota und den Lieferanten kurzfristiger, transaktional-diskreter Natur. Insgesamt gehören etwa 210 Lieferanten der Keiretsu »Kyohokai« und deren regionalen Unterorganisationen an, die streng hierarchisch durch Toyota koordiniert und geführt werden.

352 Basis der Untersuchungen sind alle Direktlieferanten, die an Toyota liefern. Diese Lieferanten müssen nicht notwendigerweise einerm Keiretsu angehören.

Wertschöpfungsorganisation eine relativ geringe Rolle, während starke formelle Bindungen dominieren. Langfristige, institutionalisierte Bindungen basieren auch auf den Toyota spezifischen Lieferantenauswahlprozess. Die Lieferanten müssen über einen langen Zeitraum spezifische Ressourcen und Kompetenzen aufbauen, bis die endgültige Autorisierung als Toyota Lieferant erfolgt. Auf Seiten der Lieferanten sind langfristige Investitionen notwendig, um eine nachhaltige Zusammenarbeit zu erreichen[353]. Die Investitionen sind vor allem auch im Bereich der Humanressourcen notwendig, die für das Toyota spezifische Produktionssystem direkt durch Toyota geschult werden. Ziel ist die Adaption des eigenen Produktionskonzeptes an das von Toyota. Aus dieser selektiven Zuliefererauswahl resultiert eine vergleichsweise geringe Zahl an Direktlieferanten, die mit etwa 250 beziffert wird. Toyota achtet bei der Vergabe von Entwicklungs- und Fertigungsverantwortung darauf, dass einzelne Akteure nicht zu viel Verantwortung erhalten, um die Gefahren einer überdurchschnittlich großen Verhandlungs- und technologischen Macht auf Seiten der Lieferanten zu verhindern. Andere Automobilhersteller vergeben mittlerweile Entwicklungs- und Fertigungsaufträge für komplexere einzelne Module. Toyota betont die Proprietärität seiner Entwicklungen und die Integrität der Produkte und sieht die Gefahr, dass Lieferanten Technologien monopolisieren könnten, sofern diese zu weit reichende Kompetenzen erhalten und formell unzureichend eingebunden werden.

Eine weitere Besonderheit der Toyota Produktionsorganisation ist die ausgeprägte Integration der langfristigen Lieferanten durch deren geographische Ansiedlung an den Fertigungsstätten von Toyota. Dieses führt zu überdurchschnittlich hohen spezifischen Investitionen auf Seiten der Lieferanten. Ein wesentliches Standbein des Toyota Produktionssystems ist das Just-in-Time Belieferungssystem, wozu eine direkte Anbindung der Lieferanten Produktionsstätte frühzeitig erfolgte. Neben den Anforderungen des JiT Prinzips betont Toyota die Notwendigkeit der direkten und regelmäßigen Kommunikation und Abstimmung mit den Lieferanten, wozu die Lieferanten direkt angesiedelt werden. Die Mehrheit der Lieferanten befindet sich in einem Radius von 100 Kilometer, die durchschnittliche Entfernung zwischen einem Lieferanten und Toyota beläuft sich auf etwa 120 Kilometer. Das »Toyota City« Konzept in Japan wird in den ausländischen Produktionsstandorten übernommen[354]. Die enge geographische Ansiedlung der Mehrheit der Lieferanten führt konsequenterweise zu einer geringen Bedeutung für das Global Sourcing, da ein weltweiter Bezug in Konflikt mit engmaschigen Lieferantennetzwerken steht.

Horizontale Lieferbeziehungen bestehen im europäischen Markt in erster Linie mit dem PSA Konzern. Toyota fertigt zusammen mit Peugeot und Citroen in Tschechien einen Kleinwagen. Die Entwicklung und Produktion des Fahrzeuges befindet sich in erster Linie in den Händen von Toyota und dessen Lieferanten. Die Teilebeschaffung für den Toyota Aygo erfolgt überwiegend durch japanische Lieferanten, die teilweise neue Produktionsstätten in Europa errichtet haben. Diese horizontale Zusammenarbeit ist innerhalb der Toyota Peugeot Citroen Automobile Czech (TPCA)

353 Der Auswahl- und finale Autorisierungsprozess ist überdurchschnittlich lang. In einem ersten Schritt muss der Lieferant in einem Produktentwicklungsprozess mitarbeiten, um dann Komponenten für ein einziges Modell zu liefern. Bis der Lieferant Komponenten in großen Volumen liefern darf, kann es bis zu zehn Jahren dauern.

354 Das »Toyota City« Konzept zeichnet sich dadurch aus, dass alle Produktionsstätten von Toyota nicht mehr als 50 KM voneinander entfernt sind. Die Lieferanten befinden sich in unmittelbarer und mittelbarer räumlicher Umgebung.

institutionalisiert. Insgesamt bezieht Toyota in der Regel jedoch wenige Komponenten von anderen Automobilherstellern und arbeitet nur in geringen Ausmaßen mit Wettbewerbern zusammen[355].

Zusammenfassend ist die formelle Bindung zu einer Mehrheit der Lieferanten als überdurchschnittlich hoch zu bewerten, das bedeutet einen Index von +2. Die ausgeprägte formelle Bindung basiert auf i. Zuliefererunternehmen, die sich vollständig beziehungsweise überwiegend unter der finanziellen Kontrolle von Toyota befinden, ii. auf den Keiretsu Organisationen, denen nahezu alle langfristigen Lieferanten angehören sowie iii. auf hohen spezifischen Investitionen auf Seiten der Lieferanten. Der Anteil an Lieferanten, zu denen eine kurzfristige, formell wenig abgesicherte und daher eher marktliche Beziehung besteht, ist im Vergleich zu anderen Wertschöpfungsorganisationen gering. Die formelle Bindung zu den horizontalen Produktionspartnern, in erster Linie PSA in Europa, wird als durchschnittlich bewertet (Index 0). Horizontale Partnerschaften spielen insgesamt jedoch eine relativ geringe Rolle.

4.7.1.4 Formelle Bindung in der Distribution

Das externe Vertriebs- und Servicenetz von Toyota basiert auf einem selektiven Vertragshandelssystem. Die Vertragsanalyse ergibt einen überdurchschnittlichen Bindungsindex für die Geschäftsbeziehung zwischen Toyota und den Vertragspartnern. Die formelle Bindung ist auf Grund der anspruchsvollen Selektionskriterien und der vertraglichen Anforderungen an die autorisierten Distributionsakteure relativ hoch. Die Vertriebs- und Servicepartner müssen überdurchschnittliche Investitionen im Bereich der Corporate Identity, der Geschäftsaustattung, der Produktvorhaltung und in die Humanressourcen tätigen. Die Eintrittsbarrieren sind entsprechend hoch, die Zahl der Distributionspartner wird durch Toyota kontrolliert und gesteuert. Auf Grund der Autorisierungshürden und der daraus folgenden Investitionen ist die Zahl an Betrieben, die Toyota als komplementäre Zusatzmarke führen, gering[356]. Das europäische Toyota Vertriebsnetz zeichnet sich zusammenfassend auf Seiten der Vertriebspartner durch eine überdurchschnittliche Exklusivität auf Betriebsstättenebene und durch relativ hohe spezifische Investitionen aus[357].

Die aus den spezifischen Investitionen resultierenden finanziellen Geiseln für die Vertragshändler ergeben eine überdurchschnittliche formelle Bindung. Toyota ist ein weiterer Automobilhersteller aus der vorliegenden Fallstudienauswahl, der über eine zweistufige Vertriebsorganisation verfügt. Toyota arbeitet mit relativ wenigen Direkthändlern zusammen, die ein eigenes und ein angeschlossenes Netz kleinerer Händler koordinieren[358]. Die Direkthändler übernehmen Distributionsfunk-

---

355 Ein weiteres Beispiel für eine horizontale Kooperation ist das Automotive Open System Architecture »AUTOSAR« Projekt. Mitglieder sind neben Toyota die Automobilhersteller BMW, Daimler, Ford, Porsche und Volkswagen sowie einige große Direktlieferanten. Ein Belieferungsabkommen von Toyota an BMW besteht unter anderem für die Diesel Motoren des Mini.

356 Die hohen Selektionskriterien und die daraus folgenden Investitionen und Kosten erfordern eine überdurchschnittliche Neuwagenverkaufsmenge.

357 Mehrmarkenaktivitäten erfolgen in der Regel mit der Konzernmarke Lexus und in einigen Fällen mit Daihatsu. Die Aktivitäten erfolgen in der Regel im Servicebereich, da hier Synergiepotentiale zwischen den Marken genutzt werden können. Auf Grund der geringen Marktanteile von Lexus und Daihatsu ist die Zahl der Vertriebsstandorte jedoch gering.

358 Toyota hat die Distributionsorganisation mit der Einführung der Gruppenfreistellungsverordnung (GVO) Nr. 1400/2002 im Jahr 2002 in Form eines Konsolidierungsprozesses umgestaltet. Auf Grund der Netzkonsolidierung reduzierte Toyota die Anzahl der Direkthändler. Eine Vielzahl kleinerer Betriebe ist aus der Vertriebsorganisation ausgeschieden, da diese die hohen Autorisierungskriterien der neu verfassten Vertriebs- und Serviceverträge nicht erfüllen konnten. Ein Indikator für die Netzstrukturen ist die Anzahl der verkauften Neuwagen pro Händlervertrag und pro Betriebsstätte. Im europäischen Marktraum beläuft sich das Neuwagenverkaufsvolumen pro Händlervertrag auf etwa 650 Neuwagen und pro Neuwagenvertriebsstandort auf 346 Neuwagen. Diese Werte lassen auf ein vergleichsweise konsolidiertes Netz zurück schließen.

tionen für die nach geordneten Händler[359]. Die formelle, vertragliche Bindung und Zusammenarbeit zwischen den Direkt- und den nach geordneten Händlern wird durch Toyota geregelt und koordiniert, die Handlungsautonomie zur Beeinflussung der formellen Bindung für die Direkthändler ist gering[360]. Festzuhalten bleibt, dass Toyota über eine kaskadierte vertraglich gebundene Vertriebsorganisation verfügt, die den Strukturen der vertikalen Lieferantenpyramiden in der Produktion ähnelt. Daraus resultiert eine relativ hierarchische Händlerpyramide nach dem Prinzip der Zuliefererpyramide. Der Intra-Organisationswettbewerb wird in Folge dessen streng reguliert. Der Anteil an Unternehmen, die über keinen Neuwagenvertriebsvertrag verfügen und trotzdem Vertriebsfunktionen ausüben, ist laut Unternehmensanhaben gering.

Zusammenfassend sind die Distributionspartnern formell überdurchschnittlich eng an Toyota gebunden. Die formelle Bindung wird mit dem Index von +1 bewertet.

4.7.1.5 Informelle Bindung in der Produktion und Distribution

Die informelle Bindung zu den Lieferanten ist analog zur formellen Bindung sehr stark. Auf Grundlage der analysierten Zufriedenheitsstudien geben die Zulieferer von Toyota in der Regel die höchsten Bewertungen. Von den in dieser Arbeit ausgewählten Fallstudien weist lediglich ein Fall in einer Studie einen höheren durchschnittlichen Zufriedenheitswert für den Untersuchungszeitraum auf. Gleichzeitig ist der Abstand zwischen den von Toyota erreichten Zufriedenheitswerten zu den Durchschnittswerten der jeweiligen Studien deutlich. Hohe Werte zeigen sich für nahezu alle Dimensionen, die in den Zufriedenheitsstudien betrachtet werden, nämlich Vertrauen, Intensität der Zusammenarbeit, Kooperation und Fairness. Die informelle Integration ist entsprechend überdurchschnittlich (siehe Tabelle 4.39).

Tabelle 4.39 Informelle Bindung in der Produktion

Zufriedenheitsstudien	Index Toyota
Automotive News- Supplier Business: OEM-Supplier Relations Study Studien in 2006 und 2007	+2
Ebel et al.: Kooperation, Fairness und Zufriedenheit in der Hersteller-Lieferanten Beziehung, Studien in 2005 und 2006	+2
Meinig: Supplier Satisfaction Index (SSI) Studien in 2001 und 2003	In der Studie nicht enthalten
Relative informelle Bindung im Gesamtkontext	Überdurchschnittlich, Gesamtindex +2

359 Zu diesen Distributionsfunktionen zählen unter anderem die Lager- und Vorführwagenvorhaltung, Marketingmaßnahmen sowie administrative Funktionen für die Unterhändler.

360 Toyota erteilt die vertraglichen Vorgaben und setzt die Entlohnung des Direkthändlers für die Zusammenarbeit mit den nach geordneten Händlern fest. Im Unterschied zu anderen Automobilherstellern kann der Direkthändler die Großhandelspreise nicht frei bestimmen.

Die informelle Bindung zwischen Toyota und den vertraglich gebundenen Distributionsakteuren ist laut der gesichteten Händlerzufriedenheitsstudien überdurchschnittlich. In drei der vier europäischen Kernmärkte zählt Toyota zu den Automobilherstellern mit den zufriedensten Vertragshändlern. In Deutschland sind die Zufriedenheitswerte geringer, jedoch immer noch überdurchschnittlich hoch. Im Vergleich zu den in dieser Arbeit ausgewählten Fallstudien weist nur ein Fall einen höheren Gesamtzufriedenheitswert für die analysierten Märkte auf. Die informelle Bindung ist auf Grundlage der gesichteten Händlerzufriedenheitsstudien sehr stark ausgeprägt (siehe Tabelle 4.40).

Tabelle 4.40 Informelle Bindung in der Distribution

Zufriedenheitsstudien	Index Toyota
CNPA : Cap Réseaux – Cote d'Amour des Constructeurs, Frankreich Studien zwischen 2002 und 2007	+2
Diez: MarkenMonitor – Händlerzufriedenheitsmonitoring, Deutschland Studien zwischen 2002 und 2007	+1
Buzzavo et al.: DealerStat – Dealer Satisfaction Italien, Studien zwischen 2004 und 2007	+2
RMIF: Dealer Attitude Survey, Großbritannien Studien zwischen 2002 und 2007	+2
Relative informelle Bindung im Gesamtkontext	Überdurchschnittlich, Gesamtindex +2

4.7.1.6 Zwischenfazit

Die Wertschöpfungsorganisation von Toyota zeichnet sich durch eine ausgeprägte Bindung zwischen Toyota und den externen Wertschöpfungsakteuren aus. Dies trifft für beide konstituierende Wertschöpfungsbereiche zu, nämlich für die Fahrzeugproduktion und die -distribution. Eine überdurchschnittlich starke Integration der Akteure erreicht Toyota durch formelle und informelle Bindungsmechanismen. Marktliche Koordinierungsinstrumente spielen im Vergleich zu den anderen Fällen eine sehr geringe Rolle, was zu einem relativ geringen Intra-Wertschöpfungsorganisationswettbewerb führt. Der Eigenleistungsanteil beläuft sich in der Produktion und Distribution auf einem durchschnittlichen Niveau. Eigene Aktivitäten werden gezielt auf die Kernkompetenzbereiche und auf die Koordination der externen Akteure gerichtet. Die Wertschöpfungsorganisation ist durch ein hohes Maß an zentraler Kontrolle und Koordinationsaktivitäten durch Toyota geprägt, während einzelne Akteure begrenzte Handlungsautonomie erfahren. Zusammenfassend werden eigene Aktivitäten durch die formell abgesicherte und kooperative Zusammenarbeit mit externen Akteuren ersetzt. Die marktliche Zusammenarbeit mit Wertschöpfungspartnern spielt eine vergleichsweise geringe Rolle, wie Abbildung 4.26 zeigt.

Abbildung 4.26 Ausprägungen der unabhängigen Variablen der Wertschöpfungsorganisation Toyota

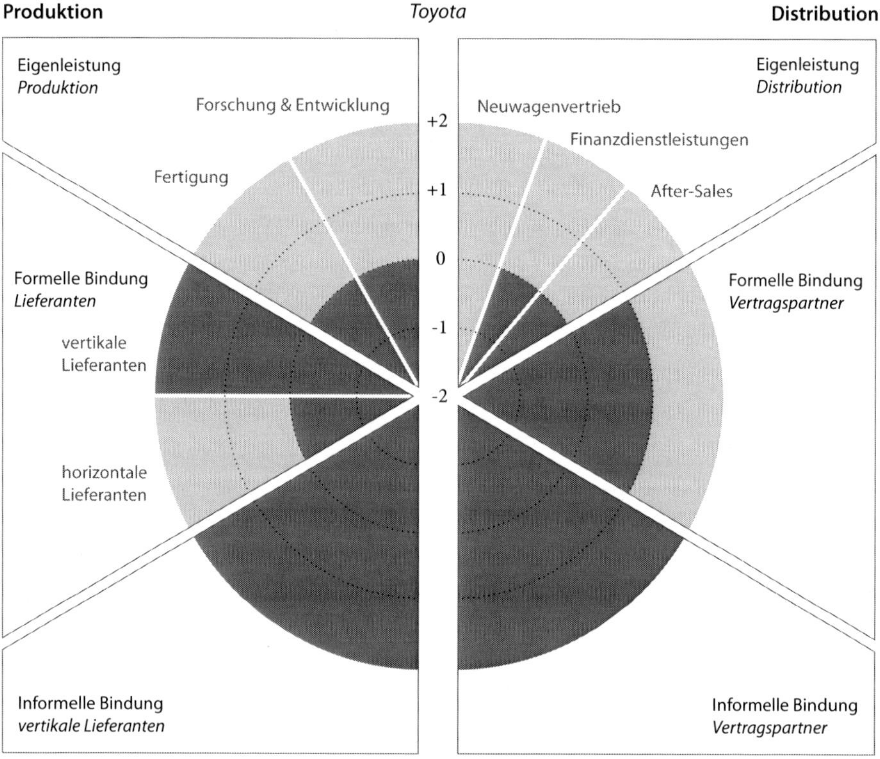

4.7.2 Abhängige Variablen der Wertschöpfungsorganisation Toyota Motors Europe

Die Analyse der wirtschaftlichen Leistungsfähigkeit der Akteure innerhalb der Wertschöpfungsorganisation Toyotas ergibt sowohl eine hohe Ertragskraft für den fokalen Automobilhersteller als auch eine komparativ hohe Rentengenerierungskraft für die Gruppen der Zulieferer und Vertragshändler. Toyota konnte die Umsatzrendite im europäischen Marktraum zwischen 2002 und 2007 steigern und hat während des Untersuchungszeitraums einen Wert von etwa drei Prozent erzielt[361]. Dieser Renditewert liegt leicht über dem Durchschnitt der in dieser Arbeit betrachteten Automobilhersteller. Auf Ebene der Lieferanten und der Vertragshändler entsprechen die empirischen Werte jeweils einem komparativen Indexwert von +2. Die Lieferanten bewerten die Kapitalrendite überdurchschnittlich und bezeichnen die Investitionen, die in die Toyota Wertschöpfungsorganisation getätigt wurden, als lohnenswert. Daraus ergibt sich eine überdurchschnittliche Rentengenerierungskraft

361 Die globale Analyse, unter Berücksichtigung aller Märkte, in denen Toyota aktiv ist, zeigt für Toyota eine durchschnittliche Umsatzrendite von etwa neun Prozent. In diesem Zusammenhang ist Toyota einer der profitabelsten Automobilhersteller weltweit.

für die Lieferanten von Toyota. Die ökonomischen Zielsetzungen sind aus Sicht der Lieferanten überdurchschnittlich erfüllt. Dieses Bild zeigt sich auch auf der Ebene der Vertragshändler. Der ökonomische Zielerreichungsgrad, der sich aus der Zusammenarbeit zwischen den Vertragshändlern und Toyota ergibt, ist aus Sicht der befragten Händler sehr hoch. Für die Märkte Frankreich, Deutschland und Italien ergeben die empirischen Daten einen Index von +2. In Großbritannien ergibt sich ein Index von +1 für die Toyota Vertragshändler. Zusammenfassend ist der finanzielle Erfolgt der Toyota Wertschöpfungsorganisation als hoch zu bewerten. Alle Akteure zeigen einen überdurchschnittlichen finanziellen Erfolg (siehe Tabelle 4.41).

Tabelle 4.41 Ökonomische Leistungsdaten der Wertschöpfungsakteure

Akteur(gruppe)	Indikator	Quelle	Index
Automobilhersteller (Toyota)	Umsatzrendite	Toyota Geschäftsberichte 2002 bis 2007	+1
Zulieferer	Wahrgenommener Return on Investment	Automotive News und Supplier Business 2006 und 2008	+2
Vertragshändler	Wahrgenommene Rentabilität	Frankreich: CNPA (2005, 2006, 2007)	+2
		Deutschland: Diez (2002, 2003, 2004, 2005, 2007)	+2
		Italien: Buzzavo et al. (2004, 2005, 2006, 2007).	+2
		Großbritannien: RMIF (2005, 2006, 2008).	+1

Das Produktportfolio Toyotas zeigt auf Modellebene insgesamt einen unterdurchschnittlichen Markterfolg (siehe Tabelle 4.42). Einen durchschnittlichen Erfolg hatten die Klein- und Kompaktklassenfahrzeuge sowie die Sport Utility Produkte. Einen im Vergleich zu den Wettbewerbsprodukten geringen Markterfolg zeigen die Mittelklassefahrzeuge sowie das Produkt in der Mini-Klasse. Die Absatzentwicklung der Produkte ist jedoch positiv und die Gewinne pro Fahrzeug sind überdurchschnittich hoch. Das absolute Verkaufsvolumen sowie der relative Marktanteil weist eine jährliche Steigerungsrate von mehr als fünf Prozent (CAGR) auf. Toyota war im Untersuchungszeitraum in der Gruppe der Automobilhersteller mit den höchsten Absatzwachstumsraten. Die europäischen Toyota-Kunden sind überdurchschnittlich zufrieden[362]. Die europäischen Kundenzufriedenheitsstudien von J. D. Power zeigen Toyota kontinuierlich in der Spitzengruppe der Automobilhersteller. In der vorliegenden Fallstudienauswahl erreicht die Wertschöpfungsorganisation Toyota die höchsten Zufriedenheitswerte. Aus diesem Ergebnis lässt sich eine vergleichsweise hohe Kundenbindung ableiten, wodurch der Wettbewerbsdruck durch andere Wertschöpfungsorganisationen begrenzt wird, da für die Kunden überdurchschnittliche Wechselbarrieren bestehen. Die Kundenzufriedenheit wird mit einem Index von +2 bewertet.

362 Berücksichtigt wurden die Kundenzufriedenheitsstudien nach J. D. Power in den Märkten Frankreich, Deutschland und Großbritannien.

Tabelle 4.42 Relativer Verkaufserfolg der Toyota Modellpalette (ohne Nutzfahrzeuge)

	Aygo	Yaris	Corolla	Avensis	RAV4	Camry	Land Cruiser
Index	-2	0	-1	-1	+2	-2	0

Quelle: Daten basieren auf Automotive News Data Book 2002 bis 2007

Die technische Innovationsleistung der Marke Toyota ist im Vergleich zum Wettbewerb überdurchschnittlich und wird mit dem Index +1 bewertet. Nur BMW, Mercedes und Volkswagen weisen laut Bratzel eine höhere Markeninnovationsstärke auf (vgl. Bratzel 2007a und 2007). Der Toyota Konzern zählt zur Gruppe der Automobilkonzerne, die die höchste Zahl an Patenten anmelden und Weltneuheiten am Markt präsentieren (vgl. Bratzel 2008, S. 100ff.). Zu bemerken ist in diesem Zusammenhang die rückläufige Innovationsleistung, was auf einen abnehmenden Innovationsgehalt pro Neuerung zurückzuführen ist (vgl. Bratzel 2008, S. 102). Insgesamt wird die Innovationsleistung mit dem Index +1 bewertet. Innovationsvorteile werden als Ursache von Schumpeterrenten betrachtet. Durch die überdurchschnittliche Innovationskraft wird das Potential zur Abschöpfung dieser Renten begünstigt.

Abbildung 4.27 Imagepositionierung für die Marke Toyota

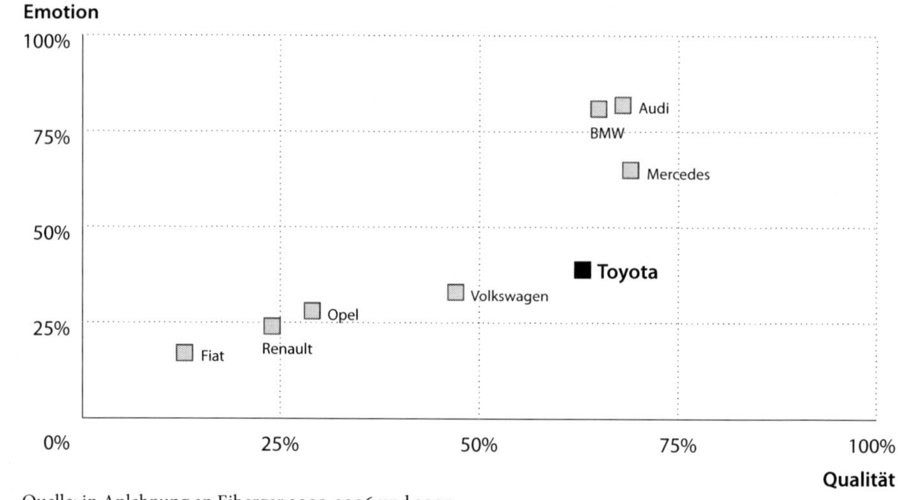

Quelle: in Anlehnung an Eiberger 2005, 2006 und 2007

Die Imageposition Toyotas ist durch eine überdurchschnittlich gute Bewertung in der Dimension Qualität beeinflusst (siehe Abbildung 4.27). Eine überdurchschnittliche Zahl europäischer Automobilkunden verbinden mit der Marke Toyota eine hohe Produkt- und Servicequalität. Die globale Imageposition ist dadurch überdurchschnittlich, während relativ wenig Kunden Toyota mit der Imagedimension Emotion verbinden. Kunden sehen Toyota ebenfalls überdurchschnittlich innovativ an. Dieses wurde vor allem durch Innovationsleistungen in der Hybridtechnologie erreicht, wodurch Toyota aus Sicht der Kunden zum Innovationsführer im Bereich alternativer Antriebe angesehen wurde. Die Differenzierungskraft der Marke auf Grund einer hohen Fahrzeug- und Servicequalität ist zusammenfassend überdurchschnittlich und ist Grundlage für potentielle Renten.

Zusammenfassend zeigen die analysierten Indikatoren eine überlegende Wettbewerbsfähigkeit für die Wertschöpfungsorganisation Toyotas. Die ökonomische Leistungsfähigkeit der Wertschöpfungsorganisation ist auf Grund überdurchschnittlicher Werte aller Wertschöpfungsakteure als hoch zu bewerten. Die Grundlage für die Abschöpfung zusätzlicher Renten können überdurchschnittliche Innovationsleistungen und Differenzierungsvorteile der Marke auf Grund eines überdurchschnittlichen Qualitätsimages bieten. Darüber hinaus verfügt Toyota über sehr zufriedene Kunden, woraus sich eine starke Bindung zur Wertschöpfungsorganisation ableiten lässt. Abbildung 4.28 fasst die Bewertung der Leistungsfähigkeit der Wertschöpfungsorganisation Toyotas zusammen.

Abbildung 4.28 Erfolgsindikatoren der Wertschöpfungsorganisation Toyota

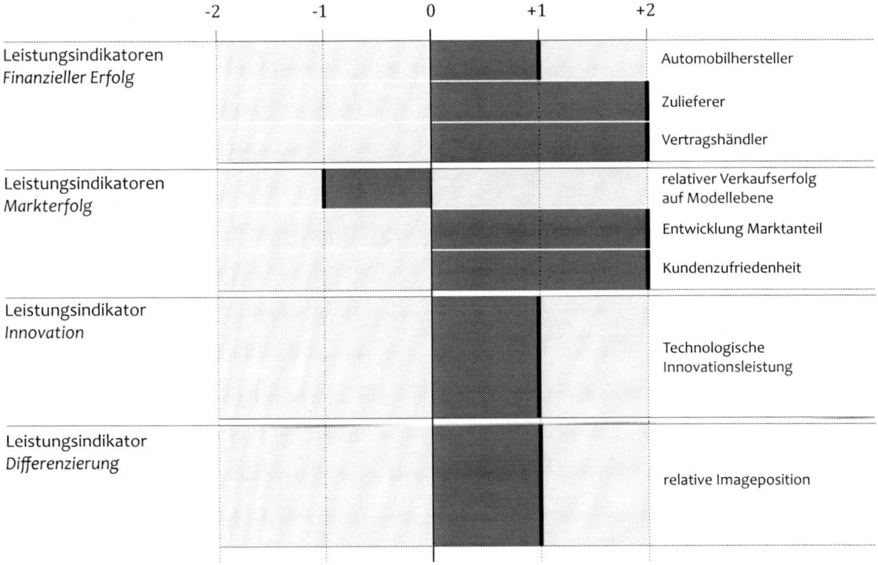

4.8 Fallstudie Volkswagen

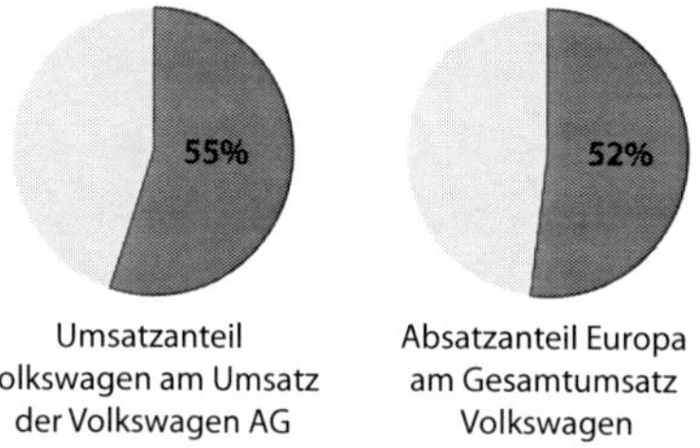

Abbildung 4.29 Umsatzstruktur der Marke Volkswagen

Die Marke Volkswagen gehört zum Markenportfolio des deutschen Volkswagen Konzerns. Die Muttergesellschaft des Konzerns ist die Volkswagen AG. Diese hält die Anteile an den unterschiedlichen Konzernmarken sowie an den weiteren Konzerngesellschaften. Neben Audi und Volkswagen zählen die Marken Seat, Skoda und Bentley zum PKW Portfolio des Konzerns[363]. Die Volkswagen AG verantwortet gleichzeitig wesentliche Produktions- und Distributionsfunktionen für die Marke Volkswagen im europäischen Markt[364]. Darüber hinaus sind der AG direkt Werke zugeordnet, die Komponenten für die unterschiedlichen Konzernmarken herstellen. Im Vergleich zu den anderen Konzernmarken besteht zwischen der Volkswagen AG und der Marke Volkswagen eine engere organisatorische Bindung. Volkswagen ist die umsatzstärkste Marke im Konzernportfolio, gefolgt von Audi. Mehr als die Hälfte aller Neuwagen vertreibt Volkswagen in Europa, mit Hauptfokus auf dem Heimatmarkt Deutschland (siehe Abbildung 4.29).

Die Fallstudie analysiert die Wertschöpfungsorganisation der Marke Volkswagen. Das Produktportfolio setzt sich aus allen Modellsegmenten zusammen, wobei Volkswagen in der letzten Dekade eine relativ starke Ausweitung in Richtung der Oberklassemodelle aufweist. Tabelle 4.43 gibt eine Übersicht zum Produktangebot und zu den Fertigungsstätten.

Tabelle 4.43 Produktportfolio und die bedeutendsten Fertigungsstätten von Volkswagen

Modell	Mini-Klasse	Kleinwagen	Kompakt-Klasse	Mittel-Klasse	Ober-Klasse	Luxus-Klasse	Produktionsstandort
Fox	X						Resende (BR)
Polo		X					Pamplona (ES)
Golf & Golf Plus			X				Wolfsburg (D), Zwickau (D) & Brüssel (BE)
Jetta			X				Puebla (MX)
Eos			X				Palmela (PT)

363 Im Nutzfahrzeugbereich hält Volkswagen Beteiligungen an MAN und Scania und ist mit der Unternehmenseinheit Volkswagen Nutzfahrzeuge im Bereich der mittleren Transporter aktiv.

364 Etwa die Hälfte der Fahrzeugproduktion für den europäischen Markt wird durch Fertigungsstätten der Volkswagen AG geleistet. Zu den fahrzeugproduzierenden Werken der Volkswagen AG gehören Emden, Hannover und Wolfsburg. Daneben existieren konzerneigene Gesellschaften, wie die Volkswagen Sachsen GmbH, die Volkswagen Slovakia, die Auto 5000 GmbH oder die Automobilmanufaktur Dresden GmbH, die Fahrzeugmodelle für die Marke Volkswagen produzieren.

Modell	Mini-Klasse	Klein-wagen	Kompakt-Klasse	Mittel-Klasse	Ober-Klasse	Luxus-Klasse	Produktions-standort
Touran				X			Wolfsburg (D)
Passat				X			Emden (D) & Zwickau (D)
Sharan				X			Palmela (PT)
Touareg					X		Bratislava (SK)
Phaeton						X	Dresden (D)

Quelle: Volkswagen AG

4.8.1 Unabhängige Variablen der Wertschöpfungsorganisation der Marke Volkswagen

4.8.1.1 Eigenleistungsanteil in der Produktion

Die Marke Volkswagen zeichnet sich durch einen überdurchschnittlich hohen Eigenleistungsanteil in der Automobilproduktion aus. Outsourcing Maßnahmen haben im Vergleich zu den US-amerikanischen und europäischen Wettbewerbern in den letzten 20 Jahren in weitaus geringerem Ausmaß stattgefunden.

In der Forschung und Entwicklung beschäftigt die Volkswagen AG etwa zehn Prozent aller Mitarbeiter und weist im Untersuchungszeitraum eine Forschungs- und Entwicklungsquote von fünf Prozent aus[365]. Für den Fall Volkswagen können die proprietären F&E Ressourcen und die in diesem Wertschöpfungsbereich ausgetragenen Aktivitäten als überdurchschnittlich bewertet werden. Zur Entwicklung von Produktinnovationen greift Volkswagen auch auf Leistungen anderer Konzernmarken zurück, vor allem auf die von Audi. Zur F&E und Fertigung von eigenen Elektronikkomponenten baut Volkswagen in enger Zusammenarbeit mit Audi seit dem Jahr 2000 eigene Aktivitäten aus. In diesem Zuge hat Volkswagen den Elektronik Engineering Dienstleister Carmeq akquiriert und damit die Integration in diesem Bereich zusätzlich ausgebaut. Laut Unternehmensangaben soll eine zu umfangreiche Auslagerung der Kompetenz im Elektronikbereich vermieden werden und ein Großteil der Entwicklungsleistungen In-House erfolgen.

Als Besonderheit und Indikator für eine überdurchschnittliche Integration im Bereich Produktion kann der Umstand bewertet werden, dass Volkswagen die Beschaffung zum einen konzernweit zentralisiert hat und zum anderen Beschaffungsfunktionen auch für externe Direktlieferanten übernimmt, um die Marktmacht des Konzerns auch gegenüber Sub-Lieferanten auszuüben. Im Unterschied zu anderen Automobilherstellern überträgt Volkswagen somit die Entwicklungs- und

365 Der gesamte Volkswagen Konzern mit den unterschiedlichen Marken und Gesellschaften verfügt in der Forschung und Entwicklung über etwa 21.000 Mitarbeiter, was im Vergleich zu Automobilherstellern mit einer ähnlichen Umsatzgröße überdurchschnittlich ist.

Fertigungsverantwortung komplexer Module nicht vollständig an große Lieferanten, sondern greift in deren Wertschöpfung aktiv ein. Deutlich über dem Durchschnitt liegt die Fertigungstiefe von Volkswagen. Die für die Produktion der Volkswagen Produkte verantwortliche Volkswagen AG sowie weitere, der Volkswagen AG untergeordneten Produktionsgesellschaften entwickeln und fertigen eine Vielzahl von Komponenten, die von anderen Automobilherstellern mittlerweile fremdbezogen werden[366]. Mit vierzehn eigenen Komponentenwerken besitzt die Volkswagen AG weiterhin überdurchschnittlich viele Fertigungsressourcen und beliefert neben der Kernmarke auch die Volkswagen Konzernmarken[367].

Reorganisationsmaßnahmen zum Abbau der Fertigungstiefe wurden im Jahr 2004 mit dem Programm ForMotion initiiert, um die Effizienz in der Automobilproduktion durch Kostensenkungsmaßnahmen zu erhöhen. Neben einer deutlichen Reduktion der Mitarbeiterzahl sollten auch einzelne Komponentenwerke ausgelagert werden[368]. Der Verkauf wurde nicht zuletzt auf Grund mangelnden Käuferinteresses auf Seiten der Zulieferer sowie wegen einer geringen Unterstützung des gesamten Managements im Jahr 2007 wieder verworfen. Eine Reduktion der Eigenleistung fand durch das ForMotion Programm zusammenfassend nicht statt, sondern es wurden vielmehr Kapazitätsanpassungen und eine Neuordnung der Fertigung realisiert. Insgesamt wird weiterhin mehr als 40 Prozent des Lohn- und Materialkostenanteils zur Fertigung der Automobilprodukte im Unternehmen geleistet. Die höchste Fertigungstiefe weisen die Produkte auf, die im Stammwerk Wolfsburg montiert werden, während die Eigenleistungsquote der relativ jungen Volkswagen Sachsen GmbH unter 30 Prozent liegt[369].

Volkswagen sieht auch mittelfristig von einer Reduktion der Fertigungstiefe ab und will vielmehr die Aktivitäten in den Kernkompetenzbereichen ausweiten. Zu den Kernbereichen zählt Volkswagen die Komponentengruppen Sitze, Fahrwerk- und Lenksysteme, Getriebe und Motorbau sowie Elektronik[370]. Neben Carmeq hat Volkswagen im Jahr 2003 den Sitzhersteller Sitec vollständig in die Konzernstrukturen eingegliedert und die Integrationsstrategie weiter vorangetrieben. Insgesamt ist für die Fallstudie Volkswagen festzuhalten, dass die Eigenleistung in der Automobilfertigung durch ein überdurchschnittliches Ausmaß eigener Ressourcen und Aktivitäten gekennzeichnet ist. Eine Besonderheit ist, dass Volkswagen tendenziell eher den Eigenleistungsanteil aufbaut.

---

366 Im Unterschied zur Mehrheit der Wettbewerber fertigt Volkswagen beispielsweise Getriebe, Achsen, Lenksysteme und Abgasanlagen mehrheitlich in Eigenregie. Neben diesen Komponenten erfolgt die Produktion nahezu aller Motoren und Getriebe durch Volkswagen selbst.

367 In Europa besitzt die Volkswagen AG vierzehn Komponentenwerke, wovon neun Werke in erster Linie Teile für Volkswagen Produkte fertigen. Zu diesen neun Komponentenwerken zählen die deutschen Werke Braunschweig, Salzgitter, Kassel, Chemnitz und die drei Werke in Wolfsburg (Sitze, Trim und Fahrwerk) sowie Polkowice (Polen) und Martin (Slowakei).

368 Unter anderem wurde geplant, die Werke Kassel und Braunschweig zu verkaufen. Darüber hinaus sollte der im Jahr 2003 eingegliederte Sizthersteller Sitec wieder abgestoßen werden. Diese Outsourcing Maßnahmen standen im Zusammenhang mit dem Kostensenkungsprogramm ForMotion aus der Wolfgang Bernhard Ära. Teil dieses Programms war ein Abbau von bis zu 30.000 Mitarbeitern, was teilweise durch Abfindungsprogramme umgesetzt wurde. Im Jahr 2006 haben 12.000 Mitarbeiter die Abfindungsangebote angenommen. Zudem konnte Volkswagen die Arbeitszeiten der Belegschaft erhöhen. Nach Aussagen Volkswagens hat ForMotion im Jahr 2005 zu etwa 3,5 Milliarden Euro und im Jahr 2006 zu etwa 1,6 Milliarden Euro Kosteneinsparungen geführt.

369 Die Fertigungstiefe im Werk Wolfsburg wird auf etwa 50 Prozent geschätzt. Die Volkswagen Sachsen GmbH betreibt neben einem Motorenwerk in Chemnitz auch das Fahrzeugwerk Zwickau, wo im Jahr 2008 die Passat Limousine und der Golf montiert wurden. Das Fahrzeugwerk Zwickau nutzt stark externe Systemlieferanten. Ingesamt vierzehn in Werksnähe angesiedelte Systemlieferanten liefern vorgefertigte Module für die Modelle Passat (14 Module) und Golf (15 Module).

370 Im Bereich Getriebe verweist Volkswagen zum Beispiel auf die Innovationsführerschaft für Doppelkupplungsgetriebe.

Zusammenfassend ist der Eigenleistungsanteil in der Forschung und Entwicklung sowie in der Fertigung im Vergleich zu anderen Automobilherstellern sehr hoch. Im Vergleich zeigt Volkswagen den höchsten zentralen Integrationsgrad in der Produktion. Das resultiert in einen Index von jeweils +2 für den Bereich F&E und Fertigung.

4.8.1.2 Eigenleistungsanteil in der Distribution

Volkswagen betreibt im europäischen Marktraum keine umfassende Niederlassungsstrategie, sondern organisiert den Neuwagenvertrieb sowie den Vertrieb der komplementären Produkte und Dienstleistungen mehrheitlich über ein Vertragshandelsnetz aus Komplethändlern und After-Sales Akteuren. Im gesamten europäischen Marktraum besitzt Volkswagen etwa sechs Prozent aller Vertriebsstandorte. Der Anteil von Fahrzeugen, der im Verhältnis zur Neuwagen Gesamtabsatzmenge durch Volkswagen in den vier europäischen Kernmärkten getätigt wird, ist mit etwa 6,5 Prozent unterdurchschnittlich, wenngleich zunehmend. Eine Vorwärtsintegration hat in der letzten Dekade vor allem im deutschen Markt durch Beteiligungen beziehungsweise Übernahmen von ehemals eigenständigen Automobilhändlern in Metro Areale wie Berlin, Hamburg, Frankfurt, München und Stuttgart stattgefunden. In Deutschland werden mittlerweile etwa zehn Prozent aller Neuwagen durch Betriebsstätten vertrieben, die sich mehrheitlich im Besitz der für die Eigenvertriebsaktivitäten gegründeten Volkswagen Retail GmbH (VRG) befinden. Insgesamt ist jedoch der Einfluss eigener Betriebsstätten im Vergleich zu anderen Automobilherstellern auf europäischer Ebene als unterdurchschnittlich zu bewerten, wenngleich der Anteil zentraler Aktivitäten deutlich zunehmend ist.

Analog zur Fallstudie der Audi AG[371] erfolgt das Angebot von Finanzdienstleistungen über die konzerneigene Volkswagen Financial Services AG. Unter der Volkswagen Financial Services AG firmieren die markenspezifischen Unternehmenseinheiten, die durch die Holding koordiniert und strategisch geführt werden[372]. Die unterschiedlichen Finanzdienstleistungsbereiche Fahrzeugfinanzierung, Leasing und Flottenmanagement, Fahrzeugversicherung sowie Direktbankgeschäfte werden durch eigenständige Untergesellschaften verantwortet[373]. Mit Aktivitäten im Direktbankgeschäft zählt die Volkswagen Financial Services zu einer kleinen Gruppe von Automobilherstellerbanken, die eine Ausweitung ihrer Finanzdienstleistungsaktivitäten außerhalb der Kerngeschäftsbereiche vollzogen hat. Volkswagen zählt hier zu den Pionieren und besitzt seit dem Jahr 1990 eine Vollbanklizenz[374]. Die Volkswagen Financial Service verfügt über eine komplexe Vertriebsorganisation, zu der unter anderem neun dezentrale Finanzcenter zählen. Mit 6.100 Mitarbeitern ist auch die Ausstattung mit eigenen Humanressourcen im Vergleich zu anderen Automobilherstellern überdurchschnittlich. Der Endkundenvertrieb erfolgt neben Direktaktivitäten mit Großkunden durch die Vertragshandelsorganisation. Weitere Besonderheiten der Volkswagen Financial Services AG sind die Mehrmarkenaktivitäten durch die teilweise Integration der Leaseplan Corporation sowie durch die Autoeuropa Bank. Die Volkswagen Financial Services AG hat im Jahr 2004 50 Prozent von Leaseplan übernommen und integrierte damit finanziell ein Mehrmarken-Flottenmanagement

371 Die Fallstudie zur Wertschöpfungsorganisation der Audi AG befindet sich in Abschnitt 4.2.1 dieser Arbeit.

372 Die Audi, Seat und Skoda Banken sind Niederlassungen der Volkswagen Bank.

373 Im Geschäftsbereich Automotive werden Fahrzeugfinanzierungen werden über die Volkswagen Bank, die Leasing- und Flottenmanagementaktivitäten über die Volkswagen Leasing GmbH und über die LeasePlan Corporation N.V. und die Versicherungen über die Volkswagen Versicherungsdienst GmbH angeboten. Die Direktbank ist eine Unternehmenseinheit der Volkswagen Bank.

374 Im Direktbankengeschäft bietet Volkswagen unter anderem Girokonten, Tagesgeldkonten und Kreditgeschäfte an.

Unternehmen[375]. Die Autoeuropa Bank ist als markenneutraler Finanzdienstleister positioniert, der sich in erster Linie auf die Finanzierung von Gebrauchtwagen unterschiedlicher Fabrikate spezialisiert hat[376]. Festzuhalten bleibt, dass Volkswagen mit der LeasePlan Corporation und Autoeuropa Bank in Wertschöpfungsbereichen aktiv ist, die in der Regel nur von Akteuren außerhalb der Gruppe der Automobilherstellern bearbeitet werden. Insgesamt ist die Integration im Bereich Finanzdienstleistungen durch die konzerneigene Volkswagen Financial Services AG Holding und deren Untergesellschaften überdurchschnittlich.

Volkswagen ist neben Renault ein weiterer Automobilhersteller, der über eine eigene Service- und Reparaturorganisation verfügt, die im Markt der markenunabhängigen Werkstätten positioniert ist. Die zusätzlich zum Volkswagen Vertragswerkstattnetz existierende Serviceorganisation Stop+Go soll solche Kunden an Volkswagen binden, die mit älteren Fahrzeugen die Dienstleistungen des freien anstatt des herstellergebundenen Werkstattmarktes nutzen und somit als Kunden verloren gehen. Aus der Positionierung von Stop+Go ergeben sich spezifische Anforderungen an Volkswagen. Im Unterschied zum Volkswagen Vertragswerkstattnetz ist ein Ersatzteilversorgungssystem notwendig, dass neben den Ersatzteilen für die Volkswagenprodukte auch eine Versorgung für Produkte anderer Automobilmarken gewährleistet. Die Ersatzteilversorgung übernimmt mehrheitlich eine Niederlassung der Volkswagen Original Teile Logistik GmbH[377]. Die eigentliche Distribution der Teile zu den Werkstattpartnern erfolgt in enger Zusammenarbeit mit der Volkswagen Vertragshandelsorganisation. Neben der Ersatzteilversorgung ist Volkswagen für das gesamte Distributionsmanagement verantwortlich[378]. Die Stop+Go Partner werden über Franchiseverträge in die Organisation eingebunden. Das seit den neunziger Jahren in Deutschland existierende Konzept konnte bislang nur eine geringe Netzabdeckung erzielen[379]. In Folge dessen hat Volkswagen im Jahr 2007 eine nachhaltige Neukonzeption des Franchisesystems und Reorganisation des Servicenetzes initiiert. Festzuhalten bleibt, dass Volkswagen überdurchschnittlich viele eigene Aktivitäten in den Service- und Reparaturbereich steuert und sich hier durch eine hohe Integration auszeichnet. Neben den Aktivitäten für das markengebundene Werkstattnetz sind die Aktivitäten im Mehrmarkenservice mit Stop+Go zu nennen.

Zusammenfassend zeichnet sich Volkswagen im Untersuchungszeitraum auf europäischer Ebene durch einen unterdurchschnittlichen Anteil eigener Verkäufe durch eigene Niederlassungen im Neufahrzeugmarkt aus (Index -1). Auffällig sind die stark zunehmenden eigenen Aktivitäten im

375 Die LeasePlan Corporation zählt mit der primären Marke LeasePlan zu den Marktführern im europäischen Flottenmanagement. Im Unterschied zur Volkswagen Leasing GmbH sind die Aktivitäten vor allem auf das Angebot herstellerübergreifender Flottendienstleistungen ausgerichtet.

376 Bis zum Jahr 2002 firmierte die Autoeuropa Bank unter der Europcar Bank. Die Bank offeriert automobile Finanzdienstleistungen für alle Automarken sowie für Wohnwagen, Reisemobile, Motorräder und Anhänger. Die Geschäftsfelder umfassen Finanzierung, Leasing und Versicherung für Privat- und Geschäftskunden und werden über die jeweiligen Gesellschaften Autoeuropa Bank, Autoeuropa Leasing sowie Autoeuropa Versicherungsservice abgebildet.

377 Für Ersatzteile, die nicht durch das Sortiment des Stop+Go Versorgungssystem abgedeckt werden, arbeitet Volkswagen mit externen Teiledistributoren zusammen.

378 Dazu zählen die Koordination der Servicepartner sowie Marketingkonzeption und -maßnahmen und technische Unterstützungen und Schulungen der Partner.

379 Bis zum Jahr 2006 verfügte die Stop+Go Serviceorganisation in Deutschland über etwa 100 und in Italien über etwa 10 Servicepartner. Im Jahr 2007 wurden neue Vertriebsformate in Berlin eröffnet und es werden aktiv neue Franchisepartner gesucht, während das alte Netz sukzessive ersetzt werden soll.

Vertrieb. Überdurchschnittlich ist die Integration in den komplementären Wertschöpfungsbereichen Finanzdienstleistungen und Service und Reparatur. Der Eigenleistungsanteil wird für beide Bereiche mit dem Index +2 eingeschätzt.

4.8.1.3 Formelle Bindung in der Produktion

Die formelle Bindung zwischen Volkswagen und den Lieferanten ist durch überdurchschnittliche spezifische Investitionen auf Seiten der Lieferanten gekennzeichnet. Die auf Seiten der Lieferanten notwendigen Investitionen, die speziell für den Volkswagen Konzern zu tätigen sind, resultieren zum einen aus den Anforderungen des konzernweiten Modulbaukastensystems und zum anderen aus der intensiven geographischen Ansiedlung der Zulieferer. Im Vergleich zum Wettbewerb ist Volkswagen mit der Modularisierung der Produktarchitektur in den Grenzen der Konzernmarken weit fortgeschritten. Die Modulstrategie ermöglicht es, dass vorgefertigte Module flexibel in die unterschiedlichen Modellbaureihen der verschiedenen Konzernmarken verbaut werden können[380]. Im Vergleich zur Plattformstrategie ist die Flexibilität höher und ein Gleichteileeinsatz wird erleichtert. Die zur Fertigung der Module notwendigen Carry-over Komponenten erfordern spezifisches Know-How und hohe fabrikatsspezifische Investitionen auf Seiten der Lieferanten. Diese spezifischen Investitionen stellen Einbindungsmechanismen dar. Die Standardisierung von Komponenten und Modulen vollzieht sich in den durch Volkswagen vorgegebenen Grenzen. Neben den Anforderungen des Produktionsmodells ergeben sich auf Seiten der Lieferanten spezifische Investitionen durch deren räumliche Ansiedlung. Die überwiegende Mehrheit der Fertigungs- und Montagestätten ist mit Zuliefererparkkonzepten kombiniert. Zur gegenseitigen Absicherung der Investitionen sind diese Lieferanten in der Regel zusätzlich mit langfristigen Verträgen gebunden. Tabelle 4.44 zeigt die bedeutenden Lieferantenparks von Volkswagen.

Tabelle 4.44 Bedeutende Zuliefererparks der Volkswagen AG und Beteiligungsgesellschaften

Fertigungsstätte	Angesiedelte Kernlieferanten
Brüssel (BE)	Expert, Inergy, Hayes Lemmerz, Continental, Sumitomo Electric Industries
Palmela (PT)	Arvin Meritor, Benteler, Edscha, Faurecia, Tenneco, Hayes Lemmerz, Kautex, Palmetal, Inapal Metal sa, Magna Donnelly, PPG, Vanpro, JCI-Faurecia
Pamplona (ES)	Allevard Rejna, Bosch, Delphi, Eaton, GKN, MGI Coutier, TRW
Zwickau, Werk Mosel (D)	Brose, Faurecia, Tenneco, GKN, Hella, Behr, Plastic Omnium, Peguform, Eurofit Radsystem Mosel, Sachsentrans, Continental

380 Zur Umsetzung der Modulstrategie hat Volkswagen vier strategische Fertigungsbereiche definiert, Karosserie, Bodengruppe und Fahrwerk, Antrieb und elektronische Systeme. Diese vier Bereiche werden in 30 Sub-Divisionen eingeteilt, denen im nächsten Schritt 160 Modulfamilien und letztendlich 450 einzelne Module zugeordnet werden. Die Abhängigkeiten zwischen den einzelnen Modulen sind stark ausgeprägt und das System aus den Modulen kann weiterhin als integrativ bewertet werden.

Neben der Integration bestimmter Lieferanten durch deren Ansiedlung und durch langfristige Verträge bindet sich Volkswagen jedoch nicht uneingeschränkt an die Mehrheit der Zulieferer. Volkswagen bekennt sich zu einem intensiven, offenen Wettbewerb bei der Neuvergabe von Entwicklungs- und Fertigungsaufträgen. Der durch den Automobilhersteller initiierte Preiswettbewerb zwischen den Lieferanten ist überdurchschnittlich hoch. Neben Opel initiiert Volkswagen den stärksten Wettbewerb zwischen den Lieferanten, was einer formellen Bindung entgegenwirkt. Für die Zusammenarbeit mit den Lieferanten ist zusammenfassend festzuhalten, dass Volkswagen einen überdurchschnittlichen Preiswettbewerb fördert, während einzelne Lieferanten formell stark eingebunden werden.

Horizontale Lieferbeziehungen hält Volkswagen in erster Linie mit den Konzernmarken. Die Komponentenwerke der Volkswagen AG liefern einen deutlichen Anteil der Gesamtproduktion zu den Marken Audi, Skoda und Seat. Das Produktionsmodell von Volkswagen ist darauf ausgerichtet, Module und Gleichteile zentral für die unterschiedlichen Konzernmarken zu fertigen beziehungsweise von externen Akteuren zu beziehen, um hohe Skaleneffekte zu erreichen. Die horizontalen Lieferbeziehungen sind durch die finanziellen und organisatorischen Verzahnungen auf Grund der gemeinsamen Konzernzugehörigkeit formell stark abgesichert. Die Volkswagen AG und deren Fertigungsstätten und -gesellschaften agieren als Lieferant für die Kernmarke und für die Konzernmarken. Konzernübergreifende Lieferbeziehungen sind im Fall Volkswagen wenig vorhanden. Es bestehen einige punktuelle Entwicklungskooperationen, denen eine Zahl anderer Hersteller angehört[381].

Zusammenfassend werden Kernlieferanten durch finanzielle Geiseln überdurchschnittlich stark in die Wertschöpfungsorganisation eingebunden. Neben diesen Kernlieferanten verfolgt VW jedoch mit einer hohen Zahl an Lieferanten auch kurzfristige, kompetitive Beziehungen, um den Preisdruck zu erhöhen. Eine überdurchschnittliche formelle Integration erfolgt daher nur für die Gruppe der Kernlieferanten, während die formelle Bindung zu Lieferanten weniger komplexer Komponenten und Module als relativ gering eingeschätzt wird. Die resultierende formelle Bindung zu Lieferanten wird insgesamt als durchschnittlich (Index 0) eingestuft. Horizontale Lieferbeziehungen bestehen nahezu ausschließlich zu den Konzernfabrikaten und sind durch die finanziellen und organisatorischen (Konzern-)Verzahnungen hochgradig abgesichert. Zu nennen ist bei den horizontalen Beziehungen auch die lange Bindungsdauer. Daraus resultiert ein Index von +2 für horizontale Beziehungen.

4.8.1.4 Formelle Bindung in der Distribution

Das Volkswagen Vertriebs- und Servicenetz basiert auf einem selektiven Vertragshandelssystem. Eine Besonderheit ist ein gesondertes vertragliches Arrangement für den Vertrieb des Oberklassenmodells Phaeton. Dieses Fahrzeug wird über ein Agentursystem vertrieben, dass sich ausschließlich an bestehende Volkswagen Vertragshändler richtet[382]. Das Agentursystem stellt in diesem Vergleich die stärkste vertragliche Bindungsform dar. Die übrige Volkswagen Modellpalette wird über das

381 Ein Beispiel für eine horizontale Kooperation ist das Automotive Open System Architecture AUTOSAR Projekt. Vgl. dazu die Ausführungen in der Fallstudie Toyota, Abschnitt 4.7 dieser Arbeit. Daneben ist Volkswagen Mitglied im Projekt »Hersteller Initiative Software« (HIS), zu denen neben Volkswagen und Audi die deutschen Automobilhersteller BMW, Daimler und Porsche gehören.

382 Phaeton und Touareg Händler verfügen somit über zwei Vertriebsverträge und müssen für die Phaeton und Touareg Vertriebsautorisierung zusätzliche Selektionskriterien und Standards erfüllen.

selektive Vertragsnetz vertrieben. Die Vertragsanalyse ergibt einen überdurchschnittlichen formellen Bindungsgrad zwischen Volkswagen und seinen Vertragspartnern. Lediglich die Premiumhersteller Audi, BMW und Mercedes-Benz weisen einen höheren vertraglichen Integrationsindex auf. Aus den vertraglichen Selektionsanforderungen und Pflichten ergeben sich überdurchschnittliche Investitionen, die die Vertragspartner spezifisch für die Marke Volkswagen tätigen müssen. Aus diesen spezifischen Investitionen ergeben sich hohe finanzielle Geiseln und in Folge dessen eine intensive formelle Bindung zu den Vertragspartnern.

Aus den vertraglichen Arrangements resultiert eine überdurchschnittliche Markenexklusivität auf Betriebsstättenebene. Der Anteil der Mehrmarkenaktivitäten mit konzernfremden Marken ist in den europäischen Kernmärkten gering, wenngleich die Mehrheit der Händler auch eine andere Konzernmarke von Volkswagen vertritt. Der Vertrieb von Konzernmarken erfolgt in der Regel innerhalb separater Verkaufsstätten mit markenexklusiven Personal[383]. Neben der primären Volkswagen Vertriebs- und Serviceorganisation werden auch die Stop+Go Partner vertraglich überdurchschnittlich stark formell gebunden. Die Standards und vertraglichen Anforderungen sind im Vergleich zu anderen Mehrmarken-Servicekonzepten hoch und führen zu entsprechenden spezifischen Investitionen auf Seiten der Vertragspartner[384]. Die Vertriebsnetzdichte ist in einigen Märkten auf Grund einer langfristig gewachsenen Partnerorganisation überdurchschnittlich hoch, im Vergleich zu anderen Automobilherstellern arbeitet Volkswagen mit relativ vielen Direkthändlern zusammen[385].

Die formellen Bindung und die daraus folgenden spezifischen Investitionen auf Seiten der Vertriebs- und Servicepartner sind zusammenfassend als hoch zu bezeichnen. Dies entspricht einem Index von +2.

4.8.1.5 Informelle Bindung in der Produktion und Distribution

Eine relativ schwache Bindung erreicht Volkswagen im Zusammenhang mit der Analyse informeller Bindungsmerkmale. Tabelle 4.45 zeigt die durchschnittlichen Indizes der zugrunde liegenden Studien. Die unterschiedlichen Zufriedenheitsstudien zeigen aus Perspektive der Lieferanten unterdurchschnittliche Zufriedenheitswerte. Diese Ergebnisse werden von allen Studien belegt, die in dieser Arbeit analysiert wurden. Den Aussagen der Lieferanten entsprechend resultiert eine schwache informelle Bindung aus einer geringen Kooperationsintensität sowie auf Grund mangelnden Vertrauens und Fairness. Die informelle Bindung ist zusammenfassend als relativ schwach zu bewerten.

---

383 In Deutschland verfügen etwa zehn Prozent aller Vertriebspartner über einen Vertriebsvertrag mit einer konzernfremden Marke. Etwa 70 Prozent sind neben Volkswagen auch Vertragspartner einer Konzernmarke, in der Regel von Audi oder Skoda.

384 Zur Autorisierung als »Stop+Go« Partner sind Investitionen in die Werkstatt- und Geschäftsausstattung in Höhe von 270.000 Euro notwendig. Das Gebäude befindet sich in der Regel im Besitz von Volkswagen, so dass der Automobilhersteller eine intensive Kontrolle auf den Servicestandort ausübt und bei Bedarf den Vertragspartner ersetzen kann.

385 Ein Indikator für die Netzstrukturen ist die Anzahl der verkauften Neuwagen pro Händlervertrag und pro Betriebsstätte. Im europäischen Marktraum beläuft sich das Neuwagenverkaufsvolumen pro Händlervertrag auf etwa 515 Neuwagen und pro Neuwagenvertriebsstandort auf 355 Neuwagen. Der Neuwagen pro Händlervertragsquotient lässt auf ein relativ fragmentiertes Netz zurück schließen.

Tabelle 4.45 Informelle Bindung in der Produktion

Zufriedenheitsstudien	Index Volkswagen
Automotive News / Supplier Business: OEM-Supplier Relations Study Studien in 2006 und 2007	-1
Ebel et al.: Kooperation, Fairness und Zufriedenheit in der Hersteller-Lieferanten Beziehung, Studien in 2005 und 2006	-1
Meinig: Supplier Satisfaction Index (SSI) Studien in 2001 und 2003	-1
Relative informelle Bindung im Gesamtkontext	Unterdurchschnittlich, Gesamtindex -1

Die Händlerzufriedenheitsstudien weisen für Volkswagen ebenfalls geringe Werte auf. In den europäischen Kernmärkten sind die italienischen Händler am wenigsten zufrieden mit der Geschäftsbeziehung zu Volkswagen, die französischen und deutschen Studien zeigen ebenfalls Werte unterhalb des ermittelten Durchschnitts für die in dieser Arbeit analysierten Fallstudien. Lediglich in Großbritannien sind die Händler Zufriedenheitswerte auf Grundlage der Studienergebnisse durchschnittlich hoch. Die Gesamtbetrachtung aller Studien in den europäischen Kernmärkten ergibt insgesamt eine unterdurchschnittliche informelle Bindung zwischen Volkswagen und den Distributionsakteuren. Tabelle 4.46 gibt die Studienergebnisse zusammenfassend wieder.

Tabelle 4.46 Informelle Bindung in der Distribution

Zufriedenheitsstudien	Index Volkswagen
CNPA : Cap Réseaux, Cote d'Amour des Constructeurs, Frankreich Studien zwischen 2002 und 2007	-1
Diez: MarkenMonitor, Händlerzufriedenheitsmonitoring, Deutschland Studien zwischen 2002 und 2007	-1
Buzzavo et al.: DealerStat, Dealer Satisfaction, Italien, Studien zwischen 2004 und 2007	-2
RMIF: Dealer Attitude Survey, Großbritannien Studien zwischen 2002 und 2007	0
Relative informelle Bindung im Gesamtkontext	Unterdurchschnittlich, Gesamtindex -1

4.8.1.6 Zwischenfazit

In der Produktion zeichnet sich die Wertschöpfungsorganisationsstrategie Volkswagens durch einen überdurchschnittlichen Eigenleistungsanteil aus. Im Unterschied zu anderen Automobilherstellern hat Volkswagen die Eigenleistung in der letzten Dekade nicht reduziert, sondern baut diese in einigen Bereichen sukzessive aus. Die Einbindung der Lieferanten ist durch eine schwache informelle Integration gekennzeichnet. Hohe spezifische Investitionen für eine Gruppe strategisch bedeutender Lieferanten binden diese formell ein, während zwischen den Lieferanten von Komponenten mit mittlerer bis geringer Komplexität und Spezifität ein starker Preiswettbewerb initiiert wird. In der Distribution zeigt Volkswagen eine hohe Integration in den Bereichen der Finanz- sowie der Service- und Reparaturdienstleistungen. Ein Niederlassungsnetz wird vor allem in Deutschland momentan sukzessive aufgebaut, wenngleich der Eigenleistungsanteil im Neuwagenvertrieb auf europäischer Ebene weiterhin unterdurchschnittlich ist. Die formelle Integration der Vertriebs- und Serviceakteure ist sehr hoch. Dieser formellen Bindung steht eine geringe informelle Bindung gegenüber. Auf Gesamtwertschöpfungsorganisationsebene ist Volkswagen durch einen überdurchschnittlichen Eigenleistungsanteil sowie relativ starken formellen Bindung externer Akteure gekennzeichnet. Im Gegensatz zur formellen Bindung ist die informelle Bindung der externen Akteure schwach. Die Merkmalsausprägungen werden durch Abbildung 4.30 dargestellt.

Abbildung 4.30 Ausprägungen der unabhängigen Variablen der Wertschöpfungsorganisation Volkswagen

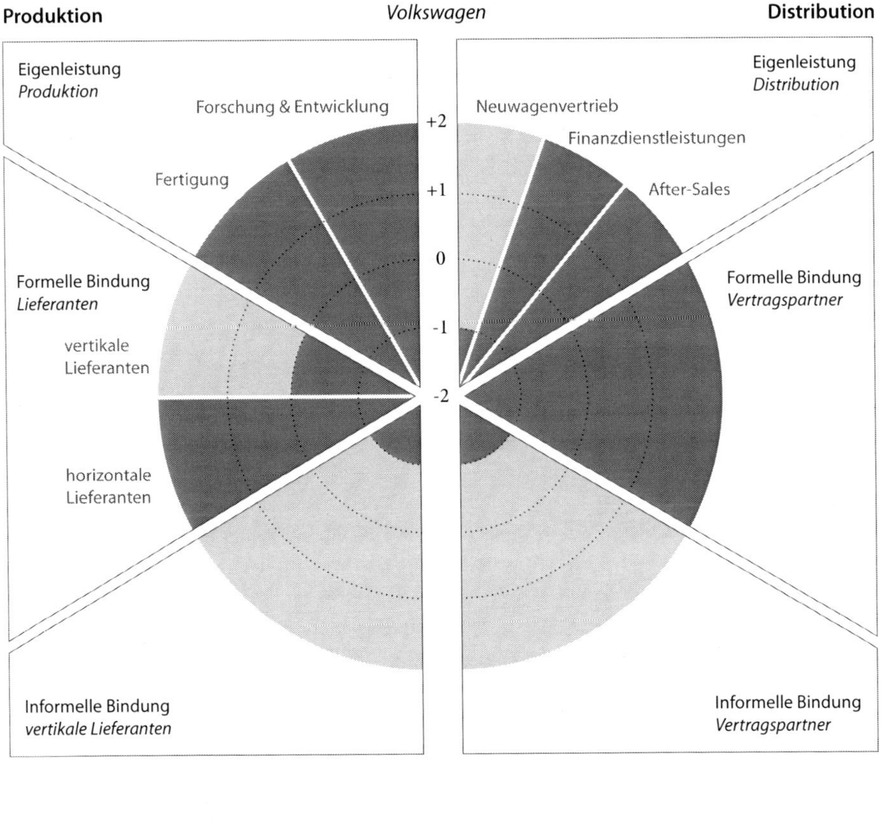

4.8.2 Abhängige Variablen der Wertschöpfungsorganisation Volkswagen

Die Akteure in der Wertschöpfungsorganisation Volkswagen weisen insgesamt durchschnittliche bis unterdurchschnittliche ökonomische Leistungsdaten auf. Für den Automobilhersteller wurde im Betrachtungszeitraum eine durchschnittliche Umsatzrendite von zwei Prozent ermittelt[386]. Dieser Wert entspricht der durchschnittlichen Rendite der in dieser Arbeit analysierten Automobilhersteller[387]. Die Lieferanten bewerten ihre ökonomischen Ziele als unterdurchschnittlich erfüllt. Die wahrgenommene Kapitalrendite ist aus Sicht der Zulieferer vergleichsweise gering. Daraus lässt sich folgern, dass die Lieferanten eine nur unterdurchschnittliche Rendite aus dem in die Volkswagen Wertschöpfungsorganisation investierten Kapital erreichen. Auf Ebene der Vertragshändler ergibt sich kein homogenes Bild für die europäischen Kernmärkte. Eine überdurchschnittliche Rendite geben die Händler in Großbritannien und Frankreich an, während die wahrgenommene Rendite auf Ebene der Vertragshändler in Italien und vor allem in Deutschland als gering bewertet wird. Eine zusammenfassende Bewertung der ökonomischen Situation der Vertragshändler ergibt einen durchschnittlichen Leistungsindex, wenngleich deutliche Unterschiede zwischen den Märkten vorliegen. Zusammenfassend ist die Rentengenerierungskraft der Volkswagen Wertschöpfungsorganisation als durchschnittlich bis unterdurchschnittlich zu bewerten. Der finanzielle Erfolg des Automobilherstellers und der Vertragshändler ist durchschnittlich, die Zulieferer geben eine unterdurchschnittliche Rentabilität im Fall Volkswagen an (siehe Tabelle 4.47).

386 Ein gesonderter Ausweis der Umsatzrendite für die Marke Volkswagen liegt nicht für den gesamten Untersuchungszeitraum vor. Bis zum Jahr 2006 war die Marke Volkswagen innerhalb des Volkswagen Markenportfolios integriert, zu der neben der Marke Volkswagen auch die Marken Skoda und Bentley gehörten. Die Werte der Markengruppe wurden für einzelne Jahre als Indikator genutzt, da die Marke Volkswagen den überwiegenden Anteil des Umsatzes in der Gruppe aus Volkswagen, Skoda und Bentley beisteuerte.

387 Finanzdienstleistungen leisten einen wichtigen Beitrag für den Gewinn der Volkswagen AG. Die Umsatzrendite der Volkswagen Financial Services betrug für den Betrachtungszeitraum etwa 10 Prozent. Die Kernaktivitäten, nämlich Produktion und Vertrieb von Neuwagen, zeigen weitaus geringere Umsatzrenditen aus. Die Kernaktivitäten weisen Umsatzrenditen von etwa 1,3 Prozent aus.

Tabelle 4.47 Ökonomische Leistungsdaten der Wertschöpfungsakteure

Akteur(gruppe)	Indikator	Quelle	Index
Automobilhersteller (VW)	Umsatzrendite	Volkswagen Geschäftsberichte 2002 bis 2007	0
Zulieferer	Wahrgenommener Return on Investment	Automotive News und Supplier Business 2006 und 2008	-1
Vertragshändler	Wahrgenommene Rentabilität	Frankreich: CNPA (2005, 2006, 2007)	+2
		Deutschland: Diez (2002, 2003, 2004, 2005, 2007)	-2
		Italien: Buzzavo et al. (2004, 2005, 2006, 2007).	-1
		Großbritannien: RMIF (2005, 2006, 2008).	+1

Die Volkswagen Produkte waren während des Untersuchungszeitraumes überdurchschnittlich erfolgreich (siehe Tabelle 4.48). Einen hohen Absatzerfolg erreichten alle Produkte bis zur oberen Mittelklasse. Auch das Oberklassen Sport Utility Produkt Touareg setzte sich relativ erfolgreich gegen den Wettbewerb durch, während der Vorstoß in die Ober- und Luxusklassensegmente vergleichsweise geringen Erfolg zeigte. Die gesamte Absatzentwicklung von Volkswagen zeigt ein leicht positives Wachstum. Die absoluten Verkaufszahlen zeigen ein jährliches Wachstum von etwa 0,6 Prozent (CAGR), der relative Marktanteil in Europa ist parallel jährlich um 0,3 Prozent gewachsen. Die Erwartungen der Kunden an die Produkt- und Servicequalität wurden laut J. D. Power Kundenzufriedenheitsstudien durch die Volkswagen Wertschöpfungsorganisation nur unterdurchschnittlich erfüllt[388]. Die Ergebnisse der Studien resultieren in einen Index von -1. Insgesamt zeigen die Kundenzufriedenheitsstudien eine relativ schwache Bewertung der Kunden. Die unterdurchschnittliche Kundenzufriedenheit beeinträchtigt die Kundenbindungsstärke und begünstigt den Inter-Wertschöpfungsorganisationswettbewerb.

Tabelle 4.48 Relativer Verkaufserfolg der Volkswagen Modellpalette (ohne Nutzfahrzeuge)

	Fox	Polo	Golf	Touran	Passat	Sharan	Phaeton	Touareg
Index	-1	+1	+2	0	+2	+1	-2	0

Quelle: Daten basieren auf Automotive News Data Book 2002 bis 2007

388 Berücksichtigt wurden die Kundenzufriedenheitsstudien nach J. D. Power in den Märkten Frankreich, Deutschland und Großbritannien.

Hinsichtlich der Innovationsleistung zeigt die Marke Volkswagen überdurchschnittlich hohe Studienergebnisse (vgl. Bratzel 2007a und 2008). Im Gesamtvergleich ist Volkswagen hinter BMW die innovativste Marke (vgl. Bratzel 2008, S. 92). Die im Volkswagen Konzern entwickelten Innovationen werden überdurchschnittlich oft unter der gleichnamigen Marke statt unter den Markennamen anderer Konzernmarken am Markt lanciert. Eine Penetration innerhalb der weiteren Konzernfabrikate findet jedoch nach einer kurzen Etablierungsphase in der Regel statt. Ein bedeutender Innovationsfokus liegt bei Volkswagen auf der Antriebstechnik und hier auf alternativen Antriebstechniken (vgl. Bratzel 2008, S. 88). Volkswagen zählt zur Gruppe der Automobilhersteller, die die höchste Zahl von Patenten anmelden und Innovationen erfolgreich am Markt lancieren. Im Jahr 2007 hat Volkswagen beispielsweise 13 Weltneuheiten am Markt lanciert und gehört damit zur Spitzengruppe der Automobilhersteller (vgl. Bratzel 2008, S. 92). Die technologische Innovationsleistung wird insgesamt mit dem Index +2 eingeschätzt.

Abbildung 4.31 Imagepositionierung für die Marke Volkswagen

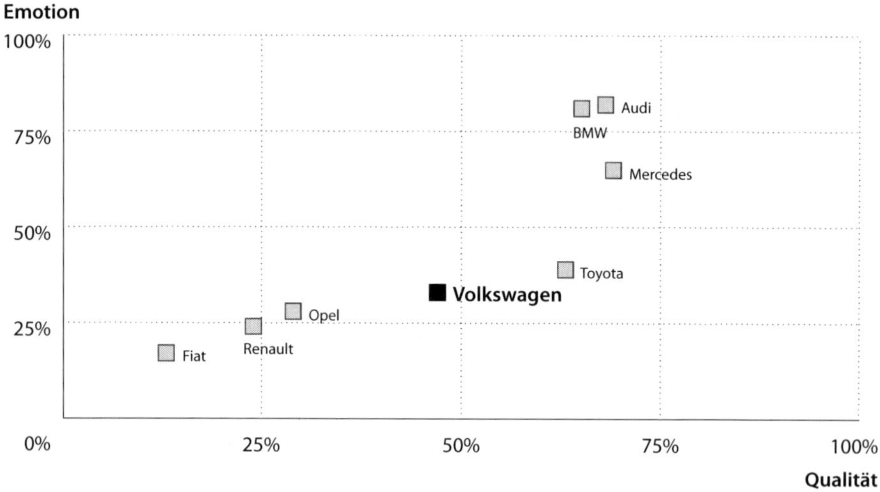

Quelle: in Anlehnung an Eiberger 2005, 2006 und 2007

Die europäischen Kunden positionieren Volkswagen zwischen den Premium- und Volumenfabrikaten (vgl. Eiberger 2005, 2006 und 2007). Die Dimension Qualität erhält im Vergleich zur Dimension Emotion eine höhere Bewertung. Eine relativ hohe Bewertung erhält Volkswagen hinsichtlich der Innovationsleistung. Aus Sicht der Kunden zählt Volkswagen zu den überdurchschnittlich innovativen Automobilherstellern. Auffällig ist jedoch die vergleichsweise geringe Ausprägung der Dimension Emotion. Die Differenzierungskraft der Marke Volkswagen auf Grundlage der Dimensionen Qualität und Emotion ist zusammenfassend durchschnittlich, die Abschöpfung zusätzlicher Renten auf Grundlage der Markenstärke wird dadurch beeinträchtigt.

Die Wertschöpfungsorganisation Volkswagen zeigt zusammenfassend eine durchschnittliche Wettbewerbsfähigkeit. Die ökonomische Leistungsfähigkeit des Automobilherstellers ist durchschnittlich, während die externen Akteure mit Ausnahme der französischen und britischen Vertragshändler den ökonomischen Output unterdurchschnittlich bewerten. Im Gegensatz zu den ökonomischen Leistungsdaten ist der Markterfolg der Produkte jedoch überdurchschnittlich gut, was auf relativ geringe Stückrenten zurückgeführt werden kann. Ein durchschnittliches Markenimage und die unterdurchschnittlichen Kundenzufriedenheitswerte erschweren die Abschöpfung zusätzlicher Renten. Festzuhalten bleibt eine überdurchschnittliche Innovationsleistungen der Wertschöpfungsorganisation, die auch vom Kunden realisiert wird. Abbildung 4.32 fasst die Bewertung der Leistungsfähigkeit der Wertschöpfungsorganisation Volkswagens zusammen.

Abbildung 4.32 Erfolgsindikatoren der Wertschöpfungsorganisation Volkswagen

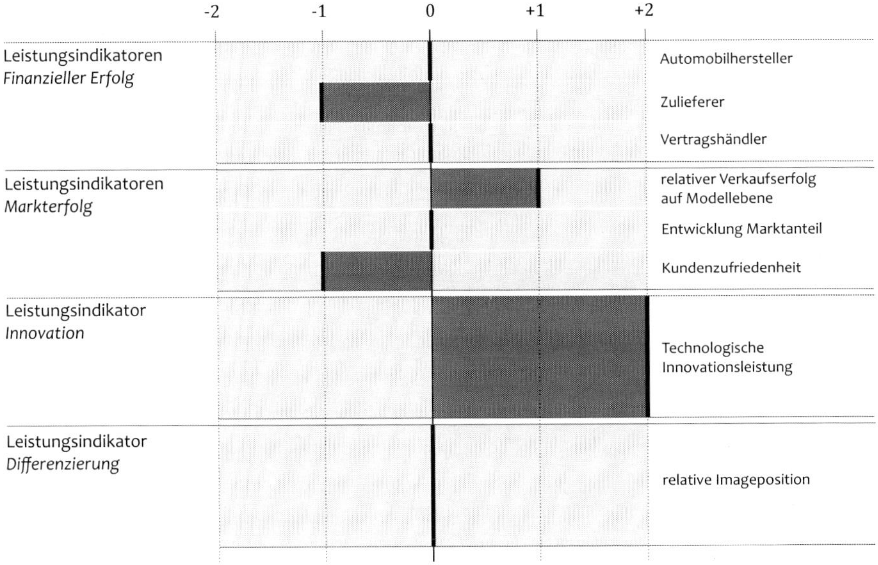

5 Diskussion der Ergebnisse der Fallstudienanalyse

Inhalt dieses Abschnittes ist die Konfrontation der abhängigen mit den unabhängigen Variablen des erarbeiteten theoretischen Konzepts. Aufbauend auf der zentralen Forschungsthese werden die Zusammenhänge zwischen Wertschöpfungsorganisationsformen und strategischen Wettbewerbsvorteilen dargestellt. In einem ersten Schritt werden allgemeine Muster in dem analysierten Datenmaterial identifiziert und diskutiert. Die aufgestellten Hypothesen werden im nächsten Schritt mit dem empirischen Datenmaterial der acht Fallstudien kontrastiert und diskutiert.

Der grundsätzlichen These dieser Arbeit zufolge besteht ein Zusammenhang zwischen den Wertschöpfungsorganisationsformen und dem nachhaltigen Potential, Wettbewerbsvorteile im Vergleich zu konkurrierenden Wertschöpfungsorganisationen zu erzielen. Hieran schließt sich die Frage, welche Organisationsmerkmale erfolgreiche Wertschöpfungsorganisationen und welche Muster und Strukturen weniger erfolgreiche Organisationen aufweisen. Die Wettbewerbsfähigkeit wird am finanziellen Erfolg der relevanten Akteure, am Markterfolg des zentralen Produktes, an der technologischen Innovationsleistung und an der Differenzierungskraft der Wertschöpfungsorganisation gemessen[389].

5.1 Diskussion der Hypothesen im Kontext der Fallstudienergebnisse

Die Ergebnisse der Fallstudienuntersuchung und die allgemeinen Analysemuster werden im nächsten Schritt mit den Hypothesen des theoretischen Konzeptes kontrastiert. Die theoretisch angenommenen Zusammenhänge zwischen bestimmten Wertschöpfungsorganisationsmerkmalen und strategischen Wettbewerbsvorteilen werden mit empirischem Datenmaterial verglichen und die Hypothesen des theoretischen Konzepts bestätigt beziehungsweise verworfen. Die Hypothesen basieren auf effizienzbasierten Überlegungen der Transaktionskostentheorie sowie auf den Rentenkonzepten der ökonomischen Theorien des Strategischen Managements. Konkret liegen dieser Arbeit der industrieökonomische Market-based View sowie die ressourcen- und kompetenzbasierten Rentenkonzepte zugrunde. In Kapitel 2 wurden die Wertschöpfungsorganisationsdeterminanten mit den unterschiedlichen Theorien in einen Zusammenhang gebracht und die Ursachen für Monopol-, Ricardo-, Quasi-, relationale und Schumpeter Renten aus Perspektive einer Wertschöpfungsorganisationsbetrachtung diskutiert. Operationalisiert wurden strategische Wettbewerbsvorteile einer Wertschöpfungsorganisation anhand des finanziellen und marktlichen Erfolges sowie anhand der Differenzierungs- und Innovationsvorteile.

Zur Interpretation der Fallstudienergebnisse ist es zunächst notwendig, die Merkmale der europäischen Automobilwirtschaft darzustellen. Der Wert individueller Ressourcen und Kompetenzen und die Differenzierungsanforderungen werden in besonderer Weise durch die Anforderungen und Merkmale von Märkten und Branchen bestimmt. Demnach ergeben sich die strategischen

389 Vgl. dazu Kapitel 3 dieser Arbeit.

Anforderungen an eine Wertschöpfungsorganisation aus der Wechselbeziehung von Merkmalen der Nachfrage, der notwendigen Technologien und der Marktstrukturen. Die Merkmale und Wettbewerbsanforderungen der europäischen Automobilwirtschaft und der darin eingebetteten Wertschöpfungsorganisationen wurden in Abschnitt 3.1 detailliert analysiert. Daraus lassen sich Schlüsse hinsichtlich des Wettbewerbsumfeldes, der Spezifität, der strategischen Relevanz und der notwendigen Ressourcen und Kompetenzen für die Wertschöpfungsleistungen ziehen. Eine allgemeine Einbettung ist notwendig, um die Hypothesen im Kontext der Automobilwirtschaft diskutieren zu können. Tabelle 5.1 fasst die Merkmale der europäischen Automobilwirtschaft auf Grundlage der zuvor erfolgten Globalanalyse zusammen[390].

Tabelle 5.1 Globale Merkmale der europäischen Automobilwirtschaft

Merkmale der europäischen Automobilwirtschaft	Ausprägung
Marktransparenz und Wettbewerbsintensität	Hoch
Wettbewerbs- und Technologiedynamik	Hoch
Differenzierung der Kundenbedürfnisse	Hoch
Preiselastizität der Nachfrage	Hoch
Bedarf an spezifischen Produktions- und Distributionsfaktoren	Hoch
Bedarf an spezifischen Ressourcen und Kompetenzen	Hoch

Quelle: Eigene Darstellung[391]

Die automobilwirtschaftliche Wertschöpfung zeichnet sich durch komplexe Systeme aus unterschiedlichen Wertschöpfungsleistungen und Akteuren aus. Sowohl in der Produktion als auch in der Distribution sind hohe fabrikatsspezifische Investitionen und Ressourcen notwendig. Die Investitionsanforderungen treffen auf eine überdurchschnittliche Wettbewerbs- und Technologiedynamik, eine hohe Innovationsgeschwindigkeit sowie auf eine zunehmende Wettbewerbsintensität. Daraus resultieren komplexe Anforderungen, um strategische Wettbewerbsvorteile nachhaltig zu erzielen. Die Kundenanforderungen in den europäischen Märkten sind durch eine zunehmende Individualisierung der Nachfrage gekennzeichnet und erfordern eine klare und differenzierende Positionierung der Wertschöpfungsorganisation im Marktumfeld. Die Wertschöpfungsorganisationen stehen vor der Herausforderung, den Spagat zwischen Differenzierung, Innovation und hoher Effizienz zu meistern.

Die Diskussion der Hypothesen basiert auf den Schlüssen, die für alle acht untersuchten Fälle gezogen wurden. Die Identifikation von Mustern wird für die vorliegende Untersuchung als ausreichend

390 Vgl. dazu Abschnitt 3.1 dieser Arbeit.

391 Die Informationen basieren auf der allgemeinen Analyse der Merkmale von Wertschöpfungsorganisationen in der europäischen Automobilwirtschaft. Vgl. dazu Abschnitt 3.1 dieser Arbeit.

angesehen, einzelne Hypothesen zu bestätigen oder zu verwerfen. Eine Hypothese, die nicht uneingeschränkt durch das empirische Datenmaterial belegt wird, wird nicht automatisch verworfen, sondern im Kontext aller Fallstudienergebnisse betrachtet. Abweichungen werden entsprechend im Kontext komplementärer Hypothesen diskutiert.

5.1.1 Globale Integration und strategische Wettbewerbsvorteile

Abbildung 5.1 Ausprägungen der unabhängigen Variablen im Kontext von Differenzierungsvorteilen

überdurchschnittlich (4 Fälle)

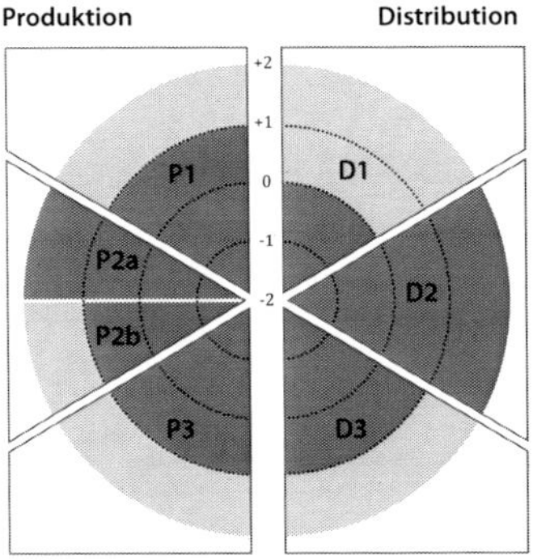

unterdurchschnittlich (3 Fälle)

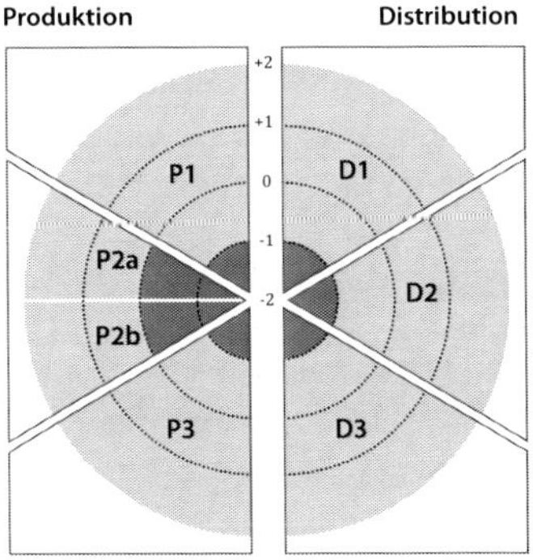

P1: Eigenleistung Produktion
P2a: Formelle Bindung vertikale Lieferanten
P2b: Formelle Bindung horizontale Lieferanten
P3: Informelle Bindung vertikale Lieferanten
D1: Eigenleistung Distribution
D2: Formelle Bindung Vertragspartner
D3: Informelle Bindung Vertragspartner

Quelle: Eigene Darstellung

Hypothese H-1 des theoretischen Denkrahmens postuliert einen Zusammenhang zwischen dem globalen Integrationsgrad einer Wertschöpfungsorganisation und dem Differenzierungsvermögen. H-1 lautet konkret:

Je höher der globale Integrationsgrad der Wertschöpfungsorganisation, desto größer sind die Differenzierungsvorteile der Wertschöpfungsorganisation.

Die Differenzierungskraft einer Wertschöpfungsorganisation wird im vorliegenden Denkrahmen als ein Indikator für dessen strategische Wettbewerbsfähigkeit angesehen. Operationalisiert wurde die Differenzierungskraft durch die relative Imagepositionierung des Fabrikats. Der Markterfolg einer Wertschöpfungsorganisation wird zur Bewertung der differenzierungsbasierten Wettbewerbsvorteile zusätzlich betrachtet. Die Bewertung des Markterfolges basiert auf dem relativen Verkaufserfolg und der Entwicklung des Verkaufsvolumens sowie auf der Zufriedenheit der Kunden mit den Produkten und Dienstleistungen der Wertschöpfungsorganisation. Das Differenzierungspotential einer Wertschöpfungsorganisation wird durch die Einzigartigkeit der Ressourcenausstattung und der resultierenden Wertschöpfungsleistungen determiniert. Das theoretische Konzept der Untersuchung geht davon aus, dass die unabhängigen Variablen die Differenzierungskraft beeinflussen.

Hypothese H-1 postuliert konkret einen Zusammenhang zwischen einem zunehmenden Integrationsgrad und einem wachsenden Differenzierungspotential. Abbildung 5.1 zeigt jeweils die Ausprägungen der unabhängigen Variablen der Wertschöpfungsorganisationen mit Differenzierungsvorteilen und -nachteilen.

Hypothese H-1 wird durch die Ergebnisse der Fallstudienuntersuchung unter Einschränkungen gestützt. Alle Fälle mit einem deutlich überdurchschnittlichen globalen Integrationsgrad zeigen auch eine überdurchschnittliche Differenzierungskraft. Gleichzeitg zeigen die Fälle mit einem unterdurchschnittlichen globalen Integrationsindex auch Differenzierungsnachteile (siehe Abbildung 5.1). Die Fälle Audi, BMW und Mercedes-Benz Cars zeigen die höchsten Differenzierungswerte. Die höchste Differenzierungskraft erreichen die Wertschöpfungsorganisationen von Audi und BMW. Gleichzeitig weist der Fall BMW auch den höchsten globalen Integrationsindex auf. Eine überdurchschnittliche Integration zeigt BMW sowohl im Bereich der Produktion als auch in der Distribution. Der hohe Grad der Integration fußt im Fall BMW in erster Linie auf der starken Integration externer Akteure.

Für den Fall Mercedes-Benz Cars ist in diesem Kontext festzuhalten, dass die Integration in der Produktion im Verlauf des Untersuchungszeitraumes reduziert wurde. Dieses erfolgte durch eine Rücknahme eigener Aktivitäten und durch die Auflösung ehemals sehr starker und exklusiver Lieferantenbindungen. Analog konnte eine negative Entwicklung des Differenzierungsvermögens und des Markterfolges von Mercedes-Benz Cars identifiziert werden. Das empirische Datenmaterial der Fallstudie Mercedes stützt Hypothese H-1 insofern, dass eine parallel Entwicklung zwischen dem Grad der Integration und dem Differenzierungsvermögen festzustellen ist. Insgesamt erzielt die Wertschöpfungsorganisation Mercedes trotz einer negativen Entwicklung weiterhin überdurchschnittliche Differenzierungswerte. Die Wertschöpfungsorganisation Mercedes-Benz Cars ist im Bereich der Distribution stärker integriert als im Bereich Produktion. Die Entwicklungen zwischen den Jahren 2002 und 2007 zeigen, dass die zentralen Aktivitäten zunehmend auf den Bereich Distribution gelenkt werden. Beide Fälle, BMW und Mercedes-Benz Cars, verfolgten im Untersuchungszeitraum keine nennenswerten horizontalen Partnerschaften.

Neben BMW erreicht Audi die höchsten Imagewerte, während der Integrationsindex von Audi im Vergleich zu BMW deutlich geringer, wenn auch weiterhin überdurchschnittlich, ist. Die Wertschöpfungsorganisation von Audi ist durch die starke horizontale Beziehung zum relativ stark integrierten Volkswagen Konzern geprägt. Eine überdurchschnittliche Integration liegt im Fall Audi auf Grund der überdurchschnittlich starken formellen Bindungen zu den vertikalen und horizontalen Akteuren in der Produktion sowie durch die starke formelle Einbindung der Vertragshändler vor. Die Integration der Wertschöpfungsorganisation ist in der Produktion und in der Distribution ähnlich hoch. Ein besonderes Merkmal ist die starke Bindung zwischen Audi und Unternehmenseinheiten der Volkswagen AG. Die Fallstudie Audi stützt Hypothese H-1 ebenfalls.

Eine weitere Stützung erfährt die Hypothese H-1 durch die Ergebnisse der Fallstudien Fiat und Opel. In diesen beiden Fällen geht ein geringer globaler Integrationsgrad mit einer geringen Differenzierungskraft einher, beziehungsweise eine Desintegration bewirkt in diesen Fällen Differenzierungsnachteile. Neben Differenzierungsnachteilen ist der Markterfolg in beiden Fällen unterdurchschnittlich. Die Wertschöpfungsorganisationen von Opel und Fiat zeigen Merkmale einer desintegrierten Wertschöpfungsorganisation. Eine Desintegration resultiert aus einem unterdurchschnittlichen zentralen Integrationsgrad und aus schwachen formellen und informellen Bindungen zwischen den Automobilherstellern und den Zulieferern (im Bereich Produktion) und den Vertragshändlern (im Bereich Distribution). Eine geringe Integration zeigen beide Fälle sowohl in der Produktion als auch in der Distribution.

Eine Einschränkung der Stützung erfährt Hypothese H-1 durch die Wertschöpfungsorganisation Renault. Obwohl Renault global einen durchschnittlichen Integrationsgrad aufweist, ist die Differenzierungskraft des Fabrikats gering. In diesem Kontext ist jedoch festzuhalten, dass die überdurchschnittliche globale Integration in erster Linie aus der hohen zentralen Integration in der Distribution resultiert. Dem hohen Eigenleistungsanteil in der Distribution steht eine schwache (vor allem informelle) Einbindung der Vertragshändler gegenüber. Dieses Ergebniss könnte darauf hindeuten, dass die Integration externer Akteure einen deutlichen Einfluss auf die Differenzierungskraft einer Wertschöpfungsorganisation ausübt. Diese Aussage wird dadurch gestützt, dass die Fälle BMW und Toyota eine überdurchschnittliche Integration in erster Linie durch starke formelle und informelle Bindungen zu externen Akteuren erreichen. Erste Schlussfolgerungen zur Bedeutung formeller und informeller Bindungsmechanismen für die Differenzierungskraft könnten hieraus gezogen werden.

Aus dem Datenmaterial des Falls Renault könnten weitere Rückschlüsse für die Bedeutung der Integration in den Wertschöpfungsbereichen Produktion und Distribution gezogen werden. Im Fall Renault ist die Integration in der Distribution deutlich höher als in der Produktion. Diese Wertschöpfungsstrategie geht im Fall Renault mit Differenzierungsnachteilen einher. Die Fallstudie Mercedes-Benz Cars zeigt eine zunehmende Fokussierung der Eigenaktivitäten auf die Distribution, während Desintegrationsprozesse in der Produktion stattfinden. Der Fall Mercedes zeigt gleichzeitig Differenzierungsverluste während des Untersuchungszeitraumes.

Dieses Datenmaterial könnte darauf hindeuten, dass eine überdurchschnittliche Integration sowohl in der Produktion als auch in der Distribution zur Erreichung von Differenzierungsvorteilen notwendig ist. Eine Desintegration in der Produktion würde dieser Aussage entsprechend zu globalen Differenzierungsnachteilen führen, auch wenn überdurchschnittlich viele Eigenleistungen in der Distribution ausgetragen werden. Die Fallstudienergebnisse deuten auf reziproke Beziehungen zwischen den Organisationsbereichen der Produktion und der Distribution hin. In der Schlussfolgerung sind strategische Entscheidungen immer unter Berücksichtigung beider Wertschöpfungsbereiche, nämlich Produktion und Distribution, zu fällen.

Insgesamt wird Hypothese H-1 unter Einschränkungen angenommen. Wertschöpfungsorganisationen mit einer überdurchschnittlichen Differenzierungskraft zeigen in der untersuchten Branche einen überdurchschnittlichen Integrationsgrad. Eine Stützung der Hypothese erfolgt zusätzlich durch die Fälle Fiat und Opel. In diesen Fällen geht eine Desintegration in der Produktion und in der Distribution mit Differenzierungsnachteilen einher. Die Wertschöpfungsorganisationen Opel und Fiat zeigen den geringsten Grad der Integration und gleichzeitig die geringste Differenzierungskraft. Die Stützung der Hypothese wird durch die Fallstudienergebnisse von Renault eingeschränkt. Eine durchschnittliche globale Integration geht in diesem Fall mit Differenzierungsnachteilen einher. In diesem Kontext werden erste Schlüsse bezüglich der Bedeutung der formellen und informellen Interakteursbindungen für die Differenzierungskraft gezogen. Die Fallstudienergebnisse zeigen, dass Fälle mit stark ausgeprägten formellen und informellen Interakteursbindungen überdurchschnittliche Differenzierungsleistungen erreichen. Der Fall Renault erzielt die überdurchschnittliche globale Integration durch die zentrale Integration in der Distribution bei relativ schwachen Interakteursbindungen. Die Differenzierungskraft von Renault wird gleichzeitig als gering eingestuft. Aus dem

Datenmaterial könnten zudem Rückschlüsse für die Bedeutung der Integration in der Produktion und Distribution gezogen werden. Eine Desintegration in der Produktion kann den Fallstudienergebnissen zur Folge zu Differenzierungsverlusten führen, obwohl die Distribution überdurchschnittlich integriert ist. Hypothese H-1 wird entsprechend der Fallstudienergebnisse und der zuvor erfolgten Diskussion der Ergebnisse unter Einschränkungen angenommen.

Hypothese H-2 thematisiert den Markterfolg als einen weiteren Wettbewerbsvorteil einer Wertschöpfungsorganisation und postuliert entsprechend einen Zusammenhang mit den unabhängigen Variablen des theoretischen Konzeptes. Konkret lautet H-2:

Je höher der Integrationsgrad der Wertschöpfungsorganisation, desto größer ist der Markterfolg der Wertschöpfungsleistungen.

H-2 resultiert stark aus dem Kontext der Hypothese H-1. Konkret geht H-2 davon aus, das mit zunehmenden Integrationsgrad der Markterfolg der Wertschöpfungsorganisation positiv beeinflusst wird. Der Markterfolg wird anhand des relativen Verkaufserfolges der Modellpalette, der Entwicklung des Verkaufsvolumens und der Kundenzufriedenheit gemessen.

Hypothese H-2 wird durch das empirische Datenmaterial der Fallstudien unter Einschränkungen gestützt. Die Wertschöpfungsorganisationen mit einem überdurchschnittlichen Integrationsindex zeigen mindestens einen durchschnittlichen (Volkswagen) beziehungsweise überdurchschnittlichen Markterfolg (Audi, BMW, Toyota Motors Europe und Mercedes-Benz Cars). Auf der anderen Seite erreichen die als desintegriert zu bezeichnenden Wertschöpfungsorganisationen (Opel und Fiat) geringe Markterfolge.

Die Fallstudienergebnisse zeigen einen deutlichen Zusammenhang zwischen Differenzierungsvorteilen und dem daraus resultierenden Markterfolg. Die Merkmalsausprägungen der Wertschöpfungsorganisationen mit einem überdurchschnittlichen Markterfolg sind mit den Ausprägungen der Wertschöpfungsorganisationen mit Differenzierungsvorteilen identisch (siehe dazu Abbildung 5.1). Wertschöpfungsorganisationen mit Differenzierungsvorteilen können die Produkte überwiegend erfolgreich vermarkten und erreichen überdurchschnittliche Kundenzufriedenheitswerte. Auch indizieren Trendentwicklungen einen deutlichen Zusammenhang zwischen den unabhängigen und den beiden abhängigen Variablen (Differenzierung und Markterfolg) des vorliegenden theoretischen Konzeptes. Mercedes-Benz Cars zeigt beispielsweise einen negativen Trend bezüglich der Markendifferenzierung. Dieser Trend geht mit einer stagnierenden Entwicklung der Verkaufszahlen und mit durchschnittlichen Kundenzufriedenheitswerten einher. Daraus lassen sich Schlüsse bezüglich des Zusammenhangs zwischen dem globalen Grad der Integration einer Wertschöpfungsorganisation, den Differenzierungsvorteilen und dem Markterfolg ziehen. Die Fallstudienergebnisse indizieren einen Zusammenhang zwischen diesen drei Variablen und stützen Porters These zur Wirkung einer Differenzierungsstrategie (vgl. zum Beispiel Porter 1992, S. 62).

Die Einschränkung erfährt Hypothese H-2 analog zur Hypothese H-1 durch den Fall Renault. Die Wertschöpfungsorganisation Renault zeigt keinen unterdurchschnittlichen Grad der Integration und weist trotzdem einen geringen Markterfolg aus. Zwar ist der relative Verkaufserfolg der Modellpalette überdurchschnittlich, die Verkaufsentwicklung ist jedoch deutlich negativ und die

Kundenzufriedenheitswerte sind unterdurchschnittlich. Die erfolgreicheren Fälle zeigen jedoch einen höheren Grad der Integration in der Produktion sowie global stärkere Interakteursbindungen. Renault zeigt nach Opel und Fiat den geringsten globalen Integrationswert. Gleichzeitig ist der Markterfolg nach Opel und Fiat ebenfalls am geringsten.

Zusammenfassend wird Hypothese H-2 durch das empirische Datenmaterial als bestätigt betrachtet. Es zeigt sich ein relativ starker Zusammenhang zwischen dem globalen Integrationsgrad einer Wertschöpfungsorganisation und dessen Markterfolg. Die am geringesten integrierten Wertschöpfungsorganisationen Opel und Fiat zeigen auch den geringsten Markterfolg. Die Fallstudienergebnisse bekräftigen darüber hinaus den angenommenen Wirkungszusammenhang zwischen Differenzierungs- und Marktvorteilen.

5.1.2 Integration externer Akteure und strategische Wettbewerbsvorteile

Hypothesen H-1 und H-2 thematisieren den globalen Integrationsgrad einer Wertschöpfungsorganisation und dessen Wirkung auf den Differenzierungs- beziehungsweise Markterfolg. Im Mittelpunkt der Hypothesen H-3 und H-4 steht die Bedeutung externer Akteure und deren formelle und informelle Einbindung innerhalb der Wertschöpfungsorganisation. Konkret wird in den Hypothesen postuliert, dass durch einen starken Einbezug externer Akteure strategische Wettbewerbsvorteile erzielt werden können.

Hypothese H-3 postuliert, dass eine hohe Integration und Differenzierung durch die formelle und informelle Einbindung externer Akteure effizienter zu erreichen ist. Konkret lautet H-3:

Je höher das Ausmaß der formellen und informellen Einbindung externer Akteure zur Erreichung eines bestimmten Integrationsgrades, desto größer ist der finanzielle Erfolg der Wertschöpfungsorganisation.

Daraus resultieren ökonomische Wettbewerbsvorteile für die Wertschöpfungsorganisation. In diesem Zusammenhang wird angenommen, dass eine überdurchschnittliche zentrale Integration zu Effizienznachteilen und in Folge dessen zu geringeren ökonomischen Wettbewerbsvorteilen führt. Der finanzielle Erfolg einer Wertschöpfungsorganisation setzt sich aus den finanziellen Leistungsdaten der Zulieferer, des Automobilherstellers und der Vertragshändler zusammen. Abbildung 5.2 zeigt die aggregierten unabhängigen Variablen der Fälle, die sich durch eine überdurchschnittliche, durchschnittlich und unterdurchschnittliche ökonomische Leistungsfähigkeit ausweisen.

Hypothese H-3 wird durch die Fallstudienergebnisse bestätigt. Ein deutlicher Zusammenhang besteht zwischen einer überdurchschnittlichen Differenzierungskraft und der ökonomischen Leistungsfähigkeit. Alle Fälle, die eine überdurchschnittliche Differenzierungskraft aufweisen, zeigen auch einen überlegenen finanziellen Erfolg. Die Ausprägung des finanziellen Erfolges unterscheidet sich jedoch je nach Wertschöpfungsorganisationsform. Die Fallstudienergebnisse reflektieren dadurch die in Hypothese H-3 angenommene Bedeutung formeller und informeller Einbindungsmechanismen.

Abbildung 5.2 Ausprägungen der unabhängigen Variablen im Kontext der ökonomischer Leistungsfähigkeit

überdurchschnittliche (3 Fälle)

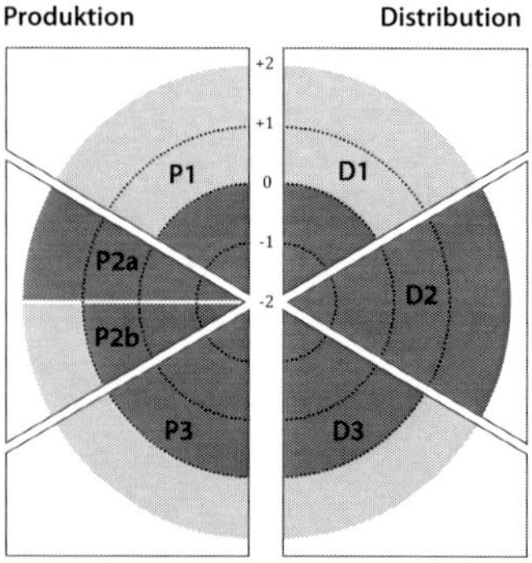

durchschnittlich (2 Fälle)

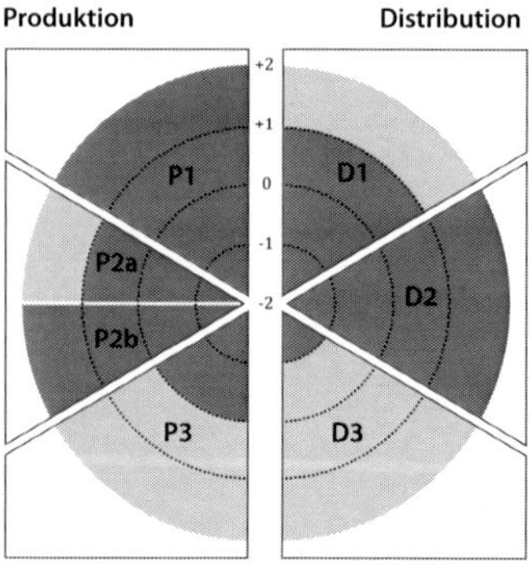

unterdurchschnittlich (3 Fälle)

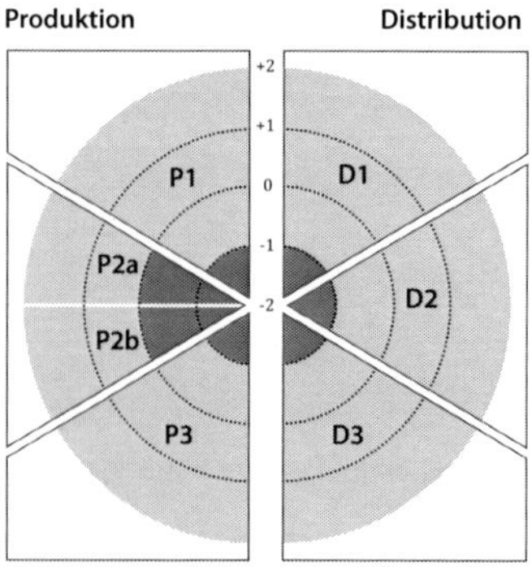

Die höchsten ökonomischen Leistungsdaten weisen gemäß der Annahme von Hypothese H-3 die Wertschöpfungsorganisationen auf, die eine überdurchschnittliche globale Integration durch die formelle und informelle Einbindung externer Akteure erzielen. Audi, BMW und Toyota sind die Fälle mit den höchsten ökonomischen Leistungsdaten dieser Untersuchung. BMW und Toyota weisen gleichzeitig die mit Abstand stärksten formellen und informellen Interakteursbindungen auf. Insgesamt erzielen sowohl BMW als auch Toyota einen überdurchschnittlichen Integrationsgrad in erster Linie durch die formelle und informelle Integration der externen Akteure. Die Hypothese wird auch durch die Fallstudienergebnisse der Wertschöpfungsorganisation Audi gestützt. Wie bei BMW und Toyota ist auch im Fall Audi der zentrale Integrationsgrad gleichzeitig durchschnittlich.

Die Wertschöpfungsorganisationen Mercedes-Benz Cars und Volkswagen erreichen eine überdurchschnittliche Integration durch die stärkere Gewichtung der zentralen Integration, während den Interakteursbindungen eine geringere Bedeutung zukommt. Gleichzeitig ist die ökonomische Leistung beider Wertschöpfungsorganisationen im Vergleich zu BMW, Toyota und Audi geringer. Volkswagen ist die Wertschöpfungsorganisation mit der höchsten zentralen Integration, gefolgt von Mercedes-Benz Cars. Auffällig ist der hohe zentrale Integrationsgrad bei Volkswagen auf der einen Seite und die geringen informellen Bindungen auf der anderen. Eine Einbindung externer Akteure erreicht der Fall Volkswagen in erster Linie durch formelle Mechanismen, insbesondere die formellen Bindungen zu den Vertragshändlern sind überdurchschnittlich stark. Die informellen Bindungen zwischen Volkswagen und den Lieferanten auf der einen Seite und Vertragshändlern auf der anderen sind dagegen vergleichsweise schwach.

P1: Eigenleistung Produktion
P2a: Formelle Bindung vertikale Lieferanten
P2b: Formelle Bindung horizontale Lieferanten
P3: Informelle Bindung vertikale Lieferanten
D1: Eigenleistung Distribution
D2: Formelle Bindung Vertragspartner
D3: Informelle Bindung Vertragspartner

Quelle: Eigene Darstellung

Dieses Ergebnis könnte auf die besondere Bedeutung informeller Bindungsmechanismen für die strategische Wettbewerbsfähigkeit hindeuten. In der theoretischen Diskussion wurde bereits auf die besondere transaktionskostensenkende Wirkung informeller Bindungsmechanismen eingegangen. In diesem Kontext ist die überdurchschnittliche Ausprägung informeller Bindungsmechanismen in den Fällen Toyota und BMW hervorzuheben. Dieses lässt Rückschlüsse auf die Wirkung informeller Bindungsmechanismen auf Transaktionskosteneinsparungen zu.

Renault erreicht den durchschnittlichen globalen Integrationsgrad durch die ausgeprägten Eigenleistungen im Vertrieb. Gleichzeitig zeichnet sich die Wertschöpfungsorganisation Renault durch eine unterdurchschnittliche ökonomische Leistungsfähigkeit aus. Im Unterschied zu einer hohen zentralen Integration sind die formellen und informellen Bindungen zu den vertikalen Akteuren in der Produktion und Distribution durchschnittlich bis unterdurchschnittlich. Aus Rentabilitätsgesichtspunkten erreicht gleichzeitig lediglich der Automobilhersteller überdurchschnittliche Werte, während der finanzielle Erfolg der Lieferanten und insbesondere der Vertragshändler schwach ist.

Zusammenfassend weisen die Fälle mit einer stärkeren Gewichtung der zentralen Integration im Vergleich zu den Fällen mit einer stärkeren Bedeutung und Einbindung externer Akteure geringere ökonomische Leistungsdaten auf. Diese Ergebnisse bekräftigen die Hypothese H-3. Festzuhalten bleibt in diesem Zusammenhang, dass die überdurchschnittlich erfolgreichen Fälle Audi, BMW und Toyota mindestens einen durchschnittlichen zentralen Integrationsgrad aufweisen. Die Koordination und enge Zusammenarbeit mit den externen Akteuren erfordert ein bestimmtes Maß der zentralen Eigenleistung.

Die Wertschöpfungsorganisationen der Fallstudien Opel und Fiat weisen Merkmale desintegrierter Organisationsformen auf. Sowohl die zentrale Integration als auch die formelle und informelle Einbindung der externen Akteure sind gering. Daraus folgt ein geringer globaler Integrationsgrad. In der Diskussion der Hypothese H-1 wurde bereits dargelegt, dass diese (desintegrierte) Form der Wertschöpfungsorganisation mit Differenzierungsnachteilen einhergeht. Neben Differenzierungsnachteilen sind diese Wertschöpfungsorganisationen auch finanziell wenig erfolgreich, wodurch der Zusammenhang zwischen Differenzierungskraft und finanziellem Erfolg im Kontext der europäischen Automobilindustrie bekräftigt wird. Überdurchschnittlich schwach sind in beiden Fällen die informellen Bindungen zu den Lieferanten und im Fall Fiat zusätzlich zu den Vertragshändlern.

In der Produktion zeichnen sich beide Automobilhersteller durch eine Vielzahl horizontaler Lieferabkommen aus, die durchschnittlich (Opel) bis schwach (Fiat) formell abgesichert sind. Mit der vergleichsweise schwachen Einbindung externer Akteure geht eine unterdurchschnittliche ökonomische Leistungsfähigkeit beider Fälle einher. Die zur Differenzierung notwendige Integration der Akteure wird durch die formellen und informellen Bindungsmechanismen nicht erreicht. Daraus folgen offensichtlich Differenzierungsnachteile und eine geringe ökonomische Leistungsfähigkeit.

Zusammenfassend wird Hypothese H-3 durch die Fallstudienergebnisse gestützt. Abbildung 5.2 zeigt die Merkmale der Wertschöpfungsorganisationen mit überdurchschnittlicher, durchschnittlicher und unterdurchschnittlicher ökonomischer Leistungsfähigkeit. Die Fälle mit den höchsten ökonomischen Leistungsdaten erzielen eine überdurchschnittliche Integration durch eine enge Zusammenarbeit mit externen Akteuren, die formell und informell in die Wertschöpfungsorganisation (quasi)integriert werden. Wertschöpfungsorganisationen, die eine überdurchschnittliche globale Integration in erster Linie durch einen überdurchschnittlichen zentralen Integrationsgrad erreichen, sind komparativ finanziell weniger erfolgreich. Die Fallstudienergebnisse indizieren eine besondere Bedeutung informeller Bindungs- und Koordinationsinstrumente. Die überdurchschnittlich erfolgreichen Fälle integrieren externe Akteure stark durch informelle Mechanismen. Fälle mit schwachen informellen Bindungen zeigen tendenziell auch eine schwächere ökonomische Leistung. Dieses Ergebnis könnte auf die überdurchschnittlich starke Wirkung informeller Bindungsmechanismen auf die Effizienz und die Effektivität einer Wertschöpfungsorganisation deuten. Die Fälle mit den geringsten ökonomischen Leistungsdaten tragen den geringsten zentralen Eigenleistungsanteil aus und weisen schwache Interakteursbindungen auf. Der geringe Integrationsgrad führt zu Differenzierungsnachteilen, wodurch offensichtlich im vorliegenden Kontext die Basis für überdurchschnittliche ökonomische Renten fehlt. Hypothese H-3 wird auf Basis der Fallstudienergebnisse angenommen.

Abbildung 5.3 Ausprägungen der unabhängigen Variablen im Kontext der Innovationskraft

überdurchschnittlich (4 Fälle)

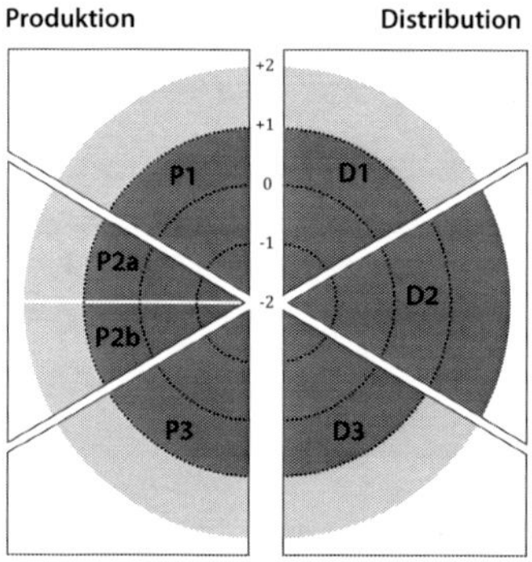

unterdurchschnittlich (3 Fälle)

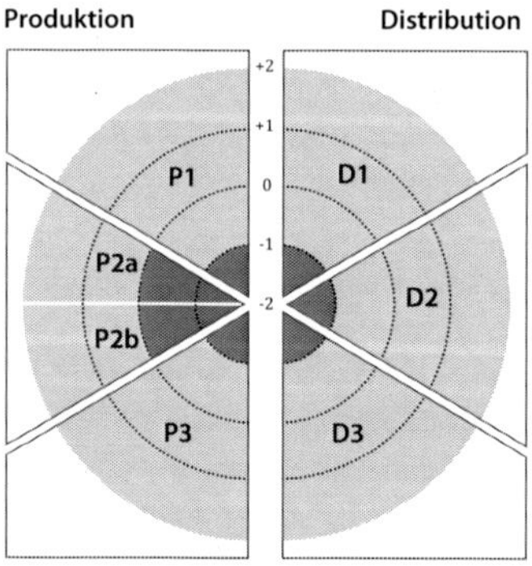

P1: Eigenleistung Produktion
P2a: Formelle Bindung vertikale Lieferanten
P2b: Formelle Bindung horizontale Lieferanten
P3: Informelle Bindung vertikale Lieferanten
D1: Eigenleistung Distribution
D2: Formelle Bindung Vertragspartner
D3: Informelle Bindung Vertragspartner

Quelle: Eigene Darstellung

Hypothese H-4 bildet einen Zusammenhang zwischen einer überdurchschnittlichen Integration externer Akteure auf der einen Seite und Innovationsvorteilen auf der anderen. Konkret lautet H-4:

Je höher das Ausmaß der formellen und informellen Einbindung externer Akteure, desto größer sind die Innovationsvorteile.

Im Mittelpunkt der Innovationsmessung stand die technologische Innovationsleistung. Es ist daher davon auszugehen, dass der Wertschöpfungsorganisationsbereich der Produktion einen ausgeprägten Einfluss auf die technologische Innovationsleistung ausübt. Das empirische Datenmaterial stützt Hypothese H-4. Abbildung 5.3 zeigt jeweilis die unabhängigen Variablen der Fälle mit einer überdurchschnittlichen und unterdurchschnittlichen Innovationsleistung.

Ein starker Zusammenhang ist zwischen dem globalen Grad der Integration und der Innovationsleistung einer Wertschöpfungsorganisation festzustellen. Die Wertschöpfungsorganisationen BMW und Volkswagen zeigen die höchste Innovationsleistungen, gefolgt von Mercedes-Benz Cars und Toyota. Diese vier Fälle weisen gleichzeitig die höchsten Integrationsindizes auf. Die Wertschöpfungsorganisation BMW zeigt die stärkste Innovationskraft und den höchsten Integrationsindex. Die hohe Integration erreicht BMW durch eine ausgeprägte Einbindung der vertikalen Akteure.

Die Fälle Fiat und Opel sind auch im Bezug zur Innovationsleistung unterdurchschnittlich erfolgreich. Die Innovationsleistung von Fiat ist die geringste im gesamten Vergleich. In diesen Fällen geht eine Desintegration mit Innovationsnachteilen einher. Diese Ergebnisse bekräftigen den Zusammenhang zwischen Innovationsleistung und dem Grad der Integration.

H-4 postuliert einen Zusammenhang zwischen einer starken formellen und informellen Integration externer Akteure und der Innovationskraft der Wertschöpfungsorganisation. Abbildung 5.3 zeigt die Merkmale von Wertschöpfungsorganisationen mit überdurchschnittlicher und unterdurchschnittllicher Innovationskraft. Die Argumentation fußt auf der Annahme, dass die intensive und langfristige Zusammenarbeit die Entwicklung gemeinsamer Kompetenzen und Fähigkeiten sowie Prozesse und Routinen fördert und Grundlagen für innovatives Wertschöpfen bilden.

Die Hypothese wird durch die Fälle BMW, Toyota und Mercedes-Benz Cars gestützt. Diese Fälle binden externe Entwicklungsdienstleister und Zulieferer stark in die Wertschöpfungsorganisation ein. Die Wertschöpfungsorganisationen BMW und Toyota zeichnen sich beispielsweise explizit dadurch aus, dass Zulieferer und Entwicklungsdienstleister sehr früh in den Entwicklungsprozess neuer Fahrzeuge integriert werden und den gesamten Prozess nachhaltig begleiten. Die Zulieferer arbeiten überdurchschnittlich eng mit den Automobilherstellern zusammen und belegen Arbeitsplätze direkt in den Räumen der Automobilhersteller. Im Rahmen dieses Prozesses können organisatorische Routinen und Anreizmechanismen zum Austausch von Informationen und Know-How und zum Aufbau gemeinsamer Kompetenzen aufgebaut werden. Dieses geht mit einer überdurchschnittlichen Innovationsleistung einher, im Fall von BMW mit der höchsten in diesem Vergleich.

Ein Merkmal der überdurchschnittlich innovativen Wertschöpfungsorganisationen, nämlich BMW, Mercedes-Benz Cars und Volkswagen ist der überdurchschnittliche Eigenleistungsanteil in der Forschung und Entwicklung. Dieses drei Fälle zeigen gleichzeitig die höchste technologische Innovationskraft. Aus dem empirischen Datenmaterial der Fallstudie BMW ist zu entnehmen, dass ein großer Teil der zentralen Ressourcen für die Koordination und Kontrolle der externen Akteure aufgewendet wird. Die Globalanalyse von Wertschöpfungsorganisationen in der europäischen Automobilwirtschaft zeigte die besondere strategische Bedeutung der Forschungs- und Entwicklungsaktivitäten[392]. Dieser Bedeutung wird in den überdurchschnittlich erfolgreichen Fällen durch einen hohen Grad der zentralen Integration Rechnung getragen. Mercedes-Benz Cars und Volkswagen zeichnen sich ebenfalls durch einen überdurchschnittlichen Eigenleistungsanteil in der Forschung und Entwicklung aus.

Während die Wertschöpfungsorganisation von Mercedes die Lieferanten relativ eng einbindet – wenn auch weniger stark als in den Fällen BMW und Toyota – ist die Bindung zu den vertikalen Lieferanten im Fall Volkswagen aus formeller Sicht durchschnittlich und aus informeller eher unterdurchschnittlich. Eine ausgeprägte horizontale Bindung weist Volkswagen jedoch mit der Konzernmarke Audi auf. Beide Fabrikate forschen gemeinsam innerhalb Einrichtungen der Volkswagen AG oder tauschen F&E Leistungen aus. Die horizontalen Beziehungen sind im Fall Volkswagen formell stark abgesichert und spielen eine bedeutende Rolle. Die schwache informelle Bindung zwischen Volkswagen und den vertikalen Zulieferern schränken den Aussagegehalt der Hypothese H-4 ein, da Volkswagen trotzdem eine hohe Innovationsleistung erzielt. Zu betonen ist an dieser Stelle jedoch die überdurchschnittliche zentrale Integration und die ausgeprägten horizontalen Bindungen.

392 Vgl. Abschnitt 3.1 dieser Arbeit.

Lern- und Informationsaustauschprozesse sowie die Entwicklung interorganisationaler Kompetenzen finden im Fall Volkswagen stark innerhalb des Konzerns statt. Die Zusammenarbeit zwischen Volkswagen und Audi vollzieht sich beispielsweise seit mehreren Dekaden, wodurch Routinen und gemeinsame Kompetenzen langfristig aufgebaut werden konnten. Volkswagen verfügt insgesamt über die stabilsten und langfristigsten horizontalen Beziehungen in diesem Fallstudienvergleich. Die Zusammenarbeit zwischen Renault und Nissan befindet sich im Vergleich zum Volkswagen Konzern stärker in der Aufbauphase, wodurch Pfade und Routinen nicht so stark ausgebildet werden konnten. Volkswagen generiert die Innovationsleistung somit überdurchschnittlich stark zentral und mit horizontalen (Konzern-)Partnern. Der Fall Renault ist durch eine durchschnittliche zentrale Integration und relativ schwachen Zuliefererbindungen in der Produktion geprägt. Diese Form der Organisation geht mit einer durchschnittlichen Innovationsstärke einher. Horizontale Beziehungen zu Nissan sind ähnlich wie im Fall Volkswagen hochgradig formell abgesichert.

Zusammenfassend wird Hypothese H-4 angenommen. Insgesamt weisen vier der acht Fälle eine überdurchschnittliche Innovationsleistung auf. Zwei dieser Fälle (BMW und Toyota) arbeiten sehr intensiv mit externen Lieferanten zusammen, während die Eigenleistungen in erster Linie auf die Koordination der externen Akteure gerichtet sind.

Mercedes-Benz Cars zeigt einen relativ hohen Eigenleistungsanteil und bindet Lieferanten ebenfalls stark in die Organisation ein, wenn auch schwächer als BMW und Toyota. Volkswagen generiert die Innovationsleistungen aus einem überdurchschnittlichen Eigenleistungsanteil und einer sehr langfristigen und engen Kooperation mit Audi. Audi selber zeigt eine durchschnittliche technische Innovationsleistung, da die überwiegende Zahl der Innovationen zuerst in Volkswagen Modellen Einzug erhalten. Nach kurzer Zeit stehen diese Innovationen auch Audi zur Verfügung. Gleichzeitig wird Audi von Endkunden als überdurchschnittlich innovativ bewertet und profitiert von einem überdurchschnittlichen Image[393]. Fälle mit einer schwachen Einbindung externer Akteure gehen mit Innovationsnachteilen einher. Diese Ergebnisse stützen die Hypothese H-4. Insgesamt wird die Hypothese H-4 durch das empirische Datenmaterial bestätigt und angenommen.

5.2 Zusammenfassung der Fallstudienergebnisse im Kontext des theoretischen Konzepts

Die grundlegende These der vorliegenden Untersuchung geht von einem Wirkungszusammenhang zwischen der Wertschöpfungsorganisationsform und strategischen Wettbewerbsvorteilen aus. Diese übergreifende These kann anhand der Fallstudienergebnisse bekräftigt werden. Die empirische Untersuchung identifizierte unterschiedliche Wertschöpfungsorganisationsformen, die im Kontext der europäischen Automobilwirtschaft unterschiedlich erfolgreich agieren. Ziel der Fallstudienuntersuchung und der Pattern Matching Methode war die Herausarbeitung von Mustern zwischen spezifischen Organisationsformen und strategischen Wettbewerbsvorteilen. Unterschiedliche Muster konnten bei der Kontrastierung der unabhängigen mit den abhängigen Variablen identifiziert werden. Die Fallstudienergebnisse stützen die Kernthese, dass unterschiedliche Wertschöpfungsorganisationen zu unterschiedlichen Wettbewerbsvorteilen führen. Im Fall ähnlicher Organisationsformen

393 Zu bemerken ist an dieser Stelle, dass Audi in erster Linie Modelle der Mittel- und Oberklasse anbietet.

offenbaren sich Muster hinsichtlich spezifischer Wettbewerbsvorteile. Wettbewerbsvorteile werden in der vorliegenden Untersuchung anhand des finanziellen und des Markterfolges sowie anhand der Differenzierungs- und Innovationsvorteile operationalisiert.

Ein relativ deutlicher Wirkungszusammenhang zeigt sich zwischen überdurchschnittlich integrierten Wertschöpfungsorganisationen und einer überdurchschnittlich hohen strategischen Wettbewerbsfähigkeit. Der globale Integrationsgrad der beiden erfolgreichsten Fälle (BMW und Audi) ist jeweils überdurchschnittlich. Eher desintegrierte Wertschöpfungsorganisationen führen den Fallstudienergebnissen zufolge zu Wettbewerbsnachteilen. Ein globaler Zusammenhang zwischen der Organisationsform und strategischen Wettbewerbsvorteilen wird den empirischen Ergebnissen für die untersuchte Branche zufolge gestützt. Konkret deuten die Fallstudienergebnisse auf einen positiven Zusammenhang zwischen einer hohen globalen Integration und einer überdurchschnittlichen Wettbewerbsfähigkeit hin.

Aus der übergreifenden Globalthese der Untersuchung wurden vier Hypothesen abgeleitet und mit dem empirischen Datenmaterial konfrontiert. Alle Hypothesen finden sich zumindest unter Einschränkungen in dem analysierten Datenmaterial wieder.

Hypothese H-1 nimmt den Zusammenhang zwischen dem Integrationsgrad der Wertschöpfungsorganisation und Differenzierungsvorteilen auf. Konkret postuliert H-1 einen positiven Zusammenhang zwischen dem Integrationsgrad und Differenzierungsvorteilen. Die empirischen Daten bekräftigen Hypothese H-1 insofern, da alle Fälle mit einer überdurchschnittlichen Differenzierungskraft überdurchschnittlich integriert und Fälle mit Differenzierungsnachteilen überdurchschnittlich desintegriert sind. Eine Einschränkung erfährt die Aussagekraft der Hypothese H-1 durch den Fall Renault. Hier geht eine durchschnittliche Integration mit einer unterdurchschnittlichen Differenzierung einher. Im Unterschied zu den Fällen mit Differenzierungsvorteilen bindet der Fall Renault externe Akteure schwächer in die Organisation ein und erreicht die durchschnittliche globale Integration durch einen hohen Eigenleistungsanteil in der Distribution. In der Produktion ist die Integration nicht überdurchschnittlich. Dieses Ergebnis könnte zum einen auf die besondere Bedeutung der strategischen Organisationsgestaltung im Wertschöpfungsbereich Produktion hindeuten. Zum anderen indizieren die Fallstudienergebnisse in diesem Kontext die Bedeutung der Integration externer Akteure für die Differenzierungskraft einer Wertschöpfungsorganisation.

Hypothese H-2 thematisiert ebenfalls den globalen Integrationsgrad und nimmt einen Wirkungszusammenhang zwischen der Integration und dem Markterfolg an. Hypothese H-2 wird durch die Fallstudienergebnisse bestätigt. Der Zusammenhang zwischen dem globalen Integrationsgrad einer Wertschöpfungsorganisation und dessen Markterfolg wird durch die Fallstudienergebnisse reflektiert. Die am geringesten integrierten Wertschöpfungsorganisationen zeigen auch den geringsten Markterfolg und vice versa. Die Fallstudienergebnisse bekräftigen darüber hinaus den angenommenen Wirkungszusammenhang zwischen Differenzierungs- und Marktvorteilen.

Hypothese H-3 postuliert einen Zusammenhang zwischen einer überdurchschnittlich starken Nutzung und Einbindung externer Akteure und der strategischen Wettbewerbsfähigkeit einer Wertschöpfungsorganisation. Hypothese H-3 fußt auf der Annahme, dass eine überdurchschnittliche Integration effizienter durch die starke formelle und informelle Einbindung externer Akteure erreicht wird. Ein überdurchschnittlicher Eigenleistungsanteil zur Erzielung eines bestimmten (zur Differenzierung notwendigen) Integrationsgrades würde dieser Argumentation zur Folge zu Effizienznachteilen führen. Hypothese H-3 findet sich in dem analysierten Datenmaterial wieder. Die aus finanzieller Sicht erfolgreichsten Fälle erreichen eine überdurchschnittliche Integration durch eine starke formelle und informelle Einbindung externer Akteure, während der zentrale Eigenleistungsanteil relativ durchschnittlich ist. Fälle mit geringer (negativer) finanzieller Leistungskraft zeigen Merkmale einer Desintegration. In diesen Fällen ist der zentrale Eigenleistungsanteil relativ gering und die Interakteursbindungen im Vergleich zu den anderen Fallstudien als schwach zu bewerten. Fälle, die eine überdurchschnittliche globale Integration eher durch einen hohen zentralen Eigenleistungsanteil, denn durch eine ausgeprägte formelle und informelle Einbindung externer Akteure erreichen, zeigen durchschnittliche finanzielle Erfolge.

Hervorzuheben ist die ausgeprägte informelle Einbindung externer Akteure bei zwei Fällen mit überdurchschnittlichem finanziellem Erfolg. Die ausgeprägten informellen Bindungen gehen in diesen Fällen mit überdurchschnittlichen finanziellen Erfolgen für alle Akteure einher.

Innovationsvorteile durch die ausgeprägte und enge Zusammenarbeit mit externen Akteuren werden von der Hypothese H-4 angenommen. Das analysierte Datenmaterial stützt die Hypothese H-4. Überdurchschnittlich innovative Wertschöpfungsorganisationen haben einen überdurchschnittlichen Integrationsgrad gemeinsam, während Fälle mit Innovationsdefiziten mit eher desintegrierten Organisationsformen einhergehen. Der Fall mit der höchsten Innovationskraft (BMW) weist eine Wertschöpfungsorganisationsform auf, die durch starke formelle und informelle Interakteursbindungen sowie durch überdurchschnittliche Eigenleistungen in der Forschung und Entwicklung geprägt ist. Der Fall Volkswagen schwächt Hypothese H-4 dahingehend, dass Volkswagen die vorgelagerten Zulieferer formell durchschnittlich und informell unterdurchschnittlich einbindet. Ausgepägte Bindungen bestehen jedoch zu Fabrikaten des Volkswagen Konzerns. Die horizontalen Partnerschaften existieren in diesem Fall sehr lange, wodurch Pfade, Prozesse und Routinen stark ausgebildet werden konnten. Informations- und Know-How Austauschprozesse und die Entwicklung gemeinsamer Kompetenzen werden durch solche Organisationsstrukturen offensichtlich begünstigt.

Aus dem analysierten Datenmaterial und der Konfrontation der unabhängigen und abhängigen Variablen des theoretischen Konzeptes lassen sich folgende Ergebnisse und Schlussfolgerungen zusammenfassen. Die Kernthese und die Hypothesen des theoretischen Konzeptes finden sich weitestgehend in dem analysierten Datenmaterial wieder. Hypothese H-3 wird durch die empirischen Daten aller acht Fallstudien gestützt und wird uneingeschränkt angenommen. Hypothesen H-1, H-2 und H-4 werden durch die überwiegende Zahl der Fallstudien uneingeschränkt gestützt, in wenigen Fällen unter Einschränkungen. Insgesamt konnte ein deutliches Muster zwischen einer überdurchschnittlichen Integration und strategischen Wettbewerbsvorteilen identifiziert werden. Überdurchschnittlich integrierte Wertschöpfungsorganisationen erreichen im Vergleich zu relativ desintegrierten Organisationsformen (im Kontext der Automobilindustrie) eine höhere Differenzierungs- und Innovationskraft und einen höheren Markt- und finanziellen Erfolg. Wertschöpfungsorganisationen, die eine überdurchschnittliche Integration durch die starke Einbindung externer Akteure erreichen, zeigen den höchsten finanziellen Erfolg. Die Ergebnisse indizieren in diesem

Zusammenhang einen besonderen Einfluss informeller Bindungsmechanismen. Innovationsvorteile gehen dem Datenmaterial zugrunde ebenfalls mit überdurchschnittlichen Bindungen zwischen den (horizontalen und/oder vertikalen) Akteuren einher. Das Datenmaterial deutet weiter darauf hin, dass eine geringe Integration in einem der zwei konstituierenden Wertschöpfungsbereiche, nämlich Produktion und Distribution, nicht durch eine einseitige Gewichtung der Integration (auf die Produktion oder Distribution) kompensiert werden kann.

Insgesamt zeigen sich deutliche Muster, die das theoretische Konzept und die darauf fußenden Hypothesen der Untersuchung stützen.

6 Schlussfolgerungen zur Untersuchung

Im Rahmen der Schlussbetrachtung werden die Ergebnisse der Untersuchung im Kontext pragmatischer und theoretischer Schlussfolgerungen eingebracht. Die pragmatischen Schlussfolgerungen beziehen sich auf die Gestaltung der zentralen Wertschöpfungsorganisationsdeterminanten. Die Gestaltung orientiert sich am zugrunde liegenden Ziel dieser Untersuchung, der Erzielung strategischer Wettbewerbsvorteile. Im nächsten Schritt werden theoretische Schlussfolgerungen für die weitere Erforschung der Wirkungszusammenhänge zwischen Wertschöpfungsorganisation und strategischen Wettbewerbsvorteilen gezogen. Die Arbeit schließt mit einer zusammenfassenden Betrachtung der Untersuchung ab.

6.1 Pragmatische Schlussfolgerungen

Im Mittelpunkt der Untersuchung steht der Wirkungszusammenhang zwischen bestimmten Wertschöpfungsorganisationsmerkmalen und strategischen Wettbewerbsvorteilen. Als maßgebende Determinanten einer Wertschöpfungsorganisation werden zum einen die zentralen Eigenleistungen des fokalen Wertschöpfungsarchitekten und zum anderen die formellen und informellen Bindungsmerkmale zwischen den Wertschöpfungsakteuren betrachtet. Pragmatische Schlussfolgerungen zur Gestaltung einer Wertschöpfungsorganisation konzentrieren sich auf diese drei Determinanten. Die Schlussfolgerungen orientieren sich an der Zielstellung, durch die Gestaltung einer Wertschöpfungsorganisation Differenzierungs- und Innovationsvorteile sowie überdurchschnittliche finanzielle und marktliche Erfolge zu erreichen. Dabei sind spezifische Merkmale und Rahmenbedingungen der jeweiligen Branchen und Märkte zu beachten.

Als fokaler Wertschöpfungsarchitekt wird der Akteur betrachtet, der die Schnittstelle zwischen Produktion und Distribution bildet und als originärer Systemführer agiert. Die Form der Wertschöpfungsorganisation hat Auswirkungen auf die Entscheidungs- und Gestaltungsautonomie dieses Akteurs. Als Orientierungspunkt richten sich die folgenden Gestaltungsempfehlungen an den fokalen Architekten. Dabei wird berücksichtigt, dass spezifische Formen der Wertschöpfungsorganisation die Wettbewerbsvorteile des Organisationskollektivs und somit der verschiedenen individuellen Akteure beeinflussen. Im folgendem werden aus dem empirischen Datenmaterial und den theoretisch abgeleiteten Zusammenhängen zwischen der Wertschöpfungsorganisation und strategischen Wettbewerbsvorteilen Schlussfolgerungen für die Gestaltung und Konzeption von Wertschöpfungssystemen in der Praxis gezogen.

6.1.1 Ausmaß der zentralen Integration

Generell zeigt sich im Kontext der europäischen Automobilindustrie ein positiver Zusammenhang zwischen einer überdurchschnittlichen globalen Integration und strategischen Wettbewerbsvorteilen. Einen überdurchschnittlichen Differenzierungs-, Markt- und Finanzerfolg erreichen die Wertschöpfungsorganisationen, die auf der einen Seite umfassende Leistungen externer Akteure nutzen und auf der anderen Seite diese Akteure stark durch formelle und informelle Bindungsinstitute integrieren. In diesen Fällen wurde ein großer Anteil der (strategisch bedeutenden) Akteure durch finanzielle Geiseln, langfristige Verträge und ausgeprägte informelle Bindungsmechanismen (quasi) integriert. Die enge Einbindung und Koordination der externen Akteure erfordert hinsichtlich des gesichteten Datenmaterials ein gewisses Maß der zentralen Integration, sowohl in der Produktion als auch in der Distribution. Keiner der als erfolgreich zu bewertenden Fälle weist eine unterdurchschnittliche zentrale Integration in einer der beiden konstituierenden Wertschöpfungsbereiche auf. Die empirischen Daten deuten darauf hin, dass eine außergewöhnlich starke Einbindung externer Akteure ein bestimmtes Maß eigener Aktivitäten erfordert. Geringe zentrale Ressourcen und Eigenaktivitäten reichen demnach nicht aus, die Wertschöpfungsbeziehungen und -leistungen externer Akteure aus Perspektive des Wertschöpfungsarchitekten zu koordinieren und kontrollieren.

Hinsichtlich des Ausmaßes der Eigenleistung lassen sich weitere pragmatische Schlussfolgerungen aus den Fallstudienergebnissen ableiten. Die Fälle mit einer hohen technologischen Innovationsleistung üben tendenziell einen überdurchschnittlichen Eigenleistungsanteil im Bereich Forschung und Entwicklung aus. Der Bereich Forschung und Entwicklung ist im Kontext der Automobilindustrie als hochgradig strategisch relevant und bedeutend für die Wertschöpfungskraft der gesamten Wertschöpfungsorganisation zu bewerten. Die überdurchschnittliche zentrale Allokation fabrikatsspezifischer Ressourcen und Aktivitäten in den F&E Bereich kann insofern zu Innovations- und Differenzierungsvorteilen führen, da diese Leistungen nur innerhalb der Wertschöpfungsorganisation erzeugt werden und eine enge Abstimmung mit den vorhanden (spezifischen) Technologien und Ressourcen (und deren Lieferanten) erforderlich ist. Ein relativ hoher Eigenleistungsanteil im F&E Bereich schützt die fabrikatsspezifischen Innovationen und stellt die komplexe Koordination von Akteuren, deren Ressourcen und Leistungen sicher. Offensichtlich ist es im Kontext der Automobilindustrie vorteilhaft, wenn die verfügbaren Ressourcen und Aktivitäten stark auf diesen Wertschöpfungsbereich konzentriert werden. Die strategische Wertschöpfungsbedeutung sowie die notwendigen spezifischen Investitionen sind mit Blick auf den F&E Bereich sehr hoch. Dabei zeigt sich ein Wirkungszusammenhang zwischen der Innovationsleistung und dem Differenzierungspotential.

Die Fallstudienergebnisse deuten weiter darauf hin, dass ein überdurchschnittlicher globaler Eigenleistungsanteil differenziert zu bewerten ist. Das empirische Datenmaterial zeigt für einige überdurchschnittlich zentral integrierte Fälle im Vergleich zu weniger stark zentral integrierten Fällen einen geringeren finanziellen Erfolg. Dieses ist auf die hohe Bedeutung von Skalenerträgen für die Automobilindustrie zurückzuführen. Mit abnehmenden Produktions- und Distributionsvolumen wird die Abschöpfung von Skalenvorteilen erschwert beziehungsweise ein zunehmender Wertschöpfungsoutput begünstigt Skalenerträge. Die Zusammenarbeit mit externen Akteuren gewinnt entsprechend für Wertschöpfungsorganisationen mittlerer bis kleinerer Größe an Relevanz. Hervorzuheben ist in diesem Zusammenhang, dass auch die größte (und überdurchschnittlich erfolgreiche) Organisation einen deutlichen Teil an Wertschöpfungsleistungen fremd bezieht. Toyota als Wertschöpfungsorganisation mit dem höchsten Produktionsvolumen zeichnet sich durch einen durchschnittlichen Eigenleistungsanteil aus und greift umfassend auf Leistungen externer Akteure zurück. Volkswagen versucht Skaleneffekte innerhalb der Konzerngrenzen zu generieren und ist insbesondere in der Produktion stark zentral integriert. Im Vergleich zu Toyota ist Volkswagen finanziell weniger erfolgreich, obwohl Volkswagen mit den Produkten tendenziell höhere Marktpreise in Europa erzielt. Mercedes Benz Cars, Renault und Volkswagen sind die drei Fälle mit der höchsten zentralen Integration in der Distribution. In allen drei Fällen wurden die Eigenaktivitäten in der Distribution während des Untersuchungszeitraumes erhöht. Während die Wertschöpfungskraft eigener Finanzdienstleistungsaktivitäten gemäß den Fallstudienergebnissen hoch ist und den globalen finanziellen Erfolg der Automobilhersteller positiv beeinflusst, generieren die überdurchschnittlichen Eigenaktivitäten im Neuwagenvertrieb und im After-Sales offensichtlich keine Wettbewerbsvorteile. Die erfolgreichsten Fälle tragen im Neuwagenvertrieb und im After-Sales keine überdurchschnittlichen Eigenleistungen aus. Die intensive Zusammenarbeit mit externen Akteuren erscheint dem empirischen Datenmaterial zufolge in diesen beiden Wertschöpfungsbereichen vorteilhaft.

Zusammenfassend ist eine generelle überdurchschnittliche zentrale Integration in der Produktion und Distribution keine notwendige Voraussetzung zur Erzielung von Differenzierungs- und Innovationsvorteilen. Aus Sicht des finanziellen Erfolges ist eine überdurchschnittliche (globale) zentrale Integration tendenziell nachteilig. Im Kontext der europäischen Automobilwirtschaft ist die positive Wirkung einer überdurchschnittlichen Integration im F&E Bereich sowie im Bereich Finanzdienstleistungen hervorzuheben. Diese beiden Wertschöpfungsbereiche bieten ein hohes strategisches Wertschöpfungspotential und erfordern spezifische Ressourcen und Kompetenzen, die vor Imitation und Adaption zu schützen sind. Die Konzentration der zentralen Eigenleistungen auf Wertschöpfungsbereiche mit diesen bestimmten Merkmalen erwirkt dem empirischen Datenmaterial zufolge Wettbewerbsvorteile. Ein gewisses Maß der zentralen Eigenleistungen erscheint hinsichtlich des empirischen Datenmaterials erforderlich. Die enge und ausgeprägte Zusammenarbeit mit externen Akteuren erfordert zentrale Ressourcen, Kompetenzen und Aktivitäten. Keine Wertschöpfungsorganisation mit geringen zentralen Eigenaktivitäten erzielte in der Fallstudienauswahl überdurchschnittliche Wettbewerbsvorteile.

6.1.2 Integration externer Akteure

Als weitere Determinanten strategischer Wettbewerbsvorteile wurden in der Untersuchung die formellen und informellen Interakteursbindungen betrachtet. Die besondere Bedeutung dieser Variablen wurde im empirischen Datenmaterial widergespiegelt. Alle Fälle mit überdurchschnittlichen Wettbewerbsvorteilen binden externe Akteure stark durch formelle und informelle Bindungsmechanismen ein. Die Fälle, die eine geringe Bindung zu externen Akteuren aufweisen, erreichten tendenziell eher eine nachteilige Wettbewerbsposition.

Die formelle Bindung basiert in diesen Fällen auf langfristigen, komplexen Verträgen, die ein hohes Ausmaß spezifischer Investitionen innerhalb der individuellen Wertschöpfungsorganisation implizieren. Vertragliche Einbindungsformen regeln in erster Linie die Funktionsverteilung zwischen den Akteuren, die Zuweisung der Verfügungsrechte an den relevanten Ressourcen, die Fristigkeit der Beziehung und die Entlohnung der Akteure. Verträge stellen in diesem Kontext ein bedeutendes Ressourcen-Isolationsinstrumentarium dar. Strategisch bedeutende und wertschaffende Ressourcen können so vor der Imitation und Adaption durch konkurrierende Wertschöpfungsorganisationen geschützt werden.

Finanzielle Geiseln stellen einen weiteren formellen Isolationsmechanismus der vorliegenden Untersuchung dar, der in erster Linie auf der Reduktion des opportunistischen Verhaltens der Akteure fußt. Gleichzeitig bewirken finanzielle Geiseln einen Anreiz, die eingebrachten finanziellen Mittel durch entsprechendes kooperatives Verhalten und Einsatz notwendiger komplementärer Ressourcen zurückzuerhalten. Die empirische Untersuchung zeigt, dass Lieferanten und Händler, die hohe spezifische Investitionen in Wertschöpfungsorganisation eingebracht haben, überdurchschnittlich motiviert sind, Aktivitäten und Ressourcen in den spezifischen Wertschöpfungsprozess zu steuern. Durch die Einbringung hoher finanzieller Geiseln durch externe Akteure findet ein Selbstauswahlprozess statt, der vor allem motivierte Akteure anspricht, die eine entsprechende Ressourcenausstattung aufweisen. In der Automobilproduktion stellen Lieferantenansiedlungsmodelle und Investitionen in fabrikatsspezifische Produktionsfaktoren und Humanressourcen bedeutende finanzielle Geiseln dar. In der Automobildistribution fordern Automobilhersteller von den Vertragshändlern und -werkstätten spezifische Investitionen in die Gebäudearchitektur (inklusive Corporate Identity), die Geschäfts- und Werkstattaustattung und in die Humanressourcen. Da sich diese Akteure durch die Einbringung hoher spezifischer Investitionen in ein starkes Abhängigkeitsverhältnis begeben, sind Signale und Anreizmechanismen notwendig, die die spezifischen Investitionen rechtfertigen und sicherstellen. Formell-vertragliche Bindungsformen, die eine Vergütung der Investitionen und eine bestimmte, zur Amortisierung der Investitionen notwendige Beziehungsdauer sicherstellen, stellen mögliche Anreiz- und Ressourcen-Isolationsinstrumente zur Einbringung der geforderten Investitionen und Ressourcen dar. Eine Begrenzung des Intra-Organisationswettbewerbs ist in diesem Zusammenhang auch relevant, da die Akteure einen gewissen Wettbewerbsschutz für die getätigten Ressourcen fordern. Das empirische Datenmaterial der erfolgreichen Wertschöpfungsorganisationen zeigt, dass hohe finanzielle Geiseln in der Regel mit relationalen Verträgen kombiniert werden. Dabei kommen komplexe Vergütungsformen zum Einsatz, die zum einen eine Grundvergütung garantieren und zum anderen leistungsorientierte Vergütungsbausteine beinhalten, die die (Anreiz-)Vorteile einer unternehmensübergreifenden Zusammenarbeit sicherstellen.

Im Kontext der ausgeprägten formellen Einbindung externer Akteure ist eine multilaterale Abhängigkeit zwischen den Akteuren festzustellen. Daraus können weitere pragmatische Schlussfolgerungen gezogen werden. Zum einen sollte in solchen Abhängigkeitsverhältnissen das nachhaltige wirtschaftliche Überleben der Akteure abgesichert sein, da beim Entfall spezifischer Akteursbeziehungen hohe Sunk-Costs und ein Rentenabfluss für die Wertschöpfungsorganisation und für individuelle Akteure drohen. Es ist somit eine Balance zwischen den individuell beigetragenen Wertschöpfungsleistungen und der Verteilung der Wertschöpfungsrenten zu finden. Eine fehlende Balance zeigt sich stark bei den Fällen, die eine geringe Wettbewerbsfähigkeit aufweisen. Dieses zeigt sich sowohl im Akteurskreis der Zulieferer als auch im Akteurskreis der Vertragshändler. Die fehlende Balance resultiert entweder aus einer allgemein geringen ökonomischen Wettbewerbsfähigkeit der gesamten Wertschöpfungsorganisation, was zu einer unzureichenden Rentenposition für alle Akteure führt. Aus der nachteiligen Wettbewerbsposition solcher Wertschöpfungsorganisationen resultieren Akquisitionsprobleme für ressourcenreiche und motivierte Akteure. Eine fehlende Balance kann auch durch Interakteursbindungen resultieren, die in erster Linie auf marktlichen Preiskoordinationsmechanismen und auf dominierenden Verhandlungspositionen einzelner Akteure (vor allem für die Automobilhersteller) basieren. In diesen Fällen zeigt sich tendenziell eine geringere Bereitschaft, in die Wertschöpfungspartnerschaft zu investieren und notwendige (spezifische) Ressourcen einzubringen.

In der Automobildistribution äußert sich dieses Verhalten beispielsweise darin, dass Vertragshändler zusätzliche Marken in den Vertrieb und im After-Sales aufnehmen und getätigte Investitionen mit weiteren Marken zu amortisieren versuchen. Die Ressourcen und Investitionen stehen in Folge dessen nicht mehr lediglich einem einzelnen Fabrikat zur Verfügung, sondern es findet eine Risikostreuung zwischen unterschiedlichen Fabrikaten statt. Neben Anreizverlusten, die notwendigen Investitionen und Ressourcen in einen einzelnen Wertschöpfungsprozess zu steuern, drohen in diesen Fällen gegenüber den Endkunden Differenzierungsverluste. Auffällig ist in diesem Kontext, dass die Vertragshändler innerhalb wenig erfolgreicher Wertschöpfungsorganisationen ausgeprägte Mehrmarkenaktivitäten ausüben. Die erfolgreichen Fälle zeigen einen stärkeren fabrikatsspezifischen Investitions- und Ressourceneinsatz durch die Akteure in der Produktion und Distribution bei einem überdurchschnittlichen finanziellen Erfolg. Offensichtlich stellt die Balance zwischen den Investitionsanforderungen und der ökonomischen Leistungsfähigkeit einen Anreiz dar, notwendige Investitionen, Ressourcen und Aktivitäten exklusiv für die Wertschöpfungsorganisation beizusteuern.

Die überdurchschnittlich erfolgreichen Fälle zeigen weitere Merkmale der Interakteursbeziehungen. Auf Grund des Abhängigkeitsverhältnisses vermeiden diese Fälle tendenziell die Zusammenarbeit mit überdurchschnittlich großen Akteuren. Zum einen versuchen die fokalen Wertschöpfungsarchitekten damit eine überdurchschnittliche Kontroll- und Handlungsautonomie zu wahren, zum anderen sind die Konsequenzen bei einem Ausfall solcher Akteure überdurchschnittlich stark negativ. Toyota und BMW arbeiten in der Produktion beispielsweise überdurchschnittlich oft mit Entwicklungsdienstleistern und Zuliefererbetrieben kleinerer bis mittlerer Größe zusammen. Diese Akteure arbeiten dann oftmals exklusiv für den Automobilhersteller, woraus sich wiederum ein Abhängigkeitsverhältnis ergibt. In der Distribution vermeiden die überdurchschnittlich erfolgreichen Wertschöpfungsorganisationen eine Abhängigkeit von zu großen Händlergruppen. Für einige Fabrikate übernehmen einzelne Gruppen mehrheitlich den Vertrieb innerhalb eines Marktes. Sofern solche Akteure als Vertriebspartner ausfallen, entstehen große Lücken im Vertriebsnetz und die Vertriebsfunktionen sind nicht mehr sichergestellt. Die Vermeidung einer Zusammenarbeit mit großen Akteuren ist aus Sicht der erfolgreichen Akteure zudem vorteilhaft, da Mega-Zulieferer und Händler in der Regel innerhalb einer Vielzahl von Wertschöpfungsorganisationen tätig sind. In diesen Fällen ist die Gefahr größer, dass strategisch wertvolle Ressourcen und Wertschöpfungsleistungen von konkurrierenden Organisationen imitiert oder adaptiert werden, was zu Differenzierungs- und Innovationsverlusten führen kann.

Langfristige Interakteursbindungen begünstigen dem empirischen Datenmaterial zur Folge Innovationsvorteile. BMW als innovativste Wertschöpfungsorganisation in der Fallstudienauswahl zeichnet sich durch sehr langfristige Beziehungen zu den Entwicklungsdienstleistern und Zulieferern aus. Das gleiche gilt für die vertikalen Beziehungen in der Wertschöpfungsorganisation Toyota, die durch die vertikalen Keiretsu Organisationen formell nachhaltig abgesichert sind. Die Zusammenarbeit zwischen Toyota und den Lieferanten ist beispielsweise von Anfang an auf Langfristigkeit ausgelegt. Zuerst muss der Lieferant im Produktentwicklungsprogramm mitarbeiten, dann darf er ein Teil für ein einziges Modell liefern. Es dauert bis zu zehn Jahren, bis der Lieferant hohe Volumen beliefern darf. In dieser Zeit werden gemeinsame Prozesse und Kompetenzen aufgebaut und der Lieferant unterliegt kontinuierlichen Qualitätstests.

Sehr langfristige horizontale Beziehungen bestehen auch zwischen Audi und Volkswagen. Beide Fabrikate arbeiten seit Dekaden zusammen und konnten gemeinsame Routinen, Prozesse und Kompetenzen aufbauen. Gleichzeitig erreichten beide Wertschöpfungsorganisationen eine gemeinsame Modularisierung der Produktarchitekturen, wodurch Skaleneffekte erzielt werden, ohne Differenzierungsverluste zu erleiden. Im Fall von Audi wird in dieser Fallstudieauswahl die höchste Markendifferenzierung erreicht. Die positive Wirkung langfristiger Beziehungen auf die Differenzierungs- und Innovationsleistung kann auch anhand des Vergleichs der Wertschöpfungsorganisationen von Renault und Volkswagen aufgezeigt werden. Renault verfügt ebenfalls über eine formell stark abgesicherte horizontale Partnerschaft mit Nissan. Diese Partnerschaft ist im Unterschied zum Fall Volkswagen und Audi erst seit einer Dekade in Kraft. Die Entwicklung gemeinsamer Produktarchitekturen und allianzspezifischer Innovationen ist im Fall Renault sehr viel geringer ausgeprägt.

Das empirische Datenmaterial indiziert eine besondere Wirkung informeller Bindungsmechanismen auf den finanziellen Erfolg der Wertschöpfungsorganisation. Dem theoretischen Argumentationsmuster zufolge werden durch informelle Bindungsinstrumente zum einen Transaktionskosteneinsparungen erzielt, da dieses Bindungsinstrument als selbststeuernd betrachtet wird. Zum anderen erwirken informelle Bindungen einen Anreiz zum stärker kooperativen Verhalten, was die Wertschöpfung im Sinne des ganzheitlichen Organisationskollektivs begünstigt. Das Datenmaterial stützt die theoretischen Annahmen. Aus den Fallstudienergebnissen könne pragmatische Schlussfolgerungen für die Bildung informeller Bindungsmechanismen gezogen werden.

Die überdurchschnittlich erfolgreichen Fälle beziehen die externen Akteure eng in den Wertschöpfungsprozess ein und stellen sicher, dass die Werte und die Kultur der ganzheitlichen Wertschöpfungsorganisation von den Akteuren übernommen werden. Die erfolgreichen Fälle binden beispielsweise die Mitarbeiter der Lieferanten direkt in die Fertigungsstätten ein, damit diese die spezifischen Prozesse, Vorgehensweisen und Denkweisen übernehmen. Die Kommunikations- und Informationspolitik hat des Weiteren einen Einfluss auf die Bildung informeller Bindungen. Erfolgreiche Fälle haben Regeln, Systeme und Routinen für eine kontinuierliche Kommunikation mit bedeutenden Akteuren installiert. Damit wird das Ziel verfolgt, auch den Wettbewerb zwischen den Händlern einer Organisation auf ein gewisses Maß zu reduzieren und die Kooperationsintensität zu fördern. Fälle mit überdurchschnittlich starken informellen Bindungen zeichnen sich zusätzlich dadurch aus, dass vertragliche Vereinbarungen eingehalten werden und eine faire Zusammenarbeit verfolgt wird, die durch wenige Zielkonflikte geprägt ist.

In diesem Zusammenhang können Rückschlüsse auf die faire Allokation der Wertschöpfungsgewinne und das Ausmaß kooperativen Verhaltens gezogen werden. Tendenziell zeigen die Fälle, in denen überdurchschnittlich stark marktliche Koordinationsmechanismen eingesetzt und ein hohe Preisdruck ausgeübt werden, geringere informelle Bindungen. Die Effizienz und Effektivität von überwiegend marktlich geprägten Koordinationsmechanismen im Kontext der Automobilindustrie, die durch einen überdurchschnittlichen Anteil strategisch relevanter und spezifischer Wertschöpfungsaktivitäten geprägt ist, wird den Fallstudienergebnissen zufolge in Frage gestellt.

Weitere pragmatische Schlussfolgerungen lassen sich für die Abstimmung der Wertschöpfungsaktivitäten zwischen der Produktion und der Distribution ableiten. Die überdurchschnittlich erfolgreichen Fälle zeigen einen ähnlichen Strategieansatz in der Produktion und in der Distribution. In diesen Fällen geht ein bestimmter zentraler Integrationsgrad und bestimmte Zusammenarbeitsformen zwischen den Akteuren in der Produktion mit ähnlichen Strukturen und Merkmalen in der Distribution einher. Dieses Ergebnis deutet auf die besondere Bedeutung ganzheitlicher Wertschöpfungsstrategieansätze hin. Die Wertschöpfungsorganisation Renault stellt ein Beispiel dar, in der die Integration in der Distribution deutlich höher ist, als in der Produktion. Diese Form der Wertschöpfungsorganisation geht trotz einer überdurchschnittlichen Gesamtintegration mit Differenzierungsnachteilen einher. Differenzierungsvorteile zeigen auf der anderen Seite die Fälle, die überdurchschnittlich in der Produktion und Distribution global integriert sind.

Neben einer überdurchschnittlichen Integration in der Produktion erscheint auch eine überdurchschnittliche Integration in der Distribution notwendig. Die Interviewdaten unterstreichen die Bedeutung einer Kontrolle über die Distributionskanäle. Das Überangebot von Automobilen ist ein Kernproblem der Automobilwirtschaft. Aus dem Überangebot von Automobilen in gesättigten Märkten resultieren geringe ökonomische Renten und ein ausgeprägter Wettbewerb in den Distributionsorganisationen, wodurch die Interakteursbindungen eher marktlich geprägt werden. Die Verknappung des Angebotes ist eine zentrale Argumentationsgrundlage des Strategischen Managements zur Erzielung ökonomischer Renten. Durch ein Überangebot von Fahrzeugen und dem daraus resultierenden Preiswettbewerb zwischen den Distributionsakteuren droht die Kompensation der Differenzierungs- und Innovationsvorteile, die zuvor in der Produktion erreicht wurden. Die Kombination einer überdurchschnittlich integrierten Produktion mit einer geringen Integration in der Distribution würde in der Folge zu Wettbewerbsnachteilen führen.

6.1.3 Zusammenfassende Betrachtung

Tabelle 6.1 fasst die pragmatischen Schlussfolgerungen für die vorliegende Arbeit zusammen. Die pragmatischen Hinweise beziehen sich auf die hier betrachteten Determinanten einer Wertschöpfungsorganisation.

Tabelle 6.1 Pragmatische Gestaltungsempfehlung für die Wertschöpfungsorganisation[394]

Wertschöpfungs-organisations-determinante	Pragmatische Gestaltungsempfehlungen
Zentraler Eigenleistungsanteil	Ein bestimmter Grad der zentralen Integration ist für die Koordination externer Akteure erforderlich – eine zentrale Desintegration kann mit nachhaltigen Kontrollverlusten über die Ressourcen und mit zusätzlichen Transaktionskosten einhergehen. Punktuell überdurchschnittliche Allokation der zentralen Eigenleistungen auf strategisch überdurchschnittlich bedeutende Wertschöpfungsfunktionen, zum Beispiel auf den Bereich F&E und Finanzdienstleistungen in der Automobilwirtschaft.
Formelle Integration externer Akteure	Ganzheitliche Abstimmung der formellen Einbindungsformen, das heißt zwischen den vertraglichen Bindungen und den finanziellen Geiseln. Hohe finanzielle Geiseln erfordern Signale für die Akquisition und Motivation externer Akteure, wie zum Beispiel vertragliche Regelungen zur Entlohnung, zum Schutz der getätigten Investitionen und der eingebrachten Ressourcen und zur Begrenzung des Intra-Organisationswettbewerbs. Bei einer ausgeprägten formellen Integration sollte zur Motivation der Akteure eine Balance zwischen den geleisteten Wertschöpfungsbeiträgen und der Entlohnung sichergestellt werden. Bei starker formeller Einbindung sollte eine zu starke Abhängigkeit von einzelnen (großen) Akteuren vermieden werden. Langfristige, formell abgesicherte Bindungen fördern die Innovationsleistung der Wertschöpfungsorganisation im vorliegenden Branchenkontext.
Informelle Integration externer Akteure	Bildung informeller Bindungsmechanismen wird durch eine enge Integration externer Akteure vor Ort sowie durch eine kontinuierliche, bilaterale Kommunikation erreicht. Die faire Verteilung der Rente begünstigt das kooperative Verhalten und ist ein Signal für Fairness und Vertrauen. Die Einhaltung vertraglicher Einbindungsformen ist von zentraler Bedeutung für die Bildung informeller Bindungen.
Allgemeine pragmatische Schlussfolgerungen	Ganzheitliche Abstimmung der drei zentralen Wertschöpfungsorganisations-determinanten, nämlich die Abstimmung zwischen den zentralen Eigen-leistungen sowie die formellen und informellen Einbindung der externen Akteure. Ganzheitliche Abstimmung der Strategie zwischen den Organisationsbereichen in der Produktion und Distribution.

Quelle: Eigene Darstellung

394 Unter besonderer Berücksichtigung der Merkmale der europäischen Automobilwirtschaft. Vgl. dazu Abschnitt 3.1 dieser Arbeit.

6.2 Theoretische Schlussfolgerungen

Ziel der Untersuchung war die strategische Durchdringung unternehmensübergreifender Wertschöpfungssysteme. Die Reflexion vorhandener Arbeiten, die sich mit strategischen Wettbewerbsvorteilen befassen, zeigt eine umfassende Forschungslücke zwischen Analysen strategischer Wettbewerbsvorteile auf der einen Seite und der Untersuchung von unternehmensübergreifenden Wertschöpfungssystemen. Der Stand der Forschung ist in diesem Kontext gering. Die vorliegende Arbeit setzte an dieser Forschungslücke an. Analysen strategischer Wettbewerbsvorteile konzentrierten sich bislang in erster Linie auf einzelne Unternehmen und auf die Unternehmensumwelt, während komplexe inter-organisationale Beziehungen und deren Merkmale unter strategischen Gesichtspunkten überwiegend außer Acht gelassen wurden.

Im Mittelpunkt der Untersuchung stand die Analyse eines ganzheitlichen Wertschöpfungssystems. Dazu wurde untersucht, welche Funktionen und welche Rolle der originäre Systemführer in der Wertschöpfungsorganisation inne hat und wie Akteure in die Wertschöpfungsorganisation integriert werden. Konkret wurde die zentrale Integration und die formelle und informelle Einbindung externer Akteure untersucht und Zusammenhänge mit strategischen Wettbewerbsvorteilen identifiziert und erklärt. Die Grundlage der Untersuchung stellt ein theoretisches Konzept, das mit empirischem Datenmaterial kontrastiert und fundiert wurde. Aus den Untersuchungsergebnissen und der gewählten Untersuchungsmethodik können weitere Ansatzpunkte für zukünftige Forschungsarbeiten gezogen werden.

Weiterer Forschungsbedarf resultiert in erster Linie aus der Komplexität des gewählten Untersuchungsgegenstandes und des geringen Forschungsstandes einer strategischen Wertschöpfungsorganisationsanalyse. Die Wertschöpfungsorganisation wurde bislang nur von wenigen Forschungsarbeiten als Gegenstand der Untersuchung gewählte (vgl. dazu Dietl und Royer 2003, Dietl et al. 2007, 2008, 2009a und 2009b). Die vorliegende Untersuchung fokussierte auf Grund der Komplexität des Untersuchungsgegenstandes bestimmte Interakteursbeziehungen, wodurch ein gewisser Abstraktionsgrad für die Forschungsergebnisse in Kauf genommen wurde. Die vorliegende Arbeit konzentrierte die Untersuchung auf die zentralen Wertschöpfungsakteure, nämlich auf die direkten Lieferanten, die Automobilhersteller und die direkten Vertragshändler. Durch eine weitere Ausdifferenzierung des Untersuchungsgegenstandes und durch das weitere Vordringen in die Facetten einer Wertschöpfungsorganisation kann der Abstraktionsgrad der Untersuchungsergebnisse reduziert werden. Eine Wertschöpfungsorganisation zeichnet sich durch eine Vielzahl unterschiedlicher Akteure aus, die mit anderen Akteuren in multilateralen Transaktionsbeziehungen stehen. Darüber hinaus bestehen neben den Transaktionsbeziehungen innerhalb einer Wertschöpfungsorganisation weitere Beziehungen zwischen Akteuren unterschiedlicher Wertschöpfungsorganisationen. Daraus resultiert ein enorm komplexes Beziehungskonstrukt innerhalb und zwischen den konkurrierenden Wertschöpfungsorganisationen. Da in dieser Arbeit acht Fälle untersucht wurden, wäre eine Berücksichtigung weiterer Interakteursbeziehungen neben den drei untersuchten Akteursgruppen aus Komplexitätsgründen nicht möglich gewesen.

Die Ergebnisse der vorliegenden Untersuchung können als fruchtbarer Ansatzpunkt weiterer Untersuchung genutzt werden. Die Analyse weiterer Beziehungskonstrukte und die Vergrößerung des zu betrachtenden Akteurskreises käme in diesem Kontext in Betracht. Konkret stellt sich beispielsweise die Frage, inwieweit bestimmte Bindungsformen zwischen den direkten Lieferanten, den Produzenten und den direkten Distributoren auch auf weiteren Akteursbeziehungsebenen reflektiert werden und strategische Wettbewerbsvorteile beeinflussen. Hat beispielsweise eine starke informelle Integration der direkten Lieferanten Auswirkungen darauf, wie diese Lieferanten mit Ihren nachgeordneten Lieferanten zusammenarbeiten und diese in den übergreifenden Wertschöpfungsprozess integrieren? Toyota schult beispielsweise seine direkten Lieferanten dahingehend, wie diese wiederum mit ihren Lieferanten zusammenarbeiten sollen. Ziel ist die ganzheitliche Implementierung des Wertschöpfungsorganisationsansatzes.

Des Weiteren stellt sich die Frage nach den Merkmalen der Interakteursbindungen zwischen Akteuren innerhalb einer Wertschöpfungsorganisation, die gleichartige Leistungen zum fokalen Wertschöpfungsprodukt beisteuern. In diesen Akteursgruppen bestehen in der Regel keine direkten unmittelbaren Leistungsbeziehungen, sondern (indirekte) Verbindung resultieren durch die gemeinsame Wertschöpfungstätigkeit innerhalb der Organisation. Ein besonderes Merkmal dieser Beziehungen ist, dass diese zunächst wettbewerblicher Natur sind. In diesem Kontext stellt sich beispielsweise die Frage, wie sowohl Anreizmechanismen des Marktes mit formellen und informellen Einbindungsinstrumenten zur Erreichung von Effizienz- und Effektivitätszielen kombiniert werden können. Die Merkmale der indirekten Bindungen und die Identifikation direkter Leistungsbeziehungen stellen ein weiteres untersuchungswürdiges Merkmal einer Wertschöpfungsorganisation dar. Festzuhalten bleibt, dass einer weiteren Ausdifferenzierung der Interakteursbeziehungen nahezu keine Grenzen gesetzt sind und als Ausgangspunkte für weitere Forschungsvorhaben zur Durchdringung strategischer Wettbewerbsvorteile genutzt werden können.

Die Wertschöpfungsorganisation als Gegenstand einer strategischen Untersuchung impliziert die Analyse interorgansationaler Beziehungen. Damit gewinnen soziale Determinanten an Bedeutung, vor allem das Thema Macht. Aus Sicht von Wertschöpfungsorganisationsressourcen stellt sich in diesem Kontext die Frage, ob und inwieweit ein rekursiver Zusammenhang zwischen Ressourcen und den Quellen der Macht besteht und welche Auswirkung die Machtverteilung auf die strategische Wettbewerbsfähigkeit einer Wertschöpfungsorganisation hat. Offene Fragen ergeben sich im Kontext des Elementes Macht beispielsweise bezüglich der Verfügungsrechte an Ressourcen, der Allokation von Renten und letztlich der Steuerung und Motivation der unterschiedlichen Akteure. Die Berücksichtigung der Macht stellt einen weiteren aussichtsreichen Ausgangspunkt für zukünftige Forschungsarbeiten dar. Auf Grund der Komplexität des Untersuchungsgegenstandes empfiehlt sich eine Konzentration auf bislang nicht berücksichtige Determinanten des theoretischen Denkrahmens. Die Ergebnisse und die Analyse der in dieser Arbeit bereits betrachteten Variablen reduzieren gleichzeitig den Forschungsaufwand zukünftiger Studien, wodurch zusätzliche Variablen berücksichtigt werden können.

Die vorliegende Arbeit hat die europäische Automobilwirtschaftt als empirisches Forschungsfeld ausgewählt. Sowohl die globale als auch die individuellen Fallstudienanalysen verdeutlichen, dass die Automobilwirtschaft eine Anzahl spezifischer Merkmale aufweist, die sie von anderen Branchen differenziert. Entsprechend sind auch die Fallstudienergebnisse durch die Branchenmerkmale und deren bestimmten Anforderungen an Wettbewerbsstrategien geprägt. Spezifisches Wissen, Kompetenzen und Technologien sowie eine hohe Innovationsdynamik sind Merkmale dieser Industrie, die hohe Anforderungen an Wettbewerbsstrategien stellen. Integrierte Formen von Wertschöpfungsorganisationen sind den Fallstudienergebnissen zur Folge komparativ desintegrierten Formen strategisch überlegen. Zur weiteren emprischen Fundierung des entwickelten theoretischen Denkrahmens bietet sich die Analyse anderer Branchen an. Mit der Adaptierung des Forschungskonzeptes auf anderen Branchen kann sowohl der Generalisierbarkeit der in dieser Arbeit erhobenen Forschungsergebnisse als auch der Fundierung des theoretischen Denkrahmens Rechnung getragen werden. In diesem Kontext bietet sich beispielsweise auch die Analyse einer Branche, die sich durch standardisierte und wenig komplexe Produkte auszeichnet. Zu erforschen wäre in diesem Kontext der Zusammenhang zwischen der Wertschöpfungsorganisationsform und den nachhaltigen Wettbewerbsvorteilen. Vor allem die Gestaltung der interorganisationalen Beziehungen ist vor dem Hintergrund von Effizienz- sowie Differenzierungs-, Markt- und Innovationsvorteilen von besonderer Relevanz.

Weiterer Forschungsbedarf ergibt sich aus einzelnen Ergebnissen der vorliegenden Untersuchung, die im vorliegenden theoretischen Konzept nicht berücksichtigt und in den Hypothesen nicht thematisiert wurden. In diesem Zusammenhang könnte die Frage untersucht werden, wie sich eine fehlende Balance zwischen den individuell beigetragenen Wertschöpfungsleistungen und der Verteilung der Wertschöpfungsgewinne auf die Effektivität des gesamten Organisationskollektivs auswirkt. Die vorliegenden Fallstudienergebnisse indizieren einen Zusammenhang zwischen einer fairen Rentenverteilung und der gesamten ökonomischen Leistungsfähigkeit der Wertschöpfungsorganisation. Ein deutliches Ungleichgewicht zeigt sich beispielsweise bei der Wertschöpfungsorganisation Renault. Während der Automobilhersteller überdurchschnittliche Renten abschöpfen kann, ist die Rentabilität auf der Ebene der Lieferanten und Händler negativ. Gleichzeitig indizieren die Fallstudienergebnisse dieser Wertschöpfungsorganisation eine geringe Wettbewerbsfähigkeit. Ein zukünftiges Forschungsvorhaben könnte die Mechanismen zur Rentenallokation im Denkrahmen berücksichtigen und empirisch untersuchen.

Dedrick et al. (2008) sowie Iansiti und Levien (2004) stellen erste Forschungsbeiträge dar, die sich mit der Rentenallokationsproblematik im Kontext nachhaltiger Wettbewerbsvorteile befassen. Auch in diesem Kontext geht es um den Zusammenhang zwischen den Wertaneignungsmöglichkeiten durch individuelle Akteure auf der einen Seite und der Fähigkeit, ein nachhaltig wettbewerbsfähiges Wertschöpfungssystem zu gestalten. Dedrick et al. (2008) untersuchen die Computer Industrie und sehen Wettbewerbsvorteile für den Produzenten und die weiteren Wertschöpfungsakteure innerhalb der Organisation für Apple Produkte. Wettbewerbsvorteile resultieren in diesem Kontext aus der Rolle für den eigentlichen Produzenten (hier Apple), der das System mit eigenen Standards sowie spezifischen, proprietären Systemkomponenten dominiert und zusätzlich auch den größten Rentenanteil abschöpft. Der fokale Akteur (der Produzent) hat eine starke Kontroll- und Verteilungsfunktion inne, wobei die vor- und nachgelagerten Akteure ebenfalls überdurchschnittliche Gewinne erwirtschaften beziehungsweise durch den Systemführer gewährt bekommen. Iansiti und Levien (2004, S. 92) komme bei der Frage nach der Rentenallokation zu dem Schluss, dass eine faire und angemessene Rentenverteilung eine zentrale Voraussetzung für die Wettbewerbsfähigkeit von

Wertschöpfungssystemen ist. Eine dem individuellen Leistungsbeitrag unangemessene Verteilung schränkt demnach die Motivation der Akteure ein und diese suchen nach alternativen Wertschöpfungsmöglichkeiten in anderen Organisationen (vgl. Iansiti und Levien 2004, S. 92-96). Die Autoren sprechen hier von Value Sharing im Zusammenhang mit der Überlebensfähigkeit des Ecosystems. Im Unterschied zu Dedrick et al. (2008) wird die dominante Rolle eines einzelnen Akteurs generell als nachteilig für das gesamte System betrachtet (vgl. Iansiti und Levien 2004, S. 96). Insgesamt besteht in diesem Kontext noch ein großer Forschungsbedarf, wobei die Ergebnisse der vorliegenden Untersuchung weitere Ansatzpunkte darstellen.

Zur Entwicklung des theoretischen Konzeptes wurden unterschiedliche theoretische Erklärungsansätze herangezogen. Konkret basiert das theoretische Konzept auf den Elementen der Transaktionskostentheorie und auf Elementen der dominierenden Theorien des Strategischen Managements. In diesen Theorien stehen jeweils unterschiedliche Determinanten strategischer Wettbewerbsvorteile im Mittelpunkt. Diese unterschiedlichen Determinanten sind im Kontext einer hochkomplexen Wertschöpfungsorganisationsbetrachtung nicht innerhalb eines einzelnen theoretischen Konzepts zu erfassen. Die vorliegende Untersuchung nutzt die Determinanten zur Erklärung von Differenzierungs- und Innovationsvorteilen sowie für finanzielle und marktliche Wettbewerbsvorteile. Eine direkte Zusammenführung der drei Wertschöpfungsorganisationsdeterminanten mit den unterschiedlichen Rentenkonzepten zur Erforschung strategischer Wettbewerbsvorteile erscheint als ein weiterer fruchtbarer Forschungsansatz.

Zusammenfassend stellt die Wertschöpfungsorganisation einen komplexen Untersuchungsgegenstand dar, der Raum für eine Vielzahl weiterer Forschungsarbeiten lässt. Das weitere Vordringen in die komplexen Beziehungskonstrukte einer Wertschöpfungsorganisation, die Untersuchung von Wertschöpfungsorganisationen in unterschiedlichen Branchenkontexten sowie die Thematisierung und Operationalisierung weiterer Wertschöpfungsorganisationsdeterminanten stellen mögliche Ansatzpunkte dar.

6.3 Zusammenfassung der Untersuchung

Ausgangspunkt dieser Arbeit war die Frage nach den Einflussfaktoren und Determinanten von strategischen Wettbewerbsvorteilen. Zur Beantwortung dieser zentralen Forschungsfrage wurde mit der Wertschöpfungsorganisation ein neuer Gegenstand der Untersuchung gewählt. Die grundlegende These dieser Arbeit postuliert einen Wirkungszusammenhang zwischen bestimmten Wertschöpfungsorganisationsformen und strategischen Wettbewerbsvorteilen. Die etablierten Theorien des Strategischen Managements und die effizienzorientierten Transaktionskostentheorie wurden dazu im Zusammenhang einer Wertschöpfungsorganisationsanalyse reflektiert.

Aufbauend darauf wurde in Kapitel 2 ein theoretisches Konzept zur Untersuchung strategischer Wettbewerbsvorteile unter Berücksichtigung der Wertschöpfungsorganisation und deren Determinanten entwickelt. Notwendige Voraussetzung der angestreben Kausalanalyse war die Differenzierung unterschiedlicher Wertschöpfungsorganisationsformen. Aus den Wertschöpfungsorganisationsdeterminanten folgten die unabhängigen Variablen des theoretischen Denkrahmens. Die determinierenden Variablen des Konzeptes wurden in Form der zentralen Integration und der formellen und informellen Interakteursbindungen dargestellt. Diese Variablen beeinflussen die Wertschöpfungsorganisationsform, die durch den Grad der Integration systematisiert wird. Die Entwicklung des theoretischen Bezugrahmens der Untersuchung umfasste, welchen Wirkungseinfluss die einzelnen Wertschöpfungsorganisationsdeterminanten auf die Differenzierungs- und Innovationsvorteile sowie auf den finanziellen und marktlichen Erfolg der gesamten Wertschöpfungsorganisation haben.

Im theoretischen Konzept wurde postuliert, dass die drei Kerndeterminanten die Spezifität und Differenzierung der Wertschöpfungsleistungen, das Ausmaß der Isolationsmechanismen zum Schutz distinktiver und überdurchschnittlich wertschöpfender Ressourcen, die Anreizmechanismen zum möglichst wertschaffenden Verhalten der Akteure sowie die interorganisationalen Prozesse und Pfade beeinflussen. Diese Determinanten werden von den theoretischen Konzepten, die dieser Arbeit zugrunde liegen, als Voraussetzungen strategischer Wettbewerbsvorteile angenommen. Der thoretische Denkrahmen dieser Untersuchung fußt auf den Elementen der nachgezeichneten Theorien und übernimmt eine Reihe derer Annahmen. Aus den industrieökonomischen und ressourcenbasierten sowie transaktionskostentheoretischen Überlegungen wurde im Rahmen der Konzeptentwicklung ein theoretischer Zusammenhang zwischen den Wertschöpfungsorganisationsdeterminanten auf der einen Seite und strategischen Wettbewerbsvorteilen auf der anderen dargestellt. Auf Grundlage des theoretischen Denkrahmens wurden zur weiteren Fundierung des Konzepts Hypothesen entwickelt, die Aussagen über die Wirkungszusammenhänge zwischen den Determinanten der Wertschöpfungsorganisation und bestimmten strategischen Wettbewerbsvorteilen machen. Insgesamt wurden vier Kernhypothesen aus dem theoretischen Konzept abgeleitet, die im nächsten Untersuchungsschritt empirisch überprüft wurden.

Die Kontrastierung des entwickelten theoretischen Konzeptes mit empirischem Datenmaterial erfolgte in den Kapiteln 3 und 4 dieser Arbeit. Zur empirischen Überprüfung des entwickelten theoretischen Konzeptes wurde die Fallstudienmethodik gewählt. Eine Fallstudienanalyse erschien für die vorliegenden Untersuchungsfragen sinnvoll, um die komplexen und zum Teil schwer messbaren theoretischen Zusammenhänge und Variablen zu erheben. Als Fallstudienart diente die nomothetische, hypothesenprüfende Fallstudie. Für die Überprüfung des theoretischen Konzepts und der darauf aufbauenden Hypothesen wurde die Methodik des Pattern Matchings mit den operationalisierten (abhängigen und unabhängigen) Variablen gewählt. Im Rahmen des Pattern Matching werden die empirisch vorgefundenen Muster, die sich aus der qualitativen Fallbeschreibung und der Indizierung dieser Daten ergeben, mit den theoretisch vorhergesagten Mustern verglichen. Dieser qualitative Forschungsansatz wurde anhand unterschiedlicher Gütekriterien überprüft, konkret die Konstruktvalidität, die interne und externe Validität und die Reliabilität. Die Evaluierung der Fallstudien mit geeigneten Gütekriterien war notwendig, um eine möglichst hohe Generalisierbarkeit der Fallstudienergebnisse zu erreichen.

Das empirische Datenmaterial wurde anhand von Fallstudien in der europäischen Automobilwirtschaft erhoben. Diese Branche wurde als praktisches Untersuchungsfeld ausgesucht, da sich in den Wertschöpfungsorganisationen in den letzten Dekaden umfassende Veränderungen ergeben haben. Diese Veränderungen betreffen sowohl die Automobilproduktion als auch die -distribution. Die Merkmale und Besonderheiten sowie die zentralen Veränderungen in den

Wertschöpfungsorganisationen der europäischen Automobilwirtschaft wurden im dritten Kapitel dargestellt. Dieser Untersuchungsschritt war für die Operationalisierung der Variablen des theoretischen Konzepts notwendig, da für die Messung empirisch messbare Indikatoren zu identifizieren waren. Den Merkmalen der Wertschöpfungsorganisationen in der Automobilwirtschaft wurden in dem Operationalisierungsschritt Rechnung getragen.

Für die empirische Untersuchung wurden unterschiedliche Datenquellen und -erhebungstechniken genutzt. Dazu gehörten in erster Linie Dokumentenanalysen (einschließlich Vertragsanalysen) sowie persönlich geführte Interviews. Die Berücksichtigung möglichst vieler Belegquellen erfolgte vor dem Hintergrund einer hohen Generalisierbarkeit der aus den Fallstudien gewonnenen Ergebnisse. Insgesamt wurden acht Wertschöpfungsorganisationen in der europäischen Automobilwirtschaft untersucht. Die Analyse der unabhängigen Variablen erfolgte pro Fall für die Wertschöpfungsbereiche Produktion und Distribution getrennt. Neben den unabhängigen Variablen wurden für jeden Fall auch die abhängigen Variablen erhoben und die Fallstudienergebnisse in Kapitel 4 dargestellt.

Die in Kapitel 5 erfolgte Kontrastierung der unabhängigen mit den abhängigen Variablen diente der Überprüfung der in Kapitel 2 entwickelten Hypothesen. Der Aussagegehalt der Hypothesen wurde anhand des empirischen Datenmaterials getestet. Die aus dem theoretischen Konzept entwickelten Hypothesen wurden weitestgehend vom empirischen Datenmaterial bestätigt. Die Ergebnisse wurden sowohl für die einzelnen Fälle als auch im Kontext aller Fallstudienergebnisse dargestellt und unter Berücksichtigung der Hypothesen diskutiert. Bei der Pattern Matching Methode geht es um die Identifikation von Mustern, die unterschiedliche Fälle hinsichtlich ihrer Variablenausprägung aufweisen. Die Hypothesen wurden im unterschiedlichen Ausmaß durch die acht Fälle bestätigt, eine Verwerfung einer Hypothesen auf Grund gegensätzlicher empirischer Daten erfolgte nicht.

Basierend auf der intensiven Analyse des Datenmaterials und der Diskussion der Hypothesen im Kontext der empirischen Ergebnisse erfolgte in Kapitel 6 die Ableitung pragmatischer Gestaltungsempfehlungen für die strategische Konzeption und Koordination einer Wertschöpfungsorganisation. Die pragmatischen Schlussfolgerungen beziehen sich auf die zentralen Determinanten einer Wertschöpfungsorganisation, nämlich das Ausmaß und die Funktionen der zentralen Eigenleistungen sowie die formellen und informellen Steuerungs- und Bindungsmechanismen zwischen den Wertschöpfungsakteuren. Mit den pragmatischen Schlussfolgerungen wurde die letzte zentrale Forschungsfrage dieser Arbeit beantwortet. In der theoretischen Diskussion der Forschungsergebnisse wurden weitere Forschungsmöglichkeiten und -fragen diskutiert. In diesem Kontext zeigt der Untersuchungsgegenstand Wertschöpfungsorganisation fruchtbare Ansätze für eine Vielzahl weiterer Forschungsarbeiten. Die weitere theoretische Auseinandersetzung mit der neuen Analyseperspektive sowie die weitere empirische Fundierung des entwickelten Konzeptes stellen unter anderem mögliche Ansatzpunkte dar. Die Arbeit wurde mit dieser theoretischen Auseinandersetzung abgeschlossen.

Literaturverzeichnis

Adelman, M.A. (1949): *Integration and the Antitrust Laws.* In: Harvard Law Review Nr. 63, 1949, S. 27-77.

Agranoff, R. und Radin, B.A. (1991): *The comparative case study approach in public administration.* In: Research in Public Administration, Nr. 1, 1991, S. 203-231.

Ahlert, D. (1991): *Distributionspolitik: Das Management des Absatzkanals.* 2., überarbeitete Auflage. Stuttgart / Jena, 1991.

Akiyama, K. (1994): *Funktionsanalyse: Der Schlüssel zu erfolgreichen Produkten und Dienstleistungen.* 1. Auflage, Landsberg am Lech, 1994.

Alchian, A.A. und Demsetz, H. (1973): *The Property Rights Paradigm.* In: Journal of Economic History, Volume 33, 1973, S. 16-27.

Alemann, H. v. und Ortlieb, P. (1975): *Die Einzelfallstudie.* In: Koolwjk, J. v. und Wieken-Mayser, M. (Hrsg.): Techniken der empirischen Sozialforschung, Band 2: Untersuchungsform, München, 1975, S. 157-177.

Amit, R. und P. Schoemaker (1993): *Strategic assets and organizational rent.* In: Strategic Management Journal 14(1), 1993, S. 33-46.

Anderson, E. und Schmittlein, D.C. (1984): *Integration of the sales forces: an empirical investigation.* In: Rand Journal of Economics, Nr. 15, 1984, S. 385–395.

Andrews, K. R. (1971): *The Concept of Corporate Strategy.* Irwin, Homewood, IL, 1971.

Ansoff, H.I. (1965): *Corporate Strategy.* New York: McGraw-Hill, 1965.

Argyres, N. (1996): *Evidence on the role of firm capabilities in vertical decisions.* In: Strategic Management Journal, 17, 1996, S. 129–150.

Arnold, U. (1996): *Sourcing Konzepte.* In: Kern et al. (Hrsg.): Handwörterbuch der Produktionswirtschaft, 2. Auflage, Stuttgart, 1996, S. 1861-1874.

Arrow, K. J. (1969): *The organization of economic activity: issues pertinent to the choice of market versus nonmarket allocation.* In: The Analysis and Evaluation of Public Expenditures: the PBB System, Joint Economic Committee Compendium, 91st Congress, 1st Section, Vol. 1. Government Printing Office, Washington, DC, 1969.

Aubert, B.A. / Rivard, S. / Patry, M. (2004): *A transaction cost model of IT outsourcing.* In: Information & Management, 41, 2004, S. 921–932.

AUTOMOBIL PRODUKTION (2008): *Global Ranking Top 100 Automotive Suppliers: All the data, all the facts.* Automobil Produktion Special Edition 2008 / 2009.

AUTOMOBIL-PRODUKTION (2007): *Deutsche OEMs auf Aufholjagd.* In: Automobil-Produktion, September 2007, Landsberg: Moderne Industrie, 2007, S. 16-17.

AUTOMOTIVE NEWS EUROPE (2002, 2003, 2004, 2005, 2006 UND 2007): *Global Market Data Book.* Crain Communications Inc. Detroit und Oberpfaffenhofen, 2002, 2003, 2004, 2005, 2006 und 2007.

AUTOMOTIVE NEWS EUROPE AND SUPPLIERBUSINESS (2006, 2007 UND 2008): *OEM-Supplier Relations Study 2006, 2007 and 2008.* Oberpfaffenhofen: Annual Supplier Relations Study, 2006, 2007 and 2008.

BACHARACH, S.E. (1989): *Organizational Theories: Some Criteria for Evaluation.* In: Academy of Management Journal, Volume 14, 1989, S. 496-515.

BAILEY, P. (2006): *Is the importer role dead in Europe?* ICDP Management Briefing Nr. 34, Solihull (UK), 2006.

BAIN, J.S. (1956): *Barriers to new competition.* Cambridge, 1956.

BAIN, J.S. (1968): *Industrial organization.* 2. edition, New York: Wiley, 1968.

BALDWIN C.-Y. UND CLARK, K.B. (1997): *Managing in an Age of Modularity.* In: Harvard Business Review, September-October, 1997, S. 84-93

BALDWIN, C. Y., UND CLARK, K.B. (2000): *Design Rules: The Power of Modularity.* Volume 1. Cambridge, Mass.: MIT Press, 2000.

BAMBERGER, I. UND WRONA, TH. (1996): *Der Ressourcenansatz und seine Bedeutung für die Strategische Unternehmensführung.* In: Zeitschrift für betriebswirtschaftliche Forschung (ZfbF), Nr. 48, 1996, S. 130-153.

BARNEY, J. B. (1986): *Strategic factor markets: Expectations, luck and business strategy.* Management Science, 42, 1986, S. 1231-1241.

BARNEY, J. B. (1991): *Firm resources and sustained competitive advantage.* Journal of Management, 17, 1991, S. 99-120.

BARNEY, J.B. UND HANSEN, M.H. (1995): *Trustworthiness as a source of competitive advantage.* Strategic Management Journal, No. 15, 1995, S. 175-190.

BARNEY, J.B. UND HESTERLY, W.B. (2006): *Strategic Management and Competitive Advantage – Concepts and Cases.* Upper Saddle River, New Jersey: Pearson, Prentice Hall, 2006.

Baur, C. (1990): *Make-or-Buy-Entscheidungen in einem Unternehmen der Automobilindustrie: Empirische Analyse und Gestaltung der Fertigungstiefe aus transaktionskostentheoretischer Sicht.* München, 1990.

Bea, F.X. und Haas, J. (2001): *Strategisches Management.* 3. Auflage, Stuttgart, 2001.

Beamish, P.W. (1987): *Joint-Ventures in LDCs. Partner selection and performance.* In: Management International Review, Nr. 27, 1987, S. 23-37.

Becker, H. (2007): *Auf Crashkurs: Automobilindustrie im globalen Verdrängungswettbewerb.* 2., aktualisierte Auflage, Berlin, Heidelberg und New York: Springer, 2007.

Becker, Th. (2006): *Quo Vadis Zuliefererpark? Neue Zusammenarbeitsmodelle in der automobilen Zuliefererkette.* Hamburg: Dr. Kovac, 2006.

Bercovitz, J.E.L. / de Figueiredo J.M. / Teece D.J. (1996): *Firm capabilities and managerial decision-making: A theory of innovation biases.* In: Garud, R. / Nayyar, P. / Shapira, Z. (Hrsg.): Innovation: Over-sights and Foresights. Cambridge, U.K.: Cambridge University Press, 1996, S. 233-259.

Black, D. (1976): *The behaviour of law.* New York: Academic Press, 1976.

Borrus, M. und Zysman, J. (1997): *Wintelism and the Changing Terms of Global Competition: Prototype of the Future?* The Berkeley Roundtable on the International Economy, Working Paper 96B, February 1997.

Bozon, L. (2005): *Dealer Groups in Europe.* ICDP Research Report 02 / 2005, Solihull (UK), 2005.

Bozon, L. (2008a): *Dealer Group Trends in Europe.* ICDP Research Report No. 01 / 2008, Solihull (UK), 2008.

Bozon, L. (2008b): *Used cars what role? What future?* ICDP Research Report No. 05 / 2008, Solihull (UK), 2008.

Bozon, L. und das ICDP Team (2009): *New Vehicle Supply in a Fast Falling Market.* ICDP Research Report 01 / 2009, Solihull (UK), 2009.

Bozon, L. / Williams, G. / Bailey, P. / Waller, B. (2009): *New vehicle supply in a fast falling market.* Results from the new vehicle supply benchmarking research, ICDP Research Report No. 01 / 2009, Solihull (UK), 2009.

Brachat, H. (2005): *Autohaus Management.* In: Diez, W. / Reindl, St. / Brachat, H. (2005): Grundlagen der Automobilwirtschaft, München: Auto Business Verlag, 2005, S. 165-212.

Brandenburger, A. und Nalebuff, B. J. (1996): *Co-opetition.* New York: Doubleday, 1996.

BRATZEL, ST. (2007A): *AutomotiveInnovations 2006 / 2007 – Innovationstrends und Innovationsleistungen der globalen Automobilkonzerne.* Arbeitspapier 2007-05 des FHDW Center of Automotive, Bergisch Gladbach, 2007.

BRATZEL, ST. (2007B): *AutomotivePerformance 2006 / 2007 – Eine Analyse des Markt-, Innovations- und Finanzerfolgs der 17 größten Automobilhersteller.* Arbeitspapier 2007-07 des FHDW Center of Automotive, Bergisch Gladbach, 2007.

BRATZEL, ST. (2008): *AutomotiveINNOVATIONS 2007/2008 – Die Innovationen der globalen Automobilkonzerne: Eine Analyse der Zukunftstrends und Innovationsprofile der 18 bedeutendsten Hersteller.* Arbeitspapier 2008-05 des FHDW Center of Automotive, Bergisch Gladbach, 2008.

BRESSER, R.K.F. / HITT, M.A. / NIXON, R.D. (2000): *The deconstruction of integrated value chains: Practical and conceptual challenges.* In: Bresser, R.K.F. / Hitt, M.A. / Nixon, R.D. (eds.): Winning strategies in a deconstructing world. Chichester, New York: John Wiley, 2000, S. 1-21.

BROWN, K. / BURGESS, J. / FESTING, M. / ROYER, S. / STEFFEN, C. / WATERHOUSE, J. (2007): *The Value Adding Web: A Multi-level Framework of Competitive Advantage Realisation in Firm-Clusters.* ESCP-EAP Working Paper, No. 27, September 2007.

BRUSONI, S. / PRENCIPE, A. / PAVITT, K. (2001): *Knowledge specialisation, organisational coupling, and the boundaries of the firm: Why do firms know more than they make?* In: Administrative Science Quarterly, Nr. 46, 2001, S. 597-621.

BUDÄUS, D. UND DOBLER, C. (1977): *Theoretische Konzepte und Kriterien zur Beurteilung der Effektivität von Organisationen.* In: Management International Review, Nr. 3, 1977, S. 61-75.

BURR, W. (2002): *Service Engineering bei technischen Dienstleistungen: Eine ökonomische Analyse der Modularisierung, Leistungstiefengestaltung und Systembündelung.* Wiesbaden, 2002.

BUZZAVO, L. (2003): *Dealer Group Trends in Europe.* ICDP research report 04 / 2003, Solihull (UK), 2003.

BUZZAVO, L. UND BOZON, L. (2004): *Finance and Leasing. Complement or Disruption?* ICDP Research Report 01 / 2004, Solihull (UK), 2004.

BUZZAVO, L. / MARAMIERI, G. / PIZZI, C. / VOLPATO, G. (2004, 2005, 2006 UND 2007): *DealerStat – Dealer Satisfaction Performance.* Survey on Dealer Satisfaction in the Relationship with the Carmaker 2004, 2005, 2006 and 2007, Research Report of Quintegia and Università Ca' Foscari, Vendig.

BUZZELL, R.D. UND GALE, B.T. (1989): *Das PIMS Programm: Strategien und Unternehmenserfolg.* Wiesbaden, 1989.

BÜHNER, R. UND TUSCHKE, A. (1997): *Outsourcing.* In: Die Betriebswirtschaft, 57 (1), 1997, S. 20-30.

Campbell, D.T. und Stanley, J. (1963): *Experimental and quasi-experimental designs for research on teaching.* In: Gage, N. (Editor): Handbook of research on teaching, Chicago, 1963, S. 171-246.

Chandler, A.D. (1962): *Strategy and Structure: Chapters in the History of the Industrial Enterprise.* Cambridge, M.A.: MIT Press, 1962.

Chesborough, H. und Kusunoki, K. (2001): *The Modularity Trap: Innovation, Technology phase shifts, and the resulting limits of virtual organizations.* In: Nonaka, I. und Teece, D.J. (Hrsg.): Managing Industrial Knowledge: Creation, transfer and Utilization, London: Sage, 2001, S. 202-230.

Chesbrough, H.W. und Appleyard, M.M. (2007): *Open Innovation and Strategy.* In: California Management Review, Volume 50, Nr. 1. Fall 2007, S. 57-76.

Chieux, Th. (2006): *Outlook for the franchise channel.* Vortragsunterlagen zum ICDP Spring Meeting 2006, 22. bis 23. März, Berlin.

Chieux, Th. und Guillaneuf, C. (2005): *The European aftermarket – trends in the market and prospects for authorised and independent repairers.* ICDP research report 05 / 2005, Solihull (UK), 2005.

Chieux, Th. und Stratmann, U. (2007): *The Evolution of the Independent Repair Sector: Assessing the Competing Business Models.* ICDP Research Report 01 / 2007, Solihull (UK), 2007.

Chieux, Th. / Guillaneuf, C. und das ICDP Team (2008): *Manufacturer franchised service operators in Europe: Network structure and role in car distribution.* ICDP Research Report 04 / 2008, Solihull (UK), 2008.

Chieux, Th. / Stratmann, U. / Waller, B. / Whiteman, J. (2007): *Models for Car Distribution in 2015.* ICDP Management Briefing Nr. 56, Solihull (UK), 2007.

Chiles, T. H. und McMackin, J.F. (1996): *Integrating variable risk preferences, trust, and transaction cost economics.* In: Academy of Management Review, Nr. 12, 1996, S. 73-99.

Christopher, M. / Lowson, R. / Peck, H. (2004): *Creating agile supply chains in the fashion industry.* In: International Journal of Retail und Distribution Management, Volume 32, Number 8, 2004, S. 367-376.

Clark, K. (1985): *The Interaction of Design Hierarchies and Market Concepts in Technological Solution.* In: Research Policy, 15 / 5, 1985, S. 235-251.

Clark, K.B. und Fujimoto, T. (1991): *Product Development Performance: Strategy, Organization, and Management in the world auto industry.* Boston MA: Harvard Business School Press, 1991.

Coase, R.H. (1937): *The nature of the firm.* In: Economia, N.S. 4, 1937, S. 386-405.

COASE, R. H. (1960): *The Problem of Social Cost.* In: Journal of Law and Economics, Volume 3, 1960, S. 1-44.

COLLIS, D.J. (1994): *Research note: how valuable are organisational capabilities.* In: Strategic Management Journal Nr. 15, Winter Special Issue, 1994, S. 143-152.

COMMONS, J.R. (1931): *Institutional economics.* In: American Economic Review 21, 1931, S. 648-657.

CONSEIL NATIONAL DES PROFESSIONS DE L'AUTOMOBILE (CNPA) (2003, 2004, 2005, 2006 UND 2007): *CAP Réseaux: La Cote d'Amour, Les Résultats de l'Enquête CAP Réseaux 2003 bis 2007.* Paris.

CORSTEN, H. (1999): *Produktionswirtschaft – Einführung in das industrielle Produktionsmanagement.* 8. Auflage, München, 1999.

CRANDALL, R.W. (1968): *Vertical Integration in the United States Automobile Industry.* Ph.D. Dissertation, Northwestern University, Evanston, 1968.

CREUTZIG, J. (2000): *Die rechtlichen Rahmenbedingungen für den Neufahrzeugvertrieb.* In: Beiträge zum Automobilvertrieb heute und morgen, Nr. 6-2000, Bonn, 2000.

CREUTZIG, J. (2002): *Was ist neu, was bleibt? Ein Vergleich zwischen der Kfz-GVO 1475/95 und Kfz-GVO 1400/2002.* In: Diez, W.: GVO 2002 – Die neue Herausforderung im Automobilhandel, Ottobrunn b. München, 2002, S. 29-64.

CREUTZIG, J. (2003): *EG-Gruppenfreistellungs-Verordnung (GVO) für den Kraftfahrzeugsektor, Praxiskommentar.* Heidelberg: Recht und Wirtschaft, 2003.

CREUTZIG, J. (2005): *Das selektive oder exklusive Vertriebssystem: Rechtliche Grundlagen und Perspektiven.* In: Diez, W. / Reindl, St. / Brachat, H. (2005): Grundlagen der Automobilwirtschaft, München: Auto Business, 2005, S. 129-163.

DAT REPORT (2005): *DAT Report 2005.* Beilage mit Autohaus Nr. 7 / 2005, München: Springer Transport Media, 2005.

DAT REPORT (2006): *DAT Report 2006.* Beilage mit Autohaus Nr. 8 / 2006, München: Springer Transport Media, 2006.

DANNENBERG, J. / GEHR, F. / HELLINGRATH, B. / GEHR, F. (2004): *Future Automotive Industry Structure (FAST) 2015. Die neue Arbeitsteilung in der Automobilindustrie.* Materialien zur Automobilindustrie, Nr. 32, Verband der Automobilindustrie, Frankfurt am Main, 2004.

DAS, T.K. UND TENG, B.-S. (2000): *A resource-based theory of strategic alliances.* In: Journal of Management, 26(1), 2000, S. 31-61.

DECKER, A.J. (2000): *Die Händlerzufriedenheit als Zielgröße im vertikalen Marketing der Automobilwirtschaft.* Frankfurt am Main, 2000.

Dedrick, J./Kraemer, K. L. und Linden, G. (2008): *Who profits from innovation in global value chains? A study of the iPod and notebook PCs.* Sloan Industry Studies Working Papers, No. WP-2008-15.

Demsetz, H. (1967): *Toward a Theory of Property Rights.* In: American Economic Review, Volume 57, 1967, S. 347-359.

Demsetz, H. (1991): *The theory of the firm revisited.* In: Williamson, O., E.: The nature of the firm, New York, 1991.

Dibbern, J. und Heinzl, A. (2001): *Outsourcing der Informationsverarbeitung im Mittelstand: Test eines multitheoretischen Kausalmodells.* In: Wirtschaftsinformatik, 43 (4), 2001, S. 339–350.

Dierickx, I. und Cool, K. (1989): *Asset stock accumulation and sustainability of competitive advantage.* In: Management Science, Nr. 35, 1989, S. 1504-1511.

Dietl, H.M. (1993): *Institutionen und Zeit.* Tübingen: Mohr, 1993.

Dietl, H.M. und Royer, S. (2003).: *Indirekte Netzwerkeffekte und Wertschöpfungsorganisation. Eine Untersuchung der transaktionskostentheoretischen Effizienz und strategischer Wettbewerbsvorteile am Beispiel der Videospielbranche.* In: Zeitschrift für Betriebswirtschaft (ZfB), 73 (4), 2003, S. 407-429.

Dietl, H.M. / Franck, E. / Royer, S. (2008): *Wettbewerbsvorteile auf zwei- und mehrseitigen Dienstleistungsmärkten. Verschiedene Formen der Wertschöpfungsorganisation.* In: Zeitschrift Führung und Organisation (ZFO), Nr. 5 / 2008, S. 332-340.

Dietl, H.M. / Royer, S. / Stratmann, U. (2007): *Wertschöpfungsorganisation und Differenzierungsdilemma in der Automobilindustrie.* Working Paper No. 64, Institute for Strategy and Business Economics, University of Zurich, Switzerland, 2007.

Dietl, H.M. / Royer, S. / Stratmann, U. (2009a): *Value Creation Architectures and Competitive Advantage: Lessons from the European Automobile Industry.* In: California Management Review, Volume 51 (3), Spring 2009, S. 24-49.

Dietl, H.M. / Royer, S. / Stratmann, U. (2009b): *Wertschöpfungsorganisation und Differenzierungsdilemma in der Automobilindustrie.* In: Schmalenbachs Zeitschrift für betriebswirtschaftliche Forschung (zfbf), Jahrgang 61, Juni 2009, S. 439-462.

Diez, W. (2001): *Automobilmarketing: Erfolgreiche Strategien, praxisorientierte Konzepte, effektive Instrumente.* 4., überarbeitete Auflage, Landsberg / Lech: Verlag Moderne Industrie, 2001.

Diez, W. (2002a): *GVO 2002 – Die neue Herausforderung im Automobilhandel.* Ottobrunn b. München, 2002.

Diez, W. (2003a): *Sechs Trends prägen den Automobilvertrieb der Zukunft.* Arbeitspapier 2/2003 des Instituts für Automobilwirtschaft an der Hochschule Geislingen/Nürtingen, 2003.

Diez, W. (2002b, 2003b, 2004, 2005, 2006 und 2007): *Marken Monitor: Händlerzufriedenheits-Monitor 2002 bis 2007.* Studienberichte des Institut für Automobilwirtschaft (IFA), Geislingen an der Steige, 2002, 2003, 2004, 2005, 2006, 2007.

Diez, W. (2006): *Automobil-Marketing: Navigationssystem für neue Absatzstrategien.* 5., aktualisierte und erweiterte Auflage, Landsberg/Lech: mi-Fachverlag, 2006.

Diez, W. und Brachat, H. (1994): *Grundlagen der Automobilwirtschaft.* Ottobrunn, 1994.

Diez, W. und Reindl, St. (2005a): *Das Automobil aus verkehrs- und wirtschaftspolitischer Sicht.* In: Diez, W./Reindl, St./Brachat, H. (2005): Grundlagen der Automobilwirtschaft, München: Auto Business Verlag, 2005, S. 21-68.

Diez, W. und Reindl, St. (2005b): *Das Management der automobilwirtschaftlichen Wertschöpfungskette.* In: Diez, W./Reindl, St./Brachat, H. (2005): Grundlagen der Automobilwirtschaft, München: Auto Business Verlag, 2005, S. 71-103.

Diez, W. und Reindl, St. (2005c): *Die Automobilindustrie im Zeichen der Globalisierung.* In: Diez, W./Reindl, St./Brachat, H. (2005): Grundlagen der Automobilwirtschaft, München: Auto Business Verlag, 2005, S. 105-127.

Diller, H. (1992): *Absatz.* In: Diller, H. (Hrsg.): Vahlens großes Marketinglexikon, München, 1992.

Dillmann, L. (1997): *Die zunehmende Fremdvergabe pharmazeutischer Produktentwicklungsaufgaben an Contract Research Organisations.* In: Zeitschrift für betriebswirtschaftliche Forschung, 49 (12), 1997, S. 1047-1065.

Dirrheimer, M.J. (1981): *Vertikale Integration in der Mineralöl- und Chemischen Industrie, Gutachten im Auftrag der Monopolkommission.* 1981.

Djabarian, E. (2002): *Die strategische Gestaltung der Fertigungstiefe. Ein systemorientierter Ansatz am Beispiel der Automobilindustrie.* Wiesbaden, 2002.

Dollinger, M.J. und Golden, P.A. (1992): *Interorganisational and collective strategies in small firms. Environmental effects and performance.* In: Journal of Management, Nr. 18, 1992, S. 695-715.

Domschke, W./Scholl, A./Voss, S. (1993): *Produktionsplanung.* Berlin, Heidelberg, New York, u.a., 1993.

Dorow, W. und Weiermair, K. (1984): *Markt versus Unternehmung: Anmerkungen zu methodischen und inhaltlichen Problemen des Transaktionskostenansatzes.* In: Schanz, G. (Hrsg.): Betriebswirtschaftslehre und Nationalökonomie, 191–223.Wiesbaden: Gabler, 1984.

Dri-Wefa (2002): *World Car Industry Forecast Report.* Dezember 2002.

Dudenhöffer, F. (1995): *Baugleiche Autos – gut fürs Markenbild?.* In: Harvard Business Manager Nr.2 / 1995, S.116-124.

Dudenhöffer, F. (1997): *Outsourcing, Plattfrom-Strategien und Badge Engineering.* In: Wirtschaftswissenschaftliches Studium (WiSt), 26. Jg. (1997), Nr. 3, S. 144-149.

Duschek, S. und Sydow, J. (2002): *Ressourcenorientierte Ansätze des strategischen Managements: Zwei Perspektiven auf Unternehmungskooperation.* in: WiSt, 31(8), 2002, S. 426-431.

Duschek, S. (2004): *Inter-Firm Resources and Sustained Competitive Advantage.* In: Management Revue, Volume 15, Issue 1, 2004, S. 53-74.

Duschek, St. (2002): *Innovation in Netzwerken. Renten – Relationen – Regeln.* Gabler Edition Wissenschaft, Wiesbaden, 2002.

Dyer, J.H. (1997): *Effective interfirm collaboration: How firms minimise transaction costs and maximise transaction value.* In: Strategic Management Journal, No. 18, 1997, S. 553-556.

Dyer, J.H. und Ouchi, W.G. (1993): *Japanese style business partnerships: Giving companies a competitive edge.* In: Sloan Management Review, No. 35 (1), 1993, S. 35-63.

Dyer, J.H. und Singh, H. (1998): *The Relational View: Cooperative Strategy and Sources of Interorganisational Competitive Advantage.* In: Academy of Management Review, Volume 23, No. 4, 1998, S. 660-679.

Dyer, J.H. und Nobeoka, K. (2000): *Creating and managing a high-performance knowledge-sharing network: The Toyota case.* In: Strategic Management Journal, 21, Special Issue, March 2000, S. 345-367.

D'Aveni, R.A. und Ravenscraft, D.J. (1994): *Economies of Integration versus Bureaucracy Costs: Does Vertical Integration Improve Performance?* in: Academy of Management Journal 37, 1994, S. 1167-1206.

Ebel, B. / Hofer, M.B. / Al-Sibai, J. (2004): *Automotive Management: Strategie und Marketing in der Automobilwirtschaft.* Berlin, Heidelberg und New York: Springer, 2004.

Ebel, B. / Utikal, H. / Hofer, M. (2005): *Quo Vadis Automobilzulieferer?* Reihe Automotive Management, Bonn: Simon-Kucher und Partners, 2005.

Ebel, B. / Utikal, H. / Hofer, M. (2007): *From Cost-Plus Pricing to Value Management: How Automotive Suppliers can Improve their Profitability.* Reihe Automotive Management, Bonn: Simon-Kucher und Partners, 2007.

Ebers, M. und Gotsch, W. (1999): *Institutionenökonomische Theorien der Organisation.* In: Kieser, A. (Hrsg.): Organisationstheorien, 3., überarbeitete und erweiterte Auflage, Stuttgart, 1999, S. 199-253.

Ebers, M. und Gotsch, W. (2002): *Institutionenökonomische Theorien der Organisation.* In: Kieser, A. (Hrsg.): Organisationstheorien. 5. Auflage, Stuttgart: Kohlhammer, 2002, S. 199–251.

Edwards, C.D. (1953): *Vertical Integration and the Monopoly Problem.* In: Journal of Marketing, Nr. 17, 1953, S. 404-410.

Eiberger, M. (2003, 2004, 2005, 2006 und 2007): *Autofahren in Deutschland 2003 bis 2007.* Schriftenreihe der Motor Presse Stuttgart, 5. Ausgabe, Stuttgart, 2003, 2004, 2005, 2006, 2007.

Eisenhardt, K. (1989): *Building Theories from Case Study Research.* In: Academy of Management Review 14, 1989, S. 532-550.

Eisenhardt, K. (2002): *Building Theories from Case Study Research.* In: Huberman, M. und Miles, M.B.: The qualitative research companion, 2002, S. 5-37.

Eisenhardt, K. M. und Schoonhoven, C. B. (1996): *Resource-based view of strategic alliance formation: Strategic and social effects in entrepreneurial firms.* Organization Science, 7, 1996, S. 136–150.

Eisenhardt, K.M. und Martin, J.A. (2000): *Dynamic capabilities: What are they?.* In: Strategic Management Journal 21 (10 / 11), 2000, S. 1105-1121.

Eisenhardt, K.M. und Schoonhoven, C.B. (1996): *Resource-based view of strategic alliance formation: Strategic and social effects in entrepreneurial firms.* In: Organization Science 7 (2), 1996, S. 136-150.

Ellickson, R.C. (1991): *Order without law.* Harvard University Press, Cambridge, MA, 1991.

Erlei, M. / Lechke, M. / Sauerland, D. (1999): *Neue Institutionenökonomik.* Suttgart: Schäffer-Poeschel, 1999.

Espino-Rodriguez, T.F. und Padron-Robaina, V.A (2006): *Review of Outsourcing from the Resource-Based View of the Firm.* In: International Journal of Management Reviews, Volume 8, Nr. 1, 2006, S. 49-70.

Festing, M. (2004): *Der Beitrag strategischer Managementansätze zur Erklärung des Unternehmensverhaltens – eine personalmanagementorientierte Perspektive.* In: Festing, M. / Martin, A. / Mayrhofer, W. / Nienhüser, W. (Hrsg.): Personaltheorie als Beitrag zur Theorie der Unternehmung, München: HamS, 2004, S. 197–224.

Farrell, J. und Gallini, (1988): *Second-sourcing as a commitment: Monopoly incentives to attract competition.* In: Quarterly Journal of Economics 103, 1988, S. 673–694.

Farrell, J. / Monroe, H. K. / Saloner, G. (1998): *The vertical organization of industry: Systems competition versus component competition.* In: Journal of Industrial Economics 7(2), 1998, S. 143-182.

FEIN, A. (2002, 2004 UND 2006): *Preissenkungsforderungen 2002 der Automobilhersteller.* Europäische Marktstudie, Stuttgart, 2002, 2004 und 2006.

FERDOWS, K. / LEWIS, M. A. / MACHUCA, J. A. D. (2004): *Rapid-Fire Fulfillment.* In: Harvard Business Review, November 2004, S. 104-111.

FERGUSON, C. H. UND MORRIS, C.R. (1993): *Computer Wars: How the West Can Win in a Post-IBM World.* Times Books: New York, NY, 1993.

FESTING, M. (1996): *Strategisches Internationales Personalmanagement – Eine transaktionstheoretisch fundierte Analyse.* München / Mering, 1996.

FIELDING, N.G. UND FIELDING, J.L. (1986): *Linking Data.* Beverly Hills, 1986.

FISCH, R. UND BOOS, M (1987): *Anleitung zur praktischen Durchführung der Fallstudien in Projekt B4.* Arbeitsbericht Nr. 7 des Sonderforschungsbereichs 221: Verwaltung im Wandel, Universität Konstanz, 1987.

FLORENZ, P.J. (1992): *Konzepte des vertikalen Marketing.* Entwicklung und Darstellung am Beispiel der deutschen Automobilwirtschaft, Bergisch Gladbach / Köln, 1992.

FOSS, K. UND FOSS, N.J. (2005): *Resources and transaction costs: how property rights economics furthers the resource-based.* Strategic Management Journal, Volume 12, 2005, S. 83-103.

FOSS, N.J. / ERICSEN, B. (1995): *Competitive advantage and industry capabilities.* In: Montgomery, C.A. (eds.): Resource-based and evolutionary theories of the firm: Towards a synthesis. Boston: Kluwer Academic Publishers, 1995, S. 43-69.

FREILING, J. (2001): *Resource-based View und ökonomische Theorie: Grundlagen und Positionierung des Ressourcenansatzes.* Wiesbaden: DUV, 2001.

FREILING, J. UND SIEGER, C.A. (1999): *Insourcing als räumliche Lieferantenintegration – das Beispiel MCC.* In: technischer Vertrieb, 1. Jg. (1999), Heft 3, S. 5-11.

FRIEDRICHS, J. (1985): *Methoden empirischer Sozialforschung.* 13. Auflage, Opladen, 1985.

FRIEDRICHS, J. (1990): *Methoden der empirischen Sozialforschung.* 14. Auflage, Opladen, 1990.

FUJIMOTO, T. (1997): *The Evolution of a Manufacturing System at Toyota.* New York: Oxford University Press, 1997.

FURUBOTN, E.G. UND PEJOVICH, S. (1972): *Property Rights and Economic Theory: A Survey of Recent Literature.* In: Journal of Economic Literature, Volume 10 (1972), S. 1137-1162.

GALTUNG, J. (1970): *Theory and Methods in Social Research.* 3. Auflage, London, 1970.

GEISELER, B. (2002): *Bestimmungsfaktoren und Alternativen der Absatzwegewahl: Das Beispiel Automobilindustrie.* Wiesbaden: DUV, 2002.

GERHARD, TH. (1995): *Theorie und Realität ökonomischer Organisation: Der transaktionskostentheoretische Ansatz zur vertikalen Integration.* Wiesbaden: Deutscher Universitäts Verlag, 1995.

GERMONPRE, L. (2000): *JIT und JIS am Ende des Tunnels.* In: Automobil-Produktion, Heft 12 2000, S. 52-54.

GERSTEIN, M.S. UND SHAW, R.B. (2006): *Organisationsarchitekturen für das einundzwanzigste Jahrundert.* In: Nadler, D.A./Gerstein, M.S. und Shaw, R.B. (Hrsg.): Organisationsarchitektur, Frankfurt am Main, 2006, S. 262-273.

GILBERT, X. UND STREBEN, P. (1987): *Strategy to outpace competition.* In: Journal of Business Strategy, Volume 8, 1987, Nr. 1, S. 28-36.

GILLEY, K.M. UND RASHEED, A. (2000): *Making more by doing less: analysis of outsourcing and its effects on firm performance.* In: Journal of Management, 26, 2000, S. 763–790.

GLOBAL INSIGHT (2009): *HIS Global Insight World Car Industry Forecast Report.* March 2009.

GRANOVETTER, M. (1985): *Economic action and social structure: The problem of embeddedness.* American Journal of Sociology, 91, 1985, S. 481-510.

GRANT, R. M. (1991): *The resource-based theory of competitive advantage: Implications for strategy formulation.* In: California Management Review, Volume 7, (1991) Nr. 1, S. 114-135.

GRANT, R.M. (1991): *The resource-based theory of competitive advantage: implications for strategy formulation.* In: California Management Review, Nr. 33, 1991, S. 114–135.

GRANT, R.M. (1992): *Contemporary Strategy Analysis: Concepts, Techniques, Applications.* Cambridge, MA: Basil Blackwell, 1992.

GRANT, R.M. (1996): *Contemporary strategy analysis: Concepts, techniques, apllications.* 2. Auflage, Cambridge / Mass. und Oxford, 1996.

GRETZINGER, S. (2007): *Strategische Gestaltung des Outsourcing im deutschen Maschinenbau: Eine empirische Studie auf Basis des Resource-Dependence-Ansatzes.* Dissertation zur Erlangung des Grades eines Doktors der Wirtschaftswissenschaften, Fachbereich Wirtschaftswissenschaften Universität Paderborn, 2007.

GROSSMAN, S.J. UND HART, O.D. (1986): *The costs and benefits of ownership: A theory of vertical and lateral integration.* In: Journal of Political Economy, Volume 94, No.4, 1986.

Gruppenfreistellungsverordnung (GVO) Nr. 123 / 1985 (1985): *Europäische Kommission, Generaldirektion Wettbewerb: Verordnung (EWG) Nr. 123 / 1989 vom 12. Dezember 1984 über die Anwendung von Artikel 85, Absatz 3, des Vertrages auf Gruppen von Vertriebs- und Kundendienstvereinbarungen über Kraftfahrzeuge.* In: Amtsblatt der Europäischen Gemeinschaft, L15, vom 18.1.1985.

Gruppenfreistellungsverordnung (GVO) Nr. 1400 / 2002 (2002): *Europäische Kommission, Generaldirektion Wettbewerb: Verordnung (EWG) Nr. 1400 / 2002 vom 31. Juli 2002 über die Anwendung von Artikel 81, Absatz 3, des Vertrages auf Gruppen von vertikalen Vereinbarungen und aufeinander abgestimmte Verhaltensweisen im Kraftfahrzeugsektor, Stand 1. August 2002.* In: Amtsblatt der Europäischen Gemeinschaft, L203 / 30 vom 1.8.2002.

Gruppenfreistellungsverordnung (GVO) Nr. 1475 / 1995 (1995): *Europäische Kommission, Generaldirektion Wettbewerb: Verordnung (EG) Nr. 1475 / 1995 vom 29. Juni 1995 über die Anwendung von Artikel 85, Absatz 3, des Vertrages auf Gruppen von Vertriebs- und Kundendienstvereinbarungen über Kraftfahrzeuge.* In: Amtsblatt der Europäischen Gemeinschaft, L145, vom 29.6.1995.

Guillaneuf, C. / Chieux, Th. / Whiteman, J. (2005): *Aftermarket Parts – Changing Channels under 1400 / 2002.* ICDP Research Report No. 04 / 2005, Solihull (UK), 2005.

Gulati, R. (1995a): *Does familiarity breed trust? The implications of repeated ties for contractual choice in alliances.* In: Academy of Management Journal, No. 38, 1995, S. 85-112.

Gulati, R. (1995b): *Social structure and alliance formation patterns: A longitudinal analysis.* Administrative Science Quarterly, 40, 1995, S. 619–652.

Gulati, R. (1998): *Alliances and networks.* In: Strategic Management Journal, 19(4), 1998, S. 293-317.

Gulati, R. (1999): *Network location and learning: The influence of network resources and firm capabilities on alliance formation.* In: Strategic Management Journal, 20(5), 1999, S. 397-420.

Gulati, R.K. und Eppinger, S.D. (1996): *The Coupling of Product Architecture and Organizational Structure Decisions.* (Working Paper 3906), Cambridge, MA: MIT International Center for Research on the Management of Technology, 1996.

Götz, A. (2006): *Jedem dritten droht die Pleite. Der Netzwerkgedanke breitet sich aus in der Automobilindustrie.* In: Automobil-Produktion, Dezember 2006, S. 18-21.

Haas, H.L. (1993): *Was produziert ein Handelsbetrieb.* In: Zeitschrift für Betriebswirtschaft, Heft Nr. 11 / 1993, S. 1137-1155.

Hackenberg, U. / Hirtreiter K. / Rummel, C. (1997): *Entwicklungs- und Produktionssynergien der Baukastentechnik.* In: ATZ – Automobiltechnische Zeitschrift, Sonderausgabe „Der neue Audi A6", 1997, S. 48-57.

Hahn, D. und Hungenberg, H. (2001): *PuK – Wertorientierte Controllingkonzepte.* 6. Auflage, Wiesbaden, 2003.

Hahn, D. / Hungenberg, H. / Kaufmann, L. (1994): *Optimale Make-or-Buy Entscheidung.* In: Controlling. Heft Nr. 2, 1994, S. 74-82.

Hamel, G. (1991): *Competition for competence and interpartner learning within international strategic alliances.* In: Strategic Management Journal, 12, Special Issue, Summer 1991, S. 83-104.

Hamilton, J.D. (1994): *Time series analysis.* Princeton University Press, Princeton, NJ, 1994.

Hardman, D. / Harper, S. / Notaney, A. (2007): *Keeping Inventory – and Profits – Off the Discount Rack: Mechandise Strategies to improve Apparel Margins, Booz Allen and Hamilton Incorporation.* 2007.

Harrigan, K.R. (1985): *Vertical Integration and Corporate Strategy.* In: Academy of Management Journal, Volume 28, No. 2, 1985, S. 397-425.

Heise, G. und Hünerberg, R. (1995): *Globale Segmentierung – Herausforderung für das Automobilmarketing.* In: Hünerberg, R., Heise, G. und Hoffmeister, M. (Hrsg.): Internationales Automobilmarketing – Wettbewerbsvorteile durch marktorientierte Unternehmensführung, Wiesbaden 1995, S. 83-120.

Henderson, B.D. (1971): *Construction of a business strategy.* The Boston Consulting Group, Series on Corporate Strategy, Boston, 1971.

Henderson, J. und Watts, D. (1999): *Finance and Leasing in the Major Markets of Western Europe.* ICDP research report 05 / 1999, Solihull (UK), 1999.

Hendersons, R.M. und Clark, K.B. (1990): *Architectural Innovation: the Reconfiguration of Existing Product Technologies and the Failure of Established Firms.* Administrative Science Quarterly, 35, 1990, S. 9-30.

Hennart, J.F. / Roehl, T. / Zietlow, D.S. (1999): *Trojan Horse or Workhorse?* The evolution of U.S. Japanese joint ventures in the United States. In: Strategic Management Journal, Nr. 20 (1), 1999, S. 15-29.

Hermesch, M. (2002): *Die Gestaltung von Interorganisationsbeziehungen: Theoretische sowie empirische Analysen und Erklärungen.* Lohmar, Köln: Josef Eul Verlag, 2002.

Heuskel, D. (1999): *Wettbewerb jenseits von Industriegrenzen.* Frankfurt am Main / New York, 1999.

Hess, A. (1994): *Konflikte in Vertraglichen Vertriebssystemen der Automobilwirtschaft – Theoretische und empirische Analyse.* Ottobrunn b. München, 1994.

Hess, A. und Meinig, W. (1996): *Absatzkanalsysteme der Automobilwirtschaft.* In: Zeitschrift für betriebswirtschaftliche Forschung Nr. 3 / 1996, S. 280-299.

Hitt, M.A. / Ireland, R.D. / Hoskisson, R.E. (2003): *Strategic Management. Competitiveness and Globalization.* Cincinnati, 2003.

Hoetker, G. (2006): *Do Modular Products lead to Modular Organizations?.* In: Strategic Management Journal, Nr. 27, 2006, S. 501-518.

Hoffmeister, M. (1998): *Multi-Franchise-Konzepte im Automobileinzelhandel: Entwicklungen und Auswirkungen auf die Absatzkanalpolitik der Automobilhersteller.* Wiesbaden, 1998.

Huber, F. / Herrmann, A. / Weis, M. (2001): *Markenloyalität durch Markenpersönlichkeit.* In: Marketing ZFP Nr. 1 / 2001, 2001, S. 5-15.

Hungenberg, H. (2008): *Strategisches Management in Unternehmen: Ziele – Prozesse – Verfahren.* Wiesbaden, 2008..

Hutchison, T.W. (1984): *Institutionalist Economics Old and New.* In: Journal of Institutional and Theoretical Economics, Volume 140, 1984, S. 20-29.

Hübner, Th. (1987): *Vertikale Integration in der Automobilindustrie. Anreizsystem und wettbewerbspolitische Beurteilung.* Berlin, 1987.

Iansiti, M. und Levien, R. (2004): *The Keystone Advantage.* Harvard Business School Press, Boston, 2004.

Imai, K und Itami, H. (1984): *Interpenetration of Organization and Market.* In: International Journal of Industrial Organization, Nr. 4, 1984.

Ireland, R.D. / Hitt, M.A. / Vaidyanath, D. (2002): *Alliance management as a source of competitive advantage.* In: Journal of Management, 28(3), 2002, S. 423-446.

Irrgang, W. (1989): *Strategien im vertikalen Marketing.* München, 1989.

J.D. Power and Associates (2003, 2005a und 2007a): *UK Car Customer Satisfaction Studies, UK Market, 2003, 2005 und 2007.* Troy und München.

J.D. Power and Associates (2004, 2005b, 2006a und 2007b): *German Customer Satisfaction Index Studien, German Market, 2004 bis 2007.* Troy und München.

J.D. Power and Associates (2005c, 2006b und 2007c): *France Customer Satisfaction Index Studien, French Market, 2005 bis 2007.* Troy und München.

Jacobides, M.G. / Knudsen, Th. / Augier, M. (2006): *Benefiting from innovation: Value creation, value appropriation and the role of industry architectures.* In: Research Policy No. 35, 2006, S. 1200-1221.

Jensen, M.C. und Meckling, W.H. (1976): *Theory of the Firm: Managerial Behavior, Agency Costs and Ownership Structure.* In: Journal of Financial Economics, Volume 3 (1976), S. 305-360.

Jürgens, U. (2005): *Charakteristika der europäischen Automobilindustrie: Gibt es einen europaspezifischen Entwicklungsweg?* In: Schmidt, G. / Bungsche, H. / Heyder, Th. / Klemm, M. (2005): Und es fährt und fährt...: Automobilindustrie und Automobilkultur am Beginn des 21. Jahrhunderts, Berlin, 2005, S. 11-47.

Kale, P. / Singh, H. / Perlmutter, H. (2000): *Learning and protection of proprietary assets in strategic alliances: Building relational capital.* In: Strategic Management Journal, 21, Special Issue, March 2000, S. 217-237.

Kidder, L. und Juff, C.M. (1986): *Research methods in social relations,* 5. Edition, New York: Holt, Rinehart und Winston, 1986.

Kiff, J. (2005): *Changing Channels in Business Cars.* ICDP Research Report 01 / 2005, Solihull (UK), 2005.

Kiff, J. (2006): *Authorised Repairer Standards.* ICDP Research Report 06 / 2006, Solihull (UK), 2006.

Kilper, H. und Pries, L. (1999): *Die Globalisierungsspirale in der deutschen Automobilindustrie, Hersteller-Zulieferer-Beziehungen als Herausforderung für Wirtschaft und Politik.* München / Mering, 1999.

Kim, J. und Mahoney, J.T. (2006): *How property rights economics furthers the resource-based view: resources, transaction costs and entrepreneurial discovery.* In: International Journal of Strategic Change Management, Volume 1, Nr. 1-2, 2006, S. 40-52.

Kimmel, G. (1993): *Finanzwirtschaftliche Beratungsleistungen der KFZ-Hersteller.* Idstein, 1993.

King, A.W. (2007): *Disentangling interfirm and intrafirm causal ambiguity: A conceptual model of causal ambiguity and sustainable competitive advantage.* In: Academy of Management Review 2007, Volume 32, Nr. 1, 2007, S. 156-178.

Klaas, B.S., Mcclendon, J.A. und Gainey, T.W. (2001). Outsourcing HR: *the impact of organizational characteristics.* In: Human Resource Management, 40, 2001, S. 125–138.

Klein, B. (1980): *Transaction cost determinants of "unfair" contractual arrangements.* In: American Economic Review, No. 70(2), 1980, S. 56-62.

Klein, B. / Crawford, R.G. / Alchian, A.A. (1978): *Vertical Integration, Appropriable Rents, and the Competitive Contracting Process.* In: Journal of Law and Economics, Volume 21 (1978), S. 297-326.

Knyphausen Aufsess, D. (1993): *Why are Firms different? Der Ressourcenorientierte Ansatz im Mittelpunkt einer aktuellen Kontroverse im Strategischen Management.* In: Die Betriebswirtschaft, 53, 1993, 661–682.

Knyphausen-Aufsess, D. (1996): *Theorie der strategischen Unternehmensführung – State of the Art und neue Perspektiven.* Wiesbaden, 1996.

Knyphausen-Aufsess zu, D. (1997): *Auf dem Weg zu einem ressourcenorientierten Paradigma? Resource-Dependence-Theorie der Organisation und Resource-based View des strategischen Managements im Vergleich.* In: Ortmann, G. / Sydow, J. / Türk, K. (Hrsg.): Theorien der Organisation: Die Rückkehr der Gesellschaft. Opladen, 1997, S. 452-480.

Kogut, B. und Zander, U. (1992): *Knowledge of the firm, combinative, capabilities, and the replication of technology.* Organizational Science 3 (3), 1992, S. 383-397.

Kogut, B. und Zander, U. (1995): *Knowledge and the speed of the transfer and imitation of organisational capabilities: An empirical test.* In: Organisation Science, Nr. 6 (1), 1995, S. 76-92.

Kraege, R. (1997): *Controlling strategischer Unternehmenskooperation: Aufgaben, Instrumente und Gestaltungsempfehlungen.* München / Mering, 1997.

Kraus, R. (2005): *Strategisches Wertschöpfungsdesign: Ein konzeptioneller Ansatz zur innovativen Gestaltung der Wertschöpfung.* Wiesbaden: DUV, 2005.

Krcal, H.C. (2007): *Strategische Implikationen einer geringen Fertigungstiefe für die Automobilindustrie.* Discussion Paper Series Nr. 456, Universität Heidelberg, 2007.

Kretschmer, W. (2006): *Die Neuen Stärken.* In: Brand Eins, Wirtschaftsmagazin, Nr. 7, Jahrgang 2005, Nr. 4, S. 80-86.

Kreutz. H. (1972): *Soziologie der empirischen Sozialforschung.* Stuttgart, 1972.

Kriz, J. (1973): *Statistik in den Sozialwissenschaften.* Reinbek, 1973.

Kromrey, H. (1998): *Empirische Sozialforschung, durchgreifend überarbeitete und erweiterte Auflage.* Opladen, 1998.

Küpper, W. und Felsch, A. (2000): *Organisation, Macht und Ökonomie: Mikropolitik und die Konstitution organisationaler Handlungssysteme.* Wiesbaden, 2000.

Langlois, R. (1992): *Transaction-cost economics in real time.* In: Industrial and Corporate Change, 1, 1992, S. 99–127.

Langlois, R. N. und Robertson, P. N. (1989): *Explaining vertical integration: Lessons from the American automobile industry.* In: The Journal of Economic History, XLIX (2), 1989, S. 361-375.

Langlois, R.N. (1999): *Modularity in Technology, Organization and Society, Storrs.* CT: University of Connecticut, 1999.

Larson, A. (1992): *Network dyads in entrepreneurial settings: A study of the governance of exchange relationships.* In: Administrative Science Quarterly, No. 37, 1992, S. 76-104.

Lauth, D. (2007): *Kundenorientiertes Qualitätsmanagement als Haupttreiber gesteigerter Kundenzufriedenheit.* Vortrag zum Würzburger Automobil Gipfel 2007, Würzburg, 15. Juni 2007.

Lavie, D. (2006): *The competitive advantage of interconnected firms: An extension of the resource-based view.* In: Academy of Management Journal, Volume 31, 2006, S. 638-658.

Lazonick, W. und O'Sullivan, M. (2000): *Maximizing Shareholder Value: A new ideology for corporate governance.* In: Economy and Society, 29 / 1, 2000, S. 13-35.

Learned, E.P. / Christensen, C.R. / Andrews, K.R. / Guth, W.D. (1965): *Business Policy: Text and Cases.* Homewood, Irwin, 1965.

Lee, C. / Lee, K. / Pennings, J. M. (2001): *Internal capabilities, external networks, and performance: A study on technology-based ventures.* Strategic Management Journal, 22, 2001, S. 615–640.

Leiblein, M.J. and Miller, D.J. (2003): *An empirical examination of transaction and firm-level influences on the vertical boundaries of the firm.* In: Strategic Management Journal, 24, 2003, S. 839–859.

Leonard-Barton, D. (1992): *Core capabilities and core rigidities: a paradox in managing new product development.* In: Strategic Management Journal, Nr. 13, Summer Special Issue, 1992, S. 111-125.

Lippman, S.A. und Rumelt, R.P. (1992): *Uncertain imitability: An analysis of interfirm differences in efficiency under competition.* In: Bell Journal of Economics, Nr. 13, 1992, S. 418-438.

Lippman, S. A. and R. P. Rumelt. (1982): *Uncertain imitability: An analysis of interfirm differences in efficiency under competition.* The Bell Journal of Economics, 13, 1982, S. 418-438

London Economics (2006): *Developments in car retailing and after-sales markets under Regulation No. 1400/2002.* Volume 1, London, 2006.

Lorenz, J. (2000): *Wettbewerbsstrategien für Finanzdienstleister in der Automobilwirtschaft.* Frankfurt am Main, 2000.

Love, J. H. und Roper, S. (2002): *The limits of transaction cost analysis? Outsourcing in the new product development process.* Tech. rep., no. B4 7ET, Birmingham, Aston Business School Research Institute, 2002.

LUNG, Y. (2002): *The changing geography of the European automobile system.* Synthesis in CoCKEAS workpackage 4, 2002.

LÜTHJE, B (1998): *Vernetzte Produktion und post-fordistische Reproduktion.* In: Prokla Zeitschrift für kritische Sozialwissenschaft, Themenheft Konzentration des Kapitals, Dezember 1998.

LÜTHJE, B (2001): *Silicon Valley: Vernetzte Produktion, Industriearbeit und soziale Bewegungen im Detroit der "New Economy.* In: PROKLA. Zeitschrift für kritische Sozialwissenschaft, Heft 122, 31. Jg., 2001, Nr. 1.

MACDONALD, J. UND TOBIN, J. (1998): *Customer Empowerment in the digital economy.* In: Don Tapscott et al. (Hrsg.): Blueprint to the digital economy, New York: McGraw-Hill, 1998, S. 202-220.

MACAULY, S. (1963): *Non-contractual relations in business: a preliminary study.* In: American Sociological Review, Nr. 28, 1963, S. 55-67.

MACNEIL, I.R. (1974): *Contract Remedies: The many futures of contracts.* In: Southern California Law Review, Nr. 47, 1974, S. 691-816.

MACNEIL, I.R. (1978): *Contracts: Adjustment of long-term economic relations and classical, neoclassical, and relational contract law.* In: Northwestern University Law Review 72, 1978, S. 854-905.

MACNEIL, I.R. (1980): *The New Social Contract: An Inquiry into Modern Contractual Relations.* New Haven, CT, Yale University Press, 1980.

MACNEIL, I.R. (1988): *Contract Remedies: A Need for Better Efficiency Analysis.* In: Journal of Institutional and Theoretical Economies, Volume 144, 1988, S. 6-30.

MADHOK, A. (1997): *Cost, value and foreign market entry mode: The transaction and the firm.* In: Strategic Management Journal, No. 18, 1997, S. 39-61.

MAHONEY, J.T. (1992): *The Choice of Organisational Form: Vertical Ownership versus other Methods of Vertical Integration.* In: Strategic Management Journal 13, 1992, S. 559-584.

MAKADOK, R. (2001): *Toward a synthesis of the resource-based and dynamic capability views of rent creation.* In: Strategic Management Journal, Nr. 22 (5), 2001, S. 387-401.

MALLAD, H. (2003): *Erfolgsfaktor Kommunikation im Supply Chain Management unter besonderer Berücksichtigung elektronischer Medien.* In: B. Ebel / M. Hofer / J. Als-Sibai (Hrsg.): Strategie und Marketing in der Automobilwirtschaft. Berlin / Heidelberg: Springer, 2003, S. 660-672.

MARSCHNER, K. (2004): *Wettbewerbsanalyse in der Automobilindustrie.* Wiesbaden: DUV, 2004.

MASON, E.S. (1939): *Price and production policies of large scale enterprise, in.* American Economic Review, Nr. 29 (März), 1939, S. 61-75.

Matiaske, W. und Kabst, R. (2002): *Outsourcing und Professionalisierung in der Personalarbeit. Eine transaktionskostentheoretisch orientierte Studie.* In: Martin, A. und Nienhüser, W. (Hrsg.): Neue Formen der Beschäftigung – neue Personalpolitik?, München / Mering: Hampp, 2002, S. 247-271.

Maxwell, J.A. (2002): *Understanding and Validity in Qualitative Research.* In: Huberman, M. und Miles, M.B.: The qualitative research companion, 2002, S. 37-65.

McEvily, B. und Zaheer, A. (1999): *Bridging ties: A source of firm heterogeneity in competitive capabilities.* Strategic Management Journal, 20, 1999, S. 1133–1156.

McGee, J.S. (1960): *Conservation, Integration, and Pricing in the Oil Industry of the United States, A Review Article.* In: Journal of Industrial Economics, Nr. 9, 1960, S. 63-82.

McIvor, R. (2000): *A practical framework for understanding the outsourcing process.* In: Supply Chain Management: An International Journal, 5, 2000, S. 22–36.

Meffert, H. und Bruhn, M. (1991): *Beschwerdeverhalten und Zufriedenheit von Kunden.* In: Die Betriebswirtschaft, Nr. 41 / 1991, S. 597-613.

Meffert, H. und Perry, J. (2000): *Mehrmarkenstrategien – Ansatzpunkte für das Management von Markenportfolios.* In: Esch, F.-R. (Hrsg.): Moderne Markenführung, 2., Auflage, Wiesbaden 2000, S. 619-646.

Meinig, W. (1995): *Grundbegriffe der Automobilwirtschaft.* München, 1995.

Meinig, W. (2001, 2003, 2005 und 2008): *Supplier Satisfaction Index 2001, 2003.* Forschungsberichte der Forschungsstelle Automobilwirtschaft, Bamberg: FAW, 2001, 2003, 2005 und 2008.

Meinig, W. (2005): *Die Beziehung zwischen Automobilherstellern und Zulieferern.* In: Schmidt, G. / Bungsche, H. / Heyder, Th. / Klemm, M. (2005): Und es fährt und fährt…: Automobilindustrie und Automobilkultur am Beginn des 21. Jahrhunderts, Berlin, 2005, S. 47-59.

Meinig, W. und Mallad, H. (2007): *Die Macht des Einkaufs: Das Beschaffungsverhalten der OEMs aus der Sicht der Zulieferindustrie.* Bamberg: FAW, 2007.

Meissner, H.R. (1994): *Die Teile und die Herrschaft: Die Reorganisation der Automobilproduktion und der Zulieferbeziehungen.* Berlin, 1994.

Mellewigt. (2003): *Management von Strategischen Kooperationen.* Beiträge zur betriebswirtschaftlichen Forschung,Wiesbaden: Deutscher Universitäts Verlag, 2003.

Metzenthin, R. (1999): *Competence-based Mergers and Acquisitions. A Systems View of the Involved Firms.* Working Paper des Doctoral and Faculty Workshop on Competence-based Management, Copenhagen Business School, 21.-25. Februar 1999, Kopenhagen 1999.

Meyer, M. und Lehnerd, A. (1997): *The Power of Product Platforms: Building Value and Cost Leadership.* New York, 1997.

Michel, U. (1996): *Wertorientiertes Management strategischer Allianzen.* München: Vahlen, 1996.

Miller, D. und Friesen, H. (1986): *Porter's generic strategies and performance: an empirical examination with American data.* In: Organisation Studies, Volume 7, Nr. 1, 1986, S. 37-55.

Miller, D. und Shamsie, J. (1996): *The resource based view of the firm in two environments.* The Hollywood Films Studios from 1936 to 1965. In: Academy of Management Journal, Nr. 39, S. 519-543.

Monteverde, K. und Teece, D (1982a).: *Supplier Switching Costs and Vertical Integration in the Automobile Industry.* In: Bell Journal of Economics, 13, 1982, S.206-213.

Monteverde, K. und Teece, D.J. (1982b): *Appropriable Rents and Quasi-Vertical Integration.* In: Journal of Law and Economics, No. 25, (1982), S. 321-328.

Montgomery, C. A. and Wernerfelt, B. (1988): *Diversification, Ricardian rents, and Tobin's Q.* Rand Journal 19 (4), 1988, S. 623-632.

Moran, P. und Goshal, S. (1999): *Markets, firms, and the process of economic development.* In: Academy of Management Review 24 (3), 1999, S. 390-412.

Murray, A. (1988): *A contingency view of porter's generic strategies.* In: academy of management review, Volume 13, Nr. 3, 1988, S. 390-400.

Murray, J.Y., Kotabe, M. und Wildt, A.R. (1995): *Strategic and financial implications of global sourcing strategy: a contingency analysis.* In: Journal of International Business Studies, 1st Quarter, 1995, S. 181–202.

Müller-Stewens, G. und Lechner, Ch. (2005): *Strategisches Management: Wie strategische Initiativen zum Wandel führen, 3.*, aktualisierte Auflage, Stuttgart: Schäffer-Poeschel, 2005.

Nieschlag, R. / Dichtl, E. / Hörschgen, H. (1991): *Marketing.* 16., durchges. Auflage, Berlin, 1991.

Niethammer, R.M. und Weber, U. (2009): *Dienstleistungsbasiertes Wachstum.* In: Technologie und Management, Nr. 4/2009, S. 14-16.

Noori, H. (1990): *Managing the dynamics of new technology.* Englewood Cliffs, 1990.

Normann, R. und Ramirez, R. (1998): *Designing interactive strategy; from value chain to value constellation.* Revised Reprint, New York / Chichester: Wiley, 1998.

North, D.C. (1990): *Institutions, institutional change and economic performance.* Cambridge University Press, Cambridge, UK, 1990.

Oliver, A.L. und Ebers, M. (1998): *Networking network studies: An analysis of conceptual configurations in the study of inter-organisational relationships.* In: Organisation Studies Nr. 19 (4), 1998, S. 549-583.

Opp, K.D. (1984): *Wissenschaftstheoretische Grundlagen der empirischen Sozialforschung.* In: Roth, E. (Hrsg.): Sozialwissenschaftliche Methoden, München, 1984, S. 47-71.

Ortmann, G. und Zimmer, M. (1998): *Strategisches Managament, Recht und Politik.* In: Die Betriebswirtschaft 58 (6), 1998, S. 747-769.

Orton, J.D. und Weick, K.E. (1990): *Loosely coupled systems: A reconceptualization, Academy of Managament Review, 15/2: S. 203-223.*

Ouchi, W.G. (1979): *A conceptual framework for the design of organizational control mechanisms.* In: Management Science 25 (9), 1979, S. 833-848.

Penrose, E.G. (1959): *The theory of growth of the firm.* Oxford, 1959.

Peteraf, M.A. (1993): *The cornerstones of competitive advantage: A resource-based view.* In: Strategic Management Journal, Nr. 14, 1993, S. 179-191.

Pfeffer, J. und Baron, J.N. (1988): *Taking the workers back out: Recent trends in the structuring of employment.* In: Staw, B.M. und Cummings, L.L. (Hrsg.): Research in organisational behaviour, Volume 10, JAI, Greenwich, Conn., 1988, S. 257-303.

Philipps, L.W. / Chang, D.R. / Buzell, R.D. (1983): *Product quality, cost position and business performance: a test of some key hypotheses.* In: Journal of Marketing, Volume 47, Nr. 2, 1983, S. 26-43.

Picot, A. (1982): *Transaktionskostenansatz in der Organisationstheorie: Stand der Diskussion und Aussagewert.* In: Die Betriebswirtschaft, 42. Jg., 1982, S. 267-284.

Picot, A. (1991a): *Ein neuer Ansatz zur Gestaltung der Fertigungstiefe.* In. Zeitschrift für betriebswirtschaftliche Forschung, 42. Jg, Nr. 4, 1991, S. 336-357.

Picot, A. (1991b): *Ökonomische Theorien der Organisation. Ein Überblick über neuere Ansätze und deren betriebswirtschaftliches Anwendungspotential.* In: Ordelheide, D. / Rudolph, B. / Büsselmann, E. (Hrsg.): Betriebswirtschaftslehre und Ökonomische Theorie, Stuttgart: Schäffer-Poeschel, 1991, S. 143-170.

Picot, A. und Franck, E. (1993): *Vertikale Integration.* In: Hauschild, J. und Grün, O. (Hrsg.): Ergebnisse empirischer betriebswirtschaftlicher Forschung: Zu einer Realtheorie der Unternehmung, Festschrift für E. Witte, Stuttgart: Schäffer-Poeschel, 1993, S. 179-219.

Picot, A., Reichwald, R. und Wigand, R.T. (2001): *Die grenzenlose Unternehmung : Information, Organisation und Management.* 4., vollst. überarbeitete und erweiterte Auflage, Wiesbaden, 2001.

Picot, A. / Dietl, H. M. / Ranck, E. (2005): *Organisation: Eine ökonomische Perspektive.* 4., überarbeitete und erweiterte Auflage, Stuttgart: Schäffer-Poeschel, 2005.

Picot, A. / Reichwald, R. / Wigand, R. (1998): *Die grenzenlose Unternehmung, 3.* Auflage, Wiesbaden, 1998.

Picot, A. / Reichwald, R. / Wigand, R.: *Die grenzenlose Unternehmung, 3.* Auflage, Wiesbaden, 1998.

Piller, F. (2006): *Kundenintegration im Innovationsprozess als Schlüssel zur Kundenzufriedenheit.* In: Homburg, Ch. (Hrsg.): Handbuch Kundenzufriedenheit, 6. Auflage, Wiesbaden: Gabler, 2006, S. 431-460.

Pine, B.J. (1993): *Mass Consumption: The new Frontier in Business Competition.* Boston, MA: Harvard Business School Press, 1993.

Pisano, G. P. und Teece, D.J. (2007): *How to capture value from innovation: Shaping intellectual property and industry architecture.* In: California Management Review, Volume 50, No. 1, Fall 2007, S. 278-296.

Pisano, G.P. (1989): *Using equity participation to support exchange: Evidence from the biotechnology industry.* In: Journal of Law, Economics and Organisation, No. 5, 1989, S. 109-125.

Pointner, W. (2004): *Umbruch in der Automobilindustrie? Von den Grenzen des Outsourcing.* Frankfurt am Main / New York: Peter Lang, 2004.

Poppo, L. und Zenger, T. (1998): *Testing alternative theories of the firm: transaction cost, knowledgebased, and measurement explanations for makeor-buy decisions in information services.* In: Strategic Management Journal, 19, 1998, S. 853–877.

Porter, M.E. (1980): *Competitive Strategy: Techniques for Analyzing Industries and Competitors.* New York: Free Press, 1980.

Porter, M.E. (1985): *Competitive Advantage: Creating and Sustaining Superior Performance.* New York: The Free Press, 1985.

Porter, M.E. (1990): *The Competitive Advantage of Nations.* New York, 1990.

Porter, M.E. (1991): *Towards a dynamic theory of strategy.* In: Strategic Management Journal, Nr. 12, Winter Special Issue, 1991, S. 95-117.

Porter, M.E. (1996): *Wie die Wettbewerbskräfte die Strategie beeinflussen.* In: Montgomery, C.A. (Hrsg.): Strategie. Die brillanten Beiträge der weltbesten Experten, Wien: Überreuter, 1996.

Porter, M.E. (1997): *Nur Strategie sichert auf Dauer hohe Erträge.* In: Harvard Business Manager, Nr. 3, 1997, S. 42-58.

Porter, M.E. (2000): *Wettbewerbsvorteile: Spitzenleistungen erreichen und behaupten.* Frankfurt / New York: Campus, 2000.

Posselt, Th. (1998): *Motive für Selektivvertrieb: Eine institutionenökonomische Untersuchung.* In: Zeitschrift für betriebswirtschaftliche Forschung, Heft 12 / 1998, S. 1098-1119.

Powell, W.W. (1990): *Neither market nor hierarchy: Network forms of organisation.* In: Staw, B.M. und Cumming, L.L. (Eds.): Research in organisational behaviour, Volume 12, Greenwich, CT: JAI Press, 1990, S. 295-336.

Prahalad, C.K. und Hamel, G. (1990): *The core competence of the corporation.* In: Harvard Business Review, Nr. 68, 1990, S. 79–93.

Prahalad, C.K. / Hamel, G. (1990): *The core competence of the corporation.* In: Harvard Business Review, Nr. 68(3), 1990, S. 79-91.

Quinn, J.B. und Hilmer, F.G. (1994): *Strategic outsourcing.* In: Sloan Management Review, Summer 1994, S. 43-55.

Ramanathan, K. / Seth, A. / Thomas, H. (1997): *Explaining Joint Ventures. Alternative theoretical perspectives.* In: Bearnish, P.W. und Killing, J.P. (Hrsg.): Cooperative Strategies: Volume 1. North American Perspectives, San Francisco, CA: New Lexington Press, 1997, S. 51-85.

Rasche, C. (1994): *Wettbewerbsvorteile durch Kernkompetenzen: Ein ressourcenbasierter Ansatz.* Wiesbaden, 1994.

Ratledge, L. (2001, 2002, 2005 und 2006): *Dealer Attitude Survey 2001, 2002, 2005, 2006, Survey Results.* Rugby (UK), 2001, 2002, 2005, 2006.

Reed, R. und DeFillipi, R. J. (1990): *Causal ambiguity, barriers to imitation, and sustainable competitive advantage.* In: Academy of Management Review, Volume 15 (1990), Nr.1, S. 88-102.

Reichwald, R. und Piller, F. (2006): *Interaktive Wertschöpfung: Open Innovation, Individualisierung und neue Formen der Arbeitsteilung.* Wiesbaden: Gabler, 2006.

Reindl, St. (2005a): *Die Macht der Hersteller: Machtstrategische Handlungsoptionen für das Vertriebsmanagement von Herstellern und Importeuren in der Automobilwirtschaft.* München: Auto Business, 2005.

Reindl, St. (2005b): *Mobilitätsdienstleistungen in der Automobilwirtschaft.* In: Diez, W. / Reindl, St. / Brachat, H. (2005): Grundlagen der Automobilwirtschaft, München: Auto Business, 2005, S. 423-464.

RICHTER, R. UND FURUBOTN (1996): *Neue Institutionenökonomik: Eine Einführung und kritische Würdigung.* Tübingen: Mohr.

RIORDAN, M.H. UND WILLIAMSON, O.E. (1985): *Asset Specificity and Economic Organisation.* In: International Journal of Industrial Organisation, Volume 3, 1985, S. 365-378.

ROBERTSON, D. UND ULRICH, K. (1998): *Planning for Product Platforms.* In: Sloan Management Review, 39. Jg. (1998), Nr. 4, Summer 1998, S. 19-31.

ROTH, E. (1993): *Sozialwissenschaftliche Methoden, 3.* Auflage, München, 1993.

ROTHAERMEL, F. T. (2001): *Incumbent's advantage through exploiting complementary assets via interfirm cooperation.* Strategic Management Journal, 22, 2001, S. 687–699.

ROUSSEAU, D. M. / SITKIN, S. B. / BURT, R. S. / CAMERER, C. (1998): *Not so different after all: a cross discipline view of trust.* In: Academy of Management Review 23 (3), 1998, S. 393-404.

ROYER, S. / SEEBA, H.G. / STRATMANN, U. (2009A): *Mehrmarken Franchisesysteme in europäischen Wartungs- und Reparaturmärkten für PKW.* In: Zeitschrift für die gesamte Wertschöpfungskette Automobilwirtschaft, 12. Jhg., Nr. 1 / 2009, S. 6-13.

ROYER, S. / STRATMANN, U. / GUTJAR, C. (2009B): *A new Klondike? Recent developments in the Russian car market*, ICDP Management Briefing Nr. 74, Solihull (UK), 2009.

ROYER, S. / STRATMANN, U. / GUTJAR, C. (2009C): *Zara – Vertical integration as the secret of success in distribution?.* ICDP Management Briefing Nr. 76, Solihull (UK), 2009.

ROYER, S. (2000): *Strategische Erfolgsfaktoren horizontaler kooperativer Wettbewerbsbeziehungen: Eine auf Fallstudien basierende erfolgsorientierte Analyse am Beispiel der Automobilindustrie.* München / Mering: Hampp, 2000.

ROYER, S. (2005): *Strategic Management and Online Selling: Creating competitive advantage with intangible web goods.* New York: Routledge, 2005.

ROYER, S. UND STRATMANN, U. (2007): *Independent entrepreneurs as an obsolete model? – considerations for the European automotive repair and service markets.* In: International Journal of Globalisation and Small Business 2 (1), 2007, S. 47-65.

ROYER, S. UND STRATMANN, U. (2008): *Value Net Organisation and Strategic Competitive Advantage: The Case of Value Net Design in Car Repair and Maintenance Service Markets in Europe.* In: Festing, M. und Royer, S. (Hrsg).: Current Issues in International Human Resource Management and Strategy Research, Schriftenreihe Internationale Personal- und Strategieforschung, Band 1, München / Mering: Hampp, 2008.

RUMELT, R.P (1987): *Theory, strategy, and entrepreneurship.* In: Teece, D.J. (Hrsg.): The competitive challenge: Strategies for industrial innovation and renewal, Cambridge/Mass, 1987, S. 137-158.

Rumelt, R.P. (1984): *Towards a strategic theory of the firm.* In: Lamb, R. B. (Hrsg.): Competitive Strategic Management, Prentice Hall, Englewood Cliffs, NJ, 1984, S. 556-570.

Rumelt, R.P. / Schendel, D. / Teece, D.J. (1991): *Strategic management and economics.* In: Strategic Management Journal Nr. 12, Winter Special Issue, 1991, S. 5-29.

Rumelt, R.P. / Schendel, D. / Teece, D.J. (1994): *Fundamental issues in strategy.* In: Rumelt, R.P. / Schendel, D. / Teece, D.J. (1994): Fundamental issues in strategy: A research agenda. Boston/Mass., 1994, S. 9-47.

Sako, M. (1991): *The role of trust in Japanese buyer-supplier relationships.* Ricerche Economiche, XLV, 1991, S. 449-474.

Sako, M. (1992): *Prices, Quality and Trust. Inter-firm relations in Britain and Japan.* Cambridge University Press, 1992.

Sako, M. (2003): *Modularity and outsourcing: The nature of co-evolution of product architecture and organisation architecture in the global automotive industry.* In: Prencipe, A. / Davis, A. / Hobday, M. (2003): The Business of Systems Integration. Oxford, 2003, S. 229-253.

Sako, M. (2005): *Governing automotive supplier parks: leveraging the benefits of outsourcing and co-location.* Working Paper University of Oxford, Oxford, 2005.

Sanchez, R. und Mahoney, J.T. (1996): *Modularity, Flexibility and Knowledge Management in Product and Organization Design.* In: Strategic Management Journal, 17, 1996, S. 63-76.

Sawhney, M.S. (1998): *Leveraged High-Variety Strategies: From Portfolio Thinking to Platform Thinking.* In: Journal of the Academy of Marketing Science, 26. Jg., Nr. 1, 1998, S. 64-61.

Saxton, T. (1997): *The effects of partner and relationship characteristics on alliance outcomes.* Academy of Management Journal, 40, 1997, S. 443–461.

Scheffer, F. / Diez, W. / Brown, J. / Buzzavo, L. / Kiff, J. / Chieux, Th. (1998): *Fleet and Direct Sales in Western Europe.* ICDP Research Paper Nr. 10 / 1998, Solihull (UK), 1998.

Schilling, M.A. und Steensma, H.K. (2001): *The use of modular organisational forms: An industry-level analysis.* In: Academy of Management Journal, Nr. 44 (6), 2001, S. 1149-1168.

Schnäbele, P. (1997): *Mass Customized Marketing.* Wiesbaden, 1997.

Schoemaker, P.J.H. (1990): *Strategy, complexity and economic rent.* In: Management Science 36 / 1990, S. 1178-1192.

Schofield, J.W. (2002): *Increasing the Generalizability of Qualitative Research.* In: Huberman, M. und Miles, M.B.: The qualitative research companion, 2002, S. 171-205.

Schult, E. (2003): *Bilanzanalyse: Möglichkeiten und Grenzen externer Unternehmensbeurteilung.* 11. Auflage, Berlin, 2003.

Schulze, W.S. (1994): *The two schools of thought in resource-based theory: Definitions and implications for research.* In: advances in Strategic Management 10 (a), 1994, S. 127-151.

Schumpeter, J.A. (1934): *The theory of economic development.* Cambridge / Mass, 1934.

Schweizer, K. / Eglin, B. A. / Morgenroth, F. (2001): *Change Management im Rahmen des Outsourcing.* In: Gattermeyer, W. (Hrsg.): Chance Management und Unternehmenserfolg. Wiesbaden: Gabler, 2001, S. 83–100.

Scott, R. (1998): *Organisations: Rational, Natural and Open Systems.* 4th edn., Englewood Cliffs, NJ: Prentice Hall, 1998.

Seifert, F. (2001): *Die Wettbewerbspotentiale von Bankmergern: Eine geschäftsfeldspezifische Untersuchung des Resource-based Views.* München: Physica, 2001.

Selznick, P. (1957): *Leadership in Administration.* New York, 1957.

Simon, H.A. (1996): *The Sciences of the Artificial.* 3rd Edn, Cambridge, M.A.: MIT Press, 1996.

Singh, K. und Mitchell, W. (1996): *Precarious collaboration: Business survival after partners shut down or form new partnerships.* Strategic Management Journal, 17, 1996, S. 99–108.

Skaupy, W. (1992): *Zu den Begriffen "Franchise", "Franchisevereinbarungen" und "Franchising".* In: Neue Juristische Wochenschrift, Heft 29 / 92, 1992, S. 1785-1848.

Slywotzky, A.J. (1996): *Value Migration.* Boston, 1996.

Smith, H.W. (1975): *Strategies of social research: The methodological imagination.* Englewood Cliffs, NJ Prentice Hall, 1975.

Smolinska, J. (2008): *European Union Economic Report, February 2008.* Bericht des European Automobile Manufacturer's Association (ACEA), Brüssel, 2008.

Speklé, R.F. (2001): *Explaining management control structure variety: a transaction cost economics perspective.* In: Accounting, Organizations and Society, 26 (4-5), 2001, S. 419-441.

Stratmann, U. und Waller, B. (2009): *Manufacturer strategies for used cars.* ICDP research report 02 / 2009, Solihull (UK), 2009.

Stuart, T. E. (2000): *Interorganizational alliances and the performance of firms: A study of growth and innovation rates in a high-technology industry.* Strategic Management Journal, 21, 2000, S. 719–811.

STUART, T. / HOANG, H. / HYBELS, R. (1999): *Interorganizational endorsements and the performance of entrepreneurial ventures.* Administrative Science Quarterly, 44, 1999, S. 315–349.

STÄHLE, W.H. (1991): *Management. Eine verhaltenswissenschaftliche Perspektive.* 6. Auflage, München, 1991.

STÄHLER, P. (2002): *Geschäftsmodelle in der digitalen Ökonomie. Merkmale, Strategien und Auswirkungen.* 2. Auflage, Köln, 2002.

SUPPLIERBUSINESS (2006): *OEM-Supplier Relations Study 2006.* Stamford / Frankfurt a.M., 2006.

SUPPLIERBUSINESS (2007): *OEM-Supplier Relations Study 2007.* Stamford / Frankfurt a.M., 2007.

SYDOW, J. (1992): *Strategische Netzwerke: Evolution und Organisation.* Wiesbaden: Gabler, 1992.

SYDOW, J. (2001): *Management von Netzwerksorganisationen – Beiträge aus der Managementforschung.* Wiesbaden: Gabler, 2001.

SYDOW, J. (2003): *Management von Netzwerkorganisationen, Beiträge aus der „Managementforschung"*, 3. aktualisierte Auflage, Wiesbaden: Gabler, 2003.

SYDOW, J. UND WINDELER, A. (1994): *Über Netzwerke, virtuelle Integration und Interorganisationsbeziehungen.* In: Sydow, J. und Windeler (Hrsg.): Management interorganisationaler Beziehungen: Vertrauen, Kontrolle und Informationstechnik. Opladen, 1994, S. 1-21.

TAKEISHI. A. UND FUJIMOTO, T. (2003): *Modularization in der Car Industry. Interlinked multiple Hierarchies of Product, Production and Supplier Systems.* In: Prencipe, A. / Davis, A. / Hobday, M. (Hrsg.) (2003): The Business of Systems Integration, Oxford, 2003, S. 254-278.

TAYLOR, F. (1913): *Die Grundsätze wissenschaftlicher Betriebsführung.* München u.a., 1913.

TEECE, D.J. (1984): *Economic analysis and strategic management.* In: California Management Review, Nr. 26 (3), 1984, S. 87-119.

TEECE, D.J. (1986): *Profiting from technological innovation: Implications for integration, collaboration, licensing and public policy.* In: Research Policy, 1986, S. 285-305.

TEECE, D.J. (1990): *Contributions and impediments of economic analysis to the study of strategic management.* In: Fredrickson, J.W. (Hrsg.): Perspectives on strategic management. New York, 1990, S. 39-80.

TEECE, D.J. / PISANO, G. / SHUEN, A. (1997): *Dynamic capabilities and strategic management.* In: Strategic Management Journal, 18 (7), 1997, S. 509-533.

TEECE, D.J. / RUMELT, R. / DOSI, G. / WINTER, S. (1994): *Understanding corporate coherence: Theory and evidence.* In: Journal of Economic Behaviour and Organisation Nr. 23 (1), 1994, S. 1-30.

TENG, J. / CHEON, M. / GROVER, V. (1995): *Decisions to outsource information systems functions: testing a strategy–theoretic–discrepancy model.* In: Decision Sciences, 26, 1995, S. 75–103.

THOMPSON, J.D. (1967): *Organisations in action: social science bases of administrative theory.* 1. Auflage, New York: Mc Graw-Hill, 1967.

TIDD, J. / BESSANT, J. / PAVITT, K. (2001): *Managing innovation: Integrating Technological, market and organizational change.* 2. edition, Chichester / New York: Wiley, 2001.

TONGUE, A. (2005): *Block Exemption Workshop.* Vortragsunterlagen zum ICDP Autumn Forum 2005, 19. bis 21. Oktober, Barcelona.

TONGUE, A. (2007): *Providing technical information to the independent sector: is the EC aiming at the right target?* ICDP Management Briefing Nr. 48, Solihull (UK), 2007.

TONGUE, A. (2008): *Preparing for 2010: expectations for DG competition's evaluation report on 1400/2002.* ICDP Research Report No. 03/08, Solihull (UK), 2008.

TROCHIM, W. (1989): *Outcome pattern matching and program theory.* In: Evaluation and Program Planning, Nr. 12, 1989, S. 355-366.

ULRICH, K. (1995): *The role of product architecture in the manufacturing firm.* In: Research Policy, 24, 1995, S. 419-440.

ULRICH, K.-T. UND TUNG, K. (1991): *Fundamentals of Product Modularity.* Working Paper 33 35-91-MSA, Cambridge, MA:MIT Sloan School of Management, 1991.

UTIKAL, H. / EBEL, B. / HOFER, M.B. (2005): *From Cost-plus Pricing to Value Management: How Automotive Suppliers Can Improve Their Profitability.* Reihe Automotive Management, Automotive Competence Center, Bonn: Simon-Kucher und Partners, 2005.

UZZI, B. (1997): *Social structure and competition in interfirm networks: The paradox of embeddedness.* In: Administrative Science Quarterly, No. 42, 1997, S. 35-67.

VEN, A. VAN DE UND FERRY, D.L. (1980): *Measuring and Assessing Organizations.* New York: Wiley, 1980.

VOLPATO, G. (2002): *The OEM-FTS Relationship.* CoCKEAS working paper presented at the Tenth Gerpisa International Colloquium, June 6-8 2002, Paris.

WADE, PH. UND BROWN, J. (2005): *European Car Distribution Handbook.* HWB International Limited, Warwick, 2005.

Wade, Ph. und Brown, J. (2007): *European Car Distribution Handbook.* HWB International Limited, Warwick, 2007.

Wade, Ph. und Brown, J. (2009): *European Car Distribution Handbook.* HWB International Limited, Warwick, February 2009.

Walker, G. und Weber, D. (1984): *A transaction cost approach to make or buy decisions.* In: Administrative Science Quarterly, Nr. 29, 1984, S. 373–391.

Walker, G. und Weber, D. (1987): *Supplier competition, uncertainty and make-or-buy decision.* In: Academy of Management Journal, Nr. 30, 1987, S. 589–596.

Waringer, D. und Piller, F.T. (1999): *Modularisierung in der Automobilindustrie – neue Formen und Prinzipien: Modular Sourcing, Plattformkonzepte und Fertigungssegmentierung als Mittel des Komplexitätsmanagements.* Aachen: Shaker, 1999.

Warren-Boulton, F.R. (1978): *Vertical Control of Markets.* Cambridge, Massachussets, 1978.

Weber, W. (1993): *Einführung in die Betriebswirtschaftslehre.* 2. aktualisierte und überarbeitete Auflage, Wiesbaden: Gabler, 1993.

Weber, W. / Mayerhofer, W. / Nienhüser, W. / Rodehuth, M. / Rüther, B. (1994): *Betriebliche Bildungsentscheidungen – Entscheidungsverläufe und Entscheidungsergebnisse.* München / Mering, 1994.

Weigelt, K. und Camerer, C. (1988): *Reputation and corporate strategy: A review of recent theory and applications.* Strategic Management Journal, No. 9, 1988, S. 443-454.

Weiss, E. (2001): *„Digitale Revolution" im Automobil.* In: ZfAW, Jhg. 4, Nr. 3, 2001, S. 58-66.

Wernerfelt, B. (1984): *A resource-based view of the firm.* Strategic Management Journal, 5, 1984, S. 171–180.

Wertz, B. (2000): *Management von Lieferanten-Produzenten-Beziehungen, Eine Analyse in der deutschen Automobilindustrie.* Wiesbaden: Gabler, 2000.

Wheelwright, S.C. und Clark, K.B. (1994): *Revolution der Produktentwicklung.* Frankfurt a.M. / New York, 1994.

Whiteman, J. (2007): *What is happening to dealer economics?* ICDP Management Briefing Nr. 46, Solihull (UK), 2007.

Whiteman, J. (2008): *In Großbritannien mussten große Händlergruppen Betriebe abgeben, weil sie sonst eine marktbeherrschende Stellung eingenommen hätten. Auch so hängen GVO und Verbraucherschutz zusammen.* In: Autohaus Nr. 26 / 2008, Interview zum Thema Händlerschutz im Kontext der GVO, S. 31-33.

Whiteman, J. und Bailey, P. (2006): *International dealer groups: A new model?*, ICDP Management Briefing Nr. 38, Solihull (UK), 2006.

Wildemann, H. (1997): *Fertigungsstrategien: Einführungsstrategien für schlanke Produktion und Zulieferung.* München, 1997.

Wildemann, H. (2000): *Einkaufspotenzialanalyse. Programme zur partnerschaftlichen Erschließung von Rationalisierungspotenzialen.* München, 2000.

Williams, G. and Bozon, L. (2006): *Are we moving to customer pull? Results from the new vehicle supply benchmarking 2005.* ICDP research report No. 01 / 2006, Solihull (UK), 2006.

Williamson, O. E. (1989): *Transaction Cost Economics.* In: Schmalensee, R. und Willig, R.D. (Eds.): Handbook of Industrial Organization, Volume 1, Amsterdam, 1989, S. 135-182.

Williamson, O.E. (1971): *The Vertical Integration of Productino, Market Failure Considerations.* American Economic Review, Nr. 61, 1971, S. 112-123.

Williamson, O.E. (1975): *Markets and Hierarchies: Analysis and Antitrust Implications.* A Study in the Economics of Internal Organisation, New York: Free Press, 1975.

Williamson, O.E. (1979): *Transaction Costs Economics. The Governance of Contractual Relations.* In: Journal of Law and Ecomomics, Volume 22 (1979), S. 233-261.

Williamson, O.E. (1981): *The Economics of Organisation. The Transaction Cost Approach.* In: American Journal of Sociology, Volume 87 (1981), S. 548-577.

Williamson, O.E. (1983): *Credible commitments: Using hostages to support exchange.* In: American Economic Review, No. 73, 1983, S. 519-535.

Williamson, O.E. (1985): *The economic institutions of capitalism: Firms, markets, relational contracting.* New York: Free Press, 1985.

Williamson, O.E. (1990): *Die ökonomischen Institutionen des Kapitalismus, Unternehmen, Märkte, Kooperationen.* Tübingen: Mohr, 1990.

Williamson, O.E. (1991a): *Comparative economic organization: The analysis of discrete structural alternatives.* In: Administrative Science Quarterly, 36(2), 1991, S. 269-296.

Williamson, O.E. (1991b): *Strategizing, economizing, and economic organization.* In: Strategic Management Journal, Nr. 12, 1991, S. 75-94.

Williamson, O.E. (1993): *The Evolving Science of Organisation.* In: Journal of Institutional and Theoretical Economics, Volume 149 (1993), S. 36-63.

Williamson, O.E. (1996): *Transaktionskostenökonomik.* In: Dietl, H. / Erlei, C. / Erlei, M. / Leschke, M. (Hrsg.): Ökonomische Theorie der Institutionen, 2. Auflage, Hamburg, 1996.

Williamson, O.E. (1999): *Strategy research: Governance and competitive perspectives.* In: Strategic Management Journal, 20(12), 1999, S. 1087-1108.

Winzen, U. (2002): *Neue Trends in der Automobilindustrie.* In: Die Wirtschaft – Wirtschaftsmagazin der Industrie- und Handelskammer Bonn Rein-Sieg, Nr. 7 / 8, 2002, S. 8-11.

Wirth, C. (1994): *Die neue Unübersichtlichkeit im Einzelhandel.* Münster, 1994.

Wöhe, G. (2002): *Einführung in die allgemeine Betriebswirtschaftslehre, 21.* Auflage, München: Vahlen, 2002.

Yin, R.K. (1994): *Case Study Analysis.* 2. Edition, Applied social research methods series, Sage, Thousand Oaks / London / New Delhi, 1994.

Yin, R.K. (2003): *Case Study Research: Design and methods.* 3. Edition, Applied social research methods series, Sage, Thousand Oaks / London / New Delhi, 2003.

Zajac, E.J. und Olsen, C.P. (1993): *From transaction cost to transactional value analysis: Implications for the study of interorganisational strategies.* In: Journal of Management Studies, No. 30, 1993, S. 131-145.

Zenger, T.R. und Hesterly, W.S. (1997): *The disaggregation of corporations. Selective intervention, high-powered incentives, and molecular units.* In: Organization Science 8 (3), 1997, S. 209-222.

Zäpfel, G. (1989): *Strategisches Produktions-Management.* Berlin, 1989.

Schriftenreihe Internationale Personal- und Strategieforschung
herausgegeben von Marion Festing und Susanne Royer

Marion Festing & Susanne Royer (Eds.)
Current Issues in International Human Resource Management and Strategy Research
Band 1, ISBN 978-3-86618-239-4,
Rainer Hampp Verlag, München, Mering 2008, 212 S., € 24.80

Martina Maletzky
Kulturelle Anpassung als Prozess interkultureller Strukturierung. Eine strukturationstheoretische Betrachtung kultureller Anpassungsprozesse deutscher Auslandsentsendeter in Mexiko
Band 2, ISBN 978-3-86618-448-0 (print), ISBN 978-3-86618-548-7 (e-book),
Rainer Hampp Verlag, München u. Mering 2010, 246 S., € 27.80

Barbara Demel
Karrieren von Expatriates und Flexpatriates: Eine qualitative Studie europaweit tätiger ManagerInnen aus Österreich
Band 3, ISBN 978-3-86618-458-9 (print), ISBN 978-3-86618-558-6 (e-book),
Rainer Hampp Verlag, München u. Mering 2010, 434 S., € 37.80

Bernadette Müller
Die Bedeutung von Karrieremanagement im Rahmen der Auslandsentsendung von Führungskräften. Vertragstheoretische Analyse und illustrative Fallstudie der Robert Bosch GmbH
Band 4, ISBN 978-3-86618-483-1 (print), ISBN 978-3-86618-583-8 (e-book),
Rainer Hampp Verlag, München u. Mering 2010, 266 S., € 27.80

Kerry Brown, John Burgess, Marion Festing & Susanne Royer (Eds.)
Value Adding Webs and Clusters. Concepts and Cases
Band 5, ISBN 978-3-86618-491-6 (print), ISBN 978-3-86618-591-3 (e-book),
Rainer Hampp Verlag, München u. Mering 2010, 190 S., € 24.80

Judith Eidems
Globale Standardisierung und lokale Anpassung im internationalen Personalmanagement. Eine theoretische und empirische Analyse auf Basis der Dynamic Capabilities Perspektive
Band 6, ISBN 978-3-86618-492-3 (print), ISBN 978-3-86618-592-0 (e-book),
Rainer Hampp Verlag, München u. Mering 2010, 251 S., € 27.80